李 杰 　滕斌圣 　著

企业战略

CORPORATE
STRATEGY

机械工业出版社
China Machine Press

图书在版编目（CIP）数据

企业战略 / 李杰，滕斌圣著 . —北京：机械工业出版社，2016.2（2022.6 重印）

ISBN 978-7-111-53033-6

I. 企… II. ①李… ②滕… III. 企业战略 IV. F272

中国版本图书馆 CIP 数据核字（2016）第 033832 号

本书的创作体例十分国际化，全书以战略定位到实施、控制为理论基础，并从纵向一体化与外包、兼并与收购、战略联盟、战略创新、全球化等方面进行展开，兼顾企业战略实践。作者对爱马仕、诺基亚、苹果、小米、华为、腾讯等作了大量研究，对世界范围的各类企业发展及其在中国市场的实践做了最新探索，对当今中国企业所做的各种战略尝试进行了认真思考。

本书可供企业高层决策群体、EMBA、EDP、MBA、MPAcc 以及管理类专业研究生使用。

出版发行：机械工业出版社（北京市西城区百万庄大街 22 号　邮政编码：100037）

责任编辑：王金强　　　　　　　　　　　　　　　责任校对：殷　虹

印　　刷：北京诚信伟业印刷有限公司　　　　　　版　　次：2022 年 6 月第 1 版第 9 次印刷

开　　本：185mm×260mm　1/16　　　　　　　　印　　张：27.25　　插　页：2

书　　号：ISBN 978-7-111-53033-6　　　　　　　定　　价：60.00 元

献给上海交通大学120周年华诞

1896 - 2016

献给长江商学院

序言

回首中国社会过去几年来的变化，感慨有三：

（1）企业是否具备正确的价值观是一个企业能否成为百年老店的重要哲学基础。基于此的企业社会责任可以更好地帮助企业制定未来的战略蓝图，以促进企业保持可持续的发展潜力。

（2）随着互联网时代日益浸透人们的日常生活，商业模式的重要性在企业战略发展的过程中具有越来越重要的地位。以此为重要基础，才能打造具有国际竞争力的企业品牌。

（3）一个与时俱进的企业，应该高度关注新商业模式随着科学技术发展带来的挑战而对企业的发展战略有所调整，将企业品牌打造与商业模式、科学技术发展紧密关联。

从2010年的4万亿人民币"石破天惊"到如今，整6年过去了，中国可以用一个历久弥新的词汇"翻天覆地"来形容当下的时代——一个不再简单以"中国市场换国外技术"，不再以"Global Vision，China Practice"为终极目标的时代，中国社会开启了一个"China Rooted，Global Practice"，共享绿色，健康奋进的崭新时代。在这个新时代，互联网技术已作为全球消费者共享的大平台，"嫁接着"或者说"被嫁接着"中国独特的资源和地缘优势，开始构建包括"一带一路"在内的世界大格局。

中国的企业和企业家们，这一次面临的不再是空前的机会，而是绝后的挑战：主战场不再仅仅是他们熟悉的中国市场，还包括他们不怎么熟悉的新兴市场，以及他们必须更加严峻对待的发达国家市场……任正飞、马云闯出去了，王石、郭广昌、王中军迈出去了……汇聚世界资源，融入新技术优势，重构世界格局中的企业商业模式，成为新时代、新格局下中国企业家的新使命：构建全球范围的企业发展战略，打造新一轮的竞争优势！

基于以上认知，作者开始系统思考如何深刻理解当今的时代和中国企业。

（1）彼得·德鲁克把过去200多年组织的变化总结为工业革命、生产力革命和管理革命带来的三大里程碑式演进，强调第三次管理革命中，知识成为超越资本和劳动力的最重要的生产要素。为避免知识工作者是否努力工作很难被直接观察和测量，将管理重心转向与动机匹配（incentive alignment）的激励。期权成为过去24年来世界范围，包括互联网在内的高科技企业几何级数发展最主要的组织创新。时至今日，作为组织的企业已经悄然迎来了艺术家式的创意革命时代。在这个时代，自激励的个体不再愿意被哪怕是柔性管理或刚性期权激励，而更偏向于爱好与兴趣导向的创意所带来的成就感以及社会价值认可。

（2）在这样的时代，中国经济恰好发展到周期性背后结构性调整带来的GDP中低速增长新常态。在政府无力采取大规模经济刺激政策的背景下，中国企业家们"被逼"从人性本源上反思企业家本身应具备的定力——如何学习德国、法国社会不以企业规模小为卑贱，不以小为低下的企业家心态。调整"找准风口猪也飞"的"急功近利"——经济发展全靠政府导向的惯性思维。不再义无反顾"拉关系，拉下水"的"中国式资源整合法"，从崇拜欧洲奢侈品的矛盾心态转向领悟奢侈品品牌"慢而有节奏"地推进内心追求的更高境界。

由此看来，超越工业文明的边界，赋予信息文明时代企业前所未有的创意氛围和环境是中国企业家努力探寻"一带一路"战略在内的第三种"中国发展模式"，以构建企业核心竞争力——"看得懂，学不会，偷不走"——可持续地做强自身企业。

在中国面临政治反腐、经济下行和南海军事冲突潜伏的多重背景下，作为中国学者，我们高度关注中国企业，包括央企面临的体制性障碍、结构性矛盾、政策性问题，民企面对的"强与大"悖论以及日渐敏感的"原罪救赎"与否等问题，并且一直予以持续探究。

从中国出发，面向全球市场的《企业战略》在强调企业战略的哲学基础前提下，将鲜活的互联网时代商业模式、企业发展战略与人类亘古不变的"真、善、美"追求目标有机地融合起来，辩证地阐述"变"与"不变"的哲学思想，与企业家朋友们一道分享对当下中国社会的新认知，以及对商业社会规律的新探究。

《为学》说得好："天下事有难易乎？为之，则难者亦易矣；不为，则易者亦难矣。"

本著述的特点可以这样来表述：

（1）著述以独到的角度切入，论述"企业存在的意义"和"战略管理与治理"的同等重要性。从哲学层面来思考企业存在的意义是本著述有别于其他战略管理类书籍的重大区别。第 2 章则强调战略与管理的关系，分别从领导力、公司治理、品牌治理（而非管理）三个视角，来发展并充实战略管理的概念和理论。

（2）全书以作者总结的案例为开篇，将最前沿的企业战略实践和战略理论结合激荡，以探索在当前经济环境下，企业的生存与图谋创新的发展之道。我们重点选择中国企业案例，比如腾讯、华为、小米、万科、万达、复星等，做提纲挈领的总结，引导读者进入各主题。

（3）创新是本届政府提出的五个发展新思路之一，承载着中国经济转型的希望和重任。相应地，我们通过"战略创新"一章来呈现这一重大主题。以对比华为和小米两种截然不同的创新导入，凸显技术创新和模式创新的不同路径。再通过透视颠覆性创新和蓝海战略两个深具影响力的创新理论，来系统剖析目前创新最为活跃的互联网领域。最后以内部创业这一举措收尾，强调指出大企业有可能以组织变革的方法，来推动战略创新。

（4）"商业模式"和"战略联盟"在本著述中也是两大亮点，因为几乎没有战略书籍单独一章系统地讲述"商业模式"，对"战略联盟"的关注程度也十分有限。本著述则基于作者以往的探索研究，对这两章内容做了独到的阐述。在"商业模式"一章里，我们从目前火爆的打车软件案例导入，论述了一个创新领域内多种商业模式并行的局面；正文开篇则追本溯源早期文献，系统讲解模式的内涵、特性、分类、设计、重构，并以互联网思维收尾。在"战略联盟"一章，我们以"腾百万"这个联盟导入，逐一论述联盟理论、伙伴选择、联盟结构、运营控制、终局管理五个关键方面以及彼此如何呼应的关键要领。

《企业战略》能够高品质印刷出版，得益于享有海内外盛誉的机械工业出版社。感谢副社长周中华先生全方位的支持。感谢资深编辑吴亚军先生、责任编辑王金强先生。作者每一部著述的顺利出版都与华章分社编辑们的专业服务水准和不厌其烦的工作态度紧密相连。尤其要提及的是艺术总监陈子平先生，他就一个封面 8 个版次、16 个版式的"来回折腾"和"殚精竭虑"，受益的不只是一道工作的年轻新秀王建敏先生，更重要的是，大家在共同营造着机械工业出版社华章分社从优秀走向卓越的文化氛围。

感谢 120 周年辉煌历史的上海交通大学和 100 周年历程的安泰经济与管理学院对作

者的全面支持。院长周林教授、书记余明阳教授、执行院长李垣教授平易近人的学术讨论态度和积极参与让我们肃然起敬的同时，心存感激。长江商学院创始院长项兵教授的开放空间，亦为本书创作留下值得记载的一笔。

最后要感谢作者在上海、北京、天津、纽约研究团队的成员们，特别要提及一贯严谨、认真、勤奋的研究助理孙立本先生，以及禚建军、张勤涛、赵剑波、王文龙、王克稳、严子淳、孙怡、孙凯伦、李嘉成、罗静、David Drobik、Johnny Neria 和 Lydia Liang。正是三年来他们先后不间断的努力才使得本著述得以如愿问世。

2015 年 12 月 23 日

曼哈顿　I-House

目录

第二篇　企业战略形成

第 4 章 | **战略取势**

第 5 章 | **竞争优势：获取与进化**

第三篇　企业战略拓展

Corporate
Strategy

第一篇

战略导论

第1章

企业存在意义

爱马仕一直坚持着我们的传统价值观。
我们没有故事，
因为我们自己本身就是一个活着的故事。

——爱马仕家族第六代传人 Axel Dumas

| 开
| 篇

法国爱马仕公司的追求

18 年前的中国，大多数人并不知道爱马仕（Hermès）是"何方神圣"。这个历经了将近两个世纪的风雨，作为法国文化符号之一的爱马仕，已经从法国流行到全世界，并成为世界各地男女老少都乐意接受的品牌，爱马仕公司的管理哲学也成为众多学者研究的对象。

带着对历史的尊重与对未来的热情，爱马仕以精湛的工艺、对艺术的不懈追求，与时间结盟，创造了许多时尚经典，如 1837 年制造的马具、1879 年制造的马鞍、1922 年问世的手袋、1937 年制造的真丝丝巾、1968 年的微型 Kelly 手提包都已经成为"优雅高贵"的绝对代言。

爱马仕的成功就在于其不懈的追求与独特的创新经营哲学。CEO 帕特里克·托马斯说："时间变了，但我们的目标没有变，爱马仕永远会坚持独立经营，不盲目收购扩张。我们不想做得很大，只想做得更好。我希望消费者能够亲自触摸、嗅闻、鉴赏，因为唯有经过拥有者个人气质的浸润，才会有生命。"爱马仕追求的是"真、善、美"。世界最大的奢侈品集团 LVMH 则是另一种不同的经营哲学——快速、资本，他们通过大量吞并与收购构建"商业帝国"。两个集团公司 1993 ～ 2014 年净利润率对比图可以更好地反映不同的经营追求，如图 1-1 所示。

需要一提的是爱马仕公司的"塔式"管理哲学：当资本大量进攻奢侈品业，并购推动行业快速演变之际，爱马仕家族却能始终牢牢把控着大权，不为所动，高踞奢侈品金字塔顶端，而支撑爱马仕"金字塔"的是其独特的品牌模式化经营策略。

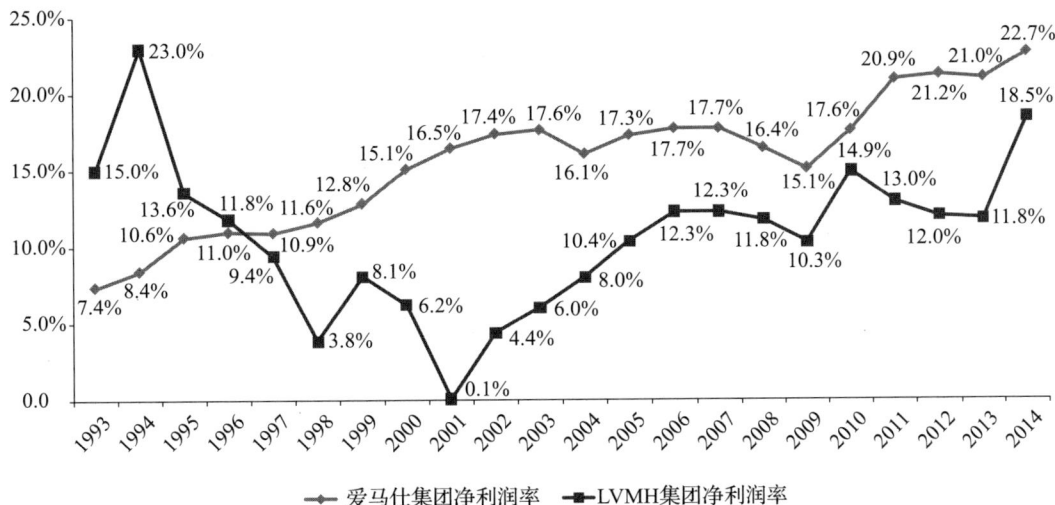

图 1-1　1993 ~ 2014 年爱马仕集团与 LVMH 集团净利润率对比

　　创意的决策 + 古板的执行。所谓"创意的决策"是指爱马仕在策划初期,通过高级决策层对所制订的工作内容提出时效期限及工作目的,由各职能部门及协调机构在公司保持的固有文化背景之下,发挥各种可供参考的经营"灵感",并完成初步的产品设计与开发工作。

　　在确认工作方向及设计方式之后,进行到执行阶段则必须根据既有的执行流程与标准对工作进行细致的实施,在此阶段内,所有的执行人员与操作人员必须根据既定的方式进行"古板"的工作,将原有的创意一丝不苟地在执行中完成。因此,爱马仕在模式化经营的两个阶段内,其筹备期相对更加宽广与放松,而执行之时则严之又严。比如,皮手袋是爱马仕最成功的产品之一,要定制一个有爱马仕镇店之宝美名的皮手袋,需要等上几年的时间,因为它的每一块皮革,都要经过多方的设计和分析,同时还有多重繁复的步骤来处理。这种皮包均有制造匠师的标记,不论维修或保养,都由同一匠师负责。如此严谨古板的制作,正是它矜贵的原因,也是爱马仕立于奢侈品世界顶端的原因之一。

1.1　共享的价值观

　　我们从开篇中可见,不管社会如何变化,产品会过时,市场会变化,新技术会不断涌现,管理时尚也在瞬息万变,但是在优秀的公司中,企业价值观不会变,它代表着企业存在的理由。

　　共享价值观(shared value)指的是企业内部成员一致认同的信念、价值观以及预期。这种价值观和系统形成了强势文化,同时也为企业提供了凝聚力、协调性以及控制力。这样的企业往往拥有高忠诚度的员工、重要的核心价值观、独特的经营方式、内部提升机制以及清晰的行为准则。以内化价值观为基础的、具有不确定性的控制系统通常比依赖明确规则和条例的外部控制系统更加有利于企业的协调与整合。也就是说，企业价值观是企业所有员工拥有的共同信念，并成为衡量是非的标准，也是调节企业行为和企业内部与外部关系融合的规范。

共享价值观是高绩效企业的重要特征之一。一个具有竞争力的高绩效组织往往兼有高度的稳定性和灵活性，而其稳定性则体现在其领导、战略以及价值观等方面。它们将管理重点放在组织文化以及共享价值观上，它们会在企业文化、员工培训以及管理人员发展等方面进行大量的投资。另外，一个内部协调一致、团结合作的组织非常强调共享价值观的重要性。如果要建立相互协作的**企业社群**（corporate community），就必须从共享目的、个人贡献、拓展流程以及基础建设四方面共同推进，而且相互协作的企业社群之间共享一整套独特的价值观来指导其行为，使之从企业的核心利益出发而做出更多的贡献。

成立于1802年的杜邦（DuPont）公司，作为一家以科研为基础的全球性企业，提供能提高人类在食物与营养、保健、服装、家居及建筑，电子和交通等生活领域品质的科学解决之道。其企业共享的价值观是"环保和健康、职业道德和对人的尊重"，并坚持把安全作为其核心价值观之一。团队中的每个成员都拥有个人安全价值，都必须对自己和同事的安全负责；同时，领导通过关心每一位员工，建立相互尊重、彼此依赖的关系，为安全管理奠定坚实的基础。

共享价值观被视为企业的核心竞争力之一，是企业价值观管理的关键。当今时代管理者和员工拥有共享价值观，已经成为企业获取竞争优势的重要源泉。

阿里巴巴在1999年创立之初就确定了"客户第一、团队合作、拥抱变化、诚信、激情、敬业"六个核心价值观。当新员工加入阿里巴巴时，都要在总部参加为期两周的入职培训和团队建设课程，内容包括公司的愿景目标、使命和价值观。同时，阿里巴巴在培训课程、团队建设训练和公司活动中也不断强化这些内容，努力为员工创造一个积极、灵活和以结果为导向的环境中共同紧密工作的大家庭，而且强大的共享价值观使阿里巴巴保有共同的公司文化。

企业的共享价值观在理念、意识与价值观上对组织成员产生约束的作用。企业共享价值观会融入企业的方针政策、运营流程以及日常规范中，因此对于企业的道德建设具有非常重要的作用。一些学者（如孔茗和吴维库，2012）从管理控制的角度对基于价值观共享的协同控制进行了研究。协同控制的优势在于团队成员在共享价值观和目标的基础上，共同开发出一套控制系统，实现自我控制。他们认为"协同控制是新出现的管理控制模式，其实质是，企业是价值观共享的人聚集并且共赢的平台，每个员工都是自动自发型的，通过团队成员之间协商，发展出一套自我管理和控制的方式"。

连续两年（2014 年、2015 年）入围"Interbrand 全球企业品牌价值排行榜"的中国企业是华为（Huawei）。华为的成功与它所秉承的共享价值观紧密相连：

- 成就客户：为客户服务是华为存在的唯一理由，客户需求是华为发展的原动力。
- 艰苦奋斗：华为没有任何稀缺资源可以依赖，唯有艰苦奋斗才能赢得尊重与信赖。
- 自我批判：自我批判的目的是不断进步，不断改进，而不是自我否定。
- 开放进取：为了更好地满足客户需求，积极进取、勇于开拓，坚持开放与创新。
- 至诚守信：只有内心坦荡诚恳，才能言出必行，信守承诺。
- 团队合作：胜则举杯相庆，败则拼死相救。

核心价值观、惯性思维、行为表现的层级关系，如图 1-2 所示。

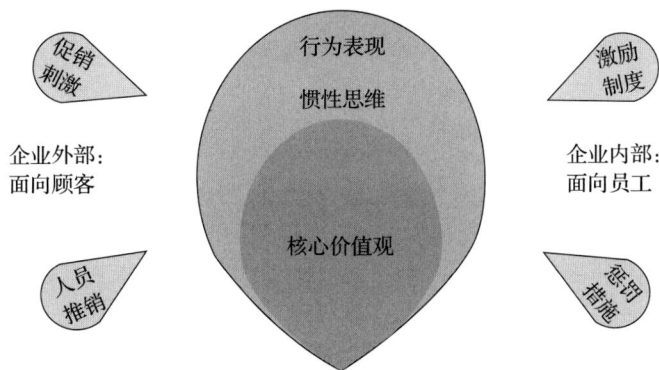

图 1-2 核心价值观—惯性思维—行为表现层级示意图

从某种程度上来看，共享价值观对于公司治理与企业科学发展有重要的作用。我们可以将"思想植入"的概念引入企业战略与战略管理中，企业通过**内部营销**（internal marketing）将企业核心价值观植入员工的思想中，从内而外地影响员工的行为。著名营销学者菲利普·科特勒（Philip Kotler）曾指出："内部营销是指成功地雇用、训练和尽可能激励员工很好地为顾客服务的工作。"共享价值观只有被员工认同、接受，真正固化于心、外化于行，企业文化才能真正发挥应有的作用，推动企业发展。

成立于 1892 年的通用电气公司（General Electric，GE）是注重多元化发展的出色的跨国公司，公司业务遍及世界上 100 多个国家，拥有员工 315 000 人。要更好地对如此庞大的组织进行有效的管理及控制，光靠管理制度的传统控制系统是不够的，在公司内部共享一套员工一致认同的价值观则显得尤为重要。GE 的共享价值观不仅体现在公司的手册里，还写在"通用电气价值观卡"上，所有员工都必须随身携带，其内容为：痛恨官僚主义、开明、讲究速度、自信、高瞻远瞩、精力充沛、果敢地设定目标、视变化为机遇、适应全球化。

现在，我们将价值观与企业战略结合到一起，思索这样一个问题：企业战略要解决企业的生存和发展问题，共享价值观对企业战略有关键意义。正确的共享价值观能够推动企业战略的发展，使整个企业充满向心力、凝聚力、创造力以及活力。共享价值观与企业目的密不可分，因此，在深入研究企业战略之前，充分理解企业目的就显得尤为重要。什么是企业目的？企业目的为何如此重要？

企业目的（corporate purpose），又称**企业使命**（corporate mission），是企业所追求的目标与价值。并不是所有的企业都有必要制定目的，但如果一个企业想要成就伟业，并且获得持久的成功，那么制定一个有效的目的就是最初也是最重要的一步。在过去的半个多世纪里，竞争总让人们感到受益匪浅，但"我们为何而竞争"这个问题却始终困扰着我们。如今，全球的企业领导者们更是对这个问题日益关注，一些领导者都把它视为使命，虽然他们没有明说，但越来越多的人开始视"做正确的事"为第一要务。特别在过去的几年里，企业的思维前沿已经由苦求"我们该怎样达到目标"回归到"应该达成什么样的目的"和"为什么应该达到那样的目的"。在那些声名显赫的商业领袖背后，总有说不完的关于目标的故事。

除此之外，有效的目标不仅能被落实成任务，还能在企业其他非正式的活动中发挥激励和引导作用，也能在员工与顾客、员工与员工之间的互动中起到作用。目标使一系列的日常活动具有了一致性，这种一致性不只是体现在一个时间段上，还贯穿于企业的整个发展过程，它让企业独树一帜，真正地有别于其他竞争对手。目标还能减少创业者在前进过程中遇到的阻力和恐惧，让革新者们能透过现状看得更远，并进一步加强企业内外个体之间的信任，也让它们更多地考虑彼此的需求。

美国著名思想家爱默生（Ralph Waldo Emerson）说过"商业是神圣的"。如果仅仅考虑经济利益，而忽视自身社会责任，企业生存的目的是不可取的。而没有企业目的，对于自身的企业价值没有一个很好的表达和诠释，企业不可能获得长足的进步和发展。形之于文字的企业目的，明确揭示了企业的自我定义、企业的原则、企业的信念、企业的存在意义和企业的哲学，这恰是企业战略所需要解决的问题。

例如，让任何地方的人说出他所知道的一种美国饮料，他的答案必定是可口可乐（Coca-Cola）。原因何在？不是因为可乐的味道多么好，也不是因为可乐的广告多么有影响力，而是来自可口可乐开创企业时所制定的企业目的——以可乐瓶承载自由。在今天的中国，当任何人问起清凉饮料时，无人不晓加多宝。加多宝不仅为人提供了一种清凉解毒的饮料，更是在为人类的心灵提供一种慰藉。企业勇于履行社会责任，透射人类互爱互助的果敢与坚毅真正地打动了每一位消费者的内心。

因此，我们将企业目的定义为企业战略的哲学前提。那么，企业战略究竟是什么呢？

1.2 战略的内涵与本质

在漫漫历史长河中，一些企业能够成功，而另一些失败了。在跌宕起伏的房地产行业中，万科能屹立不倒，并且时时刻刻以前瞻的眼光看待发展；在激烈竞争的汽车行业中，特斯拉能取得如此令人瞩目的成功，并且前途无量；同样，苹果从默默无闻的小公司逐步做强做大，最终成为世界上最成功的公司之一，而它的竞争对手，当年在苹果刚刚崭露头角时就已如日中天的诺基亚（Nokia）和索尼爱立信（Sony Ericson）却最后几乎消失在消费者的视野中。在数据库软件市场上，微软（Microsoft）、甲骨文（Oracle）可以占据和保持强势的市场地位，而 Infomix 和 Sybase 这样的企业为何节节败退了？我们可以看一则小案例。

2001 年，惠普（HP）与康柏（Compaq）的并购颇受公众关注。当两家公司的 CEO 兴致满满地进行并购的同时，作为 14 年惠普董事会成员、创建者 William Hewlett 的孙子 Walter Hewlett 非常激烈地批评了并购的做法。包括投行专家、股市分析员以及管理咨询员在内的专家都各抒己见。

当惠普和康柏的并购持续了四年后，让人失望的是，彼时的首席执行官卡莉·菲奥莉娜（Carly Fiorina）被惠普董事会解雇。惠普董事长 Patricia Dunn 认为公司需要一个能执行得更好的领导者。Robertson Stephens 投资银行的创立者 Stanford Robertson 对此事发表了看法："我一直认为他们执行得很出色，但是我不认同他们的战略。"

从以上的例子中我们可以看到，企业管理者所实行的**战略**（strategy）对于这个企业相对于竞争者的表现具有重大的影响。但什么是战略？战略从何而来？在学习任何理论之前，皆须究其本源。

1.2.1　战略的内涵

从汉字字面上理解，"战"是竞争、战争，"略"是方法、谋略。中国古人很早便有了战略思想的哲学眼光，但他们更倾向于使用谋略来实现军事目的。中国古代的许多书籍，如《三十六计》《孙子兵法》《六韬》《孙膑兵法》《鬼谷子》《尉缭子》等，就孕育着非常丰富的战略智慧。其中，公元前 360 年孙武所著的《孙子兵法》堪称"兵学圣典"，是将帅必读的"武经"，且在唐朝以后被列为武经七书之首。在军事以外的诸多领域，《孙子兵法》也被广泛应用，从《战国策》《吕氏春秋》《韩非子》《黄帝内经》等著作中，都不难发现《孙子兵法》对其产生的深刻影响。《孙子兵法》中的"慎战"是孙子指导战争实践的基本主张，"五事七计"是他用以预测战争胜负的基本要素，"兵者，诡道也"则指出了用兵的要领，运用智谋。"慎战""五事七计""诡道十二术"等都是中国最早的战略概念。

在西方，"战略"一词来源于希腊语"strategos"，起初也是应用于军事领域，直译为"军队中的指挥官"。第一个将"战略"一词与商业活动联系起来的是数学家冯·诺依曼（John Von Neumann）和摩根斯特恩（Oskar Morgenstern），他们在《博弈理论和经济行为》一书中提及："战略是一个全面计划，界定在所有可能出现的不同情况下（选手）如何做出选择。"此后，军事战争中的很多原理，如进攻与防御的相对优势原理、夹击（侧翼进攻与包抄）原理、随形就势原理等，广泛地被应用于商业竞争。20 世纪 50 年代起，战略研究作为管理学，开始具体化研究。1962 年，钱德勒（Alfred D. Chandler）在其撰写的《战略与结构》一书中初次引入。他在此书中将"战略"定义为"一个企业的长远战略发展方向和目标的抉择，所采取的一系列措施，以及为了实现这些目标对资源进行的分配。"美国著名的战略学家安索夫（Ansoff）在其著作《企业战略》一书中开始使用"战略"一词，将"战略"从军事领域拓展到经济管理活动。

此后，"战略"新定义不断地被学者们提出，"战略"的定义越来越多。这种多样性源于学者使用了不同的术语，或者他们各自对战略核心内容的不同理解。

一些学者强调了通过合适的资源分配方式（Chandler，1962；Schendel 和 Hatten，1972；Barney，1997；Harrison，1999）制定长期目标的方向以及项目或计划的选择（Learned 等，1969；Andrews，1971；Ackoff，1974；Shrivastava，1986），他们认为这些内容构成了战略的基本元素。如：

战略是使得企业保持和增进其绩效的某种资源配置模式。

一些学者强调了行为、计划、项目、目标方向等术语的定义（Chandler，1962；Glueck，1976；Hofer 和 Schendel，1978；Summer，1980；Hatten 和 Hatten，1988；Venkatraman，1989；Pearce 和 Robinson，1994；Griffin 和 Singh，1999；Hambrick 和 Fredrickson，2001；David，2003；Hill 和 Jones，2005；Grant，2008），如：

战略是一个企业的长远战略发展方向和目标的抉择，所采取的一系列措施。

一些学者在定义中将战略作为企业连接环境的基本要素（Katz，1970；Miles 和 Snow，1978；Mintzberg，1979；Jemison，1981；Stoner，1982；Miller 和 Friesen，1984；Chrisman、Hofer 和 Boulton，1988），如：

战略是企业与环境的连接手段，是一系列决策中反映出的某种模式。

一些学者将竞争优势、公司绩效作为必需元素加入战略定义中（Bruce Henderson，1989；Porter，1996；Barney，1997；Bowman 等，2002；Hitt、Ireland 和 Hoskisson，2003），如：

战略是对能够创造和增强企业竞争优势的某种行动计划的有意搜寻。

业务战略的实质，一言以蔽之，就是竞争优势……战略计划的唯一要旨在于使企业可以尽可能有效率地获取相对于对手的持久优势。公司战略因此意味着试图通过最有效率的途径改变（提高）企业相对于对手的实力。

战略在于与众不同。它意味着刻意选择不同的活动系列来提供独特价值组合。

一部分学者把战略作为企业为了达到其目的而做出决定的过程（Uyterhoeven，Ackerman 和 Rosenblum，1973；Steiner 和 Miner，1977；Moskow，1978；Quinn，

1980；Van Cauwenbergh 和 Cool，1982；Thomas，1984；Smith，Arnold 和 Bizzell，1988；Whittington，1993；Certo 和 Peter，1997），如：

战略是将组织的主要目标、政策和行动序列整合于一个有机整体的计划模式。一个好的战略帮助企业获取和配置资源，从而根据其相对的内部实力与弱项，预期的环境变化，以及明智对手的伺机举动，造就企业独特的和有利的态势。

与此同时，其他一些学者认为"战略"是企业做出抉择时的一系列理性战术（Beverley，1967；Knights 和 Morgan，1991；Fry 和 Killing，1995）。环境或企业的变化也被认为是战略定义中重要的一点（Newman 和 Logan，1971；Michael，1973；Ginsberg，1988）。一些定义描述得更折中，它们把以上所提及的术语都作为战略定义中必备的元素（Thompson 和 Strickland，1987；Conner，1991；Menguzzato 和 Renau，1991；Hax 和 Majluf，1997；Johnson、Scholes 和 Whittington，2005；Guerras-Martin 和 Navas-Lopez，2007；Nag 等，2007）。

Ronda-Pupo 和 Guerras-Martin（2012）两位战略学者用共词分析法研究分析了之前学者关于"战略"的定义后发现，"企业""环境""措施"以及"资源"构成了战略定义的核心，同时，"目标""绩效"的重要性也需要考虑在内。因此，他们将战略的概念最终概括为：

战略是一个企业通过理性的资源使用，采取必要措施来实现企业目标并提升企业绩效，并与环境构成和谐关系的动态方案。

换言之，企业战略即是企业根据其外部环境及企业内部资源状况，为求得企业生存和长期稳定的发展，为不断地获得新的竞争优势，对企业发展目标、达成目标的途径和手段的总体谋划。战略的核心是在综合考虑企业目标市场环境及自身资源的情况下，制订出切实可行的方案和计划，即"衡外情""量己力"，进而"谋策略"，得以"致目标"。

1.2.2 战略的本质

当我们总结了"战略"的定义后，如何去理解战略的本质？本节一开始惠普收购康柏的案例说明了即便决策者们同样聪明、同样出色，他们也可能会对公司最优战略持有截然不同的观点。比如在卡莉·菲奥莉娜离开惠普以前，她将个人电脑部门与打印业务部门合并到了一起。仅仅几个月后，新上任的惠普首席执行官马克·赫德（Mark Hurd）便撤回了这个方案，并将两个部门重新划分。下面这个案例也充分说明了这一点：

自 2005 年起，波音（Boeing）宣布公司将巨额投入用于波音 787 梦想飞机——一种能搭载两三百名乘客的中型长途运输机型。而空客（Airbus）将所有精力放在了 A380 上，这是一种能搭载 550～800 名乘客的超大型喷气式长途运输飞机。这两家竞争者对未来国际航空业的发展结构模式有着截然不同的观点——点对点运输系统，还是轴辐式空运系统。它们的赌注下得都非常大，如空客在 A380 上已经投入了 160 亿美元。

以上这些都是大型企业、知名企业所面临的戏剧性、挑战性的选择。其实，不去考虑公司规模和所在行业，所有公司在规划战略时都会遇到这种两难的选择。为什么一些公司就比其他公司做得更好？为了让企业更成功、获得竞争优势、创造更大的股东价值，企业需要怎么做？战略框架提供了一个很好的答案，帮助管理者做出决定。

战略不仅是备受争议的，它还是企业能否脱颖而出的关键所在。迈克尔·波特认为，战略的本质是抉择、权衡和各适其位。战略包含了一系列对公司绩效有巨大影响的内联选择，涉及规划和执行，两者概念混在一起，很难明确地用两个步骤来解释它们。讨论战略规划和战略执行哪个更重要是没有意义的，它们都是企业获得巨大成功的必需因素，而这两者都会遇到权衡取舍和做出有争议选择的问题。

战略是企业生存的手段，美国著名的咨询公司埃森哲（Accenture）很早就提出"战略明道，技术利器"，用战略链合技术公司才能更好地生存。但是，按照科斯（Coase，1937）的观点，战略并非企业存在的本质，企业的本质是价格机制的替代物，是合约选择的一种形式。通过战略获得价值最大化，是企业的终极追求。一家企业经营不良往往是由于管理者没有弄清公司有效运营和战略之间的差异。企业需要有效运营，但是这还不足以让企业脱颖而出。战略并非效率，运营效率是必要的，但没有战略重要，因为效率可以让企业跑得快，但不能让企业向正确的方向前进。

企业战略从**为什么**（why）、**做什么**（what）、**如何做**（how）三个方面来实现企业价值。"为什么做战略"，最根本的出发点就是盈利性。没有盈利，商业无从谈起。在"为什么"的问题中，战略要明晰企业的核心竞争优势，通过核心竞争优势为企业带来盈利。"做什么"指企业为顾客创造了什么价值。这里战略要解决目标市场定位，以及确定经营产品与服务等基本的企业业务范围。"如何做"指的是如何将价值传递给消费者。这里涉及企业具体运营战略。比如，企业的哪部分业务要外包，哪部分业务自己生产，生产多少等问题。

需要一提的是，许多人容易将一个企业的愿景当作企业的战略。很多公司总部门口或是前台都裱有一个精美的口号标语，这些我们都可以称为**企业愿景**（corporate vision）。绝大多数愿景类似"心灵鸡汤"，描述产品质量、服务、增长、领导力、创新、消费者、员工还有股东等内容，就像体育用品公司耐克（Nike）的愿景是"Just Do It"，戴比尔斯耳熟能详的"钻石恒久远，一颗永留传"（A diamond is forever）。著名的《呆伯特》漫画作者 Scott Adam 提到了一家公司的愿景："与消费者建立有效的合作关系，让他们获得优越感。"其实，这个愿景放在类似于 IBM 的大型企业都合适。

企业愿景可以让员工激发活力，让他们拥有共同的目标和坚定的价值观。建立企业愿景是战略实施的一个重要组成部分，它极大地影响了企业文化，这也是企业成功的缘由之一。但是，愿景几乎不能让企业做出任何复杂的决策，战略包含的内容比一段愿景的内容多得多。

1.3 战略的层次与逻辑

"在**何处**（where）参与竞争""用**什么**（what）产品参与竞争"以及"**如何**（how）在市场中赢得竞争的优势"这三个问题是企业常常遇到的，也是企业在制定经营战略的过程中必须要解决的问题。

1.3.1 战略的层次

在回答这些问题之前，弄清楚战略的三个层次是十分必要的。战略主要有三个层次：公司层战略、业务层战略、职能层战略。

企业战略可分为三个层次：**公司层战略**（corporate level strategy）、**业务层战略**（business level strategy）、**职能层战略**（function level strategy）。三个层次的战略都是企业战略管理的重要组成部分，但侧重点和影响的范围有所不同。公司层战略是企业的总体战略，它需要根据企业的目标，选择企业可以竞争的经营领域，合理配置企业经营所必需的资源，使各项经营业务相互支持、相互协调，如在海外建厂、在劳动成本低的国家建立海外制造业务的决策。因此，公司层战略是企业最高层级的战略。

企业的二级战略被称为业务层战略。业务层战略涉及各业务单位的主管及辅助人员。这些经理人员的主要任务是将公司战略所包括的企业目标、发展方向和措施具体化，形成本业务单位具体的竞争与经营战略，如推出新产品或服务、建立研究与开发设施等。

职能层战略是企业最基本层级的战略。企业运用各种专业职能，使企业所开展的经营活动更有效地适应内外环境，确保实现公司层战略和业务层战略。职能层战略包括了研发战略、生产战略、营销战略、组织战略、财务战略、人力资源战略等。

我们将在第 6 章详细阐述这三种战略类型。

在企业内，从人的角度，我们可以较为宽泛地将人划分为高层管理人员、中层管理人员与基层员工。他们在战略取势、实施及控制过程中各自发挥着不同的作用，分别履行不同的职能。企业中不同层的人，在战略的不同层次中也扮演着不同层次、不同内涵的角色。我们将整个战略过程行为分为：战略制定、战略评估、战略实施、战略控制及信息反馈。

在实际工作中，随着企业的规模、经营方式、内部管理结构的不同，分工也有所不同，实施与执行的区别体现在将战略具体化为实际工作的创造性过程中。表 1-1 列出了一个较普遍的分工，但并没有涵盖所有的情况。

表 1-1　战略分工

人员层次 战略层次	高层管理人员	中层管理人员	基层员工
公司层战略	制定、评估、控制	实施、反馈、控制	执行、反馈
业务层战略	制定、评估	实施、反馈、控制	执行、反馈
职能层战略	评估	制定、控制	实施、执行、反馈

1.3.2　战略的逻辑

战略一定连接着企业的商业目标和内外部环境，战略逻辑隐含着企业的管理者对内部资源与能力的认知，以及对外界环境假设背后所依据的想法与因果推理关系。战略的基本逻辑包含以下三个观念。

匹配观念　没有最好的战略，只有适合或不适合的战略。一个企业并非一定要追求完美的战略指导，即使战略指导非常完美，没有企业自身所处环境、相应资源和能力的支撑，也只能是空中楼阁。因此，企业应该根据自己的独特长处和所处的环境、制度，寻求多种约束条件下的最优化战略或次优化战略。

同时，我们也要讲究三个层次战略的互相匹配度。公司层战略、业务层战略、职能层战略似乎互相独立，本质上却紧密相连、互相影响。因此，制定战略时管理者需要将这三者一一对应。每层战略的定位、选择、规划、实施与控制都需要相互"匹配"。这是战略的基本逻辑之一。

价值导向观念　从战略关联角度看，战略管理是价值导向的。一般地，任何战略的制定与实施都会影响到关联者，如顾客、股东、董事会、管理层、社区、团队成员、员工、工会、政府、供应商等。战略是希望通过创造价值，带给关联者一定的利益，从而达到企业目标。在当今的实践活动中，企业越来越了解到关联者中最重要的是顾客，所以，制定战略是为了产生更高的顾客价值。

全世界的高层管理者不断地意识到"完整的客户"这种观点的重要性。事实上，在未来，企业的价值越来越依赖于客户价值的不断提高，我们也逐渐明了以客户为基础的价值应该由"个体客户的价值""总体客户的规模"这两大关键因素决定。图 1-3 很清晰地说明了这些关系。

战略领域的观念　战略管理往往有宏伟蓝图的愿景与雄心壮志的支持，但绝对不是也不能是"大跃进"的行为。战略管理者最需要明白自己的能力范围，所以应具有浓郁的战略领域观念。企业的战略领域是指其所从事的活动，指的是市场、地理范围、技术、所提供的产品和服务、提供的方式及其相关活动的过程，是指战略的"what"，包括何种产品、何种活动与何种市场，或者"什么不是其领域"。所以在战略领域的观念里，包括了抉择、分配和**权衡**（trade-offs）的理念，决定"不要做什么"和决定"要做什么"是同等重要的。

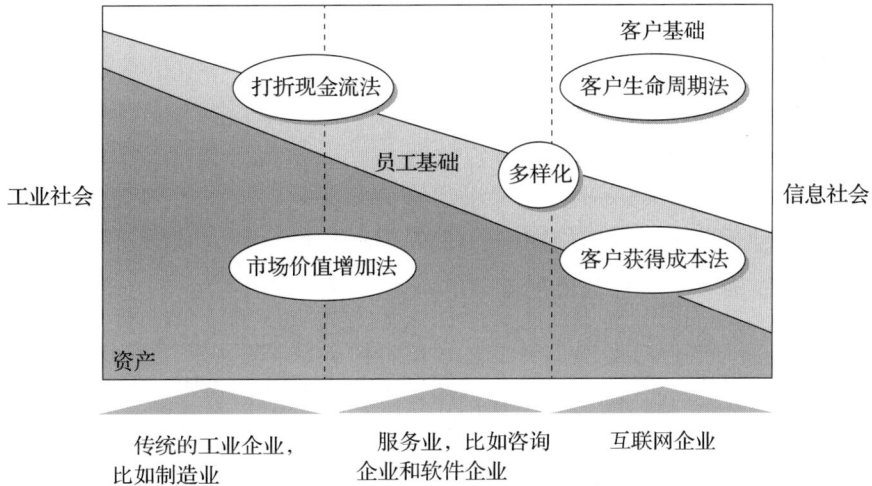

图 1-3　企业价值的组成

资料来源：麦肯锡公司。

1.4　企业道德与社会责任

企业战略往往隐含了道德规范的前提，这在以往是比较敏感的层面。意大利一位饱受争议的政治思想家马基雅维利（Niccolò Machiavelli）说过：道德关注在成功的商业管理活动中毫无用处。然而，现实并非如此。但丁说过：道德常常能弥补智慧的缺陷，智慧却永远填补不了道德的空白。对**企业道德**（business ethics）与**社会责任**（corporate social responsibility，CSR）的关注其实能让企业受益无穷。

表 1-2 列出的四条道德规范，是迄今为止最富有成果的企业的四条动力源泉。"道德"指正确的行为准则，"道德规范"是判断一种行为是否能为人所接受的依据。

表 1-2　企业道德标准

道德目的	道德观念类型	行为的道德基础	代表公司
探索发现	"新事物"	做出自主选择	英特尔、IBM、华为
追求卓越	"美好品质"	完善自我	爱马仕、苹果、奥迪
利他主义	"助人为乐"	提升幸福感	沃尔玛、惠普、万科
英雄主义	"力量的效力"	展现成就	微软、福特、美孚石油

美国当代经济学家米尔顿·弗里德曼（Milton Friedman）一直持这种观点：利润最大化应当是企业的目的。的确，任何企业都要靠赚取利润来生存发展，但利润最大化无法代替企业目的中的社会责任和道德规范，后者是前者的隐性前提。曾担任惠普 CEO 的约翰·杨（John Young）说：利润虽然重要，却不是惠普存在的原因，公司是为了更基本的意愿而存在。福特（Ford）前任 CEO 唐·皮特森（Don Peterson）也说：把利润放在人和产品之后，是福特创造公司奇迹的根本原因。

当中国政府掀起反腐大潮时，首先"鸡飞狗跳"的就是与房地产相关的领域，但中国最大的房地产企业万科却稳如泰山。王石在一次演讲中说："万科在 60 个城市同时运作 300 多个项目，更别说以前完成的项目，没有一个出（此类）问题。"这种企业伦理道德，是王石心目中万科的核心竞争力之一。

尤其是当企业面临危机或道德困境的时候，缺乏社会责任和道德规范的企业会做出错误的决策；而富有社会责任和道德规范的企业会做出正确的决策，成为真正成功的企业。利润最大化、社会责任和道德规范并行不悖。默克制药（Merck）创始人乔治·默克（George Merck）二世说："我希望表明公司同仁所必须遵循的原则，简单地说，就是我们要牢记药品旨在治病救人。不在求利，利润会随之而来。如果我们记住这一点，就绝对不会没有利润；我们记得越清楚，利润就越大。"

佳能公司（Canon）是日本一家全球领先的生产影像与信息产品的综合集团，从 1937 年成立以来，经过多年不懈的努力，佳能已将自己的业务全球化并扩展到各个领域。佳能长期关注中国的非物质文化遗产保护工作，致力于用影像推动非物质文化遗产的保护，抢救濒危的少数民族文化，支持优秀文化遗产和非物质文化遗产的保护和传承，提高公众对非遗保护的意识。佳能 CSR 活动既能履行企业社会责任，也能提升佳能在消费者心中的品牌形象。发挥佳能影像技术在助力非物质文化遗产的记录和保护的独特作用，使由核心优势支持的"影像公益"更有竞争力。

同时，追求企业自我价值的体现也是符合马斯洛需求层次理论的。海尔集团 CEO 张瑞敏说："单是为了钱的企业办不大，我认为在任何时代，能满足人最深层，也是最本质需要的不是金钱和物质，而是自我价值的发现和实现。"

创立于 1971 年的联邦快递公司（FedEx）主要资助一些非营利性组织，这些组织主要为社会上超出政府福利范围的弱势群体和边缘人群提供服务，援助对象包括伤残退伍军人、听障和视障人士、弱势的妇女、女童以及亚文化人群。保护人群多样化是我们资金投入最主要的领域，以弥补不同群体之间的鸿沟，为具有不同经济能力、教育、领导权和支持度的人群提供沟通的桥梁。通过这些捐款，联邦快递正在帮助许多差异化人群改善生活，并为他们创造机会。

从利益相关者（见图 1-4）的视角考虑，一个企业如何履行其社会责任往往取决于企业的管理方式以及组织结构。当企业试图将社会责任作为公司整体运营的考量因素时，管理职能就显得尤为重要。同时，一个诚信的企业公民会在追求利润最大化的同时，兼顾对于他人的责任与义务。利益相关者对于企业社会责任的预期会对危机管理（特别是声誉危机）产生很大的影响：如果一个企业决定将以基于利益相关者的企业社会责任融入其战略制定的过程中，那么这些利益相关者对于企业行为以及承诺就会产生正面感知，从而提高企业的声誉并降低名誉危机的可能性。

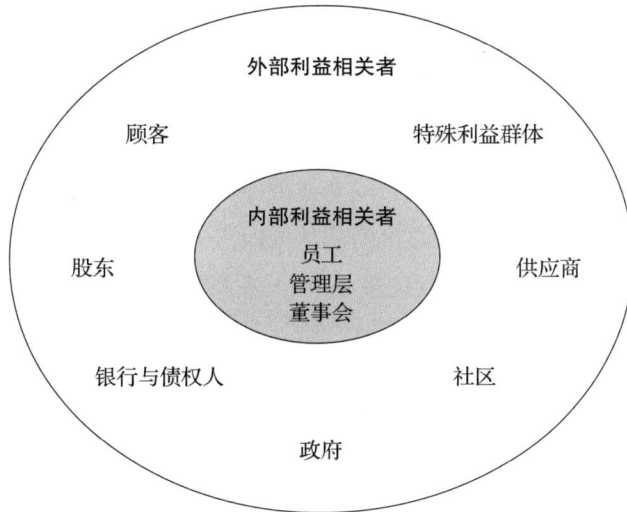

图 1-4　内部与外部利益相关者

事实上，企业社会责任行为对利益相关者而言是有价值的，但是对于企业来说就缺乏战略性，只有当企业社会责任的履行能够产生商业利益，并有助于提高生产率时，才是战略性的。这种企业社会责任我们可以称为**战略性企业社会责任**（strategic corporate social responsibility，SCSR），是指能够提升企业竞争力与声誉的自愿性企业社会责任行为。通过战略性企业社会责任的履行，以战略为导向，一个企业能够实现社会利益与企业利益的兼顾。

在战略被逐渐与成功、雄心勃勃、追逐无限膨胀的利润最大化画上等号的情况下，没有什么能比经历一次危机更发人深省了。2008 年的雷曼兄弟申请破产保护、美林"委身"美银、AIG 告急等一系列突如其来的"变故"，使得世界各国都被美国金融危机震惊。华尔街对金融衍生产品的"滥用"和对危机估计不足终酿苦果就是最好的案例。彼时的危机如一面镜子，反射出企业应该有正确的发展方向。企业想要有条不紊地应对这种不确定性，需要的是有真正意义的战略——既不是一纸空谈，也不是一种预测，而是清晰分析正在起作用的诸多力量。

2014 年中国内地发生的"福喜"过期肉、"美赞臣"奶粉案、"恒天然"的"毒奶粉"、"同仁堂"含汞门等种种事件，暴露了不少知名企业在利益诱惑的面前把持不住，突破道德规范的底线，舍义而逐利。在福喜过期肉事件中，麦当劳、必胜客等国际知名快餐连锁店的肉类供应商上海福喜食品有限公司被曝存在大量采用过期肉、变质肉类原料的行为；在美赞臣奶粉案中，美赞臣、多美滋等在中国的医务渠道以各种形式给医院打款，强行给孩子喂美赞臣、多美滋等奶粉，让新生儿产生依赖，排斥母乳，对婴儿的免疫系统造成极大影响……这些行为让苦苦维系的中国品牌国际形象雪上加霜。世界范围，发生在一个行业甚至一个国家，不顾道德规范底线的牟利行为，不得不引发当今人类社会对基于企业目的的战略进行重新严肃的思考。

回顾开篇中的爱马仕，它尊重人与自然。对于自然，爱马仕家族绝非爱慕，却心存感激；在集团各层级，爱马仕始终坚持创新，追求完美。正是通过这种强大的共享价值观使得爱马仕从创始人 Thierry Hermès 先生手里代代相传，经历 170 多年的发展，最终发展为全球顶级公司与奢侈品品牌。它的企业战略随着时代的变化做出转变，随着技术进步开始革新，但是，它的企业核心价值观从未改变，企业目的从未改变，企业社会责任也从未改变，它们代表着企业存在的理由。

本章回顾

◆ **共享价值观**（shared value）：企业内部成员一致认同的信念、价值观以及预期，企业获取竞争优势的重要源泉。

◆ **企业目的**（corporate purpose）：企业所追求的目标与价值，并不是所有的企业都有必要制定目的。

◆ **战略**（strategy）：企业根据其外部环境及企业内部资源状况，为求得生存和长期稳定的发展，为不断地获得新的竞争优势，对企业发展目标、达成目标的途径和手段的总体谋划。战略的本质是抉择、权衡和各适其位。

◆ 战略有三个层次：**公司层战略**（corporate level strategy）、**业务层战略**（business level strategy）、**职能层战略**（function level strategy）。

◆ 关注**企业道德**（business ethics）与**社会责任**（corporate social responsibility，CSR）能让企业受益无穷。**战略性企业社会责任**（strategic corporate social responsibility，SCSR）能够提升企业竞争力与声誉的自愿性。通过战略性企业社会责任的履行，以战略为导向，一个企业能够实现社会利益与企业利益的兼顾。

探索与研究

1. 战略三个层次之间的关联逻辑。
2. 企业共享价值观重要性的理论基础。
3. 企业道德与社会责任在新兴市场的作用。

参考文献

［1］ Fisher R, Mourkogiannis N. Purpose: The Starting Point of Great Companies ［M］. New York: Palgrave Macmillan, 2008.

［2］ Charles W L Hill, Gareth R J. Strategic Management: Theory ［M］. Beverly: Wadsworth Publishing Co. Inc, 2012: 2-3.

［ 3 ］ Aneel K. Essence of Stratgy: Controversial Choices ［ J ］. Journal of Management Science, 2011: 1-3.

［ 4 ］ Von Neumann J, Morgenstern O. Theory of Games and Economic Behavior ［ M ］. Princeton: Princeton University Press, 1947.

［ 5 ］ Chandler A D. Strategy and Structure: Chapters in the History of American Industrial Enterprise ［ J ］. Journal of Management . Cambridge, MIT Press: 1962.

［ 6 ］ Ansoff I H. Corporate Strategy: An Analytic Approach to Business Policy for Growth and Expansion ［ M ］. Journal of Management, 1965.

［ 7 ］ Barney J B. Gaining and Sustaining Competitive Advantage ［ J ］. New York: Reading, 1997.

［ 8 ］ Miles R E, Snow C C. Organizational Strategy, Structure, and Process ［ M ］. New York: McGraw Hill, 1978.

［ 9 ］ Henderson B . The origin of strategy ［ J ］. Cambridge:Harvard Business Review. 1989（5）139-143.

［ 10 ］ Kenichi O. The Mind of the Strategist: The Art of Japanese Business ［ M ］. New York: McGraw-Hill, 1991.

［ 11 ］ Porter M E. What is strategy ［ J ］. Harvard Business Review, 1996（6）61-78.

［ 12 ］ Quinn J B. Strategies for Change ［ J ］. Homewood, 1980.

［ 13 ］ Ronda-Pupo G A, Guerras-Martin L A. Dynamics of The Evolution Of The Strategy Concept 1962-2008: A Co-Word Analysis ［ J ］. Strategic Management Journal, 1992（33）162-188.

［ 14 ］ Porter M E. What is strategy ［ J ］. Harvard Business Review, 1996（6）61-78.

［ 15 ］ Aneel K. Essence of Strategy: Controversial Choices ［ J ］. Journal of Management Science, 2006: 4-6.

［ 16 ］ Coase R H. The Nature of the Firm ［ J ］. Economic, 2007: 386-405.

［ 17 ］ Friedman M. Essays in Positive Economics ［ M ］. Chicago: University of Chicago Press, 2011.

［ 18 ］ Collins J. Built to Last: Successful Habits of Visionary Companies ［ M ］. Manchester : Harper Collins Publishers, 2004.

［ 19 ］ Collins J. Good to Great: Why Some Companies Make the Leap and Others Don't ［ M ］. New York: Collins Business, 2001.

［ 20 ］ 胡泳，郝亚洲 . 张瑞敏思考实录 ［ M ］. 北京：机械工业出版社，2014.

［ 21 ］ Adler P, Heckscher C, Prusak L. Building a collaborative enterprise ［ M ］. New York: Harvard Business Review, 2011: 94-101.

［ 22 ］ Amah E, Ahiauzu A. Shared Values and Organizational Effectiveness: A Study of the Nigerian Banking Industry ［ J ］. Journal of Management Development, 2014: 694-708.

［23］ Guiso L, Sapienza P, Zingales L . The Value of Corporate Culture ［ J ］. Journal of Financial Economics, 2014.

［24］ Kaplan R S, Norton D P, Barrows A. Developing the strategy: Vision, value gaps, and analysis ［ J ］. Balanced scorecard report, 2008: 1-16.

［25］ Kashyap V, Sivadas E. An exploratory examination of shared values in channel relationships ［ J ］. Journal of Business Research, 2005: 586-593.

［26］ McGrath R G. How the growth outliers do it ［ J ］. Harvard Business Review, 2012: 110-116.

［27］ Schwartz M S. Developing and sustaining an ethical corporate culture: The core elements ［ J ］. Business Horizons, 1998: 39-50.

［28］ Schwartz S H. Personal adventure, future directions ［ J ］. Journal of Cross-Cultural Psychology,1999（ 2 ）: 307-319.

［29］ 邓靖松 . 忠诚可以管理 ［ J ］. 北大商业评论，2014（ 2 ）： 19.

［30］ 杜培林，张丽，杜英欣 . 组织视角的价值观扩散：概念、模型与模拟 ［ J ］. 济南大学学报（社会科学版），2014（ 1 ）： 80-86.

［31］ 葛荣晋，邱忠来 . 从人的角度探析价值观管理 ［ J ］. 东岳论丛，2013（ 34 ）： 2.

［32］ 孔茗，吴维库 . 基于价值观共享的协和控制 ［ J ］. 经济研究导刊，2012（ 20 ）： 169-171.

［33］ 黎群 . 企业价值观管理的思路与重要途径 ［ J ］. 当代电力文化，2014（ 5 ）： 24.

［34］ 王子亨 . 浅谈用共享价值观引领企业科学发展 ［ J ］. 才智，2012（ 31 ）： 178.

［35］ 杨小珊 . 企业价值观指引下的企业战略模式构建 ［ J ］. 人民论坛，2011（ 23 ）： 68.

［36］ 张刚峰 . 打造期望的企业文化 ［ J ］. 北大商业评论，2013（ 2 ）： 122-129.

［37］ Bowen H R. Social responsibilities of the businessman ［ M ］. New York: Harper, 1953.

［38］ Burke L, Logsdon J M. How corporate social responsibility pays off ［ J ］. Long Range Planning, 1996（ 4 ）: 495-502.

［39］ Carroll A B. The pyramid of corporate social responsibility: toward the moral management of organizational stakeholders ［ J ］. Business Horizons, 1996: 29-48.

［40］ Carroll, Shabana. The business case for corporate social responsibility: A review of concepts, researchand practice ［ J ］. International Journal of Management Reviews, 1998（ 1 ）: 85-105.

［41］ Ghoul , Kwok. Does corporate social responsibility affect the cost of capital ［ J ］. Journal of Banking & Finance, 2011（ 9 ）: 2388-2406.

［42］ Lizarzaburu. Corporate Social Responsibilityand Stakeholder Strategies: An Impact in Risk Management ［ J ］. Journal of Research in Marketing, 2014 （ 1 ）: 98-105.

［43］ Michelini L, Fiorentino D. New business models for creating shared value ［ J ］. Social Responsibility Journal, 2014 （ 4 ）: 561-577.

［44］ Mirvis. Corporate Social Responsibility. Encyclopedia of Human Resource Management［J］. Key Topicsand Issues, 2015: 153-159.

［45］ Orlitzky, Siegel, Waldman. Strategic corporate social responsibilityand environmental sustainability［J］. Business & Society, 2011（1）: 6-27.

［46］ Porter. The big idea: creating shared value［J］. Harvard Business Review, 2011(1): 2.

［47］ Torres , Bijmolt. Generating global brand equity through corporate social responsibility to key stakeholders［J］. International Journal of Research in Marketing, 2012（1）: 13-24.

［48］ Wickert, Scherer Spence. Implementingand Communicating Corporate Social Responsibility: Implications of Firm Sizeand Organizational Cost. University of Zurich, Institute of Business Administration［J］. UZH Business Working, 339.

［49］ 陈可，李善同. 企业社会责任对财务绩效的影响: 关键要素视角［J］. 统计研究，2010，（7）: 105-111.

［50］ 眭文娟，谭劲松，张慧玉. 企业社会责任行为中的战略管理视角理论综述［J］. 管理学报，2012（3）: 345-355.

［51］ 金占明，吕力，高华俊. 被误读的企业社会责任［J］. 北大商业评论，2013（7）: 19.

［52］ 李海芹，张子刚. CSR对企业声誉及顾客忠诚影响的实证研究［J］. 南开管理评论，2010（1）: 90-98.

［53］ 田虹，袁海霞. 企业社会责任匹配性何时对消费者品牌态度更重要——影响消费者归因的边界条件研究［J］. 南开管理评论，2013（3）: 101-108.

第2章
战略管理与治理

战略管理不是一个魔术盒，也不只是一套技术。

战略管理是分析式思维，是对资源的有效配置。

战略管理中最为重要的问题是根本不能被数量化的。

——彼得·德鲁克

王石：我担心下一个倒下的是万科

2015年12月，宝能对万科的高比例持股让王石的担心意外地发生了。1997年亚洲金融风暴，当时中国最大的房地产公司倒下了，所以万科（Vanke）就成了中国第一。10年以后，万科的学习对象变成了全世界最大的住宅开发公司帕尔迪。万科董事会主席王石说："我们当时只有它的70%，当然我们没有要超过它。没想到一个金融风暴来了，我们不但超过它了，美国的第二、第三加起来也没有我们高，所以我们很自豪。"

"我想下一个该谁了呢？下一个就该我们万科了，因为组织先进法则也符合万科的现状，因为你大了，你觉得有成就了。实际上，今天到这里来开会的上午，我还和万科的团队讨论万科之后的10年，他们讲万科会继续领衔往前跑，我说不一定，这只是一个可能的选项。所以如何可持续发展？我们现在确实要有新的参照系，不仅仅更多地向国外学习，不仅仅是深潜学习西方，我们要更多地回顾我们的历史和我们的过去。"

王石表示："我们10年前的规划就是数量级增长，和我们国家一样，不要说我们国家总是说GDP，一个企业也是这样，就是你的营业额，是一样的。但是显然国家在转型，企业在转型，我们在转型当中，下一个10年怎么办？我们是有困惑的。所以我们讨论了8个月，到现在都没有弄清楚。和10年前的规划做讨论，到底是什么，到现在也不清楚，到年底是不是有一个结果也不知道。"

资料来源：王石.2014亚布力中国企业家论坛夏季高峰会.河南.2014.8。

决定企业经营成败的一个极其重要的因素，就是看企业战略管理是否科学，是否合理。或者说，企业能否实现高效经营的目标，关键就在于对企业战略的选择与管理，如果战略抉择失误，那么企业整个经营活动就必然会满盘皆输。

2.1 战略管理及其发展

最早明确提出**战略管理**（strategic management）的是安索夫，他在 1972 年发表的一篇论文中，提出了"战略管理"的概念。此后，他撰写的《从战略规划到战略管理》一书被公认为战略管理开山之作。他把战略管理归纳为将企业的日常业务决策同长期计划决策相结合而形成的一系列经营管理业务，运用战略对整个企业进行管理。一般地，我们将此定义作为战略管理广义的定义。

随后，美国学者乔治·斯坦纳（George Steiner）在 1982 年撰写的《企业政策与战略》一书中则认为：战略管理是确定企业使命，根据企业外部环境和内部经营要素确定企业目标，保证目标的正确落实并使企业使命最终得以实现的一个动态过程。一般地，我们将此定义作为战略管理狭义的定义，占据着战略管理学科的主流地位。

2.1.1 战略管理发展历程

1. 早期战略管理思想阶段

我们把 20 世纪 60 年代之前称为早期战略思想阶段。在此阶段，虽没有出现完整的战略理论体系，但已产生了很精彩的战略思想。

20 世纪初，古典管理理论代表者之一法国学者法约尔（Henri Fayol）对企业内部的管理活动进行整合，将工业企业中的各种活动划分成六大类：技术活动、商业活动、财务活动、安全活动、会计活动和管理活动，并提出了管理的五项职能：计划、组织、指挥、协调和控制，其中计划职能是企业管理的首要职能。这可以说是最早出现的企业战略思想。

1938 年，美国经济学家巴纳德（Chester I. Barnard）在《经理人员的职能》（*The Functions of the Executive*）一书中，首次将组织理论从管理理论和战略理论中分离出来，认为管理和战略主要是与领导人有关的工作。此外，他还提出管理工作的重点在于创造组织的效率，其他管理工作则应注重组织的效能，即如何使企业组织与环境相适应。这种关于组织与环境相"匹配"的主张成为现代战略分析方法的基础。

20 世纪 60 年代，哈佛大学学者安德鲁斯（Kenneth R. Andrews）对战略进行了四个方面的界定，将战略划分为四个构成要素，即市场机会、公司实力、个人价值观和渴望、社会责任。其中市场机会和社会责任是外部环境因素，公司实力与个人价值观和渴望则是企业内部因素。他还主张公司应通过更好地配置自己的资源，形成独特的能力，以获取竞争优势。

2. 传统战略管理理论阶段

20世纪60年代，安索夫撰写的第一本有关战略的著作《企业战略》出版了，成为现代企业战略理论研究的起点。从此以后，很多学者积极地参与企业战略理论的研究，在这一时期出现了多种不同的理论学派。此后40年间，10种鲜明的战略管理观点现世，它们中的绝大多数在管理实践中得到了体现。

设计学派　这一学派是以安德鲁斯教授及其同仁们为代表的。设计学派认为，企业战略的形成必须由企业高层经理负责，而且战略的形成应当是一个精心设计的过程，它既不是一个直觉思维的过程，也不是一个规范分析的过程；战略应当清晰、简明，易于理解和贯彻。

计划学派　计划学派是以安索夫为杰出代表的。计划学派认为：战略的形成是一个受到控制的、有意识的、规范化的过程。战略行为是对其环境的适应过程以及由此而导致的企业内部结构化过程。

定位学派　定位学派的杰出代表人物是迈克尔·波特。定位学派认为企业在制定战略的过程中必须做好两个方面的工作：一是企业所处行业的结构分析；二是企业在行业内的相对竞争地位分析。

创意学派　创意学派认为战略形成过程是一个直觉思维、寻找灵感的过程。

认知学派　认知学派认为，战略的形成是基于处理信息、获得知识和建立概念的认知过程，其中后者是战略产生的最直接、最重要的因素，而在哪一个阶段取得进展并不重要。

学习学派　学习学派与以往学派的不同之处在于，认为战略是通过渐进学习、自然选择形成的，以在组织上下出现，并且战略的形成与贯彻是相互交织在一起的。

权力学派　权力学派认为，战略制定不仅要注意行业环境、竞争力量等经济因素，而且要注意利益团体、权力分享等政治因素。

文化学派　文化学派认为，企业战略根植于企业文化及其背后的社会价值观念，其形成过程是一个将企业组织中各种有益的因素进行整合以发挥作用的过程。

环境学派　环境学派强调的是企业组织在其所处的环境里如何获得生存和发展，其所起的作用不过是让人们关注环境因素。

结构学派　结构学派把企业组织看成一种结构——由一系列行为和特征组成的有机体；把战略制定看成是一种整合——由其他各种学派的观点综合而成的体系。

3. 竞争战略理论阶段

在企业战略理论的发展过程中，10种战略学派都曾在一定时期内发挥过一定的作用。但随着企业战略理论和企业经营实践的发展，企业战略理论的研究重点逐步转移到企业竞争方面，特别是20世纪80年代以来，西方经济学界和管理学界一直将企业竞争战略理论置于学术研究的前沿地位，从而有力地推动了企业竞争战略理论的发展。回顾近20

年来的发展历程，企业竞争战略理论涌现出了三大主要战略学派：行业结构学派、核心竞争力学派和战略资源学派。

行业结构学派　行业结构学派的创立者和代表人物是迈克尔·波特。波特的杰出贡献在于，实现了产业组织理论和企业竞争战略理论的创新性兼容，并把战略制定过程和战略实施过程有机地统一起来。波特认为，构成企业环境的最关键部分就是企业投入竞争的一个或几个行业，行业结构极大地影响着竞争规则的确立以及可供企业选择的竞争战略。为此，波特创造性建立了"五力竞争模型"，他认为一个行业的竞争状态和盈利能力取决于 5 种基本竞争力量之间的相互作用，即进入威胁、替代威胁、买方讨价还价能力、供方讨价还价能力和现有竞争对手的竞争，而其中每种竞争力量又受到诸多经济技术因素的影响。在这种指导思想下，波特提出了赢得竞争优势的基本竞争战略：成本领先战略、差异化战略、集中化战略。

核心竞争力学派　1990 年，普拉哈拉德（Prahalad）和哈默尔（Hamel）在《哈佛商业评论》上发表了"企业核心竞争力"一文。其后，越来越多的研究人员开始投入企业核心竞争力理论的研究。所谓核心竞争力，就是所有能力中最核心、最根本的部分，它可以通过向外辐射，作用于其他各种能力，影响着其他能力的发挥和效果。一般说来，核心竞争力具有如下特征：

- 核心竞争力可以使企业进入各种相关市场参与竞争。
- 核心竞争力能够使企业具有一定程度的竞争优势。
- 核心竞争力应当不会轻易地被竞争对手模仿。

核心竞争力学派认为，现代市场竞争与其说是基于产品的竞争，不如说是基于核心竞争力的竞争。企业的经营能否成功，已经不再取决于企业的产品、市场的结构，而取决于其行为反应能力，即对市场趋势的预测和对变化中的顾客需求的快速反应，因此，企业战略的目标就在于识别和开发竞争对手难以模仿的核心竞争力。另外，企业要获得和保持持续的竞争优势，就必须在核心竞争力、核心产品和最终产品三个层面上参与竞争。在核心竞争力层面上，企业的目标应是在产品性能的特殊设计与开发方面建立起领导地位，以保证企业在产品制造和销售方面的独特优势。

战略资源学派　战略资源学派认为，企业战略的主要内容是如何培育企业独特的战略资源，以及最大限度地优化配置这种战略资源的能力。在企业竞争实践中，每个企业的资源和能力是各不相同的，同一行业中的企业也不一定拥有相同的资源和能力。这样，企业战略资源和运用这种战略资源的能力方面的差异，就成为企业竞争优势的源泉。因此，企业竞争战略的选择必须最大限度地有利于培植和发展企业的战略资源，而战略管理的主要工作就是培植和发展企业对自身拥有的战略资源的独特运用能力，即核心竞争力，而核心竞争力的形成需要企业不断地积累战略制定所需的各种资源，需要企业不断学习、不断创新、不断超越。只有在核心竞争力达到一定水平后，企业才能通过一系列组合和整合形成自己独特、不易被人模仿、替代和占有的战略资源，才能获得和保持持续的竞争优势。

尽管波特的行业结构分析以及稍后出现的核心竞争力和资源观在企业战略研究的侧重点上各有不同，但鉴于它们把市场以买方市场为主要经济特征，环境呈现复杂多样性的变化作为战略研究的时代背景，而将市场竞争作为战略研究的主要内容，以谋求建立和维持企业的竞争优势作为战略目标，我们可以将它们统称为竞争战略。

4. 动态竞争战略理论阶段

随着 21 世纪的到来，全球众多企业面临的竞争环境更加易于变化和难以预测。面对竞争环境的快速变化、产业全球化竞争的加剧、竞争者富于侵略性的竞争行为以及竞争者对一系列竞争行为进行反应所带来的挑战，传统战略管理的理论方法已无法满足现实商业生活中企业战略管理决策的需要。于是，一些管理学者提出了新的战略理论——"动态能力论"和"竞争动力学方法"。

动态能力论　该理论的提出主要基于以下认识：过去的战略理论是由从企业战略的层次上对企业如何保持竞争优势的分析构成的，而对企业怎样和为什么要在快速变化的环境中建立竞争优势却论述不多。动态能力论则主要是针对基于创新的竞争、价格 / 行为竞争、增加回报以及打破现有的竞争格局等领域的竞争进行的。它强调了在过去的战略理论中未能受到重视的两个方面：第一，"动态"的概念是指企业重塑竞争力以使其与变化的经营环境保持一致的能力，当市场的时间效应和速度成为关键、技术变化的速度加快、未来竞争和市场的实质难以确定时，就需要企业有特定的、对创新的反应。第二，"能力"这一概念强调的是战略管理应适当地使用、整合和再造企业内外部的资源和能力以满足环境变化需要。

竞争动力学方法　竞争动力学方法是在竞争力模式理论、企业能力理论和企业资源理论的基础上，通过对企业内外部影响企业经营绩效的主要因素——企业之间的相互作用，参与竞争的企业质量、企业的竞争速度和灵活性分析，来回答在动态的竞争环境条件下，企业应怎样制定和实施战略管理决策，才能获得超过平均水平收益的竞争优势。

竞争动力学的研究和分析在国外受到越来越多的关注，而且有关这方面的研究成果被普遍地应用到战略管理的实践中。第一，它研究处于竞争状态的企业之间的竞争作用，这种竞争作用产生的原因，以及竞争作用发生的可能性；第二，它研究和分析影响企业竞争或对竞争进行反应的能力要素；第三，它还对不同条件下的竞争结果进行了分析和对比。

动态竞争有五个主要的特征：

- 动态竞争是高强度和高速度的竞争，每个竞争对手都不断地建立自己的竞争优势和削弱对手的竞争优势，竞争对手之间的**战略互动**（strategic interactions）明显加快。
- 任何一个抢先战略都有可能被竞争对手的反击行动击败。

- 任何竞争优势都是暂时的，而不是长期可以保持的。
- 竞争战略的有效性不仅取决于时间领先，更主要的是及时地建立新优势。
- 在静态竞争条件下，竞争战略的主要目的是建立、保持和发挥竞争优势，主要对成本与质量、时间和专有技术、建立进入障碍、规模优势四个领域的竞争有直接贡献，但在动态竞争条件下，上述四个领域所建立起来的优势都是可以被打破的。

2.1.2 战略管理的要素

将战略、组织结构和受控的战略实施过程有机组合，为战略思想赋予蓬勃的生命力，以一个动态的过程实现企业价值最大化这一终极目标。战略管理的范围比运营管理的任何一个领域都更为广泛：它关注在模糊、非常规的环境中可能影响全组织，而不是某一具体运营单位的复杂问题。同时，战略管理并非只是针对组织所面临的重要问题做出决策，还必须确保战略的有效执行，它包括了诸多要素，其中战略定位、战略谋局、战略实施、战略控制、战略创新、动态战略管理等尤为引人关注。

1. 战略定位

战略定位（strategic positioning）涉及公司层面战略的问题，需要考虑很多方面，如外部环境、内部资源和能力，以及利益相关方的期望和影响。由此产生的一系列问题，对于制定未来发展战略是至关重要的。战略的本质也是一种定位，是企业为了维持长期的竞争优势而作的定位，是资源配置与能力大小在特定的制度下，最佳匹配的尝试。

环境　组织生存在复杂的商业、政治、经济、社会、技术等**环境**（environment）中。不同企业处在不同的外部环境中，在不同时期，外部环境的变化对企业的生存与发展至关重要，可能为企业带来机遇，也可能带来灭顶之灾。

资源和能力　歌德的一句话非常有道理："一个人的自身条件决定他所做的事情。"这句话用在企业上，再也合适不过了。企业的自身条件，主要包括企业拥有的资源与企业能力两方面，这两个元素构成了企业最核心的竞争力，也是企业利润的源泉。无论是李嘉诚旗下多元化的长江、和黄，还是专业化的万科，其生存与盈利都来自对企业自身资源的运用以及能力的发挥。

资源（resources）是指企业所拥有的有价值的资产，包括有形资源，如设备、土地、资金和厂房等；以及无形资源，如技术、专利以及品牌等。**能力**（capability）是指运用、转换与整合资源的能耐。

能力往往包含着各种有形资源与无形资源之间的复杂互动。资源的增加只是一种加法作用，而能力的运用却有一种乘法效果。虽然资源的增加有时也会存在协同效益——1+1>2，但能力的运用却可以使资源由 1 变 I（I 代表增加效用后的 1），因此通过能力可以使 1+1>2 变成 I+I>II，II 远大于 2。

整体来说，资源和能力都是组织核心竞争力的基础，且资源与能力之间存在着高度的关联性与互动性。根据资源和能力，可以将企业分为四种类型：高资源高能力、低资源高能力、高资源低能力、低资源低能力（见图2-1）。

不同类型的企业的竞争力也并不相同。通常，高资源高能力型企业最具有竞争力，未来的发展潜力也最大。相对地，低资源低能力型则是处于最弱竞争地位的企业，因此它往往必须进行内部调整或寻求外援，否则很容易被逐出市场。此外，高资源低能力型的企业，往往是资源运用

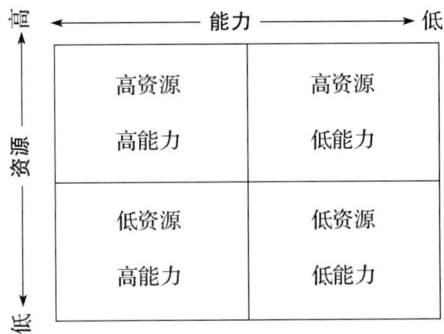

图 2-1　企业的资源与能力类型

效率不高的企业，虽然有雄厚的资源，但创造的价值不够，资源的转换和整合存在问题。而低资源高能力的企业转换能力强，但是资源不够，如果能获得外部资源的帮助，将创造出更多的价值，成为具有相当竞争力的企业。

企业要获得竞争优势，必须通过资源和能力的匹配，辅之以企业文化的正面影响，形成核心竞争力，才能够创造价值（见图2-2）。

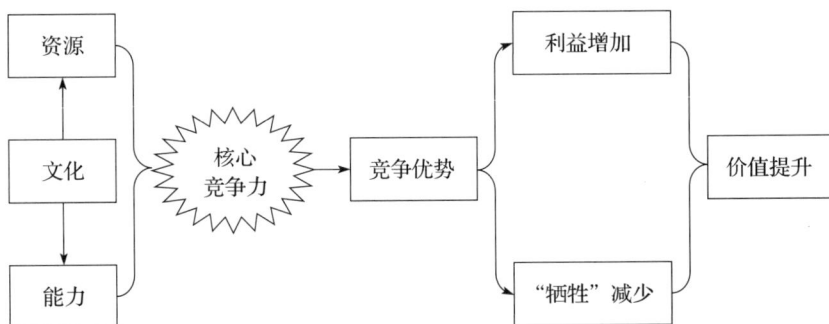

图 2-2　价值的来源

利益相关者的期望和影响　公司治理结构是一个很重要的部分，它需要回答诸如企业主要应该为谁服务、管理者如何承担相应责任等问题。**利益相关者**（stakeholder）不同的期望会直接影响企业的目标，并决定管理者提出的哪些发展战略可以接受，哪些不能接受。在企业中，最大的权利者（或者企业最大股东）将占主导地位（见图2-3）。

总之，综合考虑企业组织结构和相关利益者期望、外部环境、资源与能力等因素，为理解组织的战略定位奠定了基础。考虑组织的战略定位

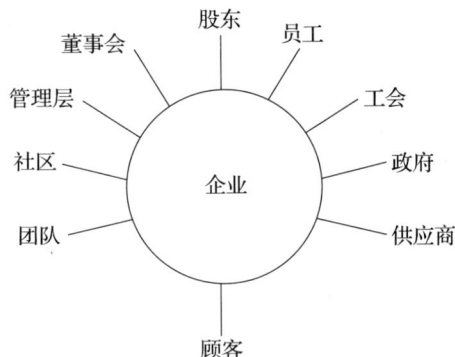

图 2-3　企业的主要利益相关者

需要放眼未来：企业的现行战略是否能够应对外部环境的变化？现行战略能否能够实现企业大股东的期望？现行战略与未来愿景不完全匹配的时候如何调整？

2. 战略谋局

战略谋局（strategic planning）的主要概念是"战略是达成目标的手段，这种手段必须运用组织资源的优势来弥补其劣势，并能掌握环境中的机会，来回避其威胁"。每一个企业的 SWOT 分析结果都不相同，企业战略是要量身定做的。

战略谋局的一个很大的挑战在于其动态性。环境的不确定性，资源的优劣势处于变化之中，目标的调整以及与国家和社会的制度变化都会影响战略的形成。环境、资源、企业目标和某些制度还会彼此互相影响。有些原先认为的机会，可能随着政策的调整不再具有吸引力；资源的优劣势的更迭，更可能促使企业重新思考其目标。战略谋局的最终结果是一个系统配套的完整战略计划，整个战略谋局的结果是一个完整的战略体系，包括高层的战略以及支持该战略的中低层战略。战略谋局完成后，企业还必须发展，通过支持该战略方案的相关政策、执行手册和各个部门、子公司对标落实，这些计划才能真正达到战略实施。

3. 战略实施

战略实施（strategic implementation）就是确保战略转化为实践。战略不能仅是一个好的想法、一份计划书，只有付诸实践才能够为企业创造价值，被成功实施的战略才是好的战略。一般来说，战略实施主要涉及以怎样的企业文化来贯穿始终，以怎样的组织架构来与战略环境相适应，以怎样的战略配置来匹配，以怎样的领导力来统帅全局。

企业在经营战略的实施过程中，常常会遇到许多在制定战略时未估计到或者不可能完全估计到的问题，在战略实施中一般遵循适度合理性的原则、统一领导指挥的原则以及权变原则。

4. 战略控制

战略控制（strategic control）是通过衡量企业的绩效目标、对照战略计划和实际执行行动的结果来进行修正与调整的过程。战略控制阶段包括战略的评估与修正行动。战略评估主要是衡量战略目标的达成程度而采取的进一步修正行动。修正行动可以小到微调，大到推倒重来。战略管理者必须认识到战略管理是一种循环不断、反复进行的过程，旨在追求组织目标的一种持续不断的改进提高过程。

5. 战略创新

战略是以未来为主导，与环境相联系，以现实为基础，对企业发展的策划、规划，它研究的是企业的明天。创新是一个民族进步的灵魂，是一个国家兴旺发达的不竭动力。创新是一个过程，可以说企业的发展过程是不断创新的过程。创新又是一种较量，要围绕着种种不利于企业成长的环境进行创新。创新也是一种挑战，推动企业不断成长壮大。

战略创新（strategic innovation）是指企业成长方式的创新，通过产品、服务和商业模式的创新，改变商业游戏规则，并创造新的用户价值。企业管理者必须改变传统思维束缚，敢于打破游戏竞争规则，加快企业核心竞争力的创造，使企业灵活面对各种问题，维持企业的可持续性发展。

6. 动态战略管理

随着时代的改变，传统的战略管理典范也需要有所更迭。市场快速饱和、科技日新月异、消费者不断变化的需求，加上不少企业借助大量的短期攻略手段掠夺市场，很多产业、企业甚至来不及进行长期战略谋局，就在企业间的短兵相接后宣告阵亡。这些现象与结构都非传统的战略管理理论所能解释。动态战略管理站上了舞台，这个概念的提出彻底改变了传统的思维模式（如上述的战略定位、战略抉择、战略实施与控制等），**动态微观竞争**（microcompetitive dynamics）便成为最核心的内容之一。动态竞争理论严谨地分析了企业特定的竞争性行动与响应，专注分析具体而且特定的竞争性行为，而这些行动的攻击性、直接性与速度被精准地衡量。同时，动态竞争将一个企业众多个别行为累加考虑，给出了企业对抗每个竞争者的不同策略。

2.2　企业家与领导力

任何企业都有其不同的特质。如果我们用一些具有共识的管理标准对企业进行分类，那么企业具有很多共同的地方，这也是管理人才往往能够适应新的企业环境的原因。但是，每个企业的文化特征差异很大，而其根源往往与企业家有关。从企业家的角度来说，领导力创新形式各异。因为企业家个人风格的差异性，在某种程度上，一个企业家就代表一种领导力创新形式。

2.2.1　企业家

"**企业家**"（entrepreneur）一词最早出现于 16 世纪的法语文献，形容领导军事远征军（武装探险队、开拓殖民地冒险）的人，后泛指从事冒险活动的人。1732 年，法国经济学家理查德·坎蒂隆（Richard Cantillon）将"企业家"引入经济学著作，认为企业家是不确定性的承担者，要面对不确定的市场和承担价格风险。这不仅是第一次在经济学文献中揭示了企业家的"风险承担者"形象，同时也指出了企业家的职能就是承担风险。

英国古典经济学家亚当·斯密认为企业家就是资本家，企业家是全部资本的源泉。鉴于当时英国工业化时期的特定历史背景，他未能鉴别企业家职能与资本所有者职能，直至约翰·穆勒（John Stuart Mill）才使用现今意义上的"企业家"概念，但仍然沿袭了古典经济学的说法，即企业家依然是"多面手的资本家"。

19 世纪初期，法国古典经济学家萨伊（Jean-Baptiste Say）把企业家定义为"结合一切生产手段并为产品价值寻求价值的代理人"，认为企业家能优化资源配置，将一切生产要素结合起来，并按照市场价格支付各种要素的报酬，企业家自己的报酬是企业的剩余，即企业家扮演的是"市场协调者"角色。

20 世纪初，英国新古典经济学家马歇尔（Alfred Marshall）认为企业家是企业生产经营的指挥者和风险承担者。企业家必须实际经营企业并拥有企业财产权，企业家角色与功能应该定位于中间人、领导者与协调者以及承担风险的人。

20 世纪初期以来，新制度经济学派经济学家主要应用交易理论和团队生产理论来定义企业家。科斯的《企业的本质》使我们可以从产权决定角度研究企业和企业家，他认为企业家是将各生产要素结合在企业中的牵线人，是企业生产的指挥者，是企业的权威，并赋予企业家"经纪人"角色。美国经济学家威廉姆森（Oliver Williamson）受到科斯理论的重要影响，在 2009 年诺贝尔学术演讲会上阐述了现代企业是具有节约交易费用目的和效益的组织创新的结果，企业家是组织创新的组织者。另一位美国经济学家德姆塞茨（Harold Demsetz）把企业家定义为通过企业内部契约产生的企业这个团队生产运行的最佳指挥者。

20 世纪中期，美籍奥地利经济学家熊彼特（Joseph Alois Schumpeter）提出著名的企业家"创新理论"，突出强调企业家"创新"的本质——企业家不同于资本家，也不同于管理者，而是创新者，企业家最基本的功能是创新，把创新活动的倡导者和实施者称为企业家，从而使"企业家"这一独特的生产力要素成为最重要的要素。作为企业的经营者，企业家不需要拥有资本，因此企业家不行使企业所有者职能，也不承担风险。

美国芝加哥学派的创始人奈特（Frank Hyneman Knight）把不确定性和企业家职能联系起来，把企业家定义为"自信者和冒险家"。企业家是最终的决策者，享受决策正确带来的纯利润，并承担决策错误所造成的损失。企业家要有较强的风险意识，面对市场的不确定性大胆决策并承担风险，而把可靠性提供给企业职工。

20 世纪后期，美国经济学家卡森（Mark Casson）提出著名的"企业家判断说"：企业家的功能是企业家判断，企业家就是专为稀缺资源协调做出判断的人。企业家的作用是在不确定的经济环境中，凭借自己的信息获取和信息处理人力资本对稀缺资源的优化配置做出非重复性、非程序化的判断性决策。

一个成功的企业家往往非常注重市场结构，包含销售与购买者的数量与分销规模、进入或退出壁垒的高度、产品差异化的广度与特征、国际化竞争的广度与特征，以及一些需求参数（如弹性、增长率）。优秀的企业家（包括经理人）对市场结构的看法以及对公司优劣势的观点决定了公司战略与组织结构（任务的内部分配、决策规定、评价与奖励机制）的选择。

如果说一种战略能够成功，那说明企业家有全局的战略观念，能够掌握宏观、中观、微观环境的可预测或不可预测的变化，从全面的角度以及创新、动态意识来看待和考虑问题，并坚持贯彻和落实战略举措。

从印度经济的增长到美国乃至全球经济的发展历程来看，市场经济实乃企业家经济，企业家是经济增长的主要贡献者。美国经济在 20 世纪后期的快速发展，归功于比尔·盖茨、戴尔、韦尔奇、郭士纳等企业家；日本经济在 20 世纪 70 年代的腾飞，归功于松下幸之助、本田宗一郎、丰田家族等企业家；韩国经济的崛起，归功于三星的李秉喆、LG 的具仁会、现代汽车的郑梦九、SK 集团的崔钟建等企业家。

国家与国家之间的竞争是经济发展水平的竞争，其实质是企业与企业之间、企业家之间的竞争。这是一个需要企业家的时代，社会经济发展迫切需要造就一大批优秀的企业家。当领导力大师沃伦·本尼斯（Warren G. Bennis）在其经典著作中提出"绝大多数组织都被管理过度却领导不足"时，中国不少企业家和经理人还对此不知所云；当杰克·韦尔奇（Jack Welch）对全球的经理人大声疾呼"别沉溺于管理了，赶紧领导吧"时，中国一些企业家和经理人对此还有些懵懵懂懂。今日中国是中国企业注重由管理力向领导力转变之时，已经从过去的把握机会获得暴利，转向了通过能力获得正常水平持续盈利的时代。

一个成功的企业家需要有不同于其他管理者的素质，无论是思想、技能，还是心理、生理。

思想素质　企业战略家首先应是思想家，要能够经过思维活动，对客观现实有独到的见解，能够将某个问题、事件或需协调的系统分解成若干部分或子系统，找出各组成要素的内在特征和联系，通过优化组合，以适应外部环境的变化。

技能素质　技能素质是指掌握和运用企业战略技术的能力，包括掌握企业战略管理知识的知识素质和运用企业战略管理技术的能力素质。在知识经济时代，企业家必备的知识包含了哲学、社会科学和技术科学等。掌握企业战略管理和宏观经济知识，可以对经济形势做出迅速正确的判断并推断未来，以此进行战略设计和领导战略实施的成功率才会更高。

心理素质　企业家在进行企业战略管理时总会表现出知觉、思维、情绪等内心活动，他们必须要有健全的神经、乐观的性格和饱满的精神。

生理素质　企业家为从事企业战略各项活动必须要有健康的身体条件。随着科学技术的飞速发展，企业家的工作日益复杂，工作时间可能达到每周 60 ~ 100 小时。对于既是脑力劳动者又兼具体力劳动者的企业家们来说，没有强壮的身体，显然难以胜任。

比尔·盖茨就是这样一位技术创新的先行者和卓越文化的倡导者，他强调企业家精神、主人翁精神、创造性、诚实、坦率以及公开沟通。他还通过鼓励无拘无束的、即使有很大的失败可能性的各种实验来创新。他强调给予基层经理大量的自主决策权，并鼓励他们承担风险。努力使微软表现得像适应力很强的小公司集合体，而非大的官僚机构。

华为总裁任正非也是这样一位，他把华为从一家很小的通信产品代理商发展成今天中国乃至全世界领先的电信设备供应商，主要是把握了世界技术潮流，并且通过塑造《华为基本法》为核心的华为企业文化和制度流程，来保证实施正确的发展战略。

埃森哲公司曾在 26 个国家和地区与几十万名企业家交谈，其中 79% 的企业领导认为，企业家精神对于企业的成功非常重要，在全球高级主管心目中，企业家精神是组织健康长寿的基因和要穴。正是企业家精神造就了第二次世界大战后日本经济的奇迹，引发了 20 余年美国新经济的兴起。那么到底什么是真正的企业家精神呢？

创新精神 其实，我们在深入探究现代企业家的种族分布时可以惊奇地发现：与其他族群相比，犹太族群中创业家和创新者的比例相对高出不少。即使犹太民族基本上都是外来移民或少数族群，即使在以色列建国之后，移民和少数族群仍为犹太民族的核心成分。然而，这并没有阻碍犹太人成功创业和创新，也没有阻碍他们创建世界级的成功企业。比如在英国，那些从东欧迁过来的犹太人没有工作，他们几乎没有受到任何教育，也不会说英语，更没有资金，但他们却创建了一些全球最大的企业，如壳牌（Shell）、英国帝国化学工业集团（ICI）、Lyons 公司、葛兰素史克公司（GlaxoSmithKline，GSK）等。英国财政大臣乔治·奥斯本（George Osborne）在 2010 年的一次公开演讲中曾这样说过：犹太创业家抓住了创业和创新的精髓。

典型地，以色列就是犹太民族国家，常被世人誉为"新硅谷""创业国度"或"创新国度"的国家就是以色列。它是公认的美国硅谷之外最成功的创业和创新中心。我们来看一看各国在美国股票交易所上市的公司数量：美国有 2400 家公司，位列第一；中国有 140 家公司，位列第二；以色列有 70 家公司，位列第三，其中大部分为高科技企业。要知道，美国有 3.15 亿人口，而中国则更多，有 13 亿多人口，但以色列却只有区区的 800 多万人口。

冒险精神 3M 公司有一个很有价值的口号："为了发现王子，你必须和无数个青蛙接吻。""接吻青蛙"常常意味着冒险与失败，但是"如果你不想犯错误，那么什么也别干"。同样，对 1939 年在美国硅谷成立的惠普、1946 年在日本东京成立的索尼、1976 年在美国加利福尼亚成立的苹果等众多企业而言，虽然这些企业创始人的生长环境、成长背景和创业机缘各不相同，但无一例外都是在条件极不成熟和外部环境极不明晰的情况下，他们敢为人先，第一个跳出来吃螃蟹。

China Rooted, Global Practice

Promax 的故事透射出一位中国养育、美国创业的交大人故事，很好地诠释了企业家精神。

Promax 成立于 2003 年，总部位于密歇根。Promax 创始人郑钧是中国人在美国创业发展成功的典范之一。郑钧先生 1990 年毕业于上海交通大学动力机械系，毕业出国后，他洞察到一个很有潜力的利基市场，可以更好地向美国三大主要汽车生产商提供质量一流的零部件（见图 2-4）和服务支持。尽管华人在国外（尤其是欧美国家）创业成功的案例屈指可数，但他仍带着敢为人先和美好的愿景成立了与汽车产业发展紧密相关的 Promax 公司。

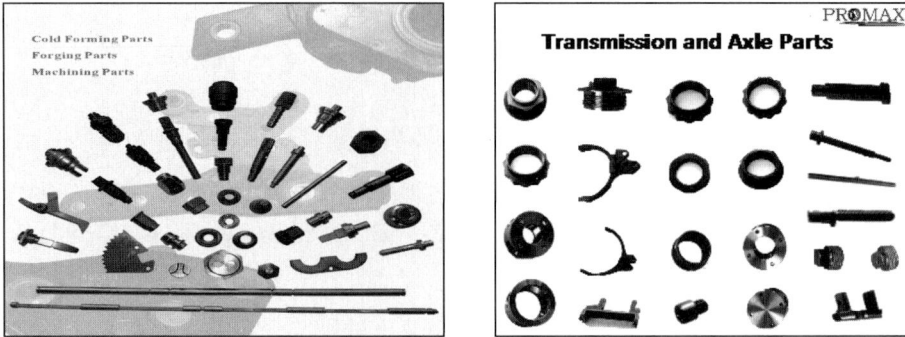

图 2-4 Promax 所生产的部分汽车零件

经历了起初的冒险，又经过 5 年左右的适应期与发展成熟，如今 Promax 已成为全美领先的汽车零部件供应商之一，向美国多家知名的一级和二级汽车部件厂商提供配件，如 American Axle Manufacturing、Nexteer、Lear 等。Promax 拥有完整的研发部门、生产部、营销部、工程部、物流部、技术服务部等，如图 2-5 所示。它将"客户满意是第一要义"作为质量控制的原则，"PROMAX"的内涵更好地诠释了这一点。

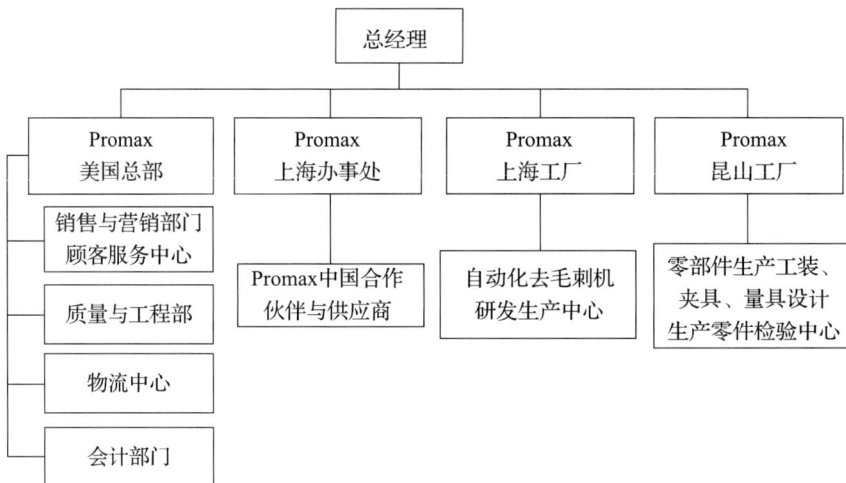

图 2-5 Promax 公司组织结构

PROMAX

Professionalism——专业化；

Reliability——可靠；

Objectives focused on continual improvement——专注于不断改进提高；

Management focused on customer satisfaction——始终让顾客满意；

Achievement of on-time-delivery——始终按时交货；

Xcellence——走向卓越。

Promax 合作的车型如图 2-6 所示。

图 2-6　Promax 所合作的部分车型

秉承着"饮水思源，爱国荣校"的精神，郑钧在上海、昆山分别建立了两家生产基地，继承和保持了母校"起点高、基础厚、要求严、重实践、求创新"的传统，短短几年把上海普偌迈机电制造有限公司发展成为了中国首屈一指的自动化去毛刺机设备制造商。自 2011 年起，连续四年全公司的销售额年增幅超过 25%。从 2015 年起，Promax 开始扩建自己的工厂，增加了与数家新的一级和二级供应商的合作。从上半年超过预期销售额的表现来看，2015 年全年销售额将接近一亿美元，Promax 发展到了一个新的战略转折时期。

合作精神　正如美国经济学家艾伯特·赫希曼（Albert Hirschman）所言："企业家在重大决策中实行集体行为而非个人行为。尽管伟大的企业家表面上常常是一个人的表演，但真正的企业家其实是擅长合作的，而且这种合作精神需要扩展到企业的每个员工。企业家既不可能也没有必要成为一个超人，但企业家应努力成为蜘蛛人，要有非常强的'结网'的能力和意识。"

西门子是一个例证，这家公司秉承员工为"企业内部的企业家"的理念，开发员工的潜质。在这个过程中，经理人充当教练角色，让员工进行合作，并为其合理的目标定位实施引导，同时给予足够的施展空间，并及时予以鼓励。西门子公司因此获得令人羡慕的产品创新纪录和成长纪录。

敬业精神　德国社会学家韦伯（Max Weber）在《新教伦理与资本主义精神》中写道："这种需要人们不停地工作的事业，成为他们生活中不可或缺的组成部分。事实上，这是唯一可能的动机。但与此同时，从个人幸福的观点来看，它表述了这类生活是如此不合理——在生活中，一个人为了他的事业才生存，而不是为了他的生存才经营事业。"货币只是成功的标志之一，对事业的忠诚和责任，才是企业家的"顶峰体验"和不竭动力。

学习精神　荀子曰："学不可以已。"美国著名学家彼得·圣吉（Peter Senge）在其名著《第五项修炼》说道："真正的学习，涉及人之所以为人此一意义的核心。"学习与智商相辅相成，以系统思考的角度来看，从企业家到整个企业必须是持续学习、全员学习、团队学习和终身学习。日本企业的学习精神尤为可贵，他们向爱德华·戴明（Edwards Deming）学习质量和品牌管理，向约瑟夫·朱兰（Joseph Juran）学习组织生产，向德鲁克学习市场营销及管理。同样，美国企业也在虚心学习，企业流程再造和扁平化组织，正是学习日本的团队精神结出的硕果。

诚信　诚信是企业家的立身之本，企业家在修炼领导艺术的所有原则中，诚信是绝对不能摒弃的原则。市场经济是法制经济，更是信用经济、诚信经济。没有诚信的商业社会，将充满极大的道德风险，显著抬高交易成本，造成社会资源的巨大浪费。其实，美国经济学家凡勃伦（Veblen）在其名著《企业论》中早就指出：有远见的企业家非常重视包括诚信在内的商誉。诺贝尔经济学奖得主米尔顿·弗里德曼（Milton Friedman）更是明确指出："企业家只有一个责任，就是在符合游戏规则下，运用生产资源从事利润的活动，即须从事公开和自由的竞争，不能有欺瞒和诈欺。"

2.2.2　领导力

在人们的记忆中，"领导"是一种"男性统治"的过程。高效率领导者的形象经常与那些通过命令和通过惩罚的威胁来领导他人的"强有力的男人"联系在一起。我们的眼前会浮现出恺撒在战场上一马当先，高呼命令，士兵们握紧拳头紧随其后的场景。与此相同的领导作风在许多组织中存在。智慧或行动的方向只能由领导者产生或指出，而被领导者只能胆战心惊地唯命是从。被领导者只能去做领导者想要他们去做的事，此外，他们毫无价值。

我们关注的是有价值的领导力。

领导力（leadership）可以被形容为一系列行为的组合，而这些行为将会激励人们跟随领导去要去的地方，不是简单地服从。根据领导力的定义，我们会看到它存在于我们周围，在管理层、课堂、球场、政府、军队、上市公司、小家庭，我们可以在各个层次、各个领域看到领导力，它是我们做好每一件事的核心。一个头衔或职务不能自动创造一个领导。

美国民权运动领袖马丁·路德·金（Martin Luther King Jr.）、印度民族领袖甘地（Mohandas Karamchand Gandhi）和第二次世界大战时期的英国首相丘吉尔（Winston Churchill）都被公认为是精力充沛、具有非凡的领导力以及感召力的领导者。具有感召力的领导必须是熟练的交际者——他们不仅口才雄辩，而且能够深刻带有感情地与其追随者进行交流。他们能够很好地表达自身具有吸引力的眼光，同时能够引起追随者强烈的共鸣。

美国前国务卿基辛格（Henry Kissenger）博士说："领导就是带领他的人民，从现在的地方，去没有去过的地方。"

通用汽车前副总裁马克·霍根（Mark Hogan）这样描述领导者："记住，是人使事情发生，世界上最好的计划，如果没有人去执行，那它就没有任何意义。我努力让最聪明、最有创造性的人在我周围。我的目标是永远为那些最优秀、最有天才的人创造他们想要的工作环境。如果你尊敬人并且永远保持你的诺言，你将会是一个领导者，不管你在公司的位置高低。"

德鲁克基金会关于《领导者的对话》上有一句话：领导能力是把握组织的使命及动员人们围绕这个使命奋斗的一种能力。领导能力的基本原则是：领导力是怎样做人的艺术，而不是怎样做事的艺术，最后决定领导者能力的是个人的品质和个性。领导者是通过其所领导的员工的努力而成功的。领导者的基本任务是建立一个高度自觉、高产出的工作团队，并且建立起沟通之桥。

全球经济重心转移的新时代对领导力提出了更高的要求。企业领导者除了必须有崇高的价值观、严谨、自律外，要想决胜新时代，企业领导者还必须具备：

洞察力 在如今错综复杂的全球经济形势下，领导者要有敏锐的商业头脑、超凡的洞察力，拨开重重迷雾，直指问题核心，敏锐捕捉不可阻挡的大势所趋，在关键事件发生时迅速做出反应。同时，优秀的领导者要有恒心与毅力，坚持不懈，始终保持与时俱进。

决断力 在市场机会刚刚萌芽、尚未长成之际，领导者需要有想象力，在心中勾画其未来景象，有勇气坦然接受未来的不确定性；有魄力冒些风险、果断行动；要有胆识，在只有定性描述、缺乏定量数据分析的市场环境下，果断抉择；关键时刻敢于壮士断腕，敢于放手一搏。

感知力 初进新市场时，领导者要有敏锐的感知力，迅速把握当地的道德行为准则，快速适应多种文化以及在当地开展业务的基础及关键要素，以及高超的识人、用人、留人的能力。

社交能力 初进新市场时，领导者还要有强大的社交能力，与当地政府、监管机构及其他相关部门及企业建立良好的关系，密切交流，沟通信息。

转型能力 在适应市场变化、把握市场机会的同时，领导者需要有能力推动组织转型：减少汇报层级，加速决策制定，改变行为模式，并通过相互交流、相互协作迅速打破各产品条线总部与地区分公司、不同职能部门、不同业务之间的藩篱。

业务能力 开阔眼界、深入研究、敏锐感知，全面掌握行业大势，并将行业大势与当地实际情况相结合，带领当地部门制定出自己的发展道路并实现丰厚的回报，同时鼓舞其他地区的业务发展。

执行力　严格管理时间、坚持学习、恪尽职守。无论是战略调整，还是企业转型，一旦启动，无论多难都必须坚持到底。

早在创业初期，任正非就向所有华为人宣称：未来世界电信市场，三分天下，华为有其一。在仅有 2 万元注册资本，靠敲敲打打的作坊式生产维持生计之时，任正非就给华为描述了一个似乎可望而不可即的未来。30 年后的今天，我们不得不佩服任正非作为企业领袖的决断力、前瞻性、战略眼光和执行力。华为的成功再一次验证了一个真理：企业做大后，领导者的眼光和境界将决定企业能够走多远，可以到达什么层次。

在新时代，世界时时刻刻涌现出许多新动向，如全国化竞争越演越烈，人力资源受教育的程度在不断提高，社会对这种人力资源的需求也在扩大，组织机构对随时适应变革的要求越来越高。在新时代，世界时时刻刻涌现出许多新动向，这些动向及来自其他方面的许多压力都要求企业更充分地利用组织中的人力资源。

优秀的领导者的魅力是多种多样的，因为这种魅力依赖于领导者周围的人各不相同的能力。在领导者的作用下，被领导者受到鼓舞而变得生机勃勃、充满创造性；他们被激发出聪明才智，并能目标明确地指导自己的行动；他们成为有能力的自我领导者。要成为一名优秀的领导者，需要一步一个脚印地走过一段挑战的旅程。

领导者有两种积极思维方式：一种是看待问题的角度，另一种是自我设想。他们的领导方法并不是为了在众多独立的自我领导者中制造各行其道的无政府状态而设计的。领导帮助组织协调众多独立的创造性力量，其中有些协调是通过团队的努力得以完成的。

成功的领导者都具有高度的自知之明，同时也能深入地了解别人，对人的普遍本性具有更为深入、透彻的了解。所以他们能在实践中建立起各种良好的关系，并取得各种成果。对自己和对别人的透彻了解，使这些领导者具备了一种对手望尘莫及的独到的战略眼光。同时，他们雄心勃勃、斗志昂扬，因而可以取得不断的成功。

2.3　公司治理

公司治理（corporate governance）作为管理学的一个概念出现在 20 世纪 90 年代。随着理论的发展，公司治理的概念变得更具体化。如今，越来越多的企业家、领导者开始关心公司治理的问题。

2.3.1　公司治理的概念

狭义地，公司治理主要是指公司的股东、董事及经理层之间的关系。

广义地，公司治理还包括公司与利益相关者（如员工、客户、供应商、债权人、社会公众）之间的关系，以及有关法律、法规等。

公司治理在发达市场经济国家也是一个很新的概念。自 1932 年美国学者伯利（Berle）和米恩斯（Means）提出公司治理结构的概念以来，众多学者从不同角度对公司治理理论进行了研究。20 世纪 90 年代起，公司治理在发达国家成为一个引起人们持续关注的政策问题。亚洲金融危机之后，公司治理改革成为东亚国家和地区的热门话题和首要任务。

公司治理理论是企业理论的重要组成部分。公司治理理论认为：公司治理以现代公司为主要对象，以监督与激励为核心内容——公司治理不仅仅研究公司治理结构中对经营者的监督与制衡作用，也强调如何通过公司治理结构和机制来保证公司决策的有效性和科学性，从而维护公司多方面利益相关者的利益。

由于经济全球化的加速发展，投资者要求各国改善公司治理结构，形成了一个公司治理运动的浪潮。其中，具有代表性的是两权分离理论、超产权理论、委托代理理论和利益相关者理论，它们构成了公司治理结构的主要理论基础。

两权分离理论　两权分离理论，即公司所有权与控制权分离理论，它是随着股份公司的产生而产生的，该理论的代表人物即是伯利和米恩斯。贝利和米恩斯在 1932 年撰写的《现代公司与私有财产》一书中，对美国 200 家大公司进行了分析，发现在这些大公司中相当比例的是由并未握有公司股权的高级管理人员控制的。由此得出结论：现代公司已经发生了"所有与控制的分离"，公司实际已由职业经理组成的"控制者集团"控制。拥有专门管理知识并垄断了专门经营信息的经理实际上掌握了对企业的控制权，导致"两权分离"。

超产权理论　超产权理论是在 20 世纪 90 年代以后兴起的一种治理理论，是产权理论经过实证解释和逻辑演绎的结果。该理论认为，企业产权改革、利润激励只有在市场竞争的前提下才能发挥其刺激经营者增加努力和投入的作用。要使企业完善自身治理机制，基本动力是引入竞争，变动产权只是改变机制的一种手段。超产权理论表述了产权改革并不能保证公司治理结构就一定变得有效率，竞争才是保障治理结构改善的根本条件。英国经济学家马丁和帕克（Martin 和 Parker，1997）经过实证研究后发现，在竞争比较充分的市场上，企业产权改革后的平均效益有显著提高，而在垄断市场上并没有明显提高，相反，一些未私有化的国有企业由于引入内部竞争机制而走出困境的事例也有很多。因此，他们认为，企业效益主要与市场结构，即市场竞争程度有关，因而企业通过产权改革等措施改善自身的治理结构还不够，重要的是要引入竞争性的动力机制。

对经营者的利润激励与企业绩效的提高并不总是正相关的，只有在市场竞争的前提下才会如此。在没有或不完全竞争的市场上，经营者完全可以通过人为抬价来"坐收地租"式地增加自己的利润收益，而不会努力地增加自己的投入，这种情形只有在市场存在较充分的竞争时才会改变。此外，现代企业的经营者不但受剩余索取权的激励，同时还要受剩余控制权收益的激励。控制权收益越高，经营者就越重视他的控制权，这种控制权收益激励同样随市场竞争程度加大而发挥更大的作用。

超产权论作为公司治理理论的新兴分支,为公司治理提供了新的理论基础,它通过引入市场竞争概念,诠释了国际上部分国有企业特别是国有控股公司成功的经验,同时,也给健全和完善公司治理结构以新的启示:只有健全和完善市场体系,并通过积极而主动地参与市场竞争,才能建立起有效的公司治理结构,确保多方利益得以有效实现。

委托代理理论 所有权与控制权分离带来的最直接问题,是作为失去控制权的所有者如何监督制约拥有控制权的经营者,以实现所有者利益最大化为目标去进行经营决策,而不是滥用经营决策权,这同时也是委托代理理论要解决的核心问题。委托代理理论是公司治理理论的重要组成部分,该理论将在两权分离的公司制度下,所有者(委托人)和经营者(代理人)双方关系的特点归结为:经济利益不完全一致,承担的风险大小不对等,公司经营状况和资金运用的信息不对称。经营者负责公司的日常经营,拥有绝对的信息优势,为追求自身利益的最大化,其行为很可能与所有者和公司的利益不一致,甚至于侵损所有者和公司的利益,从而诱发风险。为了规避这一风险,确保资本安全和最大的投资回报,就要引入公司治理这一机制,实现对经营者的激励和监督。

委托代理理论的基本思想是:公司股东是公司的所有者,即委托代理理论中所指的委托人,经营者是代理人。代理人是自利的经济人,具有不同于公司所有者的利益诉求,具有机会主义的行为倾向。所以,公司治理结的中心问题就是解决代理风险问题,即如何使代理人履行忠实义务,具体地说,就是如何建立起有效的激励约束机制,督促经营者为所有者(股东)的利益最大化服务。

利益相关理论 利益相关者是近几年出现的有关公司治理新内涵的新概念,广义上指凡是与公司产生利益关系,与公司发生双向影响的自然人或者法人机构,都是公司的利益相关者,如股东、债权人、员工、顾客、供应商、零售商、社区及政府等个人和团体。该理论认为,公司的目的不能局限于股东利润最大化,而应同时考虑其他利益相关者,包括员工、债权人、供应商、用户、所在社区及经营者的利益,企业各种利益相关者利益的共同最大化才应当是现代公司的经营目标,也才能充分体现公司作为一个经济组织存在的价值。因此,有效的公司治理结构应当能够向这些利益相关者提供与其利益关联程度相匹配的权利、责任和义务。

2.3.2 公司治理特征

公司治理特征包括动态性、契约性、依法合规性、强制约性、利润导向性以及地域差异性。

动态性 公司治理结构应随着公司发展战略、外部监管要求等客观因素的变化而进行调整,这样的调整不具有周期性的特点,往往是动态随机的。

契约性　公司各利益相关者通过签订契约来明确各自的权利、责任和义务。但是，由于在现实经营活动中公司各利益相关者的行为具有不可预测性和随机性，这些契约不可能囊括各利益相关者的所有行为，而只能是一种关系契约——只对总目标、总原则、决策规则、决策权配置以及争议解决方式等作出约定，一般不规定具体细节，因此大大降低了缔约成本。此外，公司治理结构是以公司章程等公司治理文件为依据的，章程在本质上就可以理解为一种关系契约，它以文件的形式，明确规范公司各利益相关者之间的关系。

依法合规性　公司治理结构的建立是以国家相关法律法规为依据的。公司各利益相关者的权利、责任和义务均由有关法律法规加以明确，以保护其利益不受侵损。公司治理结构完善与否，一定程度上取决于国家法律法规对于公司治理监管规定的完备性。

强制约性　公司治理结构强调公司股东、董事会、监事会、高级管理人员之间的权利、责任和义务配置及相互制衡。在公司治理中，股东将自己的资产交由公司董事会托管，董事会是公司的决策机构；高级管理人员由董事会聘任，组成对董事会负责的执行机构，在董事会的授权范围内行使经营权；监事会负责对董事会和高级管理层进行监督。不仅在公司内部有制约，在公司外部还有外部审计、行业监管等制约措施。

利润导向性　评价公司治理结构的重要标准之一是它能否有效促进公司创造利润。完善的公司治理结构可以保证公司经营决策的科学高效，如公司应根据市场变化及时调整公司营销策略和投资策略。而只有科学高效的决策机制才能使公司在市场竞争中居于有利地位，进而实现公司利润最大化。完善的公司治理结构还能通过激励约束机制充分调动人力资本的积极性和主动性，保证公司决策更加科学、技术不断进步、管理不断优化，公司核心竞争力不断提升，使公司在市场竞争中保持持续性优势，从而达到公司的财务目标。

地域差异性　公司治理结构的地域差异性特征是指不同国家或地区具有不同的政治、经济、法律、文化等背景，其公司治理结构也一般会存在不同的模式。在世界范围内存在诸多公司治理模式，如下文将要详细阐述的英美模式、德日模式、东南亚模式等，然而，随着世界经济一体化趋势的加快和各国经济文化交流的加强，公司治理结构渐有趋同之势。

2.3.3　公司治理模式分类

独特的历史传统、政治文化背景和经济社会发展历程使不同国家和地区企业面临着迥异的经济环境。在不同要素的影响下，出现了多样化的产权结构、融资模式和要素市场公司治理模式也就表现出各具特色结构和机制。目前国际上比较典型的公司治理模式包括以英、美为代表的资本市场导向型公司治理模式，以德、日为代表的内部监控型公司治理模式，以东南亚为代表的家族控制型公司治理模式，以及转型经济国家的内部人控制治理模式。虽然各种治理模式随着经济全球化和跨国公司的推动呈现差异性弱化的趋势，但仍然存在差异，而且与各国国情保持一致。

1. 市场导向型公司治理模式

以英、美为代表的市场导向型公司治理模式的形成得益于传统的自由市场经济是一种新型的股东主权模式，公司治理目标是股东权益最大化。这一目标的实现依赖于英、美制定的保证股东权益的公司治理结构以及相对成熟的资本市场。该模式以外部治理为主，也称外部监控型公司治理模式。在市场导向型公司治理结构下，股东具有高度分散性，股东大会不可能作为公司的常设机构参与公司治理和决策制定；股东大会的决策权通常会委托于个别愿意参与公司治理的股东或者权威人士，并由这些人组成董事会参与公司日常决策。

该模式下的董事会参与内部治理时会在内部设立类似于执行委员会、审计委员会、报酬分配委员会等协助董事会做出更加专业化的决策，并将董事划分为外部董事和内部董事。虽然从理论上说外部董事比例的提高有利于加强对经营者的监督和控制，但英、美公司常由 CEO 担任董事会主席，这就扼杀了董事会的独立性，降低了监督能力（见图 2-7）。

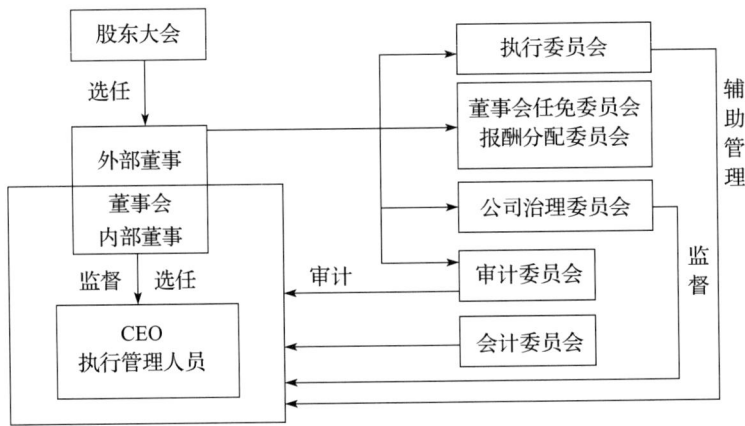

图 2-7　市场导向型公司治理模式

该模式在资本结构方面强调股票在资本市场上的流动性，个人持股比例一直保持在 50% 以上，而且严格限制银行的股份投资，这是促成英、美公司股权结构分散的重要原因。虽然近年来机构投资者在英、美国家迅速发展，但他们大多是信托部门而非公司法人，而且这些机构投资者只是为了获取利润向基金参与者支付收益，所以并不会将资金投入一家公司，而是选择能够有效降低风险的投资组合，自然也没有动力参与公司治理。股东结构的高度分散性导致股东对公司经营者的监督治理能力要求降低，而且一元制的公司治理结构不设立监事会，只能借助相对发达的资本市场采取"用脚投票"的方式约束经营者的行为。如果公司经营不善而使业绩下降，股东很容易在活跃的资本市场抛售该公司股票以降低投资风险，这将致使股票价格短期内下滑，如此，不仅可能导致公司再融资陷入困境，也为恶意并购提供了机会，进而对经营者产生严重威胁，起到约束经营者行为的效果。

市场导向型公司治理模式主要通过三个要素发挥作用：

- 通过相对完善的经理人市场、资本市场、公司控制权市场约束控制高级经理人。
- 对公司经营者采用底薪制、股票期权激励制、年终奖、长期奖金等激励机制，促使公司经营者利益与股东利益趋于一致。
- 依靠健全的法制体系保护投资者利益。

英、美公司治理模式的合理之处在于董事会和经营者各司其职，使经营者能够集中精力管理企业运营，从而提高公司绩效，而且英、美公司经营者拥有经营自主权，这能够在很大程度上提高经营者的工作热情和创新能力，推动公司发展。但是，高度分散的股权结构使董事会成员间接被高级经理层操纵，对高级管理层的监督和控制能力被严重削弱。在外部治理方面，股东分散和机构投资者的消极性使"搭便车"行为愈演愈烈，没有谁愿意为监控"集体产品"付出代价，为了使自身利益不受侵害，股东必然会对外部市场监控模式提出更高的要求，这就推动了英、美国家资本市场、职业经理人市场、产品市场以及劳动力市场的建设和完善。

2. 内部监控型公司治理模式

以德、日为代表的内部监控型公司治理模式又称银行控制主导型公司治理模式，是一种典型的内部监控模式，拥有强大、足够的实力和动力去监控经理阶层的核心股东，股权集中于银行和相互持股的法人企业。德、日公司内部治理结构设有监事会和管理委员会，监事会作为公司的最高决策层和管理机构主要由股东代表和职工代表组成，如图 2-8 所示。

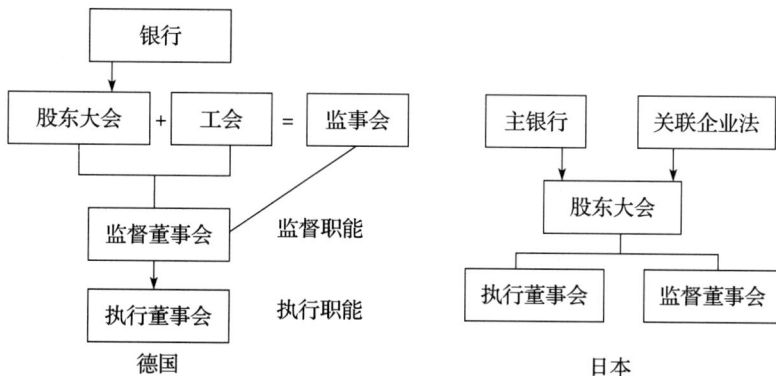

图 2-8　内部监控型公司治理模式

在这种结构中，股东将经营权委托给董事会，另外设置监事会行使监督职能，由监事会制定企业的基本方针、选任董事会成员并监督业务执行。董事会和监事会严格分开，禁止兼任。虽然这种机构在经营者和股东之间建立了必要的责任机制，但如果监事会成员在公司中的利益不一致，就不能在公司战略方面达成共识，而且管理层为了自身的利益将会把更多的精力投入避免监事会的审查。

德、日两国企业的融资大部分都来自银行，形成了特色鲜明的主银行体系，银行以债权人和股东双重身份对企业进行监控和治理。在德国，大公司 85% 的股份由机构股东持有，个人持股低于 25%，持股并持有投票权的机构包括银行、退休基金、贸易协会、供应商和债权人。德、日公司的股权结构还表现为明显的法人间相互持股的特征，日本公司表现得尤为突出。法人持股主要有母子公司之间的垂直持股和为建立稳定的资产、经营关系而建立的环形持股两种形式。公司间相互持股使关联企业相互依存、相互制约，从某种意义上，建立了"生命共同体"。在股权相对集中的公司治理模式下，股东有能力也有动力积极主动地建立经营者监控机制。

在监督机制方面，该模式将业务执行和监督职能分开，由执行董事会、监督董事会组成双层董事会；监督董事会有权任命、解聘执行董事，有权参与公司重要经营决策，审核公司账簿、资产，是切实的股东行使监控权力的机构。如果公司高级管理人员经营不善，监事会的银行代表有权要求改组执行董事，更换责任经理人。这些都为股东行使控制与监督权提供了可能。德国监控机制还要求监督董事会中至少有 1/3 的雇员代表，使公司决策更加公开化，这一定程度上降低了公司被兼并的可能性，使经理人更有动力进行长期投资。日本银行及法人股东掌握公司的大部分股权，这会使他们积极获取经营信息对公司管理层进行严密监控。一旦公司利润下降，主银行会利用其优势在短期内获取公司营业往来账户、短期信贷等信息，通过召开股东大会或董事会来更换公司最高领导层。

3. 家族监控型公司治理模式

东（南）亚诸国（如新加坡、马来西亚、韩国等）令人瞩目的发展速度一度被称为亚洲奇迹。研究发现，真正推动这些国家和地区经济发展的企业力量都具备明显的家族特征，因此也被归结为典型的家族治理模式。以家族监控为主导的公司治理模式虽然设置股东大会、董事会，但是真正掌握实权的是家族控制的董事会。企业的所有权和经营权并没有实现真正意义上的分离，企业所有者将控制权交予由血缘关系、亲缘关系以及姻缘关系组成的家族成员，企业运营决策一般由企业创办家长一人做出，决策程序视家族程序而定。经营者受到来自家族利益和亲情的双重激励和约束（见图 2-9）。

家族治理模式在企业发展初期有天然的优势：

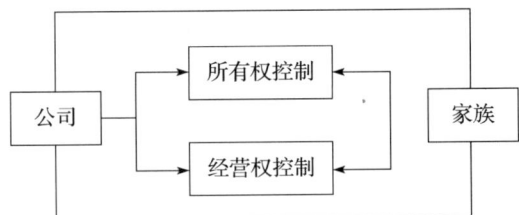

图 2-9　家族监控型公司治理模式

- 家族成员会把企业资产当作家族财产来对待，把企业业务当作家庭义务来完成。在这种理念的驱使下，企业成员更容易团结一致、相互配合，在企业内部形成凝聚力。
- 家族企业管理在家庭伦理道德和亲情的制约下更容易像家庭一样存在高度稳定性。
- 企业重大决策由家族中辈分、资历最高、最具权威性的成员制定，这些决策很容易被家庭成员理解和执行，大大缩短了决策时间。

随着企业的发展壮大和社会化程度的提高，家族治理模式的劣势也凸显出来：

- 任人唯亲式的选才模式会使企业面临较高的经营风险，专业化人才欠缺成为家族企业面临的重大问题。
- 家族企业领导权的代代传递会给企业埋下分裂、解散甚至破产的隐患。
- 家族企业上市使股权趋于分散，企业规模扩大使家族力量不足以支撑企业的进一步发展。对物资资本的渴求、外资资本的注入意味着家族对企业控制权被逐渐分割。

高度开放的经济环境和日益激烈的全球化市场竞争迫使家族企业向社会化转型。

长江实业是一家房地产开发及策略性投资公司，为香港规模最大的房地产开发商之一，在香港每 12 个私人住宅单位中，便有 1 个由长江实业开发。长江实业旗下拥有长江实业、和记黄埔、长江基建、香港电灯四家上市公司。

2015 年伊始，李嘉诚展开了又一次"长和系世纪大重组"，他将旗下最具分量的两家公司——长江实业集团有限公司（简称"长江实业"）与和记黄埔有限公司（简称"和记黄埔"）进行合并，而后再分拆成两家在开曼群岛注册的新公司，即长江和记实业有限公司（简称"长和股份"）与长江实业地产有限公司（简称"长地股份"），最终在香港上市。

重组后，两家新公司在业务上有明确的界线和差别，长和股份将承接长江实业与和记黄埔原有的非地产业务，包括港口及相关服务、电信、零售、基建、能源和动产租赁业务；长地股份将持有长江实业与和记黄埔在中国内地、中国香港以及海外的所有房地产业务。

在重组之前，李氏家族信托、长江实业、和记黄埔的股权关系比较复杂，类似于父亲、儿子、孙子的关系，且还有交叉持股。李氏家族信托直接控股长江实业，持股比例为 43.42%；长江实业直接控股和记黄埔，持股比例为 49.97%，李氏家族信托也直接持有一些和记黄埔的股权，不过仅有 2.52%。而赫斯基是李氏家族信托直接控股的子公司，持股比例为 35.57%，和记黄埔是赫斯基的二股东，其持有赫斯基 33.97% 的股权。

重组全部完成后，新成立的公司长和股份和长地股份属于兄弟关系，直接受控于李氏家族信托，李氏家族将合计持有它们 30.15% 的股权；原长江实业的其他股东合计持有长和股份和长地股份 33.95% 的股权；原和记黄埔的其他股东合计持有这两家公司 35.95% 的股权；赫斯基则转由长和股份直接控股，控股比例为 40.21%，李氏家族信托成了其二股东，持股比例为 39.33%。通过重组，李嘉诚旗下资产的股权结构明显清晰了。

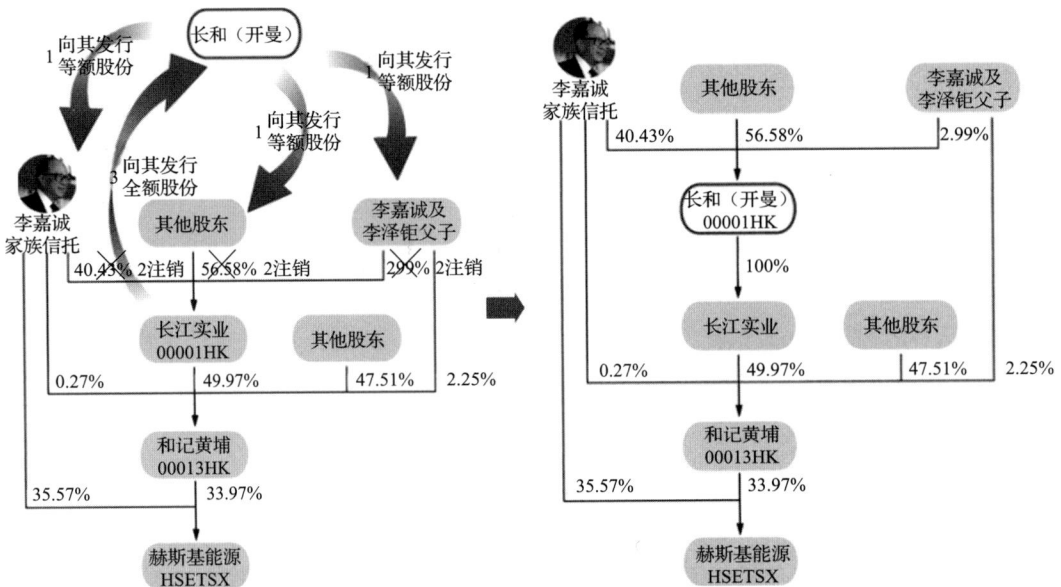

图 2-10　长江实业重组前后对比

奢侈品（集团）公司也往往采用家族监控型公司治理模式。以爱马仕为例，让－路易·杜马斯（Jean-Louis Dumas）在 1978 ～ 2006 年担任爱马仕的 CEO，在他的治下，爱马仕股权被分割到一个俄罗斯套娃式的、由六家控股公司组成的集团。在它们上面是由杜马斯设计的巧妙的双层管理结构：一层更侧重于所有权，埃米尔路爱马仕有限责任公司（Emile Hermès SARL），这个以家族祖先命名的实体由家族成员组成，负责决定预算、批准贷款以及行使否决权。另一层，爱马仕国际（Hermès International）负责公司日常管理以及跟外部展开合作（在其 11 名董事会成员中，非家族成员目前占据了 4 个席位）。此后，爱马仕股权结构变得更加复杂，虽未具体对外公布，但始终保持家族监控型的公司治理模式。

2.4　品牌治理

理解了公司治理，我们还需要了解关于品牌治理的内容。

品牌最早源于**营销**（marketing），而实质上又高于营销。品牌连接着企业的整体发展战略与作为企业职能部门的营销这个关键领域。随着对品牌理解的不断深入，人们已经将品牌研究的重点逐渐从单一的"品牌—产品关系"向"企业与顾客关系管理"转向，并进一步朝着"品牌与所有品牌利益相关者关系治理"的方向发展。这是因为，全球市场发展与企业组织形式的多元化致使品牌所有权与经营权发生了一定程度的分离，加之治理思想的引入，越来越多的学者将关注点聚焦于研究如何通过保障由多元利益相关者参与的品牌共建来实现品牌价值的提升，从而形成了一种全新的理论——**品牌治理**

（brand governance）。品牌这种逻辑的进化不但提升了利益相关者在品牌发展过程中的作用与地位，还为实现以**品牌共建**（brand co-creation）为核心的全新品牌化提供了新思路。进入 21 世纪后，大量涉及品牌治理思想的论文与专著发表或出版，促使品牌治理成为西方品牌研究的前沿。

2.4.1 品牌治理的内涵

由于品牌治理概念的形成时间较短，至今还没有一个得到学术界公认的定义，不少学者从其研究侧重的角度定义品牌治理。目前关于品牌治理的内涵，较为流行的两种观点分别以 Merz 与 Hatch 为代表。Merz（2009）将通过利益相关者合作创造品牌价值定义为一种全新的品牌逻辑，并指出品牌治理就是在这种全新的品牌逻辑下对品牌及品牌利益相关者关系的管理。该定义首先对品牌逻辑的发展与进化做出肯定，提出品牌价值并非仅由企业和顾客创造，而是通过各种利益相关者协同合作而创造。因此，在品牌发展过程中，明晰利益相关者所扮演的角色，理顺利益相关者关系，有助于企业构建和掌握品牌价值提升网络。由于这一活动涉及对多元利益相关者关系网络的管理，Merz 等人将其称为"品牌治理"，这也便于与传统品牌逻辑下的"品牌管理"做出区分。

另一种观点以 Hatch 和 Schultz 为代表，品牌治理是以品牌控制权共享为基础，对品牌共建过程中各品牌利益相关者参与模式与制度的设计。这个观点更侧重于设计一种制衡手段或制度，通过各种规则的约束，保证利益相关者品牌共建行为的顺利实施。Hatch 和 Schultz（2009，2010）采用"品牌治理"一词，主要为了强调在品牌共建过程中，应该通过对利益相关者参与方式的设计，明确企业与利益相关者有关品牌的权、责、利关系。

虽然这两种观点的研究角度不同，但它们都遵循同一个基本假设，即品牌价值的来源不再简单是企业与顾客，而是更广泛的利益相关者，品牌共建才是创造品牌价值、提升品牌竞争力的关键。

2.4.2 品牌治理与品牌管理

品牌治理与**品牌管理**（brand management）的目的不同。品牌逻辑的进化经历了四个时代，分别是以产品为基础的品牌产品时代，以象征价值为驱动的品牌价值时代，以关系为主导的品牌关系时代，以及以利益相关者共同建设品牌为特点的品牌治理时代。因此，品牌治理可以视为品牌管理发展到新阶段所产生的全新理念。不同于前三个阶段的品牌管理，品牌治理的目的既不是通过满足顾客需求来提升品牌的无形资产，也非简单地改善顾客或某种利益相关者与品牌的关系，而是以影响品牌价值的多元利益相关者所形成的网络为基础，通过对该网络中利益相关者的引导与制衡，达到品牌共建的效果。因此，品牌治理的核心理念是确保多元利益相关者之间合作的公平、公正、合规与合法，而品牌管理的核心理念则是探察顾客需求并加以满足。

由于理念与目的的不同，品牌治理与品牌管理在操作层面也存在较大差异。在品牌管理过程中，顾客被视为创造品牌价值的内生资源，利益相关者则被作为外生资源；而在品牌治理活动中，利益相关者与顾客一样，成为创造品牌价值的内生资源，品牌治理更注重维护品牌与利益相关者之间的长期合作关系，而非追求通过某些利益相关者实现短期杠杆效应。利益相关者作用的转变，引起品牌化过程中企业地位与角色的转变：在品牌管理中，企业处于统治地位，通过绝对控制实现以顾客为中心的规划、传播、提升和评估等职能；而在品牌治理中，企业作为品牌共建活动的引导者，肩负着激励、监督、指导和制衡等职能。表 2-1 总结了品牌治理与品牌管理的区别。

表 2-1 品牌治理与品牌管理的区别

概念 对比项	品牌治理	品牌管理
理念	公平、公正、合规、合法	满足顾客需求
目的	促进合作，实现品牌共建	提升品牌的无形资产
利益相关者角色	创造品牌价值的内生资源	创造品牌价值的外生资源
企业与利益相关者的关系	长期合作关系	短期杠杆效应
企业地位	引导者	统治者
职能	激励、监督、指导、制衡等	规划、传播、提升、评估等

资料来源：王彦勇，徐向艺.国外品牌治理研究述评与展望.2013.

2.4.3 品牌治理的成因

品牌含义的变革是品牌治理形成的内在动因。Hatch 和 Schultz（2010）重新定义了企业品牌化概念，指出品牌并非仅代表企业自身，由于利益相关者参与各种品牌活动，并将各自的梦想、希望、计划和忧虑融入品牌中，因此品牌应该代表参与品牌活动的全部利益相关者。品牌含义的变革对企业管理活动提出了更高的要求，即企业有必要对参与品牌共建的利益相关者群体进行治理，这就为品牌治理的出现提供了内在动因。Helm 和 Jones（2010）认为，被授予更多权力的顾客、各种信息媒体的广泛使用、越来越激烈的竞争、市场环境的不确定性等因素加大了品牌发展压力，是品牌治理出现的外在动因。企业品牌发展的压力，暴露出企业难以独立把握市场和应对危机的弱点，越来越多的企业以构建品牌社群或品牌业务外包等形式与利益相关者联合起来，从而形成新的品牌发展模式。在此模式下，企业需要与利益相关者分享品牌经营权，而以往不可分割的品牌资产与权利产生了一定程度的分离，从而为品牌治理的出现提供了外在动因。

除了上述内外动因，以 Ind（2007）为代表的学者将传统品牌管理模式的局限视为品牌治理出现的直接原因。Merz 等人（2009）指出，新时代要求品牌管理者站在更高的层次上对所有的品牌利益相关者进行通盘考虑，整合品牌利益相关者所拥有的资源，以达到共创品牌价值的良性循环。正是由于新环境中品牌管理工作的复杂性，传统品牌管理的两个缺陷被暴露出来。首先，传统品牌管理过度强调企业对市场的反应机制，使品牌管理完全以市场交易为导向，不仅导致多种影响品牌的要素被弱化甚至忽略，还降低了企业在品牌管理中的能动性与控制力。其次，按照传统品牌管理理念，企业营销部门是品牌决策的执行单位，但在实践层面，营销部门是以销售为导向的，部门主管更关心的是如何增加销量而非发展品牌。品牌战略与销售任务之间的冲突导致决策权与经营权分离，从而导致代理成本的产生。为了克服这些缺陷，协调关系、促进合作的治理思想开始出现，并最终促成了品牌治理的产生。

2.4.4 品牌治理形成的理论

品牌治理思想的出现和完善是多种品牌理论发展与互动的结果，我们可以以市场主导逻辑理论、品牌社群理论和品牌共建理论为基础剖析从品牌管理到品牌治理的转变机理。

1. 市场主导逻辑理论

随着市场主导逻辑从产品主导逻辑逐步转变为服务主导逻辑，与市场密不可分的品牌运营模式也发生了重大变革。因此，市场主导逻辑的转变对基于品牌共建的全新品牌化模式的产生与品牌治理理论的形成具有重要的引导作用。在服务主导逻辑下的市场中，代表服务的专业知识与技能才是市场交换的基础，产品只是服务的载体，企业并不提供价值，只是提出价值主张，作为操作性资源的顾客与其他利益相关者，才是市场资源的融合者、品牌价值的创造者，以及核心竞争力的打造者。服务主导逻辑的提出被认为打破了工业时代以来的市场主导逻辑，具有划时代意义。

随着市场主导逻辑的发展，服务的概念被深化为利用知识与技能处理资源并创造价值的过程。于是，通过作用于其他资源而创造价值的资源，如知识、技术与竞争力等，被定义为**操作性资源**（operant resource），而被操作的资源，如生产原料等，被称为**对象性资源**（operand resource）。传统品牌理论强调顾客对品牌价值的感知或体验等，认为顾客与其他利益相关者作为对象性资源是品牌价值的接受者。而在服务主导逻辑下，企业是品牌价值的提议者，顾客与其他利益相关者才是品牌价值的决定者。利益相关者在品牌价值创造过程中的内生性与品牌管理活动中的主动性得到充分承认，品牌价值由利益相关者共同创造。由于利益相关者成为操作性资源，企业有将其引入品牌合作的动机，从而引起了品牌含义的演变，品牌从单纯的企业标识演化为代表企业与利益相关者的集合体。品牌价值产生机制与品牌含义的改变使品牌研究方向从有形的对象性资源与市场交易转变为操作性资源与价值共创过程，从而为品牌治理理论的出现奠定了基础。

由此可见，市场主导逻辑理论不仅对揭示品牌治理的形成机理具有重要意义，还为构建以企业为主导、多元利益相关者共同参与的品牌治理模式奠定了基础。

2. 品牌社群理论

Muniz 等（2001）在分析传统社群的基础上率先提出了品牌社群概念，即"由拥戴某一品牌的顾客以一定社会关系构成的非地域性专门社群"，共同意识、仪式、传统以及道德责任感是维系品牌社群的基础。品牌社群能够促进企业与顾客之间的交流、协商与信息传播，因此为提升品牌价值提供了必要条件。

品牌社群成员是通过社群关系网络直接或间接分享消费体验并提高对品牌的欣赏水平，因此，品牌社群实际是以顾客为中心，包含顾客与品牌、顾客与企业、顾客与产品以及同类顾客之间四类关系的关系网络。此后，品牌社群的外延得到进一步延伸，利益相关者与企业、品牌、顾客的关系作为新的研究维度被增加进来。

品牌社群理论的发展解释了很多问题。如大多自称满意的顾客对品牌并不忠诚，并将此现象称为"满意陷阱"。"满意陷阱"否定了传统品牌理论中顾客满意与顾客忠诚的因果关系，不仅困扰着品牌研究者，也对企业的品牌忠诚培育模式提出了挑战。而以品牌社群理论所强调的关系网络为调节变量，对于更加准确地揭示顾客满意与顾客忠诚之间的关系具有重要意义。值得注意的是，品牌社群中的关系并不等同于传统品牌理论中的关系：在品牌社群中，关系不仅包括基于市场建立的交易关系，如契约下的合作关系，还包括代表社群成员所拥有社会资本的社会关系，如社群成员的社交圈等。其次，在品牌社群中，各种关系不再以离散状态存在，而是共同形成紧密的关系网络，企业可以在关系网络中寻找提升品牌价值的潜在机会。总之，品牌社群为品牌研究提供了新的视角，基于关系网络的合作过程代替传统的交易过程，成为挖掘品牌价值的主要途径，而协调、管理复杂的关系网络成为品牌研究的新焦点，对参与品牌合作的多元利益相关者进行治理成为实现品牌价值的新模式。为了适应新环境，品牌管理逐步向品牌治理演化。

3. 品牌共建理论

品牌共建就是由利益相关者参与，通过基于社会关系的互动，提升品牌价值的合作过程。依赖企业与顾客二元关系的传统品牌发展模式已经过时，基于利益相关者生态系统所形成的关系网络与社会互动才是现今提升品牌价值的主要途径。然而，实现品牌共建却面临各种困难。从经济视角看，企业与利益相关者在品牌共建过程中，对各自应支出的成本及应获收益不一定能达成共识，加之品牌发展受到项目预算的刚性限制，难免使企业与利益相关者产生利益矛盾和冲突，这无疑会影响品牌的发展。同时，利益相关者会从自身利益出发，就品牌共建过程中的权、责、利划分问题提出各种要求，这往往会进一步加深企业与利益相关者之间的矛盾和冲突。因此，通过分析利益相关者的诉求制定公平的规则，通过激励、监督机制促进利益相关者间的合作，通过约束机制对违规现象进行问责，成为保障品牌共建的必要手段。确保合作的公平性、合理性、合法性与维护健康的合作环境不仅成为品牌共建模式下品牌建设活动的新特点，也向品牌治理研究提出新的挑战。

本章回顾

◆ **战略管理**（strategic management）的历程：早期战略管理思想→传统战略管理理论→竞争战略理论→动态竞争战略理论。

◆ 战略管理的要素：**战略定位**（strategic positioning）、**战略抉择**（strategic selection）、**战略谋局**（strategic planning）、**战略实施**（strategic implementation）、**战略控制**（strategic control）、**战略创新**（strategic innovation）、**动态战略管理**（dynamic strategic management）。

◆ 一个成功的**企业家**（entrepreneur）需要有不同于其他管理者的要求，无论是思维、政治还是技能、心理和生理，有全局的战略观念，能够掌握宏观、中观、微观环境的可预测或不可预测的变化，从全面的角度以及创新、动态的意识来看待和考虑问题，并坚持贯彻和落实战略举措。犹太族群的企业家往往具备了这些特征。

◆ **企业文化**（corporate culture）是一个企业由其价值观、信念、仪式、符号、处事方式等组成的其特有的文化形象，包括文化观念、价值观念、企业精神、道德规范、行为准则、历史传统、企业制度、文化环境、企业产品等。其中价值观是企业文化的核心。

◆ **领导力**（leadership）是一系列行为的组合，而这些行为将会激励人们跟随领导去要去的地方，不是简单地服从。新时代的领导者必须具备洞察力、决断力、感知力、社交能力、转型能力、业务能力与执行力。

◆ 典型的**公司治理**（corporate governance）模式包括以英、美为代表的市场导向型公司治理模式，以德、日为代表的内部监控型公司治理模式，以东（南）亚国家为代表的家族监控型公司治理模式。

◆ **品牌治理**（brand governance）思想的出现和完善是多种品牌理论发展与互动的结果，可以从市场主导逻辑理论、品牌社群理论、品牌共建理论为基础剖析从品牌管理到品牌治理的转变机理。

探索与研究

1. 从战略管理历程的起伏看结构转型期的中国企业发展方向。
2. 公司层、业务层和职能层三种战略协调不和谐的动因。
3. 欧美与日韩国家文化对企业的公司治理模式及企业家特质的影响。

参考文献

［1］ Peters, Waterman. In Search of Excellence: Lessons from America's Best-Run Companies［M］. New York: Harper Business, 2012.

［2］ 金寅镐，路江涌. 动态企业战略：最佳商业范式的发现和实现［M］. 北京：北京大学出版社，2011.

［3］ Anthony Brewer. Richard Cantillon: Pioneer of Economic Theory［M］. Routledge: 2011.

［4］ Smith. The Wealth of Nation［M］. London: Methane & Co. Ltd.·, 2001.

［5］ Say. A Treatise on Political Economy［M］. London: Transaction Publishers, 2000.

［6］ Marshall. Principles of Economics［M］. London: Macmillan Co., 2011.

［7］ Coase. The Nature of the Firm［J］. Economic, 1937: 386-405.

［8］ Williamson. Transaction Cost Economics: The Natural Progression, Nobel Prize Lecture. Sweden［J］. Stockholm, 2009: 8-9.

［9］ Demsetz . Toward a Theory of Property Rights［J］. American Economic Review,1976: 347-359.

［10］ Schumpeter. Capitalism, Socialism, Democracy［J］. Harper Perennial Modern Classics, 1988.

［11］ Leibenstein. Allocative Efficiency and X-Efficiency［J］. The American Economic Review, 1966: 92-415.

［12］ James M Kouzes, Barry Z Posner. The Leadership Challenge［M］. New Jersey: John Wiley & Sons, 2007.

［13］ 斯维·万宁. 犹太创业家：揭秘犹太创业者的 8 大成功因素［M］. 杨婵，等译. 北京：机械工业出版社版，2014.

［14］ 拉姆·查兰. 引领转型：如何在大变革时代实现企业成功转型［M］. 杨懿梅，译. 北京：机械工业出版社，2014：273-274.

［15］ 白重恩，刘俏，陆洲，宋敏，张俊喜. 中国上市公司治理结构的实证研究［J］. 经济研究，2005（2）.

［16］ 胡一帆，宋敏，张俊喜. 竞争、产权、公司治理三大理论的相对重要性与交互关系［J］. 经济研究，2005（9）.

［17］ 郑志刚，孙娟娟. 中国上市公司治理发展历史与现状评估［J］. 金融研究，2009（10）：9-10.

［18］ 郑志刚. 对公司治理内涵的重新认识［J］. 金融研究，2010（8）.

［19］ 党印. 公司治理中的代理成本问题研究综述［J］. 中南财经政法大学学报，2011（4）.

［20］ 唐宗明，张祥建. 股权分置改革、公司治理与上市公司绩效［J］. 科技管理研究，2012（16）.

［21］ 易冰娜，瀚庆兰. 论企业社会责任与公司治理的融合与发展［J］. 理论探讨，2012（4）.

［22］ 曹廷求. 近 30 年公司治理研究的演进路径与重点突破［J］. 经济学动态，2012（4）.

［23］ 张丹丹. 现代公司治理模式与影响因素分析［J］. 企业导报，2013（18）.

［24］ Blair. Ownership and Control: Rethinking Corporate Governance for the Twenty-First Century［J］. Washington: Brooking Institution, 2000.

［25］ Hart. Firms, Contracts, and Financial Structure［M］. London :Oxford University Press, 2011.

［26］ Hart, Oliver. Financial Contracting［J］. Journal of Economic Literature, 2001: 1079-1100.

［27］ Tirole, Jean. Corporate Governance ［ J ］. Econometrica, 2001: 1-35.

［28］ Hatch M, Schultz M. Of bricks and brands: From corporate to enterprise branding［ J ］. Organizational Dynamics, 2006（2）: 117-130.

［29］ Hatch M, Schultz M. Toward a theory of brand co-creation with implications for brand governance ［ J ］. Journal of Brand Management, 2007（8）: 590-604.

［30］ Helm C, Jones R. Brand governance: The new agenda in brand management ［ J ］. Journal of Brand Management, 2010（8）: 545-547.

［31］ Helm C, Jones R. Extending the value chain-A conceptual framework for managing the governance of co-created brand equity ［ J ］. Journal of Brand Management, 2010（8）: 579-589.

［32］ Iansiti M, Levien R. Strategy as ecology ［ J ］. Harvard Business Review, 2008（3）: 68-78.

［33］ Ind N, Bjerke R. The concept of participatory market orientation: An organisation-wide approach to enhancing brand equity ［ J ］. Journal of Brand Management, 2007（2）: 135-145.

［34］ Ind N , Bjerke R. Branding governance ［ M ］. London: Wiley & Sons, 2007.

［35］ Jurgens M. Stakeholder theory and practice in Europe and North America: The key to success lies in a marketing approach ［ J ］. Journal of Industrial Marketing Management, 2010（5）: 769-775.

［36］ 王彦勇，徐向艺. 国外品牌治理研究述评与展望［ J ］. 外国经济与管理，2013，35（1）: 30.

第3章
商业模式新时代

> 当今企业之间的竞争，
> 不是产品之间的竞争，
> 而是商业模式之间的竞争。

——彼得·德鲁克

易到—神州—滴滴—Uber

中国的易到用车和美国的 Uber 在 2010 年以高端路线几乎同时起步。易到缘起创始人周航，2010 年，彼时 37 岁的周航已是一名成功的商业人士，有着颇为辉煌的创业经历，和哥哥周洲一起创办了天创电子。周航平时不喜欢去上海出差，因为在机场打车带给他的体验极其糟糕。

当大洋彼岸的 Uber 以"共享经济"的理念在国外专车市场星火已成燎原之势时，Uber 便于 2014 年年初闯入中国，专门提供分层次的专车服务。与此同时，易到用车作为国内当时第一家，也是唯一一家网约车平台，初期占据了中国智能用车市场近 90% 的份额。两者都是通过互联网移动平台软件（应用程序）招车，后期发展到专车概念，逐渐演变成高端用户喜爱的出行方式。

2014 年中，诞生于 2012 年的快的和滴滴在普通出租车服务的基础上，也先后推出了专车服务。作为竞争应对，Uber 随后也在中国推出了相对于高端定位之下的"人民优步"（与 Uber 旗下的 Uber Black、Uber XL、Uber L 一道构成了较为丰富的产品线），以低于出租车的价格杀入专车市场。2015 年 1 月，神州专车诞生，它也通过高优惠政策成为这个新兴市场的一员。竞争对手的迅猛加入让原本沉寂的专车市场瞬间热闹起来。2015 年情人节，滴滴和快的宣布联盟；2015 年愚人节，滴滴和快的最终合并成为滴滴出行。

易到采用 O2O 的运营模式，车辆来源一方面为公司购买的自营车辆，另一方面为合作的租赁公司提供。而神州专车采用 B2C 运营模式，提供专车服务的车辆和司机都属于公司。

Uber 则采用 O2O 运营模式，车辆来源以私家车加盟为主。滴滴出行也是 O2O 的运营模式，车辆来源为租赁公司，与之采用合作分成方式。

易到作为最早采用互联网叫车的公司，成立初期定位于服务企业和个人的商务出行需求，吸引了一批较为忠诚的高端用户群。

随着竞争对手进入专车市场，易到进一步细分市场，在国内 120 多个城市、国外 30 多个城市中，把车型细分为新能源（如北汽 E 系、北汽 200 纯电、北汽 150 纯电等）、经济型（如荣威、大众宝来、大众速腾等）、舒适型（如凯美瑞、帕萨特、本田雅阁等）、商务型（如别克 GL8、丰田埃尔法等）、豪华型（如宝马 5 系、奥迪 A6L、沃尔沃 S80 等）、奢华型（如奔驰 S、宝马 7 系等），以及特斯拉（如 MODELS），是拥有最多可选车型的公司。

易到前瞻的理念使之先后成功获得四轮融资，包括：

A 轮：2011 年 8 月，近千万美元，来自晨兴创投和美国高通风险投资公司。

B 轮：2013 年 4 月，2000 万美元，来自晨兴创投、美国高通和宽带资本。

B+ 轮：2013 年 12 月，6000 万美元，来自携程、DCM。

C 轮：2014 年 9 月，超一亿美元，GIC 领投（新加坡政府投资机构）。

2015 年 10 月，乐视携其整个汽车生态战略，带资 7 亿美元控股易到，易到成功实现了具有战略意义的 D 轮融资。由此，易到进一步明确了打造乘客出行完美生态链，丰富乘客生活体验的战略方向。

滴滴打车与快的打车合并使滴滴出行成为打车市场中的霸主。除了最初的出租车之外，滴滴的专车、快车、拼车等方式将出行市场做了进一步的细分，每一种产品都对应了不同的人群。当初的打车软件已经培养出了用户习惯，操作方式几乎一模一样，让用户们没有陌生的感觉，接受新产品也变得容易起来。滴滴还拥有快车、顺风车、大巴车等业务，由于滴滴前期培养了用户的使用习惯，对乘客和司机的补贴非常高，因此用户数量庞大。据《2015 年 6 月中国移动出行应用市场研究报告》统计，滴滴出行用户渗透率高达 81.2%，稳居行业首位。

神州专车定位于中高端群体，主打中高端商务用车服务市场，2015 年 7 月和 10 月分别获得联想、华平 2.5 亿美元和新华资本 5.5 亿美元，共计 8 亿美元的融资。相比较前三者，神州专车所选的车型较少，它目前的优势在于统一的车载无线网络和较强大的广告宣传攻势。

专车作为一种较高端的出行方式出现，通过互联网移动平台，满足了不断增长的高端市场用车需求。尽管专车价格比普通出租车高 30% 左右，但车型和服务都远超出租车，是中高端人士更愿意选择的出行方式，与中国高铁受到国人热捧一样，出租专车市场同样折射出中国消费者正日益提升的消费趋势。

3.1 早期商业模式研究

"商业模式"一词早在 1929 年就首次出现于文献当中，从那时起就逐渐走入不同学科众多学者的视野，直至 20 世纪 90 年代后期成为独立研究对象。按照商业模式这一用语的使用频率，早期商业模式的研究文献可以分为三个阶段。

萌芽阶段 20 世纪 30 ~ 60 年代，涉及商业模式的研究文献非常原始和零散。作为一个词组，"商业模式"最早出现于 1929 年，一位作者描述一个既是语言学者又是商人的人，指出他是一个按照"商业模式"行事的官僚主义者，因为他总是以**产出**（output）作为衡量学习成功与否的标准。1945 年，由美国国家规划协会出版的一本名为《实现充分就业的政府预算》（*National Budgets for Full Employment*）的小册子，书中提出了三种财政预算模式：**政府模式**（government model）、**商业模式**（business model）和**生活标准模式**（standard-of-living model）；其中，商业模式是用于计算私人投资的预算模型。总之，从严格意义上来说，商业模式在这一阶段还算不上一个专门术语，只是相关作者为了更清楚地说明问题，临时将两个单词组合在一起使用。

平缓成长阶段 20 世纪 ~ 90 年代，尽管涉及商业模式的文献数量依然很少，但已明显表现出连续性特征。1960 年，Gardner Jones 首次在其论文标题中正式使用了"business model"，这是该词作为专门术语的最早尝试，解释为商业企业的经营模式，与现今所指的商业模式含义较为接近。尽管如此，本阶段还没有研究者把商业模式作为专门研究对象，只是逐步接受商业模式作为一个专门术语出现在文章中。此外，由于这个时期文献涉及的学科领域逐渐增多，如经济管理、社会科学、信息科学、哲学等，研究者站在各自的立场看待商业模式，使其含义的理解和运用五花八门。

快速发展阶段 20 世纪末，商业模式的相关研究数量增长明显。一方面，随着全球经济的不断发展，企业在经营管理上积累了许多经验，商业模式逐渐发展成为管理科学领域的一种有效工具，于是越来越多不同学科领域的学者探究企业的商业模式是否应该以及如何应用于其他行业部门的管理，如政府管理、学校管理、城市管理、医疗机构管理、社会公共管理等多领域；另一方面，信息技术和互联网在欧美等发达国家得到迅猛发展，商业模式也逐渐在信息科学领域的研究文献中受到追捧，从计算机科学到信息系统，后来还出现了专门词汇：**电子商业模式**（e-business model）。Paul Timmers 是最早给商业模式下定义的学者之一，他于 1998 年在探讨电子商务市场的商业模式时，给其下了明确的定义，认为商业模式是一个关于产品、服务和信息流的架构。至此，商业模式正式开始作为一个独立领域引起多学科学者们广泛而深入的研究。直至今天，依然是学术期刊、杂志、报纸、互联网等媒体出现频率最高的热门专业术语之一。

在商业、经济与管理领域的文献中，以下五个主题较多地涉足商业模式。

组织效率 这是早期涉及商业模式最多的一类主题文献。

企业管理决策 该主题多年来一直受到学者的关注。Namba（1997）认为商业模式囊括了管理、营销和产品开发三个领域，他发现了一种通过即时交互式营销实现预售产品的开发的商业模式。Tsay（1999）举例说明生产外包是当时流行的一种商业模式。

城市管理　主张城市管理改革，建议城市议会任命一个城市经理，对政府的服务系统进行重组织，去除党派特征，建立一个中央采购部门，使城市的各类合同及政府礼品的分配标准化。他认为这种改革会使城市的服务更有效率，还能够减少城市的财政赤字。

工作效率　这一主题的文献数量一直比较多，如 Balk 和 Olshfski 等人（1991）指出政府管理日益官僚化，建议把商业模式引入公共管理部门，希望借此提高和改善管理效率和管理水平。

互联网商业模式　在信息技术和互联网的推动下，商业世界发生了巨变，不仅前进速度加快，而且新型的互联网企业对传统企业形成了强烈冲击，20 世纪 90 年代中期后，学者们开始探索互联网时代企业的商业模式革新问题。Soumitra Dutta 等人认识到互联网和万维网的交互性、连通性这两个基本特征正在改变组织机构的商业模式，他们最先就不同部门、不同地区的组织机构对各自的商业模式做了多大程度的改革进行了研究，以便探索由互联网创造的市场空间中的商业机会。结果发现，只有少数组织对自身商业模式在互联网空间里如何变化进行了重新思考。哈默尔（1998）则指出在互联网时代，不仅企业的产品生命周期越来越短，且战略周期也越来越短。要想取得竞争优势，企业必须进行商业模式的革新，革新不能只是循序渐进地进行，要突破常规非线性化。革新也不能仅局限于以产品为核心，要突破原有界限，围绕整个产业的商业系统进行。

此外，随着互联网企业的增多，越来越多的学者开始研究这类企业的商业模式。例如 Suresh Kotha（1998）以亚马逊的商业模式为研究对象，Joan Magretta（1998）探讨了戴尔商业模式的成功秘诀，Buchanan 和 Leigh（1998）则分别详细分析了 price line.com 和 CyberGold Inc 两家互联网企业的成功商业模式。

我们将在 3.4 节中阐述互联网时代下的商业模式。

3.2　商业模式的内涵、特性与构成

从泰勒时代开始，管理学的范畴就不断被扩大和延伸着：从一开始关注生产技能和效率，到重视整条生产线的产能和效益，接着到整合研发、生产、销售、售后服务等商业价值链，再到今天的资本运作。全球化、信息化、网络化、多变化，系统思考、统筹规划对于企业显得格外重要，由此带来的新视野、新思维就成为商业模式概念萌芽的基础。

1999 年之后，商业模式的概念开始受到广泛关注，这与 20 世纪 90 年代末互联网的广泛应用、电子商务的兴起有着直接联系。随着微软、谷歌、戴尔等伴随互联网成长起来的企业获得巨大成就，人们逐渐认识到，商业模式创新所带来的价值或者利润可以数倍于传统经济形式，学者、投资者都开始系统研究企业商业模式以及商业模式的创新。

目前实业界频繁而混乱地使用着商业模式这个概念，甚至将商业模式与网络模式、

商业业态等混为一谈，而研究人员却很少关注商业模式，即使在研究中有所涉及，也往往侧重于"基于网络的模式"，对于商业模式的本质和定义并没有形成共识，是一个"最常被提及却莫衷一是的术语"。

3.2.1 商业模式内涵

关于商业模式的真正内涵，在理论研究中，每位研究者往往根据自己的研究目的而给出相应的商业模式的概念。Timmers（1998）认为商业模式是由产品、服务与信息流构成的体系，能对企业商业活动参与者的利益与企业利润来源进行描述。Stewart 等（2000）认为，商业模式是企业能够获得并且保持其收益流的逻辑陈述。Amit 和 Zott（2001）提出，商业模式是企业创新的焦点和企业为自己、供应商、合作伙伴及客户创造价值的决定性来源。Mahadevan（2000）认为，商业模式是企业与商业伙伴及买方之间**价值流**（value stream）、**收入流**（revenue stream）和**物流**（logistic stream）的特定组合。Linder（2000）认为商业模式是组织或者商业系统创造价值的逻辑。Hawkins（2001）把商业模式看作是企业与其产品、服务之间的商务关系，一种构造各种成本和收入流的方式，通过创造收入使企业得以生存。Afuah（2001）把商业模式定义为企业获取并使用资源，为顾客创造比竞争对手更多的价值以赚取利润的方法。Torbay（2001）认为，商业模式是企业为了对价值进行创造营销和提供所形成的企业结构及其合作伙伴网络，是产生有利可图且得以维持的收益流的客户关系资本。Applegate（2001）认为商业模式是对复杂商业现实的简化。Weill（2001）把商业模式定义为对企业的顾客合作伙伴与供货商间关系与角色的描述，目的在于辨认主要产品、信息和资金的流向以及参与主体能获得的主要利益。Magretta（2002）认为，商业模式从根本上来说就是关于企业如何运作的解释。哈默尔（2000）认为，商业模式就是已经付诸实践的经营理念，是存在于经营者头脑中关于如何经营、如何满足顾客需求的想法或概念。Morris（2003）将商业模式的定义为一种简单的陈述，旨在说明企业如何对战略方向、运营结构和经济逻辑等方面一系列具有内部关联性的变量进行定位和整合，以便在特定的市场上建立竞争优势。奥斯特瓦德（2005）认为，商业模式是一种建立在许多构成要素及其关系之上，用来说明特定企业商业逻辑的概念性工具。

鉴于商业模式的表述不一致性，一部分学者试图对这些定义进行整理总结。如Morris（2003）指出商业模式定义可分为三类，即经济类、运营类、战略类。研究人员付出了巨大的努力，却不难看出，每一位研究人员都是根据自己的研究需要与理解而给出商业模式的概念，总体而言，普遍认为新商业模式与过去的模式相比，往往代表着一种"更好的方法"，而且成功的经营模式还是最适合企业的"最佳方法"。

到今天为止，商业模式尚未形成统一的权威解释，有代表性的对于商业模式的理论学派观点有以下几个。

运营模式论　此种理论认为商业模式就是企业的运营模式、盈利模式。进一步地，商业模式明确了一家公司应当开展什么样的活动来创造价值、在价值链中如何选取上游和下游伙伴中的位置，以及与客户达成产生收益的安排类型。迈克尔·拉帕（2004）认为，"商业模式就其最基本的意义而言，是指做生意的方法，是一家公司赖以生存的模式，一种能够为企业带来收益的模式"。他认为，商业模式规定了公司在价值链中的位置，并指导其如何赚钱。

这种理论对商业模式可以有两种理解：一是经营性商业模式，即企业的运营机制；二是战略性商业模式，是指一个企业在动态的环境中怎样改变自身以达到持续盈利的目的。

价值创造模式论　此类理论认为商业模式就是企业创造价值的模式。商业模式是企业创新的焦点和企业为自己、供应商、合作伙伴及客户创造价值的决定性来源。Petrovic 等人（2001）认为商业模式是一个通过一系列业务过程创造价值的商务系统。马格利·杜波森等人（2002）认为，商业模式是企业为了进行价值创造、价值营销和价值提供所形成的企业结构及其合作伙伴网络，以产生有利可图且得以维持收益流的客户关系资本。

商业模式是公司运作的秩序以及公司为自己、供应商、合作伙伴及客户创造价值的决定性来源，公司依据它使用其资源、超越竞争者和向客户提供更大的价值。

图 3-1 表达了价值更大化的方法，就是减少资本成本，扩大顾客效用。

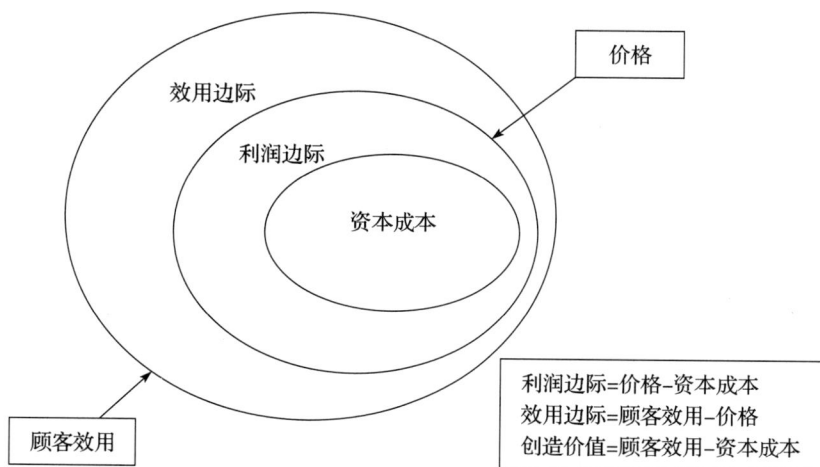

图 3-1　每单位产品的价值创造

体系论　此类理论认为商业模式是一个由很多因素构成的系统，是一个体系或集合。商业模式是对企业至关重要的三种流量——价值流、收益流和物流的唯一混合体。

商业模式可以概括为一个系统，它由不同部分、各部分之间的联系及其互动机制组成；它是指企业能为客户提供价值，同时企业和其他参与者又能分享利益的有机体系；它包括产品及服务流、信息流和资金流的结构，包括对不同商业参与者及其角色的描述，还包括不同商业参与者收益及其分配的划分。

托马斯（2001）认为，商业模式是开办一项有利可图的业务所涉及流程、客户、供应商、渠道、资源和能力的总体构造。贝因霍克和卡普兰（2003）强调了商业模式的综合性、直觉和创造精神。

任何组织的商业模式都隐含有一个假设成立的前提条件，如经营环境的延续性、市场和需求属性在某个时期的相对稳定性以及竞争态势等，这些条件构成了商业模式存在的合理性。商业模式是一个结构或体系，包括组织内部结构和组织与外界要素的关系结构，这些结构的各组成部分存在内在联系，它们相互作用形成了模式的各种运动。商业模式本身就是一种战略创新或变革，是使组织能够获得长期优势的制度结构的连续体。

商业模式可以概括为一个系统，它由不同部分、各部分之间的联系及其互动机制组成；它是指企业能为客户提供价值，同时企业和其他参与者又能分享利益的有机体系；它包括产品及服务流、信息流和资金流的结构，包括对不同商业参与者及其角色的描述，还包括不同商业参与者收益及其分配的划分。

以上三类理论从不同角度论述了商业模式的内涵。运营模式论从企业运营的角度切入，认为商业模式就是企业如何适应环境变化、合理配置内部资源实现盈利的方式。价值创造模式论站在价值创造的视角来考查商业模式，强调商业模式是企业创造价值的决定性来源。体系论更注重商业模式的综合性。

3.2.2 商业模式与其他管理理论的联系和区分

1. 管理模式与商业模式

管理模式与商业模式的区别主要是理论内涵不同、着眼点不同、管理客体不同，并最终导致对企业的绩效也不同。罗伯特·安东尼和维杰伊·戈文达拉扬在《管理控制系统》一书中提出的战略实施框架，实质上是管理模式的理论体系。该理论框架认为，管理模式反映了企业的执行机制，分为六个要素：战略、组织结构、管理控制、企业文化、人力资源管理和业绩，管理学的不同子学科属于该体系不同方面的阐述和分析。

战略 决定企业的发展方向，是企业实现其长期目标的方法和途径。

组织结构 按照战略的要求，确定企业由哪些部门和岗位组成，部门与岗位的目标、职责和职权是什么，以及相互关系是怎样界定的。

管理控制 企业中的管理流程以及相应的制度和方法，常见的如战略规划流程、经营计划流程、预算管理流程、新产品开发流程、销售管理流程、风险管理流程等。

企业文化 企业内部员工共同的价值观和行为准则。

人力资源管理 与人力资源的招聘、培养、选拔、考核和激励等相关的工作。

业绩 战略通过组织结构、管理控制、企业文化和人力资源管理来实现，业绩是战略实现的结果。

商业模式是一个企业的运行机制，与人没有直接关系，类似于一艘战舰的构造：不同种类战舰的发动机、船舱、甲板、炮塔、导弹等的结构和配置不同，在舰队中的位置和功能也不同；而管理模式与人有直接关系，是一个企业的执行机制，类似于驾驶战舰的舰队官兵：舰队的最高长官，既需要组织分配好官兵的工作，制定出相应的管理控制流程，并建立官兵的选拔、培养和激励等制度，也需要有能够凝聚舰队战斗力的舰队文化。

2. 战略与商业模式

战略理论的关注点主要在产品、市场、产业价值链的定位，而商业模式除了定位，更注重利益相关者的利益诉求和交易结构，其关注点超过产业价值链的范畴。

即使是定位，战略和商业模式对其定义也不同。战略中的定位主要关注提供什么产品、为谁提供。换言之，更关注具体的客户及其需求。而商业模式中的定位主要关注如何提供。换言之，更关注需求的满足方式。因此选择直销还是经销本身是商业模式问题，而经销什么产品、向谁经销等，则属于战略问题。

战略暗含的前提是目标客户群体大致确定，而商业模式并没有这个暗含的理论前提。先定战略而后定模式，会大大限制商业模式设计的选择集；相反，先定模式而后定战略，则有很多切实可行的战略抉择集。因此，先定商业模式，确定好利益相关者和交易结构，后定战略，能够为战略的制定提供一个坚实的现实基础，因此比较容易找到企业运营的解决方案。同行业不同的商业模式，制定的战略千变万化，企业业绩自然不同。而同一商业模式，选择不同的战略，企业业绩也会不一样。在实际操作中，先定商业模式，后定战略，比较容易找到创新的企业设计解决方案。

3. 价值链理论与商业模式

一般地，企业内外价值增加的活动分为基本活动和支持性活动。基本活动涉及企业生产、销售、进料后勤、发货后勤、售后服务。支持性活动涉及人事、财务、计划、研究与开发、采购等。基本活动和支持性活动构成了企业的价值链。假如企业做专业化，把价值链的不同环节分出去，就变成了通常说的"产业价值链"。

价值链理论是基于一个传统的产业划分。划定好了行业和产业，暗含的前提就是确定了交易活动和交易对象。当今的商业世界，不同产业、不同行业之间的触点越来越多，其间的交易活动也越来越多样化，已经很难用简单的价值链来描绘。此外，商业模式设计本身也可以创造新的交易活动。

价值链理论是以活动为中心，而商业模式理论则以利益相关者为核心。同样的价值链活动可以由不同的利益相关者实施，其交易结构也可以截然不同，对同一活动选择不同的利益相关者，采取不同的交易方式，最终会形成不同的商业模式，并造成运营效率的巨大差异。

3.2.3 商业模式的基本特性

商业模式是一个整体、系统的概念，而不仅仅是单一的组成因素。如收入模式（广告收入、注册费、服务费）、向客户提供的价值（在价格上竞争、在质量上竞争）、组织架构（自成体系的业务单元、整合的网络能力）等，这些都是商业模式的重要组成部分，但并非全部。

商业模式的组成部分之间必须有内在联系，这个内在联系把各组成部分有机地关联起来，使它们互相支持，共同作用，形成一个良性循环。在业界流传着很多依靠独特的商业模式而大获成功的故事，那么商业模式的功能到底是什么呢？有以下几个观点比较值得我们关注：

- 商业模式要指明各参与者及其角色、潜在利益和收入来源。
- 商业模式必须明确向顾客提供什么样的价值，向哪些客户提供价值，如何为提供的价值定价，如何提供价值，以及如何在提供的价值中保持竞争优势。
- 商业模式应该解决以下问题：谁是客户，客户的价值是什么，如何在这种商务中赚钱，将这种价值以合适的成本交付给客户的根本经济逻辑是什么。
- 商业模式是连接技术开发和经济价值创造的媒介。

综合以上的观点，企业的商业模式应该具有以下四大功能：

- 发现渴望得到需求满足的客户群。
- 建立与上游企业的合作，以合适的成本生产出定价符合市场供求的产品和服务。
- 将产品和服务在恰当的时间和地点传递到客户手中。
- 持续地为客户提供价值提升，提高企业的持续经营能力和竞争优势。

《孙子兵法》的虚实篇中有"水因地而制流，兵因敌而制胜，故兵无常势，水无常形，能因敌变化而取胜者，谓之神"这样的语句，拿来形容商业模式的千变万化是再确切不过了。

成立于2011年的Skillshare是当下美国最流行的教学平台。Skillshare推出的是一个类似"点餐"式的教育平台，教学专家可以按照任何学科教授一个班级，任何人都能参加这个课程，只需支付20美元或25美元即可。不过在2014年，Skillshare转型了，它们推出了一个每月10美元的自助式套餐，这种商业模式可以让用户每月只支付10美元，就学习平台上的全部课程。和绝大多数教育初创公司不同，Skillshare的授课老师不是来自顶尖大学的专业教授，也就是说，如果想当老师，给大家传授知识，完全没有必要拥有一个博士头衔。而在学生这边，事情就更加简单了，因为学习知识的成本一点儿都不贵，而且这个平台可以"活到老，学到老"。

3.2.4　商业模式的构成要素

优秀成功的企业必定能够依据所在行业的背景和企业自身具有的资源、特性来确立自己独特的商业模式。虽然商业模式不可复制，但构成商业模式的基本要素既然是共同的，那么商业模式又是可以被模仿的。根据上文商业理论的介绍，我们倾向于用体系论中关于商业模式的观点，把商业模式看作是一个系统，系统必须有基本的构成要素。

Morris（2003）通过对相关研究进行整理后发现，商业模式的构成要素研究结果有极大的差异，从 3 ～ 8 个不等。经过统计，共有 25 个不同的项目被作为模式的可能要素被提及，其中一些项目被多次提到，如价值提供、经济模式、顾客关系、伙伴关系、内部基础设施活动，另有目标市场、资源、能力、产品、收入来源等条目也一再被重复提及。

哈默尔（2000）认为，商业模式应包括客户界面（回应处理与支持、信息与洞察力、企业与顾客的互动关系、定价等）、核心战略（包括经营宗旨、产品市场范围、差异化基础）、战略资源（核心能力、战略资产、核心流程）、价值网络（供应商、合伙人、联合）四大要素，而这些因素两两之间都形成一个界面（分别是顾客利益、配置和公司边界），这些界面将四个要素紧密地连成一个协调运作的整体。Chesbrough 和 Rosenbloom（2002）将商业模式看作是目标市场、价值主张、内部价值链结构、成本与利润、价值网络、竞争战略六个方面的组合。Amit 和 Zott（2001）提出了交易内容、交易结构和交易治理三个要素；Weathersby（2000）认为，商业模式包括三个方面，即清晰的价值主张、与一个或多个价值创造模型的结合、与一个或多个价值获取机制的结合。Mahadevan（2000）认为，商业模式是对企业至关重要的三种流——价值流、收益流和物流的唯一混合体。Thomas（2001）指出商业模式涉及流程、客户、供应商、渠道、资源和能力的总体构造。

王伟毅与李乾文（2005）对组成商业模式的要素结构进行了探讨，他们认为，要素的组成结构有两种基本类型：一是横向列举式，即要素间是横向列举关系，彼此重要性相似，每个要素表示企业的某个独立方面，但它们必须共同发挥作用；二是网状式，即模式的基本要素从纵向层次或另一视角综合考虑，要素间联系密切，形成层级或网格，作为一个系统在企业中发挥作用。不论哪种组合形式，要素间都需具有较强的逻辑关系，体现出商业模式的系统性和整体性。

尽管商业模式的构成要素在学术界有一些不同的观点，但普遍认同客户价值、市场定位、盈利模型、综合运营能力是商业模式的关键构成要素。

Paperless Post 成立于 2008 年，它是美国邮政服务公司的最大竞争对手，该公司鼓励人们通过电子邮件发布通告和邀请，而且他们拥有数百个设计模板。这个网站是免费的，不过，如果用户需要使用高级模板和信封，只需要预付"Coins"。在 2012 年年末，他们又开创了另一个收入模式，推出纸质的 Paperless Post 服务，允许用户在 PaperlessPost.com 网站上面设计一张卡片，然后可以通过电子方式，或是纸质邮政方式发送给对方。同时，为了提升美学设计，他们和许多设计师进行了合作，分享收入，这些知名设计师包括 J. Crew、Oscar de la Renta，以及 Kate Spade，他们都负责为 Paperless Post 网站进行模板设计工作。

盈利模型是商业模式的核心构成要素，企业对其进行设计的目的是能够更好地洞察变化的环境、了解自身和市场的需求和价值点，利用企业优势资源和能力获得并保持企业竞争优势，控制成本。通过选择目标客户、组织销售团队管理收入来源，获取价值。企业考虑商业模式转换时首要考虑的问题是盈利模型是否存在。而相应需要考量的问题包括"目标客户群及其偏好变化趋势""如何在不断出现同质竞争对手的态势下持续改进、优化其自身盈利模型""如何与此同时创建品牌，不断注入品牌有形和无形资产，以获得长期的溢价收益"，同时，企业还需要继续寻找提升企业（面向客户）的价值途径，以保持核心竞争力，获得可持续的竞争优势。

下文列举了 5 种常用的盈利模型：金字塔模型、产品品牌模型、低成本模型、专业化模型、客户解决方案模型，此外还有配电盘模型、利润乘数模型等盈利模型，此处作简要介绍。

（1）**金字塔模型**。由于盈利机会从单个优质产品转移到了创建和管理一个多层次产品的金字塔。一个产品金字塔是由具有不同价格、品牌、风格、设计、功能和性能的多层次产品组成的。将所有层次的产品作为一个产品体系来管理，以期望增大和保护企业的盈利能力（见图 3-2）。

该模型中，满足客户关于产品风格、颜色、价格等偏好因素是最重要的。正是客户在收入和偏好上的差别，才形成了产品金字塔。在塔的底部是低价位、大批量的产品；在塔的顶部，是高价位、小批量的产品。大多数利润集中在金字塔的顶部，但金字塔底部的产品也具有重要的战略作用。因为这里产品可以起到"防火墙"的作用。防火墙产品可以阻碍竞争者的进入，保护金字塔顶部产品的丰厚利润。

（2）**产品品牌模型**。应用产品品牌模型的企业投入巨额营销费用，以增加公众对自己产品的了解、认同、信任和信誉。

反过来，用户使用"品牌"公司产品和服务的经历可以增强这种无形的品牌效应。当客户愿意为这样的产品支付高价时，品牌效应便转化成有形的利润。由于品牌产品的价格高于其他同样功能产品的价格，因而成为品牌持有人盈利的主要来源（见图3-3）。

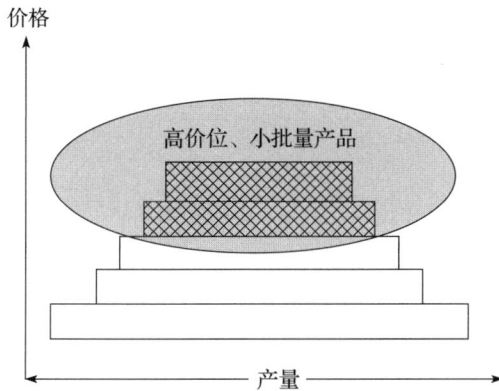

图 3-2　金字塔模型

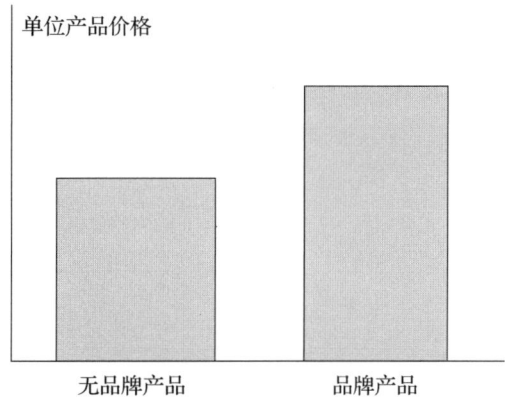

图 3-3　产品品牌模型

（3）**低成本模型**。企业可以采用低成本模型设计来战胜过时的经验，从而使行业中现有对手的经验失去价值。低成本主要通过规模效应、降低运营管理成本、商业模式设计降低成本实现，这类企业往往依靠创新的业务模式设计降低成本，从而形成自己的竞争优势（见图3-4）。

（4）**专业化模型**。在许多行业，专业化厂商的盈利是"万金油"型厂商盈利的数倍。专业化厂商获利丰厚的原因是：低成本、高质量、优良的声誉、较短的销售期、更高的现金流入。专业化利润模型的应用并不仅限于产品。例如，家得宝（Home Depot）公司专门向那些愿意自己动手的用户提供服务。家得宝的成功在于，它努力满足了一个特殊客户群的需求（见图3-5）。

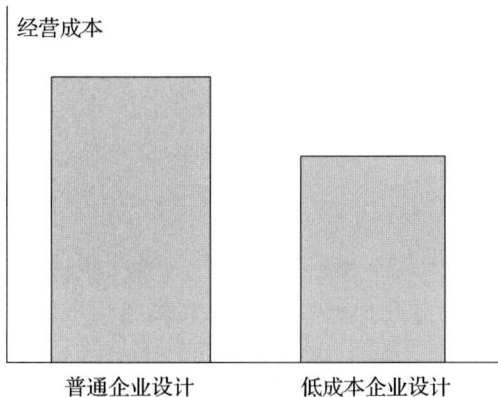

图 3-4　低成本模型

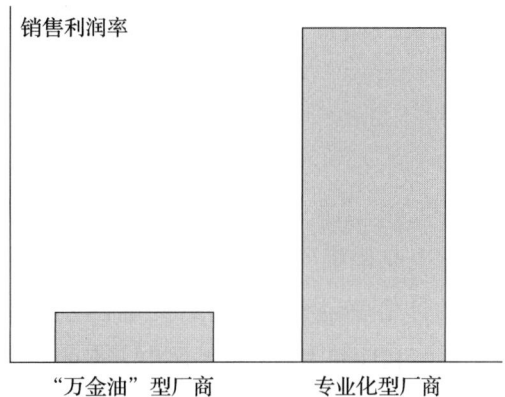

图 3-5　专业化利润模型

（5）**客户解决方案模型**。客户解决方案模型，是由于客户开始认为，供应商强大的产品功能已不再足以解决自己遇到的新问题。为应对这种失效的状况，创新的供应商开始思考、试图理解客户这种新的价值需求，并提升到合作伙伴的层面来考虑这一问题。于是供应商开发了将产品、服务和融资等捆绑在一起的销售方式，为客户提供有价值的解决方案（见图3-6）。

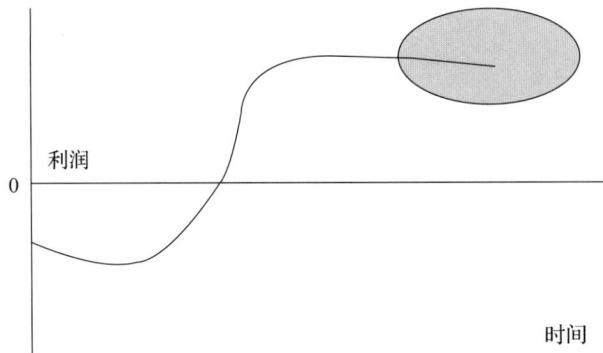

图 3-6　客户解决方案模型

（6）**配电盘模型**。在某些行业，许多供应商与许多客户发生交易，双方的交易成本很高。这就会导致出现一种高价值的中介业务。这种业务的作用类似于配电盘，其功能是在不同的供应商与客户间建立一个沟通的渠道，从而降低买卖双方的交易成本（见图3-7）。

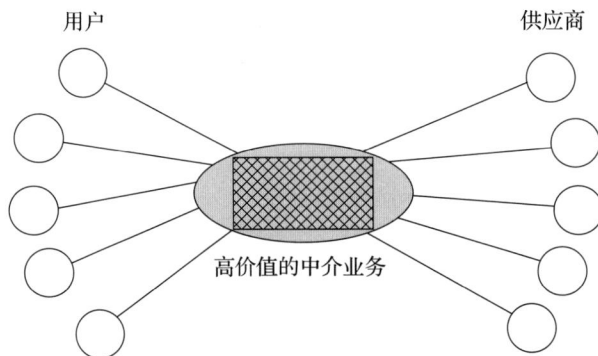

图 3-7　配电盘模型

配电盘模型的重要功能体现在配电盘自身，即加入系统的供应商与客户越多，配电盘的价值就越大。另外，配电盘本身需要体现对客户的价值，主要提供"一站式"采购的便利性和为客户提供解决方案的咨询和服务。

（7）**利润乘数模型**。对于拥有强大消费品牌的公司来说，利润乘数模型是一个强有力的盈利机器（见图3-8）。一旦投入巨资建立了一个品牌，消费者就会在一系列的产品上认同这一品牌。当然，利润乘数模型的应用也有风险，因为品牌可能应用于一个对客户没有影响的领域。

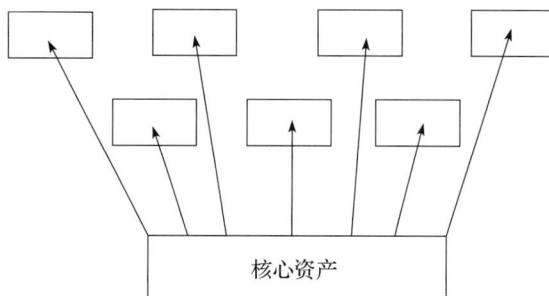

图 3-8　利润乘数模型

3.2.5　商业模式评价

成功企业会采取独特的商业模式，商业模式是否可取可通过以下两个指标来衡量。

财务性指标　好的、成功的商业模式必然会给企业带来收益和利润，所以收益性是衡量一个商业模式好坏的基础。具体的收益性指标主要有：（预期）市场份额、年销售收入、年运营成本、年毛利率等财务报表上的科目。此外，商业模式不是企业短期投机的行动方案，而是企业长久发展壮大的顶梁柱，所以商业模式必须要让人们看到企业增长的潜质和动力。评价一家公司的商业模式当然也不能仅仅看其短期的财务分析，一些增长性的指标也需要综合考虑，如销售增长率、市场占有率、新客户数、新产品数量。

风险性指标　任何商业都是有风险的，不同行业、不同的时期企业面临的风险不同而已，所以无论是经济萧条时期的美国企业，还是改革开放时期中国的中小企业，它们都面临着很多风险因素：市场、政策、法律、文化、竞争的诸多方面。投资人在投资的时候，非常注重对企业风险因素的考虑，所以企业在构建或完善自己的商业模式时必须将风险考虑进去。反过头来，评价一个企业的商业模式优劣的时候，我们也可以用一些风险性指标来比较不同的商业模式之间的优劣。风险性指标分两类：一类是反映企业短期风险的指标，如企业变现能力、库存数量、资金周转期等；另一类是反映企业长期风险性的指标，如资产负债率、股权结构、企业人员构成等。

3.3　商业模式的分类、设计与重构

本节内容将介绍商业模式研究方法、常见的商业模式种类，以及商业模式设计、形成与重构的若干个阶段。

3.3.1　商业模式研究方法

商业模式研究方法的分类研究对深入理解商业模式具有重要的意义，因为只有通过差别对比才能抓住事物的本质。总体看来，商业模式的研究主要采用的方法包括案例研

究法、统计方法与逻辑推理三种。

案例研究法 通过研究（如沃尔玛、阿里巴巴、戴尔、亚马逊等）企业的成功经营特点，归纳总结出其成功的模式。这种研究方法具有较好的说服力，而且易于被现实中的其他企业观察、比较、模仿与借鉴，因而最为企业界所重视。既然是通过案例研究，则这种方法就不可避免地被人们诟病，加之有一些研究仅限于表面现象的简单描述，没有严格地遵从案例研究的规则，因而许多学者认为这种方法缺乏外在有效性，而且由于案例研究拘泥于特定的一个或几个企业，企业的个性过于明显，因而不易于在大范围内推广，理论层次不高。

统计方法 通过大样本企业调查，归纳总结出不同的商业模式。这种方法使用统计技术，通过具体的数字进行量化，被认为具有较强的外部有效性，说服力较强，为专业研究人员所重视。如 Weill 和 Thomas（2004）对 1000 家美国大企业采用定量方法进行分类。他们利用两个维度（企业出售何种权利、企业在多大程度上改变资产性质）来构建基本模式原型，共获得 4 个基本模式原型和 16 种商业模式，而且得出了某些商业模式比另一些模式运营得更好、更能获得高绩效和利润的结论。统计方法虽然通过大量实例的归纳结果提高了可信度，但这种方法调查范围大、难度高。

逻辑推理 通过逻辑推理构建商业模式框架，再根据框架要素差异区分类别。这种方法避免了统计方法的不足，使得实业界的人士能够从中得到借鉴，同时也具备了案例研究法可操作性强的特点，因而这类研究相对较多。多数学者倾向于运用理论推演和实例相结合的方法，遵循提出框架、确定要素、寻找案例支持的路径，如 Bambury（1998）、Rappa（1999）、Dreisbach 和 Writer（2000）等。但没有一种方式是完美无瑕的，许多学者认为，逻辑推理通过先构建模式后寻找例证的方法，存在人为选择的缺陷，因而其适应性受到一定的怀疑。

国内学者对商业模式研究的分类也倾注了大量的心血，如李庆华（2007）从技术创新方法和客户导向理念两个维度来考察，认为现实中存在着四种代表性的经营模式，即技术驱动型、需求满足型、市场创造型和模仿竞争型。这种方式同样是通过逻辑推理构建商业模式框架，再根据框架要素差异区分类别。国内学者原磊及其合作者通过对国外商业模式研究方法的对比分析，提出了"3-4-8"构成体系的商业模式分类方法，如原磊（2006，2007，2008），其中"3"代表联系界面，包括顾客价值、伙伴价值、企业价值；"4"代表构成单元，包括价值主张、价值网络、价值维护、价值实现；"8"代表组成因素，包括目标顾客、价值内容、网络形态、业务定位、伙伴关系、隔绝机制、收入模式、成本管理。

3.3.2 常见的商业模式种类

非绑定式商业模式 1999 年约翰·哈格尔和马克辛格提出了"非绑定式公司"的概

念。按照这一概念，一家公司的基本业务可以分为三类：客户关系型业务、产品创新型业务和基础设施型业务。这些业务受不同的经济驱动因素、竞争驱动因素和文化驱动因素的影响。客户关系型业务的职责是寻找和获取客户并与他们建立关系，产品创新型业务的职责是开发新的和有吸引力的产品及服务，基础设施型业务的职责是构建和管理平台，以支持大量重复性的工作。

对于产品创新型业务，在经济方面，企业需要快速进入市场以获得溢价价格，并获得较大的市场份额，速度是制胜的关键；在竞争方面，企业需要针对招揽人才而竞争；在文化方面，企业需要以员工为中心，鼓励创新型人才的涌现。对于客户关系型业务，获取客户的高昂成本决定了企业需要大规模的客户份额，企业获得的客户类型越多，销售渠道能够支持的产品也就越多，范围经济是制胜的关键；在竞争方面，企业需要针对客户范围而竞争；在文化方面，企业需要高度面向服务，树立客户至上的心态。对于基础设施管理型业务，在经济方面，由于高昂固定成本的存在，企业需要通过大规模生产以降低单位成本，在这一过程中，规模是关键；在竞争方面，企业需要针对生产规模而相互竞争；在文化方面，企业需要统一生产标准，重视成本削减。

哈格尔和辛格认为，企业应将这三种业务进行区分，并聚焦于这三种业务类型之一。这是因为，每一种业务类型的驱动因素都不同，由此可能带来不同业务类型彼此之间的冲突。

长尾式商业模式　长尾的概念由克里斯·安德森在观察媒体行业的现象后提出，这个概念描述了媒体行业从面向大量用户销售少数拳头产品，到销售庞大数量的利基产品的转变，而每种利基产品都只产生了小额销售量。安德森指出，许多非经常销售所产生的销售总额甚至会超过由拳头产品所产生的收入。

安德森认为，三个经济因素触发了在媒体行业的这种现象。第一，随着使用技术的成本不断降低，个人可以越来越多地接触到高科技生产工具。生产工具的大众化使每一个人都有可能成为商品和服务的供应者。例如，只要到网站上进行注册，任何人都可以成为淘宝网上的电商、优酷视频的上传者，或者制作小软件到网络平台上销售。第二，互联网的广泛应用使得数字化内容可以极低的库存成本、沟通成本、交易费用进行分发，分销渠道的大众化为利基产品开拓了新的市场。第三，供需双方的搜索成本随着信息技术的普及不断下降。小额利基产品的销售关键是要找到感兴趣的潜在买家。强大的搜索引擎功能、用户评分以及各种网络社区，都可以为买卖双方提供廉价、充分、及时的信息。

多边平台式商业模式　多边平台被经济学家称为多边市场，是一个重要的商业现象。这种现象已有很长的历史。例如，电话就是把信息发送方和信息接收方连接起来的多边平台工具。但是随着信息技术的发展，这种平台模式得以迅速崛起。微信、苹果 iOS 操作系统、百度都是成功多边平台的一些案例。多边平台的商业模式代表了一种日益重要的商业模式，也是商业模式的概念得以普及的原因。在多边平台的商业模式出现后，人们越来越认识到商业模式在企业创造价值中的重要作用。

多边平台是指将两个或者更多有明显区别但相互依赖的客户群体集合在一起的平台。它们作为连接这些群体的中介来创造价值。例如，淘宝网连接了买家和卖家；计算机操作系统连接了硬件生产商、应用开发商和用户；杂志连接了读者和广告主；商学院连接了企业家和学者。多边平台的关键是必须能同时吸引和服务所有的客户群体并以此来创造价值。

免费式商业模式 接受免费需要一个有吸引力的价值主张。经济学家已经证明在零价格点所引发的需求会是一分钱或任何其他价格所引发需求的许多倍。随着互联网技术的广泛应用，免费产品和服务呈现爆炸式增长。企业需要判断当系统性地供应某种产品或服务的时候，是否还可以维持现金流，赚取可观的收入。

一种维持免费商业模式的方式是把免费产品或服务整合到能够产生收入的商业模式中。有些传统的免费商业模式已经广为人知，如广告，就为企业的免费多边平台带来收入。也有些所谓的免费商业模式，提供免费的基础服务，并通过增值服务收费，这种商业模式式样已经与日益增长的通过互联网提供的数字化产品和服务而同步流行开来。

免费商业模式经常与长尾模式联合使用。例如，对于艺术家来说，创作一首歌曲需要耗费大量的时间和金钱，但在网络上传播一首歌曲的成本几乎可以忽略不计。艺术家可以在网络上免费传播自己创作的歌曲，当获得了足够多的关注后，可以寻找其他收入来源，如举办音乐会或广告推销来收回成本。艺术家已经在免费音乐上有过成功的实践，例如2012年曾风靡全球的《江南STYLE》就是通过免费而获得商业成功的。

免费商业模式通常有三种模式可以支撑：一是基于多边平台的免费产品或服务；二是带有可选收费服务的免费基本服务；三是使用免费或廉价的初始产品、服务来吸引客户重复购买的"诱钓"模式。无论是哪一种商业模式，免费商业模式有一个共同特点：至少有一个客户细分群体持续从免费的产品或服务中受益。

开放式商业模式 开放式创新和开放式商业模式是由亨利·切萨布鲁夫（Henry Chesbrough）创造的两个术语。二者都是将公司内部的研究流程开放给外部伙伴。切萨布鲁夫认为在一个以知识分散为特征的世界里，组织可以通过对外部知识、智力资产和产品的整合创造更多价值，并能更好地利用自己的研究。此外，闲置于企业内部的产品、技术、知识和智力资产，也可以通过授权、合资或分拆的方式向外部伙伴开放，并变现。由此，切萨布鲁夫区分了"由外到内"的商业模式以及"由内到外"的商业模式。开放式商业模式可以用于那些通过与外部伙伴系统合作，来创造和捕捉价值的企业，企业既可以将外部的创意引入公司内部，也可以将企业内部闲置的创意和资产提供给外部伙伴。

开放式商业模式与封闭式商业模式在以下五个方面有显著不同：第一，封闭式商业模式选用企业内部人才完成工作，而开放式商业模式下，企业内部与外部的人才一起工作；第二，封闭式商业模式的企业需要依靠自己进行调研、开发和销售，而开放式商业模式企业善于利用外部研发创造的巨大价值，企业内部研发是这种价值的一部分；第三，封闭式商业模式认为企业掌控了行业内绝大多数的最好研究就会获得竞争优势，而开放式商业模式强调企业不必从头开始，坐享其成即可；第四，封闭式商业模式认为企业需要创造行业内绝大多数的最好创意，而开放式商业模式认为企业要最大限度地利用内部和外部的创意；第五，封闭式商业模式下，企业需要控制自己的创新过程，避免竞争对手从自己的创意中获益，而开放式商业模式认为，企业应该从其他组织使用创新中获益，并且无论何时，只要其他组织的知识产权可以扩大利益时，企业就应当购买过来。

3.3.3 商业模式设计五阶段

动员阶段　商业模式设计的第一个阶段是动员，这一阶段的目的是为一个成功的商业模式设计项目做好准备工作，主要内容包括确定项目目标、测试初始想法、规划项目计划和组建设计团队。确定项目的目标要依具体的项目而定，但通常都会包含设立项目的缘由、项目范围和主要目的。

这个阶段的重要活动包括组建项目团队和获取符合要求的人员和信息。在团队训练方面，没有固定的规则。由于每个项目都是独一无二的，在组建团队时，寻找一个具有宽泛的管理经验和行业阅历、想法新颖、适当人脉并致力于商业模式创新的多样性团队是比较好的做法。在动员手段，团队成员可以初步测试基本的商业设想。

动员阶段团队成员面临的最大风险是人们往往会高估商业模式设想的潜力，这会带来思维的限制，封锁了探索其他想法的可能。团队成员异质性越高，在不同角度试验新想法的可能也越多。"头脑风暴"是检验某个商业模式设计是否可行的有效方法。

理解阶段　商业模式设计的第二个阶段是理解，这一阶段的主要目的是研究和分析商业模式设计所需要的元素，主要内容是对商业模式所在的环境做一个彻底的了解。研究一个商业模式的环境需要做许多不同的活动，包括调查市场环境、研究客户、采访行业专家、了解竞争对手的商业模式、研究前人的做法、收集想法和观点等。商业模式项目团队需要对商业模式的生态环境有一个彻底的了解。

在研究期间，团队需要完成的关键活动是做到彻底地了解客户，对客户细分群体和潜在目标市场进行深入分析。此外，团队还需要敢于质疑行业假设和成熟的商业模式，超越传统目标市场定义的界限。

美国 Zola 公司创始人 Kevin Ryan 是一位创业老兵，之前在纽约创建过 Gilt 公司和其他初创公司，他觉得婚礼注册非常过时，而且缺乏想象力，随着 Pinterest 帮助情侣想象出了许多有创意的婚礼想法，Zola 是一个包含图片、婚礼建议等内容的网站，里面还包含了未婚服务意愿礼品清单，希望情侣通过这个网站讲述专属于自己的婚礼故事。根据公司另一位创始人 Ma 透露，公司成立第一年就有 3000 对夫妇使用了他们的服务，而且在刚成立 7 个月时间里就有 1.6 万对新人注册了，Ma 表示 Zola 主要是通过口碑相传的。

未婚夫妇通过 Zola 可以创建自己的个性化网站，在这个网站上可以添加照片，也可以罗列希望收到的婚礼礼物，如厨具、食物、家具等。Zola 上最畅销的是洛奇铸铁煎锅、华夫饼干和面条盘。未婚夫妇可以自己选择礼物被寄送的时间，这样就避免了礼物到达太早落灰或是太晚没有派上用场的情况。Zola 的目标是发展成一个更大、包含类目更多的 O2O 购物平台。为了这个目标，Zola 也在逐渐扩大自己的服务范围，例如，在 Zola 上，消费者可以发现很多在传统商店根本找不到的商品。

环境分析通常会遇到研究过度的风险，即研究与目标脱节。因此，在环境分析前，团队就应当注意要避免研究过度的问题。团队应尽早设计出商业模式原型，迅速得到反馈。此外，团队成员还应注意，由于受到预先某个想法的影响，环境分析的研究结果可能不够客观。在商业模式设计的理解阶段，设计团队需要不断地从其他途径获得信息并尽早设计出商业模式原型以得到反馈。

设计阶段　商业模式设计的第三个阶段是设计，这一阶段的主要目的是结合市场反馈，调整和修改商业模式。这一阶段的主要活动包括头脑风暴、原型制作、测试和选择。在设计阶段，团队需要持续保持设计大胆新颖的决心。为了产生突破性的想法，团队成员要善于透过现状看本质，敢于抛弃现行的商业模式和形态，积极与来自公司不同部门的员工一起设计，从不同角度探索新的商业模式的可能性。

这一阶段，设计团队需要注意避免迅速锁定于某个想法。在最终方案确定前，要仔细斟酌不同的备选方案。例如，试验不同的合作模式、寻求其他收入来源并探索不同分销渠道的价值，都有可能挖掘出新的可能。此外，在设计原型时，与外部专家或潜在客户一起试验商业模式并不意味着要根据每一条反馈来对商业模式进行调整，这些反馈可能指出了商业模式可能遇到的障碍，团队可以通过进一步调查研究识别和消除这些障碍，而不需要放弃原有想法，要避免低估或打压大胆的想法。

创立于 2013 年的电子书软件 Oyster 在美国受到追捧。如今，订购电子书已经成为一种趋势，但是在过去的几年里，Oyster 已经获得了成功。在 2012 年，这家社交阅读初创公司就获得了 Founders Fund 公司的 300 万美元投资，之后他们又获得了 1400 万美元的融资，目前他们已经拥有 50 万种书籍内容，包括新闻发布、《纽约时报》最佳销量书籍，以及美国国家图书奖的获奖作家作品。其平台上的发行商数量更是达到了 1600 家。Oyster 的每月订购费为9.95 美元，这个价格比买一本书便宜多了。

实施阶段　商业模式设计的第四个阶段是在实地实施商业模式原型。这包括确定所有的相关项目，各个阶段的里程碑，制定法规条文，准备运算清单和项目路线图。在这一阶段，设计团队需要具备能够快速调整商业模式的能力和意愿，在新旧商业模式中做好平衡。团队需要考虑，新的商业模式应该是一个独立的实体，还是依附在母公司之下，它是否能够与现在的商业模式共享资源，是否能够传承现有公司文化。此外，设计团队需要特别注意处理实施过程中的不确定性问题。例如，商业模式实施有可能超出项目预期的风险和收益，因此团队需要设计一些机制以迅速根据市场反馈来调整商业模式。

管理阶段 商业模式设计的最后一个阶段是管理。对于成功的公司，创造一个全新的商业模式或重构现行的商业模式并非是偶尔为之的行动。这意味着商业模式需要不断地被评估、接受市场的检验，公司需要从长远的角度来思考商业模式可能受到哪些外部因素的影响。如果一味满足于现状，公司有可能成为商业模式成功的牺牲品，未能及时根据环境变化做出调整。在环境迅速变化的时代，商业模式的"保质期"越来越短，公司需要时刻考虑用着眼于未来的市场增长型商业模式来代替现行以现金驱动的商业模式。这一阶段的活动包括分析商业环境、对商业模式进行持续评估、多角度反思商业模式、调整商业模式配合公司整体战略、处理模式间的协同效应和冲突问题。

通常，商业模式的管理需要一个专门的团队。公司可以考虑组织跨职能的团队定期评估现行商业模式，以判断对商业模式做出微调整还是大调整。在理想的情况下，改进和重新思考公司的商业模式是每一个成员的应尽义务，而不仅仅是公司高层的责任。

3.3.4 两种典型的商业模式

1. 奥斯特瓦德画布商业模式

奥斯特瓦德（Osterwalder，2005）把商业模式定义为"描述企业如何创造价值、传递价值和获取价值的基本原理"。商业模式主要包含商业的 4 个主要方面：客户、提供物（产品 / 服务）、基础设施和财务生存能力。奥斯特瓦德认为商业模式的 4 个主要方面可以通过 9 个基本构造块来描述，这 9 个基本构造块分别是：关键业务、客户关系、关键伙伴、价值主张、客户细分、关键资源、分销渠道、成本结构以及收入来源。

关键业务 任何商业模式都包含一定的关键业务活动。这些业务是企业得以成功运营必须实施的最重要动作。关键业务描绘了企业为确保其商业模式的可行所做的最重要事情。与核心资源一样，关键业务也是创造和提供价值主张、接触市场、维系客户关系并获得收入的基础。随着商业模式的变化，关键业务的内容也会发生变化。一个企业需要考虑自身的价值主张、渠道通路以及客户

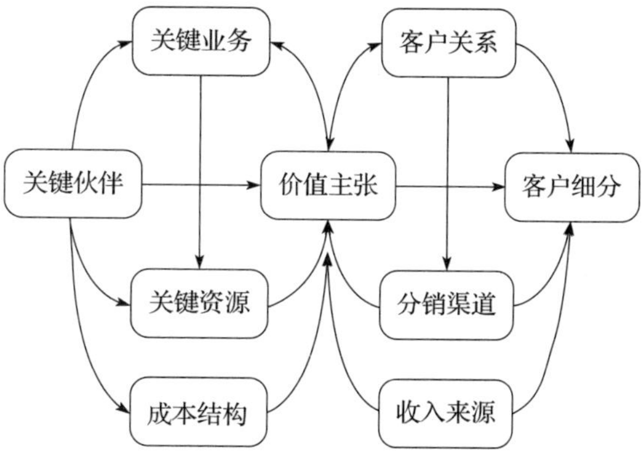

图 3-9 奥斯特瓦德画布商业模式

关系的建立和维持都需要哪些关键业务，这些业务与企业的收入来源是怎样的关系。

一个商业模式的关键业务可以分为以下几类：制造产品、问题解决、构建平台。

- 制造产品的业务活动是企业商业模式的核心，这类业务活动涉及企业生产一定数量并满足一定质量要求的产品，与产品设计及制造密切相关。
- 问题解决是指为个别客户的问题提供有效的解决方案。咨询公司、医院、留学培训机构的关键业务都是问题解决。这类业务通过解决客户在特定环境中的信息不对称问题来创造价值。
- 以平台为核心资源的商业模式，其关键业务都与平台管理、服务提供和平台推广密切相关。网络服务、交易平台、软件甚至是品牌都可以看作平台。支付宝的商业模式决定了阿里巴巴需要持续地发展和维护其平台淘宝网站。小米手机的迭代创新也需要小米公司不断地在其交流社区中收集用户反馈。

客户关系　为了获得和维系客户，提升企业的销售额，企业需要与客户构建良好的关系。客户关系描绘了企业与特定客户细分群体建立的关系类型。概括来说，客户关系可以分为个人助理、专用个人助理、自助服务、自动化服务、社区、共同创作6种类型。个人助理式的客户关系基于人与人的互动，在销售过程或售后阶段，客户可以与客户代表进行交流并获取帮助。专用个人助理是为单一客户安排的专门的客户代表，它是层次最深、最亲密的关系类型，通常需要较长的时间、较多的投入来建立。自助服务式的客户关系是指企业为客户提供自助服务所需要的所有条件，而与客户之间不存在直接互动关系。自动化服务式的客户关系使企业与客户的互动通过自动化的过程更加精细，为客户提供精准的自助服务。例如，企业可以通过客户的在线档案、浏览历史识别不同客户的特点，并提供与客户订单或交易相关的信息。在最佳状态下，自动化服务的客户关系可以达到与专用个人助理一样的效果。社区式客户关系是指企业为客户搭建平台，促进客户之间的互动，分享知识和经验，解决彼此的问题。通过客户间的交流，企业可以更好地管理客户的期望，提供更加精细的产品来满足客户细分市场的需求。共同创作式的客户关系是指企业与客户共同创造价值，这种客户关系超越了传统的客户—供应商关系。在这种客户关系中，企业甚至会鼓励客户参与到新产品的设计中来。小米公司就邀请手机发烧友为小米手机的研发提供建议，从而为其他小米手机的用户提供更高的价值。YouTube公司也请用户来创作视频供其他用户观看。

关键伙伴　企业会基于多种原因打造合作关系，这些合作关系构成了商业模式的重要组成部分。重要合作关系是指让商业模式有效运作所需的供应商与合作伙伴的网络。很多公司通过创建联盟来优化其商业模式、降低风险或获取资源。合作关系通常可分为在非竞争者之间的战略联盟关系、在竞争者之间的战略合作关系、为开发新业务而构建的合资关系、为确保可靠供应的购买方—供应商关系。企业需要有效识别支撑商业模式有效运转的重要伙伴以及供应商，还需要判断可以从商业伙伴处获取哪些核心资源以及执行哪些关键业务。通常，企业基于三种动机建立合作关系：优化商业模式和获得规模经济，降低风险与不确定性，获取特定资源及业务。

价值主张　价值主张是客户转向一家公司而不是其他公司的原因，它解决了客户困扰或是满足了客户需求。价值主张描绘了一个企业为特定的客户细分创造价值的系列产品和服务。也可以说，价值主张是企业为客户提供的受益系列或受益集合。价值主张可以从不同维度来实现。例如，企业可以为客户提供从未感受过的全新体验，创造出全新的需求，苹果公司围绕 iTunes 和 AppStore 就创造了一种全新的用户体验；企业可以通过不断改善产品和服务的性能来创造新的价值；企业可以通过定制产品和服务来满足个别客户或某些客户细分群体的特殊需求创造价值；在企业塑造出独特的品牌后，客户在使用这一品牌时也会产生价值；企业也可以通过帮助客户削减成本、抑制风险、提供更便捷的产品和服务来创造价值。

客户细分　客户是商业模式的基石。没有带来收益的客户，企业就难以存活。为了更好地满足客户需求，企业可以把客户分成不同的细分区间，每个细分区间的客户具有更加同质的需求、共同的行为模式和其他共同的属性。客户细分描绘了一个企业想要接触和服务的不同人群或组织。企业需要做出决定，应该服务于哪些客户细分群体，忽略哪些客户细分群体。在做出决定后，企业就可以根据对特定客户细分群体的属性的理解，制定相应的商业模式。

关键资源　每个商业模式的运行都需要关键资源的支持。关键资源描绘了让商业模式有效运转所必需的最重要因素。关键资源使企业能够实现价值主张、接触市场、建立与客户细分群体的关系并以此赚取收入。无论是提出价值主张、开拓渠道通路，还是建立客户关系，企业都需要考虑这些行动需要怎样的资源进行支撑。

一个企业的关键资源可以是实体资产、金融资产、知识资产或人力资源。实体资产包括实体的资产，诸如生产设施、不动产、汽车、机器、系统、销售网点和分销网络等。金融资产是保证商业模式顺利运作的金融资源。例如，丰田汽车公司建立了专门的融资机构，为客户提供卖方融资服务。知识资产包括品牌、专有知识、专利和版权、合作关系和客户数据库，这类资产在企业中发挥着越来越重要的作用。知识资产的开发难度大，但开发成功后给企业带来的收益也很高。

例如，宽带移动设备供应商高通（Qualcomm）就是围绕芯片开发专利构建其商业模式的，每台装有高通专利的移动设备都需要向高通支付一定的费用，这些专利构成了高通的关键资源，为高通带来了丰厚的收入。任何企业都需要人力资源的支撑，但在某些商业模式中，人力资源会成为企业的核心资源。例如，在知识密集产业，人力资源对商业模式的成败具有决定性意义。高科技企业，例如小米公司，在很大程度上依赖于人力资源，其商业模式是基于一批经验丰富的工程师和一支强大的营销队伍。

分销渠道　在把价值主张推向市场期间，企业需要发现如何接触客户的正确渠道。

渠道通路用来描绘公司如何沟通、接触其客户细分而传递其价值主张。渠道通路的功能包括：提升公司产品和服务在客户中的认知；帮助客户评估公司价值主张；协助客户购买特定产品和服务；向客户传递价值主张；提供售后客户支持。这 5 个方面代表了渠道的 5 个不同阶段。企业可以通过自有渠道，如组建销售队伍，也可以通过合作伙伴渠道，利用合作伙伴的强项来接近客户。在构建渠道时，企业需要考虑的问题是，通过哪些渠道可以接触企业的客户细分群体，如何整合现有的渠道，哪些渠道更有效，哪些渠道成本效益最好，如何把现有渠道与客户的习惯进行整合。

成本结构　企业运用商业模式创建价值和提供价值、维系客户关系以及产生收入都会引发各种成本。成本结构描绘了在特定的商业模式运作下所引发的最重要的成本。在企业确定了关键资源、关键业务以及重要合作后，这些成本可以计算出来。对于企业来说，商业模式的成本应力求最小化，但低成本结构对于某些商业模式比另外一些更加重要。按照低成本结构对于商业模式的重要程度，商业模式可分为成本驱动型和价值驱动型。成本驱动的商业模式侧重于在每个地方尽可能地降低成本。这种做法的目的是创造和维持最经济的成本结构，采用低价的价值主张、最大程度自动化和广泛外包。价值驱动的商业模式专注于创造新的价值而非简单降低成本。增值型的价值主张和高度个性化服务通常是以价值驱动型商业模式为特征的。例如，五星级酒店为客户提供高档的设施及独到的服务，就属于价值驱动。

收入来源　收入来源是商业模式成功实现的保证。它用来描绘企业从每个客户细分群体中获取的现金收入。只有当企业创造了满足各客户细分群体需求的价值时，才能在这些群体上获得收入来源。一个商业模式的收入来源可以是通过客户一次性支付获得的交易收入，也可以是客户为获得价值主张与售后服务而持续支付的费用。在寻找收入来源时，企业需要考虑的问题是，什么样的价值能让客户更愿意付费，他们现在付费买什么，他们是如何支付费用的，他们更愿意如何支付费用，每个收入来源占总收入的比例是多少。收入来源的主要方式包括资产销售、使用收费、订阅收费、租赁收费、授权收费、经纪收费、广告收费。

- 资产销售是指企业把实体产品的所有权销售给客户。
- 使用收费来源于通过特定的服务收费，客户使用次数越多，向企业支付的费用越多。快递公司可以按照运送地点的距离来计费，旅馆可以按照客户入住的天数来计费。
- 订阅收费是指企业通过销售重复使用的服务来获得收入。如健身房通过会员制的订阅方式来销售健身设备的使用权，百度文库通过月费、年费来销售文件的下载权。
- 租赁收费的收入来源产生于针对某个特定资产在固定时间内的暂时性排他使用权的授权。出借方可以通过租赁获得经常性的收入，租用方仅需支付租期内的费用，而无须承担购买所有权的全部费用。例如，易到用车可以让用户在全国各大城市按小时获得汽车的租赁和驾驶服务。

- 授权收费是指企业将受保护的知识产权授权给客户使用，并换取授权费用。授权方可以不必将产品制造出来或进行商业化，只需要出售知识产权本身就可以产生收入。这种方式在媒体行业和高科技行业比较普遍。例如，电影公司可以将版权保留，但将使用权销售给各大视频网站。专利持有人也可以将专利技术授权给其他公司，不直接生产产品，而通过收取授权费作为回报。

- 经纪收费是指通过为双方或多方获得价值所提供的中介服务而收取的佣金。例如，信用卡提供商通过连接信用卡商户和客户，从每笔销售交易中抽取一定比例的金额作为佣金。

- 广告收费是企业为特定的产品、服务或品牌提供广告宣传服务而获得的收入。许多互联网公司均以此作为收入来源。

2. 魏朱六要素商业模式

魏炜和朱武祥（2009）在《发现商业模式》一书中，认为商业模式从本质上来看，是利益相关者的交易结构。利益相关者具备独立的利益诉求，有相对独立的资源和利益的输入输出。独立是衡量利益相关者边界的重要标尺。因此，传统意义上的供应商、渠道、顾客，包括某个内部的部门，例如财务部门，都可以看作利益相关者。

根据魏朱六要素模型，商业模式是一个复杂的系统，包括六个要素：定位、业务系统、盈利模式、关键资源能力、现金流结构和企业价值（见图 3-10）。

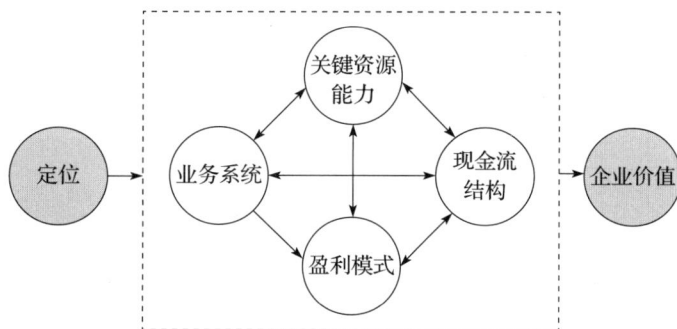

图 3-10 魏朱六要素模型

定位　企业满足利益相关者需求的方式。这里的利益相关者，实质是广义的客户，包括内部客户（员工）、外部客户（供应商、消费者、服务提供商、直接客户、间接客户等）、类内部客户（特许经营门店、外包服务、外协加工等）。

定位的关键是方式选择。例如，同样是满足消费者喝豆浆的需求，可以开连锁店卖豆浆（如永和大王），可以卖豆浆机让消费者自己操作（如九阳豆浆机），可以开社区体验店现磨现卖，这些都是定位的差异。

业务系统　商业模式的核心是企业选择哪些行为主体作为其内部和外部的利益相关者。业务系统由构型、角色与关系三部分构成。构型指利益相关者及其联结方式所形成

的网络拓扑结构；角色指拥有资源能力，即拥有具体实力的利益相关者；关系指利益相
关者之间的治理关系，主要描述控制权和剩余收益索取权等权利束在利益相关者之间如
何配置。这三方面的不同组合方式都会影响整个业务系统的价值创造能力。

盈利模式　以利益相关者划分的收支来源以及相应的收支方式。同样一个产品，例
如纺纱机，盈利来源可以有多种：直接让渡产品的所有权，把纺纱机卖掉，这是传统的
销售；只让渡产品的所有权，企业仍然保有所有权，把纺纱机租出去，收取租金，这是
租赁；销售产品生产出来的产品，例如为纺纱机构建生产线，销售生产出来的纱线；作
为投资工具，例如在生产纱线的同时，把纺纱机打包卖给固定收益基金，企业得到流动
资金，基金公司获得一个有固定收益的证券化资产包。计价的方式也有多种，仍然以纺
纱机为例：销售时以台为计价方式；租赁时以时间为计价方式；投资时则把其整个收益
分成固定和剩余两部分，以价值为计价方式。

盈利模式不同会导致计价方式不同。如红星美凯龙对家具商收取租金，红星美凯龙
获得固定收益，家具商得到剩余收益。苹果公司则跟软件发布者按照交易量收取费用，
双方均得到分成收益。

关键资源能力　支撑交易结构背后的关键资源能力。关键资源能力是企业商业模式
运行背后的逻辑，是其运营能力有别于竞争对手并得以持续发展的背后支撑力量。不同
的商业模式要求企业具备不同的关键资源能力，同类商业模式其业绩的差异主要源于关
键资源能力水平的不同。以酒店为例，五星级酒店、连锁酒店和农家乐的关键资源能力
明显不同。五星级酒店以居住环境、服务质量取胜；连锁酒店追求标准化和快速复制化；
而农家乐则以提供具备地方特色的生态环境为重点。

现金流结构　以利益相关者划分的企业现金流入的结构和流出的结构以及相应的现
金流的形态。轻资产公司之所以受到很多学者和风险投资家的青睐，就在于其现金流结
构能够实现早期较少的投入就可以带来后期持续的稳定高额汇报。例如，小米公司没有
手机零部件的制造环节，而是采取发展和培养国际顶级手机零部件供应商体系，只重视
研发和营销，减少了在零部件制造环节的大量资金投入，从而实现了轻资产的现金流结
构。短短四年的时间，年销售额已过百亿元。

企业价值　商业模式的落脚点。评判商业模式优劣的最终标准就是企业价值的高低，
对于上市公司而言，直接表现为股票市值。

根据魏朱六要素商业模式，商业模式是利益相关者的交易结构。交易结构和利益相
关者的确定是一个不断循环、不断修正的过程。一个交易结构能否盈利，取决于其中的
交易价值、交易成本和交易风险。

同样的交易结构，改变了利益相关者可能会拓宽交易价值，但同时会提高交易成本。
如华为手机从中低端向中高端的转向，一方面可以为企业实现更多的收入，另一方面也
需要增加营销投入，改变其产品在消费者心中的形象；为了降低交易成本，企业可以调

整交易结构，而这可能会带来新的交易风险，微信支付降低了商品买卖双方的交易成本，但也可能泄露客户信息；为了降低交易风险，企业可能会引入新的利益相关者，而这也有可能带来新的交易结构的变革，小米公司在手机研发过程中引入手机"发烧友"参与设计，在手机行业第一次实现了迭代创新的商业模式。如此循环往复。如果考虑到环境的变化以及利益相关者在交易结构中的地位会随着交易推进而改变，则这种不断循环、不断修正的过程可能更漫长、更复杂。

3.3.5 新商业模式形成过程中的关键环节

1. 新商业模式"合法性悖论"的突破

虽然研究人员对商业模式的概念界定、类型划分、组成要素三个方面进行了比较深入的研究，但目前研究局限于静态研究，对新商业模式，尤其是破坏性创新商业模式（在较短的时间内将原有的商业模式淘汰从而成为主导的商业模式）缺乏深入地研究等动态研究。换言之，学术界仍缺乏研究如何破解新商业模式的"合法性悖论"，而这却恰恰是一种新商业模式成长过程中最重要的，也是新创业企业最需要得到理论指导的。

由于任何商业模式都是嵌入在社会环境中的，因此既存的制度安排以及在特定的制度背景下业已制度化的价值观、规范和认知能够理解及接受一种新商业模式，并在此基础上做出何种反应，就构成了新商业模式的合法性问题。Maurer（1971）认为，谋求组织合法性的过程就是某一组织向同行或更高层次的体制正当化其存在权利的过程。Suchman（1995）将合法性定义为"在一个由规范、价值、信念和定义组成的社会构建体系内对某一实体行动的希求性、正确性或适宜性的总的感觉或假设。Aldrich 和 Fiol（1994）将合法性划分为政治合法性和认知合法性两类，前者指的是主要的利益相关者、政府和一般公众在既存的社会规范和制度框架下对新商业模式的接受程度，往往表现为某些行业自身或政府对某些新兴商业模式的管制；后者则主要指对新商业模式的相关知识的普及程度，它代表了对特定社会活动的边界和存在合理性的共同感知。新商业模式要想生存，就必须得到利益相关者的支持，但新商业模式的超前性、创新性和不确定性往往使其超越了现有的公众认识水平和接受程度，而对于创业风险和不确定性的规避往往造成资源提供者对新商业模式的不信任，而某些新商业模式对既存的产品、产业甚至制度的颠覆性挑战往往造成了在位者的强烈压制，而提出对新商业模式存在的合法性的质疑，这就是所谓的"合法性悖论"。例如，开创了国内家电连锁营销模式的苏宁电器，1993 年在南京遭遇了南京新街口百货商店和南京商厦等八大商场的联手打击，即家电连锁商业模式遭受到了"合法性"的挑战。沃尔玛的超市模式、阿里巴巴的 B2B 模式等都曾有过与此类似的经历。因此，研究新商业模式如何突破"合法性悖论"，具有实践性的意义。

2. 新商业模式的保护

新商业模式与新产品不同，新产品具有实物形态，知识产权可以发挥进入壁垒的作用，从而使创新者有足够的时间在市场上出售产品获得创新租金，并且可以通过出售所有权（如发放许可证等）方式，从中获益。

但是，新商业模式本质上是一种信息，很难进行保护与出售。正如 Arrow 于 1971 年提出的"基本悖论"：在买方得到信息之前，他并不了解信息对他具有的价值；但是，一旦他了解了信息的价值，他事实上已经无成本地获得了这一信息。因此，新商业模式极易被模仿，尤其对于小企业，它所创造的新商业模式一旦被大企业认知，那么大企业可能马上采用此新商业模式而将小企业淘汰出市场。Teece（1986）指出，企业要从某项特定的创新中获益，不仅取决于创新本身，还取决于企业拥有的其他资产。例如，假设某个产业由几个主要的国际品牌控制，当一家独立的小企业想出一个创意时，受益的很可能是那些主导企业。以巴西的一个小可乐生产商为例，它想出了一种新的可乐瓶，但可口可乐和百事可乐所获取的利益可能比这家小可乐生产商更多，因为它们拥有世界范围的生产、分销和品牌这些必要的互补资产，能更好地运用和推销这个创意。

3. 新商业模式的形成逻辑

在新商业模式的形成方面，一直就存在着两种对立的观点，即所谓的分析性观点与解释性观点。相比较而言，分析性观点是占主流的观点，该观点认为一种新商业模式的产生，是经过周密计算、分析、权衡的结果，换句话说，新商业模式的结果是什么，与旧模式相比，它的利润增长的百分比有多大，都是可以提前获得的。在分析性观点中，新商业模式的创造者往往是具有完全理性的人，可以通过完美的逻辑分析得出。

Lester 和 Piore（2004）认为，解释性观点并不被广泛理解，甚至完全不被认可。因为人只有"有限理性"，不可能凭空臆想出新的商业模式，只有在实践中逐步探索、逐步完善才能最终形成，因此，解释性观点认为新商业模式并不是规划出来的，这一观点更符合商业现实，正如张近东创建苏宁，从而开启了中国家电连锁的新时代那样。同样，马化腾当初设计 QQ 只是为了同事间的交流，却无意中成就了一个即时通信的市场，更没有想到即时通信会成为一种互联网时代的商业模式。由于解释性的观点没有严谨的逻辑规律，更多的让人感觉是在"碰运气"，因而不易被理解，更不易被传授，因此，不为大多数人所接受。

4. 新商业模式的学习机制

新商业模式之所以能够战胜旧商业模式，根本的原因就在于它以一种新的经营逻辑进行运作，这种新的逻辑（知识）是新商业模式的核心。要使用这种新的商业模式，就必须克服思维定势，通过学习而改变原有的心智模式（Sterman，2000）。从理论上讲，这个过程需要模仿者摒弃单环学习的思路，而进行双环学习。所谓的单环学习，是指一个组织的错误偏离或问题仅仅是被察觉、纠正或者得到解决，而没有对组织的基本价值观和准则提出质疑或进行改变的学习；而双环学习是指通过设置新的优先级和带权数的准则，或通过重构准则本身来解释不一致的组织准则而进行的组织探索（Argyris 和 Schon，1978）。

当组织的基础准则和价值观不再适合时，单环学习和标准运作程序的最终运用将导致决策系统出现明显的反应滞后（Volberda，1998），因此必须进行双环学习，通过重构新的商业模式，来适应环境的变化。商业模式的研究中，对于组织学习内容的研究是又一个需要深入探讨的问题。

3.3.6 商业模式重构

和生物的生老病死一样，企业发展也存在着周期性的兴衰。在成长过程中，企业可以通过商业模式重构让企业重新焕发生机，把企业带到一个全新的发展阶段。如果一个企业总能抓住发展过程中的关键契机进行重构，就能实现永续经营，基业长青。

在遭遇市场困境时，如果发现是商业模式出现的问题，就应当适时对商业模式进行重构。所谓"船小好调头"，企业刚刚起步时，资产和人力资源规模较小，组织架构相对简单，重构商业模式遇到的阻力较小，也不用受到已有企业文化的束缚。此时的企业没有具备大量的资源能力，也难以借助外部力量渡过难关，商业模式重构相当于重新创业。

当企业已经具备了一定的资源和能力，只是由于市场环境的变化，遭遇了一定的经营困难。如果企业能够根据环境的变化对商业模式进行恰当的重构，就有可能渡过难关，重新焕发生机。此时，企业有很多重构商业模式的方法，如转换成本形态、改变成本结构、更新价值主张、降低资产占销售收入比例、降低固定成本、重构客户关系等。此外，企业还可以根据已具备的资源和能力创造新的盈利点来增加收益。

当企业或已具备了丰富的产品线，或已通过收购等方式消灭了主要竞争对手，积累了相当丰富的资源。此时，企业面对的主要问题或是产品线过宽带来的管理成本增加，或是在某一单一市场专业化经营带来的市场风险增加。重构商业模式的方法是更新已有的核心资源。

例如，IBM 公司从开始的单纯卖设备升级为提供硬件整体解决方案，之后，通过中间件的布局，又升级为软件整体解决方案，通过软件的销售拉动整个硬件的销售。最后，以多年的 IT 运营经验为基础，并购普华永道的咨询业务，实现了在硬件集成和软件集成基础上的知识集成。通过一系列的商业模式重构，IBM 创造了神话。

另一种重构商业模式的方法是对公司的相关事业群包括供应商、销售体系、互补产品、技术创新者进行投资，为公司挖掘新的盈利点，开发新技术和新市场。这些行动的主要目的是改善大公司的产业链生态环境和寻找创新事业机会，为大公司的整体战略服务。

3.4　传统商业模式与互联网的融合

我们从开篇就可以感受到，互联网下的商业模式已经成为互联网企业借助互联网及其工具创造价值为互联网企业带来盈利和可持续盈利模式。在互联网产业爆发初期，几乎每个深入接触它的商业人士都感觉它有创造价值的巨大可能性。随着新的网络技术的不断涌现，搜索引擎和移动互联技术的发展，带来了多样化的价值网络和企业生态形式，基于互联网的商业模式的探讨也是如火如荼、日新月异。实际上，本质并没有变化，基于互联网的商业模式是通过流量获得用户价值，从而通过用户创造商业价值。

在很多欧美国家，很多企业其实很早就已经开始使用互联网。

如通用电气的网络采购实行得非常早，在1996年，通用电气公司的信息服务部就开发了一个在线采购系统（TPN），使通用公司当天就可以收到供应商的电子标书。使用该系统以后，给公司带来了明显的经济效益，比如解放了采购部员工的烦琐工作、采购范围扩大、采购成本降低等。到2000年，通用电气公司所有的采购都将通过网络进行，采购零部件和MRO产品，总额达50亿美元，仅此一项就为公司节约5亿～7亿美元。

波音公司的网络战略从两年前开始实施，其出发点是为航空公司和零部件供应商提供维护飞机和经营航线所需的数据。其网站的主要功能是：零部件供应和技术支持。1996年11月，波音公司首次在互联网上发布了零部件主页，航空公司通过这个网页订购了9%的零部件，同时客户可以直接上网了解产品价格、供货方式及订货状况。航空维护可能发生在任何地方，波音公司的技术文档必须随时提供支持，这些文档包括各种图表、手册、公告等，单独一本手册就达3万页，这对机械师如何获得及时正确的信息是一个严重的挑战。1996年，波音公司的在线数据库开始起用，很快就有7500名使用者。1997年，一家航空公司失火，在处理中波音公司的网上电子数据发挥了作用，客户通过网络到波音公司的电子图书馆查询了所需的全部技术文档。波音公司的网络给客户带来了效率的提高、成本降低和收入增长，获得了广泛的好评。

互联网革命使得产业组织方式发生了变革。马云说，互联网已经颠覆了17个行业。在互联网时代，企业经营的场地、规则已经完全不同，需要用互联网思维去重新提升传统行业。在互联网领域，门户网、增值服务、电子商务等市场，代表性企业几乎全部都是中国本土发展起来的。例如阿里巴巴在电子商务领域、百度在搜索引擎领域、腾讯在移动互联领域……没有一家是跨国公司，或者国际互联网巨头。

移动互联将一切人、物、钱、服务都连接起来。移动互联网手机成为人的一个电子器官的延伸这个特征越来越明显，摄像头、感应器，人的器官延伸增强了，而且通过互联网连在一起了，这是前所未有的。不仅是人和人之间连接，未来看到人和设备、设备和设备之间，甚至人和服务之间都有可能产生连接，微信的公众号是人和服务连接的一个尝试。所以说 PC 互联网、无线互联网，甚至物联网等，都是不同阶段、不同侧面的一种看法，这也是我们未来谈论一切变化的基础。

移动互联网不只是延伸，而是颠覆。"互联网＋"创新涌现，"＋"是各种传统行业。"＋通信业"是最直接的，"＋媒体"已经开始颠覆，未来是"＋网络游戏、零售行业"。过去，人们认为电子商务只能占据很小的市场份额，如今它已不可逆转地颠覆了实体零售行业。与之类似的还有互联网金融。传统行业每一个细分领域的力量仍然是无比强大的，每个行业都可以把互联网变为工具，衍生很多新的机遇。以往一些比较不显眼的公司，如搜房网，它的市值如今已与新浪不相上下；又如 2013 年上市的 58 同城、还未上市的美团网，它们剥掉互联网的壳，本质上还是属于传统行业。

阿里金融旗下阿里小贷首次向外界透露了其独特的大数据授信审贷模型——水文模型。水文模型的学术定义是将自然系统符号化，通过数学模型模拟水文现象。而阿里小贷的水文模型，可以理解为建立庞大的数据库，不仅包括贷款客户自身长期的数据变化，还参考同类企业的数据情况，以这些数据为依据，通过数学方法以及各种参数，判断客户未来的情况。

最终在阿里小贷业务决策中，水文模型将为公司决策层提供客观的分析和建议，并对业务形成优化。举例来说，如果某个店铺的旺季是夏天，每年夏天销量都大幅增长，那么每年夏天，这个店铺对外投放额度也就会上升。通过阿里小贷的水文模型，可以按照历史数据，判断出这一店铺在这一时期的资金需求。同时，对比该店铺其他时间的数据，判断出该店铺各个时段的资金需求，从而向店铺给出恰当的贷款。相反，如果不进行对比，只是以夏天销售旺季的数据作为依据，那很可能为该店铺提供过多资金。在水文模型的帮助下，阿里小贷迅速发展，2014 年 2 月，阿里小贷累计投放贷款超过 1700 亿元，服务小微企业超过 70 万家，不良率小于 1%。其中，2013 年新增贷款 1000 亿元。

同时，水文模型不是阿里小贷唯一的绝技，据悉，阿里小贷的模型将覆盖贷前、贷中、贷后、反欺诈、市场分析、信用体系、创新研究七大板块。系统每天处理的数据量达到 10TB。而水文模型是 2013 年阿里小贷搭建的重要模型。

3.4.1　基于源生价值的商业模式

互联网下商业模式的价值创造来源于互联网自身具有的便捷性、成本低廉、新颖性、用户黏性、锁定、创新性等特性。

1. 互联网"社会价值"商业模式

互联网已经成为一个大的平台，人们在互联网上完成各种各样的互动或者交换，来满足自己的各种需求。只要存在一个大型平台，就存在交换的可能性，人们通过交换各取所需；同时，又由于人们行为的外部性，给其他人带来效用的提高，产生了社会价值。例如，为了满足自己的表达欲或者增加在某个组织的认同感，人们倾向于在网上发表自己的观点，或者告知他人一些信息；随着大量人群在互联网社区的聚集，在网络效应的作用下，就会吸引更多的人参与进来，从而形成更大规模的聚集，使互联网具有的一定的公共性，产生社会价值。

目前，如新浪微博、优酷视频网站等商业模式的本质都是这种社会价值的体现。

2. 基于源生特性拓展的商业模式

第三方付费商业模式　高固定成本、低边际成本的生产关系，体现了互联网时代数字产品生产的基本特征。在网络经济中，大部分的数字信息和产品市场几乎是完全竞争市场。对于边际成本几乎为零、同质无差别的产品或服务来说，在竞争的驱使下，产品价格降到很低，或者干脆免费，就成为必然，因而互联网经济的发展使它越来越成为免费经济的代名词。这种低成本或免费服务会带来用户量的爆炸性增长，产生用户锁定，为今后的增值服务提供巨大的空间和潜力，扩大用户规模和提高用户黏性是价值创造的关键。美国著名的流量信息网站 Alexa，曾针对各大门户网站的访问流量与经济价值进行过深入的比较分析，一个显著的结果是某个网站的访问量越大，则该网站的商业价值越大。这种价值初期表现在该网站的广告费用及网页版面收入，更深层次则反映在该网站的证券市场市值及评估价值等。

谁为这个庞大的免费午餐付费呢？第三方市场是平台型企业商业模式创新的首选路径。新增的收入源主要集中在广告商、信息和数据用户等方面，其中广告商最受青睐。尤其是大"流量"的门户网络、搜索引擎、网络社区、C2C 等，都在不断拓展此收入源，由第三方付费来参与前两方之间的免费商品交换。典型例子就是门户网站负责向观众免费播放新闻、娱乐节目以及广告，而广告发布商支付广告费，广告效应可以扩大广告商产品或者服务的销量，最终弥补广告费；门户网站运营商用广告费收入来弥补运营成本并获得利润；用户免费收看内容，只要观众中有极小的一部分人在观看广告后购买了广告发布商的产品，那么广告发布商就能获取广告效用的回报。

"产品免费，增值服务收费"商业模式　360 安全卫士可以看成这个模式的集大成者。360 安全卫士在中国有 2.4 亿用户，其中只要有 1% 的人需要付费服务，则企业所获取的收益就能够完全支持其整体的经营战略，因为它意味着该企业可以拥有 240 万的付费消费者，这一数量远远超过传统经营模式中在商店或书店能销售出去的商品总量。这是互联网公司典型的商业模式，无论谷歌、腾讯、淘宝、Facebook，或是其他众多类似的互联网公司，均是如此。这种模式的特点是：一般以一种免费的产品作为获取用户的途径，对绝大多数人免费，然后为少部分人提供差别化的增值服务，从而成为其收入来源。也有一些企业对普通用户完全免费，只是依靠向企业收费获得盈利，比如门户网站新浪等。增值产品组合价值（增值产品或服务 + 核心价值产品），可以有效利用参与者之间的优势互补，或者是正的外部性效应，来提高顾客价值并改善企业盈利空间，既增加了用户黏性，也提高了收入稳定性。

3.4.2　基于互联网价值创造的商业模式

互联网提供了价值创造的基础设施及价值实现的平台，建立了客户关系及分销渠道，超越时间和空间限制将价值传递给目标客户，从而改进产品提供商盈利结构，促进交易产生价值。按照客户关系和分销渠道种类，可分为以下几种商业模式。

电子商务平台直销模式　产品制造商通过自建的电子商务平台，直接向消费者提供其生产的产品的模式。即直接与客户沟通，为客户量身定做，最大限度地降低中间环节信息和利润损失，通过网络获取消费者的需求信息。这种模式要求生产商有功能完备的在线销售平台、专业化的信息系统和商务流程来满足在线消费者的需求，这也是 B2C 模式的雏形。从商业模式角度看，"定制"会是主流，首先会走向大规模定制，最后走向个性化定制，而定制模式的要求是个性化需求、多品种、小批量、快速反应、平台化协作，通过分销渠道的扁平获取利润。如戴尔公司将直销模式在自建的电子商务网站上运作，按用户的需求按单装配电脑进行配送，减少了很多中间环节，实现了企业价值和客户满意度的全面提升。

中间商电子商务平台商业模式　中间商模式是指中间商或零售商通过电子商务平台向消费者提供多种类型的商品。这种模式是最早出现的 B2C 电子商务，其典型的代表是亚马逊和当当。这种模式的电子商务通常向消费者销售多种类别的商品，从标准化的书籍到服装、数码产品以及家电等所有的适合网络销售的产品。这种模式的电子商务施行统一配送和售后服务，支付方式灵活，有较好的信誉保障。中间商模式是出现最早的 B2C 商务模式，当当是中国最大的综合类中间商模式的 B2C 代表之一。中间商电子商务平台提供了信用体系、物流配送体系、信息展示平台，通过在线销售的模式，减少了流通环节，降低了商品的价格，提高了竞争力，从而获得渠道销售利润。

第三方电子交易平台商业模式　第三方交易平台从本质上讲就是一个提供了信誉保障的信息中介平台。它为生产商和中间商提供一个为消费者服务的交易平台，其本身并不负责产品的配送和售后。这种模式要求交易平台有较高的知名度、点击率和流量。阿里巴巴雄霸 B2B 市场，提供中小企业的交易平台服务，以及淘宝网 B2C 和 C2C 交易平台，从本质上只是为企业和消费者提供的第三方交易平台，平台本身并不参与商品的销售和服务。商品的销售、配送和售后服务均由平台上的卖家自己负责，从而大大降低了平台的配送和售后服务的成本。

O2O 商业模式 O2O 商业模式是指把线上的消费者带到现实的商店中去，在线支付购买线下的商品和服务，再到线下去享受服务，即 Online to Offline。与传统电子商务的"电子市场＋物流配送"模式不同，以团购网站为代表的 O2O 模式采用"电子市场＋到店消费"模式。一方面是线上订购的方便快捷，另一方面是线下消费的实惠体验。O2O 的特点是只把信息流、资金流放在线上进行，而把物流和商流放在线下。直观地看，那些无法通过快递送达的有形产品要应用电子商务，适合 O2O。

O2O 模式绝非新生事物，除团购外，携程网的酒店、机票预订服务，就可以看作是国内 O2O 模式的雏形。团购的爆发加速了 O2O 模式的演进，使 O2O 模式获得了进一步的挖掘与完善，享受优惠折扣。总之，O2O 就是一种线上虚拟经济与线下实体店面经营相融合的新型商业模式。O2O 作为强调线上线下结合的电子商务模式，与 App 应用有着天然的结合点。实际上，O2O 作为未来电子商务发展的主要模式之一，在移动互联网的应用前景非常广阔。移动互联网是 O2O 的天堂。

本章回顾

◆ **商业模式**（business model）是一个整体、系统的概念，而不仅仅是单一的组成因素，客户价值、市场定位、收入、能力是商业模式的关键构成要素。商业模式的组成部分之间必须有内在联系，这个内在联系把各组成部分有机地关联起来，使它们互相支持，共同作用，形成一个良性的循环。
◆ 常见的商业模式包括非绑定式商业模式、长尾商业模式、多边平台式商业模式、免费式商业模式、开放式商业模式等。
◆ 商业模式的设计流程和方法包括魏朱六要素商业模式、奥斯特瓦德画布商业模式。
◆ 互联网商业模式包括：互联网"社会价值"商业模式、第三方付费商业模式、"产品免费，增值服务收费"商业模式、电子商务平台直销模式、中间商电子商务平台商业模式、第三方电子交易平台商业模式、O2O 商业模式。

探索与研究

1. 互联网商业模式的设计方法论。
2. 商业模式体系论、运营模式论和价值创造论的理论基础。
3. 商业模式的财务性指标和风险性指标评估体系构建。

参考文献

［1］ Chesbrough, Rosenbloom. The role of the business model in capturing value from innovation: evidence from Xerox Corporation's technology spin-off companies［J］. Industrial and Corporate Change, 2011（3）: 529-555.

［2 ］ Chesbrough, H. Open innovation: the new imperative for creating and profiting from technology ［M］. MA: Harvard Business School Press, 2003.

［3 ］ Edwin Berry Burgum. The Modern Dry-as-Dust ［J］. The English Journal, 1929, 18（6）: 465-475.

［4 ］ Louis Delman. The order of Participation of Limbs in Response to Tactual Stimulation of the Newborn Infant ［J］. Child Development, 1935, 6（2）: 98-109.

［5 ］ Gardner. Education, Electrons, and Business Models: a Problem in Synthesis ［J］. The Accounting Review, 1960, 35（4）: 619-626.

［6 ］ Paul Timmers. Business Models for Electronic Markets ［J］. Journal on Electronic Markets, 1998, 8（2）: 3-8.

［7 ］ Philip A. Doherty. A Closer look at operations research ［J］. Journal of Marketing, 1963, 27（2）: 59-65.

［8 ］ Masanori Namba. Application of Pre-sold Product Development Business Model through Interactive Marketing ［J］. International Conference on Management and Technology, 1997: 27-31.

［9 ］ Andy A. Tsay. The Quantify Flexibility Contract and Supplier-Customer Incentives［J］. Management Science, 1999, 45（10）: 1339-1358.

［10］ Walter Balk, Dorothy Olshfski, Paul Epstein, Mare Holzer. New approaches to Productivity: Proceedings of the Fourth National Public Sector Productivity Conference ［J］. Public Productivity& Management Review, 1991, 15（2）: 265-279.

［11］ Soumitra Dutta, Stephen Kwan, Arie Segev. Business transformation in electronic commerce: a study of sectoral and regional trends ［J］. European Management Journal, 1998, 16（5）: 540-551.

［12］ Gary Hamel. The Challenge Today: Changing the Rules of the Game ［J］. Business Strategy Review, 1998, 9（2）: 19-26.

［13］ Suresh Kotha. Competing on the Internet: The Case of Amazon. com ［J］. European Management Journal, 1998, 16（2）: 212-222.

［14］ Joan Magretta. The power of virtual integration: an interview with Dell Computer's Michael Dell ［J］. Harvard Business Review, 1998, 72（13）: 1-9.

［15］ Buchanan and Leigh. A business Model of one's own ［J］. INC, 1998, 20（16）: 82-85.

［16］ Timmers, P. Business models for electronic markets ［J］. Journal of Electronic Markets, 1998: 2.

［17］ Stewart. Internet marketing, business model, and public policy ［J］. Journal of Public Policy&Marketing, 2000, 3.

［18］ Amit, Zott. Value creation in e-business［J］. Strategic Management Journal, 2001: 6-7.

［19］ Mahadevan . Business models for Internet-based e-commerce: an anatomy.

California［J］. Management Review, 2000: 4.

［20］ Linder J, Cantrell S. Changing business models: Surveying the landscape［J］. Accenture Institue for Strategic Change, 2000.

［21］ Hawkins R. The Business Model as a Research Problem in Electronic Commerce［J］. SPRU-Science and Technology Policy Research, 2001.

［22］ Afuah A, Tucci C. Internet business models and strategies: Text and cases［M］. Boston: McGraw-HillPlrwin, 2001.

［23］ Dubosson-Torbay M, Osterwalder A, Pigneur, Y. E-business model design, classification and measurements［J］. Thunderbird International Business Review, 2002.

［24］ Applegate. E-business models: Making sense of the Internet business landscape［M］. NJ: Prentice Hall, 2001.

［25］ Weill, Vitale. Place to space: Migrating to e-business models［M］. MA: Harvard Business School Press, 2001.

［26］ Magretta J. Why business model matter［J］. Harvard Business Review, 2002.

［27］ Hamel. Lead the revolution［M］. MA: Harvard Business School Press, 2000.

［28］ Morris M, Schindehutte M, Allen J. The entrepreneur's business model: Toward a unified perspective［J］. Journal of Business Research, 2003.

［29］ Osterwalder A, Pigneur, Y, Tucci, C. Clarifying business models: Origins, present, and future of the concept［J］. Communications of the Information Systems, 2005.

［30］ 原磊. 商业模式体系重构［J］. 中国工业经济, 2007（6）.

［31］ Petrovic O, Kittl Teksten. Developing business models for e-business［J］. International conference on Electronic Commerce, 2001.

［32］ Peter W, Thomas M. Do some business models perform better than others? A study of the 1000 largest US firms［J］. Working Paper, 2004: 1-39.

［33］ Bambury, P. A taxonomy of internet commerce［J］. First Monday, 1998.

［34］ 李庆华. 基于技术创新方法和客户导向理念的企业经营模式研究［J］. 东南大学学报（哲学社会科学版）, 2007（4）.

［35］ 原磊. 商业模式分类问题研究［J］. 中国软科学, 2008（5）.

［36］ 魏炜, 朱武祥. 发现商业模式［M］. 北京: 机械工业出版社, 2009.

［37］ 奥斯特瓦德. 商业模式新生代［M］. 王帅, 等译. 北京: 机械工业出版社, 2011.

［38］ Maurer. Readings in organizational theory: Open system approaches［M］. New York: Random House, 1971.

［39］ Suchman. Managing legitimacy: Strategic and institutional approaches［J］. Academy of Management Review, 1995.

［40］ Aldrich. Fools rush in? The institutional context of industry creation［J］. Academy of Management Review, 1994

［41］ Arrow. Essays in the theory of risk bearing ［ M ］. Chicago: Markham Publishing Co, 1971.

［42］ Teece David. Profiting from technological innovation: Implications for integration, collaboration, licensing and public policy ［ J ］. Research policy, 1986, 15 (6) : 285-305.

［43］ Forbes N, Wield D. From followers to leaders: Managing technology and innovation ［ M ］. London: Routledge, 2002.

［44］ Lester, Piore. Innovation: The missing dimension ［ M ］. MA: Harvard University Press, 2004.

［45］ Sterman. Business dynamics: Systems thinking and modeling for a complex world ［ M ］. NY: McGraw Hill Companies, Inc, 2000.

［46］ Argyris C, Schon D. Organizational learning ［ M ］. MA: Addison Wesley, 1978.

［47］ Volberda. Building the flexible firm ［ M ］. Oxford: Oxford University Press, 1998.

［48］ 王伟毅，李乾文 . 创业视角下的商业模式研究 ［ J ］. 外国经济与管理，2005 (11) .

Corporate
Strategy

第二篇

企业战略形成

第 4 章
战 略 取 势

故兵无常势，水无常形，
能因敌变化而制胜者，谓之神。

——孙子兵法

从蒸汽机、电气化到氢能源

工业革命开始于 18 世纪中叶，随着瓦特改良了蒸汽机，由一系列技术革命引起了从手工劳动向动力机器生产转变的重大飞跃，拉开了"蒸汽时代"的序幕。1769 年，法国人 N.J. 居纽在蒸汽机的基础上制造了世界上第一辆蒸汽驱动的三轮汽车，命名为"卡布奥雷"。从此以后，汽车的引擎装置从蒸汽机、柴油机、汽油机、涡轮机演变到如今利用氢能源、太阳能以及页岩气的新型发动机。

经过近百年的努力，德国人卡尔·本茨于 1885 年 10 月研制成功第一辆三轮汽车，一举奠定了汽车设计基调。同年，德国人哥特里布·戴姆勒发明了第一辆四轮汽车。本茨和戴姆勒是人们公认的以内燃机为动力的现代汽车的发明者，他们的发明创造，成为汽车发展史上最重要的里程碑，两人因此被世人尊称为"汽车之父"。

德国发明了汽车，美国则把这个行业带入了艺术设计的圣殿。1896 年亨利·福特试制出第一台福特汽车。1908 年，福特及其伙伴研制出 T 型车，将汽车推向大众市场。哈利厄尔于 1927 年设计出凯迪拉克 lasalle，其复杂曲面构建的流线型车身都是此后厂商模仿的对象。20 世纪 30 年代，在美国，大众车的性能和造型向中高级车靠拢。车型设计开始重视空气动力学效应，流线型车身就是在这个时期诞生的，如 1933 年皮尔斯 – 箭公司推出的银箭原型车以及 1934 年克莱斯勒的气流和迪索多公司的气流型车。

1973 年、1979 年世界出现两次石油危机，汽车需求锐减，小型省油车市场被看好，对世界汽车发展和汽车工业格局的影响很大。日本车商以省油耐用的低价格小汽车赢得当时消费者的青睐，至此，世界汽车形成了美、日、欧并存的格局。日本生产的小型车耐用、便宜、性价比高，符合国外排放、安全标准，受国际市场欢迎，特别是对美国的出口猛增。

随着汽车电子技术的发展，汽车智能化技术正在逐步得到应用。如果将汽车电子化定义为"功能机"时代，那汽车智能化将步入"智能机"时代。汽车网络化，即车联网，将依托于汽车制造商、经销商与运营商，汽车电子化与智能化实现"人－车"互动，车联网实现"人－车－网络"的互动，而智能交通将实现"人－车－网络－路"的互动。同时，绿色能源逐渐会是汽车的首选，而新能源汽车和电动汽车技术则成为主要的发展方向。电动汽车在全球范围内正逐渐被消费者广泛接受，特斯拉如此受到欢迎就在情理之中，而日本在混合动力汽车的产品发展方面居世界领先地位。

我们从汽车的发展史可以发现，时代的变迁影响着一名企业家、一个业务单元、一家企业、一个国家、一个产业。从历史上看，是科技创新与人类文明进步带来了这些变化。人类从农耕时代开始，经历了蒸汽时代、电气时代等，到如今以互联网为代表的电子信息时代，时代的进步都是以科技进步为标志的（见图4-1）。有些科技进步直接推动的是生产力的大幅提高，而有些科技促进了人类文明的传播和发展。

农耕时代最重要的产业是"柴米油盐酱醋茶"，那个时代由于科技和文明的局限，国家治理、人类生活只能依靠农业产业。直至19世纪第一次工业革命，资本主义的世界体系开始初步确立，一种新的动力机器——蒸汽机的发明和应用，将人类带入了蒸汽时代。机器、进行技术革新（如珍妮纺织机、改良蒸汽机、科尔尼锅炉等）的连锁反应，使得纺织、采煤、冶金等产业急速发展，欧洲国家逐渐以工业代替农业，成为最重要的产业。

1860年后，由于电的发现及普及，科学技术发展突飞猛进，各种新技术、新发明层出不穷，并被迅速应用于工业生产。如1866年德国人西门子制成发电机、1870年比利时人格拉姆发明电动机等，电力开始用于带动机器，成为补充和取代蒸汽动力的新能源。电力工业和电器制造业迅速发展，被称为"第二次工业革命"，人类跨入了"电气时代"。电灯、电车、电钻、电焊机等电气产品如雨后春笋般涌现，重工业产业结构发生了重大变革。

第二次世界大战以后，以原子能技术、航天技术、电子计算机的应用为代表，还包括人工合成材料、分子生物学和遗传工程等高新技术的兴起标志着"第三次科技革命"的发生。第三次科技革命不仅加强了产业结构非物质化和生产过程智能化的趋势，而且引起了各国经济布局和世界经济结构的变化。

此后，计算机的出现和普及使得信息对整个社会的影响提高到一种绝对重要的地位。信息量、信息传播速度、信息处理速度、应用信息程度以几何级数方式增长，人类进入了电子信息时代。4G时代的开启必将为移动互联网的发展注入巨大的能量。互联网技术在短短20年的商业化浪潮中，以前所未有的速度谱写着改变世界的产业传奇和创业人生，随之掀起了一波波智慧创造与创业人生的浪潮，成长为今天俯瞰和照耀人类生活所有层面的新产业。

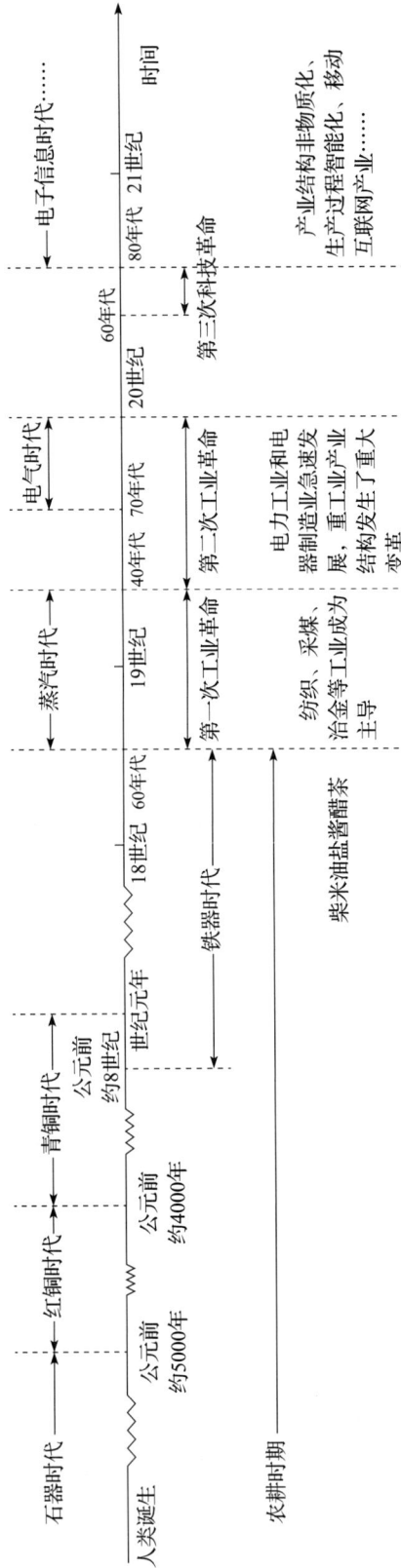

图 4-1　人类科技发展与产业演变历程

4.1　环境与生态系统

企业战略的形成并不是一个连续不断进行的经常性活动过程，通常出现的是稳定一个时期、变动一个时期这样间断进行的非经常性活动过程。这意味着对于大多数企业来说，战略一经形成往往就处于相对稳定的状况之中，除非企业运行出现异常情况，否则总倾向于沿着设定的方向继续前进。这意味着过去经营的成功往往会成为今天经营的陷阱，目前经营的成功又常常会为未来的失败埋下种子。

首先，我们探讨关于企业三个层面的**环境**（environment），分别为**宏观环境**（macro environment）、**中观环境**（medium-view environment）和**微观环境**（micro environment）。宏观环境也称为企业的外部环境，企业外部环境是对企业外部的政治环境、社会环境、技术环境、经济环境等的总称。由于环境的不断变化，战略上的以不变应万变会使企业丧失反应的灵敏性。所以，对企业所处的多变的外部环境进行分析，在企业战略形成过程中扮演着一个最为重要的角色。中观环境是指产业或行业的竞争环境，能更直接地影响某个企业。微观环境是指企业内部制约和影响企业营销活动的力量和因素。

4.1.1　PESTEL 分析

PESTEL 分析是指宏观环境的分析，是指影响一切行业和企业的各种宏观力量。对宏观环境因素作分析，不同行业和企业根据自身特点和经营需要，分析的具体内容会有差异，但一般都应对政治法律环境、经济、社会与文化、科技这四大类影响企业的主要外部环境进行分析。简单而言，称为 PESTEL 分析法。PESTEL 分析的目的是让企业更加明了环境的变化是否影响到市场需求、游戏规则和行业结构的相应改变。

1. 政治因素

政治（political）因素包括一个国家的社会制度，执政党的性质，政府的方针、政策、法令等。不同的国家有着不同的社会制度，不同的社会制度对企业活动有着不同的限制和要求。即使社会制度不变的同一国家，在不同时期，由于执政党的不同，其政府的方针特点、政策倾向对企业活动的态度和影响也是不断变化的。

一个国家或地区的政治制度、体制、方针政策、法律法规等方面，这些因素常常制约、影响着企业的经营行为，尤其影响企业较长期的投资行为。政治会对企业监管、消费能力以及其他与企业有关的活动产生十分重大的影响力。

在进行政治法律要素分析时，要注意以下几点：

- 政治环境是否稳定。
- 国家政策是否会改变法律从而增强对企业的监管并收取更多的赋税。
- 政府所持的市场道德标准是什么。
- 政府的经济政策是什么。
- 政府是否关注文化与宗教。

- 政府是否与其他企业签订过贸易协定，例如欧盟（EU）、北美自由贸易区（NAFTA）、东盟（ASEAN）等。

2. 经济因素

经济（economic）因素主要包括宏观和微观两个方面的内容。宏观经济要素主要指一个国家的人口数量及其增长趋势、国民收入、国民生产总值及其变化情况，以及通过这些指标能够反映的国民经济发展水平和发展速度。微观经济要素主要指企业所在地区或所服务地区的消费者的收入水平、消费偏好、储蓄情况、就业程度等因素。这些因素直接决定着企业目前及未来的市场大小。

另外，市场营销人员需要从短期与长期两个方面来看待一个国家的经济与贸易，特别是在进行国际营销的时候。

对经济要素进行分析时，可以参考以下几点：

- GDP 及其增长率
- 中国向工业经济转变
- 贷款的可得性
- 可支配收入水平
- 居民消费（储蓄）倾向
- 利率
- 通货膨胀率
- 规模经济
- 政府预算赤字
- 消费模式
- 失业趋势
- 劳动生产率水平
- 汇率
- 证券市场状况
- 外国经济状况
- 进出口因素
- 不同地区和消费群体间的收入差别
- 价格波动
- 货币与财政政策

3. 社会因素

社会（social）因素指一定时期整个社会发展的一般状况，主要包括国家地理环境、社会道德风尚、文化传统、人口变动趋势、文化教育、价值观念、社会结构等。各国的社会与文化对于企业的影响不尽相同。

社会与文化要素十分重要，需要分析的内容很多，比如有以下几点：

- 信奉人数最多的宗教是什么。
- 这个国家的人对于外国产品和服务的态度如何。
- 语言障碍是否会影响产品的市场推广。
- 消费者有多少空闲时间。
- 这个国家的男人和女人的角色分别是什么。
- 这个国家的人长寿吗。
- 这个国家的老年阶层富裕吗。
- 这个国家的人对于环保问题是如何看待的。

4. 科技要素

科技（technological）要素不仅仅要考查企业所处领域的活动直接相关的技术手段的

发展变化，还要考查目前社会技术总水平及变化趋势、技术变迁、技术突破对企业的影响，以及技术对政治、经济社会环境之间的相互作用的表现等（具有变化快、变化大、影响面大等特点）。

科技不仅是全球化的驱动力，也是企业的竞争优势所在。比如，我们可以从下面几点来理解科技要素：

- 科技是否降低了产品和服务的成本，并提高了质量。
- 科技是否为消费者和企业提供了更多的创新产品与服务，例如网上银行、新一代手机等。
- 科技是如何改变分销渠道的，如网络书店、机票、拍卖等。
- 科技是否为企业提供了一种全新的与消费者进行沟通的渠道，例如横幅广告条、客户关系管理软件等。
- 国家对科技开发的投资和支持重点。
- 该领域技术发展动态和研究开发费用总额。
- 技术转移和技术商品化速度。
- 专利及其保护情况等。

5. 环境因素

环境（environmental）因素指一个企业的活动、产品或服务中能与环境发生相互作用的要素。如企业概况（数量、规模、结构、分布）、该产业与相关产业发展趋势（起步、摸索、落后）、对相关产业的影响、对其他产业的影响、对非产业环境影响（自然环境、道德标准）、媒体关注程度、可持续发展空间（气候、能源、资源、循环）等。

6. 法律因素

法律（legal）因素指企业外部的法律、法规、司法状况和公民法律意识所组成的综合系统，如世界性公约、条款、基本法（宪法、民法）、劳动保护法、公司法和合同法、竞争法（反垄断法）、环境保护法、消费者权益保护法等。

综上所述，我们可以将 PESTEL 模型总结如下（见表 4-1）。

表 4-1　PESTEL 模型总结

政治		经济	
政府的稳定性	外贸法规	经济周期	国民总收入变化趋势
税收政策	社会福利政策	利率	失业
		货币供应	可支配收入
		通货膨胀	
社会		科技	
人口分布	对待工作和休闲的态度	政府的研发投入	政府和行业对技术的关注
收入分配	消费者利益的保护运动	新技术发明 / 发展	科技成果转化速度
社会流动性	教育程度	技术淘汰的速度	
生活方式的变化			
环境		法律	
环境保护法规	能源消耗	反垄断立法	医疗和安全
废弃物处理		劳动法规	产品安全

4.1.2　环境分析模型

PESTEL 模型定性地描述了一个企业所处的外部环境，我们通常还进一步使用 EFE 矩阵、CPM 矩阵以及 IFE 矩阵来定量地分析企业所面临的环境。

1. EFE 矩阵

EFE 矩阵，即**外部因素评价矩阵**（external factor evaluation matrix）是一种对外部环境进行分析的工具，其做法是从机会和威胁两个方面找出影响企业未来发展的关键因素，根据各个因素影响程度的大小确定权数，再按企业对各关键因素的有效反应程度对各关键因素进行评分，最后算出企业的总加权分数。EFE 矩阵可以帮助战略制定者归纳和评价经济、社会、文化、人口、环境、政治、政府、法律、技术以及竞争等方面的信息。

一般地，建立 EFE 矩阵步骤如下：

- 列出在外部分析过程中确认的外部因素，包括影响企业和所在产业的机会和威胁。
- 依据重要程度，赋予每个因素以权重（0.0 ~ 1.0），权重标志着该因素对于企业在生产过程中取得成功影响的相对重要程度。
- 按照企业现行战略对各个关键因素的有效反应程度为各个关键因素打分，范围 0 ~ 4 分，"4"代表反应很好，"1"代表反应很差。
- 用每个因素的权重乘以它的评分，即得到每个因素的加权分数。
- 将所有的因素的加权分数相加，以得到企业的总加权分数。

无论 EFE 矩阵所包含的关键机会与威胁数量是多少，企业所能得到的总加权分数最高为 4.0，最低为 1.0，平均总加权分数为 2.5。若总加权分数为 4.0，反映出企业对现有机会与威胁做出了最优秀的反应。或者说，企业的战略有效地利用了现有机会并把外部威胁的潜在不利影响降到了最低限度。总加权分数为 1.0，则说明公司战略不能利用外部机会或回避外部威胁，EFE 矩阵如表 4-2 所示。

表 4-2 所代表的企业总加权分数为 2.95，略高于平均水平 2.5，表明该企业能在利用外部机会和规避外部危险或风险方面处于稍好水平。

表 4-2　EFE 矩阵举例

关键外部因素	权重	评分	加权评分
机会			
政府支持	0.15	4	0.60
客户需求大	0.10	2	0.20
竞争对手数量少	0.05	2	0.10
外资进入	0.15	4	0.60
市场环境逐渐转好	0.10	3	0.30
威胁			
各地区消费水平不一	0.15	3	0.45
管理体制不完善	0.10	3	0.30
替代品多	0.10	2	0.20
相关人才匮乏	0.05	2	0.10
企业规模小	0.05	2	0.10
总计	1		2.95

2. CPM 矩阵

CPM 矩阵，即**竞争态势矩阵**（competitive profile matrix），用于确认企业的主要竞争对手及相对于该企业的战略地位，以及主要竞争对手的特定优势与弱点。CPM 矩阵与 EFE 矩阵的权重和总加权分数的含义相同，编制矩阵的方法也一样。但是，CPM 矩阵中的因素包括外部和内部两个方面的问题，评分则表示优势和弱点，如表 4-3 所示。

表 4-3　CPM 矩阵举例

行业竞争关键因素	权重	企业评分	企业加权评分	竞争对手评分	竞争对手加权评分
客服服务	0.05	2	0.10	4	0.20
组织结构	0.05	2	0.10	3	0.15
价格竞争力	0.05	3	0.15	2	0.10
管理经验	0.30	1	0.30	4	1.20
市场份额	0.30	2	0.60	3	0.90
产品价值	0.05	3	0.15	2	0.10
财务状况	0.10	2	0.20	3	0.30
顾客忠诚度	0.10	1	0.10	4	0.40
总计	1	—	1.7	—	3.35

一般地，CPM 矩阵的分析步骤如下：

- 确定行业竞争的关键因素。
- 根据每个因素对在该行业中成功经营的相对重要程度，确定每个因素的权重，权重和为 1。
- 筛选关键竞争对手，按每个因素对企业进行评分，分析各自的优势所在和优势大小。
- 将各评价值与相应的权重相乘，得出各竞争者各因素的加权评分值。
- 加总得到企业的总加权分，在总体上判断企业的竞争力。

与 EFE 矩阵相比，CPM 中的关键因素更为笼统，它们不包括具体的或实际的数据，而且可能集中于内部问题；CPM 中的因素不像 EFE 中的那样划分为机会与威胁两类；在 CPM 中，竞争公司的评分和总加权分数可以与被分析公司的相应指标相比较，这一比较分析可提供重要的内部战略信息。

3. IFE 矩阵

与 EFE 矩阵类似，IFE 矩阵，即**内部因素评价矩阵**（internal factor evaluation matrix），是一种对内部因素进行分析的工具。这个模型从优势和劣势两个方面找出影响企业未来发展的关键因素，根据各个因素影响程度的大小确定权数，再按企业对各关键因素的有效反应程度对各关键因素进行评分，最后算出企业的总加权分数。通过 IFE，企业就可以把自己面临的优势和劣势汇总，刻画企业的全部引力，如表 4-4 所示。

表 4-4　IFE 矩阵举例

关键内部因素	权重	评分	加权评分
优势			
技术优势	0.15	4	0.60
产品优势	0.12	3	0.36
成本优势	0.14	4	0.56
人才优势	0.13	3	0.39
企业战略明确	0.07	2	0.14
劣势			
财务劣势	0.12	2	0.24
缺乏品牌知名度	0.12	1	0.12
服务理念劣势	0.07	2	0.14
员工压力较大	0.08	1	0.08
总计	1		2.63

一般地，建立 IFE 矩阵步骤如下：

- 列出在内部分析过程中确定的关键因素，采用 10～20 个内部因素，包括优势和弱点。
- 给每个因素以权重，其数值范围为 0.0（不重要）～ 1.0（非常重要）。权重标志着各因素对于企业在产业中成败的影响的相对大小，无论关键因素是内部优势还是弱点，对企业绩效有较大影响就应当得到较高的权衡总。所有权衡总之和等于 1.0。
- 为各因素进行评分：1 分代表重要弱点，2 分代表次要弱点，3 分代表次要优势，4 分代表重要优势。值得注意的是，优势的评分必须为 4 或 3，弱点的评分必须是 1 或 2。评分以公司为基准，而权重则以产业为基准。
- 用每个因素的权重乘以它的评分，即得到每个因素的加权分数。
- 将所有因素的加权分数相加，得到企业的总加权分数。

同样，无论 IFE 矩阵包含多少因素，总加权分数的范围都是从最低的 1.0 到最高的 4.0，平均分为 2.5。总加权分数大大低于 2.5 的企业内部状况处于弱势，而分数大大高于 2.5 的企业内部状况则处于强势。

4.1.3　生态系统

生态系统是商业生态系统的简称，这个概念最早由 James F. Moore 提出，类似的表述很多，比如联网组织、企业生态系统、企业网络等。商业生态系统从大环境出发，借喻于自然生态系统，Moore 认为，自然生态系统中生物体间的关系和各生物体处理这种关系的做法与商业世界中的企业很相似，我们可以把从这种关系和做法中发现的知识为己所用，但"严格的生物学的隐喻并不适用于商业"。商业生态系统是社会系统，相对于自然生态系统，社会系统由人组成，其主动性、预见性和选择性是其重要特征。

我们放眼整个商业世界，商业生态系统已经普遍存在，它打破了行业的界限，以顾客为中心，表现为多个行业企业联袂起来为顾客创造价值。苹果移动生态系统就是这样，苹果公司、富士康、APP 的开发企业、信用卡机构、网络等企业一起合作，为全球消费者提供了高品质、体验极佳的手机产品和软件产品。这不是个案，商业生态系统是商业世界的发展趋势。

像美国苹果公司一样，组建以自己为中心的商业生态系统是所有渴望成功的企业梦寐以求的。因此，研究商业生态的开拓、领导和创新就成了学术界和企业界研究的热点。Moore 在《竞争的衰亡》一书中写道，商业生态系统的演化发展经历了四个阶段，依次是生态系统的开拓、生态系统的扩展、对生态系统的领导和自我更新或死亡。关键企业必须做到能开发比现有系统更有效的、新的首尾相接的价值创造系统，吸引更多的参与者并保持系统成员的多样性，处理各种内外部冲突，持续地为系统注入新的思想和创造新的机会等。

商业生态系统的本质是协同进化，其演化机制是系统内成员通过功能耦合实现自组织进化，竞争和协同在进化过程中扮演着动力的关键作用。由此，商业生态系统无论在学术领域中还是商业实践中，都成为管理者聚焦的热点。可见，商业生态系统理论有逐渐超越传统的竞争力理论、成为首要关注的趋势。

谈及竞争力理论，从 20 世纪 60 年代波特产业结构分析后，许多学者开始着手从各个角度研究竞争力理论，如表 4-5 所示。其中，最具代表性的是 20 世纪 80 ~ 90 年代的资源基础观理论、价值链分析理论、核心竞争力理论，20 世纪末、21 世纪初的知识模型与动态能力理论。我们将在第 5 章分别阐述以上理论。

表 4-5　关于竞争力的部分研究

资产角度（assets）	人力资源、公司结构、企业文化等	Chaston, 1997；Home, 1992；Johnson, 1992；Patterns, 1991；Bambarger, 1989；Stoner, 1987
	技术	Shee, 2001；Khalil, 2000；Mehra, 1998
	资源基础观	Barney, 1991、2001；Peng, 2001；Peteraf, 1993；Amit, 1993；Grant, 1991；Teece, 1991
过程角度（processes）	战略管理过程	Sushil, 1997；Nelson, 1992；Grant, 1991；Prahalad, 1990
	能力	Sushil, 1997
	竞争战略	Porter, 1990、1999；Grupp, 1997；Papadakis, 1994；Ghemawat, 1990
	灵活性与适应性	Sushil, 2000；O'Farell, 1992
	人力资源过程	
	设计与实施	Smith, 1995
	技术过程	Khalil, 2000；Grupp, 1997；Bartlett, 1989；Hamel, 1989
	创新	Doz, 1987
	体系	Johnson, 1992
	信息技术	Ross, 1996
	运营过程	
	制造	Kanter, 1993；Dertousos, 1989；Hays, 1983
	设计	O'Farell, 1988、1989、1992
	质量	Dou, 1998；Awann, 1994
	营销过程	
	营销	Dou, 1998；Corbett, 1993；Hammer, 1993
	关系管理	Porter, 2001
	说服力	Chaharbaghi, 1994
绩效（performance）	生产力	Mckee, 1989；Francis, 1989；Baumol, 1985
	财务	Mehra, 1998
	市场份额	Ramasamy, 1995；Buckley, 1991；Schwalbach, 1989
	差异化	Porter, 1990
	盈利能力	Pace, 1996；Scott, 1989
	价格	Dou, 1998
	成本	Porter, 1990
	多元化、产品线范围	Dou, 1998
	效率	Porter, 1990
	价值创造	Porter, 1990
	顾客满意度	Hammer, 1993
	新产品开发	Man, 1998

资料来源：Ajitabh Ambastha, Dr K Momaya. Competitiveness of Firms: Review of Theory, Frameworks, and Models, 2004

4.2　产业链与产业

产业链（industry chain）是产业经济学中的一个概念，是各个产业部门之间基于一定的技术经济关联，它一个包含价值链、企业链、供需链和空间链四个维度的概念。这四个维度在相互对接的均衡过程中形成了产业链，这种"对接机制"是产业链形成的内模式，作为一种客观规律，它像一只"无形之手"调控着产业链的形成。

产业链的本质是用于描述一个具有某种内在联系的企业群结构，它是一个相对宏观的概念，存在两维属性：结构属性和价值属性。产业链中大量存在着上下游关系和相互价值的交换、上游环节向下游环节输送产品或服务、下游环节向上游环节反馈信息。

产业（industry）一词最早由 18 世纪 50 年代法国资产阶级的**重农学派**（physiocracy）提出，特指农业。在人类迈入资本主义大生产时代后，产业主要指工业。此后产业经济学中将产业定义为"从事国民经济中同一性质的生产或其他社会、经济活动的企业、事业单位、机关团体的总和，即在社会分工条件下的国民经济各部门"。产业按产品性质划分，可以分为第一产业（农、林、牧、渔）、第二产业（采矿业、制造业、电力、燃气、建筑业等）、第三产业（除第一、二产业以外的其他产业，包括交通运输、计算机服务、零售、餐饮、金融、房地产业、社会福利业、文体娱乐业等）三大产业。

虽然产业与行业的英文都是 industry，但是两者的意义在国内有很大的区别。行业的概念是包含在产业之下的，也就是说，产业是由行业组成的。所谓行业，一般指按生产同类产品或具有相同工艺过程或提供同类劳动服务划分的经济活动类别，如饮食行业、服装行业、机械行业等。行业是根据人类经济活动的技术特点划分的，即按反映生产力三要素（劳动者、劳动对象、劳动资料）不同排列组合的各类经济活动的特点划分的。只有了解行业的结构体系，才能够解释行业本身所处的发展阶段及其在国民经济中的地位，分析影响行业发展的各种因素以及判断对行业的影响力度，预测并引导行业的未来发展趋势，判断行业投资价值，揭示行业风向，为各组织机构提供投资决策或投资依据。

4.2.1　产业演变过程与形式

产业是一个由许多企业组成的大系统，产业会发生演变。产业演变可以看作经济演变的一种，是系统演变，同时，产业又是国民经济系统的组成个体，它也属于个体演变的范畴，所以对于不同范围的产业研究，产业演变的概念都是不同的。综合来说，可以将产业演变定义为产业在创新的驱动下，结合多种外部因素，经历形成、发展、成熟和最终衰退的过程，表现为市场结构、市场行为、市场绩效的变化等。

产业演变的轨迹往往顺应这样的原则：每个产业都会遵循并且只遵循一种演变模式，不同模式之间很少发生相互转变。这两条原则传递了一个信息，一个产业的演变具有一种稳定性，而这种稳定性对于我们依据产业演变的轨迹来制定企业战略是很重要的。

1.产业演变轨迹

在了解产业演变的模式前，我们必须先了解产业演变模式的划分原则——核心经营活动和核心资产是否面临被淘汰的威胁。核心经营活动或是核心资产，是指特定时期内，对企业收益不可或缺少、不可替代的一项经营活动或资产。如耐克的品牌、华为的技术就是一种核心资产。所谓的被淘汰的威胁，则是指因技术进步、原料面临匮乏、政府政策改变等，对核心经营活动和核心资产产生负面影响。如表 4-6 所示，根据核心经营活动和核心资产是否受到威胁，我们可以将产业的演变分为四种轨迹。

表 4-6　产业演变轨迹

核心经营活动	核心资产	演变轨迹
受到威胁	受到威胁	改革性演变
未受到威胁	受到威胁	创新性演变
受到威胁	未受到威胁	适度性演变
未受到威胁	未受到威胁	改良性演变

根据演变阶段不同，我们可以区分产业演变是架构性变化还是基础性变化（见图 4-2）。

改良性演变　改良性演变是最为常见的一种产业演变方式，它既不改变核心资产，也不改变核心经营活动，即不改变基础性和架构性。所以这种演变比较温和，通常发生在利益相关者均对现状比较满意的情况下，说明整个产业处于稳定和成熟的阶段，企业几乎没有任何风险。

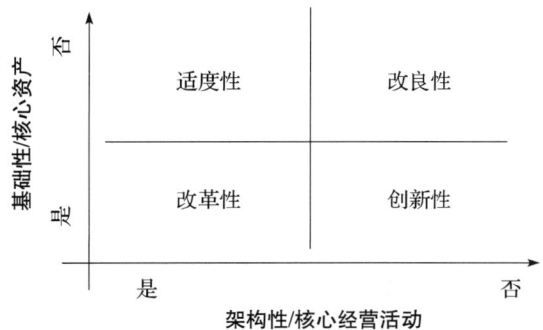

图 4-2　产业演变种类

创新性演变　如果核心经营活动并未受到威胁，但核心资产已经改变，则我们称为创新性演变。这类演变是基础性变化而非架构性变化。企业可以利用不断创新，包括产品创新、营销创新等来保持自己的竞争地位。

适度性演变　适度性演变是架构性变化，而非基础性变化。它面对的是核心经营活动面临着威胁，但核心资产仍然是适用的。这种演变可以用来解释新的、更加便捷的交易方式的出现，取代了以往传统的交易方式。如互联网完全改变了一些行业的传统交易模式。在这种情况下，企业就需要面对变化，深入分析后，决定是否需要投入。

改革性演变　改革性演变是需要企业时刻关注的。改革性演变就是基础性和架构性均变化，核心经营活动和核心资产均受到威胁，有可能此时整个产业面临危机。这类演变中的企业，面临风险大幅增加、收益大幅减少的过程。此时，很多企业、消费者均会选择离开，任何花费都被视为浪费，给企业带来生存威胁。

由于产业演变轨迹之间很少发生互相转变，因此只需要衡量基础性和架构性的变化与否，就能判断产业是否发生演变，接下来是何种演变。

一般而言，产业以改良性和创新性演变开始，逐步进入适度性和改革性的轨道，然后再次回到改良性和创新性的轨道。

2. 产业演变过程

从一个产业的生命周期来看，在不同的演变阶段，产业会呈现出不同的特征和演变规律，但是大体上可以将其演变过程分为四个阶段，包括形成期、发展期、成熟期和衰退期，如图 4-3 所示。

形成期　产业的形成是一个从无到有的过程，它是经济、技术等众多内生外生因素一起作用产生的结果。由于经济的发展和社会的进步，居民的生活习惯和消费水平都在不断改变和提高，市场上提供的商品已经不能满足消费者的

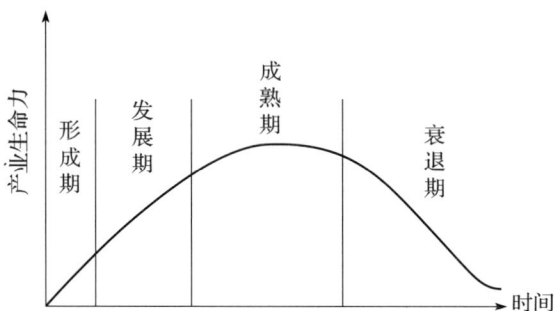

图 4-3　产业演变过程

需要，再由于技术的不断更新使新产业的诞生和形成不再受到专业知识及能力方面的束缚，在这样的情况下新产业就开始萌芽。此时产业技术不成熟，产品的生产和销售处于探索期，消费者对新产品缺乏了解，市场规模非常小，企业数量非常有限，尚未形成独立的产业。当产品由于新功能逐渐被消费者接受时，市场份额逐渐扩大，同时也会吸引社会资金的投入，当一些企业具备一定的规模后就形成了产业的雏形。在新形成的产业中，有区别于其他产业核心技术和主要产品，能满足消费者不同的需要，企业之间也会存在一定程度的竞争和合作，并且和其他产业也逐渐建立起产业关联。整个产业进入壁垒低，市场需求有限，产业发展动力不足的形成阶段。

发展期　如果说产业的形成是从无到有的过程，那么产业发展就是从小到大的过程。产业处于成长阶段时，产业的多样性增强，企业间处于创新竞赛中，产业的主导创新技术尚未被选择出来，产业充满机会，产业的企业数量剧增，较之于形成阶段产业中企业的模仿能力和创新能力也提高了；市场的需求明显增大，消费者从原来仅限于追求新事物的消费者逐渐扩大到整个消费群体。产品品种更加丰富，相对于形成阶段，产品质量也有了很大提升，并且在市场上初步形成了统一标准的质量体系，使产品分类可以更加细化。

由于进入壁垒仍较低，企业数量开始增多，在新产业产品供不应求的情况和高额利润的吸引下，越来越多的企业涌入产业，这样更加保证了产业发展有充足的人力和资本资源。由于竞争的加剧，为了获得更多的利润，企业开始寻求降低成本或者提高产品质量的方法，于是加大技术创新的力度来改善生产方式以提高生产率，此时产业的技术发

展处于最快的时期。借助于企业创新的加强，生产能力的提高将为市场提供更多的产品以适应市场需要。由于企业之间资源禀赋、管理方式和创新能力等方面的差异，在发展过程中将逐渐分化以适应不同的消费群体，具有相同特征的企业联系更加紧密逐渐形成小规模的产业集群，在集群内部通过竞争和合作促使产业结构的转变和整体的演变。

成熟期　成熟期是产业从迅速发展进入平稳发展的阶段，产业内的企业大都已经扩张到一定的规模，并且一般情况下持续的时间比较久。在这一时期，产业技术发展渐渐成熟，产业的核心技术也在企业间的创新竞争中形成，企业在创新方面的力度减小而更加倾向于模仿。和成长期相比，产业发展主要依赖于产业中少数占据主导地位的企业，通过激烈的市场竞争和优胜劣汰而生存下来的少数大企业基本上垄断了整个产业的市场，每个企业都有一定比例的市场份额。由于之前的竞争导致价格保持在低水平，此时企业之间的竞争也不再是价格竞争，现阶段企业需要尽可能地降低成本，如通过改进生产技术来提高产品质量、改善产品性能等，也可以通过加强售后服务等增加产品的附加属性。同时，为了阻止产业外部的潜在进入者，在位企业在竞争的同时也存在合作。

衰退期　衰退期是产业生命周期的最后一个阶段，经过前面所有阶段的发展后，产业由繁荣走向衰落，出现一系列经济萧条的现象。处于衰退期的产业表现为市场需求下降，产业增长率下降，产品品种及产业内企业数量减少。原来在产业中占主导地位的核心技术逐渐落后，市场上的产品已经不能满足消费者的需求，产品供大于求，销售量也开始下降，市场逐渐萎缩。由于生产能力严重过剩，企业为了保持市场占有率、生存下去不惜压低价格，致使一部分不具备竞争实力的企业陷入亏损的境地。当这种不景气的情况出现时，生产者和投资者都将失去信心，萌生退意，资金投入减少、创新人才流失、产品性能落后，产业进入恶性循环状态。此外，由于新兴产业的出现带来新产品和替代品，一方面瓜分原来产业的市场份额，另一方面由于新兴产业发展动力足、前景好，吸引对原有产业的投资，使得原有产业内部企业纷纷退出寻求更好的发展机会。

3. 产业演变形式

产业演变形式往往通过市场的各种特征表现出来，我们可以从市场结构、市场行为、市场绩效三个方面，分别按照产业演变不同阶段对产业演变的形式进行分析。

市场结构演变　市场结构是企业面临的环境，是企业之间市场关系的表现形式。市场结构的表现形式大致有企业规模、市场集中度、产品差异化程度、企业进入或退出壁垒等来描述，所以市场结构的演变是通过这些表现形式的演变来体现的。

企业规模的演变包括企业数量、企业的生产和销售规模等方面的变化。企业数量是市场规模最直观的表现形式。产业在形成期时，市场需求小并且存在风险，导致企业进入动力不足，企业数量少，生产销售规模小。随着产品逐渐被消费者接受，需求增大，吸引大量企业投资生产，企业数量增多，产量和销售额迅速扩大。到产业成熟期，市场基本达到饱和，竞争程度最为激烈，在新企业进入的基础上开始有一部分企业被兼并或者遭到淘汰而退出市场，此时产业内的企业数量基本维持在一定的水平上，产业规模相对稳定。接着随着产业进入衰退期，市场需求减小，产业内部产能过剩，企业由于利润减少或者亏损纷纷退出，导致企业数量下降，生产和销售规模也逐渐缩小。

随着企业数量的变化，市场的集中度也会随之变化。在产业形成期，少量企业率先进入市场，掌握先进的生产技术，虽然生产规模不大，但是集中度高；在产业成长期，大量企业涌入市场，竞争程度高，市场趋于分散，集中度下降；经过企业间的竞争和市场的筛选，一些缺乏竞争优势的小企业退出市场，所以到了成熟期的产业集中度又会再次上升，并且衰退期的市场集中度更高，生产技术、资本、消费者等都集中于个别大企业，形成寡头垄断市场。

产品差异化是企业在竞争过程中采取的一种非价格竞争手段，产品差异越大，市场上可以替代的产品就越少，企业的竞争对手就越少，占据的市场份额就越大，获得的利润也就越高。在产业发展周期中产品的差异性也是在不断变化的。在产业形成期和发展期，由于产品还未被消费者大规模接受，产业内也没有形成统一的产品质量标准，企业根据自己的经营决策生产产品，再加上企业之间生产技术和能力的差别，因此产品之间的差异较大；到产业日趋成熟的阶段，产品被消费者接受，进入规模生产的阶段，生产技术也由于企业之间的学习和模仿变成了共识，此时的产品差异化已不再明显，并且使市场结构向着垄断竞争的趋势发展，最终导致寡头垄断甚至完全垄断。

进入、退出壁垒反映了企业进入、退出的难易程度，壁垒越高说明进入或者退出的难度越大。从产业生命周期的角度来讲，在形成和发展的阶段，由于还处于探索期，企业的数量不多，还未形成规模，对竞争对手不会构成威胁，企业发展的重点在于产品开发市场拓展，因此行业的壁垒较低；到了成熟期，产业中会存在一些具有垄断地位的企业，市场的竞争也非常激烈，这个时候为了维护自己的市场地位，一些具有实力的大企业就会对潜在的进入者采取措施以阻止进入行为，从而形成了较高的行业壁垒。到了衰退期，当企业无法获利、准备选择退出产业竞争时，又会遇到退出壁垒，如沉没成本等。

市场行为演变　在市场竞争中，企业主要采取的行为包括定价行为、广告行为和并购行为。随着企业所在产业的发展阶段不同，企业会采取相应的策略以适应竞争环境的变化，这样就表现为市场行为的演变。

一般情况下，当产业处于起步阶段，企业发展程度差别不大，此时的市场接近于完全竞争状态，价格基本由市场机制形成。为了提高产品的知名度，率先占领市场，深度挖掘潜在的市场和消费者，企业主要采用广告宣传的方式来参与竞争。由于并购对企业在资本、规模等方面的竞争优势要求很高，此时企业基本不具备并购其他竞争者的实力，因此并购行为在产业发展初期很少出现。

产业经过发展期进入成熟期时，一些企业为了阻止新的企业进入，利用自己规模、成本或品牌的优势，采取长期阻止进入定价或者短期掠夺性定价行为。广告宣传在成熟期依旧继续使用，只不过目的变为突出企业形象，帮助企业巩固市场地位。此外，并购行为也频繁发生，通过纵向并购，企业可以扩张经营范围，使产业链的一些环节内部化，从而逐步控制整个产业市场，而通过横向并购可以扩大规模，同时可以控制市场上其他具有互补或替代性质的产品，从而扩大市场份额。

当产业进入衰退期之后，市场上中存在数量不多但占有市场份额较大的几个企业，如果继续竞争难免会造成两败俱伤，此时企业之间不得不相互妥协以实现共同有利的目标。广告宣传对企业的竞争优势已经不再具有很大的帮助，企业逐渐放弃对广告的投入。

市场绩效演变 市场绩效反映了在一个产业范围里，由于内部企业之间的各种竞争合作行为带来的在技术进步、产品质量和企业盈利水平等方面的变化。创新可以推进产业技术进步，在实际生活中，无论是大企业还是小企业都为创新做出了重要的贡献。创新是企业提高竞争力和盈利能力的重要手段。

市场绩效的演变还表现为产品质量的变化。由于市场竞争主要是通过企业生产的产品来体现的，竞争的激烈程度由产品的竞争力决定，只有功能更强大、性能更好的产品才会受到消费者的青睐，从而具有更多的市场需求和更强的市场竞争力，为企业获得更大的利润和市场份额。产品质量的提高受到企业的技术研发投入的影响，技术进步才会带来产品质量的提高，所以产品质量的变化是随着企业内部技术水平而变化的，在产业完整的生命周期中产品质量开始先上升，到产业成熟期上升到一定水平后保持不变。

此外，企业利润的变化也是市场绩效演变的一个方面。企业在形成期很难产生利润，市场需求小，产品开发成本高，但是随着产业的发展，这种企业发展的困境也在逐渐改善。到了产业发展期，由于技术创新使得企业的生产率提高，单位成本下降，产品质量上升，企业成长潜力大，利润空间也大，此时企业处于高速增长期。到了产业成熟期，市场饱和，产业中的企业都是经过市场竞争筛选留下的具有竞争实力的大企业，由于市场具有一定的垄断性质，此时这些大企业的利润水平很高。到了产业衰退期，市场萎缩，销售量下降，利润减少。

4.2.2 产业演变影响因素与评估

产业作为一个大的经济系统，其演变绝不是某个因素的作用，产业演变是产业发展过程中多种因素综合影响的结果。评估产业演变时，就可以根据这些影响因素，了解所在产业的演变轨迹，把握不同演变阶段的转折点。

1. 产业演变影响因素

根据对产业演变的影响角度不同，这些因素划分为外部因素和内部因素，外部因素是产业演变的客观环境，包括资源禀赋、政府调控和国际环境；而内部因素则是促进产业的演变根本动力，实际上就是创新。

资源禀赋 资源禀赋（resource endowment）包括自然资源和社会资源。一般情况下，自然环境和资源禀赋受人为因素的影响最小，所以资源禀赋是产业发展的先天条件和物质基础。企业的生产活动实际上就是对自然资源和生产环境的开发、利用和改造，因此自然条件和资源禀赋及其变化对产业的演变必然具有很大的影响。如采掘业、动力燃料工业的发展取决于地下资源的状况，缺乏矿产资源的国家无法形成大规模的采掘业，反之，如果某一国家的某种资源特别丰富，如中东地区的国家盛产石油，这样容易形成以石油为主的产业，在国民经济中占据重要的地位。再如土地资源，对其依赖性很强的产业有旅游业、农业等。除了自然资源禀赋外，由于生产需要再投入劳动力和资本等各种资源，所以这些因素也会对产业的演变造成影响。

政府调控 政府作为政策的制定者，在产业企业、技术进步和制度变迁中担任着非常重要的角色。通常各个参与者可以自发地形成一个演变体系，在依靠市场机制的作用下可以较好地实现资源的有效配置，但市场的力量往往是盲目的，其作用也主要是事后调节，并且由于规模经济、公共产品、外部性等市场失灵领域的存在，如果仅仅依靠市场机制，就无法避免垄断、不正当竞争、基础设施投资不足、过度竞争、环境污染、资源浪费等现象的产生与蔓延。产业政策作为政府的一种行为，体现了政府对产业演变的导向，可以根据科学地预见实现事前研究和规划，避免不必要的资源浪费。为了提高效率、加快产业演变的速度或者着重促进某个产业的演变，政府的作用就显得尤为重要。通过制定和实施产业政策，政府这只"看得见的手"可以有效地支持主要产业和支柱产业的成长壮大，可以有秩序、低成本地实现衰退产业的调整和退出，或者对某一个产业加强管制与放松管制、建立市场秩序、提供政府资金拨款等行为推动社会技术进步。

国际环境 国际环境对产业演变的影响因素主要包括贸易和投资两个方面。国际贸易对产业的主要影响有：资源、商品和劳务的出口对国内相关产业的发展有推动作用；国内紧缺资源、劳务的进口可以弥补本国生产该类产品的产能不足，同时进口某些新产品、新技术为本国发展同类产业创造有利条件。与其他国家的贸易也可能会对本国的同类产业发展有抑制作用。除了贸易，国际投资也是影响产业演变的一个重要因素。国际投资包括本国资本的流出和国外资本的流入。外资企业进入国内市场以后，其中间产品的供应可以来自国内也可以来自国外，其最终产品可以在国内销售也可以在国外销售。这样外资企业的经营活动就会改变国内市场上的供求关系，从而促进国内产业的演变。

技术与创新 20世纪初，熊彼特首次提出了创新的概念，并将创新视为经济增长的内生因素，他特别强调企业创新、管理创新、社会创新和技术创新之间的联系。熊彼特关于技术创新的研究，可以归结为三种理论，即技术推动说、创新与企业规模的关系、以及创新与市场结构的关系。毫无疑问，熊彼特的工作构成了现代创新研究的基础和起点。技术结构是导致产业结构向高度化演进的重要因素，创新是技术结构演进的根本动力。对应于不同的创新特点（渐进性创新与根本性创新），技术结构的演进将分别处于渐进状态与跳跃状态。在产业技术结构的演进过程中，特别是处于跳跃式演进状态时，会引起产业市场结构的剧烈变动（见图 4-4）。

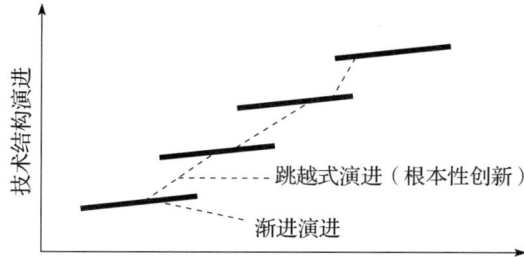

图 4-4　创新与产业技术结构演进

2. 产业演变评估

产业演变会对企业产生威胁，企业需要了解产业演变轨迹，否则就会产生严重的战略性错误。因此，企业需要密切关注产业演变，把握各个演变阶段的拐点。

改良性和创新性演变所使用的是产业生命周期模型，而适度性演变与改革性演变使用的是阶段性变化模型。企业因此常常会产生误解，以为改革性演变的产业中不存在架构性威胁。

产业演变是以其内部企业的动态演变为标志的：在某个时刻，一些企业进入，而另一些企业则退出；一些企业成长，而另一些企业则消亡；产业内企业的边界和内部企业结构等也在不断发生变化（见表 4-7）。

表 4-7　产业生命周期模型和阶段性变化模型

产业生命周期 产业演变方式	形成期	发展期	成熟期	衰退期
改良性演变	小范围的实验	主流模式出现无效率企业退出	长期安全稳定投资回报	供应短缺或者顾客偏好转移导致经营规模下降
创新性演变	大量、多种试验	主流模式销量快速增长	盈利能力存在极大差距	创造价值能力下降
阶段性变化模型	新兴阶段	趋近阶段	共存阶段	支配阶段
适度性演变	新的交易方式产生威胁	新模式进一步升入原有关系，增大威胁	与核心经营活动相联系的价值引发了合作	新模式占据支配地位
改革性演变	在较小的、有战略意义的细分市场中出现威胁	新模式下经营活动更为高效，威胁增大	新老模式之间竞争升级、加剧	产业由新模式支配来创造价值

对于不同演变模式下的不同阶段，产业的生命周期都有不同的情况，我们可以对不同演变的各阶段有一个大致的了解，而要评估自己所处的产业所处的演变模式及阶段，

可以参考以下步骤（见图 4-5）。

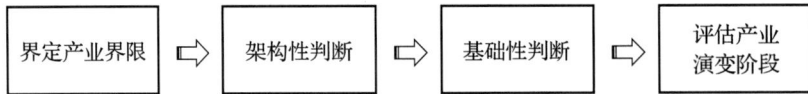

图 4-5 评估产业演变步骤

步骤一：界定产业界限

一般的界定产业界限的标准包括：共同的顾客和供应商标准、共同的竞争意图标准、相同的技术平台标准这三方面。

如果一组企业顾客和供应商都相同，那么它们是属于同一产业。但当顾客和供应商只有局部相同或都不相同时，可以采用 5% 法则或其他两个衡量标准。所谓的 5%，即预测顾客以及供应商对 5% 价格的反应，来确定企业是否属于同一产业。如可口可乐公司的某重要员工很有可能会因为百事可乐公司的一个相同岗位高 5% 的薪水而跳槽，这说明它们在供求关系方面是高度一致的。

利用顾客和供应商的共性来判定产业界限，常常因为其他因素而影响评价和判断。那么就需要使用竞争意图判断标准。但运用此标准时，只有当竞争目的有竞争力作为后盾时，产业界定才与竞争意图有关，这一标准实质上排除了那些只求生存的公司。

步骤二：架构性判断

判断是不是架构性变化，就是判断核心经营活动是否已经受到威胁。核心经营活动是指对产业内价值的创造和当前盈利的能力均必不可少的活动。

架构性变化中，主要是看供应商和顾客是否有买卖的意愿。如果此时两者的交易愿望降低，那就会影响到整个产业价值的创造，盈利能力也势必降低。架构性变化是指供应商和顾客一定是同时受到影响，而非一方受到影响。

步骤三：基础性判断

判断是不是基础性变化，就是判断核心资产是否已经受到威胁。首先我们就要判断哪些是核心资产。核心资产就是一个产业内所有愿意购买的顾客的总量，和一个产业内所有愿意出售的供应商总量。如果这两个总量受到威胁，就是核心资产受到了威胁，整个产业就面临着威胁，基础性变化就发生了。

步骤四：评估产业演变阶段

至此，我们就可以判断产业处于何种演变中，然后就可以判断产业演变处于何种阶段了。我们可以运用两种模型，即生命周期模型和阶段性变化模型来进行评估。

回顾生命周期模型，形成期的特点是产量低，发展期产量会急剧增长；而发展期与成熟期不易划分，一般会将产量增长率在四个连续季度下降的那年作为分界点，产业就进入了衰退期。通过主流模式技术水平趋势的评估，也可以解决产业总产量方法中存在着的模糊不清的问题。

对于阶段性变化模型，新模式的出现就意味进入了新兴阶段；当新模式发展到在产业中有一定地位的时候，就预示着进入了趋近阶段；随着新模式的发展，当旧模式的增长率开始下降时，共存阶段开始了；当新模式完全支配了产业，就进入了支配阶段。最后当架构性变化停止后，产业也许会重新回到改良性或是创新性变化的轨道上来。新老产业模式给顾客带来的满意度情况变化，也可以作为参照来划分不同的阶段。

4.3 行业分析框架

上文阐述了产业的演变规律、影响因素及其评估方式，以何种工具以及从哪些方面对行业进行深入分析是下面要探讨的内容。行业分析主要涉及三个方面：经济特性、行业格局分析、战略群体与行业竞争分析。

4.3.1 经济特性分析

不同的产业都有各自的经济特性，如互联网中的先发垄断优势，制造业需要有规模经济才能具有竞争力等，因此了解产业的经济特性对于企业制定战略有着重要意义。如表 4-8 所示，我们从 12 个角度分析行业的经济特性。

表 4-8 行业的经济特性

行业主要经济特性	战略重要性
市场规模	小市场吸引不了大的或新的竞争者，大市场可以引起企业兴趣
行业内企业竞争的范围	是在全球范围开展竞争，还是在全国性、区域性、当地性范围内开展竞争
市场增长速度及行业所处的生命周期阶段	行业处在生命周期的不同阶段，其市场增长速度是不同的
竞争厂商数目及相对规模	行业是被众多公司细分，还是被几家大公司垄断
客户的数量	高价位商品，客户数量少；低价位商品，客户数量多
行业盈利水平	高利润吸引新进入者，行业环境差会增加新推出者
进入 / 退出壁垒	进入壁垒高会保护现有公司的地位和利润，进入壁垒低会使该行业易于吸引新进入者；退出壁垒高会使行业内竞争激烈
产品是标准化的	会使购买者权力增加
技术变革迅速	企业风险加大
资源条件	资本、时间等资源需求往往成为加入、退出行业的重要因素
规模经济	要求具有成本竞争所必需的产量和市场份额
产品革新迅速	缩短产品生命周期，风险加大

4.3.2 产业格局分析

产业的格局一般呈现三种状况：完全垄断市场、不完全垄断市场和完全竞争市场。在现实中，受到不同政策制度和市场环境的作用，产业在不同的国家有不同的竞争格局，而同一个国家的不同产业也可能处在不同的竞争格局。各类产业格局呈现以下特征（见表 4-9）。

表 4-9　产业格局

产业格局	完全竞争	寡头垄断	双头垄断	完全垄断
公司数量	许多公司	一些公司	两家公司	一家公司
进退障碍	无障碍	明显障碍		严重障碍
产品同质	同质产品	有潜在的产品差异可能		
信息流通	完全信息流	信息不能完全获得		

完全垄断市场　"垄断"（monopoly）一词出自希腊语，意思是"一个销售者"，也就是指某一个人控制了一个产品的全部市场供给。因而，完全垄断市场，就是指只有唯一供给者的市场类型，比如某产业内只有一个制造商或供应商，或者只有一个消费者，由于所具有的唯一性所以在产业内已经没有了竞争对手。

这样的产业格局成因众多，其本质皆是由于产业内部进入壁垒阻挡了其他企业的进入，从而巩固垄断者的垄断地位。由于没有竞争，垄断企业可以通过垄断价格获得稳定的高收益。完全垄断市场可以促进资源效率的提高，但缺乏竞争的市场交易使垄断企业丧失进取心，甚至消磨产业发展前进的动力。

完全竞争市场　竞争最极端的市场称为完全竞争市场。完全竞争市场是指竞争充分而不受任何阻碍和干扰的一种市场结构：企业自由进出、产品无差异性，容易形成价格竞争，市场占有率不高，技术上相对成熟，这是完全竞争市场的主要特征。

在这种市场类型中，市场完全由"看不见的手"进行调节，政府对市场不做任何干预，只起维护社会安定和抵御外来侵略的作用，承担的只是"守夜人"的角色。

垄断竞争市场　垄断竞争是一种介于完全竞争和完全垄断之间的市场企业形式，在这种市场中，既存在着激烈的竞争，又具有垄断的因素。垄断竞争市场是指一种既有垄断又有竞争，既不是完全竞争又不是完全垄断的市场，是处于完全竞争和完全垄断之间的一种市场。

寡头垄断和双头垄断都属于垄断竞争的一类，在垄断竞争市场内，垄断企业数量相对较多，竞争也相对激烈。随着垄断因素增加，市场的垄断程度会不断增加。而少数大规模的企业通过合并或者是联盟的方式也可能做到完全垄断。垄断竞争市场的进入门槛随产业的不同而有所不同，企业之间既有价格竞争也有非价格竞争。

4.3.3　战略群体分析

战略集团（strategic group）是指一个行业内执行同样或类似战略并具有类似战略特征的一组企业。如果所有企业都执行着基本相同的战略，则该产业中只有一个战略集团。反之，如果每个企业都奉行着与众不同的战略，则该行业中有多少企业便有多少战略集团。

一般地，一个行业中仅有几个战略集团，战略集团之间采用性质不同的战略；战略集团内的企业数目不等，但战略相似，如纵向一体化的程度、专业化程度、研究开发重点、营销的重点、成本地位、所有制结构、地理覆盖的程度、组织规模、产品质量、定价策略等。

战略集团分析模型（strategic group analysis model）能帮助在行业内企业确定环境的机会和威胁。一般只在同一个战略集团中的企业是最直接的竞争对手，其次是相距最近两个集团的企业，而在图上相距很远的两个企业几乎没有多少竞争。

每个战略集团内的企业数目不等，但集团内企业战略相似。在同一战略集团内的企业除了战略外，还在许多方面彼此相近。它们在类似的战略影响下，会对外部环境做出类似的反应，采取类似的竞争行动，占有大致相同的市场份额。这种特征可以用战略集团分析模型来描述，如图 4-6 所示。

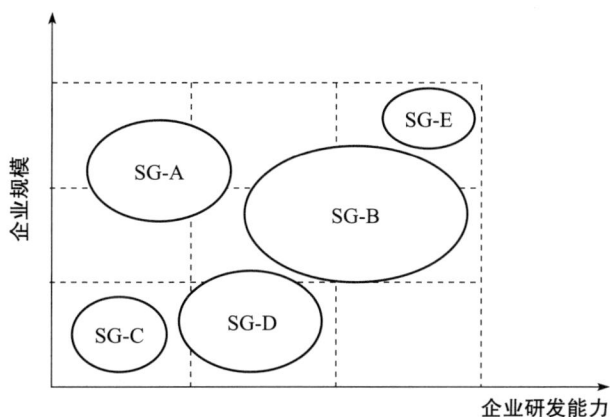

图 4-6　战略集团分析模型

战略集团分析模型既不同于行业格局分析，也不同于针对单个企业的行业竞争分析，它介于两者之间。这个模型的优势在于它能够帮助企业从行业中找出不同企业战略管理的共性，更准确地把握行业中的竞争方向和实质。同时，它也能使企业更好地了解战略集团的竞争状况以及不同战略集团之间的差异，从而预测市场变化，发现新的战略机会并揭示不同战略集团之间演变的难点和障碍所在。

当一个行业中如果出现两个或两个以上的战略集团时，如图 4-6 中的 SG-A、SG-B、SG-C、SG-D、SG-E，则可能出现战略集团之间的竞争，包括价格、广告、服务等。战略集团之间的竞争最终决定了行业竞争的激烈程度，进而决定着行业中最终的获利潜力。

当然，在每个战略集团内部同样存在着竞争，这主要是由于各企业的优势不同造成的。一个战略集团内的各企业会有生产规模和能力上的差别，若一个战略集团的经济效益主要取决于产量规模，则规模大的企业就会处于优势地位。另外，同一战略集团内的企业，虽然常常采用相同的战略，但各企业的战略实施能力不同，即在管理能力、生产技术、研究开发能力和销售能力等方面是有差异，能力强者处于优势地位。

一般地，在战略集团分析模型图中，战略集团之间相距越近，成员之间的竞争越激烈。

同一战略集团内的企业是最直接的竞争对手，其次是相距最近的两个集团中的成员企业。

4.3.4　行业竞争分析

了解行业中竞争态势及竞争结构，是制定企业战略的基础。深入分析行业竞争过程，找出竞争压力的来源，确定行业内各种竞争力量的强度，具有极为重要的意义。

事实上，参与行业利润争夺的不仅仅是现有竞争对手，还包括其他四种竞争力量——**新进入者威胁**（threat of entry）、**买方议价能力**（buyer's bargaining power）、**供应商议价能力**（supplier's bargaining power）、**替代产品或服务威胁**（threat of substitute）。这五种力量扩大了竞争范围，界定了行业结构，也决定了一个行业内竞争互动的本质。这就是迈克尔·波特著名的**五力模型**（five-force model）。从表面上看，每个行业各不相同，如全球汽车行业、艺术品市场、医疗保健服务行业等似乎没有相同之处，但是决定它们获利能力的基本因素是一致的，就是五种竞争力量，如图 4-7 所示。

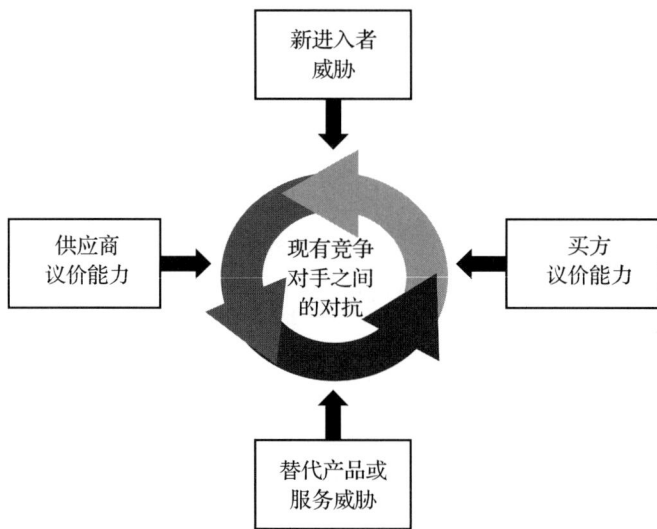

图 4-7　迈克尔·波特的五力模型

在不同行业，五大力量的构成各不相同。在商用飞机市场，强势力量是空中客车公司和波音公司两大制造巨头之间的激烈对抗，以及签下飞机大订单的航空公司的议价能力，而进入威胁、替代品威胁以及供应商议价能力则较为温和。

在影院行业，替代娱乐方式的激增，以及制片商和发行商的议价能力是重要的竞争力量，因为在这个行业，关键的投入要素（电影影片）是由他们提供的。最强势的竞争力量决定了一个行业的获利能力，所以它也是战略制定中最重要的因素。但是，哪种力量最为显著，并不总是那么容易看到。

1. 现有竞争对手间的对抗

很多行业内的对抗程度非常激烈，但是这可能并不是行业获利能力的制约因素。摄影胶片行业的利润之所以低，是因为出现了一种更好的替代品。数字摄影技术刚一出现，世界领先的胶片厂商柯达和富士就明白了这一点。在这种情况下，如何来应对替代品就成为头等战略大事。

行业结构包含一系列经济和技术特征，这些特征决定了每一种竞争力量的强度。接下来，我们将从一家已拥有一定市场份额或已在行业内立足公司的角度来探讨这些驱动因素。我们也可以利用这种分析方法，了解潜在进入者面临的挑战。

2. 新进入者威胁

行业的新进入者会带来新的产能，它们渴望获得市场份额，往往还想获得大量资源。公司通过并购从其他行业进入某个新行业从而实现多元化时，常常会充分利用现有资源对市场产生冲击，如 Philip Morris 公司收购 Miller 啤酒。

进入者威胁的大小取决于现有壁垒以及新进入者预期的现有竞争者可能做出的反应。如果进入壁垒很高，并且新进入者预期现有竞争公司会采取激烈反击，那么很显然，它就不会造成很大的进入威胁。

以下是六种主要的进入壁垒。

规模经济　规模经济阻止新进入者的方式是：想进入这个行业除非有雄心大规模进入，否则就要接受成本劣势。在计算机主机行业中，最关键的进入壁垒可能就是生产、研发、营销和服务等方面的规模经济，Xerox 和 GE 公司在经历了惨痛教训后才认识到这一点。规模经济在销售渠道、销售队伍使用、融资以及公司业务的其他任何一个方面，同样扮演了壁垒的角色。

产品差异化　品牌认知使新进入者需要花费大量资金才可能削弱消费者对原品牌的忠诚度。广告传播、服务、先入优势以及产品差异能使消费者产生品牌认知。其中在饮料、非处方药、化妆品、投资银行、公共会计等行业中，产品差异化可能就是公司最重要的进入壁垒。啤酒制造商将生产、分销和营销中的规模经济与品牌认知相结合，由此可以建立更高的进入壁垒。

资金要求　新进入者需要投入大量的资金才能与他人竞争，尤其是要将这些资金投入在不可收回的前期广告和研发活动上时，就产生了进入壁垒。不仅固定资产需要资金，赢得消费者信任、库存、承受创业损失都需要资金。尽管大型公司有足够的资金涉足几乎所有行业，但在某些领域中需要巨额资金投入，如电脑制造与矿物开采等行业，这就限制了可能进入者的数量。

与规模无关的成本劣势　已在当前行业立足的公司可能拥有潜在竞争对手所没有的成本优势，并且与公司规模大小无关。这种优势可以来自于学习曲线（及其衍生而来的经验曲线）的效应、专有技术、可获得最佳原材料的来源、货币通胀前采购的资产、政府补贴、有利的地理位置等影响。成本优势有时也可以通过申请专利得到法律的保护。

销售渠道的获取　当然，行业中的新进入者必须保证产品或服务销售渠道的安全。

例如，一种全新的食物产品必须通过打折、促销、密集销售或其他方式才能代替超市货架上的同类其他产品。批发或零售渠道越有限、现有竞争者将渠道保护得越好，想要进入这个行业就越困难。有时，这个壁垒实在难以逾越，以至于一个新竞争者必须自己建立一个新的分销渠道才能克服壁垒造成的种种困难。

政府政策　政府可以通过许可执照或限制原材料的获取来限制甚至阻止进入某些行业。如货车运输、酒类零售及运输业等受管制的行业就是很明显的例子；滑雪地区的开发和采煤业，政府的限制就更加微妙了。政府也可以通过制定标准和条例，间接影响行业的进入壁垒。

3. 供应商与买方议价能力

供应商可以通过提高价格或者降低采购品和服务的质量来提高其讨价还价能力。强势的供应商因此可以挤压那些无法将成本增加反映在价格上的行业利润。如通过提高价格，软饮料的生产厂商就能使瓶装厂商的利润下降，并且瓶装厂商还面临来自果汁饮料等其他饮料的激烈竞争，从而限制了它们向消费者提高售价的能力。购买者同样可以压低价格，要求更高的质量或服务，并使生产厂商相互竞争，从而降低整个行业的利润。

每个重要供应商或购买者集团的力量取决于市场形势的一些特征，以及其销售额或购买量在行业总业务量中的相对重要性。

出现以下情形时，供应商集团将会很强势：

- 上游行业由少数几家大公司主导，并且比下游行业更加集中。
- 它的产品是独一无二的或能够形成买家巨大的转换成本。转换成本的原因来自于以下方面：买方的产品规格与特定的供应商紧密相关，已经在辅助性设备上投入了巨资，或在学习如何操作供应商提供的设备（如电脑软件）上投入大量的资金，或者它的生产线与供应商的制造设备密切相关（如某些饮料容器的制造）。
- 无须与其他原料供应商竞争。比如，那些把产品销往罐头行业的钢铁公司与铝业公司之间的竞争制衡了各自的力量。
- 这个行业不是供应商集团的重要买方。如果行业本身就是它的重要买方，供应商的利益将与该行业紧密联系在一起，他们会通过合理的报价、合作研发和游说等活动，以保护这个行业。

出现以下情况时，买方群体将会很强势：

- 买方集中，或它们采购的数量非常大。如果这个行业的固定成本很高，则大量采购的买方就会特别强势，如在制造金属容器、玉米研磨、化工品等行业中，这增加了这些行业的产能满负荷运作的危险。
- 买方从某行业采购的产品是买方所生产产品的部件之一，并占据了该产品成本的较大份额。此时买方便会倾向于寻找优惠价格，并有选择地采购。如果售出的产品只占买方产品成本的一小部分，买方对价格通常就不会很敏感了。

- 该行业产品特征。如果买方的产品质量受该行业产品影响很大，买方采购时对价格通常不会很敏感。处于这种形势下的行业包括油田勘探业，因为一个小故障就有可能导致巨大损失；电子医疗器材和测试设备的封装，这些产品的封装质量会影响用户对设备内部质量的印象。

- 行业的产品并不能为买方节省成本。当该行业的产品能为买方创造价值时，买方对价格就不太会敏感；相反，他更注重质量。在服务业就是如此，如在投资银行和公共会计业，判断上小小的失误可能会造成巨大的损失和困境；在油井勘探业，准确的勘查则可以省下成千上万美元的钻探成本。

- 买方形成一个通过后向整合而生产该行业产品的可信威胁。三大汽车生产商和主要的汽车购买方，就经常威胁要自己生产，以增加讨价还价的筹码。但有时，该行业也会对买方形成一种威胁，即其成员可能前向整合，以实现反控制。

买方大部分力量来源不仅归因于工业和商业买方，也归因于群体性消费者，只需修改其参照体系即可。如果消费者购买的产品并不存在差异性，且相对于他们的收入来说比较昂贵，产品质量也不是特别重要，那么他们通常会对价格比较敏感。

零售商的购买力量取决于同样的规则，只是增加一个重要条件。当零售商可以影响消费者的购买决定时，他们就能在与制造商的讨价还价中占得优势，这种情形通常在音响器材、珠宝、家用电器、体育用品及其他商品等行业中较为常见。

4. 替代产品或服务威胁

替代产品或服务能够限制一个行业使其无法将产品价格拉到最高点。除非能升级产品质量或者提高差异性（如通过不同的营销方式），否则，该行业的收益甚至增长都会遭受损失。替代产品不仅限制了原产品的利润，也减少了行业在繁荣时期本可以得到的财富。1978 年能源价格暴涨，又遇上罕见的严冬，使得玻璃纤维隔热材料的生产商得到了规模空前的市场机会。但是业界提高价格的能力却受到了包括纤维素、石棉和泡棉在内的大量隔热替代材料的牵制。一旦玻璃纤维隔热材料生产商增开的工厂将产能提高到足以以满足市场需求之际，这些替代品就注定会成为更加有力的牵制力量。

战略上最为值得注意的那些替代产品包括：

- 那些很可能会改善产品性价比而取代原产品的替代品。
- 那些由赚取高额利润的行业生产的替代品。

当行业发展引起竞争加剧时，替代产品通常会迅速侵入市场，并促使产品价格下降或功能改善。

五大竞争力量的强度分析表明，行业结构决定了一个行业的长期获利潜力，因为它决定了行业创造的经济价值的分配方式——有多少价值被业内企业保留，有多少被客户和供应商攫取，又有多少受到替代品或潜在新进入者的制约。通过全面考虑这五种力量，战略制定者把握了整体行业结构，而不只是关注其中一个要素。此外，战略制定者会持续关注行业的结构状况，而不是那些短期因素。

在波特提出五力模型后，受到了不小的挑战，五力补充模型、六力模型等纷纷被各个学者提出。他们将"行业增长率""技术和创新""政府""互补产品和服务"等作为第六力。其实，这些都属于一个行业的某些显著属性，而非竞争力量。以下一一说明。

行业增长率 有一个常见的错误就是认为快速增长的行业总是有吸引力的。增长确实往往能化解竞争，因为变大的蛋糕会给所有竞争者都带来机会。但是快速增长也将使供应商处于强势地位，而且高增长和低进入壁垒还会吸引新的进入者。即使没有新的进入者，如果客户强势，或者替代品非常吸引人，那么增长率再高也不能保证获利能力。实际上，在近几年，有些快速增长的行业，如个人电脑业，一直是获利能力最低的行业。所以，只关注行业增长率是做出错误战略决策的主要原因之一。

技术和创新 先进技术或创新本身，并不能或不足以使一个行业具有结构吸引力。即使是普通的低科技行业，如果买方对价格不敏感，转换成本高，或者规模经济带来高进入壁垒，其获利能力往往要比软件、网络技术等容易吸引竞争对手的行业高得多。

政府 最好不要将政府视为第六种力量，因为政府的参与对行业获利能力既没有内在好处，也说不上有坏处。要想了解政府对行业竞争的影响，最好的方法就是分析具体的政府政策如何影响五大竞争力量。例如，专利政策会提高进入壁垒，从而提升行业获利潜力。相反，支持工会的政府政策则可能增强供应商议价能力，削弱获利潜力。破产法规准许经营不善的企业进行重组，而不是退出市场，而这会导致产能过剩，竞争加剧。政府是在多个层面通过许多不同的政策发挥作用，每项政策都可能以不同的方式影响竞争结构。

互补产品和服务 互补品是指与某个行业的产品一起使用的产品或服务。当两种产品一起使用带来的客户收益大于每种产品单独价值之和时，我们就说这两种产品是互补的。例如，电脑硬件和软件在一起使用时就非常有价值，而分开时则毫无用处。

近年来，战略研究者十分强调互补品的作用，尤其是在互补效应最显著的高科技行业。但是，绝非只有高科技行业存在互补品。例如，当驾车者找到加油站、获得道路援助和汽车保险时，汽车的价值也会提升。当互补品影响到一个行业的总体产品需求时，它们的重要性就会增加。但是，和政府政策一样，互补品也不是决定行业获利能力的第六种力量，因为即使存在密切相关的互补品，也不见得会提高或降低行业获利能力。互补品对获利能力的影响是通过影响五大力量来实现的。战略制定者必须追踪互补品对所有五大力量的积极或消极影响，才能确定它们对获利能力的影响。互补品的存在可能抬高或降低进入壁垒。

例如，在应用软件行业，当互补品操作系统软件的生产商（如微软）提供了一系列工具，方便应用软件编程时，进入壁垒就降低了。相反，如果需要吸引互补品生产商，进入壁垒势必会提高。视频游戏硬件行业的情况就是这样的。互补品的存在还可能影响替代品威胁。例如，由于需要建造合适的燃料补给站，所以使用替代燃料的汽车很难取代传统汽车。但是，互补品也可能使产品替代更为容易。例如，苹果公司的 iTunes 软件就加快了从 CD 到数字音乐的替代过程。

互补品可以给行业竞争带来正面（如增加转换成本）或负面（如消除产品差异化）的影响。我们也可以通过类似方法分析互补品对买方和供应商议价能力的影响。有时，企业在参与竞争时，会从自己利益出发改变互补行业的状况。

本章回顾

◆ 时代变迁影响着一名企业家、一个业务单元、一家企业、一个国家、一个产业。从历史上看，是科技创新与人类文明进步带来了这些变化。人类从农耕时代开始，经历了蒸汽时代、电气时代等，到如今以互联网为代表的电子信息时代，时代的进步都是以科技进步为标志的。

◆ **环境**（environment）划分为**宏观环境**（macro environment）、**中观环境**（medium-view environment）和**微观环境**（micro environment）三个层面。外部环境是对企业外部的政治环境、社会环境、技术环境、经济环境等的总称；中观环境是产业或行业的竞争环境，能更直接地影响某个企业；微观环境指企业内部制约和影响企业营销活动的力量和因素。

◆ 宏观环境定性分析工具：PESTEL 分析；宏观环境定量分析工具：EFE 矩阵、CPM 矩阵、IFE 矩阵。

◆ 产业与行业的英文都是 industry，本书中将行业的概念是包含在产业之下，指按生产同类产品或具有相同工艺过程或提供同类劳动服务划分的经济活动类别。产业由各个行业所组成。

◆ 在不同的演变阶段，产业会呈现出不同的特征和演变规律，产业演变过程分为四个阶段：形成阶段、发展阶段、繁荣阶段和衰退阶段。产业演变的形式可以从市场结构、市场行为和市场绩效三个方面表现出来。

◆ 行业格局一般呈现三种状况：完全垄断市场、不完全垄断市场和完全竞争市场。在现实中，受到不同政策制度和市场环境的作用，行业在不同的国家有不同的竞争格局，而同一个国家的不同行业也可能处在不同的竞争格局。

◆ 迈克尔·波特的**五力模型**（five-force model）：决定一个行业内竞争力量强度的要素有——现有**竞争对手之间的对抗**（competitive rivals）、**新进入者威胁**（threat of entry）、**买方议价能力**（buyer's bargaining power）、**供应商议价能力**（supplier's bargaining power）、**替代产品或服务威胁**（threat of substitute）。

探索与研究

1. 迈克尔·波特五力模型的主要贡献及其局限性。
2. 宏观环境定性分析工具和定量分析工具的综合运用。
3. 不同国家和地区间、不同竞争格局下的三种行业格局的对比。

参考文献

[1] 吴于廑，齐世荣 . 世界史 . 现代史编（下卷）[M] . 北京：高等教育出版社，2011.

［2］ 李悦.产业经济学［M］.北京：中国人民大学出版社，1998：64.

［3］ 马克思.资本论（第2卷）［M］.北京：人民出版社，1975：63.

［4］ Kotler P, Keller K. Marketing Management［M］. Prentice: Prentice Hall, 2014.

［5］ Bain. Barriers to New Competition［J］. Harvard University, 1956: 137-138.

［6］ Bain. Industrial Organization［J］. New York: Wiley, 1968: 37-41.

［7］ Henderson R, Cockburn I. Scale, scope, and spillovers: the determinations of research productivity in drug disco very［J］. The Rand Journal of Economics, 1996, 27（1）: 32-59.

［8］ Almeida P, Kogut B. The exploration of technological diversity and the geographic localization of innovation［J］. Small Business Economics, 1997（9）: 21-31.

［9］ Stock G N. Firm size and dynamic technological innovation［J］. Technovation, 2002, 22（9）: 537-547.

［10］ Morton I, Kamien , Nancy L. Schwartz. On the degree of rivalry for maximum innovative activity［J］. The Quarterly Journal of Economics, 1978, 5（2）: 245-260.

［11］ Deek, Kee C H. A model on knowledge and endogenous growth［D］. World Bank Policy Research Working Paper, 2003.

［12］ Nelson R R, Winter S G. An evolutionary Theory of Economic Change［M］. Belknap :Press of Harvard University Press, 1982.

［13］ 安妮塔M麦加恩.产业演变与企业战略［M］.孙选中，译.北京：商务印书馆，2006.

［14］ Hansen E. Structural panel industry evolution: Implication for innovation and new product development［J］. Forest Policy and Economics, 2006（8）: 774-783.

［15］ Boldrin M, Xevine D. Against Intellectual Monopoly［M］. Cambridge University Press, 2008.

［16］ Klette T J, Kortum S. Innovating firms and aggregate innovation［J］. Journal of Political Economy. 2004, 112（5）: 986-1018.

［17］ Braguinsky S, Gabdrakhmanov S, Ohyama A. A theory of competitive industry dynamics with innovation and imitation［J］. Review of Economic Dynamics, 2007（10）: 729-760.

［18］ Flocicel S, Dougherty D. Where Do Games Of Innovation Come From? Explaining ThePersistence Of Dynamic Innovation Patterns［J］. International Journal of Innovation Management, 2007, 11（1）: 65-91.

第 5 章

竞争优势：获取与进化

企业如果固守过去曾行之有效的竞争战略，
那么它必将败于竞争对手。

——美国前国防部长、企业家威廉·科恩

| 开 |
| 篇 |

中 国 高 铁

提到腕表，人们想到瑞士；提到机械，人们想到德国；提到家电，人们想到日本。而今提到高铁，世界把目光投向中国。

从备受争议到赢得赞誉，中国高铁在国内快速发展的同时，正以成功者的姿态积极走出国门。十几年的技术积累和大规模应用赋予中国高铁参与国际竞争的实力。

以轨道技术为例，高速列车轨道沉降误差以毫米计，标准比 F1 赛车跑道还高。中国高铁纵横东西南北，沿线有湿陷性黄土，有湿地，也有高寒地区。在这些线路上，中国成功解决了地质沉降和轨道热胀冷缩问题，有效控制了钢轨全线高低误差，京广线、京沪线、哈大线等线路令人称道。轨道技术只是中国高铁总体技术达到国际领先水平的一个缩影。

中国高铁的最大竞争对手是日本。尽管日本在早期形成了较为成熟与体系化的新干线品牌技术，但日本高铁出口国际市场的步伐却相对缓慢。当前在全球铁路市场，日本企业的份额仅为 10% 左右，难以与加拿大庞巴迪、法国阿尔斯通和德国西门子三巨头抗衡。《日本经济新闻》称，全球三大高铁企业拥有一揽子提供铁路车厢、售后服务以及运行系统建设的体制，而单独的日本企业基本上不具备这种综合能力。由于运营速度不具备优势，同时造价偏高，导致新干线在与后起之秀如中国高铁的竞争中逐渐丧失竞争主动权。

2011 年是中国高铁最黑暗的一年。面对潮水般的口诛笔伐，中国高铁能走到今天且快速发展，堪称奇迹。这也从侧面证明了，中国高铁已经获得了国人的认可。

中国的铁路技术也正在获得国际上的认可：从出口阿根廷 10 亿元合同金额动车组起运，到 800 公里中泰合建铁路签约；从土耳其高铁竣工，到匈塞铁路签约；从渝（重庆）新（新疆）欧（欧洲）、苏（苏州）蒙（内蒙古）欧班列增开，到铁路在丝绸之路经济带建设中受关注。不仅中国铁路装备跨洋落地投运，而且中国铁路建设技术、管理标准也将推广到欧洲、泛亚等地。

如果再进一步比较中日高铁，那么中国高铁的竞争优势则进一步凸显。截至 2015 年上半年，中国高铁运营里程已经达到 1.7 万公里，占全球高铁总里程的一半多，是日本的 4 倍多；中国高铁 2014 年的客运周转量是 2141 亿人公里，是日本的 2.5 倍；京沪高铁平均票价为 0.41 元 / 公里，仅为日本新干线的 1/3。

经过十几年的努力，中国高铁从无到有，各项技术不断取得突破，中国已成为世界上高铁系统技术最全、集成能力最强、运营里程最长、运行速度最快、运载人次最多、在建规模最大的国家，并且"走出去"的步伐坚实、快速。未来，更多从中国到欧洲国家的高铁线路也值得所有人期待。

竞争是市场最主要的特征，企业的市场属性决定着任何企业都面临竞争。近年来，随着中国市场日渐成熟，短缺经济转为饱和经济，卖方市场转为买方市场，竞争加剧，甚至已达白热化。如何在博弈日趋激烈的市场快速建立并且持续保持企业竞争优势，是每个企业都在思考的课题。

5.1　企业成长五阶段模型

纵览充满竞争的商业世界，我们有时会发现这样的现象：一个小型的年轻企业选择了一种过于复杂和形式化的公司结构，在挣扎了几年之后，终于被一家较大的公司吞并了。企业很少意识到未来成功的基石可能就在企业之内，产业在演变，企业也处在发展的演进状态，有时，甚至企业内部的演变比外界力量更能决定未来。

柯达就是一个典型的教训。柯达早在 1976 年就开发出了数字相机技术，并将数字影像技术用于航天领域；1991 年，柯达就有了 130 万像素的数字相机。但是进入 21 世纪后，柯达的数字产品只能卖到 30 亿美元，仅占其总收入的 22%；2002 年柯达的产品数字化率也只有 25% 左右，2000 ～ 2003 年柯达各部门销售利润报告可以发现，销售利润下降却十分明显，尤其是影像部门呈现出急剧下降的趋势。传统影像部门的销售利润从 2000 年的 143 亿美元，锐减至 2003 年的 41.8 亿美元，跌幅达到 71%。当照相从"胶卷时代"进入"数字时代"后，昔日影像王国的辉煌也似乎随着胶卷的失宠，而不复存在，申请破产也在意料之中了。

企业是通过一些发展阶段向前进的，每个演变时期就创造了自己的变革。例如，集权的实践终究会引起分权的要求。管理团队为每一变革时期提出的解决办法，其性质会决定公司是否将进入下一个演变成长阶段。

5.1.1 企业发展模型

哈佛大学教授拉瑞·葛雷纳（Larry E. Greiner）认为企业通过演变和变革而不断交替向前发展，企业的历史比外界力量更能决定企业的未来。于是，他在 1972 年提出了企业发展五阶段模型，这个模型包含了成长的五要素：企业年龄、企业规模、演变阶段、变革阶段、产业成长率；同时总结了企业成长的五个阶段，即创立阶段、指导阶段、分权阶段、协调阶段和合作阶段。该模型认为企业的每个成长阶段都由前期的演进和后期的变革或危机组成，而这些变革能否顺利进行直接关系到企业的持续成长问题。他上述观点的文章在时隔 25 年后的 1997 年还登载在顶级刊物上，甚至到 21 世纪的今天，还被众多学者热议。

1. 企业成长要素

企业成长包含了企业年龄、企业规模、演变阶段、变革阶段、产业成长率五个要素。这五个要素看似独立，但事实上，特定的时期中，每一个要素都会影响其他要素。

企业年龄　对于任何发展模型来说，企业年龄是最显而易见和最主要的要素。管理问题和管理原理是时间造成的。例如，分权概念在企业发展的某一时期是有意义的，但在另一个时期就失去它的意义了。时间的推移也会造成管理态度的制度化。结果，员工的行为不仅变得更可预测，在管理态度过时的情况下也变得更难以改变。

企业规模　每家公司都会遇到这个问题：随着员工人数和销售额的增加而发生显著的变化。因此，时间不是决定企业的唯一因素。实际上，规模保持不变的企业，可以在一段长时间之内，保留许多同样的管理方式。然而，除了规模增大之外，协调和联络问题变得夸大了，随着新职能出现，管理等级的层次变多了，工作变得更为相互有联系了。

演变阶段　随着年龄和规模增大，演变时期开始延伸。正在成长的企业多数不是扩展两年后退步一年；相反，在危机中生存下来的那些企业，通常会有 4 ~ 8 年的继续成长，却没有重大的经济倒退或严重的内部混乱。

变革阶段　平静的演变不是必然的，企业的成长并非是线性的。从许多历史案例中我们可以看到一种迹象，说明在较为平静的演变时期之间存在着巨大动荡时期，可以称为变革时期。传统管理方式适合于较小的规模和较早的时期，一些公司失败了——进行企业上的重大改变的那些公司，可能不是倒闭就是停止成长。

在每一变革时期，管理部门的关键任务在于寻找一套新的方案，这套方案将成为管理演变阶段成长下一个时期的管理基础。有趣的是，这些新方案可能失败导致另一个变革时期。因此，在一个时期公司会认为这是一个主要的解决办法，但到以后的一个时期它却成为一个重大问题了。

产业成长率　一个企业演变阶段和变革阶段的速度，与行业环境有密切关系。例如，处在一个迅速扩大的市场中，公司必须迅速地增加员工；因此，迫切需要新的企业结构，以容纳大幅度增加的员工。在迅速成长的行业中，演变时期比较短，但在成熟的或缓慢成长的行业中，演变时期要长得多。

如果利润来得容易，演变期可以延长，变革可以推迟。例如，在一个利润率较大的行业中，一些公司虽犯了重大错误，但财务数据仍然客观；因此，它们可以在一个较长的时期内不改变管理方式。然而，变革时期仍会发生：获得利润机会逐渐消失，就像宇宙航天业一样。如果市场环境恶劣，那就急需发生重大变革，而且很难解决问题。

2. 企业成长阶段

对于一个企业而言，每一个演变时期的特点是需要依靠不同的管理风格来获得成长；每一个变革时期的特点是继续成长前必须解决管理问题，如图 5-1 所示。对在成长非常迅速的行业中的公司而言，它们会较快地经历五个阶段；对成长较慢的行业中的公司而言，在许多年内只遇到两三个阶段。

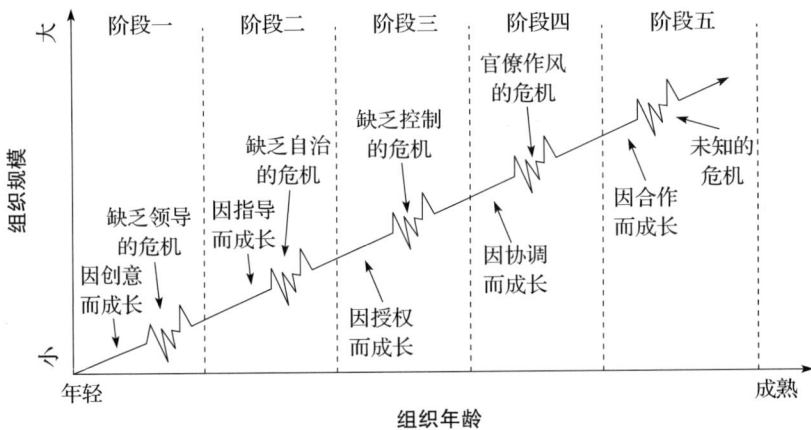

图 5-1 企业发展模型

每一个阶段不仅是前一阶段的结果，又是下一个阶段的原因。例如，图 5-1 中第三阶段演变的管理风格是"授权成长"，这是由前面第二阶段的变革中要求更大的自由产生出来的，同时又成为解决这一问题的办法。然而，在第三阶段中所使用的授权成长风格，最后激起了一个重大的变革危机，其特点是企图重新控制由增加授权而引起的多样性。

每一阶段的主要含义是：如果要继续成长，管理部门只能在一个狭小的范围内采取行动。例如，在第二阶段遇到自治危机的一家公司，不能再采取指导式管理作为解决问题的方法，它必须采取"授权成长"的管理风格才能前进。

第一阶段：因创意而成长

在出生阶段，企业既要创造一种产品，又要创造一个市场。随着公司的成长，需要更高的运营效率进行大规模生产。新聘员工还没有被一种对产品或企业的强烈奉献精神动员起来，必须取得额外的资本。此外，企业为了财务控制还需要新的会计程序。

随着企业发展，创始人发现自己肩负了太多管理责任。此时，公司需要一位强有力的经理，他具有引进新业务技术的必要知识和技能，但创始人常常不愿意放权。这里是第一个关键性发展上的选择——寻找并委任一位强有力的总经理，他能为创始人所接受，并使企业齐心协力。

第二阶段：因指导而成长

在第一阶段中生存下来的那些公司，通过委任一位能干的总经理，在干练、指导式的领导下，常可以进入一个持久的成长时期。一个职能企业结构被引进了，以便将制造活动和销售活动分开，分配的工作更加专业化。

虽然新的指导技术更有效地把员工精力引向公司成长，但这种技术终究不适用于控制一个较大、更多元化、复杂的企业。较基层的员工发现他们自己被一个笨重的集权等级制度束缚了。因此，第二次变革迫近了，这个危机是从一部分较基层的管理人员要求更大的自治权发展起来的。多数公司所采取的解决办法是赋予更多的授权。然而，高层管理者鉴于以往的成功，他们也不情愿放弃手中的权力。此外，基层管理人员仍不适应为自己做出决定。结果，许多公司在这个变革时期中踉跄前进，坚持集权。此时，较基层的员工们认为的前途不在，便离开了企业。

第三阶段：因授权而成长

下一个成长时期是企业在成功地应用了分权企业结构之后发生的，企业通过提高基层员工的能动性推动公司发展，这在授权成长阶段证明非常有用。在分权制度下，经理有了较大的权力与积极性，他们会渗入更大的市场，更快地对顾客做出响应并开发新产品。

但是，高层管理人员会容易感到他们失去了对这种高度多元化运营的控制。自治的经理喜欢自己当家做主，不喜欢与企业的其他部门根据计划、资金、技术、人力等方面进行协调工作。自由造就了目光短浅。因此，当高层管理部门想重新控制整个公司时，第三阶段的变革就发生了。一些高层管理人员企图恢复集权的管理方式，但由于运营范围太广，他们最后常常放弃集权。那些成功的企业往往能找到一个较优的协调方式，公司可以继续发展。

第四阶段：因协调而成长

在这一阶段中，企业为了更好地做好协调工作而建立了正规制度，并且让高层管理人员负责创建和实行这些新制度。如把分权单位合并为产品小组，建立正式的规划程序，并加以深入细致的审查；某些技术职能（如数据处理）权力集中在总部，日常运营仍维持分权的方式等。

事实表明，所有这些新的协调系统能够帮助公司更有效地分配有限的资源，从而使公司获得成长。这些系统还能拓宽基层管理者的视野，让他们不再仅仅关注自己部门的需求。虽然他们还拥有很大的决策权，但是他们学会了为自己的行动找到更加充分的理由，以便说服公司总部的监查人员。

然而，这样也会出现问题。在直线员工和参谋人员之间，在总部和基层之间，逐渐产生了一种不信任感。公司设立的许多系统和制度开始产生负面作用，所谓的"官僚危机"产生了。如业务经理抵触情绪越来越大,对那些不熟悉基层情况的管理者所发出的指令不以为然;而员工则抱怨经理既不合作又孤陋寡闻。这样,双方都开始痛骂慢慢发展起来的官僚体制。在这种体制下,解决问题不及繁文缛节重要,创新变得遥不可及。简而言之,企业已经变得过于庞大和复杂,无法用正规的制度和严谨的系统进行有效管理。因此,第四阶段的变革发生了。

第五阶段:因合作而成长

这是最后一个阶段,它强调靠员工之间的紧密合作来克服"官僚危机"。第四阶段通过正规的系统和程序进行管理,而第五阶段则强调通过团队合作和巧妙处理员工之间的差异来实现自治管理。对于创建协调系统的专家和领导者正规方法解决问题的管理者而言,要做出这个转变非常困难。因此,第五阶段的演变期将建立一套更加重视员工行为、更灵活的管理方法。

但是,很难猜测这个演变阶段后的变革是什么?很多大型公司正处于演变的第五阶段,因此对这个问题的回答至关重要。虽然目前还没有什么迹象表明结果会怎么样,但是这种未知危机所导致的变革将会围绕着员工"心理饱和"这种状态下开始。由于团队工作强度很大,又要承受寻找创新性解决方案的巨大压力,因此很多员工变得身心疲惫,从而陷入这种状态。

第五阶段的变革将会引入一些新的企业结构和制度,让员工能够定期得到休息和反思。我们甚至会看到具有双重企业结构的公司:一个是用于完成日常工作的"传统型"结构,另一个是用于激发新观念和强化员工素质的"反思型"结构。管理者可以根据员工的精力安排他们在这两种企业结构之间来回切换。

一些西方公司就常常采用这样的企业结构。它在常规的企业结构之外设立了多个反思小组,对公司基本业务不断进行评估。虽然这些小组会向全公司展示工作成果,但它们归总经理直接领导。各小组的成员来自公司的各个层级和各个部门,每半年轮换一次。如今被采用的其他一些具体做法还包括:为员工提供假期、让经理们轮流担任"热点"职位、确保工作安全、建造供员工在工作日放松用的健身设施、提高工作的互换性、多组建一个工作组以保证总有一个组在接受脱产培训、延长假期和采取弹性工作制等。

5.1.2　美、日、韩企业发展

企业发展对整个国民经济产生的影响十分深远,企业在一定地区、一定历史条件下,具有独特的发展路径,每个国家由于经济实力、政治体制等大环境的影响,会呈现不同的企业发展特征。美国、日本、韩国是最典型的三个发达国家,探究它们各自的企业发展历程能带来额外的启示。

1. 美国企业发展

在以个人主义作为主导思想的美国,自由、竞争、平等的观念深入社会各个方面,在美国企业的发展上，这种以个人主义为中心的自由、平等、竞争的发展思想和发展理念被美国社会各界认同，政府对经济的发展的态度是自由放任的不干涉思想，在这种经济模式中，企业是独立的生产经营者，其经营活动只要在法律的范围内，政府是无权直接过问和干涉的。政府对经济主要起着服务的角色，其主要职责是通过制定一些法律、政策来适当干预和规范市场行为，尽量避免垄断对自由和平等竞争的破坏，使弱小企业参与竞争的权利得到保护。追求自由发展的思想不仅体现在企业的发展上，而且也体现在企业的内部管理上，如企业的员工管理。

在美国，对员工而言，企业是其实现自身价值的一种载体，通过自由竞争实现自我价值是员工为企业工作的目的，员工可以根据自身情况自由选择工作对象，而企业则是利用员工在实现自身价值的同时最大限度地为企业创造价值，企业可以根据需要自由雇用员工。

美国企业融资方式

美国大企业的融资以直接融资为主，主要依赖于证券市场，而非银行。美国对银行的业务有一个较为严格的限定范围，并在 1933 年出台法律规定商业银行和投资银行的业务必须分离，禁止商业银行持有公司的股票，并且规定银行只能经营短期贷款。在这种情况下，企业长期资本不能通过银行中介间接融资，因此，在美国，企业通过银行等金融机构进行间接融资的比例相对较小，企业与银行的关系不密切。

美国拥有世界上最发达、规模最大的证券市场，美国证券市场功能齐全、制度完善、结构合理，具有很强的创新性，这为美国企业在证券市场上直接获取资金提供了极大的便利。在股票融资和债券融资这两种直接融资方式中，美国企业又以债券融资为主，以股票融资为辅，当企业需要资金时，更多的时候是通过在证券市场发行债券来获取企业发展的各种长期资金，而靠发行股票来融资的比例相对较小。如在美国企业的融资结构中，股票占公司筹资总额的 30%，企业债券占 70%。

美国企业股权结构

美国企业的股权结构具有两个显著特点：一是企业的持股以个人持股为主，法人持股居次要地位，股权具有高度分散性和流动性；二是机构投资者是美国公司的最大股东。美国的大公司基本都是采用股份有限公司的形式，以个人持股为主，法人持股份额相对较小，股权极为分散，在高度分散的股权结构下，当股东对公司的经营不满时，就会"用脚投票"。因此，美国股东一般不长期持有一只股票，股票交易十分频繁，股权具有高度的流动性。从股权结构来看，美国公司最大的股东不是银行、不是企业等法人组织，而是机构投资者，如养老基金、人寿保险、捐赠工艺基金、投资信托公司、互助基金等基金组织。

美国企业与员工

崇尚个人主义的美国，企业与员工的关系也是市场化的，员工把企业作为实现自身价值和自身目标的载体，而企业把员工也作为实现企业利益的工具。二者能否很好、长久地结合在一起完全视双方的利益和目标能否得到很好的实现。因此，在美国企业与员工之间实行的是雇用自由、快速升迁的雇用关系。在美国，存在着非常成熟的劳动力市场，企业可以根据自身发展的需要雇用者解雇员工，而员工可以根据自身需求频频更换工作，为了能更好地体现自身价值，如获取晋升或者提高工资，雇员甚至高级雇员都会一次次地从一个企业投奔到另一个企业，甚至负责协调企业全面工作的副总经理们也经常更换。

因此，美国企业在职位升迁方面，实施的是快速评价和快速升职的政策。企业中所有雇员不论资历和年龄，都依靠个人能力获取升迁的机会，只要能力足够，就能获得快速升迁的可能。同时，由于劳动力的高度流动性，美国企业员工不能依靠其目前的雇主来解决终身的就业问题，只有维持高水平的专业技能，才能适应其他任何公司的需要，所有从事技术和管理工作的人，都会在工作中努力提高自己的专业技能。

2. 日本企业发展

日本是一个讲求忠诚的国家，实施的是集团主义管理思想。在日本，国家和企业之间不像美国那样是完全自由放任的，而是有着一定意义的上下层级关系。因此，在日本企业的发展思想上，企业的财产虽然属于私有，企业完全可以自主的进行一切生产经营管理活动，然而，在重大战略发展上，企业需要接受政府的指导和调控。

早期的日本家族企业和政府之间存在着政商一体关系。企业经营者的经营行为都愿意同政府的行政行为相结合，表现出"御用商人"的性质。后期日本企业和政府之间的这种政商一体化的关系在战后虽然弱化了，但是在政府与企业间仍然存在着松散的结合，在特定时期，企业仍愿意主动接受政府的指导，执行政府的各项经济政策。

日本企业融资方式

日本企业的融资具有两个显著特点：一是以银行间接融资为主，直接融资为辅；二是主银行制。日本的股市不发达，公司筹措资金的主要靠银行贷款，这就使股份资本在资本总额中的比例下降，企业自有资本率较低，企业所需要的大量资金都是通过银行贷款筹集。

另外，在日本，所有大企业都有自己的主要贷款银行，银行与企业之间的关系一般比较固定，一旦结成很少变动，这就是日本的主银行制。企业的贷款人可以是众多的银行，但是主银行只有一家，主银行不仅是公司的股东，而且还是主要的贷款者，一般把在某企业接受贷款中居第一位的银行称为该企业的主银行，主银行除了为企业提供长期资金外，还负责企业的短期贷款和账户管理，当企业遇到危机时主银行必须采取救助措施。集团内企业不仅可以从主银行获得贷款，还可以在主银行的协助下，从其他机构获得融资。以银行间接融资为主和主银行制的日本企业融资方式，把日本企业和银行极其紧密地联系在一起，使银行不仅成了企业融资的主体，而且还成为企业事实上的监管者。

日本企业股权结构

日本企业多实行所有和支配相分离的企业治理模式。法人股东中许多是企业间相互持股，这样的交叉又使企业之间的影响因相互依托而抵消，无法干预彼此企业的经营，个人股东更少，当然也更无法干预企业经营。

由于日本大企业股权极度分散化，基本上不存在"一股独大"的问题，这就决定了日本企业法人治理结构的突出特点：最终所有者的控制被削弱，形成经营者集团控制企业的局面，从而实现企业的自主经营。所以，日本公司制企业的决策权、支配权归经营者所掌握，经营者行使决议权。

因此，日本属于内部监控的企业治理模式。在这种企业模式中，企业财产带有广义的社会性，企业成员容易把企业视为命运共同体，共同参与企业的经营活动。因此，在众多日本人的意识中，普遍认为企业并不属于股东，而是属于包括经理人员在内的企业全体员工。

日本企业国际化策略

价格策略　日本企业进入美国等发达国家时，普遍采用紧盯竞争者的低价战略，这种策略使日本企业在最初几年损失了一些正常的利润，但是获得了市场份额，提高了知名度，并长期控制了市场，为日本企业进入欧美等发达国家打下了坚实的基础。

丰田汽车在 1957 年进入美国时，采用的定价策略是比美国同等的竞争车型价格低两三成，虽然在第一次进军美国时，丰田汽车遭到了失败，但丰田汽车在 5 年后，设计出了符合美国人习惯的"卡罗拉"轿车，取得了成功，经过了 10 年的耕耘，在美国站稳了脚跟。20世纪 70 年代，在面对全球石油危机时，丰田汽车再次抓住机会，凭借其较好的燃耗性能而大受青睐，以丰田为首的日本车系在美国市场真正得以大展拳脚。图 5-2 展示了丰田汽车与通用公司的在美国市场份额的比较。

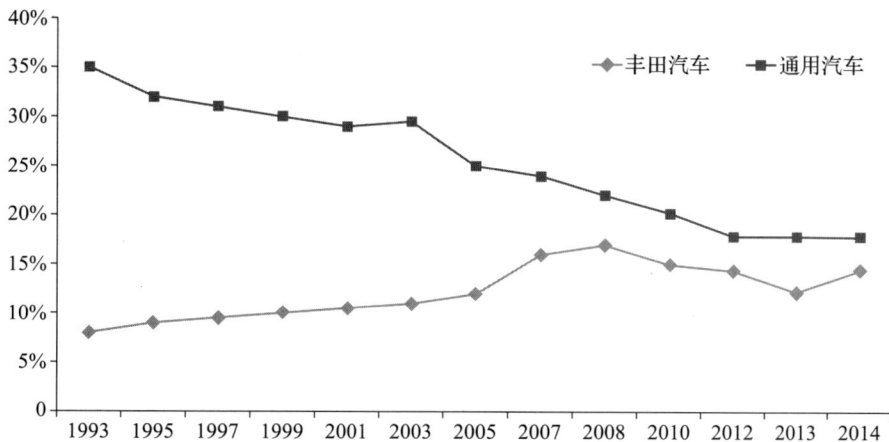

图 5-2　丰田汽车与通用汽车的美国市场份额

集中化策略　日本产品当初进入美国市场也曾受到形象低劣、声誉不佳的困扰，许多日本企业在美国没有产品销售渠道。因此，日本企业苦心经营在美国的营销渠道，最终获得了成功。日本企业往往是集中全力选好进入市场的突破口。它们不是采取全线出击，一下子占领全部市场，而是选取美国某个地区、某个批发商或某种类型的消费者作为目标，站稳脚跟后再逐步扩大市场份额。

兼并收购　日本在 20 世纪 80 年代进入欧美等发达国家时进行了大量的收购和兼并。1988 年，有一位神秘的日本富翁，在短短的一年时间内，就投入 1.5 亿美元，在美国购买了 178 套高级住宅，这只是日本人对美国地产业冲击波中的小插曲之一。不久之后，三菱公司又投资 14 亿美元购买了坐落在纽约曼哈顿闹市的洛克菲勒中心大厦。

多元化　早期进入中国的日本企业都是大企业，它们在做好试探性投资以后，大量进行多元化投资，极力寻求不同产业的协同发展。如日立公司在 20 世纪 70 年代早期率先进入中国以后，就以事业部作为投资主体，分别投资了家电、电梯、空调、IT 等十多个产业。

战略联盟　20 世纪 80 年代末 90 年代初，日本家电企业凭借产品的耐用、优质、精美等特性在亚洲市场形成良好口碑的机遇，纷纷抢滩登陆。以中国为例，松下、索尼、东芝等纷纷在中国建立了合资企业，如上海日立、三洋荣事达等。此后，日本跨国公司加大对中国的投资的同时，并将研发机构纷纷设立在中国。

建立海外生产基地　日本在早期进入中国等发展中国家时，日本提供技术和资金在发展中国家建立生产基地，利用发展中国家的廉价劳动力和廉价资源，大量生产适合国际市场需求的廉价产品返销日本或者国际市场，赚取高额利润。

日本企业与员工

日本企业中广泛实行终身雇用制，没有发达的劳动力市场，员工往往一旦进入企业，就终身为其工作。在实行终身雇用制的日本，企业绝不轻易解雇员工，员工跳槽也是不被社会认可的。因此，员工一旦进厂，终身为家，对企业的忠诚度高，流动性低。

日本企业中员工职务晋升缓慢，存在严重的论资排辈问题。为了鼓励员工与企业的长久雇用关系，日本企业一般都实行年功序列制，将员工的工资待遇和职务晋升等与工龄相挂钩，工作年限越长，职位越高，薪金就多。

另外，和美国企业注重个人能力的发挥不同，日本企业非常注重团队思想和团队意识。团队思想强调企业要在明确而统一的目标下，既发挥每个人的主观能动性和才干，更要重视整个企业或企业内各部门的整体作用，从而产生出比发挥个人才干所能得到的更大的竞争能力和经济效益，在团队意识中，个人能力的发挥是次要的，集团的整体利益才最重要。

3. 韩国企业发展

从历史上看，韩国企业集团多是以"三缘"（血缘、亲缘和地缘）关系为基础形成的，其中尤以家族经营为中心的垄断色彩异常浓厚。在企业集团内部，其创办人既是所有者也是经营者，有最大权力，而且这种权力依世袭制而延续下来；即使是实行了股份制的企业集团，其所有权和经营权仍掌握在创办人手里。

家族化与多元化

以现代集团为例，郑周永家族直接掌握了核心企业"现代建设"55% 的股份，"现代综合商事"19% 的股份，以及"现代水泥"45% 的股份。集团内其他企业大部分股份也处于家族控制之下。在 24 家主要企业中，仅有 8 家企业的家族控股在 40% ~ 50%，其余 16 家企业均在 50% 以上。

韩国企业也多以多元化发展为主。以三星集团为例，下属的 31 家关联企业，分布于食品、造纸、纤维、石化、重机、造船、电子、百货、保险、文化、旅馆等行业；"现代"下属的 43 家企业，则生产汽车、船舶、机械、半导体、电脑、电话、家具、雷达等，并介入银行。这些企业集团几乎垄断了韩国国民经济的各个领域。

韩国企业国际化策略

渐进式策略 许多韩国企业在欧美发达国家建立"销售公司→生产工厂→研发基地"的渐进式策略。在进入欧美等发达国家时，采用了先建立销售公司和研发基地的策略。韩国企业通过这种方式捕捉世界商品市场的最新需求动向和技术研究方向，同时利用欧美国家的技术优势来弥补韩国企业在这些方面的不足。以韩国三星为例，1978 年，三星在美国建立销售公司；1982 年，三星在德国建立了销售公司；1984 年，三星在英国建立销售公司，在美国建立生产公司；1987 年，三星在美国和日本成立研究机构，同年在澳大利亚、加拿大建立销售公司、在英国建立生产公司；1988 年，三星在法国建立销售公司。

低价进入策略 19 世纪 80 年代，美日之间发生旷日持久的汽车贸易大战，同时日元对美元大幅贬值，而韩元对美元相对稳定，使韩国公司取得了巨大的竞争优势。韩国大宇汽车公司抓住这个市场契机，通过引进合作伙伴——通用汽车的技术，生产出了符合美国标准的汽车，并在 1984 年首先开始向美国出口汽车，开启了韩国汽车出口美国等发达国家市场的序幕。

跳跃式发展策略 韩国企业进入发展中国家是通常采用跳跃式发展策略。以中国为例，由于韩国同中国建交比较晚，韩国公司在中国的起步也比日本晚很多，面对中国这个急速发展的市场，韩国公司采用高投入、高产出的"双高"策略。

5.2 资源、能力与价值链

5.2.1 资源与资源基础观

企业可以把**资源**（resources）分成两大类：第一类叫作有形资源，如企业金融资产、物资资产，这些都是"物"；第二类叫作无形资源，如技术、荣誉、企业文化和人力资源。

表 5-1 从主要特征和关键指标这两个角度分析企业资源的基本状况。

表 5-1　资源的分类与特征

资源	主要特征	关键指标
金融资产	公司的资源能力和内部筹资能力决定了它的受资能力，并使它能够应付需求和利润随时间而发生的波动	权益负债率 净现金流量与资本支出的比 贷款利率
物质资本	厂房与设备的大小、位置、技术先进性及灵活性 土地、建筑物的位置和替代用途 原材料储备限制公司生产可能性组合的物质资源和决定公司成本位置的重要性	资产回报率 固定资产的变现价值 厂房规模 厂房与设备的灵活性
技术	以专有技术（专利、版权、商业秘密）形式保有的技术储备、技术运用中的专业知识（方法） 用于创新的资源：研究设备、科技人员	专利与产品更新的数量 专利的数量和意义 来自专利许可的收益 研发人员占总人员的百分比
荣誉	通过商标所有权、与顾客的关系而建立的顾客信誉 公司因产品服务的质量、可靠性而享有的声誉 公司在供应商（包括零部件供应商、银行及其他借款人、雇员及潜在雇员）、政府机构以及所在社区中的信誉	知名度与美誉度 品牌识别 与竞争品牌的差价 重复购买 公司业绩的水平和持续程度 对产品性能的目标测量
人力资源	对雇员的培训和雇员所拥有的专业知识决定了公司可以利用的能 雇员的适应性是决定公司战略灵活与否的关键因素 雇员的投入和忠诚决定了公司能否实现并保持竞争优势	雇员在教育、技术及职业方面的合格证 源于劳动争端的记录 雇员换岗率 员工的流动率

通过资源可模仿曲线（见图 5-3），我们可以了解最容易被模仿的是现金和商品，最不能被模仿的是专利等。企业的资源越是难以模仿和专有化，越有可能成为独特的竞争力。

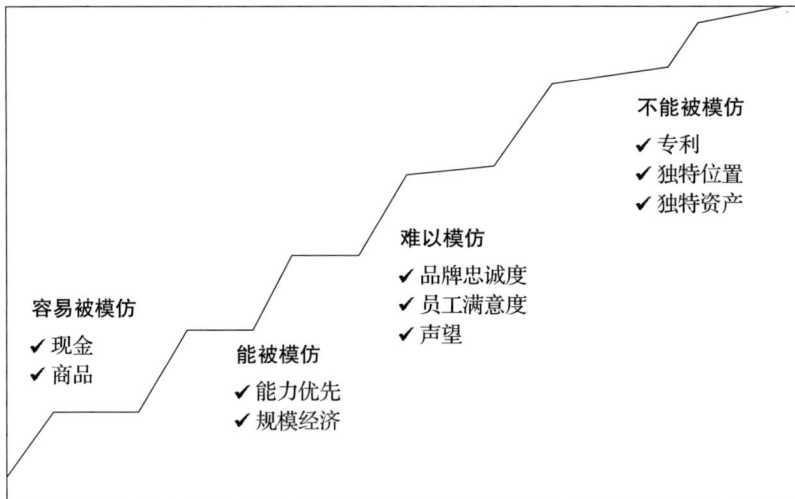

图 5-3　企业的资源的可模仿曲线

企业可以通过保护机制的设计来避免被竞争者模仿，如：

保持稀缺性 与唯一独特资源相联结，如商店的独特位置、独特的经营权或开采权。

保持速度优势 建立路径依赖的资源：通过一定路径、较长时间的取得，使得竞争者短期难以复制，如完善的渠道、长期的品牌声誉等。

模糊的因果关系 主要指的是来自于复杂度高的知识或隐藏在企业内的**内隐知识**（tacit knowledge），使得知识资源更好的被保护或尽可能长时间地被保护。

建立高进入门槛 通过持续投资来保持资源优势，对潜在的竞争者造成某种程度的恫吓和阻止企业资源的分析，必须把握企业资源各个方面的情况，包括企业资源的质、量、分配、组合等。

20 世纪 80 年代以来，基于资源的企业理论逐渐替代了传统的基于产品的企业理论，认为可持续竞争优势不能通过简单地评估环境机会和威胁，然后仅在高机会、低威胁的环境中通过经营业务来创造。可持续竞争优势还依赖于独特的资源和能力，企业可把这些资源和能力应用于环境竞争中。为了发现这些资源和能力，管理人员必须从企业内部寻求有价值的、稀缺的、模仿成本高的资源，然后经由他们所在的组织开发利用这些资源，即四个特征：**价值性**（value）、**稀缺性**（rarity）、**不可模仿性**（inimitability）以及**组织**（organization），由此形成 VRIO 分析框架。

表 5-2 说明了如何用四个相互联系的有效标准来检验这些资源和优势是否能够成为可持续竞争优势的来源。

表 5-2 VRIO 框架

有价值吗	稀缺吗	容易模仿吗	与企业匹配吗	企业竞争地位	企业绩效
不	—	—	不	不利的竞争地位	低于平均水平
是	不	—	是	平等的竞争地位	平均水平
是	是	是	是	暂时的竞争优势	高于平均水平
是	是	不	是	可持续的竞争优势	持续高于平均水平

一般企业资源包括企业所能控制的、能使之形成并能提高其效率与效益战略的所有的资产、能力、企业流程、禀赋、信息、知识等。用传统战略分析的话来讲，就是企业用来形成并实施其战略的力量，它可以分为物质资本资源、人力资本资源、企业资本资源。当企业充分利用了自身资源的稀缺性、不可替代性，并在此基础上实施一个能创造价值的战略，同时没有任何现有的或潜在的竞争者实施相同的战略，那么企业就具有了竞争优势。如果这种战略不能被竞争者模仿，它就具有持续竞争优势。

带来持续竞争优势的资源必须具备以下特性：

价值性 资源要有价值，必须能促使公司形成并实施能提高其效率与效益的战略。

稀缺性 只有当一家公司实施的价值创造战略不能同时被其大量竞争者实施时，它才能带来竞争优势，而这种价值创造战略的基础正是稀缺资源。

不可模仿性　资源的不可模仿性可能出自以下几个方面的原因：企业获取资源的能力有独特的历史背景，因果关系的模糊性，社会复杂性。战略相等资源的存在就意味着现有的或潜在的竞争者能以另一种方式，用不同的资源，来实施相同的战略，而如果这些资源既不稀缺又易于模仿，那么许多公司都能实施前述战略，这些战略就不能产生持续竞争优势。

组织　企业是利用资源和能力以创造竞争优势的管理框架，包括企业结构、管理控制体系和报酬政策等。一个企业如果拥有价值、稀有且难以模仿的资源和能力，就具有取得竞争优势的潜力。但要充分实现这一潜力，该企业需要有通过一个能开展有效活动的企业来实现。

Barney 在 1995 年把 VRIO 模型完善为 VRINE 模型，即**价值性**（value）、**稀缺性**（rarity）、**不可模仿性**（inimitability）、**不可替代性**（non-substitution）、**可利用性**（exploitability）。不可替代性的含义与不可模仿的含义相近，表示有价值且稀缺的资源和能力如果难以模仿或不可替代，就能带来持续的竞争优势。可利用性表明了若某种符合 VRINE 标准的资源暂时不能被利用，也会成为竞争对手的机会成本。竞争对手如果需要这种资源，就要进行大量投入。一旦这种资源得到利用，企业就可以获得竞争优势和绩效。

一个优秀的企业系统所具备的项目的精准管理体系、快速反应能力、全方位的服务系统等是竞争对手很难在短时间内建立、模仿和超越的。

讨论资源对于持续竞争优势影响的前提是资源的异质性和不可流动性。战略的形成与实施需要不同的公司资源，如果所有的公司都拥有相同的资源，那么它们的战略也必然相同，从而能以相同的方式提高它们的效率与效益，并达到相同的程度。因此，在这样的产业内任何公司都不可能拥有持续竞争优势。

由于企业能投入到经营活动中的资源是有限的，因此企业资源的现状和变化趋势是制定总体战略和进行经营领域选择的根本制约条件。在企业战略管理中的资源分析，一是要对企业现有资源的状况和变化趋势进行分析，二是要对战略期中应增加哪些资源进行预测，以便战略的动态持续进行。

对企业内部矩阵分析时，我们经常采用内部资源描述矩阵，如图 5-4 所示。

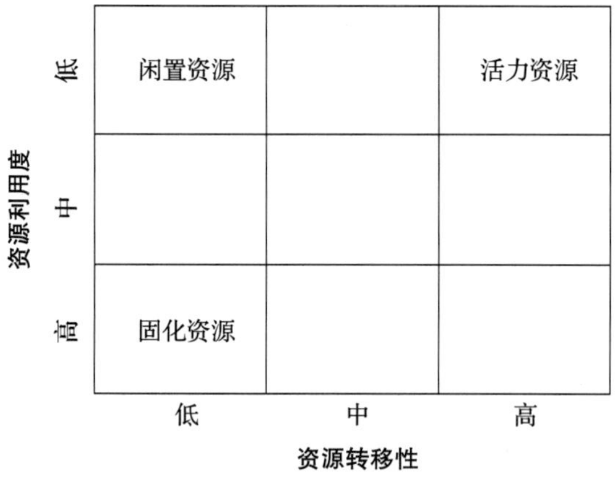

资源转移性是指资源扩展、复制，使用于其他业务的可能程度；资源利用度是指资源被占用的和使用的紧张程度和余量的多少。企业通过对内部资源转

图 5-4　内部资源描述矩阵

移性和利用度的评估，将"低转移性 – 低利用度"资源定义为闲置资源；将"低转移性 – 高利用度"资源定义为固化资源；将"高转移性 – 低利用度"资源定义为活力资源。其中，活力资源越多说明存在着资源的浪费和不经济现象，但这部分资源恰恰是企业内部最具活力和有效性的资源，是企业进行其他业务活动时最有力的支持。

5.2.2 价值链分析法

企业获得了资源与能力的同时，进入了某个或某几个产业与对手竞争。整个产业经历了以产品为导向、以产品和服务为导向、以客户和项目为导向的三个阶段后，进入了以价值链管理为导向的阶段（见图 5-5）。大多数商品和服务的产生是通过一条纵向增值的业务性质的价值链来实现的，包括供应链、市场链、产业链、区域链、服务链、知识链、利润链以及空间链，如图 5-6 所示。

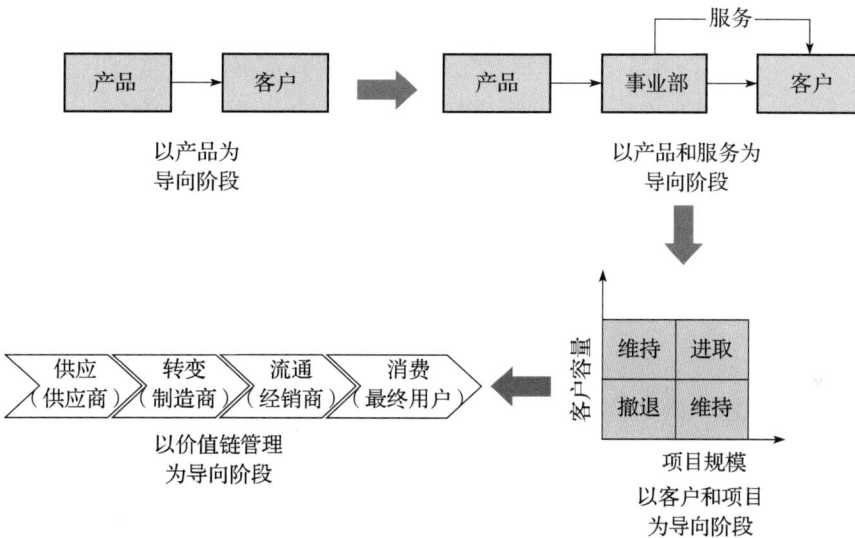

图 5-5　产业导向演变过程

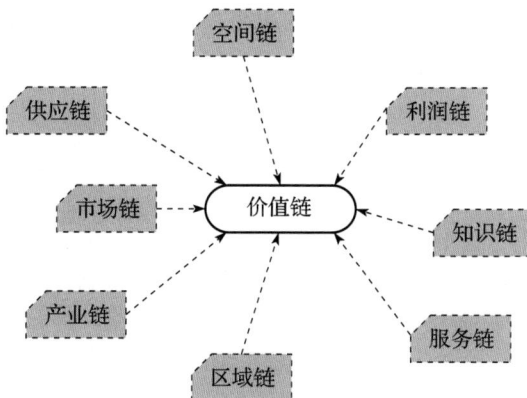

图 5-6　价值链的构成

在当今的商业社会，各个行业都存在着价值链。价值链理论作为一种帮助企业战略分析的方法，易于了解客户的需求，以快速确定项目的方向。我们就以制造业、证券业、零售业和广告代理业为例（见图 5-7）。

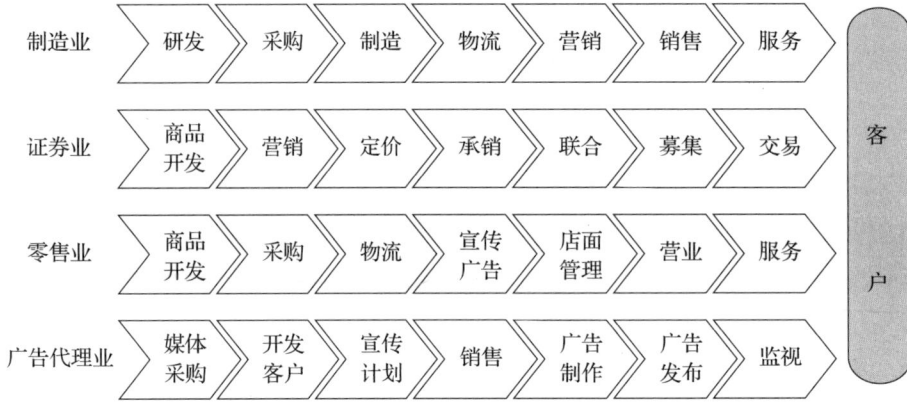

图 5-7　制造业、证券业、零售业和广告代理业的价值链

波特提出的"价值链分析法"把企业内外价值增加的活动分为基本活动和支持性活动，基本活动涉及企业生产、销售、进料后勤、发货后勤、售后服务。支持性活动涉及人事、财务、计划、研究与开发、采购等，基本活动和支持性活动构成了企业的价值链。不同的企业参与的价值活动中，并不是每个环节都创造价值，实际上，只有某些特定的价值活动才真正创造价值，这些真正创造价值的经营活动，就是价值链上的"战略环节"企业要保持的竞争优势，实际上，就是企业在价值链某些特定的战略环节上的优势。运用价值链的分析方法来确定核心竞争力，就是要求企业密切关注组织的资源状态，要求企业特别关注和培养在价值链的关键环节上获得重要的核心竞争力，以形成和巩固企业在行业内的竞争优势。企业的优势既可以来源于价值活动所涉及的市场范围的调整，也可以来源于企业间协调或合用价值链所带来的最优化效益（见图 5-8）。

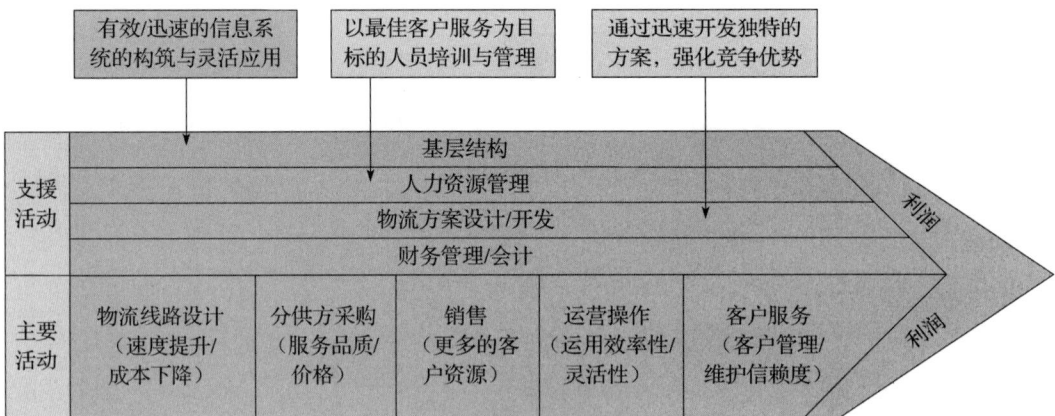

图 5-8　波特的价值链模型

价值链列示了总价值并且包括价值活动和利润。价值活动是企业所从事的物质上和技术上的界限分明的各项活动，这些活动是企业创造对买方有价值的产品的基石。利润是总价值与从事各种价值活动的总成本之差。

价值活动分为两大类：基本活动和支持性活动。基本活动是涉及产品的物质创造及其销售、转移买方和售后服务的各种活动。支持性活动是辅助基本活动，并通过提供采购投入、技术、人力资源以及各种公司范围的职能支持基本活动。涉及任何产业内竞争的各种基本活动有五种类型。

进料后勤　与接收、存储和分配相关联的各种活动，如原材料搬运、仓储、库存控制、车辆调度和向供应商退货。

生产作业　与将投入转化为最终产品形式相关的各种活动，如机械加工、包装、组装、设备维护、检测等。

发货后勤　与集中、存储和将产品发送给买方有关的各种活动，如产成品库存管理、原材料搬运、送货车辆调度等。

销售　与提供买方购买产品的方式和引导它们进行购买相关的各种活动，如广告、促销、销售队伍、渠道建设等。

服务　与提供服务以增加或保持产品价值有关的各种活动，如安装、维修、培训、零部件供应等。

在任何产业内所涉及的各种支持性活动可以被分为以下四种基本类型。

采购与物料管理　购买用于企业价值链各种投入的活动，采购既包括企业生产原料的采购，也包括支持性活动相关的购买行为，如研发设备的购买等，另外也包含物料的管理作业。

研究与开发　每项价值活动都包含着技术成分，无论是技术诀窍、程序，还是在工艺设备中体现出来的技术。

人力资源管理　包括各种涉及所有类型人员的招聘、雇用、培训、开发和报酬等各种活动。人力资源管理不仅对基本和支持性活动起到辅助作用，而且支撑整个价值链。

企业基础制度　企业基础制度支撑了企业的价值链条，如会计制度、行政流程等。对于企业价值链进行分析的目的在于分析公司运行的哪个环节可以提高客户价值或降低生产成本。对于任意一个价值增加行为，关键问题在于：

- 是否可以在降低成本的同时维持价值（收入）不变。
- 是否可以在提高价值的同时保持成本不变。
- 是否可以在降低工序投入的同时又保持成本收入不变。
- 更为重要的是，企业能否可以同时实现前面三条。

价值链的框架是将链条从基础材料到最终用户分解为独立工序，以理解成本行为和差异来源。通过分析每道工序系统的成本、收入和价值，业务部门可以获得成本差异、累计优势。

　　价值链一旦建立起来，就会非常有助于准确地分析价值链各个环节所增加的价值。价值链的应用不仅仅局限于企业内部。随着互联网的应用和普及，竞争的日益激烈，企业之间组合价值链联盟的趋势也越来越明显。企业更加关心自己核心能力的建设和发展，发展整个价值链中一个环节，如研发、生产、物流等环节。

5.2.3 价值链中资源与企业能力的关系

　　资源和企业能力的结合非常复杂。**企业能力**（corporate competence）被定义为能够使一个企业比其他企业做得更好的特殊物质（Selznick，1957）。企业能力的积累是解释企业获得超额收益和保持竞争优势的关键性因素。尽管确认企业在哪些方面比竞争对手做得好是可能的，但是要识别企业为什么会做得好却很困难。即使是企业自身有时也不能准确地识别出自己竞争优势的源泉。这种普遍模糊性（Lippman 和 Rumelt，1982），一方面保护了企业的竞争优势，另一方面也限制了企业能力的调整。

　　哈默尔和普拉哈拉德观察到突出能力并非总是优良资源禀赋的结果。他们提出疑问：如果通用汽车在研究开发方面的花费超出本田25%，那么为什么通用电气没有无可争议地成为传动系统底盘技术的世界领先者？为什么索尼在比竞争对手使用更少研究预算的情况下创造如此多更成功的技术创新？

　　公司的资源基础与其所产生的能力只有间接关系。根据哈默尔和普拉哈拉德的观点：关键在于公司利用资源的能力。企业可以以下列方式利用资源：

　　资源集聚　通过将资源集聚在少数范围明确并始终不变的目标中集中资源；将每个团队、部门和业务单位的努力按照重点顺序的方式关注个别优先项目；将那些对顾客可感知、价值影响最大的活动作为目标。

　　资源积累　为了实现更快地从其他公司学习和借用资源，通过利用经验积累资源——使用联合和外购等类似方式获得它们的资源和能力。

　　资源补充　包括通过将它们与互补资源和能力相结合提高其有效性。这也许包括将产品设计能力与沟通市场所需的市场营销能力相混合，以及平衡各种资源以确保在某一区域的有限资源和能力不会抑制其他地区资源与能力的有效性。

　　资源保存　包括通过不同的产品、市场和产品换代重复使用资源与能力，从而最充分地利用它们，通过与其他公司合作共同使用资源。

　　资源再生　通过提高在资源上的投资产生现金，返回到公司的再生资源。资源再生的一个关键要素是新产品开发的周期。

　　当企业需要进行资源与能力的评估时，可以采用这样一个评估模型："相关的力量"作为纵轴，评估相对于竞争者企业处于什么样的位置；"战略的重要性"作为横轴，评估对企业战略而言比较重要的资源和能力，框架中分为过剩力量、关键力量、无关区域和致命弱点四个区域。

以德国大众为例，能力 1、5、7 是企业的软肋。能力 1 就是产品开发，企业认为重要性是 9，但是企业的分数才 4；接下来企业资源 4 是定位，重要性是 7，但是企业得分是 3，等等。从图 5-9 中企业就能够看清到底哪些是企业的关键力量，哪些是企业致命的弱点，这就是企业资源分析。

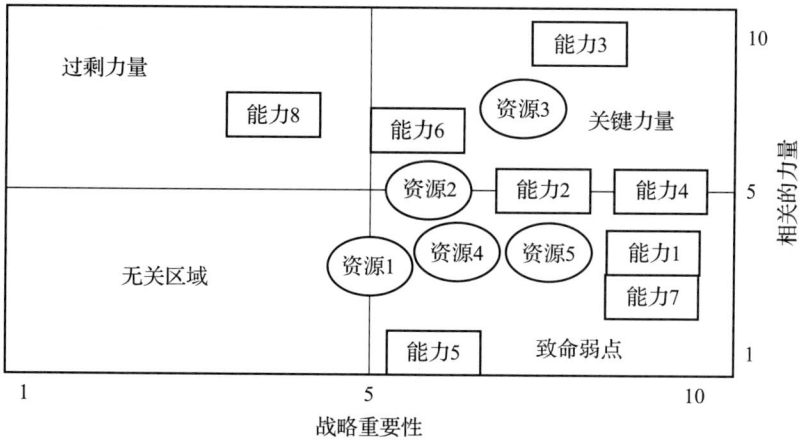

图 5-9 德国大众资源与能力分析模型

资料来源：罗伯特 M 格兰特 . 现在战略分析：概念、技术、应用 [M]. 4 版 . 罗建萍，译 . 北京：中国人民大学出版社，2005：140.

德国大众认为自己拥有 5 大资源和 8 大能力。5 大资源包括资金、技术、厂房设备、定位和流通销售网络。大众汽车就用这 5 种资源来评估它内部的优势与劣势。大众汽车公司有 8 大能力：产品开发能力、采购能力、管理能力、生产能力、资金管理能力、研发能力、市场营销能力、搞好与政府关系的能力。换言之，大众汽车认为如果它能够掌握这 5 种资源，能够培养这 8 种能力，它就能够在竞争中具备一定的优势。

德国大众汽车拿这 5 种资源和 8 大能力与通用汽车、福特、丰田、本田、菲亚特等进行了比较和评估，以相关度和重要性来进行评分，以 10 分为满分，分数越高代表越重要。经过分析，德国大众清晰地看到了哪些是它的软肋，应该改善；哪些是它的竞争优势，应该保持和强化。

5.3 核心竞争力

波特的行业结构分析理论虽然提供了对企业进行战略分析的完整框架，说明了产业吸引力对企业利润水平的决定作用。但越来越多的事实表明，同一产业内企业间的利润差距并不比产业间的利润差距小，在没有吸引力的产业可以发现利润水平很高的企业，在吸引力很高的产业，也有经营状况不佳的企业。这些都是波特战略理论不能很好解释的现象。另外，波特的战略理论还往往诱导企业进入一些利润很高，但缺乏经验或与自身优势毫不相关的产业，进行无关联的多元化经营，这方面不少失败的案例也对该理论提出了疑问。为了弥补上述缺陷，波特后来又提出了以企业内部价值链分析为核心的战略分析模式，但是由于其几乎涉及企业内部所有方面，反而使主要问题得不到反映，不能很好地把握战略重点，因而其局限性仍然非常突出。

此外，由于20世纪80年代，日本企业的竞争力在很多产业上都超过了美国企业，取代了美国企业的领先地位。为了赶上日本企业，美国的很多大企业纷纷进行重组和流程再造以谋求提高竞争力。核心竞争力理论就是基于上述背景提出的，一经提出，就受到理论界和企业界的广泛关注，并成为研究的热点。

核心竞争力理论说明了**核心竞争力**（core competence）是企业长期竞争优势之源，我们通常也将核心竞争力称为核心能力。如今，随着信息技术的迅猛发展和经济全球化的趋势，竞争日益激烈，产品生命周期日渐缩短。企业的竞争成功不再被看作是转瞬即逝的产品开发或战略经营的结果，而被看作是企业深层次的物质——一种以企业能力形式存在的、能促使企业生产大批量消费者难以想象的、新产品智力资本的结果。在企业取得和维持竞争优势这一过程中，企业内部核心能力的培养和运用是最关键因素，而经营战略不过是企业充分发挥核心能力并把其运用到新的开发领域的活动和行为。因而，核心竞争力对于企业的长远发展具有超乎寻常的战略意义。

核心竞争力理论超越了企业之间具体的产品和服务，以及企业内部所有的战略单元，将企业之间的竞争直接升华为企业整体实力之间的对抗，所以核心竞争力的寿命比任何产品和服务都长，关注核心竞争力比局限于具体产品和业务单元的发展战略，能更准确地反映企业长远发展的客观需要，使企业避免目光短浅导致的战略短视。同时，企业核心竞争力的建设，更多的是依靠经验和知识的积累，而不是某项重大发明导致的重大跃进。因此，很难"压缩"或"突击"，即使产品周期越来越短，核心竞争力的建设仍需要数年甚至更长的时间。这一方面使竞争对手很难模仿，因而具有较强的持久性和进入壁垒；另一方面，由于建设核心竞争力的投资风险和时间超过业务部门的资源和耐心，这个方面的明确追求可以促使企业高层管理人员超越部门利益的局限，更多地从企业整体战略的角度考虑问题，从而及早把握未来市场的需求，并及早投入企业核心竞争力的建设中。

5.3.1　核心竞争力的特性

核心竞争力的本质是让消费者得到真正好于、高于竞争对手的不可替代的价值、产品、服务和文化，其中创新是核心竞争力的灵魂，主导产品（或服务）是核心竞争力的精髓，核心竞争力有三个特性：

价值性　核心竞争力首先能很好地实现顾客所看重的价值，例如，能显著地降低成本、提高产品质量、提高服务效率、增加顾客的效用，从而给企业带来竞争优势。如思科公司提供的网络设备的高性能和高可靠性是对高端客户如电信运营商、银行等的最好价值体现，从而成为其核心竞争力。

独特性 核心竞争力必须是企业所特有的或者稀缺的，竞争对手难以模仿、难以转移或复制，并且具有不可替代性，竞争对手无法通过其他能力来替代它，它在为顾客创造价值的过程中具有不可替代的作用。正是这种难以模仿的能力为企业带来了超过平均水平的利润回报。如中国邮政，其延伸到中国每个乡镇的物流网络是其他任何物流公司难以模仿和复制的（成本太高），因而在普通包裹物流市场形成其独有的核心竞争力。

可延展性 核心竞争力还具有延展性。也就是说，它应该能为企业打开多种产品市场提供支持，对企业一系列产品或服务的竞争力都有促进作用，能够同时应用于多个不同的任务，使企业能在较大范围内满足顾客的需要。如佳能利用其光学镜片成像技术和微处理技术方面的核心能力，成功地进入复印机、激光打印机、照相机、扫描仪以及传真机等20多个产品领域；本田的核心专长是引擎设计和制造，这支撑了小汽车、摩托车、割草机和方程式赛车的制造。

普拉哈拉德和哈默尔将核心能力的几个重要概念根据市场和核心能力的新旧分为四个象限（见图5-10）：纵轴是核心竞争力，上半部分是新竞争力，下半部分是现有的竞争力；横轴是市场，左边是现有的市场，右边是新的市场。

图 5-10 核心竞争力的四种应用

图 5-10 的左下角是利用现有的竞争力，加大对现有竞争力的应用，加强市场的地位，即增加市场的占有率、产品的销售量和市场覆盖率。

图 5-10 的右下角是整合现有竞争力来进入新市场，就是把企业现有竞争力重新排列组合，开发新产品。

图 5-10 的右上角是针对新的市场，开发新的核心能力。虽然机会好，但风险大，有很多不确定性因素。比如市场成熟与否、市场占领能否成功。

图 5-10 的左上角是说明通过核心能力的再造，来捍卫现有市场地位；或通过不断开发新的核心能力，来巩固和发展原有市场，以期若干年后达到第一的市场地位。

5.3.2　核心竞争力评价方法

虽然在企业核心竞争力的内涵问题上，还没有一个一致的观点，但是，每一种观点都蕴藏着"企业核心竞争力是企业谋求发展的源泉"这层含义，这就表明企业要想取得较大的发展，就必须对自己的竞争力有一个明确的认识，找出不足，发展核心竞争力。因此，企业核心竞争力的评价方法也是学者研究的热点问题之一。

纵观现有的研究成果，目前学者对于企业核心竞争力评价体系的研究有两种划分方法，即基于核心竞争力描述方式的划分方法和基于核心竞争力指标特点的划分方法。前者基于描述核心竞争力的方式，可分为定性评价法、半定量评价法、定量评价法及综合法四种。后者是根据评价核心竞争力指标特点进行划分，可分为模糊综合评判法、内涵解析法两种。

1. 基于核心竞争力描述方式的划分

定性评价法　核心竞争力最早是由普拉哈拉德提出的，他的这一定义也得到了很多学者的支持，因此，他无疑是核心竞争力度量方法提出的一个代表人物。他与 Kesler、Klein 都认为应该用非定量描述法来识别企业的核心竞争力，这种方法的特点是采用文字或图标对核心竞争力进行描述性说明，整个过程不采用定量与半定量的指标，其基本方法为图示法与文字描述法两种。定性方法具有操作简单、清晰易懂的优点，但缺点是缺乏定量分析，难以进行比较研究。

半定量评价法　以 Meyer 和 Durand 为代表的半定量法在衡量企业核心竞争力上也被多次应用，这种方法的特点在于先构建一个指标体系，然后利用主观判断的方式对各项指标进行评分，最后综合计算出核心竞争力的水平。

定量评价法　以 Patel 为代表的学者提出以定量法评价企业核心竞争力。该方法将各项指标都予以量化，并对指标项进行严格的计量测度，但其中不涉及指标评分的过程。目前，学术界仍缺乏对核心竞争力进行定量分析评估的研究方法模型。这种方法的优势在于可以通过在不同企业之间进行对比直观反映企业核心竞争力的强弱，并可以借助定量数据分析企业需要改进的方面，具有较强的可操作性，劣势在于一些指标很难进行科学的量化。此外，各指标权重的确定也较为困难，因此使得一些模型的建立缺乏科学性。

综合法　结合定性方法与定量方法的优劣势，以 Henderson 为代表的学者提出半定量与定量相结合的综合方法。该方法采用半定量分析原则，对容易量化的指标进行定量分析，对不易量化的指标进行打分评判。

2. 根据指标特点的划分

模糊综合评判法　模糊综合评判法是由美国控制论专家艾登（Eden）于 1965 年创立的。由于通常将竞争力强度分为"很强""较强""一般"和"差"四个等级，而每个等级之间的差距标准却是模糊、难以界定的，因此在竞争力的评价标准上引入模糊评判的概念。对于不可量化的指标，采用模糊评判法进行评判；对于可进行量化的概念，还必须将其进行数学建模来计算，以求客观。

模糊评判方法可分为两种：一种是模糊多层次综合评判法，另一种是模糊单层次评判法。目前利用较多的是模糊多层次评判法，它将评判指标分级，利用二级指标的评判结果和一级指标构成的模糊矩阵，与一级指标权重集相乘得到核心竞争力的模糊评价结果。

内涵解析法 此方法是将定量分析与定性分析相结合的一种方法，通过寻找影响企业核心竞争力的内在决定性因素，进而在对影响因素进行分析的基础上，做出对企业核心竞争力的评价，并试图阐明核心竞争力对于企业的作用。在这些因素的评估过程中，对于可以量化的指标予以量化进行计量测度，而对于不能量化的指标则进行打分评定。这种方法虽然能够揭示影响核心竞争力的本质因素，但是主观性较强，评价结果并不客观。

5.4 战略能力与动态能力

企业在进行环境分析的基础上，需要对企业的能力进行全面分析，这样才能预知企业现有能力与将来环境的适应程度，明确企业的优势和劣势，做到"知己知彼"，使企业的发展战略建立在切实可靠的独特竞争优势基础上。

5.4.1 战略能力与知识模型

战略能力（strategic capability）是企业在日常经营管理活动中满足生存、成长和发展的系统方法及综合过程表现水平，是企业拥有的关键技能和隐性知识。

显性知识（explicit knowledge）是能够被人类以一定符码系统（如语言、数学公式、图表、盲文、手势语、旗语等符号形式）加以完整表述的知识。相反，企业也存在隐性知识，它和显性知识相对，知道但难以言述的知识。显性知识更容易被竞争对手模仿，因此隐性知识往往比显性知识更具影响力，隐性知识的失利会给企业造成的损失比显性知识严重。可口可乐原来代表的美国精神被很多消费者欣赏，但在海湾战争之后美国被视为霸权主义，可口可乐的市场曾一度受挫。

企业的显性知识和隐性知识共同构筑了企业竞争优势的知识平台。由于企业知识中包含有该企业特有的隐性知识以及对企业其他知识和要素的特殊运用形式，具有明显的特殊性，由此形成的技术和能力也就具有明显的特殊性。当这种能力物化为企业别具一格的生产工艺、管理模式、技术设备以及独特的产品时，就成为企业竞争优势的源泉和实施差异化战略的基础。

有一个著名的 SECI 知识模型由日本管理学家野中郁次郎（Ikujiro Nonaka）和竹内

弘高（Hirotaka Takeuchi）提出（见图5-11），他们对知识创新的知识场以及知识创新的结果与支撑进行了全面论述，提出了四种知识转换的模式，分别为：

社会化（socialization）通过共享经验产生新的意会性知识。

外化（externalization）把隐性知识显性表达出来。

综合化（combination）将显性知识组合形成更复杂、更系统的显性知识体系。

内化（internalization）把显性知识转变为隐性知识，成为企业个人与团体的实际能力。

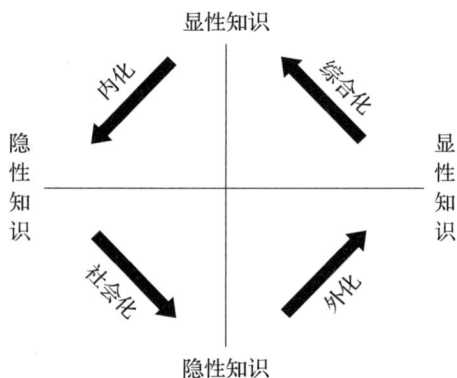

图 5-11　关于知识的 SECI 模型

在企业创新活动的过程中隐性知识和显性知识二者之间互相作用、互相转化，知识转化的过程实际上就是知识创造的过程。

从企业经营的宏观方面来说，它包括企业发展战略规划能力、品牌运作及企业定位能力、资源获取能力、资源整合能力、价值链管理能力等；从企业内部管理微观角度来看，它包括企业组织运作能力、指挥控制能力、战略分解与执行能力、综合管理能力等；从企业职能分配来看，它包括企业产品开发与设计能力、市场与客户服务能力、产品与服务提供能力、生产与品质保障能力、供应与物流管理能力、人力资源开发与利用能力、成本管控能力、后勤保障支撑能力等。

5.4.2　动态能力理论

随着核心竞争力理论的快速发展，核心竞争力的一些局限性也浮现了出来。在一个动态变化的环境中，企业原有的核心竞争力可能成为阻碍企业发展的一个包袱。这个理论遇到前所未有的自身发展障碍，不能解释动态市场上企业如何获取竞争优势以及为什么某些企业具有持续竞争优势。

在此背景下，Teece 等人最初提出了改变能力的能力，即**动态能力**（dynamic competence）的概念，并把动态能力定义为公司整合、构建、重新配置内部和外部能力以应对快速变化的环境的能力，但动态能力理论仍然处于探索阶段。

尽管资源观理论、核心竞争力理论在战略管理研究中广泛运用，但是也遭到一些学者的质疑，他们认为这些理论的挑战来自于企业外部竞争环境的变化，动态环境下企业获取持续竞争优势的基本模式已经从获取持续的竞争优势转向持续地获取一系列暂时竞争优势。在超竞争的经营环境下，企业凭借产业定位者资源实力所积累的竞争优势会被快速的技术创新侵蚀，因此，企业必须迅速响应外部需求，及时调整内部资源配置。在此背景下，基于资源观基础，同时又作为该理论的继承和发展，动态能力理论逐步形成并获得了快速发展。

1. 动态能力特征

动态能力理论源自资源基础论，且吸收了核心竞争力理论的许多观点，因而在特征上与核心竞争力有相似之处。但动态能力是改变企业能力的能力，具有复杂性和难以复制性，并在创新上具有开拓性动力。

复杂性和难以复制性 在动态环境下的动态能力具有复杂性，因为动态能力建立在企业流程基础上，而其流程具有复杂性。同时，企业流程的紧密联系性导致企业能力系统在不同层次都表现出一致性，如果改变企业内部分流程，就必然会引起其他部分流程的相应改变，在这种情况下，动态能力的复制就变得非常困难了。

开拓性 在动态环境中，动态能力崇尚建立开拓性学习能力。开拓性学习能力是为了在长期内向企业提供新的战略观念而进行的侧重于变革的学习。企业为了获得持续竞争优势，需要进行创造性毁灭的能力。建立在开拓性动力之上的动态能力呈现出开放性的特征。动态能力是企业整合了内部知识与吸收性知识的产物。因为吸收性知识在企业内部和外部资源与能力之间起到了桥梁作用，所以动态能力理论强调建立从外部途径吸纳知识的特殊能力。这与强调企业能力内部化积累的资源基础理论和核心竞争力理论有很大的不同。动态能力由于其开放性而显现出灵活性，从而减少了能力中刚性不足的问题。

2. 动态能力的形成

动态能力为企业适应动态环境变化的需要，以企业和管理过程、特定资产和发展路径这三个关键要素来形成企业动态能力的机理。

企业和管理过程 企业持续竞争优势如何有赖于企业和管理过程的状况，我们可以从该过程的三个主要作用来加以认识：①协调和整合的作用。管理层运营企业的方式是导致企业在各个领域出现胜任差异的基本原因，而胜任能力是嵌入在独特的协调和组合方式之中的，当一个企业的企业过程具有高度一致性和独特性时，便难以复制。②学习的作用。学习是通过重复和试验而能更好和更快地完成任务的过程，它还能帮助企业发现新的机会。企业学习包括学习个人和企业的技能，具有社会和集体的性质。由集体学习产生的企业知识在于新的活动范式中，存在于"惯例"或新的企业逻辑之中。③重构和转变的作用。在迅速变化的环境中，不断发觉重构企业资产结构。这要求企业对市场和技术有一定的警觉和采用最佳实践的意愿。在这方面，标杆竞争作为实现这些目标的企业手段是极具价值的。重构和转变的能力本身就是学习而来的企业技能。

资产特点 企业进行怎样的战略及采用什么样的战略内涵，不仅取决于其企业过程，而且还取决于其特定的有形和无形的资产，包括技术资产、互补资产、财务资产、声誉资产、制度资产、市场资产等。从总体上来讲，这些资源的战略意义在于其特定性，即这些资产的形成在很大程度上是企业内生的，是在企业的经营过程中积累起来的。

发展路径 路径影响企业能力发展的作用是通过路径依赖来实现的。企业能够向何处去，受制于它的位置和前方的路径，而它的位置又是由它走过的路径塑造的。换句话说，一个企业以前的投资和它所储存的惯例制约着它的未来行为。这是因为学习是局部的，是一个不断反馈和不断评估的过程，所以学习的进行往往围绕着企业正在从事的活动，即学习的机会特定于企业已经从事的活动。由于路径依赖的作用，企业投资行为就会影响企业学习和能力发展的方向。

3. 动态能力理论与企业竞争

Teece 等人从可复制性和可模拟性方面对动态能力的属性进行了研究，认为由于能力包含有隐性知识，从而具备内部结构的模糊性、多种能力之间互相牵动，以及能力形成的历史特殊性等原因，导致能力是难以复制的。除了上述原因会导致能力难被模仿外，还有其他一些因素，例如知识产权保护、商业秘密、商标和企业风格等方面的限制，也会阻碍竞争对手的模仿。在此基础上，他们提出企业的动态能力（基于当前的资源位置和历史路径所形成的特有的基于流程的能力）是企业竞争优势的来源。

但是，也有一些学者对此持相反的意见，认为动态能力本身并不是企业竞争优势的来源，而是动态能力所配置和调整的资源结构，才成为竞争优势的来源。例如，Eisenhardt 和 Martin（2000）认为，尽管动态能力在很多细节方面具有特异性，但是从一些关键性的特征来分析，企业之间的动态能力具有很大的一致性或者类似性。尽管不同企业培育某一动态能力的起点和路径不同，但是，对于某一项动态能力，存在一个行业的最佳标准，因此最终不同的企业都将趋于类似水准的动态能力，从而使得该项动态能力不再成为企业持续竞争优势的来源与此一脉相承，Wheeler（2002）认为动态能力是可以被模仿的，可以通过多种学习途径发展而成。在不同的企业乃至不同产业之间具有共同点，因此，动态能力本身不是长期竞争优势的来源。随着各类市场机会的出现、碰撞、演化和消失，动态能力成为一种获取"熊彼特租金"的手段，可以为企业带来短期的竞争优势。Daniel、Wilson和 Newbert（2003）等学者通过实证研究也发现，不同企业的动态能力确实存在共性。

Zollo 和 Winter（2002）对动态能力存在的环境条件做了进一步的拓展，认为即使在相对静态环境下企业依然需要动态能力。他们对于动态能力的界定是：通过组织学习获得的一个相对稳定的集体行为模式，用以产生和调整企业内部的业务流程以获得更高的生产效率。

4. 影响动态能力的主要因素

既然动态能力对于企业绩效和竞争优势的影响如此重要，那么动态能力又受哪些因素的影响和制约呢？很多学者对这一问题充满了探索兴趣，纷纷对此做了研究，当前已将对动态能力的影响因素研究可以分为四种类型。

基于资源基础的研究

King 和 Tucci（2002）的研究发现，企业原有的经验积累对于其顺利进入新的利基市场具有积极作用。Wooten 和 Crane（2004）认为人力资本会对动态能力产生重要影响，而 Blyler 和 Coff（2003）则认为社会资本是动态能力的核心。Adner 和 Helfat（2003）

综合考查了各类资源要素，认为动态能力会受到人力资源、社会资本和管理层认知三个潜在因素的影响。这三类因素单独或者共同起作用，决定了企业战略性和操作性管理决策，并进而对动态能力产生重要影响。

基于企业手段的研究

Rindova 和 Kotha（2001）发现高层团队及其关于企业演化的信念对于动态能力的形成和企业形态持续演化具有重要作用，动态能力依赖于新兴事件的学习过程以及在企业形式演化过程中的一些基本规则，同时也取决于高层管理团队的支持。因此，他们认为企业要培育动态能力，其企业形式必须是分权化和有机的。

基于技术手段的研究

Carlsson（2003）研究了**信息通信技术**（information communication technology，ICT）和**知识管理系统**（knowledge management system，KMS）在企业间社会网络的建立、使用和维护中的作用，从而论述了信息通信技术和知识管理系统对于企业的吸收能力（一种类型的动态能力）的积极作用。

综合研究

Macher 和 Mowery（2004）从学习的三个角度（经验积累、知识表述、知识编码）研究了企业研发管理流程以及信息技术的应用对于提升企业的流程创新绩效的作用，结果发现：研发团队构成的多样性、研发人员与生产人员交流的密集度和信息技术分布的广泛性都有利于提升企业学习和解决问题的成效。Adams 和 Lamont（2003）将企业的资源分为基于企业学习的资源和基于资本的资源，强调了企业学习能力对于企业动态能力（尤其是创新能力）的影响，同时也探讨了知识管理系统在促进企业重新配置资源方面的作用。

综上所述，我们可以将动态能力理论的逻辑思维归纳为：

外部环境分析→定义新的创新机遇→制定响应新的机遇的战略→

寻找完成新创新机遇的合作伙伴→合作竞争→新的竞争优势并结束现有合作

即在外部环境分析的基础上，发现和定义新的机遇，并制定出响应的战略，选择暂时的、不连续的伙伴来完成特定战略，通过合作竞争，取得新的竞争优势，在完成预定的战略后解散现有的合作，回到起点去寻找新的创新机遇。通过不断创新来保持企业在超级竞争环境下的持续发展。基于动态能力理论的战略目标是不断创造新优势。因为在瞬息万变、不可预测的环境下，所有的竞争优势都是短暂的，若固守在保持原有的优势上将导致更大的灾难。只有认真地、不断地和出其不意地打破现有平衡，快速响应机会和企业内外资源的重构，形成一系列暂时的、不相容的新优势，才能保证企业持续的竞争优势。因此，动态能力战略实质是一个创新战略。

基于动态能力理论的战略制定的关键，是分析竞争对手之间的**战略互动**（strategic interactions）。在超竞争环境下，竞争对手之间的动态互动明显加快，竞争互动已成为制定战略的决定因素，只有及时正确地预测竞争对手的战略动态，才能保证自己正确地把握时机放弃原有优势，创造新优势。企业动态能力的培养，需要不断创造新的核心竞争力。这种战略是一种动态战略，整个战略实施过程就是按照灵活性、敏捷性的原则动态设计企业结构和系统，企业内外部资源的动态重构，形成有自身风格的系统，用自己的战略行为创造一个发展和盈利潜力大的空间。

但是，动态能力理论也有缺陷。这个理论的前提是假设市场的环境瞬息万变、不可预测，而实际上，市场环境在一定的时间内是可以预测的和相对的稳定。企业不存在可持久发挥作用的核心竞争力，否定了一个企业核心竞争力的积累性、路径的依赖性和不可模仿性。此外，企业间的合作是基于任务的合作，合作的关系具有时间性、暂时性。

5.4.3　竞争定位

竞争优势基于企业的资源与能力，而竞争定位是建立竞争优势的必要手段。若把资源与能力比作企业竞争优势的血肉，那么竞争定位则是企业竞争优势的骨架。竞争定位帮助企业找到自己的生存与发展空间，并明确自身在这个空间中所做出的诉求，明确需要满足客户哪些需求和欲望。在深入竞争定位之前，我们先来了解一下定位的内涵和层次。

在商业世界，"定位"这个术语涉及了企业定位、市场定位、产品定位以及品牌定位。企业定位与市场定位涉及了企业的战略层面，产品定位注重于战术角度，而品牌定位连接着"战略"与"战术"。

1. 企业定位

企业定位是企业基于自身或通过整合可能获得的优势来决定进入哪一个或几个行业，在企业做出决策后，通过产品和品牌，基于消费者需求，将企业独特的个性、文化和良好形象，塑造于消费者心目中，并占据一定位置。为了实施差异化战略，在预期客户头脑里占据一个真正有价值的地位，它不仅可以让你区别于其他的品牌，而且还会成为目标客户的优先选择（见图 5-12）。

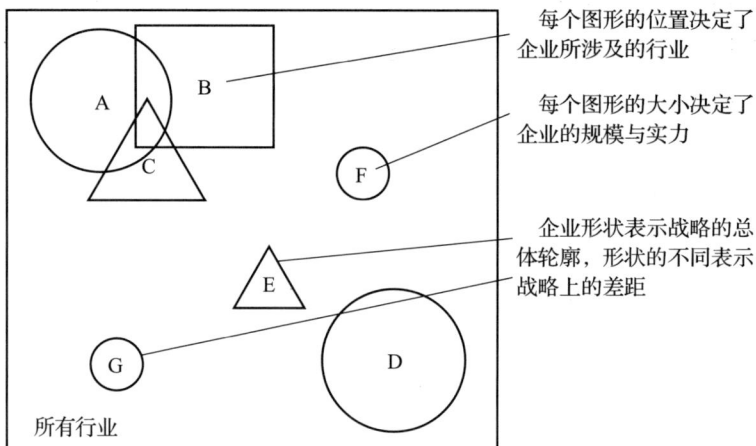

每个图形的位置决定了企业所涉及的行业

每个图形的大小决定了企业的规模与实力

企业形状表示战略的总体轮廓，形状的不同表示战略上的差距

所有行业

图 5-12　企业定位决策图

2. 市场定位

市场定位是指企业及产品确定在目标市场上所处的位置，并在客户心目中树立独特的形象。为了使企业生产或销售的产品获得稳定销售，从各方面为产品培养一定的特色，树立一定的市场形象，以求在消费者心目中形成一种特殊的偏爱。市场定位是企业定位中一个重要组成部分，内容包括了确立产品的特色、树立市场形象以及巩固市场形象，最终形成在市场上与众不同的位置。因此市场定位更注重对市场的调研，迎合市场的需求，摆正自身在市场中的位置。

3. 产品定位

产品定位是指企业从产品特征、包装、服务和竞争对手进行研究，确定产品在目标消费者的心目中具有一定特色，赋予一定形象，以适应消费者一定的需要和偏好。为了确定生产什么产品来卖给目标消费者，是将目标市场与企业产品相结合的过程，从而确定企业产品。产品定位是对市场定位的具体化和落实，以市场定位为基础，受市场定位指导，但比市场定位更深入和细致。因此对于产品的定位也不仅仅是停留在对市场的迎合上，有时候通过对产品的研发，甚至可以引领市场，这就不只是在现有市场中找到自身定位，更可以开辟出新的市场，而此时产品的定位极有可能成为这个新兴市场的行业标准。

当企业明确了产品定位后，一个关键的具象工作，就是产品定价。在对产品进行定价时，最重要的三个参照因素是成本、利润率和竞争产品价格信息。

在产品定价中传统且最容易执行的是成本叠加法，即在成本已知的情况下，对每个细分的产品线定出**预期利润率**（expected yield），然后在成本基础上叠加利润期望值，扣除**操作成本**（operation variable cost，OVC，通常以利润率比值出现，各行业并不相同），就是产品价格

$$产品价格 = 产品成本 \div （1- 预期利润率 - 操作成本）$$

但是，这种定价方法过于机械化，忽视了市场竞争对价格的影响。为了能更好地适应市场的价格竞争，许多企业在定价时也综合考虑了整个市场的定价情况。

4. 品牌定位

品牌定位是企业在市场定位和产品定位的基础上，对特定的品牌在文化取向及个性差异上的商业性决策，它是建立一个与目标市场有关的品牌形象的过程和结果。换言之，即指为某个特定品牌确定一个适当的市场位置，使商品在消费者的心中占领一个特殊的位置，当某种需要突然产生时，随即想到的品牌，比如在炎热的夏天突然口渴时，人们会立刻想到"可口可乐"红白相间的清凉爽口。

品牌定位的内容包括了品牌理念识别系统（目标消费者文化特征分析、消费心理需求分析、文化形象标准描述 / 品牌概念的提出、价值观提炼、个性确定、口号提出）、品牌视觉识别系统（如品牌标志设计、产品包装设计、环境设计等）、品牌行为识别系统

（如品牌传播、品牌延伸、品牌危机管理等）以及品牌推广识别系统（如品牌销售人员形象设计、销售服务规定、专卖店店面形象设计）等。

我们从上述的概念分析中可以理解：产品定位是品牌定位的支撑和依托，离开了产品定位，品牌定位将成为"空壳"；品牌定位是建筑在产品定位之上的、更高层次的营销思路与营销战略。品牌定位和市场定位、企业定位密切相关，它是两者定位的核心、扩展与延伸，是实现市场定位、企业定位的手段。

本章回顾

◆ 拉瑞·葛雷纳的企业发展五阶段模型：成长有五个要素，分别为企业年龄、企业规模、演变阶段、变革阶段、产业成长率；企业成长有五个阶段，分别为创立阶段、指导阶段、分权阶段、协调阶段、合作阶段。

◆ **核心竞争力理论认为核心竞争力**（core competence）是企业长期竞争优势之源，资源基础观认为可持续竞争优势依赖于独特的资源和能力，企业可把这些资源和能力应用于环境竞争中。为了发现这些资源和能力，管理人员从企业内部寻求的资源需要满足四个特征：**价值性**（value）、**稀缺性**（rarity）、**不可模仿性**（inimitability）以及**组织**（organization）。

◆ 企业获得了资源与能力的同时，进入了某个或某几个产业与对手竞争。整个产业经历了以产品为导向、以产品和服务为导向、以客户和项目为导向的三个阶段后，进入了以价值链管理为导向的阶段。大多数商品和服务的产生是通过一条纵向增值的业务性质的价值链来实现的，包括供应链、市场链、产业链、区域链、服务链、知识链、利润链以及空间链。

◆ **战略能力**（strategic capability）：企业在日常经营管理活动中满足生存、成长和发展的系统方法和综合过程表现水平，是企业拥有的关键技能和**隐性知识**（tacit knowledge）。

◆ 动态能力理论逐渐取代核心竞争力理论和资源价值观理论。**动态能力**（dynamic competence）：公司整合、构建、重新配置内部和外部能力以应对快速变化环境的能力。

探索与研究

1. 中国企业在葛雷纳企业发展五阶段模型中的变异。
2. 核心竞争力理论、资源基础观、价值链理论、动态能力理论产生的动因。
3. 动态能力理论对当下中国企业重新定位及构建核心竞争优势的指导作用。

参考文献

［1］ Larry E. Greiner. Evolution and Revolution as Organizations Grow［J］. Harvard Business Review, 2007（4）.
［2］ 胡健生. 美国和日本两国企业管理的比较［J］. 国外社会科学情况, 1999（9）: 19-22.
［3］ 刘建军. 美国、日本和德国企业制度比较及其经验借鉴［J］. 生产力研究, 2009（24）

104-106.

［ 4 ］ 张余华. 家族企业发展进程及治理模式研究［ M ］. 武汉：华中科技大学出版社，
2006.

［ 5 ］ 马金平. 权力之殇——民营企业公司治理［ M ］. 天津：天津大学出版社，2011.

［ 6 ］ 邱龙广，刘星等. 美国上市公司股权结构分析与启示［ J ］. 重庆大学学报（自然科学
版），2005（ 3 ）：150-154.

［ 7 ］ Barney J B. Look Inside for Competitive Advantage［ J ］. Anademy of Management
Executive , 1997: 49-61.

［ 8 ］ Nonaka I, Takeuchi H. The Knowledge［ J ］. Creating Company, 1995.

［ 9 ］ Teece, Pisano, Shuen . Dynamic capabilities and strategic management［ J ］.
Strategic Management Journal , 1998: 509-533.

［10］ David J. Teece. Explicating Dynamic Capabilities: The Nature and Micro-foundations
of（ Sustainable ）Enterprise Performance［ J ］. Strategic Management Journal, 2007,
28（ 13 ）.

［11］ Eisenhardt , Martin. Dynamic Capabilities: What Are they?［ J ］. Strategic
Management Journal, 2000: 1105-1121.

［12］ Adams, Lamont. Knowledge management systems and developing sustainable
competitive advantage［ J ］. Journal of Knowledge Management, 2003（ 2 ）: 142.

［13］ Adner, Helfat. Corporate effects and dynamic managerial capabilities［ J ］. Strategic
Management Journal, 2004（ 24 ）: 1011.

［14］ Amit, Schoemaker. Strategic assets and organizational rents［ J ］. Strategic
Management Journal, 1993（ 14 ）: 33.

［15］ Barney. Firm resources and sustainable competitive advantage［ J ］. Journal of
Management, 2001（ 17 ）: 99.

［16］ Blyler, Coff. Dynamic capabilities, social capital, and rent appropriation: ties that split
pies［ J ］. Strategic Management Journal, 2013, 24（ 7 ）.

［17］ Brown, Eisenhardt. The art of continuous change: linking complexity theory and
timepaced evolution in relentlessly shifting organizations［ J ］. Administrative
Science Quarterly, 1997.

［18］ Carlsson. Knowledge managing and knowledge management systems in inter-
organizational networks［ J ］. Knowledge and Process Management, 2011, 10（ 3 ）:
194.

［19］ Hill, Jones. 战略管理［ M ］. 孙忠，译. 北京：中国市场出版社，2005.

［20］ D'Aveni, R A. Strategic supremacy through disruption and dominance［ J ］. Sloan
Management Review, 1997, 40（ 3 ）: 127.

［21］ Daniel, Wilson. The role of dynamic capabilities in e-business transformation［ J ］.
European Journal of Information Systems, 2003 （ 12 ）: 282.

［22］ Eisenhardt, Martin. Dynamic capabilities: What are they［ J ］. Strategic Management Journal, 2000, 21（ 10 ）: 1105.

［23］ Galunic, Eisenhardt. Architectural innovation and modular corporate forms［ J ］. Academy of Management Journal, 2001, 44（ 6 ）: 1229.

［24］ Griffith, Harvey. A resource perspective of global dynamic capabilities［ J ］. Journal of International Business Studies, 1998, 32（ 3 ）: 597.

［25］ Herderson, Cockburn. Measuring competence？ Exploring firm effects in pharmaceutical research［ J ］. Strategic Management Journal, 1998: 63.

［26］ Hoskisson, Hitt. Theory and research in strategic management: Swings of a pendulum,［ J ］. Journal of Management, 2005（ 3 ）: 417.

［27］ King, Tucci. Incumbent entry into new market niches: The role of experience and managerial choice in the creation of dynamic capabilities［ J ］. Management Science, 2010（ 2 ）: 171.

［28］ Kogut, Zander. Knowledge of the firm, combinative capabilities, and the replication of technology［ J ］. Organization Science, 1996（ 3 ）: 383.

［29］ Macher, Mowery. Measuring Dynamic Capabilities: Practices and Performance［ J ］. Semiconductor Manufacturing, 2011.

［30］ Makadok. Toward a synthesis of the resource-based and dynamic-capability views of rent creation［ J ］. Strategic Management Journal, 1988（ 5 ）: 387.

［31］ McGuinness, Morgan. Strategy, dynamic capabilities and complex science: management rhetoric vs. reality［ J ］. Strategic Change,199 9（ 4 ）: 209.

［32］ Newbert. New Firm Formation: A Dynamic Capability Perspective［ J ］. Journal of Small Business Management, 2005（ 1 ）: 55.

［33］ Porter. Competitive Strategy［ M ］. NY: Free Press, 2010.

［34］ Rindova, Kotha. Continuous " morphing "［ J ］. Academy of Management Journal, 2004（ 6 ）: 1263.

［35］ Rosenbloom. Leadership, capabilities and technological change: the transformantion of NCR in the electronic era［ J ］. Strategic Management Journal, 2000（ 10-11 ）: 1083.

［36］ Roy. The Hewlett Packard-Compaq Computers Merger: Insight from the resource-based view and the dynamic capabilities perspective［ J ］. Journal of American Academy of Business, Cambridge, 1995（ 2 ）: 7.

［37］ Subba Narasimha. Strategy in Turbulent Environments: The Role of Dynamic Competence［ J ］. Managerial and Decision Economics, 1992: 201.

［38］ Teece, Pisano. Dynamic Capabilities and Strategic Management［ J ］. Strategic Management Journal, 2008（ 7 ）: 509.

［39］ Tripsas, Gavetti. Capabilities, cognition and inertia: evidence from digital imaging［ J ］.

Strategic Management Journal, 2001 (10-11) : 1147.

[40] Verona, Ravasi. Unbundling dynamic capabilities: An exploratory study of continuous product innovation [J] . Industrial and Corporate Change, 2002 (3) .

[41] Voelpel, Leibold. The organizational fitness navigator: enabling and measuring organizational fitness for rapid change [J] . Journal of Change Management, 2004 (2) : 123.

[42] Wernerfelt. A Resource-Based View of the Firm [J] . Strategic Management Journal, 1984 (2) : 171.

[43] Wheeler. NEBIC: A Dynamic Capabilities Theory for Assessing Net-Enablement [J] . Information Systems Research, 2003 (2) : 125.

[44] Williamson. Strategy research: governance and competence perspectives [J] . Strategic Management Journal, 2002 (12) : 1087.

[45] Winter. Understanding dynamic capabilities [J] . Strategic Management Journal, 2004 (10) : 991.

[46] Wooten, Crane. Generating Dynamic Capabilities through a Humanistic Work Ideology [J] . The American Behavioral Scientist, 2007 (6) : 848.

[47] Zollo, Winter. Deliberate learning and the evolution of dynamic capabilities [J] . Organization Science, 2003 (3) : 339.

[48] Zylberztajn, Filho. Competitiveness of meat agri-food chain in Brazil [J] . Supply Chain Management, 200 8 (12) : 155.

[49] 罗伯特 M 格兰特 . 现在战略分析：概念、技术、应用 [M] . 4 版 . 罗建萍，译 . 北京：中国人民大学出版社，2005：118-141.

第6章
战 略 类 型

战略制定者在所取信息广度和深度之间做出权衡，
不断权衡正是战略制定者不可由他人代理的任务。

—— 麦肯锡前董事总经理弗雷德里克·格鲁克

<table>
<tr><td>开篇</td><td>腾　讯</td></tr>
</table>

腾讯成立于1998年11月，是中国最大的互联网综合服务提供商之一。通过即时通信QQ、腾讯网、腾讯游戏、QQ空间、微信、无线门户、搜搜、拍拍、财付通等中国领先的网络平台，腾讯打造了中国最大的网络社区，满足互联网用户沟通、资讯、娱乐和电子商务等方面的需求。2014年，腾讯公司总营业收入789.32亿元，净利润238.1亿元。

1. 公司层战略

多元化战略　除了门户网站，腾讯的多元化服务还包括：社交和通信服务QQ及微信/WeChat、社交网络平台QQ空间、腾讯游戏旗下QQ游戏平台、腾讯新闻客户端和网络视频服务腾讯视频等。

QQ——QQ是1999年腾讯自主开发的一款基于互联网的即时通信平台，成立之初只为寻呼台建立网上寻呼系统，随着手机、互联网的普及，腾讯与全国多家寻呼台、移动通信公司合作，实现传统的无线寻呼网、GSM移动电话的短消息互联，如今已支持在线聊天、语音通话、视频、在线（离线）传送文件、在线购物、游戏等全方位通信社交功能。QQ用户可在电脑、手机以及无线终端之间随意、无缝切换。

微信——微信于2011年试用于iPhone平台，开发初衷是打造一款移动互联网中人与人沟通的简单软件。微信始终跟随互联网时代的步伐，如今已发展成为最热门的移动社交平台，微信远不止是要做一个移动互联网与QQ拥有不相上下地位的手机应用那么简单。它连接了滴滴打车、京东、大众点评，让微信用户在微信上可以实现叫车、网购、团购电影票……微信正在改变人们的沟通方式和生活方式。

MSN 曾一度是全球最大的即时通信软件，刚刚进入中国市场时，也一时风光无限，众多职场商务人士将 MSN 作为线上联系的"标准配置"。但进入移动互联网时代后，MSN 迟迟未开发手机应用，用户逐渐习惯了"全平台、多层次"的 QQ 与微信，单一的 MSN 又落伍了。手机 QQ、QQ 音乐、QQ 浏览器等腾讯应用互相打通，加之微信的爆发增长、腾讯微博的持续发力，腾讯的移动线产品构成一个完整的序列，让 MSN 消失在国人的视线中。

腾讯网——腾讯网是中国最大的中文门户网站，是集新闻信息、社会化媒体资讯和产品以及区域垂直生活服务为一体的大型综合门户网站。腾讯新闻客户端、自选股、看比赛等无线资讯产品矩阵，为用户打造一个立体、实时、定制化、专业化的新一代网媒平台。

兼并与收购　腾讯公司采用"先合作后入股"的并购投资路线，通过兼并与收购实现快速成长，由一家以 QQ 业务为主的网络服务公司转型为涉及互联网娱乐、电子商务、金融等多元业务的企业集团。2011 年至今，腾讯先后收购或者投资了华谊兄弟、搜狗、金山软件、滴滴打车、易迅、大众点评、京东商城、丁香园、挂号网等。

全球化战略　腾讯公司的全球化战略由来已久，但过去的全球化尝试频遭挫折。2009 年，腾讯悄然推出 QQ 国际版，但收效甚微。这表明，尽管互联网公司拥有有利的国际化经营基础，但这并不意味着腾讯能够顺利走向国际化。因此，最近两年腾讯改变策略，采用投资的方式收购海外企业，欲借此完成全球化布局。除了在国际市场推广 QQ 和微信等业务，腾讯的国际化主要集中在腾讯游戏业务领域，例如收购美国游戏开发商动视暴雪、韩国游戏公司 CJ Games、美国手游开发商 Glu Mobile Inc、美国移动游戏开发商 Pocket Gems 等。

2. 业务层战略

差异化竞争战略　腾讯以 QQ 为核心产品，通过 QQ 的强大的用户数量，为新产品获得用户。与传统门户网相比，最突出的特色便是基于即时通信工具 QQ 的传播形式，将消息以最快速度送达桌面，腾讯迷你首页的出现打破了传统门户的信息传播模式。在网游领域，腾讯以棋牌游戏作为切入点，建立起了 QQ 游戏门户网站，在此基础上又打造如 QQ 堂等中型休闲网络游戏，在获取一定的资源和经验之后，再次推出 QQ 华夏、地下城与勇士等大型网络游戏。

集中化战略　腾讯在成立之初致力于发展个人即时通信软件 QQ 业务。2014 年 4 月，腾讯 QQ 最高同时在线账户数突破 2 亿。目前，腾讯主要发展微信业务，众多企业借助微信公众平台为用户提供了更加定制化和更创新的服务体验，用户则可以通过微信体验更便捷的移动互联网生活方式。2014 年，微信月活跃用户数达到 5 亿。

3. 职能层战略

市场营销战略　在众多品牌战略中，品牌延伸是最有效的营销策略之一，即通过使用相同的品牌名来命名不同的产品类别，以此提高用户的品牌忠诚度。目前，很多腾讯产品都享有共同的名称，如 QQ 邮箱、QQ 游戏等。腾讯游戏将"用心创造快乐"的产品理念与品牌理念融为一体，所有的腾讯游戏用户都能找到和认同专属于这些产品的品牌精神并与之共鸣。

研发战略　创新是促进企业进步的源泉，腾讯 50% 以上员工为研发人员。腾讯在即时通信、电子商务、在线支付、搜索引擎、信息安全以及游戏等方面都拥有了相当数量的专利申请。2007 年，腾讯在北京、上海和深圳三地设立了腾讯研究院，进行互联网核心基础技术的研发。

最早提出公司层战略的是安索夫，他在公司战略中把组织的决策从高到低依次分为三个不同层次：战略决策是选择产品组合和市场，使企业与环境相匹配；管理决策是配置企业的资源，使绩效潜力最大化；运作决策是使企业资源转化过程的效率最大化。

此后，Hofer 和 Schendel 提出了公司层战略和业务层战略两个概念，并明确区分：公司层战略的主要内容是确定经营活动的范围及其资源配置，而业务层战略则聚焦于如何在一个特定的产业或产品市场中开展竞争，为企业战略的层次划分了一道鲜明的分界线。Beard 和 Dess 则认为公司层战略关心的是跨行业业务组合的变化，而经营层战略关注的是与所处行业中其他公司有关的战略特征的变化。

此后，波特在《从竞争优势到公司战略》一文中指出：公司层战略是从事多角化经营公司的总体规划，它关注两个不同的问题：公司应从事哪些业务和公司管理层应该怎样管理大量的业务单位，竞争战略关注在每一个参与市场竞争的业务领域内公司如何创造竞争优势。Grant 则认为，公司层战略限定了公司竞争活动的范围，即各种行业和市场。公司层战略决策包括在多元化、垂直整合、知识和新业务等方面的投资，资源在公司不同业务部门之间的配置和资产剥离等内容。业务层战略则是有关公司如何在一个行业内或市场中进行竞争的决策。

Wit 和 Meyer 所做的划分稍稍有点不同，他们提出的三个层次战略的内容分别是经营层战略、公司层战略和**网络层战略**（network level strategy）。可见，在现阶段的研究中，战略联盟等与外部相关联的新趋势引起了学者的注意，而影响较小的职能层战略被忽略了。

显然，Wit 和 Meyer 的划分方法过多地倾向于大公司，特别是多元化经营的公司。其实，公司层战略对于小企业来说同样需要。公司层战略的实施，不仅仅是公司高层（如总部）自己的事，它必须依托并通过业务单元的执行才能取得实实在在的效果。这样，公司层战略又有了新的内涵，从注重公司整体扩展到处理好整体与部分之间的关系，特别是如何指导业务单元取得更好的绩效，创造更大的价值。Collis 和 Montgomery 就是这种观点的代表人物。他们认为公司层战略是通过多市场的配置和协作活动来创造价值的方式。此后，Goold、Campell 和 Alexander 提出**母合优势**（parenting advantage）理论：在母公司指导下，各个业务单元如何创造比独立存在更大的价值的思路得到了广泛的认同，公司层战略概念进一步升华，这部分内容将在第九章详细阐述。

公司层战略与业务层战略是相对的，前者的研究对象是整个企业，主要用来解释企业存在的基本逻辑及发展方向，目的是使企业整体力量大于每个业务单位力量简单相加之和，即所谓的协同效应。具体而言，业务层战略是考虑在既定范围内和资源配置条件下，如何实现可持续竞争优势的问题，公司层战略就是决定企业的经营范围和资源配置方式。

6.1 公司层战略

总结了公司层战略、业务层战略两者的不同与关系后，我们需要了解公司层战略的演变过程，这能更有助于对公司层战略的理解。

6.1.1 公司层战略的演变过程

根据不同时期公司层所面临的问题不同，可以将公司层战略的演变过程分为三个阶段（见表 6-1）。

表 6-1 公司层战略的研究演变

年代	代表人物	面临的问题	公司战略	核心概念
60 ~ 70	Chandler, 1962 Remult, 1974 Montgomery, 1985	追求成长	多元化	协同效果 **战略业务单元**（SBU） 业务组合规划
80	Porter, 1987 Copeland et al, 1990 Prahalad, Hamel, 1990 Remult, 1991 Markids, 1993	多元化的失败 公司价值缺口	重组	购并（M&A） 核心竞争能力 资源基础观 **归核化**（refocusing）
90	Chandler, 1991 Campbell et al, 1994, 2000 Collis & Montgomery, 1997 Sadle et al, 1998 Collis, 2000, 2003	公司总部的价值破坏	分立	母公司优势 价值创造与价值破坏

1. 多元化阶段：追求协同作用

公司层战略的研究从二战后开始蓬勃发展，越来越多的公司在实行分部化的基础上，相继走上了多元化成长的道路，美国学者钱德勒（Chandler Jr.）曾对此进行进详细的研究。这时，德鲁克和 Robert Katz 的**一般管理技能**（general management skills）思想备受尊崇，规避风险、利用闲置资源获得范围经济、追求协同机会，成了公司实施多元化战略的主要动机。

在 20 世纪 60 ~ 70 年代的研究中，研究人员的注意力主要集中在不同**战略业务单元**（strategic business units，SBU）之间的相关度的问题上。康瑞德曾总结过实施多元化的几种不同途径，注意到同一行业中的公司常常会采取相类似的多元化行动，进入到与现有业务、现有产品或技术关联的领域。1974 年，鲁梅尔特（Richard Rumelt）提出了多元化战略的分类标准，并对不同战略类型与经营业绩之间的关系进行了实证研究，发现相关多元化和主导多元化（业务间具有协同效应）的企业经营绩效最好，无关多元化企业的绩效最差。

一时之间，**协同**（synergy）成为 20 世纪 70 年代的战略研究和实践中的流行语，大部分的大型企业都开展了多元化经营，于是，公司的管理人员必须对许多自己知之甚少的、范围广泛的业务进行管理，其中，相当多的业务单位都是完全自治的。

随着企业面临的外部环境的变化，不少开展多元化经营企业战略业务单元的业绩开始明显下降。在认真考察与多元化公司绩效直接相关的因素后，人们发现资源分配是一个极大的难题。为了有效地管理公司的不同业务，**业务组合**（portfolio）的各种工具和方法就应运而生了。其中，最著名的当数波士顿咨询公司提出的 BCG 矩阵和通用电气公司率先采用的九方格的 GE 矩阵，我们将在第 7 章中详细介绍。

业务组合规划概念的引入，帮助公司层的管理者纠正了不少在多元化方面的错误，剥离较弱的业务，鼓励在不同业务组合上投资，从而根据不同的战略特征来平衡其业务组合，并确保公司未来的成长。而且，使人们对企业战略有了一个新的认识——战略不再只是纸上谈兵，公司层战略的合理性、精确性也第一次得到人们的认同。20 世纪 80 年代早期对大型公司所进行的一次调查显示，在被调查的公司中，超过一半的公司都已经采用了这种业务组合规划工具。

2. 重组阶段：以价值为基础

直到 20 世纪 80 年代中期，在公司层战略管理的基本思维范式中，业务组合规划一直处于主导地位，这种状况被 80 年代末期资本市场的大力发展打破。在激烈变化的经济环境中，平衡业务组合的努力仍然未能掩盖多元化公司糟糕的业绩。公司管理其多元化组合并为之增加价值的观念受到了强烈的质疑，人们开始寻求新的公司层战略。

1987 年，波特研究了美国 33 家知名大公司在 1950 ～ 1986 年有关实施多元化经营的记录，发现大多数公司**剥离**（divest）其收购对象的数目明显多于保持其收购对象的数目。大多数公司战略**稀释**（dissipate）了股东价值，而不是创造股东价值。波特认为，在大部分国家，业务组合规划作为公司战略中一个有效的概念已经成为过去，并提出了一系列公司战略的新前提和基本假设：竞争是发生在经营层面，多元化不可避免地约束了战略业务单元的经营活动并且增加了其经营成本，股东本身是不乐意进行多元化的。波特还认为这些前提是无法改变的，对它们的忽略正是大量公司多元化失败的根本原因。基于新的假设和前提，波特提出了三个新的公司战略的概念：**重组**（restructure）、**转移技能**（transfer skills）和**共享活动**（share activities）。其中，最为重要的就是重组，其适用对象是那些自身业务在本质上互不相关的公司，而转移技能和共享活动则仅仅适用于那些业务在某种程序上具有相关性的公司。与组合管理相似，重组的焦点也是如何通过处理各个不同经营单位之间的关系来创造价值，其前提是，所有的业务单位和全部投资建议都是独立的，所以，当相关资本市场价值高于内部估计的价值时，要么努力提高该业务单位的经营效率，要么出售这一业务单位。重组要求公司管理层能够识别那些价值被低估的公司，而且能够找准机会以高价出售任何自己无法增加价值的业务单位。

在波特等人的共同努力下，重组的观念为越来越多的公司所接受，并对公司层战略产生了深远影响。20 世纪 80 年代也被人称为重组的年代，至少有三种不同形式的重组战略被人们使用。

业务重组　为了纠正企业的过度多元化行为，减少公司层级、规模缩编和削减公司成本等做法开始采用，保留主要业务、剥离弱势业务成为公司新选择。Markids 对《财富》世界 500 强公司中的 250 家大公司在 1981 ~ 1987 年的经历进行研究发现，高度多元化的公司正在通过剥夺无关的业务以及集中相关业务来逐步实现**归核化**（refocus）。

产权重组　在公司并购浪潮中，有一股侧重于控股权的势力很值得重视。随着股票市场**袭击者（raider）**和**接管活动**（takeover）的出现，一些公司收购者证明它们可以把被并购公司分解，从中获得丰厚的利润。

产业重组　好的公司不仅能够收购价值被低估的企业，而且，还要对整个行业进行重组。随着科技进步和全球经济一体化步伐日益加快，产业重组的企业兼并活动席卷全球。有资料显示，20 世纪 90 年代，全球每年收购兼并的金额持续上升，仅 1998 年就高达 2.4 万亿美元，而且主要集中在电信、银行和石油等战略产业。

在波特提出重组概念之后，以 Copeland 为代表的学者提出了评价公司重组机会的**五角形方法**（pentagon approach），再一次将目光聚焦于通过把各个经营单位作为独立的实体进行处理，从而使股东价值最大化。

与此同时，哈默尔和普拉哈拉德提出了核心竞争力的概念，该理论致力于建立一种超越传统的经营单位边界的核心能力。他们主张公司应该集中于其核心业务，并采取一定的旨在提高其核心能力的措施。他们的观点已经包含在以 Barney 等人为代表的经典的**资源基础观**（resource-based view，RBV）理论中。

可见，以价值为基础的公司战略是一种将各项业务活动与股东价值进行有效联系的分析方法，如果总体价值小于各个部分价值之和，那么就必须出售那些绩效较差的业务单位，并对公司在其他领域业务的投资活动进行约束。

3. 分立阶段：以母公司优势为基础

进入 20 世纪 90 年代，原来势不可挡的公司规模扩大化和经营多元化的趋势有了改变，大量的研究也表明，经营业务集中的公司比多元化经营的公司运作得更好。这一现象引发了人们的思考：企业的多元化经营本身是不是一个错误？是否应该取消公司总部？有没有理论可以解释公司战略的成功与失败？

在质疑总部作用的时候，英国 Ashridge 研究中心的坎贝尔（Cambell）等人的工作引起了人们的关注。他们提出的价值破坏理论从经验上证明净公司总部的价值破坏行为是存在的，他们还描述了4种类型的价值破坏情形：公司总部决策的负面影响，关联动力或协同效应的失败，核心服务人员，一揽子投资规划。他们的研究致力于使母公司（公司总部）的能力与不同业务单位的需要进行匹配，使母公司（公司总部）创造的价值最大化，即强调母公司应该具备母公司优势。Garth Saloner等学者也提出过战略溢出的概念，即公司业绩高于各经营单位的简单产出之和。他们指出，公司可以通过管理经营单位之间的战略溢出来增加价值，存在这种溢出是因为经营单位追求目标时所采取的行动对其他经营单位的业绩有着正面影响。

可见，以母公司优势为基础来建立一种新的战略体系成为必然。基于此，David Sadle等学者提出了**分立**（breakup）的概念，亦称为派生或反合并，建议**多业务公司**（multi-business company，MBC）应该转变为**单业务公司**（single business company，SBC）或**集中业务公司**（focus business company，FBC）。这个概念的基本理念在于如果公司总部认为自己具有优势，就应该接受市场的检验，完全可以把公司设立成独立的单项业务公司，然后允许它们自己自由选择是否购买经营中心的服务。不少大型多业务公司分立成若干新的经营集中型的公司后，其产值开始飞速增长。

为了更好地理解公司层战略，本书将公司层战略的特点归结为以下几个方面。

高层管理者　公司层战略的制定者应当是高层经理人员，这一点已经成为共识。事实上，在企业战略管理还没有正式成为一门学科时，一些大公司高层经理就开始进行了战略思考。1923～1946年任通用汽车总裁的阿尔弗雷德·斯隆（Alfred Sloan）曾根据所掌握的主要竞争对手福特汽车的优劣势，设计了一套成功的战略。今天，甚至还有人将首席执行官等同于战略家。

多元化　早在公司层战略的孕育时期，它已被打下了浓重的多元化胎记。钱德勒的开创性研究，就是建立在第二次世界大战之后大公司（多业务公司）采用分部化结构，实行分权化管理的基础上。当分部化大行其道之际，多元化成长战略几乎成了公司层战略的代名词。至于重组、归核化等战略，可以说是对过度多元化进行反思的产物。可见，多元化始终是一条明显的线索，贯穿于公司层战略的发展过程，对公司层战略思想有着深远的影响，事实也证明多元化并未完全退出历史舞台，通用电气多元化战略的成功就是很好的证明。

协同作用　协同作用一直被认为是公司层战略的一大特点。按照安索夫的观点，当整体大于各个组成部分之和时，就产生了协同效应，而协同效应是以资源共享为基础的。波特也将不同业务的相互关联及其管理视为公司层战略的根本所在，无论是企业战略的逻辑、公司发展的经验都表明，当公司层战略从业务组合管理转向业务活动共享时，公司才能够通过多元化战略为股东创造越来越大的价值。Milgrom和Robert认为，成功的公司都有在经营管理方面的资产和技能，能够在各个要素之间互相增值。

整体优势　尽管多元化经营的公司并不直接参与竞争，但是，竞争优势绝不是经营层战略的专利。20世纪90年代，普拉哈拉德和哈默尔在《公司的核心竞争力》一文中鼓励经理人员将公司看作一系列可应用于不同产品和市场的重要竞争能力的集合，以利于在资源配置和多元化问题上更好地决策。他们把开创新事业作为公司层战略的焦点，并把核心竞争力作为公司可持续竞争优势与新事业发展的源泉。与经营单位层竞争优势的不同之处在于，公司层战略追求的竞争优势是综合性、全方位的竞争优势。好的公司层战略必须让一个业务在其所在的集团中产生的价值超过它在另一个集团中产生的价值，使集团内所有的经营单位的盈利情况好于以前。

环境匹配 毋庸置疑，公司的内外部环境是公司战略发挥作用的前提条件，也是检验战略成败与否的场合。但是，对环境的认识经历了一个复杂的过程。起初，环境被简单地看作一种经济力量群，代表行业、竞争和市场，而且被假设为是静态和可预测的。通用战略及由其衍生的一系列战略分析、设计工具因此一度被奉若圭臬。受利益相关者理论影响颇深的战略家们则把股东之外的消费者、社会公众等也视同外部环境的组成部分，对公司层选择和制定战略的要求便从社会责任的角度提出来了。随后的生态系统论者则主张，**动态**（dynamic）公司层战略所追求的竞争优势来源于在成功的公司生态系统中取得领导地位。

组织结构变革 在战略管理的框架里，结构与环境就像一对孪生兄弟。早在 1962 年，钱德勒曾提出过著名的结构跟随战略的论断，由此发展而来的"战略—结构—绩效"范式（strategy-structure-performance，SSP）。Besanko、Dranove 和 Shanley 也强调了结构与战略都是一些复杂的行为方式或常规的集合，而这些行为方式是在公司对外部环境不断作出反应的过程中逐步演化而来的。

6.1.2 公司层战略的内容

一般地，公司层战略包括：一体化战略、多元化战略、兼并与收购、战略联盟以及战略创新。以下对这些概念简要阐述，将在第三篇中重点展开分析。

一体化战略（integration strategy）是将独立的若干部分加在一起或者结合在一起成为一个整体的战略。其基本形式有纵向一体化和横向一体化。纵向一体化，即向产业链的上下游发展，可分为向产品的深度或业务的下游发展的前向一体化和向上游方向发展的后向一体化；横向一体化，即通过联合或合并获得同行竞争企业的所有权或控制权。

多元化战略（diversification strategy）指企业同时经营两种以上基本经济用途不同的产品或服务的一种发展战略。多元化战略是相对企业专业化经营而言的，包括产品的多元化、市场的多元化，投资区域的多元化和资本的多元化。若按照多元的相关度，又可以分为相关多元化、不相关多元化。

兼并（merger）与**收购**（acquisition）的内涵非常广泛，一般简称并购。兼并也可以称为吸收合并，指两家或者更多的独立企业合并组成一家企业，通常由一家占优势的公司吸收一家或者多家公司。收购是指一家企业用现金或者有价证券购买另一家企业的股票或者资产，以获得对该企业的全部资产或者某项资产的所有权，或对该企业的控制权。与并购意义相关的另一个概念是**合并**（consolidation），是指两个或两个以上的企业合并成为一个新的企业，合并完成后，多个法人变成一个法人。

战略联盟（strategic alliance）是由两个或两个以上有共同战略利益和对等经营实力的企业（或特定事业和职能部门），为达到拥有市场、共同使用资源等战略目标，通过各种协议、契约而结成的优势互补或优势相长、风险共担、生产要素水平式双向或多向流动的一种松散的合作组织。具体而言，企业战略联盟是若干个企业出于对整个市场的预期目标和企业自身经营战略及风险的考虑，通过相互间的各种协议推动资金、技术、营销等要素的交叉渗透，在销售渠道、融资能力等领域相互协作而建立起来的一种优势相长、风险共担的长期合作的经营方式。战略联盟合作内容广泛，从生产前的研究与开发到最终产品的分销，涉及产品价值链的各个环节。

战略是以未来为主导，与环境相联系，以现实为基础，对企业发展的策划、规划，它研究的是企业的明天。创新是一个民族进步的灵魂，是一个国家兴旺发达的不竭动力。创新是一个过程，可以说企业的发展过程是不断创新的过程。创新又是一种较量，要围绕着种种不利于企业成长的环境进行创新。创新也是一种挑战，推动企业不断成长壮大。

随着时间的推移，某个行业的战略定位空间会逐渐被不同的企业填满。**战略创新**（strategic innovation）指企业发现行业战略定位空间中的空缺，填补这一空缺，并使之发展成为一个大众市场。战略定位空间中的空缺可以是：新出现的顾客细分市场或竞争对手忽视的现有顾客细分市场；顾客的新需要或竞争对手未能充分满足的顾客目前的需要；为目前或新出现的顾客细分市场生产、传递或分销现有的或创新的产品或服务的新方法。

6.2 业务层战略

业务层战略是业务单位在市场上获得竞争优势的基础。市场经济的实质就是竞争，企业为在行业与市场中取得竞争优势，必须确定适合本企业的基本竞争战略。迈克尔·波特强调，竞争战略是业务层次的战略，这种战略采取进攻性或者防守性行动，在产业中建立起进退有据的地位，成功的应对五种竞争作用力，从而为公司赢得超常投资收益。

6.2.1 业务层基本战略

波特在《竞争战略》和《竞争优势》中提出了企业的一般竞争战略，可以归纳为三种具有内部一致性的战略：成本领先战略、差异化战略和集中化战略，如图6-1所示。

	低成本优势	差异性
全产业范围	成本领先战略	差异化战略
特定细分市场	集中化战略	

图6-1 业务层基本战略

我们通常将这三种战略作为业务层最基本的战略。

1. 成本领先战略

成本领先战略（overall cost leadership strategy）也称低成本战略。当成本领先企业的价格相当于或低于其竞争厂商时，它的低成本地位就会转化为高收益。尽管一个成本领先的企业是依赖其成本上的领先地位来取得竞争优势的，而它要成为经济效益高于平均水平的超群者，则必须与其竞争厂商相比，在产品别具一格的基础上取得的价值相等或价值近似的有利地位。成本领先战略的成功取决于企业日复一日地实际实施该战略的技能。

但是，成本领先并不等同于价格最低。如果企业陷入价格最低，而成本并不最低的误区，换来的只能是把自己推入无休止的价格战。因为一旦降价，竞争对手也会随着降价，而且由于比自己的成本更低，因此具有更多的降价空间，能够支撑更长时间的价格战。

例如，在电视机产业，取得成本上的领先地位需要有足够规模的显像管生产设施、低成本的设计、自动化组装和有利于分摊研制费用的全球性销售规模。在安全保卫服务业，成本优势要求极低的管理费用、源源不断的廉价劳动力和因人员流动性大而需要的高效率培训程序。追求低成本的生产厂商地位不仅仅需要向下移动学习曲线，而是必须寻找和探索成本优势的一切来源。

如果一个企业能够取得并保持全面的成本领先地位，那么它只要能使价格相等或接近于该产业的平均价格水平，就会成为所在产业中高于平均水平的超群之辈。当成本领先企业的价格相当于或低于其竞争厂商时，它的低成本地位就会转化为高收益。然而，一个在成本上占领先地位的企业不能忽视使产品别具一格的基础，一旦成本领先企业的产品在客户眼里不被看作是与其他竞争厂商的产品不相上下或可被接受时，它就要被迫削减价格，使之大大低于竞争厂商的水平以增加销售额。这就可能抵消它有利的成本地位所带来的好处。

德州仪器公司（Texas Instruments）和西北航空公司（Northwest Airlines）就是两家分别在腕表行业和航空运输行业陷于这种困境的低成本厂商。前者因无法克服其在产品别具一格的不利之处，而退出了手表业，后者则因及时发现了问题，并着手努力改进营销工作、乘客服务和为旅行社提供的服务，而使其产品进一步与其竞争对手的产品并驾齐驱。

尽管一个成本领先的企业是依赖其成本上的领先地位来取得竞争优势的，而它要成为经济效益高于平均水平的超群者，则必须与其竞争厂商相比，在产品别具一格的基础上取得的价值相等或价值近似的有利地位。产品别具一格基础上的价值相等使成本领先的企业得以将其成本优势直接转化为高于竞争厂商的利润；产品别具一格基础上的价值近似意味着为取得令人满意的市场占有率所必需的降低幅度还不至于冲销成本领先企业的成本优势，因此，成本领先企业能赚取高于平均水平的收益。

　　成本领先地位的战略一般必然地要求一个企业就是成本领先者，而不只是争夺这个位置的若干厂商中的一员。许多厂商未能认识到这一点，从而在战略上铸成大错。当渴望成为成本领先者的厂商不止一家时，它们之间的竞争通常是很激烈的，因为每一个百分点的市场占有率都被认为是至关重要的。除非一个企业能够在成本上领先，并"说服"其他厂商放弃其战略，否则对盈利能力以及长期产业结构所产生的后果就可能像一些化工行业中出现的情况，那是灾难性的。所以，除非重大的技术变革使一个企业得以彻底改变其成本地位，否则小成本领先就是特别依赖于先发制人策略的一种战略。

　　成本领先战略的成功取决于企业日复一日地实际实施该战略的技能。成本即使不会自动下降，也会偶然下降。它是艰苦工作和持之以恒的重视成本工作的结果。企业降低成本的能力有所不同，甚至当它们具有相似的规模、相似的累计产量或由相似的政策指导时也是如此。要改善相对成本地位，与其说需要在战略上做出重大转变，还不如说需要管理人员更多的重视。

　　1962 年，山姆·沃尔顿开设了第一家沃尔玛商店。迄今沃尔玛商店已成为世界第一大百货商店。作为一家商业零售企业，能与微软、通用电器、辉瑞制药等巨型公司相匹敌，实在让人惊叹。

　　沃尔玛取得成功的关键在于商品物美价廉，对顾客的服务优质上乘。沃尔玛始终保持自己的商品售价比其他商店便宜，是在压低进货价格和降低经营成本方面下功夫的结果。

　　沃尔玛直接从生产厂家进货，想尽一切办法把价格压低到极限成交。公司纪律严明，监督有力，禁止供应商送礼或请采购员吃饭，以免采购员损公肥私。沃尔玛也把货物的运费和保管费用降到最低。公司在全美有 16 个配货中心，都设在离沃尔玛商场距离不到一天路程的附近地点。商品购进后直接送到配货中心，再从配货中心由公司专有的集装箱车队运往各地的沃尔玛商场。公司建有最先进的配货和存货系统，公司总部的高性能电脑系统与 16 个配货中心和 1000 多家商场的 POS 终端机相联网，每家商场通过收款机激光扫描售出货物的条形码，将有关信息记载到计算机网络当中。当某一货品库存减少到最低限时，计算机就会向总部发出购进信号，要求总部安排进货。总部寻找到货源，便派离商场最近的配货中心负责运输路线和时间，一切安排有序，有条不紊。商场发出订货信号后 36 小时内，所需货品就会及时出现在货架上。就是这种高效的商品进、销、存管理，使公司迅速掌握商品进、销、存情况和市场需求趋势，做到既不积压存货，销售也不断货，加速资金周转，降低了资金成本和仓储成本。

　　压缩广告费用是沃尔玛保持低成本竞争战略的另一种策略。沃尔玛公司每年只在媒体上做几次广告，大大低于一般的百货公司每年 50 ～ 100 次的水平。沃尔玛认为，价廉物美的商品就是最好的广告，我们不希望顾客买 1 美元的东西，就得承担 20 ～ 30 美分的宣传、广告费用，那样对顾客极不公平，顾客也不会对华而不实的商品感兴趣。

沃尔玛也重视对职工勤俭风气的培养。沃尔玛说："你关心你的同事，他们就会关心你。"员工从进公司的第一天起，就受到"爱公司，如爱家"的店训熏陶。从经理到雇员，都要关心公司的经营状况，勤俭节约，杜绝浪费，从细微处做起。这使沃尔玛的商品损耗率只有1%，而全美零售业平均损耗率为2%，从而使沃尔玛大量降低成本。

沃尔玛每周五上午召开经理人员会议，研究商品价格情况。如果有报告说某一商品在其他商场的标价低于沃尔玛，会议可决定降价，保证同种商品在沃尔玛价格最低。沃尔玛成功运用低成本竞争战略，在激烈的市场竞争中取胜。

2. 差异化战略

差异化战略（differentiation strategy）是为使企业产品、服务、企业形象等与竞争对手有明显区别，以获得竞争优势而采取的战略。这种战略的重点是创造被全行业和顾客都视为是独特的产品和服务。差异化战略的方法多种多样，如产品的差异化、服务差异化和形象差异化等。实现差异化战略可以培养用户对品牌的忠诚。因此，差异化战略是使企业获得高于同行业平均水平利润的一种有效竞争战略。

实现差异化战略可以有许多方式：设计或品牌形象、技术特点、外观特点、客户服务、经销网络及其他方面的独特性。最理想的情况是公司使自己在几个方面都差异化。差异化战略并不意味着公司可以忽略成本，但此时成本不是公司的首要战略目标。

如果差异化战略成功地实施了，它就成为在一个产业中赢得高水平收益的积极战略，因为它建立起防御阵地对付五种竞争力量，虽然其防御的形式与成本领先有所不同。波特认为，推行差异化战略有时会与争取占有更大的市场份额的活动相矛盾。推行差异化战略往往要求公司对于这一战略的排他性有思想准备。这一战略与提高市场份额两者不可兼顾。在建立公司的差异化战略的活动中总是伴随着很高的成本代价，有时即便全产业范围的顾客都了解公司的独特优点，也并不是所有顾客都将愿意或有能力支付公司要求的高价格。

产品差异化带来较高的收益，可以用来对付供方压力，同时可以缓解买方压力，当客户缺乏选择余地时其价格敏感性也就不高。最后，采取差异化战略而赢得顾客忠诚的公司。在面对替代品威胁时，所处地位比其他竞争对手也更为有利。

实现产品差异化有时会与争取占领更大的市场份额相矛盾。它往往要求公司对于这一战略的排他性有思想准备，即这一战略与提高市场份额两者不可兼顾。较为普遍的情况是，如果建立差异化的活动总是成本高昂，如广泛的研究、产品设计、高质量的材料或周密的顾客服务等，那么实现产品差异化将意味着以成本地位为代价。然而，即便全产业范围内的顾客都了解公司的独特优点，也并不是所有顾客都愿意或有能力支付公司所要求的较高价格。在其他产业中，差异化战略与相对较低的成本和与其他竞争对手相当的价格之间可以不发生矛盾。

设计差异化 外观是消费者对产品最直观的感知，产品的设计多样化、个性化、人性化在很大程度上影响消费者选择产品。根据 2002 年 Porter 对意大利萨梭罗地区的瓷砖行业作的一份调查：消费者选购瓷砖时，25% 的顾客认为美感是首选要素，24% 首选造型技术，21% 首选价格，16% 首选品牌，14% 首选设计外形。

质量和性能差异化 同质化是企业中普遍存在的现象，消费者很难在非常相似的产品中快速做出选择，产品质量和性能虽不像设计外观那样容易识别，但也是造成差异化的重要因素。20 世纪 90 年代，日本主要的汽车制造厂商寻求通过一些额外性能（安全气囊、空调等）使自己的产品有别于其他产品。在这期间，日本厂家产品创新的周期短于绝大多数竞争对手。

服务差异化 在不同的环境下，顾客对产品和服务的需求存在一定程度上的差异，企业针对这种差异细分市场并提供有特色的服务。海尔一直认为，只有通过持续性推出亲情化的、能够满足用户潜在需求的服务新举措，才能拉开与竞争对手的距离，实现与用户的零距离。在服务质量提升上，海尔提出了"随叫随到、一次就好、创造感动、信息增值"的服务质量新标准。海尔高品质的服务是其在家电市场多年领跑的成功秘诀。

营销差异化 企业通过营销能力的差异化将自己的产品和服务介绍给客户，显示自己的产品和服务比竞争对手的更适合消费者。澳大利亚葡萄酒在英国市场上是这样获得竞争优势的：针对家庭饮用市场澳大利亚将整个国家看作一个葡萄酒产地以避免过分的细分，保持各产地质量一致。而法国葡萄酒因年份和产地差异会导致质量不一致，并将精力放在葡萄品种开发上。

品牌形象差异化 品牌形象差异化是营销网络、产品差异化、定位差异化和服务差异化的协同工作，建立独特的品牌形象需要企业在加强营销能力的基础上实现差异化，强化市场调研和品牌定位，并以此为基础塑造品牌个性，使之个性化、情感化，同时重视管理和提供特别的产品和服务。

屈臣氏是成立于 1828 年广州的一个小药房，于 1841 年将业务拓展到香港。到了 20 世纪初叶，屈臣氏已经在中国香港、中国内地与菲律宾奠定了雄厚的业务根基，旗下有一百多家零售店与药房。1981 年，李嘉诚旗下的和记黄埔将屈臣氏收购，通过导入现代商业管理理念系统，将屈臣氏变成了全球首屈一指的个人护理用品、美容、护肤商业业态的巨擘。发展到今天，屈臣氏在全球门店数已超 5000 家，销售额逾 100 亿港元，业务遍及亚、欧等 40 多个国家和地区。

屈臣氏是差异化战略的典型企业，以产品组合、市场定位、服务的差异化最为显著。

产品组合差异化 "健康"类产品从处方药到各种保健品、维他命等，占总数 20% 左右；"美态"类产品从各种化妆品到各类日常护理用品，占总数的一半多，"欢乐"类产品包括各种服装、饰物、精品、礼品、糖果、贺卡和玩具等，占总数的 1/5。屈臣氏的自有品牌包含了护肤、美发产品等 500 种产品。这些产品都经过了市场调研，即对店铺销售趋势和消费者偏好进行分析。这样一种产品系列组合的价值，就可以在差异化的品牌延伸中，为顾客提供全面解决方案，顾客可以从屈臣氏提供的产品组合中获得一种心理上和物理上的支持，从而在消费个性化上获得自己的成功。同时，在做到产品组合的同时，屈臣氏强调针对顾客进行价格组合，不是将顾客的钱一次赚个够，而是将廉价与高品质的双重品牌构成奉献给消费者，在"可持续赚钱"中保持顾客的持续购买。

市场定位差异化　由于没有建立好自己的目标顾客群，屈臣氏在 1989 ~ 1997 年发展不尽如人意。屈臣氏在调研中发现，亚洲女性会用更多的时间进行逛街购物，她们愿意投入大量时间去寻找更便宜或是更好的产品，这与西方国家的消费习惯明显不同。这种差异让屈臣氏最终将中国大陆的主要目标市场锁定在 18 ~ 40 岁的女性，尤其是 18 ~ 35 岁的时尚女性。

服务差异化　走进屈臣氏任何一家门店，迎接顾客的首先是欢乐的音乐，还有摆放在商店里独有的可爱的公仔、糖果等，一些可爱的标志例如"心""嘴唇""笑脸"等都会出现在货架、收银台和购物袋上，这一切都给消费者欢乐、温馨、有趣的感觉，向消费者传递乐观的生活态度。同时，屈臣氏拥有一支强大的健康顾问队伍，以"健康活力大使"命名的专业队伍，常年为顾客免费提供健康生活的咨询与服务。在店内提供陈列各种个人护理资料手册，免费提供各种皮肤护理咨询。

3. 集中化战略

集中化战略（focus strategy）指以特定的消费者群体、某产品或服务序列的一个细分区段或某一个市场为目标，通过一系列优化市场行动，逐步赢得目标市场竞争优势的战略。

集中化战略本质上是特殊的成本领先战略或差异化战略，前者以 ZARA 和 H&M 为代表，我们在前面已经作过叙述，此处不再展开。我们重点放在后者。

集中差异化模式是以集中差异化为基础的商业模式，选择服务于某一个或少数几个细分市场或利基。在选择了细分市场之后，集中化企业用差异化为自己寻求市场地位。对于集中差异化企业，选择利基市场通常意味着专注于同一类顾客类型，如只服务于非常富有、非常年轻，或非常富有冒险精神的顾客群体，或者只提供一种产品类型，例如素食、运动汽车、设计师品牌服装或太阳镜，在奢侈品行业中尤为常见。

EMC 是美国著名的信息存储资讯科技公司，主要业务为信息存储及管理产品、服务和解决方案。EMC 作为上市公司，是标准普尔 500 指数的成分股。回顾 EMC 的历史，我们可以发现，EMC 始终执行集中化战略，并且正是由于它集中于存储，使得它曾四次引领存储产品的发展趋势，从硬件时代到软件时代，从网络时代到科技管理时代。每一次时代的开启都具有跨时代意义。EMC 将存储提升到了重视管理的层面，为所有用户提供了"自动、简化、开放"的存储环境。

集中差异化企业可以达到价值创造边界，是因为它们通常能够开发出比差异化企业更好地满足特定顾客群体的产品。集中化企业并不尝试服务于所有的细分市场，因为这将意味着同差异化企业面对面竞争。相反，它们致力于在某一市场细分中建立市场份额。

由于同顾客更接近，对变化的需求更敏感，可以提供竞争对手无法提供的产品和服务，集中差异化企业可以保护自己的竞争优势和利基市场，但这种战略也存在着一定的风险。

6.2.2　战略时钟

在波特业务战略模型的基础上，克利夫·鲍曼（Cliff Bowman）拓展成为**战略钟模型**（strategic clock model，SCM），这是分析企业竞争战略抉择的一种工具，这种模型为企业的管理人员和咨询顾问提供了思考竞争战略和取得竞争优势的方法。"战略钟"是描述竞争战略的一种常用方法，"战略钟"以"价格"和"感知增值"两个要素为标准刻画不同的竞争战略，如图 6-2 所示。

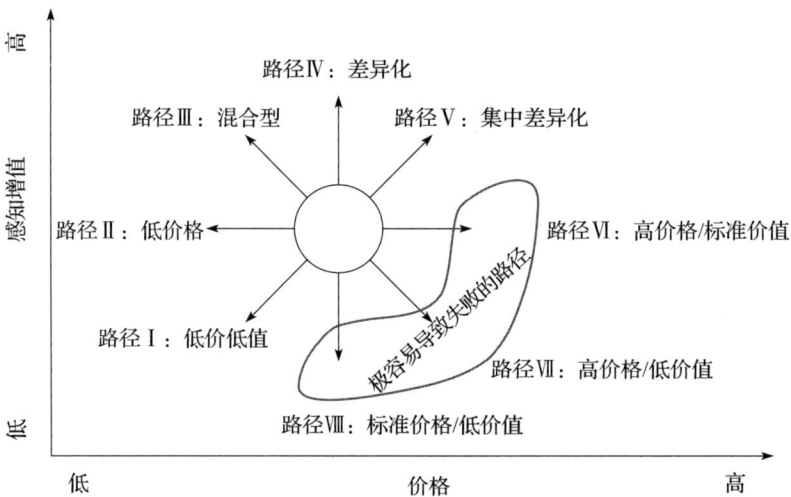

图 6-2　战略钟模型

战略钟模型将产品／服务价格和产品／服务附加值综合在一起考虑，企业实际上沿着以下 8 种途径中的一种来完成企业经营行为。其中一些的路线可能是成功的路线，而另外一些则可能导致企业的失败。

低价低值战略　采用路径Ⅰ的企业关注的是对价格非常敏感的细分市场的情况。企业采用这种战略是在降低产品或服务的附加值的同时降低产品或服务的价格，只提供必要的价值和服务。

低价格战略 采用路径 II 的企业是建立企业竞争优势的典型途径，即在降低产品或服务价格的同时，保证产品或服务的质量。但是这种竞争策略容易被竞争对手模仿，也降低价格。在这种情况下，如果一个企业不能将价格降低到竞争对手的价格以下，或者顾客由于低价格难以对产品或服务的质量水平做出准确的判断，那么采用低价策略可能是得不偿失的。要想通过这一途径获得成功，企业必须取得成本领先地位。因此，这个途径实质上是成本领先战略。

混合型战略 采用路径 III 的企业为顾客提供可感知的附加值，同时保持低价格。这种高品质、低价格的策略能否成功，既取决于企业理解和满足客户需求的能力，又取决于是否有保持低价格策略的成本基础，并且难以被模仿。

差异化战略 采用路径 IV 的企业以相同和略高于竞争对手的价格向顾客提供可感知的附加值，其目的是通过提供更好的产品和服务来获得更多的市场份额，或者通过稍高的价格提高收入。企业可以通过采取有形差异化战略，如产品在外观、质量、功能等方面的独特性，也可以采取无形差异化战略，如服务质量、客户服务、品牌文化等来获得竞争优势。

集中差异化战略 采用路径 V 的企业可以采用高品质、高价格策略在行业中竞争，即以特别高的价格为用户提供更高的产品和服务的附加值。但是采用这样的竞争策略意味着企业只能在特定的细分市场中参与经营和竞争。

高价撇脂战略 采用路径 VI、VII、VIII（统称高价撇脂战略）的企业一般都是处在垄断经营地位，完全不考虑产品的成本和产品或服务的附加值。企业采用这种经营战略的前提是市场中没有竞争对手提供类似的产品和服务。否则，竞争对手很容易夺得市场份额，并很快削弱采用这一策略的企业的地位。一般地，这类战略非常有可能导致企业的失败。

战略钟模型的总结如表 6-2 所示。

表 6-2 总结战略钟模型

竞争战略类别		需求和风险	结　果
低价低值战略		提供必要价值和服务，适于特定细分市场	可以成功
低价格战略		价格战，必须是成本领先者	
混合型战略		成本低，差异化程度大	
差异化战略：有溢价		感知增值能力很强	
无溢价		市场份额收益	
集中差异化战略		细分特定市场的感知增值导致溢价	
高价撇脂战略	高价标准值	存在丢失市场份额的风险	极容易失败
	高价低值	垄断	
	标价低值	丢失市场份额	

6.3　职能层战略

职能层战略（functional-level strategy）又称职能部门战略，是指企业中的各职能部门制定的指导职能活动的战略。职能层战略一般可分为市场营销战略、财务战略、生产战略、研发战略、人力资源战略。职能层战略是为企业战略和业务战略服务的，所以必须与企业战略和业务战略配合。如一家企业的战略确立了差异化的发展方向，要培养创新的核心能力，企业的人力资源战略就必须体现对创新的鼓励、重视培训、鼓励学习、把创新贡献纳入考核指标体系、加强对各种创新的薪酬奖励等。

职能层战略描述了在执行公司层战略和业务层战略过程中，企业中的每一职能部门所采用的方法和手段。职能层战略与公司层战略和业务层战略不同：职能层战略的时间跨度要较公司层战略短很多，并且更具体和专门化，具有行动导向性。如前面章节所述，公司层战略给出了企业发展的一般方向，而职能层战略必须指明更具体的目标。此外，制定职能层战略需要较低层管理人员的参与。事实上，在制定阶段吸收较低层管理人员的意见，对成功地实施职能层战略是非常重要的。

以下分别对市场营销战略、财务战略、生产战略、研发战略、人力资源战略进行简单阐述。

市场营销战略　市场营销战略是涉及市场营销活动过程整体（市场调研、预测、分析市场需求、确定目标市场、制定营销战略、实施和控制具体营销战略）的方案或谋划。它决定市场营销的主要活动和主要方向。有效的市场营销战略是企业成功的基础。

企业市场营销管理过程包含下列四个相互紧密联系的步骤：分析市场机会，选择目标市场，确定市场营销策略，市场营销活动管理。

首先，企业需要分析市场上的消费者特征。随后，企业根据产品能够满足消费者的需求来细分市场，并选择有吸引力的细分市场。选择了细分市场之后就要进行市场定位。市场定位是非常重要的一步。一个失败的市场定位可能对品牌造成极为严重的打击。重塑由于市场定位错误而受损的品牌比建立一个新品牌的成本还要高，因此这一步一定要注意。企业营销管理过程是市场营销管理的内容和程序的体现，是指企业为达成自身的目标辨别、分析、选择和发掘市场营销机会，规划、执行和控制企业营销活动的全过程。

财务战略　财务战略是根据公司战略、竞争战略和其他职能战略的要求，对企业资金进行筹集、运用、分配以取得最大经济效益的方略。财务战略的基本目的，就是最有效地利用企业各种资金，在企业内部、外部各种条件制约下，确保实现企业战略计划所规定的战略目标。财务战略的任务包括：以企业战略目标为基础，利用最佳方式筹集企业所需资金，实现资金筹集的合理化；根据企业战略计划的要求，有效分配和调度资金，确定合理的资金结构，确保资金调度的合理化和财务结构的健全化；在企业战略经营过程中，采取各种必要措施，利用适当的财务计划和控制方法，配合各个职能部门，充分有效地利用各种资金，加速资金周转，讲求资金运用的效率化，促进企业的成长；同时，企业需要制定和实施财务战略计划，确定长期和短期财务目标，在合理筹集，分配和运用资金的同时，力求实现资金收益的最大化。

生产战略 生产战略就是企业在生产成本、质量流程等方面建立和发展相对竞争优势的基本途径，它规定了企业在生产制造和采购部门的工作方向，为实现公司层战略服务。企业生产战略不能仅根据企业内部生产条件来确定，还应考虑市场需求和企业整体战略的要求。

研发战略 研究与开发包括科学技术基础研究和应用研究，以及新产品、新工艺的设计和开发。对于企业来讲，研究与开发涉及市场、技术、产品、生产、组织等各方面，其中主要是技术、产品和生产方面的研究与开发。研究与开发战略的选择常常受公司层战略和经营战略的影响，处于不同的环境条件下，企业可采取三种不同的研究与开发战略。

人力资源战略 人力资源战略是指根据公司层战略的要求，为适应企业生存和发展的需要，对企业人力资源进行开发、提高职工队伍整体素质，从中发现和培养出优秀人才所进行的长远性的谋划和方略。必须以公司层战略的要求来确定人力资源战略的目标。为实现人力资源战略的目标，企业人力资源战略可分为人力资源开发战略、人才结构优化战略、人才使用战略三个方面。人力资源开发战略就是指有效发掘企业和社会上的人力资源，积极地提高员工的智慧和能力，所进行的长远性的谋划和方略。可供选择的人力资源开发战略方案有：引进人才战略、借用人才战略、招聘人才战略、自主培养人才战略、定向培养人才战略、鼓励自学成才战略等。

本章回顾

◆ **公司层战略**包括：**一体化战略**（integration strategy）、**多元化战略**（diversification strategy）、**兼并**（merger）与**收购**（acquisition）、**战略联盟**（strategic alliance）以及**战略创新**（strategic innovation）。

◆ **业务层战略**（business-level strategy）：最基本的三种业务层战略分别为**成本领先战略**（overall cost leadership strategy）、**差异化战略**（differentiation strategy）和**集中化战略**（focus strategy）。

◆ **战略钟模型**（strategic clock model，SCM）分析企业竞争战略抉择的一种工具，以"价格"和"感知增值"两个要素为标准刻画不同的竞争战略。

◆ **职能层战略**（functional-level strategy）包括市场营销战略、财务战略、生产战略、研发战略、人力资源战略。

探索与研究

1. 充满高度不确定性的宏观环境下，公司层战略动态调整的必要性。

2. "价格" 和 "感知增值" 维度下的企业竞争战略选择。

3. 基于运营能力和管理机制均衡的业务层战略全球博弈。

参考文献

［ 1 ］ Ansoff I. Corporate Strategy ［ M ］. New York: McGraw-Hill, 1965.

［ 2 ］ Andrews K. The Concept of Corporate Strategy ［ M ］. Dow-Jones Irwin: Homewood, 1971.

［ 3 ］ Vancil R. Strategic planning in diversified companies ［ J ］. Harvard Business Review, 2001.

［ 4 ］ Miles. Organizational strategy, structure and process ［ M ］. New York: McGraw Hill, 1978.

［ 5 ］ Hofer C. Strategy Formulation: Analytical Concepts ［ M ］. New York: East, 1978.

［ 6 ］ Donald W B. Corporate-Level Strategy, Business-Level Strategy, and Firm Performance ［ J ］. Harvard Business Review, 2007.

［ 7 ］ Michael Poter M. From Competitive Advantage to Corporate Advantage ［ J ］. Harvard Business Review, 1987.

［ 8 ］ Wit, Meyer. Strategy: Process, Content and Context: An International Prospective ［ M ］. St. Paul: West Publishing, 1998.

［ 9 ］ David. Corporate Strategy: A Resource-Based Approach ［ M ］. New York: McGraw-Hill Companies, 1997.

［ 10 ］ Michael Goold. Corporate-Level Strategy: Creating Value in the Multibusiness Company ［ M ］. New York: John Wiley & Sons, Inc, 1994.

［ 11 ］ Paul Milgrow. Complementarities and Fit Strategy, Structure, and Organizational Change inManufacturing ［ J ］. Journal of Accounting and Economics, 1995.

［ 12 ］ Prahalad. The Core Competence of the Corporation ［ J ］. Harvard Business Review, 1990.

［ 13 ］ David Besanko. Economics of Strategy ［ M ］. New York: JohnWiley & Sons, Inc, 1996.

［ 14 ］ Constaintinos Markids. Corporate refocusing ［ J ］. Business Strategy Review, 1993.

［ 15 ］ Schipper Smith. A Comparison of Equity Carve-Outs and Seasoned Equity Offerings: Share Price Effects and Corporate Restructuring ［ J ］. Journal of Financial Economics, 1986.

［16］ Copeland, Koller. Valuation: Measuring and Managing the Value of Companies ［M］. New York: John Wiley & Sons, 1990.

［17］ Prahalad. The Core Competence of the Corporation ［J］. Harvard Business Review, 1990.

［18］ David Sadle. Breakup! When large companies are worth more dead than alive ［M］. New York: Capstone Publishing, 1997.

［19］ 希尔，琼斯，周长辉. 战略管理（中文版）［M］. 7 版. 孙忠，译. 北京：中国市场出版社，2007.

第 7 章

战略抉择

谋先事则昌，
事先谋则亡。

—— 西汉经学家刘向

开篇

万 达 集 团

大连万达集团创立于 1988 年，经营业务覆盖了商业地产、酒店、文化旅游、舞台演艺、影视、文化娱乐、连锁百货、体育、电子商务等。2014 年，企业资产 5341 亿元，年收入 2424.8 亿元，这是万达集团连续第 9 年保持环比 30% 以上的增速。万达的发展阶段可以分为：旧城改造（1988 ~ 1992 年）、全国发展（1993 ~ 1999 年）、创新（2000 ~ 2008 年）、文化旅游（2009 ~ 2015 年）、文化旅游与金融电商（2015 年至今）。

企业成立之初，万达启动了大连市西岗区北京街旧城改造，成为全国第一个进行城市旧区改造开发的企业，在全国首创城市旧区改造的发展模式。20 世纪 90 年代初期，万达年房屋销售量占大连市房地产销售总量的两成以上，在大连房地产企业中脱颖而出。

2000 年，万达开发建设企业的第一个商业地产项目——长春重庆路万达广场，并与美国沃尔玛公司结成战略合作伙伴关系，成为第一代万达广场。经过三代发展后，万达成立连锁百货公司，于 2007 年正式进军零售业。

为寻找新发展和利润空间，万达将文化旅游产业作为企业新的重点发展方向。2008 年，万达集团投资 200 亿元建设长白山国际度假区，成为世界上最好的冰雪度假项目之一。

2010 年，万达进行了历史上最大规模的一次机构调整。万达和商业地产总部机构彻底分设，商管和院线机构调整，变成为总部、区域公司和单店三级管理模式，真正实现连锁经营。此外，项目管理分成南、北区。这次调整，为万达实现实业、资本两条腿走路，为企业长远发展打下坚实的组织基础。

2011 年，万达投资 5 亿元成立万达影视制作公司，形成电影产业的完整产业链。此后两年间，万达和美国弗兰克·德贡公司成立合资演艺公司，在中国投资 100 亿元打造 5 台世界最高水平的舞台秀，并且并购全球第二大影院公司——美国 AMC。

2013 年万达电商"万汇网"上线试运行，与天猫、京东等 B2C 电商不同的是，万达电商力求通过 O2O 模式，为用户带来全新的智能化购物体验，让消费者"随时随地逛万达"。2014 年年末，万达与快钱公司在北京签署战略投资协议，获得快钱控股权，依靠快钱建立了跨银行、跨地域、跨终端的信息化平台，帮助企业在各类业务场景下实现资金的高效收付和集成管理，直接标志了万达的第四次转型——向文化旅游与金融电商同时发展。

2015 年 1 月，万达出资 4500 万欧元正式收购西甲马德里竞技足球俱乐部 20% 的股份，进入俱乐部董事会。这是中国企业首次投资欧洲顶级足球俱乐部，双方将合建青少年足球培训中心，在中国建设 3 所足球学校。同年 2 月，万达出资 10.5 亿欧元收购瑞士盈方体育传媒集团，分销世界上一些重大体育赛事的转播权。两次交易标志着万达开始大力进军体育产业。万达投资发展进入一个新高度。

面对不断变化的国际、国内形势，2015 年年底，王健林却提出了大刀阔斧的"瘦身计划"，将 2016 年万达的地产销售业务目标降低 640 亿元，缩减幅度高达 40%，13 万员工中有 3 万～5 万人面临调整。万达的这一次转型试图突破全球范围内房地产企业从没有成功转型的历史：从单一的房地产经营公司转变为以文化和金融服务业为主的企业。而万达这次重要转型能够平稳过渡的重要基础是文化、金融等新型业务（包括领军人才的培养）与万达的房地产商业休戚相关。由此看来，适应新的战略，重新梳理组织架构，处理好新、旧业务关系才是万达再次成功的关键。

回顾第 6 章关于三种战略类型的知识点：一个企业首先需要确定愿景、使命、目标，同时也需要考虑企业自身的商业模式、经营领域的选择等。基于公司层战略，企业依托于基础分析，进一步切实明晰企业战略确立的竞争优势，并在企业的公司层战略和职能层战略之间架起桥梁。企业制定业务层战略以实现企业竞争优势为目的，并以此引出业务的总体战略和各业务的具体战略。在公司层、业务层战略确定之后，职能层就需要进行相应地重新设计和调整。职能层战略必须有助于实现公司层的战略目标，有利于促进业务层战略实施。

图 7-1 总结了三种战略类型间的关系与分析方法。在战略决策分析中，需要对企业的内外部环境进行必要的、详略得当的研究和阐述。然后在战略分析的基础上，我们在三个战略层次上进行**战略抉择**（strategic selection）和评估。战略抉择包含战略领域的选择以及战略发展方向和方法的选择。而战略抉择评估是一个客观的分析过程，评价战略是否可行，是否能达到预期效果，对提高战略抉择决策的质量起着重要的保证作用。

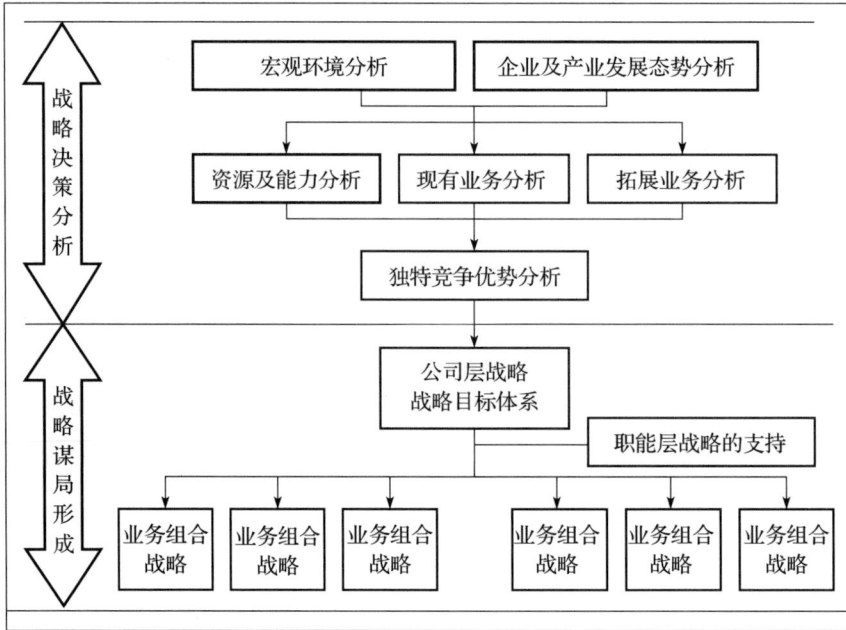

图 7-1　企业的战略抉择

7.1　战略态势

7.1.1　选择战略领域

战略领域（strategic business area）是指环境中企业已经（或将要）经营的一个独特的细分市场。在战略管理中，企业需要尽量防止受到现有产品和结构的影响，通过分析整个市场环境来寻找可能适应于企业的战略事业领域。

从战略的内涵来看，战略管理的很大一部分内容在于选择战略领域，它决定了企业在进入某一产业之后，战略管理过程中要面临的外部环境，包括资源分配、目标顾客和竞争对手等基本问题。

企业对于战略领域的选择存在着两种观点。传统上的一种观点是"由外向内"，依据市场上环境中各个环境的机会、威胁与未来趋势选择的战略领域，这是将市场、竞争对手、消费者置于战略领域选择的出发点上，如五力模型，这种战略领域的选择方式需要企业具有快速适应商业环境变化的能力，并且容易受到过去成功经验的主观影响。

除竞争力以外，还必须考虑企业间战略领域可能存在的关联，包括有形关系、无形关系以及竞争者关系。

有形关系　彼此在价值链的活动上存在着一种共享关系，有形关系可以进一步分为：基础架构关系、技术关系、采购关系、制造关系和营销关系。

无形关系　可在不同的价值链间，转移彼此的管理诀窍。

竞争者关系　企业与某一竞争者在一个以上的事业单位中互相竞争。

企业应明确哪些关联的存在可能产生协同，而有哪些关联对于新成立的事业单位可以发挥提携的作用，对于这些关联的考虑，都会影响最适当战略领域的决定。

7.1.2 战略发展方向和方法

战略方向选择正确与否，直接影响到战略实施进程和结果。战略发展方向指向战略目标，具有一定的宽度和深度，并形成一条战略行动的最基本标准。战略发展方向有四个选择区域，如图 7-2 所示。

市场/产品	现有的	新兴的
现有的	A区域：保护和加强 巩固 市场渗透	B区域：产品开发 基于现有的能力 以新的能力 超出目前的期望
新兴的	C区域：市场开发 新的细分市场 新的区域 新的用途 以新的能力 超出目前的期望	D区域：多元扩张 基于现有的能力 以新的能力 超出目前的期望

图 7-2 不同市场的战略发展方向

A 区域 保护和加强

在 A 区域内有巩固和市场渗透两种选择。

巩固是指企业利用现有产品保护和增强其在当前市场中的地位。因为市场状况可能在不断变化（如竞争对手业绩的提升或新对手进入），巩固并不意味着原地不动，事实上，它可能要求大量的变革和创新，以提高企业产品或服务的价值；反过来，这又要求企业关注如何调整和发展其资源和能力，以维持竞争地位。

B 区域 产品开发

商业环境的改变会创造对新产品或新服务的需求，从而损害已有产品或服务的供应。产品开发是指企业向现有市场提供改进或全新的产品。产品开发的最低目的是企业得以生存，但它也代表着重要的机会。

产品开发可以借助企业现有能力来完成：

- 零售商倾向于通过引入新的产品系列来紧跟顾客变化的需求。
- 当产品具有较短的生命周期时，产品开发就成了企业发展战略的一项基本要求。
- 企业可能已经形成了市场分析的核心能力，并能充分利用这一核心能力。
- 产品的开发很具有吸引力，但是也存在着风险。

- 虽然新产品对企业未来至关重要，但创建一个多品种产品系列的过程是高风险、高成本的。
- 对于企业来说，产品开发是必要的，因为如果不进行产品开发，其业绩很有可能要低于竞争对手或其他供应商。

C区域　市场开发

企业通常在市场覆盖范围上具有选择性，这会导致企业在细分市场上没有进一步发展的机会。在这种情况下，企业可能会通过市场开发来谋求发展。企业进入新的市场可能会受到资源和市场因素的驱动，如：

- 产品是否可以在具备类似成功关键因素的其他细分市场内推广。
- 开发现有产品的新用途。
- 通过国内或国际性地域扩张进入新的市场。
- 全球化通常需要对产品特性或开发方法做出某些调整。

D区域　多元扩张

多元化的战略势将增加业务的多样性。在某些情况下，尤其对小型企业，多元化可能是一种真正的也是必要的手段。多元化的原因有以下几点：

- 商业环境的改变，威胁了当前战略的未来，也产生了新的机会。
- 企业拥有适应于其他领域的资源和能力。
- 有影响力的利益相关方的期望可能会驱动多元化。

值得注意的是，一个实施多元化的战略业务单元个体在实际操作中会形成一系列新的管理上的挑战，这些挑战类似于一个大型企业的总部需要应对的挑战。所以，如果企业不具备全面管理一系列多元化活动的能力，多元化将导致业绩下降。

7.2　战略抉择工具

在企业进行战略谋局的过程中，需要对企业战略制定中的影响因素进行分析。企业战略决策分析主要是想通过一定的手段和方法从复杂的信息与线索中，清理出影响企业战略形成的重点因素，以便战略下一步的选择和制定。

在对企业环境分析时，我们列举了 EFE 矩阵、CPM 矩阵、IFE 矩阵，这三个矩阵作为战略抉择第一阶段（信息输入阶段）使用的常用工具。战略抉择的第二阶段是战略匹配阶段，通常包括 SWOT 分析模型、BCG 矩阵、GE 矩阵、I-E 矩阵、大战略矩阵。第三个阶段是战略决策选择阶段，QSPM 矩阵是最常用的战略工具。此外，我们还列举了常用的 ADL 综合分析矩阵，以下一一介绍。

7.2.1　SWOT分析模型

分析宏观与中观环境时，我们最常用 SWOT 分析法。这种分析方法又称为态势分析法或优劣势分析法，用来确定企业自身的**优势**（strength）、**劣势**（weakness）、**机会**（opportunity）和**威胁**（threat），从而将公司的战略与公司内部资源、外部环境有机地结合起来。EMBA、MBA 等战略课程均将 SWOT 分析法作为一种常用的战略规划工具包含在内。SWOT 分析方法从某种意义上来说隶属于企业内部分析方法，即根据企业自身的既定内在条件进行分析。

与其他分析方法相比较，SWOT 分析从一开始就具有显著的结构化和系统性的特征。就结构化而言，首先在形式上，SWOT 分析法表现为构造 SWOT 结构矩阵，并对矩阵的不同区域赋予了不同分析意义；其次在内容上，SWOT 分析法的主要理论基础也强调从结构分析入手对企业的外部环境和内部资源进行分析。另外，早在 SWOT 诞生之前的 20世纪 60 年代，就已经有人提出过 SWOT 分析中涉及这四个变化因素，但只是孤立地对它们加以分析。SWOT 方法的重要贡献就在于用系统的思想将这些似乎独立的因素相互匹配起来进行综合分析，使得企业战略计划的制定更加科学全面（见图 7-3）。

优势（strength）	劣势（weakness）
✔ 技能或重要的专门技术 ✔ 宝贵的有形资产 ✔ 宝贵的人力资产 ✔ 宝贵的组织资产 ✔ 宝贵的无形资产 ✔ 竞争能力 ✔ 使公司能够获得竞争优势的成就或属性 ✔ 强大的联盟或合作公司	✔ 缺乏有重要竞争意义的技能和专门技术 ✔ 缺乏有重要竞争意义的有形资产 ✔ 缺乏有重要竞争意义的无形资产 ✔ 缺乏有重要竞争意义的人力资产 ✔ 缺乏有重要竞争意义的组织资产 ✔ 在关键领域里竞争能力正在丧失或很弱
机会（opportunity）	威胁（threat）
✔ 客户群扩大、进入新的地域市场或产品细分市场 ✔ 扩展产品线宽度，为更广大的客户群服务 ✔ 将公司的技能或技术诀窍转移到新产品或新业务 ✔ 前向或后向整合 ✔ 有吸引力的市场上进入障碍正在降低 ✔ 出现了从竞争对手那里获得市场份额的机会 ✔ 市场需求增长势头强劲，可以迅速扩张 ✔ 购并竞争对手 ✔ 联盟或合资公司扩大了其地理覆盖面合竞争能力 ✔ 有机会充分利用技术 ✔ 市场上出现向其他地区扩展公司品牌或声誉的机会	✔ 强大的新竞争对手可能进入市场 ✔ 替代品抢占公司的销售额 ✔ 市场增长率下降 ✔ 外汇汇率或外国政府贸易政策的不利变动 ✔ 有关部门所采取的管理措施会使公司付出很大有代价 ✔ 容易受到经济萧条或经济周期的冲击 ✔ 客户或供应商的谈判能力将提高 ✔ 购买者需求和品位朝偏离行业的方向变动 ✔ 不利的人口特征的变动 ✔ 容易受到行业驱动因素的冲击

图 7-3　SWOT 模型

从整体上看，SWOT 可以分为两部分：

第一部分为 S-W，主要用来分析内部条件，从整个价值链的每个环节上，将企业与竞争对手做详细的对比。如产品是否新颖、制造工艺是否复杂、销售渠道是否畅通，以及价格是否具有竞争性等。如果一个企业在某一方面或几个方面的优势正是该行业企业应具备的关键成功要素，那么该企业的综合竞争优势也许就强一些。需要指出的是，衡量一个企业及其产品是否具有竞争优势，只能站在现有潜在用户角度上，而不是站在企业的角度上。

第二部分为 O-T，主要用来分析外部条件，如当前社会上流行的盗版威胁：盗版替代品限定了公司产品的最高价，替代品对公司不仅有威胁，也可能带来机会。企业必须分析，替代品给公司的产品或服务带来"灭顶之灾"还是提供了更高的利润或价值；购买者转而购买替代品的转移成本；公司可以采取什么措施来降低成本或增加附加值来降低消费者购买盗版替代品的风险。利用这种方法可以从中找出对自己有利的、值得发扬的因素，以及对自己不利的、要避开的东西，发现存在的问题，找出解决办法，并明确以后的发展方向。根据这个分析，可以将问题按轻重缓急分类，明确哪些是急需解决的问题，哪些是可以稍微拖后一点的事情，哪些属于战略目标上的障碍，哪些属于战术上的问题，并将这些研究对象列举出来，依照矩阵形式排列，然后用系统分析的方法，把各种因素相互匹配起来加以分析，从中得出一系列相应的结论，而结论通常带有一定的决策性，有利于领导者和管理者做出较正确的决策和规划。

SWOT 方法自形成以来，广泛应用于战略研究与竞争分析，成为战略管理和竞争情报的重要分析工具。分析直观、使用简单是它的重要优点。即使没有精确的数据支持和更专业化的分析工具，也可以得出具有说服力的结论。但是，正是这种直观和简单，使得 SWOT 不可避免地带有精度不够的缺陷。例如 SWOT 分析采用定性方法，通过罗列S、W、O、T 的各种表现，形成一种模糊的企业竞争地位描述。以此为依据做出的判断，不免带有一定程度的主观臆断。所以，在使用 SWOT 方法时要注意方法的局限性，在罗列作为判断依据的事实时，要尽量真实、客观、精确，并提供一定的定量数据弥补SWOT 定性分析的不足，构造高层定性分析的基础。

7.2.2　BCG 矩阵

制定公司层战略最流行的方法之一就是 BCG 矩阵，该方法是由波士顿咨询集团（Boston Consulting Group，BCG）在 20 世纪 70 年代初开发的。BCG 矩阵将组织的每一个战略业务单元标在一个二维矩阵图上，从而显示出哪个业务单元提供高额的潜在收益，以及哪个业务单元是组织资源的漏斗。BCG 矩阵的发明者、波士顿公司的创立者布鲁斯认为"公司若要取得成功，就必须拥有增长率和市场份额各不相同的产品组合。组合的构成取决于现金流量的平衡"。

BCG 矩阵区分出 4 种业务组合，如图 7-4 所示。

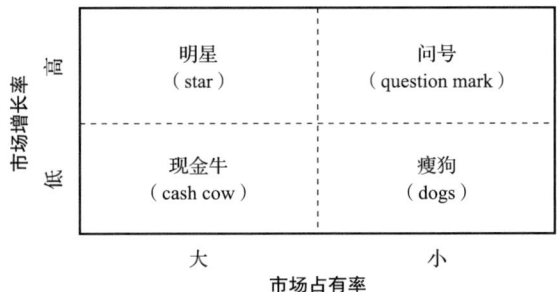

图 7-4　BCG 矩阵

明星型业务（star）是指高增长、高市场份额的业务。这个领域中的产品处于快速增长的市场中并且占有支配地位的市场份额，但也许会、也许不会产生正现金流量，这取决于新工厂、设备和产品开发对投资的需要量。明星型业务是由问题型业务继续投资发展起来的，可以视为高速成长市场中的领导者，它将成为公司未来的现金牛业务。但这并不意味着明星型业务一定可以给企业带来源源不断的现金流，因为市场还在高速成长，企业必须继续投资，以保持与市场同步增长，并击退竞争对手。企业如果没有明星型业务，就失去了希望，但群星闪烁也可能会闪花企业高层管理者的眼睛，导致做出错误的决策。这时必须具备识别行星和恒星的能力，将企业有限的资源投入在能够发展成为现金牛的恒星上。同样，明星型业务要发展成为现金牛业务适合于采用增长战略。

问题型业务（question mark）是指高增长、低市场份额的业务。处在这个领域中的是一些投机性产品，带有较大的风险。这些产品可能利润率很高，但占有的市场份额很小。这往往是一家公司的新业务。为发展问题型业务，公司必须建立工厂，增加设备和人员，以便跟上迅速发展的市场，并超过竞争对手，这些意味着大量的资金投入。"问题"非常贴切地描述了公司对待这类业务的态度，因为这时公司必须慎重回答"是否继续投资，发展该业务"这个问题。只有那些符合企业发展长远目标、企业具有资源优势、能够增强企业核心竞争力的业务才得到肯定的回答。得到肯定回答的问题型业务适合于采用战略框架中提到的增长战略，目的是扩大战略业务单元的市场份额，甚至不惜放弃近期收入来达到这一目标，因为问题型业务要发展成为明星型业务，其市场份额必须有较大的增长。得到否定回答的问题型业务则适合采用收缩战略。

如何选择问题型业务是用 BCG 矩阵制定战略的重中之重，也是难点，这关乎企业未来的发展。对于增长战略中各种业务增长方案来确定优先次序，BCG 提供了一种简单的方法。通过图 7-4 权衡选择**投资回报率**（return on investment，ROI）相对高然后需要投入的资源占的宽度不太多的方案。

现金牛业务（cash cow）是指低增长、高市场份额的业务。处在这个领域中的产品产生大量的现金，但未来的增长前景是有限的。这是成熟市场中的领导者，它是企业现金的来源。由于市场已经成熟，企业不必大量投资来扩展市场规模，同时作为市场中的领导者，该业务享有规模经济和高边际利润的优势，因而给企业带来大量现金流。企业往往用现金牛业务来支付账款并支持其他三种需要大量现金的业务。现金牛业务适合采用战略框架中提到的稳定战略，目的是保持战略业务单元的市场份额。

瘦狗型业务（dogs）是指低增长、低市场份额的业务。这个领域中的产品既不能产生大量的现金，也不需要投入大量现金，这些产品没有希望改进其绩效。一般地，这类业务常常是微利甚至是亏损的，瘦狗型业务存在的原因更多的是由于感情上的因素，虽然一直微利经营，但如人养了多年的狗一样恋恋不舍而不忍放弃。其实，瘦狗型业务通常要占用很多资源，如资金、管理部门的时间等，多数时候是得不偿失的。瘦狗型业务适合采用战略框架中提到的收缩战略，目的在于出售或清算业务，以便把资源转移到更有利的领域。

BCG 矩阵的精髓在于把战略规划和资本预算紧密结合起来，把一个复杂的企业行为用两个重要的衡量指标来分为四种类型，用四个相对简单的分析来应对复杂的战略问题。该矩阵帮助多种经营的公司确定哪些产品宜于投资，宜于操纵哪些产品以获取利润，宜于从业务组合中剔除哪些产品，从而使业务组合达到最佳经营成效。

7.2.3　GE 矩阵

BCG 矩阵只是简单地根据市场成长率和相对市场占有率两个简单的变量来决定 SBU 的适当战略，针对 BCG 矩阵所存在的很多问题，美国通用电气公司于 20 世纪 70 年代开发了新的投资组合分析方法——**GE 矩阵**（GE matrix）。GE 矩阵使用数量更多的因素来衡量这两个变量，纵轴用多个指标反映产业吸引力，横轴用多个指标反映企业竞争地位，同时增加了中间等级。也由于 GE 矩阵使用多个因素，可以通过增减某些因素或改变它们的重点所在，很容易地使 GE 矩阵适应经理的具体意向或某产业特殊性的要求，如图 7-5 所示。

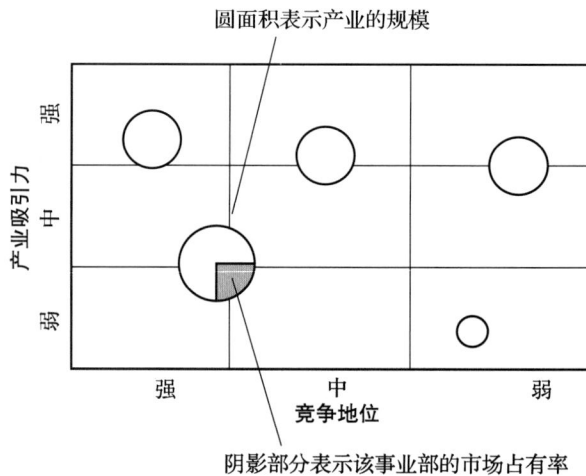

图 7-5　GE 矩阵

GE 矩阵的纵轴是产业吸引力，而 BCG 矩阵的纵轴是市场成长率。GE 矩阵的横轴是竞争地位，BCG 矩阵的横轴是市场占有率。GE 矩阵中最好的是左上角——产业吸引力强、企业的竞争地位也强。如果企业勉强再选出两个好的，那就是产业吸引力中而企业的竞争地位强，或者产业吸引力强竞争地位中。那么处于这三个的业务单元，企业应该要做重点发展，假定企业有五个业务单元，其中两个在这三格，那就应该发展这两者（见图 7-6）。

GE 矩阵的分析过程如下：

定义各因素→估测内部因素和外部因素的影响→对外部因素和内部因素的重要性进行估测，得出衡量企业实力和产业吸引力的简易标准→将战略业务单元标在 GE 矩阵上→对矩阵进行诠释。

GE 矩阵可以用于预测战略业务单元的业务组合的产业吸引力和竞争地位，只要在因素评估中考虑未来某个时间每一因素的重要程度及其影响大小，就可建立预测矩阵。由此我们可以看出，GE 矩阵比较全面地对战略业务单元的业务组合进行规划分析，而且可以针对企业实际和产业特性，因此具有广泛的应用价值。

• 保护竞争地位 • 以最大可能速度进行投资以求成长 • 集中力量来维持优势	• 投资以建立优势 • 向领导者挑战 • 有选择地建立优势 • 强化劣势领域	• 选择性建立 • 专精于有限的优势 • 寻求克服劣势的方法 • 如果无法持续成长便退出
• 选择性建立 • 大量投资于最具吸引力的细分市场 • 培植对抗竞争的实力 • 提高生产率以加强获利力	• 选择性 / 管理盈余状况 • 保护现有的计划 • 集中投资在获利性高而风险低的细分市场	• 有限度的扩张或收割 • 寻找风险低的扩展机会，否则减少投资并加强作业合理化
• 保护并加强集中力量 • 维持目前的盈余 • 专注于具有影响力的细分市场 • 防御本身的强势	• 维持盈余状况 • 保护在最具获利力的细分市场上的地位 • 产品线升级 • 减少投资	• 撤资 • 以可能的最高现金价值出售 • 暂停投资 • 削减成本

图 7-6　GE 矩阵下的业务战略抉择

7.2.4　I-E 矩阵

I-E 矩阵是在 EFE 矩阵、IFE 矩阵以及 GE 矩阵基础上发展起来的。I-E 矩阵即用内部因素与外部因素取代了 GE 矩阵中的竞争地位和产业吸引力。I-E 矩阵与 BCG 矩阵不同的是，I-E 矩阵采用复合指标来反映企业在各个产业的内外部关系因素，而 BCG 则采用单一指标来衡量业务的内外部因素，这两种方法往往可以同时使用。

在 I-E 矩阵的横坐标中，IFE 加权评分数为 1.0 ~ 1.99 代表企业内部的劣势地位，2.0 ~ 2.99 代表企业内部的中等地位，3.0 ~ 4.0 代表企业内部的优势地位。相应地，在纵坐标上，EFE 加权分为 1.0 ~ 1.99 代表企业面临着较严重的外部威胁，2.0 ~ 2.99 代表企业面临中等的外部威胁，3.0 ~ 3.99 代表企业能较好地把外部威胁的不利影响降到最小程度。

可以把 I-E 矩阵分成具有不同战略意义的三个区间：第一，I-E 矩阵对角线第Ⅲ、Ⅴ、Ⅶ格；第二，I-E 矩阵对角线左上方的第Ⅰ、Ⅱ、Ⅳ格；第三，I-E 矩阵对角线右下方的第Ⅵ、Ⅷ、Ⅸ格（见图 7-7）。

内部因素加权评分

外部因素加权评分	强（4.0 ~ 3.0）	中（3.0 ~ 2.0）	弱（2.0 ~ 1.0）
强（4.0 ~ 3.0）	Ⅰ	Ⅱ	Ⅲ
中（3.0 ~ 2.0）	Ⅳ	Ⅴ	Ⅵ
弱（2.0 ~ 1.0）	Ⅶ	Ⅷ	Ⅸ

图 7-7　I-E 矩阵

对落在 I-E 矩阵不同区间的不同业务或产品，企业应采取不同的战略：

- 落入Ⅰ、Ⅱ、Ⅳ象限的业务应被视为**增长和建立型**（grow and build）业务。所以应采取密集型战略（市场渗透、市场开发和产品开发）或一体化战略（前向一体化、后向一体化和横向一体化）或投资 / 扩展战略。
- 落入Ⅲ、Ⅴ、Ⅶ象限的业务适合采用**坚持和保持型**（hold and maintain）战略，或选择盈利战略，如市场渗透和产品开发战略等。
- 落入Ⅵ、Ⅷ、Ⅸ象限的业务应采取**收获和剥离型**（harvest and divest）战略或收获 / 放弃战略。

7.2.5　SPACE 矩阵

SPACE 矩阵（strategic position and action evaluation matrix），即战略地位和行动评估矩阵，是一种比较复杂的战略匹配工具。SPACE 矩阵在 SWOT 分析基础上，通过确定两组具体反映客户外部的量化指标，能够更加准确地进行战略的选择和定位。SPACE 分析克服了 SWOT 分析法方向单一的不足，但由于它有多种可能组合，增加了战略分析的复杂程度。

SWOT 分析以简单明了的特点提供了评价一个企业战略能力的工具，但是，它最大的遗憾是"方向单一"。在 SWOT 分析中，反映外部环境机会与威胁由多个关键指标综合而成，而这些指标优劣的方向并不一致。比如，产业的发展潜力与产业的稳定性两个指标可能就不一致。对新兴产业，发展潜力大，而稳定性可能不足；而成熟产业，稳定性强，但发展潜力不大。同样，在 SWOT 分析中，反映企业内部条件优势和劣势也由多个指标综合而成，市场份额与企业财务实力（投资回报）可能不一致。因此，从 SWOT 分析得出的客户战略能力定位的结果中，不能判断企业外部环境的机会（或风险）以及企业的优势（或劣势）主要是由哪些因素决定的。

为克服 SWOT 分析的不足，SPACE 矩阵做了很大的改进。SPACE 矩阵提出了从**财务优势**（financial strength，FS）、**竞争优势**（competitive advantage，CA）、**环境稳定性**（environment stability，ES）和**产业优势**（industry stability，IS）四个维度进一步评估企业战略实施能力。

SPACE 矩阵有四个象限分别表示企业采取的进取、保守、防御和竞争四种战略模式。这个矩阵的两个数轴分别代表了企业的两个内部因素：财务优势和竞争优势；两个外部因素：环境稳定性和产业优势。这四个因素对于企业的总体战略地位是最为重要的。

建立一个 SPACE 矩阵包括以下 6 个步骤：

- 选择构成 FS、CA、ES 和 IS 的一组变量。
- 对构成 FS 和 IS 的各变量给予从 +1（最差）到 +6（最好）的评分值，而对构成 ES 和 CA 的轴的各变量从 –1（最好）到 –6（最差）的评分值。

- 将各数轴所有变量的评分值相加，再分别除以各数轴变量总数，从而得出 FS、CA、IS 和 ES 各自的平均数。
- 将 FS、CA、IS 和 ES 各自的平均分数标在各自的数轴上。
- 将 X 轴的两个分数相加，将结果标在 X 轴上；将 Y 轴的两个分数相加，将结果标在 Y 轴上；标出 X、Y 数轴的交叉点。
- 自 SPACE 矩阵原点到 X、Y 数值的交叉点画一条向量，这一条向量就表示企业可以采取的战略类型（见图 7-8）。

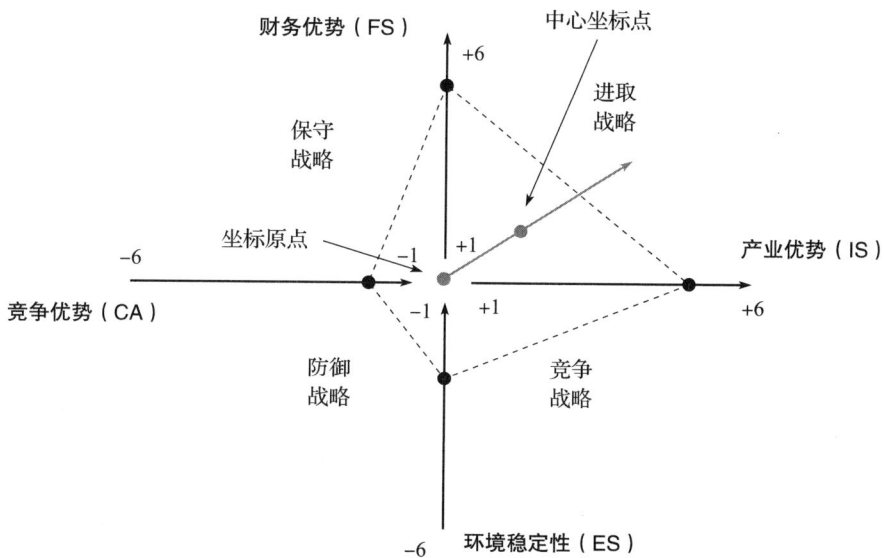

图 7-8　SPACE 矩阵

向量出现在 SPACE 矩阵的进取象限时，说明该企业正处于一种绝佳的地位，可以利用自己的内部优势和外部机会选择自己的战略模式，如市场渗透、市场开发、产品开发、一体化、混合型多元化经营等。

向量出现在保守象限意味着企业应该固守基本竞争优势而不要过分冒险，保守型战略包括市场渗透、市场开发、产品开发和集中多元化经营等。

当向量出现在防御象限时，意味着企业应该集中精力克服内部弱点并回避外部威胁，防御型战略包括紧缩、剥离、结业清算和集中多元化经营等。

当向量出现在竞争象限时，表明企业应该采取竞争性战略，包括后向一体化战略、前向一体化战略、市场渗透战略、市场开发战略、产品开发战略及组建合资企业等。

7.2.6　大战略矩阵

大战略矩阵（grand strategy matrix）是由市场增长率和企业竞争地位两个坐标组成一种模型，在市场增长率和企业竞争地位不同组合情况下，指导企业进行战略抉择的一种指导性模型，它是由汤普森（A. A. Thompson. Jr.）与斯特里克兰（A. J. Strickland）根据波士顿矩阵修改而成。

　　大战略矩阵是一种常用的制定备选战略的工具。它的优点是可以将各种企业的战略地位都置于大战略矩阵的四个战略象限中，并加以分析和选择。公司的各分部也可按此方式被定位。

　　大战略矩阵基于两个评价数值：横轴代表竞争地位的强弱，纵轴代表市场增长程度。位于同一象限的企业可以采取很多战略，图7-9列举了适用于不同象限的多种战略抉择，其中各战略是按其相对吸引力的大小而分列于各象限中的。

图 7-9　大战略矩阵

　　位于大战略矩阵第一象限的公司处于极佳的战略地位。对这类公司，继续集中经营于当前的市场（市场渗透和市场开发）和产品（产品开发）是适当的战略。第一象限公司大幅度偏离已建立的竞争优势是不明智的。当第一象限公司拥有过剩资源时，一体化可能是有效的战略。当第一象限公司过分偏重于某单一产品时，集中化多元经营战略可能会降低过于狭窄的产品线带来的风险。第一象限公司有能力利用众多领域中的外部机会，必要时它们可以冒险进取。

　　位于第二象限的公司需要认真地评价当前参与市场竞争的方法。尽管其所在产业正在增长，但它们不能有效地进行竞争。这类公司需要分析企业当前的竞争方法为何无效，企业又应如何变革而提高其竞争能力。由于第二象限公司处于高速增长产业，密集型战略（与一体化或多元化经营战略相反）通常是它们的首选战略。然而，如果企业缺乏独特的生产能力或竞争优势，横向一体化往往是理想的战略抉择。为此，可考虑将战略次要地位的业务剥离或结业清算，剥离可为公司提供收购其他企业或买回股票所需要的资金。

位于第三象限的公司处于产业增长缓慢和相对竞争能力不足的双重劣势下。在确定产业正处于永久性衰退前沿的前提下，这类公司必须着手实施收割战略。首先应大幅度地减少成本或投入，另外可将资源从现有业务领域逐渐转向其他业务领域。最后便是以剥离或结业清算战略迅速撤离该产业。

位于第四象限的公司其产业增长缓慢，但却处于相对有利的竞争地位。这类公司有能力在有发展前景的领域中进行多元经营。这是因为第四象限公司具有较大的现金流量，并对资金的需求有限，有足够的能力和资源实施集中多元化或混合式多元化战略。同时，这类公司应在原产业中求得与竞争对手合作与妥协，横向合并或进行合资经营都是较好的选择。

7.2.7　QSPM 矩阵

定量战略计划矩阵（quantitative strategic planning matrix，QSPM）将第二阶段制定的各种战略分别评分，评分是根据各战略是否能使企业更充分地利用外部机会和内部优势，尽量避免外部威胁和减少内部弱点四个方面，通过专家小组讨论的形式得出。得分的高低反映战略的最优程度，即是 QSPM 的输入信息正是第一阶段的因素评价结果（由 EFE 矩阵、IFE 矩阵、竞争态势矩阵分析得出）和第二阶段的备选战略（由 SWOT 矩阵、SPACE 矩阵、BCG 矩阵、IE 矩阵和大战略矩阵等分析得出），QSPM 矩阵的结果反映战略的最优程度。

虽然 QSPM 矩阵是基于事先确认的外部及内部因素来客观评价备选战略的工具，然而良好的直觉判断对 QSPM 矩阵仍然是必要且极为重要的（见图 7-10）。

备选战略				
关键因素	权重	战略1	战略2	战略3
关键外部因素　经济				
政治/法律/政府				
社会/文化/人口/环境				
技术				
竞争				
关键内部因素　企业基础设施				
人力资源管理				
技术开发				
采购				
生产作业				
市场营销				

图 7-10　QSPM 矩阵

QSPM 矩阵顶部一行包括了从 SWOT 矩阵、SPACE 矩阵、BCG 矩阵、I-E 矩阵和大战略矩阵中得出的备选战略。这些匹配工具通常会产生类似的可行战略。需注意的是，并不是说匹配技术所建议的每种战略都要在 QSPM 矩阵中予以评价,战略分析者必须运用良好的直觉对行业的丰富经验剔除一些明显不可行的战略抉择,只将最具吸引力的战略列入 QSPM 矩阵。QSPM 矩阵的左边一列为关键的外部和内部因素,顶部一行为可行的备选战略。具体地说,QSPM 矩阵的左栏包括了从 EFE 矩阵和 IFE 矩阵直接得到的信息。在紧靠关键因素的一列中,将标出各因素在 EFE 矩阵和 IFE 矩阵中所得到的权数。在 QSPM 矩阵中一个重要的概念是战略的最优程度。它是根据各战略对外部和内部因素的利用和改进程度而确定的。QSPM 中包括的备选战略的数量和战略组合的数量均不限,分析的结果并不是非此即彼的战略取舍,而是一张按重要性和最优程度排序的战略清单。

7.2.8 ADL 矩阵

ADL 矩阵是著名的咨询管理公司 Arthur D. Little 公司于 20 世纪 70 年代提出的,它把组织自身在市场上的优势与劣势同该市场的生命周期阶段相结合。特别地,它集中于:业务市场成熟阶段——从一个年轻和快速增长的业务市场到一个成熟和衰退的业务市场;竞争地位——从一个不占主导地位并能控制行业的公司到一个较弱、勉强能生存的公司。例如,如果一家公司业务处于一个成熟市场的强大地位,那么矩阵的战略逻辑就会建议它寻求成本领先或更新它的核心战略,或在竞争中进行差异化,同时与企业一起成长。

ADL 矩阵一个维度是产业的生命周期阶段,另一个维度是企业的竞争地位。

1. 识别行业所处的生命周期

产业的生命周期分为形成期、成长期、成熟期和衰退期四个阶段。各阶段由外部因素决定,它们包括:市场的增长率、增长的可能性、产品线的宽度、竞争者的数量、竞争者市场占有率的分布、顾客的忠诚度、进入障碍和技术。这些要素的均衡决定了企业产业的生命周期阶段。

不同生命周期阶段的产业具有不同的特点。处于形成期时,产业具有市场增长率较高、竞争者市场占有率分布分散,而且变动较快、市场中几乎没有顾客的忠诚度、进入障碍低等特征。产业处于成长期时,具有高速增长,用户、市场占有率的技术渐趋明朗和稳定,进入障碍提升等特征。产业处于成熟期具有增长率降低,但仍以较稳定的速度增长,技术、市场稳定,产品线宽度增加,进入障碍高等特征。产业处于衰退期具有产品需求降低、停止增长,甚至出现负增长,竞争者数目和产品品种减少等特征。

2. 确定企业的竞争地位

企业的竞争地位从强到弱可分为以下五类:

统治地位 处于统治地位的企业能够控制竞争者行为,战略制定不受竞争者的影响。

强势地位 处于强势地位的企业能够遵循自己所选择的战略而不必过多关注竞争对

手的行为。

有利地位 处于有利地位的企业虽不处于主导地位，但这些企业都是居于良好的竞争地位及拥有各自的竞争优势。

维持地位 处于维持地位的企业具有较好的业绩，能与主要的竞争对手相抗衡，有能够维持其地位的机会。

软弱地位 处于软弱地位的企业竞争地位弱，优势少，很难长久地与竞争者相抗衡。

根据企业所处的产业生命周期及相应的企业竞争地位的不同，形成如图 7-11 所示的矩阵图。

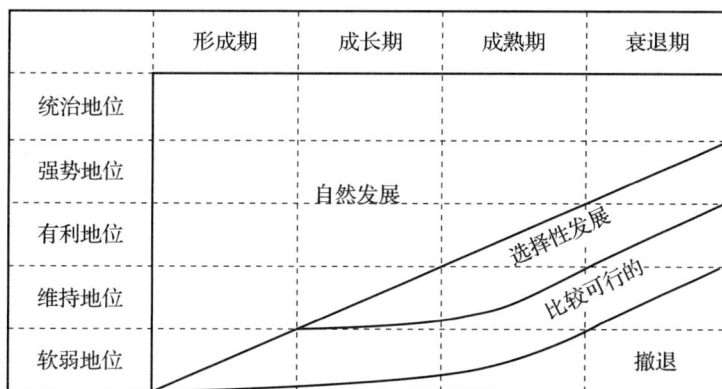

图 7-11　ADL 矩阵

根据 ADL 矩阵，当企业和市场条件不同时，相同的战略可以有不同的形式，如一个占统治的企业可以主动引导消费，刺激需求量增加，从而达到市场发展的战略目标。而在一个成熟的市场上实力弱小的企业没有能力使市场需求扩大，只能瞄准一个新的市场区段进行开发或及时转向另一个有利的发展方向上去，这样才能达到发展的目的。

利用这种方法分析企业战略的适宜性，关键一点是首先确定企业当前在矩阵上处于什么位置。再确定在横轴上的位置，可以从市场增长率、产业发展潜力、产品线宽度、竞争对手数量、市场份额在各竞争对手之间的分布、客户忠诚程度、产业进入障碍和技术水平几方面考虑。纵轴位置的确定，可以从分析各类实力的特点获得。竞争力较强的企业一般具有市场领先地位，可以按照自己制定的战略目标发展，其他竞争对手对它的威胁不大。有利地位是指行业中没有一个特别突出的企业占据主导地位，多个领先者地位均等。在尚可维持的状态下，企业可以通过差异化战略或集中一点战略固守阵地。较弱的企业由于缺乏实力，很难长期独立地生存下去。

一般地，在市场增长的情况下，实力较强的企业可以遵循正常发展的道路，即可以通过各种不同的途径来实现发展的目的。具有统治地位的企业在行业的整个生命周期过程中，都可以保持很强的竞争实力，关键要看这个企业能否适时调整战略方向。与此相反，实力弱小的企业如果不能找到一个避风地，即开发出一块自己的市场空间，将难以生存下去。

但是，ADL 也存在不足，如没有标准的行业生命周期长度，确定行业生命周期当前阶段比较困难。此外，竞争者也有可能影响行业生命周期长度。

7.3　不同角度下的战略抉择

对于一个企业而言，达成战略目标的战略方案可能有多个，战略决策者必须对战略方案进行比较和评价，选出最合适的战略方案。战略抉择就是根据宏观和微观的环境进行战略分析和评价。

7.3.1　企业战略方向选择

一般地，企业可以根据经济环境密度和产业生命周期两个不同角度进行战略抉择分析。

1. 按经济密集程度划分

按经济密集程度，可以将经济划分为分散型经济和规模经济。在不同的经济环境下，有不同的战略实施原则和战略措施。

分散型经济

分散型经济的行业中任何一个企业都不具有市场占有率上的决定性优势，该行业是由许多中小企业组成的，有较低的进入壁垒和较高的退出壁垒，有较为复杂的市场需求和较高的运输成本。由于行业中没有占主导地位的企业和固定的顾客需求，分散型经济首选集中化战略，针对不同的顾客需求、市场制定战略。

分散型行业中企业战略有三个主要原则：集中控制、需求一致性和摸索发展规律。

- 集中控制公司下属的企业：分散型经济的行业中，企业的经营自主权主要通过连锁经营、特许经营和横向并购三种方式实现。
- 创造一致性的市场需求，希望在行业内实现产品和服务的标准化。
- 摸索行业发展规律，分散型经济行业中企业采取的措施多数为了将市场上产品和服务的需求趋同。

分散行业中企业的最佳目标是获得理想的市场占有率，形成对自身有利的客户依赖，为此企业通常采用以下的战略性措施。

- 利用现有模式的优势：用模式思考问题不仅在设计领域大行其道，在企业管理和运营领域也有不容忽视的优势。企业掌握业内的合理运作模式和盈利模式，将其移植到新的行业或者未使用该模式的领域中，连锁经营和特许经营是常用的模式。

- 低成本竞争：低成本竞争不失为提高整体经营效率的好方法，但这种措施不适合长期使用，因为利润率非常低的关系，企业的财务状况会非常紧张。
- 地区性集中：由于分散行业中没有高度统一的顾客群体和市场需求，地区集中战略能体现出独到的优势。从整个行业来看，实施这种战略的企业低弱，但在某个地区的市场起到了支配的地位，并利用消费者转移传播品牌。

规模型经济

规模经济的行业中，会形成规模较大、数量较少的寡头企业，不论是占主导地位的企业还是一般的企业都必须在这样的行业中确定自己的地位，确定相应的竞争战略。规模型经济的行业中一般根据市场占有率将竞争战略分为：领导型、成功型和一般企业战略。

领导型企业 这类企业占有巨大的市场份额，不但在资源、技术、规模、销售、创新等方面占有绝对的优势，并且通常采用维持战略和进攻战略。维持战略的核心是防御，通过扩大产品线和生产规模、垄断专利、提高产品和服务的质量、保持合理的价格、建立排他性的分销渠道等方式，提高进入壁垒，削减进入者威胁，保护现有优势。进攻战略的核心是进攻和创新，加强现有优势。

成功型企业 这类企业仅次于领导型企业，是领导型企业的主要挑战者。成功型企业对领导型企业的挑战覆盖原料、价格、产品到营销网络，通常采用的战略有进攻战略和跟随战略。进攻战略的攻击对象可以是行业内任何企业，向领导型企业发出挑战是高风险的博弈，只有重视技术创新和差异化的企业才有足够的能力发起挑战；对势均力敌的企业或者弱小的企业发起挑战一般会采取横向一体化的并购或者联合，以达到可以和领导型企业分庭抗礼的竞争力。跟随战略的跟随对象是领导型企业，成功型企业尚处于实力不足的阶段，必须根据领导型企业的战略调整自己的战略，跟随市场的脚步。一般而言，差异化和集中化战略的作用很显著。

一般企业 这类企业不具有出众的研发和创新能力，市场份额也不大，往往采取防御型战略、撤退型战略和追随型战略。防御型战略通常联合其他小型的企业，防止被成功型企业和领导型企业并购，这是一种稳定市场的战略。撤退型战略采用减少新设备投资、削减营销费用等方法控制成本，抽出现金，逐渐从行业中撤出。撤退型战略也包括出售企业的业务，减少经营的风险。追随型战略注重对市场的细分，寻求能利用企业优势的细分市场，避免和领导型、成功型企业发生冲突。

2. 依据产业生命周期划分

产业环境对企业的战略制定起着重要的作用。在第 4 章中，我们已经对产业的生命周期有了了解，在不同产业生命周期的企业应该根据情况采取不同的竞争战略来赢取竞争优势（见表 7-1）。

表 7-1　产业生命周期与战略抉择

特　性	形成期	成长期	成熟期	衰退期
竞争对抗的特性	对于竞争者只有有限的注意,产品是注意的核心	各公司在市场中划分	企业求生存,许多企业失败	幸存企业希望降低竞争强度
进入的特性	领导厂商来界定产业	厂商大规模投资	成长缓慢,进入吸引力降低	加入的新厂商不多
产品的技术	无标准的设计	出现竞争性设计,企业希望有自己来制订产业标准	出现标准设计	产品无实质性改变
制程技术	为了维持弹性,使用多重目的设备	特定资产上增加投资	自动化,量产	制程不改变
营销重点	聚焦于创新者,价格易变没有固定水准	品牌开始建立,价格开始下降	进入细分市场,价格比较稳定	重点变为维持市场占有率,价格稳定或下降
投资强度	很高	为了增强地位而进行大规模支出	不强调增加新产能	企业开始退出,撤资
获利水平	一般没有获利	利润高	利润达到顶峰	利润下降
成本效益	不重要	不那么重要	变得重要	相当重要

产业形成期

产业形成期表现出高度的不确定性与模糊性。首先,顾客的需求可能是不确定的,很多顾客往往在知道该产业的技术与产品的设计趋于成熟时,才会进行他们的购买行为,这样就使企业难以定位目标客户群。战略任务需要引发顾客最开始的购买欲,并克服顾客对于产品特性、性能稳定性以及对于竞争对手的不同诉求所产生的犹豫。其次,产业形成期企业缺乏相关的基础架构,上下游价值链可能都尚未健全。再次,产业形成期缺乏一套普遍被接受的产品与服务标准,企业需要建立一套为后来进入者认同的标准。最后,关于其他企业将如何在这个行业中进行竞争,即竞争者的竞争战略企业也是一无所知的。

这个时期,企业要做的第一个抉择就是:选择先进入还是跟随进入。抢先进入者无疑可以得到先发优势,有很大的概率成为市场的主要领导者,且不容易被追随进入的挑战者所替代。此外,先发优势还表现在顾客对于先进入企业的产品容易产生认同,却随着市场的成熟,先进入企业较易实现成本上的领先优势。

抢先进入者也有风险,初期的营销努力与投入的资源如果不够,将导致失败收场,它们的失败会给后续者带来宝贵的失败经验,防止再次重演。从这一点来说,跟随进入者就有着它们的优势了。

产业成长期

产业成长期中,企业的竞争对手数目与竞争压力都是日渐增加的。在这一时期,整个产业的销售量快速增加,获利率也快速增加。

产业成长期中的企业会竞相提供优良的产品和服务来争取顾客,同时,企业会不断增加自己的产能，投资很大的金额在生产相关设备与支撑中，而这样的大投入会要求企业有巨大的销售量来匹配。企业的目标是要建立自己的忠诚客户群，这个时期适合企业采取差异化的战略。

这一时期企业战略的主要问题集中在如何维持自己的持续成长，随着产业产能渐渐趋于饱和，产能过剩将是企业要解决的问题。同时，品牌的建立、企业形象的建立、顾客忠诚的建立都是企业战略的重要部分。

产业成熟期

产业成熟期中，市场的需求增长已经停滞，但是产业中企业的供给却仍在增长，这样就产生了供大于求的情况。企业必须消化自己的超额产能，这种情况下企业很容易走上价格战，只有建立了竞争优势的企业才可以在这样的环境中继续发展。并且由于产业成熟期带来了竞争的加剧，引发了竞争者的收购与合并，对于没有并购价值的企业就必须退出这个行业。产业的退出障碍和该产业中企业所拥有的专属性资产多寡有很大关系。这样，一方面是供大于求导致了激烈的竞争，而对于那些绩效较差的企业却因为退出障碍无法退出，这进一步加剧了竞争。

创新在产业成熟期已经越来越难了，此时产业中的产品已经形成了一些标准，而对于企业来说，往往在创新之前也会有犹豫，由此导致了产业的创新速度逐渐降低了。于是产业中企业的产品慢慢趋向于相似，这样企业的竞争更多是以价格为基础来展开的。产业里的企业缺乏创新使得现有顾客开始不满，于是会有新加入者带来新的产品或服务。企业需要通过战略来维持它们既有的竞争优势，而对于没有竞争优势的企业此时却是一个好机会来进行战略谋局，夺取竞争优势。

以下是可供成熟期企业采用的竞争战略。

阻碍新入者　采用战略来阻吓想要加入产业的新厂商，如大幅提高所提供的产品种类和形式，阻塞新加入者的潜在发展空间；降价来挤压新加入者的利润空间。此外，维持一定的产能也可以是产业呈现供过于求的情况，使新加入者在判断形势之后选择不进入行业。

优化价值链　企业可以通过重整价值链来建立新的竞争优势。这样的调整有助于企业认清价值链的每一个部分，并思考可能新增的顾客价值，调整战略使自己能够专注于那些能够产生最大盈利的价值链活动和环节。

创新为本　只有不断地创新才可以为企业注入持续发展的动力。成熟产业的需求已经陷入停滞，新产品和新创意往往可以刺激顾客产生新的需求。另外，成熟期的顾客具有对产品丰富的知识，有很高的议价能力。企业需要在产品和服务上创新，以同样的成本来生产较佳的产品，或以较低的成本和价格来提供相同品质的产品。

进入新市场　企业可以考虑进入新的市场或市场细分，以在既有市场的品牌为优势，这样的战略在全球化下更是一种可能的选择。

产业衰退期

当产业进入衰退期时，市场开始萎缩。整个衰退期的竞争程度主要由四个因素决定：当产业的衰退速度越快、退出障碍越大、一般的固定成本越高、产品越趋于同构而且产品间的差异性越低，则产业中的竞争程度越剧烈。此时企业可以进行的战略抉择要基于企业在既有市场所拥有的竞争优势来进行选择。其中包括了四种战略抉择：

领导战略　领导战略是通过吸收那些离开该产业的厂商遗留市场份额来获得成长。虽然产业在衰退，但是该企业还是可以获得竞争优势并呈现发展的态势。领导战略适用于企业具有独特的竞争优势时，领导战略下企业一般采用攻击性的定价和营销市场来争夺市场份额，用购并其他的竞争者来巩固在产业中的地位。这样的战略可以促使那些较弱的竞争者退出，使得企业在产业中取得更大的战略优势。

利基战略　利基战略将整个注意的重心放在那些相对衰退较慢，或需求较为稳定的顾客细分市场上。这一战略较适用该企业在这一细分市场上拥有强于其他竞争者的情形。

收割战略　收割战略适用于那些希望可以取得最大现金流之后离开产业的企业。这类企业认为市场会进一步萎缩同时自己也缺乏竞争优势。采取这一战略的企业会减少投资费用，这样会导致市场占有率下降，销售额下降，但是因为投资的减少，可以使现金流量出现正值。最后当减少到一定程度时可以进行清算而离开这个产业。这一战略的实施可能因为顾客洞悉企业的意图而加速丧失其顾客忠诚性，导致企业更快发生清算，退出该产业。

撤资战略　采取这一战略的企业，是希望在市场进一步恶化之前，进行撤资以收回无风险的收益。实现这一战略的关键在于出售事业的时机。

7.3.2　企业增长模式选择

根据不同的战略方向，我们配合以不同的战略发展方法，方法可以分为内部增长和内部增长收购（或处置）以及共同发展（或联盟）。

1. 内部增长

内部增长模式的资源投入来自企业自身的资本积累，有了企业自身的资源基础，发展是指通过加强组织自身的资源基础和能力来发展组织的战略，这是战略发展的首要办法（见表 7-2）。

表 7-2　战略发展方法

方法		环境	资源和能力
内部增长		首次进入某个领域无法找到合作伙伴	学习与能力拓展，分摊成本
外部增长	兼并与收购	速度 供应和需求	获取能力 规模经济
	战略联盟	速度 行业规范	互补性能力 合作学习

对于一些在设计或制造方法上具有很高技术含量的产品，公司可能选择资助开发新

产品的方式，因为这些产品的开发过程本身就是获得在市场上成功竞争所需能力的最佳途径。这一点也适用于通过组织直接介入而进行的新市场开发。在一个快速变化的环境中，组织需要具备知识创造和知识整合的能力。

尽管在组织内部开发新业务活动的最终成本可能会高于收购其他公司的成本，但是成本的分摊可能会更有利，也更现实。当然，企业面临的商业环境也会选择内部增长。

2. 外部增长

兼并和收购

收购是指一个组织通过接管另外一个组织来发展自身的资源和能力。通过收购实现发展往往呈现波动性，具有行业针对性。通常导致收购的原因是组织要适应不断变化的环境，还可能是出于资源的考虑。

收购会碰到很多问题，原因有很多，会因为企业文化产生文化冲突，会因为新旧公司不能很好地整合导致预期的协同效应收益无法实现等。这两个组织有可能在很多具有战略性重要意义的常规问题上都有很大的差别。同样的问题在合并中也会产生，所以企业在制定兼并和收购的战略时，要根据不断变化着的环境积极寻找协同利益，鼓励并购双方的管理者更加努力的工作，以克服并购后出现的种种整合问题。该部分内容会在第11章中进行详细论述。

共同发展与战略联盟

共同发展是指两个或多个组织为追求一个战略而共享资源和活动。共同发展新战略已经变得越来越普遍，这主要是因为组织不能总是仅仅依靠自身内部的资源和能力来应对日益复杂的环境。

联盟的形成可以是为了利用目前的资源和能力，可以是为了探索新的机会。具体的动机有很多，可以归为三大类：

- 对关键批量的需求：用过与竞争对手或互补性产品的供应商合作而实现的联盟可以获得关键批量。这有助于降低成本及向客户提供更丰富的产品或服务。
- 共同专业化：共同专业化让每个合作伙伴都集中精力发展最适宜于其资源和能力的活动。
- 向合作伙伴学习：培养可用于更广泛领域的组织能力。

成功的联盟可以为联盟带来很多的收益，要让联盟真正发挥作用并非易事。联盟的成功取决于管理联盟的方式和合作伙伴促进关系发展的方式。该部分内容会在第12章中进行详细论述。

7.4 战略抉择评估

通过上述战略分析和战略抉择，企业可以得到一系列的候选战略。那么战略是否可行，是否能达到预期效果，则需要通过战略抉择评估才能确定。战略抉择评估是一个客观的分析过程，对提高战略抉择决策的质量起着重要的保证作用。

7.4.1　战略抉择评估标准

一个新的战略不可能是所有利益相关者的理想选择，因此对它们的期望进行评估之前必须对利益相关者进行定位。分析所有的利益相关者的期望不仅仅为了选择一个最佳战略，更重要的是能获得最大的支持。对于战略抉择评估的标准，一般从以下几方面考虑：

适用性标准　战略方案必须适合外部条件。在进行战略适用性评估的时候需要考虑以下几个问题：

- 战略方案在多大程度上解决问题。企业在发展阶段可能遇到诸如供货不稳定的问题，战略应该注重解决类似的问题。
- 战略是否能善用企业的优势和机会。不同的企业有不同的优势，不同的时期有不同的机会，企业战略必须奉行一个原则——靠山吃山、靠水吃水。适用的战略应该尽可能利用企业的资源优势，在竞争环境中建立、巩固竞争优势。
- 战略和目标与企业的宗旨是否一致。企业的宗旨对外表现为品牌形象，这是比产品、市场都要高的定位。战略应该有效推广企业的形象和文化内涵，建立企业的无形资产。
- 适用性标准通常用于第一轮评估，这是用于逐步排除问题的评估方法，剩下的问题需要通过别的评估标准消除。

可行性标准　可行性评估标准用来分析该战略能否成功被实施，在企业设备、人才和财务资源制约因素的情况下是否能够实施该战略。可行性评估的目的是确认企业目前资源状况与战略所要求的战略资源的差异。可行性评估是一个动态的过程，会一直延伸到战略实施细节的计划过程中，在可行性评估中需要考虑以下的问题：

- 企业是否有足够能力和资源处理战略实施中的问题。
- 企业中是否具有战略所要求的管理能力。
- 企业是否有足够的营销能力。

可接受性标准　可接受性是指战略是否与主要利益相关者的期望一致。任何一种战略方案只会被某些利益相关者接受，而不被另一些利益相关者接受，需要考虑下面的问题：

- 从利润率的角度看，财务状况将如何变化。
- 该战略方案将对资本结构产生什么影响。
- 财务风险将会发生什么样的变化。
- 企业和外部利益相关者的关系是否会改变。
- 外部环境是否接受这样的战略。

7.4.2　战略抉择评估方法

战略抉择评估的方法主要针对以上战略的评价标准而制定的分析工具，通常涉及风险分析、收益分析及决策树分析。

1. 风险分析

风险的高低直接影响到战略是否可实施。风险随着环境不断变化，风险永远存在，影响风险的因素主要有可能性和影响

$$风险 = 可能性 \times 影响$$

从负面的角度来看，可能性是投资失败的概率，影响是投资失败所造成的损失，所谓的风险就是企业在一次投资中可能蒙受的损失。通过损失和利益的比较，企业可以做出决定是否按照备选战略进行投资或者说进行发展。

企业的风险分析方法主要有：财务比例规划、敏感度分析、决策矩阵、模拟模式。

财务比例规划　用以确定企业在采用战略的时候可能面临的风险高低，这是最直接的分析方法。财务比例规划关注企业的资本结构，例如，扩大长期贷款是增加贷款资本的行为，这样也增加贷款资本和权益资本之间的比重，风险也随之提高。

敏感性分析　目标是找出战略的主要条件对战略的影响程度。对特定战略方案的每一个重要假设条件进行提问并让其变动，然后分析变动后的情况，尤其要注意期望的经营结果与产出对每一个假设条件具有怎样的敏感程度。如假设市场需求每年会增长 5%，或者企业的某些贵重机器只发挥 90% 的工作能力，那么对第一个假设的敏感性分析的问题是：如果市场需求只增长 1% 或者增长 10%，会对经营状况（比如利润）有什么影响，其中哪一个会使企业改变所采用的战略。对其他假设，同样需要重复这一过程。上述过程能帮助管理者认清选择特定战略方案的风险情况，了解某一决策的可把握性。

决策矩阵　战略抉择问题在许多情况下被限定在几个清楚的活动过程中。首先要确定不同的成本和收益，以及可能的市场情况，然后根据决策准则进行判断——乐观决策准则是在最好的结果中选择最好的；悲观决策准则是在最坏的结果中选择最好的；遗憾决策准则是选择损失最小的方案。

模拟模式　在一个企业及其环境的定量化模拟模型中，包含各种分析方法所考虑的因素，然后根据变量之间的关系来确定理想的战略方案。

2. 收益分析

财务收益状况是企业生存和发展的基础，收益分析和风险分析相对应，都是企业战略不可或缺的。通过收益和风险比较才能对战略的利弊做出判断。其中获利能力分析和所有者价值分析是关键。

获利能力分析　将注意力集中在成本和现金流容易预测的投资项目上。然而，成本和现金流容易预测这一假设，不仅在许多战略过程中不一定成立，而且在许多投资领

域如企业形象或分部形象设计中也确实是不正确的。企业真正应该关心的是战略在长期的投资之后能获得多大利润，其中不但包括有形资产，如厂房、生产线、产品等，更加包括无形资产，诸如当地口碑、购买者的忠诚度等。不仅如此，获利能力是一个全局的概念，可能在一个领域短期产生亏损，但是在别的领域可能造成有益的协同效应。另外值得注意的是，不同的战略抉择将会有不同的资本成本的重要程度。对于那些持续时间很长的战略投资，资本成本十分重要；对于短期投资，资金成本的重要性显然要小得多。

所有者价值 进行财务分析一定要了解价值生成过程，以及企业在这个过程中获得的竞争优势。特别是确定和找到企业的主要现金来源——价值驱动因素和成本驱动因素非常重要，战略的吸引力或可接受性可能会依赖于这些成本或价值驱动因素。

3. 决策树方法

决策树是一种通过罗列解题的有关步骤以及步骤反省的条件和结果的一种方法，能清楚地表明事件发生的原因和带来的结果。完整的决策树可以涉及公司层战略、业务层战略，也能反映评价的不同标准，如图7-12所示。决策树是灵活的决策方式，可以有不同的应用方法，通常可以使用矩阵图来替代公司层战略和业务层战略，因为两者的效果是完全一致的。

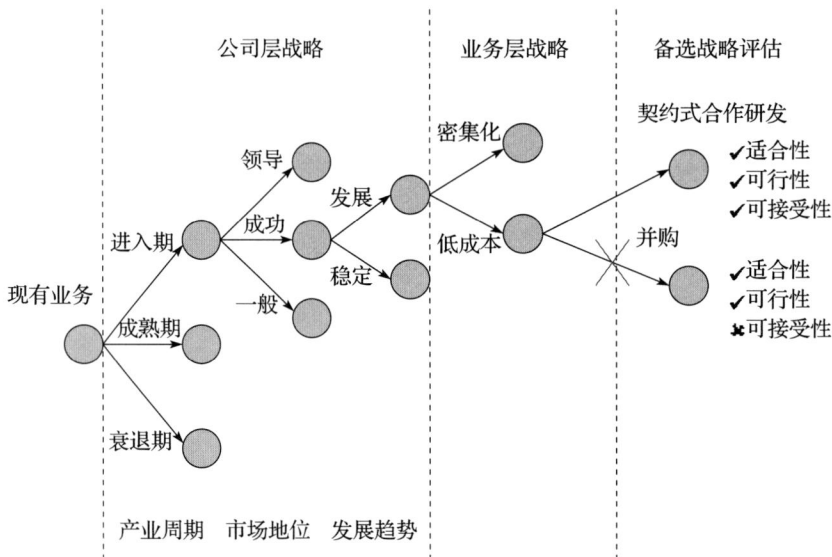

图7-12 决策树方法

战略抉择评估是一项系统工程，企业所在的内外部环境的变动性，决定了要保证战略管理过程的顺利实现，必须通过战略抉择评估体系对战略效果进行评价。事实上，战略抉择评估方式多种多样，企业应根据所处行业、所处环境及自身发展情况做出正确的评估方式，从而做出准确的判断，将付诸实施的战略风险降到最低。

本章回顾

◆ **战略抉择**（strategic selection）分为三个阶段：信息输入阶段、战略匹配阶段、战略决策选择阶段，每个阶段分别有各自定量模型进行分析。信息输入阶段工具有 EFE 矩阵、IFE 矩阵、CPM 矩阵等；战略匹配阶段工具有 SWOT 分析模型、BCG 矩阵、GE 矩阵、I-E 矩阵、大战略矩阵等；战略决策选择阶段工具有 QSPM 分析模型等。

◆ **企业增长模式选择**：根据不同的战略方向配合以不同的战略发展方法，增长模式可以分为内部增长和内部增长收购（或处置）以及共同发展（或联盟）。

◆ 战略分析和战略抉择，企业可以得到一系列的候选战略。那么战略是否可行，是否能达到预期效果，则需要通过战略抉择评估才能确定。战略抉择评估是一个客观的分析过程，对提高战略抉择决策的质量起着重要的保证作用。

探索与研究

1. 战略抉择的形成背景、演绎时段和校验周期。

2. 战略选择分析工具与战略抉择阶段的逻辑关系。

3. 经济下行背景下的中国企业增长方式：王健林的下一步抉择。

参考文献

［ 1 ］ George S. Analysis for Strategic Marketing Decision［ M ］. New York: West Publishing Company, 2011: 202-204.

［ 2 ］ Ansoff, Igor. Strategies for Diversification［ J ］. Havard Business Review, 1998: 114.

［ 3 ］ Andrews, K. The Concept of Corporate Strategy［ M ］. Homewood: Richard Irwin, 2014.

［ 4 ］ 佟慧敏. 浅析企业竞争情报的保护［ J ］. 情报探索，2003（2）：53-55.

［ 5 ］ 彭靖里，等. SWOT 分析方法在竞争情报研究中的应用及其案例［ J ］. 情报杂志，2005（7）：16-18.

［ 6 ］ 李星，谢武. 基于 SWOT 的竞争态势模糊评价［ J ］. 产业与科技论坛，2008，7（12）：127-128.

［ 7 ］ 申彧. 浅谈应用 SWOT、波士顿矩阵和通用矩阵分析选择企业战略［ J ］. 知识经济，2009（9）：76.

［ 8 ］ 郗新明. SWOT 分析应用［ J ］. 经济师，2010（4）：258-259.

［ 9 ］ Adrian Ioana, Vasile Mirea, Cezar Bǎlescu. Analysis of service quality management in the materials industry using the BCG matrix method［ J ］. Amfiteatru Economic, 2009, 11（26）：270.

［ 10 ］ 李海滨，王琼海. 波士顿矩阵分析法的局限、修正及应用［ J ］. 科技创新导报，2009（33）：205-207.

［ 11 ］ 刘学剑. 浅谈应用 SWOT、波士顿矩阵和通用矩阵分析选择企业战略［ J ］. 饲料博览

（技术版），2008（12）：52-56.

［12］ 张永杰，柴博.对企业几种战略分析工具应用的比较研究［J］.新疆职业大学学报，
       2005，13（4）：28-31.

［13］ 易世志.浅析波士顿矩阵法的局限［J］.商业研究，2005（16）：105-108.

［14］ 杨春静，刘颖璇.试论竞争情报中的分析方法［J］.科技情报开发与经济，2007，17
       （36）：114-116.

［15］ Chris Pearce. Ten steps to carrying out a SWOT analysis［J］. nursing management,
       2007, 14（2）：25.

［16］ 王晓琳.竞争情报分析方法之投资组合分析法［J］.科技情报开发与经济，2007，17
       （33）：94-95.

［17］ 徐鑫.BCG矩阵的局限［J］.现代商业，2008（11）：27.

［18］ 王方华，陈继祥.战略管理［M］.上海：上海交通大学出版社，2003.

［19］ Pang-ningtan, Michael Steinbach, Vipinku-mar. 数据挖掘导论［M］.范明，范宏建，
       等译.北京：人民邮电出版社，2006：89-94.

第 8 章
战略实施与控制

除非战略被认真地和系统地实施，
也除非战略制定者决意致力于为取得好的经营成果，
否则一切精力将被用于为昨日辩护，
没有人会有时间开拓今天，
更不用说创造明天。

——彼得·德鲁克

中国东方航空

自 2009 年东航新管理班子上任以来，东航处于悬崖边缘，每天都在亏损，2008 年的资产负债率高达 115%，亏损 138 亿元。在危难中，领导班子从战略入手，针对航空业"高投入、高技术、高风险、高敏感度、低盈利"的"四高一低"特点，明确了枢纽网络、成本控制、品牌经营、精细化管理、信息化建设的五大发展思路。为了增强管理团队的向心力和执行力，东航自 2010 年度引进战略解码。咨询公司在 2009 年 12 月第一个周末在郊外闭门启动了连续 4 天的公司战略解码会。

战略解码的过程是这样的，第一天由总裁带领的高管团队定下 2010 年的七大硬仗，分别是：

- 圆满完成东航重组
- 全力服务世博，提升品牌形象
- 全力以赴，力争扭亏
- 枢纽建设取得明显进展
- 推进安全 SMS 建设，提升安全水平
- 稳步推进改革改制工作
- 加快提升信息化能力

接着，东航为每个硬仗指定了主帅、副帅和牵头单位。第二天高管团队指定了 2010 年公司指标，分为数值型和任务型，并为每个指标指定了 T_1、T_2 和 T_3 指标。T_1 指标意味着公司最小期望值，T_2 指标表示需要非常努力才能够达到，T_3 指标表示一个不可能完成的激动人心的任务。从第三天开始中级管理干部入场，由每个高管主帅讲解七场硬仗和相应指标，并由具体负责单位制定详尽的行动任务表。最后一天各单位当众宣讲他们领受的任务。

在公司解码结束后的 3 周内，各个单位领导与中层和一线部门管理者轰轰烈烈地解码，包括机关职能单位和各分子公司，做到"上下同欲者胜""军中无戏言"。具体的指标和行动计划围绕着工作的大战略，细化到每一个部门和职能。由于人努力、天帮忙，经过解码后的东航在 2010 年不仅扭亏为盈，而且净盈利 50 亿元人民币，而且通过世博会打出了东航品牌，打响了成名之战。

从此，东航每年在 12 月均开展公司的战略解码。战略最主要是落实，为了跟踪战略完成情况，东航的企业管理部每个月均根据计划考核每个单位的指标完成情况，并根据考核结果每季度给全公司各部门支付绩效工资。为了让每个管理人员知晓自己负责的战略进度，东航 IT 部还开发了基于内网的战略解码跟踪系统，详细列出每个考核项目的上下游关系，和进度完成情况。此严密的战略解码和进度考核体系帮助东航在几年中从即将倒闭的国企，成为持续盈利管理日益精细的企业。

战略解码在东航的战略执行中发挥了巨大作用。此后三年，东航总资产和营业收入每年有 12% 以上的增长，资产负债率从 115% 降低到 80%，2011 年东航实现利润总额 51 亿元，净资产回报率近 24%，处于行业领先地位。品牌形象全面提升。东航在资本市场信用评级达"AAA"级，位列国务院国资委 A 类企业。

然而经过 5 年的战略解码，一系列的问题也凸显出来：

首先，企业员工对战略的认识逐渐成为对指标的认识。所有单位在解码前已经准备好了有利于自己的指标体系，解码成为走过场。其次，指标的考核成为员工一年工作中的唯一目标，临时增加的战略目标很难在解码后加入。此外，尽管跨部门工作有联合考核指标，但是各单位更加趋向与靠自身力量完成指标，跨部门合作并没有显著提高。最后，考核指标越来越细，已经无法表现战略引导方向。

为此经过多方讨论，2015 年的东航继续战略解码步伐，改革解码方式，突出战略引导的作用。同时，对于指标考核体系进行大规模的简化，把东航的战略解码成为新时期的管理利器。东方航空集团有限公司的治理结构和组织架构如图 8-1 和 8-2 所示。

战略实施作为战略管理的行动阶段，与战略谋局环环相扣，对于战略能否达致预期目标起着决定性作用。为避免战略实施失控，一个完整的战略管理过程就必须有战略控制，以保证实际的成果符合预先制定的目标。本章将先后阐述战略实施与战略控制这两个非常关键的战略管理环节。

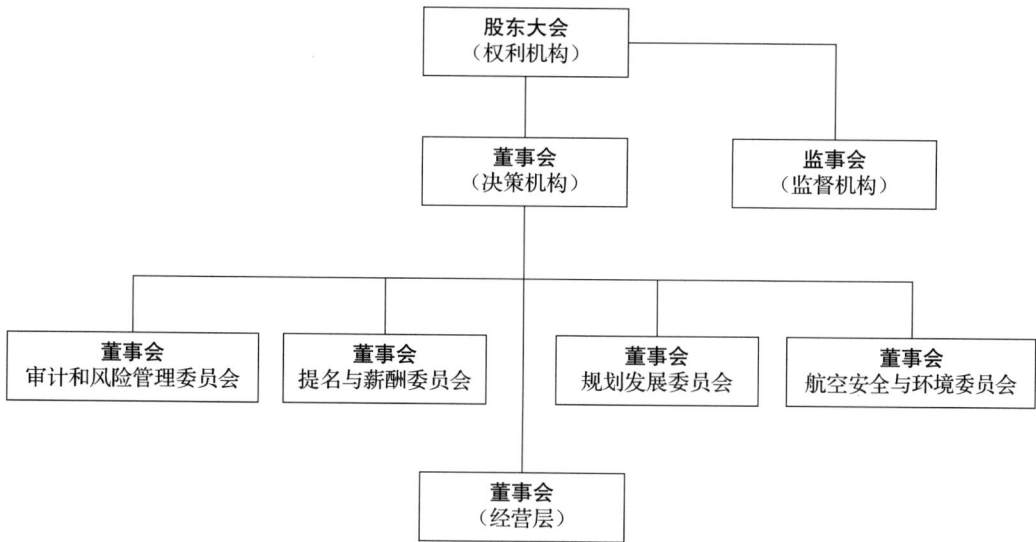

图 8-1　东方航空集团治理结构

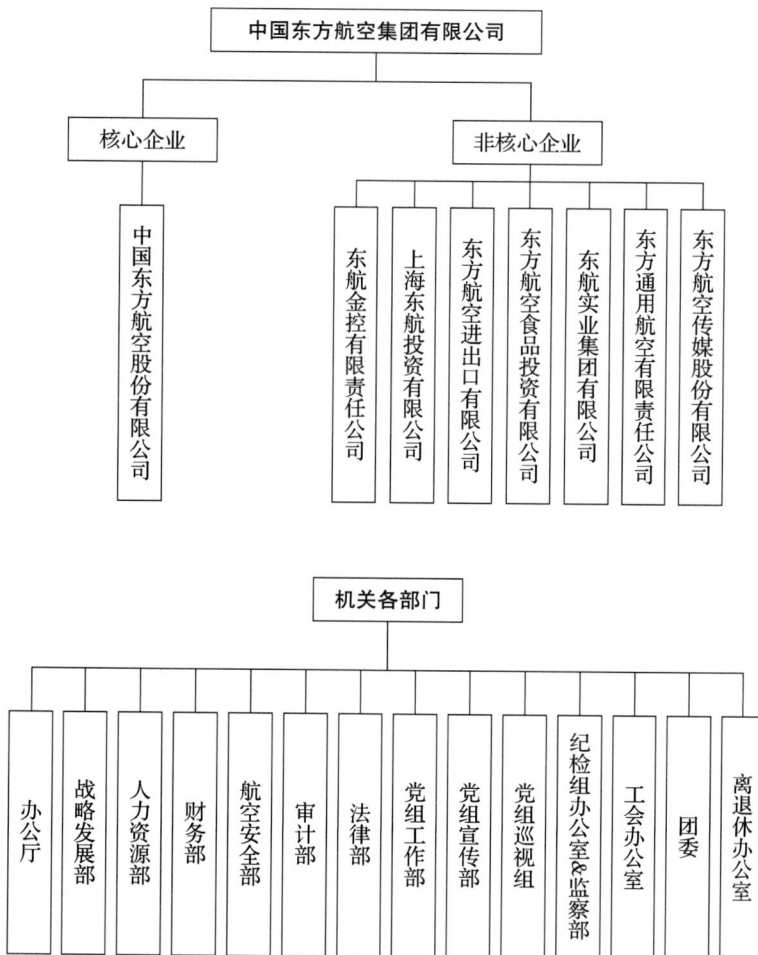

图 8-2　东方航空集团组织结构图

8.1 战略实施与企业文化

战略实施是一个对战略逐步解读的过程，是一个自上而下的动态管理过程。实施过程中公司战略在公司运营的各个环节中得以分解、落实。所谓动态主要是指战略实施的过程中，常常需要在"分析→决策→实施→反馈→决策调整→再实施"的不断循环中达成战略目标。一般战略实施分为以下三个阶段。

战略发动阶段 在这一阶段上，企业要安排对企业管理人员和员工进行培训，向他们灌输新的思想、新的观念，提出新口号和新概念，消除一些不利于战略实施的旧观念和旧思想，调动起大多数员工实现新战略的积极性和主动性。这个阶段最重要的就是建立与战略一致的企业核心价值观，也就是企业文化，并且在以后的战略实施阶段中不断强化。

战略计划阶段 在本阶段，企业除了应进行新组织结构匹配，确认相应的领导力和资源配置方案以支持战略实施，同时还将制订战略计划：把经营战略分解为时间计划、工作内容、阶段战略重点、阶段目标。这样将使企业战略最大限度的具体化，变成企业各个部门可以具体操作的业务。

战略运作阶段 在此阶段，企业按照制订的计划运作把新的战略融入企业的日常生产经营活动中，逐步将其变为制度化的工作内容。

战略实施是一个全员性的概念，它涉及企业管理的整个系统：研发、生产、物流管理、销售、市场、人力资源、资本结构等各个环节。这些环节的工作紧密相连，互相影响，无论哪个出现问题都有可能造成企业战略的全盘失败。那么战略实施的各个阶段中需要考虑的关键因素是什么？实施战略要遵循什么原则？常用的模式和工具又有哪些？这都是企业需要深刻思考的问题。下面我们将详细描述如何层层推进的分阶段进行战略实施，同时在各个阶段穿插介绍战略实施中的关键因素、原则和常用方法等。图8-3展示了本章所要探讨的战略实施概括。

8.1.1 战略发动阶段与企业文化

战略发起时，企业领导者需要研究如何将企业战略的理想变为企业大多数员工能接受的思想，调动起大多数员工实现新战略的积极性和主动性。这就要求对企业战略进行解读，对企业管理人员和员工进行培训，向他们灌输新的思想、新的观念，提出新口号和新概念，消除一些不利于战略实施的旧观念和旧思想，以使大多数人逐步接受一种新的战略。对于一个新的战略，在开始实施时相当多的人会产生各种疑虑，而一个新战略往往要将人们引入一个全新的境界，如果员工们对新战略没有充分的认识和理解，它就不会得到大多数员工的充分拥护和支持。因此，战略的发动阶段是一个诱导广大员工的过程，要向广大员工讲清楚企业内外环境的变化给企业带来的机遇和挑战，存在于旧战略中的各种弊病，新战略的优点，说明要达到的目的以及存在的风险等。最终使大多数员工能够认清形势，认识到实施战略的必要性和迫切性，树立信心，打消疑虑，为实现新战略的美好前途而努力奋斗。企业的领导者在发动员工的过程中既要努力争取战略的关键执行人员的理解和支持，也要考虑机构和人员的认识转变问题以扫清战略实施的障碍。那么如何做到这一点呢？构建与战略相匹配的企业文化就是答案。

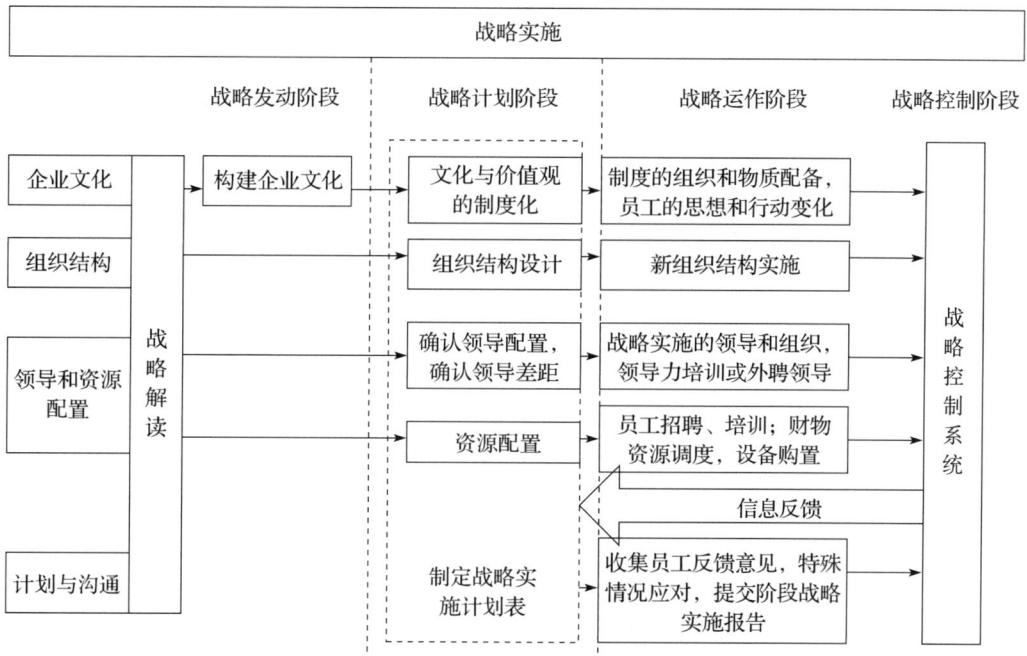

图 8-3　战略实施概括

企业文化（corporate culture）是一个企业由其价值观、信念、仪式、符号、处事方式等组成的其特有的文化形象。企业文化是在一定的条件下，企业生产经营和管理活动中创造的具有该企业特色的精神财富和物质形态。它包括文化观念、价值观念、企业精神、道德规范、行为准则、历史传统、企业制度、文化环境、企业产品等。其中价值观是企业文化的核心。

企业文化是企业的灵魂，是推动企业发展的不竭动力。它包含非常丰富的内容，其核心是企业的精神和价值观。这里的价值观不是泛指企业管理中的各种文化现象，而是企业或企业中的员工在从事商品生产与经营中所持有的价值观念。

经营哲学　经营哲学源于社会人文经济心理学的创新运用，是一个企业特有的从事生产经营和管理活动的方法论原则。它是指导企业行为的基础。一个企业在激烈的市场竞争环境中，面临着各种矛盾和多种选择，要求企业有一个科学的方法论来指导，有一套逻辑思维的程序来决定自己的行为，这就是经营哲学。例如，日本松下公司"讲求经济效益，重视生存的意志，事事谋求生存和发展"，这就是它的战略决策哲学。

企业精神　企业精神是指企业基于自身特定的性质、任务、宗旨、时代要求和发展方向，并经过精心培养而形成的企业成员群体的精神风貌。企业精神要通过企业全体职工有意识的实践活动体现出来。因此，它又是企业职工观念意识和进取心理的外化。

企业精神是企业文化的核心，在整个企业文化中起着支配的地位。企业精神以价值观念为基础，以价值目标为动力，对企业经营哲学、管理制度、道德风尚、团体意识和企业形象起着决定性的作用。可以说，企业精神是企业的灵魂。企业精神通常用一些既富于哲理，又简洁明快的语言予以表达，便于职工铭记在心，时刻用于激励自己；也便于对外宣传，容易在人们脑海里形成印象，从而在社会上形成个性鲜明的企业形象。

企业道德　企业道德从伦理关系的角度，以善与恶、公与私、荣与辱、诚实与虚伪等道德范畴为标准来评价和规范企业。与法律规范和制度规范不同，企业道德不具有那样的强制性和约束力，但具有积极的示范效应和强烈的感染力，当被人们认可和接受后具有自我约束的力量。因此，它具有更广泛的适应性，是约束企业和职工行为的重要手段。

团体意识　团体意识是企业内部凝聚力形成的重要心理因素。企业团体意识的形成使企业的每个职工把自己的工作和行为都看成实现企业目标的一个组成部分，使他们对自己作为企业的成员而感到自豪，对企业的成就产生荣誉感，从而把企业看成自己利益的共同体和归属。因此，他们就会为实现企业的目标而努力奋斗，自觉地克服与实现企业目标不一致的行为。

企业形象　企业形象是企业通过外部特征和经营实力表现出来的，被消费者和公众认同的企业总体印象。由外部特征表现出来的企业的形象称为表层形象，如招牌、门面、徽标、广告、商标、服饰、营业环境等，这些都给人以直观的感觉，容易形成印象；通过经营实力表现出来的形象称为深层形象，它是企业内部要素的集中体现，如人员素质、生产经营能力、管理水平、资本实力、产品质量等。表层形象是以深层形象为基础，没有深层形象这个基础，表层形象就是虚假的，也不能长久保持。流通企业由于主要是经营商品和提供服务，与顾客接触较多，因此表层形象显得格外重要，但这绝不是说深层形象可以放在次要的位置。

企业形象还包括企业形象的视觉识别系统，是企业对外宣传的视觉标识，是社会对这个企业的视觉认知的导入渠道之一，也是标志着该企业是否进入现代化管理的标志内容。

企业制度　企业制度是在生产经营实践活动中所形成的，对人的行为带有强制性，并能保障一定权利的各种规定。从企业文化的层次结构看，企业制度属中间层次，它是精神文化的表现形式，是物质文化实现的保证。企业制度作为职工行为规范的模式，使个人的活动得以合理进行，内外人际关系得以协调，员工的共同利益受到保护，从而使企业有序地组织起来为实现企业目标而努力。

文化结构　企业文化结构就是企业文化的构成、形式、层次、内容、类型等的比例关系和位置关系。它表明各个要素如何链接，形成企业文化的整体模式，即企业物质文化、企业行为文化、企业制度文化、企业精神文化形态。

企业使命　企业使命说明企业的经营领域、经营思想，为企业目标的确立与战略的制定提供依据，具体表述企业在社会经济活动中的身份或角色、企业经营哲学、企业宗旨和企业形象。

企业首先需要明晰企业文化体系的内容和结构。企业文化雷达模型很好地描述了企业文化体系的内涵，如图 8-4 所示。

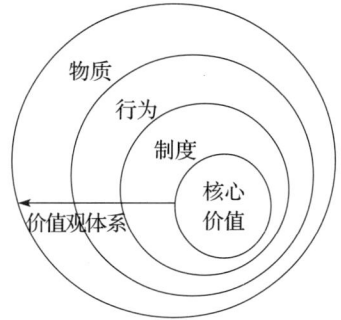

图 8-4　企业文化雷达模型

按照企业文化结构雷达模型，企业文化体系的内容由四个部分组成：核心价值、制度、企业行为和物质资源。价值观体系以核心价值为基点，形成一根动态扫描针。

图 8-4 中的指针是对企业的规章制度、员工行为习惯和企业物质层面的东西不断进行扫描检核，及时发现其中与价值观不一致的"目标"。这根指针有个轴向向外的箭头，表示基于核心价值的价值观体系是动态发展的、无边界扩展的和不断丰富的。价值观体系的不断丰富会带引企业文化的制度层、行为层和物质层的"厚度"不断扩展丰富。价值观体系在扫描过程中，会得到制度层、行为层和物质层的反馈，包括信息反馈、检验反馈等。换句话说，制度层、行为层和物质层的实践为企业提炼价值观提供了素材；同时，这三层的实践为企业判断价值观正确与否提供了依据，可以说，"实践是检验价值观的标准"。

其次，企业需要提炼并形成价值观体系。

价值观是人们对事物和观念做出价值判断和选择的尺度或标准。企业组织是一个复杂的系统，经营管理活动涉及方方面面的事物，企业主和经营管理者以及员工有意识或无意识地形成了对待这些事物和观念的价值观，构成了企业价值观体系。这些价值观中，有些是涉及总体的，是最基本、最重要、最核心、最"上位"、最稳定的，称为核心价值观。例如，"诚信为金""以人为本"。按照柯林斯和波拉斯在《基业长青》中提出的观点，一个企业的核心价值不应超过六个。其余的价值观是某一方面的，是非核心的，相对处于"下位的"，可以归类到企业中的某个专业部门、专业领域，称为分类价值观。例如，劳动纪律方面的"纪律是企业的生命"、安全管理方面的"消防安全高于一切"。

我们可以再以 IBM 为例。

价值观：顾客至上。

制度：任何问题 24 小时内解决。

行为：员工专业培训，专家 24 小时电话应答，零件快递服务。

物质：电话服务中心，员工培训中心。

最后，企业按照雷达模型的内容结构，提炼价值观，并相应配套形成企业一个个的"文化细胞"，把"虚"文化落实到具体的工作上，而非仅仅简单地宣传核心价值观和企业理念。此外，企业在构建文化中还需要关注与环境以及与战略的匹配。

文化与环境 企业的文化必须适合企业的环境，若企业所在的环境相对落后，那么企业的文化不应该是奢侈的，而是应该比较亲和的、朴素的。举例而言，中国现在存在一部分贫困的人群，社会需要和谐，假如大张旗鼓地宣扬奢侈品消费，不仅会造成顾客对企业的不满，更有可能破坏社会的团结安定。

文化与战略 当一个企业组织规模越来越大，新成员加入会给企业带来新的文化元素，尤其是价值观的冲突，必然会使企业承担融合几种文化元素形成一种新文化的任务，战略必须有所变更。这时制定的新战略，要求企业文化在原来的基础上有所改变与发展，以便与新的战略配合、协调。但这并不像更新设备、转换产品那样容易，企业文化的培育和变迁往往具有滞后性。当企业文化与战略匹配时就成为战略实施的动力，反之则可能成为阻力。一个企业实施一种新的战略，新战略与企业文化具有强一致性时，新战略能更好地实施（见图8-5）。

图8-5 企业文化存在的问题与解决方案

如图8-5所示，企业文化所存在的问题可以在一个二维坐标轴内显示：以竖轴表示企业战略的变化性，分为多、少两个维度；以横轴表示企业文化的潜在一致性，分为高、低两个维度。这样就可以将企业战略与现有企业文化之间的关系划分为四个象限，并通过分析诊断出企业新的战略实施与现有企业文化之间存在的问题，对症下药，最终使企业新的战略使命与员工的价值观念达成一致，促进企业的发展。

以企业目的为基础 当企业战略变化性大、文化潜在一致性较高时，企业固有的文化观念是崇尚创新、追求发展，一般对企业所实施的利用重大机会、适应市场环境、进行产品改良和市场拓展的战略给予很大的支持，实行新的战略措施没有阻力。

加强协同作用 当企业战略变化性大、文化潜在一致性较高时，企业达到了制定、实施新战略时最为理想的状态，属于二维四分图中的第二象限，企业往往是采用稳定型战略（或维持不变战略）。处在这种地位的企业不一定是无所作为的，需要加强企业文化和文化影响二者的协同作用，形成合力，最大限度地激发企业和员工的潜能。

根据文化进行管理　当企业战略变化性低、文化潜在一致性较低时，企业结构、技能、共同价值观、生产作业程序等并没有根本性的变化，但企业与原有文化存在冲突，因而新战略的实施必定会遭到来自企业文化的阻力。

重新制定战略象限　有时，企业在处理战略与文化的关系过程中，会陷入一种"两难"的境地：企业实施一种新的战略，组织要素会发生重大变化，这种变化又与现有文化的一致性非常低，甚至受到现有文化的抵制。"组织要素发生重大变化"和"极低的潜在一致性"两个维度一起构成了第四象限。企业难以抉择的原因是，无论遵循哪个方向，都必须做"大动作"——要么重新制定战略，要么变革甚至再造企业文化。

8.1.2　战略计划阶段

通过对企业战略的解读，我们已经构建了与战略相匹配的企业文化结构，接下来的战略计划阶段，我们的任务就是将企业战略最大限度的具体化，变成企业各个部门可以具体操作的业务。为了达到这一目的，我们将从企业的组织结构中着手。

钱德勒对美国 70 多家公司，尤其是杜邦公司、通用公司、西尔斯罗巴克公司和标准石油公司四大公司的发展史研究后发现：企业选择新的战略之后，如果管理人员对于经营管理等问题认识不深刻，现行的组织结构就不能适应新的战略，企业的业绩就会受到影响，直到组织结构成功变动适应战略。钱德勒由此得出一个著名的结论：组织结构追随战略。

组织结构是战略执行中的关键要素，高效的组织结构不仅为企业内部的资源配置和共享提供了有效的途径，而且为企业适应外部环境提供了有力的支持。下面我们将简单介绍组织结构的内容和形式，然后讨论经营环境稳定性和公司生命周期对组织结构的要求，最后论述不同的企业发展战略下如何设计组织结构，进行有效匹配。

企业组织单位、部门和岗位的设置，不是把一个企业组织分成几个部分，而是企业作为一个服务于特定目标的组织，必须由几个相应的部分构成。它不是由整体到部分进行分割，而是整体为了达到特定目标，必须有不同的部分承担不同的分工，这种关系不能倒置。

以下我们列出了最常见的组织结构。

1. 简单结构

具有简单结构的组织（见图 8-6）通常被个人控制。企业的形态也是以个人所能建立与维系的关系（企业内部和外部的关系）和做事的非正式流程为主。简单结构是小企业通常采用的结构类型：所有者往往承担大部分管理责任，可能有个合伙人或助手，不过没有什么管理责任的分工，即使管理者不止一人，也没有谁负责干什么的明确规定。

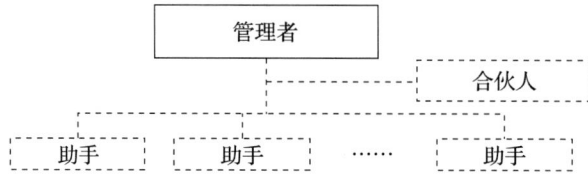

图 8-6　简单结构

2. 职能结构

职能结构根据组织所开展的主要活动（如生产、财务、市场营销、人力资源和信息管理等）划分。这种结构类型通常见于那些规模较小，或是产品、品牌类别较少的企业（见图 8-7）。

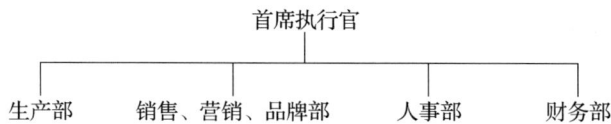

图 8-7　职能结构

3. 多分布结构

多分布结构基于产品、服务或地理区域而划分的各分支机构构成的组合。设立分支的目的为了弥补职能结构在处理差异性上的不足。这种结构多见于公关事业部门等（见图 8-8）。

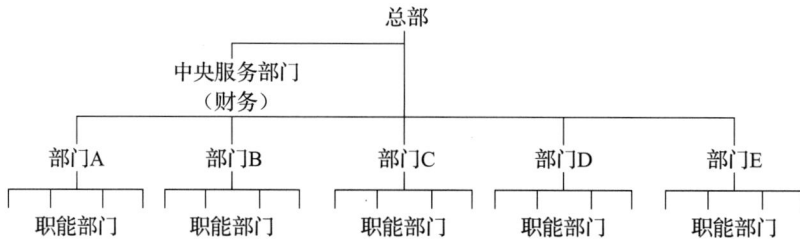

图 8-8　多分布结构

4. 控股公司结构

控股公司实际是投资公司，拥有几个独立企业的股份，这些企业虽然是母公司的一部分，但是往往独立经营并保留其原有公司名称。母公司与子公司间的流程和关系仅限于财务（见图 8-9）。

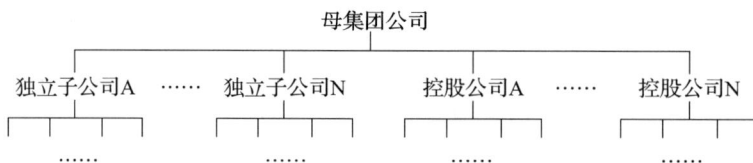

图 8-9　控股公司结构

5. 矩阵结构

矩阵结构是一个组合型结构，它可以按产品划分的同时按地理区域划分，或是既有职能结构同时又有部门结构。如学校可以按教学负责人和学生组来划分、跨国公司倾向于以产品分部和地理区域来划分业务单位（见图 8-10）。

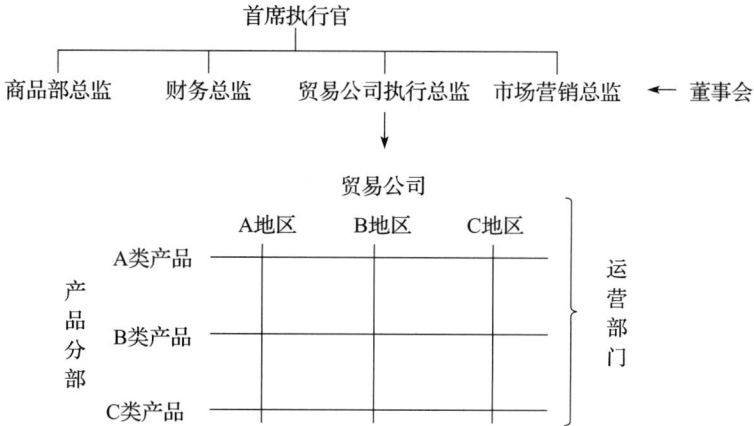

图 8-10   矩阵结构

图 8-11 展示的霍尼韦尔的组织结构就是典型的矩阵式结构。

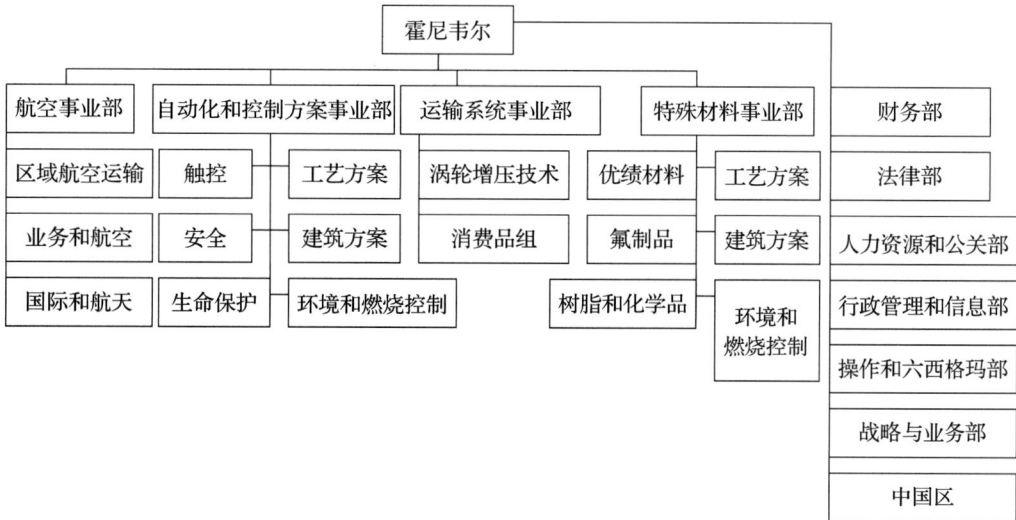

图 8-11   霍尼韦尔组织结构图

6. 团队结构

以团队为基础的结构试图通过把员工按照业务流程编成跨职能的小组而实现横向和纵向的协调。有时，采用以团队为基础的结构是为了反映消费群的多样性。例如，一个企业的某个产品线系内可以组建多个由生产者、销售人员、营销人员、行政人员构成的小组，分别为各自品牌服务（见图 8-12）。

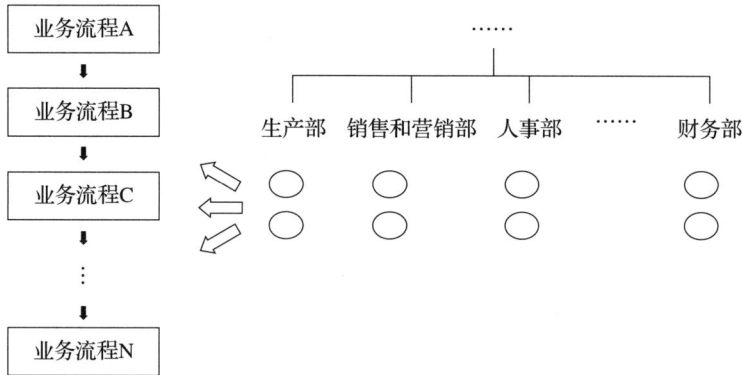

图 8-12　团队结构

以上就是 6 种最常见的企业组织结构类型。但是，在现实中，往往没有那么简单，许多企业结构会根据业务发展、企业外部环境进行调整。不少企业对"谁在负责品牌"这一问题的回答是：没有人负责。还有一些企业很多人在负责品牌，这些人的目标各不相同。如惠普有数以百计的经理人在各自业务领域对惠普品牌负责。同时，在不同国家，有不同战略和传播手段，于是惠普又多了些品牌负责人，这给组织结构增加了一层复杂性。

8.1.3　战略运作阶段

战略运作是为实现企业战略目标而对战略计划的实际执行过程。企业在明晰自己的战略目标，制定战略实施计划后就必须专注于如何将其落实转化为实际的行为并确保实现。在本阶段，各部门按照战略实施计划的部署有序地开展各项工作，确保企业文化、组织结构、领导和资源配置等方面的计划能够按时按质完成。这个阶段我们主要探讨的问题是为了顺利地开展工作，战略实施中必须遵守哪些原则和常见的方法。

1.战略实施的原则

在战略的实施过程中，战略实施并不等同于简单的"按计划执行"，战略实施的内容牵涉到政策落实、组织调整、资源分配与财务决策、人力资源管理及企业文化重塑等诸多任务。也可以说，战略实施是系统性问题的交错，企业在战略实施的过程中面临一些在制定战略时未估计到或者不可能完全估计到的矛盾和冲突，因此我们就需要把握好解决各种矛盾和冲突的基本原则。

适度合理性原则　战略的实施过程需要适度的创新以解决一些难以预期的问题，但这应在保持与总体目标及战略统一的前提下。

统一领导原则　统一指挥的原则。只有企业上下在保持步调一致的基础上，资源分配、组织机构调整、企业文化建设、信息的沟通及控制、激励制度建立等各方面才能相互协调、平衡，才能使企业卓有成效地运行以实现战略目标。

权变原则 掌握环境变化的程度、识别关键变量、相应调整战略，以使企业有充分的应变能力。

沟通原则 在战略实施运作阶段，企业应当建立相应的沟通渠道，发生问题要及时双向沟通。古今中外，因为沟通而导致失败的例子比比皆是。

2.战略实施模式类型

在企业的战略经营实践中，战略实施有五种不同的模式。辨别各种战略模式的优劣，选取适当的战略模式，对于企业战略的正确实施起到良好的保障作用。

指挥型 指挥型模式的特点是企业高层管理人员考虑的是如何制定一个最佳战略的问题。在实践中，计划人员向高层管理人员提交企业经营战略的报告，由高层管理人员确定战略之后，命令下层管理人员执行。

这种模式的运用需要高层管理人员有较高的权威，靠权威通过发布各种指令来推动战略实施。并且，这个模式只能在战略比较容易实施的条件下运用。这要求战略制定者与战略执行者的目标比较一致，战略对企业现行运作系统不会构成威胁。企业组织结构一般都是高度集权制的体制，企业环境稳定，能够集中大量的信息，多种经营程度较低，企业处于强有力的竞争地位，资源较为宽松。

但是，这种模式不适应高速变化的环境，要求企业能够准确有效地收集信息并能及时汇总到高层管理人员的手中。同时，企业需要有较为客观的规划人员。因为在权力分散的企业中，各事业部常常因为强调自身的利益而影响了公司层战略的合理性。因此，企业需要配备一定数量的有全局眼光的规划人员来协调各事业部的计划，使其更加符合企业的总体要求。

指挥型模式的缺点是把战略制定者与执行者分离，即高层管理者制定战略，强制下层管理者执行战略，因此，下层管理者缺少了执行战略的动力和创造力，甚至会抵制战略的实施。

变革型 这种模式的特点是企业经理考虑的是如何实施企业战略。在战略实施中，高层管理人员本人在其他方面的帮助下需要对企业进行一系列的变革，如建立新的组织机构、新的信息系统、变更人事甚至是兼并或合并经营范围，采用激励手段和控制系统以促进战略的实施，为进一步增强战略成功的机会，企业战略领导者往往利用新的组织机构和参谋人员向全体员工传递新战略优先考虑的是什么，把企业的注意力集中于战略重点的领域。领导者建立战略规划系统、效益评价系统，采用各项激励政策以便支持战略的实施。通常领导者还需要充分调动企业内部人员的积极性，争取各部门人员对战略的支持，以此来保证企业战略的实施。

这种模式在许多企业中比指挥型模式更加有效，但这种模式并没有解决指挥型模式存在的如何获得准确信息的问题，各事业单位及个人利益对战略计划的影响问题以及战略实施的动力问题，而且还产生了新的问题，即企业通过建立新的组织机构及控制系统来支持战略实施的同时，也失去了战略的灵活性，在外界环境变化时，使战略的变化更为困难。从长远观点来看，在环境不确定性的企业，应该避免采用不利于战略灵活性的措施。

合作型　合作型模式的特点是企业的高层管理人员考虑如何让其他高层管理人员从战略实施一开始就承担有关的战略责任。为发挥集体的智慧，企业高层管理人员要和企业其他管理人员一起对企业战略问题进行充分的讨论，形成较为一致的意见，制定出战略，再进一步落实和贯彻战略，使每个高层管理者都能够在战略制定及实施的过程中做出各自的贡献。

协调高层管理人员的形式多种多样，如有的企业成立有各职能部门领导参加的"战略研究小组"，专门收集在战略问题上的不同观点，并进行研究分析，在统一认识的基础上制定出战略实施的具体措施等。高层管理人员的任务是要组织好一支能够胜任制定及实施战略的管理人员队伍，并促使他们很好地合作。

合作型模式克服了指挥型模式及变革型模式存在的两大局限性，使高层管理人员接近一线管理人员，获得比较准确的信息。同时，由于战略的制定是建立在集体考虑的基础上的，从而提高了战略实施成功的可能性。

合作型模式的缺点是由于战略是不同观点、不同目的的参与者相互协商折中的产物，有可能会使战略的经济合理性有所降低，同时仍然存在谋略者与执行者的区别，仍未能充分调动全体管理人员的智慧和积极性。

文化型　文化型模式的特点是企业高层管理人员考虑的是如何动员全体员工都参与战略实施活动，即企业高层管理人员运用企业文化的手段，不断向企业全体成员灌输以战略思想，建立共同的价值观和行为准则，使所有成员在共同的文化基础上参与战略的实施活动。由于这种模式打破了战略制定者与执行者的界限，力图使每一个员工都参与制定实施企业战略，因此使企业各部分人员都在共同的战略目标下工作，使企业战略实施迅速，风险小，企业发展迅速。

但是，文化型模式也有局限性，它是建立在企业职工都是具有足够学识的假设基础上的，在实践中职工很难达到这种学识程度，受文化程度及素质的限制，一般职工（尤其在劳动密集型企业中的职工）对企业战略制订的参与程度受到限制。同时，当一个企业拥有极为强烈的企业文化，可能会掩饰企业中存在的某些问题，企业也要为此付出代价。此外，采用文化型模式耗费较多的人力和时间，而且还可能因为企业的高层不愿意放弃控制权，从而使职工参与战略制定及实施流于形式。

增长型　增长型模式的特点使企业高层管理人员考虑的是如何激励下层管理人员制定实施战略的积极性及主动性，为企业效益的增长而奋斗。即高层管理人员要认真对待下层管理人员提出的一切有利企业发展的方案，只要方案基本可行，符合企业战略发展方向，在与管理人员探讨了解决方案中的具体问题的措施以后，应及时批准这些方案，以鼓励员工的首创精神。采用这种模式，企业战略不是自上而下的推行，而是自下而上的产生。

对于高层管理人员，他们需要清醒地知道他们不可能控制所有的重大机会和威胁，有必要给下层管理人员以宽松的环境，激励他们帮助高层经理从事有利于企业发展的经营决策。由于权力有限，他们也不可能在任何方面都可以把自己的愿望强加于下属。

只有在充分调动及发挥下层管理者积极性的情况下，高层管理人员才能正确地制定和实施战略，一个稍微逊色的但能够得到人们广泛支持的战略，要比那种"最佳"的却根本得不到人们热心支持的战略有价值得多。

在 20 世纪 60 年代以前，企业界认为管理需要绝对的权威，这种情况下，指挥型模式是必要的。此后，钱德勒的研究结果指出，为了有效地实施战略，需要调整企业组织结构，这样就出现了变革型模式。合作型、文化型及增长型三种模式出现较晚，但从这三种模式中可以看出，战略的实施充满了矛盾和问题，在战略实施过程中只有调动各种积极因素，才能使战略获得成功。上述五种战略实施模式在制定和实施战略上的侧重点不同，指挥型和合作型更侧重于战略的制定，而把战略实施作为事后行为，而文化型及增长型则更多地考虑战略实施问题。实际上，在企业中上述五种模式往往是混合使用的。

3. 战略实施的要素

著名的**麦肯锡 7S 模型**（Mckinsey 7S model）很好地概括了企业实施战略中必备的要素。7S 模型是麦肯锡顾问公司研究中心所设计得出，指出了企业在发展过程中必须全面地考虑各方面的情况，包括**结构**（structure）、**制度**（system）、**风格**（style）、**员工**（staff）、**技能**（skill）、**战略**（strategy）和**共同价值观**（shared values），如图 8-13 所示。

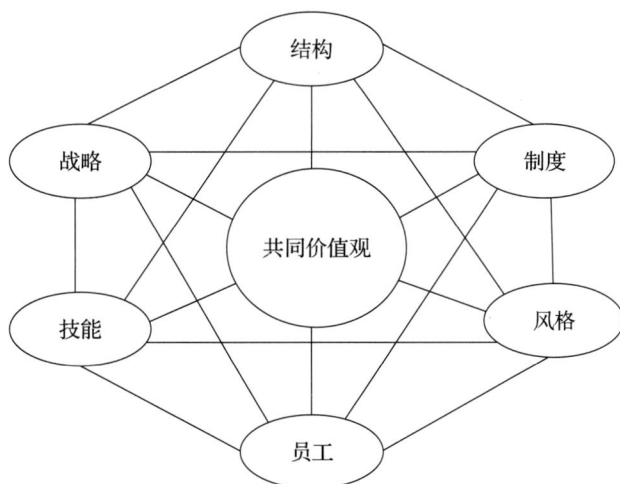

图 8-13　麦肯锡 7S 模型

其实，7S 模型最早源于 20 世纪 70 年代，美国人饱受了经济不景气、失业的苦恼，同时听够了有关日本企业成功经营的艺术等各种说法，也在努力寻找着适合于本国企业发展振兴的法宝。彼得斯（Thomas J. Peters）和沃特曼（Robert H. Waterman），这两位斯坦福大学的管理硕士、长期服务于美国著名的麦肯锡管理顾问公司的学者，访问了美国历史悠久、最优秀的 62 家大公司，又以获利能力和成长的速度为准则，挑出了当时 43 家杰出的模范公司，其中包括 IBM、德州仪器、惠普、麦当劳、柯达、杜邦等各行业中的翘楚。他们对这些企业进行了深入调查，并与商学院的教授进行讨论，以麦肯锡顾问公司研究中心设计的企业组织七要素为研究的框架，总结了这些成功企业的一些共同特点，写出了《追求卓越：探索企业的特质》一书，使众多的美国企业重新找回了失落的信心。

在模型中，战略、结构和制度被认为是企业成功的"硬件"，风格、人员、技能和共同价值观被认为是企业成功经营的"软件"。7S 模型提醒世界各国的经理们，软件和硬件同样重要，各公司长期以来忽略的人性，如非理性、固执、直觉、喜欢非正式的组织等，其实都可以加以管理，这与各公司的成败息息相关，绝不能忽视。

战略　战略是企业根据内外环境及可取得资源的情况，为求得企业生存和长期稳定发展，对企业发展目标、达到目标的途径和手段的总体谋划，它是企业经营思想的集中体现，是一系列战略决策的结果，同时又是制定企业规划和计划的基础。在美国进行的一项调查，有 90% 以上的企业家认为企业经营过程中最占时间、最为重要、最为困难的就是制定战略规划。可见，战略已经成为企业取得成功的重要因素，企业的经营已经进入了"战略制胜"的时代。

结构　战略需要健全的组织结构来保证实施。组织结构是企业的组织意义和组织机制赖以生存的基础，它是企业组织的构成形式，即企业的目标、协同、人员、职位、相互关系、信息等组织要素的有效排列组合方式。组织结构是为战略实施服务的，不同的战略需要不同的组织结构与之对应，组织结构必须与战略相协调。

制度　企业的发展和战略实施需要完善的制度作为保证，而实际上各项制度又是企业精神和战略思想的具体体现。所以，在战略实施过程中，应制定与战略思想相一致的制度体系，要防止制度的不配套、不协调，更要避免背离战略的制度出现。如具有创新精神的 3M 公司的创新制度，在 3M，一个人只要参加新产品创新事业的开发工作，他在公司里的职位和薪酬自然会随着产品业绩而改变。这种制度极大地激发了员工创新的积极性，促进了企业发展。

风格　杰出企业都呈现出既中央集权又地方分权的宽严并济的管理风格，它们让生产部门和产品开发部门极端自主，另一方面又固执地遵守着几项流传久远的价值观。

共同价值观　企业成员共同的价值观念具有导向、约束、凝聚、激励及辐射作用，可以激发全体员工的热情，统一企业成员的意志和欲望，齐心协力地为实现企业的战略目标而努力。这就需要企业在准备战略实施时，要通过各种手段进行宣传，使企业的所有成员都能够理解它、掌握它，并用它来指导自己的行动。日本在经济管理方面的一个重要经验就是注重沟通领导层和执行层的思想，使得领导层制定的战略能够顺利、迅速地付诸实施。

员工　战略实施还需要充分的人力准备，有时战略实施的成败确系于有无适合的员工去实施。实践证明，人力准备是战略实施的关键。如麦当劳的员工都十分有礼貌地提供微笑服务；IBM 的销售工程师技术水平都很高，可以帮助顾客解决技术上的难题；迪士尼的员工生活态度都十分乐观，他们为顾客带来了欢乐。人力配备和培训是一项庞大、复杂和艰巨的组织工作。

技能　在执行公司战略时，需要员工掌握一定的技能，这有赖于严格、系统的培训。松下幸之助认为，每个人都要经过严格的训练，才能成为优秀的人才，譬如在运动场上驰骋的健将们大显身手，但他们惊人的体质和技术，不是凭空而来的，是长期在生理和精神上严格训练的结果。如果不接受训练，一个人即使有非常好的天赋资质，也可能无从发挥。

7S 模型指出了企业在发展过程中必须全面考虑的各方面因素，其中既包括硬件要素（战略、结构和制度），也包括软件要素（风格、人员、技能和共同愿景），它要求企业不仅要注重硬件，更要关注软件。很多企业长期以来忽略了软件要素，而这些因素都与企业的成败息息相关，是绝不能忽略的。所以，只有在软、硬件很好协调的前提条件下，企业的人力资源管理才能有效保证企业战略的成功实施。

8.2　战略控制

从开篇的东方航空中我们可以发现，企业战略实施过程中随时会遇到外部环境变化或者公司内部环境的变化，从而造成战略计划的局部或整体已不符合当时的形势。企业战略以全局观点对企业具体生产经营过程进行科学、合理的安排与筹划，具有长期性、整体性、时期性的特征，战略环境和前提的转化将导致旧战略的消亡和新战略的产生。

战略控制（strategic control）是指在企业经营战略的实施过程中，检查企业为达到目标所进行的各项活动的进展情况，评价实施企业战略后的企业绩效，把它与既定的战略目标与绩效标准相比较，发现战略差距，分析产生偏差的原因，纠正偏差，使企业战略的实施更好地与企业当前所处的内外环境、企业目标协调一致。战略控制是较高层次的管理控制，并受公司治理主体的影响，它关注长期、具有战略意义的问题，如评价一个业务单元的整体盈利能力及业务单元管理者的业绩、决定业务单元是保留还是撤销、如何激励约束管理者实现战略目标等。有效的战略控制系统代表了企业竞争力，国内外大量企业失败的案例表明，战略控制失效是最为重要的原因之一。

战略控制是在战略实施后的管理控制基础上发展而来，经历了从重视控制工具到全方位的控制，从反馈控制到前馈控制、三阶段控制、四维度控制等过程，从封闭的单循环控制转向开放的双循环控制，从管理层面发展到治理层面战略控制。传统的控制系统在很大程度上是反馈导向的。反馈式控制系统假定管理过程开始于计划，这种反馈控制假定计划是正确的、相对固定的，遵循"计划→行动→评价"这样的单循环过程。

8.2.1　战略控制与环境

随着内外部环境的不断变化，企业的生产经营管理由于具有复杂性特征，经营管理者所制定的战略方针也由于受到此复杂性的影响而存在固有的缺陷性，传统的反馈控制不再有效，管理控制需要反馈控制与前馈控制相结合。越来越多的学者开始关注前馈控制，检查目标是否持续有效。

例如，曾被誉为美国第四大投资银行、具有 158 年历史的雷曼兄弟公司，在美国金融危机中倒闭。造成这一事件的原因是多方面的，除了次贷危机大环境等市场层面的风险外，雷曼自身在战略控制方面也存在严重缺陷。雷曼建立了管理控制，这些管理控制在经营过程中并没有发挥应有的作用。风险是在日常经营活动中积累起来的，雷曼过去的成功经历使其过于乐观，忽略了对风险的管理，当危机到来时，这些风险就会积聚在一起爆发。雷曼没有对环境变化进行及时监控，当风险来临时，也没有建立有效的应急管理措施，及时阻止风险的扩大。公司管理者权力过大，在缺乏董事会有效监控的情况下，管理者由于有限理性和过度自信，从而影响了战略决策的正确性。

战略控制系统如何适应环境保证战略的有效性，这方面的研究主要集中于交互式控制。Simons 认为交互式控制是一种正式的信息系统，使系统之间双向互动并具有诊断性，它具有以下 4 个显著特征：

- 交互式的战略控制更多基于环境的变化性视角，使最终制定的战略方针具备前瞻性。
- 交互式控制汇集的信息源渠道具有多样性。
- 交互式控制汇集的信息路径来自于上下级以及同一层面间的充分研讨和论证。
- 交互式控制能保证对原始数据、前提和执行过程中的连贯性。

交互式控制能够促进组织学习，提高对环境的敏感度，及时根据环境变化调整战略。一旦危机减弱，最高管理者就将减少多重交互式控制的频率，而继续把重点放在未来规划，并在例外管理的基础上使用诊断式控制和其他控制系统，如图 8-14 所示。

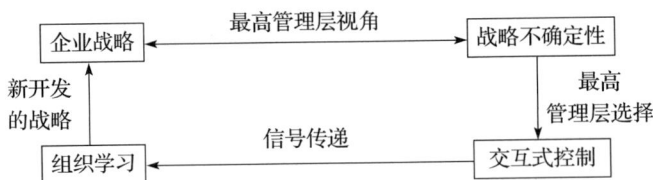

图 8-14　企业战略和管理控制系统关系的过程模型

Davila 考察了新产品开发过程中管理控制系统的驱动因素及其对绩效的影响，研究发现市场的不确定性、技术不确定性以及战略导向，是影响管理控制系统设计的主要因素。在高度不确定的环境下需要管理控制系统获得需要的信息，并且不断更新以降低不确定性。在产品开发过程中，管理者使用管理控制系统的主要目的是及时地获取必要的信息以降低不确定性。而且，项目经理更多地使用非财务信息进行控制。在新产品开发过程中成本和设计方面的信息会对绩效有显著正影响，而有关时间方面的信息却对绩效有相反的作用。因此，对某些项目来说，过度强调缩短进入市场的时间可能并不是合适的。

8.2.2　战略控制层次

企业组织的控制过程中，战略控制的层次可以分为战略控制、战术控制和作业控制（见表 8-1）。

表 8-1　战略的控制层次

控制层次	类　别	属　性	示　例
战略控制	解决企业基本战略方向问题	宏观长期	假定市场占有率是企业目前发展的一个重要方向，那么如何控制市场占有率呢？例如每个月追踪市场占有率是增加了还是减少了，增加了或减少了多少，这就是战略方向的问题
战术控制	解决战略计划执行问题	短期	为了达到市场占有率，应该有哪些计划，如何追踪计划的落实，并且反馈计划到底有没有落实，这叫作计划执行的问题
作业控制	短期企业活动	短期	比如业务员的开销大不大，对业务员培训做得好不好，工厂废品率高不高，这些都属于短期的控制

战略控制（strategic control）层次最高，着眼于企业发展与内外环境条件的适应性，通过对战略实施状况和环境变动的全面评审来做出战略调整。它以企业高层管理人员为主体，以企业整体运营过程为对象，关注内部业绩和外部环境，对组织的经营方向和发展态势有决定作用。

战术控制（tactical control）处于中间层，以战略经营单位的高层管理人员为主，以战略经营单位的运营过程为对象，关注战略经营单位在实施战略的各部分时是否达到预定目标。

作业控制（operational control）是基础层次，检查和调整企业运营中作业环节具体的战略活动，关注的是基层作业人员完成目标的情况。

值得一提的是，战略与战术是相辅相成的两个概念，战略针对全局问题，战术针对局部问题；战略针对长期问题，战术针对短期问题；战略针对核心问题，战术针对具体问题。

8.2.3　战略控制程序

战略控制程序主要包含战略方案的设计、战略实施的过程、战略执行制度的建设、战略绩效的评价等。

1. 战略预算管理

企业预算是一种年初对企业内所有资源进行配置规划的综合性方式，将战略的思想嵌入预算管理体系中，能够更好地发挥预算的战略功能和优势。将战略所具有的前瞻性计划功能和事后绩效评价功能完美地嵌入预算管理体系中，才能最大限度地发挥预算的作用，更好地实现预算的目标。在预算中嵌入战略思想的重要步骤，是要重视战略目标的制定。如果没有清晰的战略目标，那么企业的预算目标将是不清晰的。战略目标是预算目标的基础和前提条件，而预算目标则是对战略目标的具体描述和执行的体现，预算目标应具备全局性、前瞻性和持续性的特性。预算管理要实现战略目标的途径，就是对战略意图的充分展示，通过将企业的日常生产经营与战略设计更好地结合在一起，在经营的过程中更多地考虑战略的思想。同时，预算也是战略顺利实现的必要条件，企业通过预算管理能有效地利用自身的有限资源，将有限资源进行合理化配置，保证战略方针得到资源的支持，促进战略目标的顺利实现，体现了预算是绩效评价的基本标杆。

2. 战略绩效计量

战略绩效计量主要是评价企业战略管理的需求，如果在企业内部各个组织单元之间做出了错误的战略抉择评估决策，就会导致企业各个单元间的冲突，导致有害的激励模式以及与企业整体战略不同甚至相反的行为引导，评价者的个体行为方式就对整个组织产生破坏性影响。战略绩效计量需要综合考虑企业内部、外部经营环境，运用特定的分析技术和指标，对企业一定经营期间的战略绩效做出科学、客观、整体的评价。战略绩效计量系统起着检验战略分析和战略制定是否合理、战略实施是否达到预期目标的作用。例如，平衡计分卡的设计和使用具有一定的复杂性，由于使用者认知上的限制，导致人们无法根据它提供的信息做出正确的绩效评价决策。我们在8.3节详细介绍平衡计分卡等常用的战略实施与控制工具。

8.2.4 战略控制影响要素

在制定和实施战略的过程中，企业必须同时考虑现有的定量分析因素、信息上的缺陷因素、不确定性因素、不可知的因素以及人类心理等因素。在这些因素中，有一些是企业内部的特点，正是这些特点才使统一行业中的各个公司有所差异。另一些因素由于受到行业性质和环境的制约，则使一个行业中的企业战略较为相似。无论何种行业，尽管各种因素的影响力度不同，但影响战略控制的因素可以分为三类：需求和市场、资源和能力、组织和文化。根据对这三类因素的不同理解和关注，在现代企业中战略控制系统呈现如下趋势。

质量、价值和顾客满意　不同的需求驱动因素（如便利、地位、风格、属性、服务等）在不同的时间和地点扮演了不同的角色。现代的顾客在做出购买决策时更加重视质量和价值。一些卓有成效的公司致力于提高质量，同时降低成本。它们的指导思想是持续不断地用更少的成本提供更多的东西。如存贮器产品行业的希捷公司，所提供的硬盘容量越来越大，单位容量的售价反而越来越低。

关系建设和竞争导向 现代企业关注于培养顾客的忠诚度，从交易过程转向关系建设，和企业的关联者保持和谐融洽的状态。如丽兹卡尔顿酒店用近乎完美的客户服务征服顾客。

整合业务 现代企业从管理一系列各自为政的部门转向一系列基本业务流程，企业组成跨部门的工作团体管理这些基本流程。

全球导向和区域规划 现代企业的边界日益扩张，无国界经营成为发展潮流。当企业进入国外市场时，必须转变传统风气去适应当地的影响力量。企业必须从全球化的角度进行战略思考，但战略计划和实施却是区域化、当地化，如安利公司在欧美实行传销制，而在中国实行直销。

战略联盟和网络组织 一旦企业全球化，它们就会意识到无论自己多么大，已经失去了保证成功的某些资源和能力。考虑到完整的价值链，它们认识到了和其他组织进行合作的必要性和重要性。高层管理者把越来越多的时间用于设计战略联盟和网络组织上，以此形成竞争优势，如微软和英特尔的产业联盟。

权势 任何企业都或多或少存在利用权势实现个人或集团利益的现象。企业的战略决策往往就是由权势决定的。现代企业面临的复杂环境决定了人们在目标、价值观念、利害关系、职责和认识上的分歧，同时彼此对对方有控制权，在某种程度上依赖对方。

8.3 战略实施与控制的工具

管理是一个不断创新的过程，战略实施与控制方法也多种多样，下面主要介绍平衡计分卡、财务控制、成本控制、质量控制、业务流程再造这五种比较常用的战略实施与控制方法。

8.3.1 平衡计分卡

平衡计分卡（balanced score card，BSC）是企业战略控制最常用的工具之一，它将公司的战略落实到可操作的目标、衡量指标和目标值上。平衡计分卡是由哈佛商学院罗伯特·卡普兰（Robert S. Kaplan）和戴维·诺顿（David P. Norton）于 1992 年发明的一种绩效管理和绩效考核的工具，如今平衡计分卡已经成为战略管理中最重要、最具影响力的工具之一，甚至被誉为"75 年来最伟大的管理工具"，广泛应用于西方国家。我们先来了解平衡计分卡的发展历史，从中我们也能了解企业在战略实施的过程中经历的变化与改革。

萌芽时期 在卡普兰和诺顿研究平衡计分卡之前，ADI 公司最早于 1987 年就进行了平衡计分卡实践尝试。ADI 是一家半导体公司，主要生产模拟、数字及数模混合信号处理装置，其产品广泛应用于通信、计算机、工业自动化领域。同其他大多数公司一样，ADI 每 5 年进行一次战略方案调整，在制定新的战略方案的同时检讨原方案的执行情况。但是，如同管理者们经常遇到的战略问题一样，"制定战略方案"被当作一项"任务"完成后，形成的文件便被束之高阁，并不能在公司的日常生产经营工作中得以执行。

在 1987 年，ADI 公司又开始了公司战略方案的调整。与以前所不同的是，这次的战略方案制定，公司决策层意识到战略不仅仅要注重制定过程的本身，还要更加注意战略实施。他们希望通过面对面与公司员工的交流与沟通，使他们充分理解并认同公司战略。同时公司高层还希望将战略紧密落实到日常管理中来推动战略的执行。此次 ADI 公司的战略文件在形式上发生了重大的变化，他们摒弃了以往那种长达几十甚至几百页的战略文件，将全部的战略文档资料精简到几页纸的长度。在制定战略的过程中，ADI 公司首先确定了公司的重要利益相关者为股东、员工、客户、供应商和社区，然后 ADI 公司在公司的使命、价值观与愿景下，根据上述利益相关者的"利益"分别设定了战略目标并明晰了 3 个战略重点。

为了确保战略目标特别是 3 个战略重点目标的实现，ADI 推行了一个名为**质量改进过程**（quality improvement process）的子项目。在该项目进行的同时，ADI 公司继续将战略目标的实现关键成功要素转化为年度经营绩效计划，由此衍生出了世界上第一张平衡计分卡的雏形：ADI 公司第一张"平衡计分卡"。

在 ADI 公司实施全面质量管理的过程中，公司为了推行作业成本法特意邀请了一部分管理学者参与，哈佛商学院的教授罗伯特·卡普兰就是其中的一位，他本人是这样描述他是如何发现 ADI 公司计分卡过程的："在参观和整理案例的过程中，我们也将一家公司高层用来评价公司整体绩效的计分卡加以文本化。这个计分卡除了传统的财务指标外，还包括客户服务指标（主要涉及供货时间、及时交货）、内部生产流程（产量、质量和成本）和新产品发展（革新）。"

在帮助 ADI 公司推行质量管理的过程中，卡普兰发现了 ADI 的平衡计分卡，并认识到它的重要价值。尽管卡普兰在后期又做了学术上的深化，并把它推广到全球的企业中，但是 ADI 公司对平衡计分卡的贡献仍是我们不能回避和忽视的。

理论研究时期　在卡普兰发现 ADI 公司的第一张平衡计分卡后，他与复兴全球战略集团（Nolan-Norton）总裁诺顿开始了平衡计分卡的理论研究。复兴全球战略集团专门设立了一个为期一年的新的公司绩效考核模式开发，诺顿任该项目的项目经理，卡普兰担任学术顾问，参加此次项目开发的还有通用电气、杜邦、惠普等 12 家著名的公司。项目小组重点对 ADI 公司的计分卡进行了深入的研究并将其在公司绩效考核方面扩展、深化，将研究出成果命名为"平衡计分卡"。该小组的最终研究报告详细地阐述了这个模型对公司绩效考核的重大贡献意义，并建立了四个考核维度：财务、顾客、内部运营与学习发展。

1992 年年初，卡普兰和诺顿将平衡计分卡的研究结果在《哈佛商业评论》上进行了总结，这是他们公开发表的第一篇关于平衡计分卡的论文。论文的名称为《平衡计分卡：驱动绩效指标》，在论文中，卡普兰和诺顿详细地阐述了 1990 年参加最初研究项目采用平衡计分卡进行公司绩效考核所获得的益处。该论文发表后卡普兰和诺顿很快就受到了几家公司的邀请，平衡计分卡开始得到企业界的关注。

平衡计分卡理论研究的第二个重要里程碑是：1993 年，卡普兰和诺顿将平衡计分卡延伸到企业的战略管理之中。在最初的企业平衡计分卡实践中，卡普兰和诺顿发现平衡计分卡能够传递公司的战略。他们认为平衡计分卡不仅是公司绩效考核的工具，更为重要的是，它还是一家公司战略管理的工具。卡普兰和诺顿为此发表了在《哈佛商业评论》的第二篇关于平衡计分卡的重要论文《在实践中运用平衡计分卡》，在这篇文章中他们明确指出企业应当根据企业战略实施的关键成功要素来选择绩效考核的指标。

推广应用时期　1993 年，卡普兰和诺顿将平衡计分卡延伸到企业的战略管理系统之后，平衡计分卡开始广泛得到全球企业界的接受与认同，越来越多的企业在平衡计分卡的实践项目中受益，同时平衡计分卡还延伸到非营利性的组织机构中。

平衡计分卡首先是在美国的众多企业得到实施，现今已经推广到全球很多国家的企业，当我们实施过平衡计分卡项目的中国企业的高级经理们在一起谈及战略与绩效管理时，他们都非常称赞平衡计分卡对其实践所做出的巨大贡献。在行业上，平衡计分卡几乎涉足各个行业，全球各个行业的企业（甚至包括一些非营利性机构）对平衡计分卡需求每年也以成倍的速度增长，平衡计分卡在美国乃至全球的企业得到广泛认同，标志着平衡计分卡已经进入了推广与应用的时代。

在平衡计分卡推广与应用的过程中，理论体系也在不断地丰富与完善：1996 年，卡普兰和诺顿继续在《哈佛商业评论》上发表第三篇关于平衡计分卡的论文，他们一方面重申了平衡计分卡作为战略管理工具对于企业战略实践的重要性，另一方面从管理大师彼得·德鲁克的目标管理理论中吸取精髓，解释了平衡计分卡作为战略与绩效管理工具的框架，该框架包括设定目标、编制行动计划、分配预算资金、绩效的指导与反馈及连接薪酬激励机制等内容。同年，他们还出版了第一本关于平衡计分卡的专著《平衡计分卡》，更加详尽地阐述了平衡计分卡的上述两个方面。

2001 年，随着平衡计分卡在全球的风靡，卡普兰和诺顿在总结众多企业实践成功经验的基础上，又出版了他们的第二部关于平衡计分卡的专著《战略中心组织》，指出企业可以通过平衡计分卡，依据公司的战略来建立企业内部的组织管理模式，要让企业的核心流程聚焦于企业的战略实践。该著作的出版又标志着平衡计分卡开始成为组织管理的重要工具（见图 8-15）。

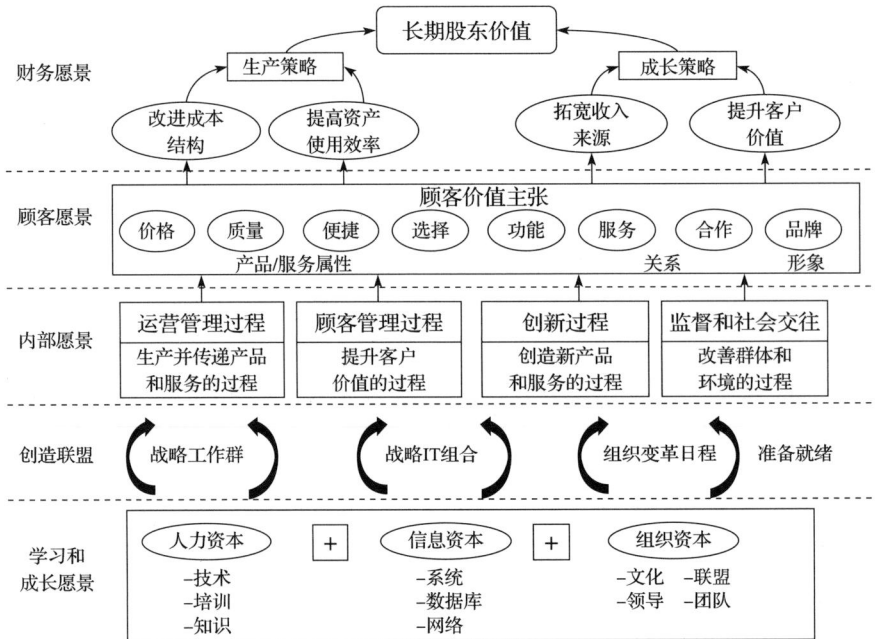

图 8-15　平衡计分卡模型

平衡计分卡的精髓正是追求在长期目标和短期目标、结果目标和过程目标、先行指标和滞后指标、财务目标和非财务目标、组织绩效和个人绩效、外部关注和内部诉求等重要管理变量之间的平衡。追求这种平衡对企业而言并非可有可无，很多时候是生死攸关的，这主要缘于下述事实：企业不再仅仅作为追求利润的主体，而是成为一个向客户、股东、员工、社区乃至社会提供价值的主体。如果脱离了自身所能提供的价值，则企业本身在现代社会就失去了存在的最大理由。

为了提供最大化价值，企业必须从原来单一重视财务表现的窠臼中脱身，对其在客户面、内部流程面及学习成长面的诸多表现予以关注。同时，企业不得不摆脱过去那种对短期经营业绩的过度关注，转而适当重视一些对企业长期经营业绩产生影响的因素如客户满意度、员工素质、组织信息系统建立等。并且，企业不仅要关注资本回报率、息税后利润、现金流量等结果性指标，更要对促成这些结果的过程因素进行梳理。

所有这些都反映出，在现代企业领导者的决策框架中需要同时权衡的因素明显增加，而这一切又必须在适应外部环境急剧变化时迅速完成，企业急需一个框架，来帮它实现这种平衡，平衡计分卡的出现正好适应了企业的这一需求。

从企业在应用平衡计分卡过程中反映出的问题来看，难点通常是如何在平衡计分卡中的四个层面上来明确关键成功因素及其衡量标准，并在这些标准之间形成一种平衡结构。

客户指标　关键因素有市场份额、客户保持率和客户满意度。

财务指标 关键因素是盈利能力、收益增长和运营效率。

内部业务指标 关键因素是客户需求分析、增值服务、供应链管理和信用风险管理。

学习与成长目标 关键因素是客户关系管理、员工职业发展规划、人才储备和绩效指标改进。

这中间的核心在于如何确定各因素之间的驱动关系，表 8-2 详细阐述了每个层面所包括的关键因素，还总结了哪些关键因素的改善可以帮助提高四个核心指标，如改善员工品牌认知度就可以帮助提高市场份额，从而改善企业客户指标表现；改善企业销售净利率可以提高企业盈利能力从而改善财务指标等。这些驱动关系符合我们的经营常识，然而我们需要认真思考"实际就是这样吗""这样的驱动关系可靠吗"。确定驱动关系的实质是将企业的战略"作业化"，形成明确的输入和输出系统，从而决策者才可以知道为了得到某个层面的改善，需要控制哪些关键驱动因素。

8.3.2 财务控制

财务控制是对流入、流出组织和组织内流动的财务资源进行监控。它主要凭借能够用于监控和评估组织经营绩效的价值衡量指标，通常用于财务控制的手段是预算、财务审计、财务报表及财务指标分析。

正如本书中一直强调的，通常为了节省资源，企业需要用模式思考问题。杜邦分析法是分析企业财务、进行财务控制的一种成熟分析方法，在简单介绍财务控制的几种手段之后，我们将详细介绍如何通过杜邦分析法来进行财务评估和控制。

预算 用财务术语表示的预算通常叫作财务预算或收支预算。一般情况下，公司、事业部、职能部门、基层都要编制，其时间跨度以一年为宜，也可以使用更短时间作为预算形式。

审计 审计是对组织的会计和财务程序做独立的评估。审计可以是内部审计，也可以是外部审计。内部审计由组织内部的有关人员来操作；外部审计则由组织外部的财务专家来进行财务评估。审计所达到的目的是验证会计和财务程序合乎规范、及时性、精确性，以确保反映的战略实施过程的价值运动是真实可信的。内部审计还要检查这些程序是否适合高效。

财务报表 现代企业的财务报表主要有资产负债表、利润表、现金流量表和内部成本报表，它们分别反映组织财务状况在某一方面的概要，综合反映企业财务状况的全貌。从控制的角度来看，报表所包含的信息可以用于计算重要的财务比率。

财务指标分析 财务指标分析把各个不同报表中的（或者是不同时间的统一报表）相关要素进行比较或者通过对某些要素进行比率分析。这些指标为管理人员提供了衡量绩效的重要标准，如资产负债率、销售利润率、利润增长率、投资报酬率、速动比率、销售成本等。

表 8-2　平衡计分卡的关键因素

关键因素	客户指标 关键因素	客户指标 衡量指标	财务指标 关键因素	财务指标 衡量指标	内部业务指标 关键因素	内部业务指标 衡量指标	学习与成长指标 关键因素	学习与成长指标 衡量指标
市场份额	品牌认知度	营销计划达成率	盈利能力	产品价格下降比率	客户需求分析	目标客户达成率	客户关系管理	潜在客户记录
		市场占有率		采购成本下降率		计划目标达成率		现有客户数据覆盖率
		重点产品市场占有率		销售净利率		增加相关产品数量		加快客户数据更新率
客户保持率		目标客户试用达成率		销售毛利率	增值服务	利润率的提升		客户规范化管理
		新客户增加数量		应收账款比率		销售的增长率	员工职业发展规划	员工收入增长率
		增加战略客户数量	收益增长	产品销售额增长率		客户的保持率		员工职业满意度
客户满意度		新产品投放数量		来自新产品和新客户的收入增长率	供应链管理	采购成本下降率		增加员工年学习时间
	售前售后服务			目标客户群占有率		外部合作关系管理的效率与规范性	人才储备	岗位储备人员数
	增值服务	增值服务率	运营效率	资产周转率增加	信用风险管理	产品故障率下降		缩短岗位空缺时间
		降低客户投诉率				缩短采购订单相应周期	绩效指标改进	个人绩效提升
						完善客户信用档案		团队建设达成功率
						应收账款比率		提高流程处理效率
						增加战略客户数量		

杜邦分析法

杜邦分析法（Dupont analysis）是利用几种主要的财务比率之间的关系，综合地分析企业的财务状况，这种分析方法最早由美国杜邦公司使用，故名杜邦分析法。杜邦分析法是一种用来评价公司盈利能力和股东权益回报水平，从财务角度评价企业绩效的一种经典方法。其基本思想是将企业净资产收益率逐级分解为多项财务比率乘积，这样有助于深入分析比较企业经营业绩。

杜邦分析法有助于企业管理层更加清晰地看到权益资本收益率的决定因素，以及销售净利润率与总资产周转率、债务比率之间的相互关联关系，给管理层提供了一张明晰的考查公司资产管理效率和是否最大化股东投资回报的路线图。

杜邦分析法的基本指标

权益净利率　综合性最强的财务分析指标，是杜邦分析系统的核心。

资产净利率　影响权益净利率的最重要的指标，具有很强的综合性，而资产净利率又取决于销售净利率和总资产周转率的高低。

总资产周转率　反映总资产的周转速度。对资产周转率的分析，需要对影响资产周转的各因素进行分析，以判明影响公司资产周转的主要问题在哪里。

销售净利率　反映销售收入的收益水平。扩大销售收入，降低成本费用是提高企业销售利润率的根本途径，而扩大销售，同时也是提高资产周转率的必要条件和途径。

权益乘数　表示企业的负债程度，反映了公司利用财务杠杆进行经营活动的程度。资产负债率高，权益乘数就大，这说明公司负债程度高，公司会有较多的杠杆利益，但风险也高；反之，资产负债率低，权益乘数就小，这说明公司负债程度低，公司会有较少的杠杆利益，但相应所承担的风险也低。

杜邦分析法的财务指标关系

杜邦分析法中的几种主要的财务指标和相互关系如图 8-16 所示。

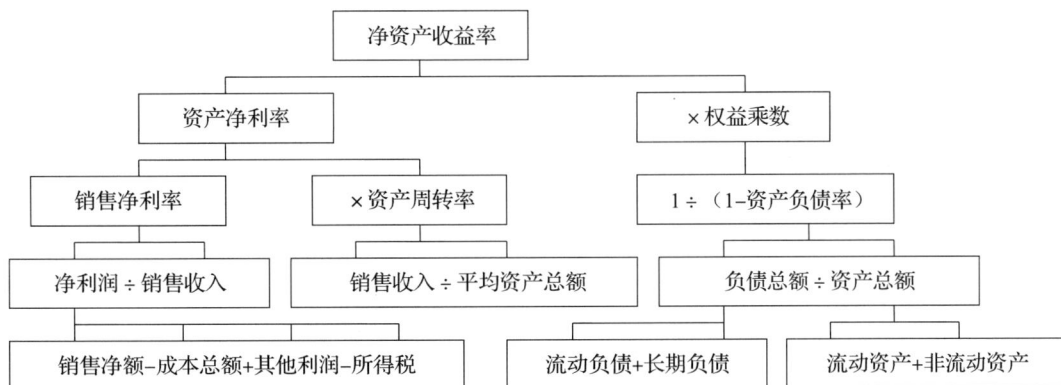

图 8-16　关键财务指标

净资产收益率＝资产净利率 × 权益乘数

$$资产净利率＝销售净利率 \times 资产周转率$$
$$净资产收益率＝销售净利率 \times 资产周转率 \times 权益乘数$$

杜邦分析法从权益报酬率开始，根据会计资料（主要是资产负债表和利润表）逐步分解计算各指标。此后，计算出的指标填入杜邦分析图，这样就能逐步进行前后期对比分析，也可以进一步进行企业间的横向对比分析。

但是，杜邦分析法有它的局限性。从企业绩效评价的角度来看，杜邦分析法只包括财务方面的信息，不能全面反映企业的实力，在实际运用中需要加以注意，必须结合企业的其他信息加以分析。如一些管理者对短期财务结果过分重视，有可能助长公司管理层的短期行为，忽略企业长期的价值创造。此外，财务指标反映的是企业过去的经营业绩。衡量工业时代的企业能够满足要求。但在目前的信息时代，顾客、供应商、雇员、技术创新等因素对企业经营业绩的影响越来越大，而杜邦分析法在这些方面是无能为力的。

还值得一提的是，在目前的市场环境中，企业的无形知识资产对提高企业长期竞争力至关重要，杜邦分析法却不能解决无形资产的估值问题。

8.3.3　成本控制

成本控制使各项费用降低到最低水平，达到经济效益的目的，包括对生产、销售、设计、储备等有形费用的控制，而且还包括对会议、时间等无形费用的控制。成本控制重要的是建立各种费用的开支范围、开支标准并严格执行，要事先进行成本预算等工作。成本控制的难点在于企业中大多数部门和单位是非独立核算的，因此缺乏成本控制的意识和技巧。

1. 成本控制的分类

原材料成本控制　在制造业中原材料费用占了总成本的很大比重，一般在 60% 以上，高的可达 90%，是成本控制的主要对象。影响原材料成本的因素有采购、库存费用、生产消耗、回收利用等，控制活动一般从采购、库存管理和消耗三个环节着手。

工资费用控制　工资在成本中占有一定的比重，增加工资又被认为是不可逆转的。控制工资与效益同步增长，减少单位产品中工资的比重，对于降低成本有重要意义。控制工资成本的关键在于提高劳动生产率，它与劳动定额、工时消耗、工时利用率、工作效率、工人出勤率等因素有关。

制造费用控制　制造费用开支项目很多，主要包括折旧费、修理费、辅助生产费用、车间管理人员工资等，虽然它在成本中所占比重不大，但因不引人注意，浪费现象十分普遍，是不可忽视的一项内容。

企业管理费控制　企业管理费是指为管理和组织生产所发生的各项费用，开支项目非常多，也是成本控制中不可忽视的内容。

上述这些都是绝对量的控制，即在产量固定的假设条件下使各种成本开支得到控制。在现实系统中还要达到控制单位成品成本的目标。

2. 作业成本计算法

20 世纪 70 年代以后，西方许多制造企业的制造环境发生了重大变化。它们的生产经营活动在激烈的竞争中走入了所谓的"高级制造环境"，其特征是激烈的竞争、持续的改善、全面质量管理、全面顾客满意服务以及尖端的技术。当处在高级环境之下的企业采用全新的竞争制胜策略时，成本会计制度也必须与之相适应。许多企业更加需要准确的产品成本信息，进而更加关注成本计算方法。过去看起来合理的计算方法，在新的环境下，却出现了扭曲成本信息，不能满足决策及管理需要的现象。许多企业由于大量采用了计算机技术，直接人工成本比重日益下降，一般只占到企业成本的 10% ～ 20%，而各种间接费用如保证运转费、折旧费、维修费、技术费用、与产品制造相关的一般管理职能的费用等则大幅增加。传统的成本计算法要求将直接材料、直接人工和制造费用全都追溯到产品中去，直接成本（单位变动成本）由于归属对象明确，可以做到准确分配，而间接成本产生原因复杂得多，笼统以单位固定成本来分摊计算，在间接费用较多的情况下，将严重扭曲产品成本。

于是，自 20 世纪 80 年代中期起，哈佛大学库伯和卡普兰两位教授首次深入、系统地研究了作业成本法，提出了作业成本法的基本模型（见图 8-17）。作业成本法的基础是："作业消耗资源、产品消耗作业"作为作业成本法的基础，而作业成本法的本质是：以"作业"作为分配间接费用的基础。

图 8-17　作业成本法概念模型

作业成本核算模型包括五大核心要素：资源、作业、成本对象、成本动因和分配路径，以及会计期间和组织结构两个辅助要素。资源、作业和成本对象是成本的承担者，是可分配对象。在企业中，资源、作业和成本对象都具有比较复杂的关系，因此，增加资源账户、作业账户和成本对象账户来分别管理资源、作业和成本对象。

资源

从广义讲，资源作为一个概念，外延非常广泛，涵盖了企业所有的价值载体。但是，在作业成本法下，资源实质上是指为了产出作业或产品而进行的费用支出。实际上，资源就是指各项费用总体。资源，作为分配对象的资源就是消耗的费用，可以理解为每一笔费用。资源可以直接面向作业和成本对象分配，就是传统成本法的直接材料。

资源账户是从资源类别的角度描述资源。账户在传统成本中已经存在，制造费用、直接材料、直接人工就是账户。在作业成本法中，资源账户不仅是一个分类的概念，而且还作为分配的主体，是一个分配对象。在传统成本中，制造费用汇总后按工时分配，实际制造费用账户作为一个主体参与分配。资源账户参与分配，会造成成本信息扭曲，账户包含的资源内容越多，成本扭曲越大。作业成本法中，可以建立具有层次结构的多个资源账户，通过细分账户，实现采用多次分配，增加资源成本分配的准确性。

一个资源账户可以看成是一系列资源的集合，资源账户的分配需要先对资源账户进行汇总后再进行分配。既可以对资源账户下的资源进行单独分配，也可以通过资源账户对资源分配。一般先进行资源分配，再进行资源账户分配。

作业

作业概念也是建立在一定假设基础之上的。一个作业的定义包括以下内容：作业的层次属性（作业属于哪一个层次）、作业的输出（计量作业产出数量的标准）、成本动因（分配作业成本的成本动因）、作业的增值属性（作业是增值还是非增值）、组织（对作业负有直接责任的组织机构，对作业的成本和作业执行的效率负责）、作业的标准单位成本（企业确定的作业标准成本，用以考核分析作业执行的效率）、计量单位（标示作业产出的单位，如次、小时、个等）、作业能力（在基础会计期间内所能完成作业的最大数量）、作业成本（基础会计期间内作业的总成本）、可控成本（作业的直接组织机构对作业成本负责的部分）以及作业账户（用来对作业进行管理）。

作业具有明确的"边界"，以明确作业消耗的资源与作业产出，能够明确成本责任，并且作业必须是可量化的基准，对于一般的生产作业，作业比较容易量化，对于知识性的作业，如研究工作，则难以量化。如果要把作业纳入作业成本核算体系，则必须对作业进行计量，为作业制订量化的标准。此外，作业具有单一的分配动因，作业的分配目标对于作业的消耗只能按照单一的成本动因线性分配，而作业中的某些成本项目可能与该成本动因并不线性相关。最后，作业必须与一定的组织机构对应，必须具有唯一对作业整体负责的一个组织单位。

作业层次分类法把作业分为以下四类：单位作业、批别作业、产品作业和支持作业。

单位作业　使单位产品受益的作业，作业的成本与产品的数量成正比，常见的作业如加工零件、每件产品进行的检验等。

批别作业　使一批产品受益的作业，作业的成本与产品的批次数量成正比，常见的如设备调试、生产准备等。

产品作业　使某种产品的每个单位都受益的作业。例如零件数控代码编制、产品工艺设计作业等。

支持作业　为维持企业正常生产，而使所有产品都受益的作业，作业的成本与产品数量无相关关系，例如厂房维修、管理作业等。通常认为前三个类别以外的所有作业均是支持作业。

还有一种根据作业增值属性分类方法，把作业分为**增值作业**（value-added activity）与**非增值作业**（non value-added activity）。

增值作业　能增加顾客价值的作业。

非增值作业　不能增加顾客价值的作业。

企业的目的是为用户提供产品和服务，同时获得利润。非增值作业不能创造顾客价值，是无效的作业，必须消除以降低成本，增值作业创造顾客价值，需要提高效率降低成本以增加利润。通过对作业增值属性的分析，可以发现降低成本的机会。

当一个作业能带来状态的改变，状态的变化不能由先前的作业来完成，并且该作业使得其他作业得以执行时，那么这样的作业就是增值作业，反之则是非增值作业。

成本对象

成本对象是企业需要计量成本的对象，根据企业的需要而定。如可以把每一个生产批别作为成本对象，也可以把一个品种作为成本对象。在顾客组合管理等新的管理工具中，需要计算出每个顾客的利润，以此确定目标顾客群体，这里的每个顾客就是成本对象。成本对象可以分为市场类成本对象和生产类成本对象。市场类成本对象的确定主要是按照不同的市场渠道，不同的顾客确定的成本对象，它主要衡量不同渠道和顾客带来的实际收益，核算结果主要用于市场决策，并支持企业的产品决策。生产类成本对象是在企业内部的成本对象，包括各种产品和半成品，用于计量企业内部的生产成果。

根据成本对象持续时间可以把生产类成本对象分为三类：长期成本对象、订单式成本对象以及即时成本对象。

长期成本对象　流水式的生产和连续生产模式下的内部成本对象都属此类，化工行业是典型的长期成本对象。为了进行成本核算，需要把成本对象按期间分割。

订单式成本对象　成本对象以订单或者项目的形式存在，其持续时间从订单（或者项目）投入生产到订单完成为止，这个持续时间可能跨越成本核算期间，在核算时分别以不同期间核算期间内累计的成本，最后计算出总的成本对象的成本。

即时成本对象　这种成本对象主要出现在服务行业，服务结束时，成本对象立即结束，如医疗服务、餐饮服务等，服务类成本对象往往与作业容易混淆。成本对象也需要建立账户进行管理。如建立按批和按产品的成本对象，可以建立批别成本对象账户和产品成本对象账户。成本对象账户不参与分配，也不接受分配。

成本动因

成本动因就是分配的原因，最新的作业成本核算 / 作业管理标准规定了三种成本动因：资源动因、作业动因以及成本对象动因。

资源动因　表示作业、成本对象或者其他资源对于资源需求的强度和频率的最恰当的单一数量标准，它用来把资源的成本分配到作业成本对象或者其他资源。

作业动因　表示成本对象或者其他作业对于作业需求的强度和频率的最恰当的单一数量标准，它用来把作业成本分配到成本对象或者其他作业。

成本对象动因　表示其他成本对象对于成本对象需求的强度和频率的最恰当的单一数量标准，它用来把成本对象成本分配到其他成本对象。

分配路径

作业成本法中定义了很多资源作业成本对象等可以参与成本归集与分配的对象，也定义了很多成本动因。分配路径就是把这些独立的分配对象和成本动因关联起来：如

图 8-18 所示，人工工资按照各个作业的人数分配到加工作业、检验作业、装配作业。加工作业根据各个生产批的加工工时分配到各个生产批号。成本从人工工资流到生产批号就是分配路径。分配路径把分散的作业成本要素组成完整的作业成本核算模型。

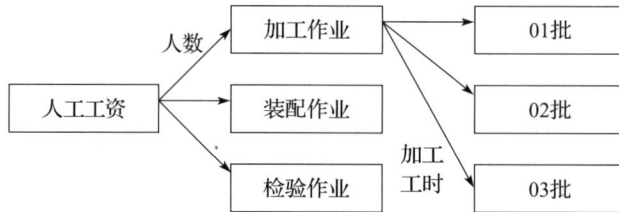

图 8-18 工资的分配路径

作业成本法相当于一个滤镜，它使得人们能够看到成本和资源的消耗对每个作业的直接影响，这样人们可以分析哪些成本投入是有效的，哪些成本投入是无效的。

图 8-19 显示了一个企业执行作业成本分析法的过程。首先了解企业的运作流程，收集相关信息，建立企业的作业成本核算模型。随后定义业务和成本核算对象（通常是产品，有时也可能是顾客、产品市场等）。这一过程很耗时间。如果两种产品满足的是顾客的同一种需求，那么在定义业务时，选择顾客要比选择单个产品更为恰当。此后，企业需要确定每种业务的成本动因（成本的决定因素，如订单的数量），将成本分配给每一成本核算对象，对各对象的成本和价格进行比较，从而确定其盈利能力的高低。最后，企业分析解释作业成本计算的结果并且采取行动。

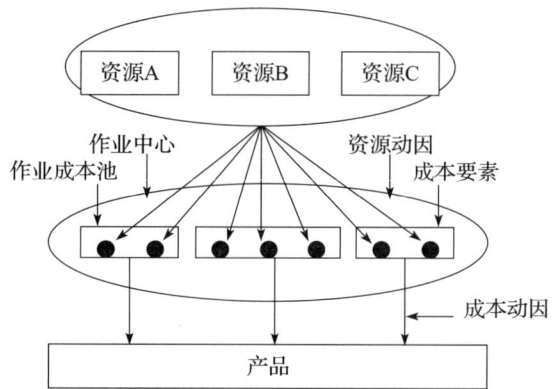

图 8-19 作业成本分析法

作业成本计算是一个以作业为基础的管理信息系统。它以作业为中心，而作业的划分是从产品设计开始，到物料供应，从生产工艺流程的各个环节、质量检验、总装，到发运销售的全过程。通过对作业及作业成本的确认、计量，最终计算出相对真实的产品成本。同时，通过对所有与产品相关联作业活动的追踪分析，提供有用信息，促使损失、浪费减少到最低限度，提高决策、计划、控制的科学性和有效性，最终达到提高企业的市场竞争力和盈利能力，增加企业价值的目的。

可见，确定特定的作业成本驱动因素，进行作业成本计算，可以解决传统管理会计在实施价值链分析时难以解决的部门（作业）之间的相互依赖关系等问题。Hergert 和 Morris（1989）也认为，以作业成本计算原理为基础可以解决实施价值链分析中的一些会计系统问题。

某 IT 企业的作业成本分析，如图 8-20 所示。

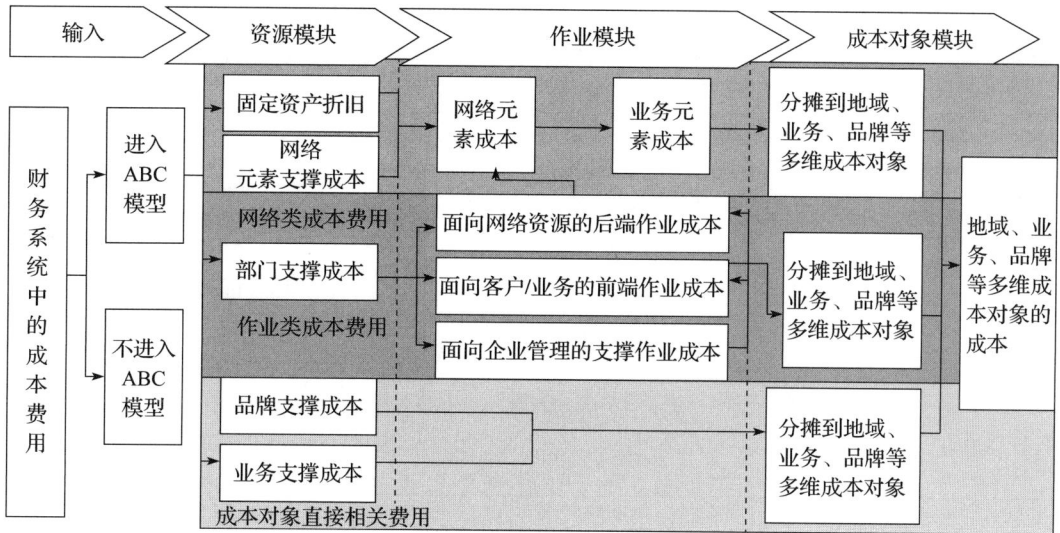

图 8-20 IT 企业的作业成本分析

作业管理把管理的重心深入到作业层次，以"作业"作为企业管理的起点和核心，比传统的以"产品"作为企业管理的起点和核心，在层次上大大深化了。正如生物学深入到分子水平而形成分子生物学，在生物科学上形成重大变革一样，企业管理把管理重心深入到作业层次而形成的作业管理，可视为 20 世纪初泰勒创立科学管理原理以来，在企业管理上又一重大的革命性变革，它对企业管理的理论和实践将产生深远的影响。

8.3.4　质量控制：六西格玛

所谓"西格玛"，来自希腊字母"σ"，"西格玛"是它的读音，在统计学上用来表示标准偏差值，用以描述总体中的个体离均值的偏离程度，测量出的 σ 表征着诸如单位缺陷、百万缺陷或错误的概率性，σ 值越小，缺陷或错误就越少。6σ 是一个目标，这个质量水平意味的是所有的过程和结果中，99.999 66% 是无缺陷的，也就是说，做 100 万件事情，其中只有 3.4 件是有缺陷的，这几乎趋近到人类能够达到的最为完美的境界。6σ 管理关注过程，特别是企业为市场和顾客提供价值的核心过程。因为过程能力用 σ 来度量后，σ 越小，过程的波动越小，过程以最低的成本损失、最短的时间周期、满足顾客要求的能力就越强。6σ 理论认为，大多数企业在 3σ ～ 4σ 运转，也就是说，每百万次操作失误在 6210 ～ 66 800，这些缺陷要求经营者以销售额在 15% ～ 30% 的资金进行事后的弥补或修正，而如果做到 6σ，事后弥补的资金将降低到约为销售额的 5%。六西格玛样例如图 8-21 所示。

六西格玛的核心思想于 20 世纪 70 年代诞生在摩托罗拉，因为高级领导 Art Sundry 批评摩托罗拉的生产品质太差。因为这次批评，公司发现了提高质量与降低生产成本之间的关系。当时，主流的看法是提高质量必然增加成本，实际上，提高质量降低了整体成本，因为降低了维修和操控的成本。摩托罗拉的工程师比尔·史密斯于 1986 年制定了摩托罗拉的一系列方法。六西格玛深受前面几十年的多种品质提升方法的影响，包括品质控制、全面品质管理和零缺陷法。根据前人的一些方法，例如休哈特、戴明、朱兰、克罗斯比、石川馨、田口玄一等，于是有了六西格玛。

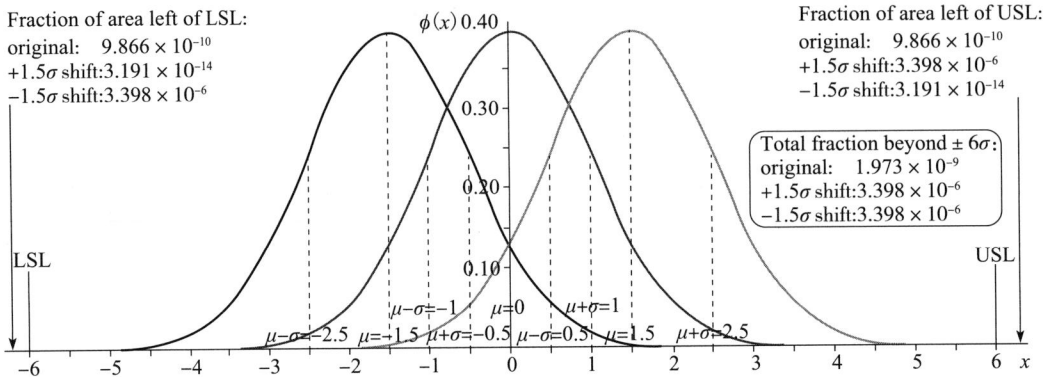

Fraction of area left of LSL:
original: 9.866×10^{-10}
$+1.5\sigma$ shift: 3.191×10^{-14}
-1.5σ shift: 3.398×10^{-6}

Fraction of area left of USL:
original: 9.866×10^{-10}
$+1.5\sigma$ shift: 3.398×10^{-6}
-1.5σ shift: 3.191×10^{-14}

Total fraction beyond $\pm 6\sigma$:
original: 1.973×10^{-9}
$+1.5\sigma$ shift: 3.398×10^{-6}
-1.5σ shift: 3.398×10^{-6}

图 8-21 六西格玛

此后，六西格玛成为一种注册的服务商标和摩托罗拉公司的商标，摩托罗拉依靠六西格玛方法节省了 170 亿美元。其他运用六西格玛比较早的公司也都取得了很大的效果，包括 Honeywell 以及通用电气，由杰克·韦尔奇引入了这种方法。到 20 世纪末，世界 500 强公司中大约有 2/3 开始使用六西格玛的管理方法，对成本进行削减、提升管理质量。近些年，有些人将六西格玛的方法与精益生产方法相结合，创建了一套名为精益六西格玛的管理方法。精益六西格玛将改善生产流程、减少浪费的精益生产和注重减少质量和设计参差的六西格玛法相结合，作为一种用于提高"商业流程优化"的新方法。一些公司，如 IBM 和桑迪亚国家实验室等，已经开始使用精益六西格玛，进行流程再造，提高产量。这是组织的一种创新方法，可以从生产到软件开发，从销售到服务配送等各个领域。

六西格玛法有两种方法，来自于爱德华·戴明的"计划—实施—检查—行动"循环。这些方法中的每一项还包括五个步骤，可以称为 DMAIC 方法和 DMADV 方法，前者用于改善现有的商业流程，后者用于建立新的产品或设计流程。

DMAIC 项目方法 这种方法分为五个步骤：

Define 定义问题，客户需求和项目目标。

Measure 测量当前流程的关键方面，收集相关资料。

Analyze 分析数据，寻求和检验原因和效果之间的关系，确定是什么关系，然后确保考虑所有因素。通过调查，发现出现残次的根本原因。

Improve 提升优化当前流程，根据分析数据，运用不同方法，例如实验设计、防误防错或错误校对，利用标准工作创建一个新的、未来的理想流程，建立规范运作流程能力。

Control 控制改变未来流程，确保任何偏离目标的误差都可以改正。执行控制系统，例如统计流程控制，生产板、可见工作区和流程持续改善等。

有些企业在 DMAIC 前还增加了一个认知步骤，就是**认知**（recognize）需要针对的正确问题，于是产生了 RDMAIC 方法

DMADV 项目方法　这种方法也称为 DFSS（六西格玛设计图），包括五个步骤：

Define　定义设计符合客户需要和其他目标的战略。

Measure　确定对质量至关重要的参数，如产品性能、生产流程性能和风险等。

Analyze　企业需要分析考虑是否有替代方法，创建高性能的设计、评估设计技能，选择最佳的设计方案。

Design　设计细节、优化设计，对设计审核进行评估，这个过程可能需要模拟操作。

Verify　检查设计，建立规范模型，实施生产流程，并且提交给流程所有者。

在 DMAIC 或 DMADV 项目的单一流程中，六西格玛会用到很多种已经成型的质量管理工具，这些工具也用于六西格玛以外。如五问法、方差分析法、FMEA 法、帕累托分析法、QFD 法、SIPOC 分析、TRIZ 法等，这里不再一一赘述。

六西格玛一个创新的地方就是发明了一种品质管理人士"职业化"的衡量方法，在六西格玛以前，品质管理一般都是局限于管理层面，统计师一般都是在独立的品质部门。六西格玛加入了一种等级制的称号（如武术中的分级：黑带、绿带等），来界定各种管理职能。

冠军统一负责组织中六西格玛的实施和执行：由领导者从企业中挑选这些人员，冠军也是黑带的导师。黑带大师由冠军指定作为企业内六西格玛的教练。他们完全投入六西格玛的工作，帮助冠军，指导黑带和绿带，除了统计工作以外，他们大部分时间是保证六西格玛在各个职能部门之间得到顺利的贯彻。黑带在黑带大师的带领下，负责应用六西格玛的方法实施具体项目。他们完全投入六西格玛，主要负责项目执行，而冠军和黑带大师负责鉴定项目和功能。绿带是在进行自己工作的同时，负责开展六西格玛操作的普通员工，他们要听从黑带的指挥。

8.3.5　业务流程再造

业务流程再造（business process reengineering，BPR）是业务流程控制的管理工具，最早诞生于 20 世纪 90 年代早期。它注重分析、设计企业内的工作流程和过程。BPR 的目标是帮助企业从根本上，重新思考怎样工作，以便从根本上提高客户服务质量，削减运营成本，成为世界级竞争者。

BPR 的概念来源于 1990 年麻省理工学院前计算机科学教授 Michael Martin Hammer 在《哈佛商业评论》上发表的一篇文章，他提到经理人的主要挑战是：消灭不能创造价值的商业流程，而不是用科技将其自动化。这篇文章说经理人常用错精力，他们一般常用信息科技将现有的流程进行自动化，这并未消除没有用的流程。Hammer 的观点很简单：很多工作没有客户附加值，应该取消，而不是通过电脑进行加速。公司应该重新整

理流程，提高客户价值，减少资源浪费。Thomas H. Davenport 和 J. Short 在 1990 年的《斯隆管理评论》上也发表了同样的想法。

但是，由于 BPR 提出者在此后几年对 BPR 提出质疑，如约束理论的创始人 Eliyahu M. Goldratt 提出，BPR 在企业约束改进方面不是一个有效的方法。还有其他学者认为，BPR 只是一个开除员工的噱头。同时，很多欧美企业滥用 BPR，导致很多企业管理者逐渐远离这种战略控制方法。此后，随着管理科学的普及，人们再次接受了 BPR 的概念，再造成为很多公司广泛使用的方法，成为变革管理法中的常用方法，但是使用上，没有以前那么激进了。进入 21 世纪后，**业务流程管理**（business process management，BPM）在公司的应用逐渐广泛，被视为 BPR 浪潮的继承者，目的也是利用信息科技，改善流程效率。不过，与对 BPR 的批评类似，BPM 也被认为过于注重科技，而忽视了变革本身。

BPR 与企业拓展中的其他方法，特别是持续改善和全面质量提升不同，目的是根本性变革。BPR 寻求改变企业可变结构，以及其他管理、绩效工作。为了达到最好的效果，利用 IT 技术是一个主要方法。IT 技术用来支持现有企业功能，如提高企业效率，新的企业形式，以及企业之间的合作。

BPR 不仅仅意味着变化，而且是根本性的变化。首先，企业需要彻底检查公司结构、管理系统、员工责任和绩效指标、激励系统、技能发展和 IT 使用情况。BPR 可以影响商业运作的每个环节。这种规模的变化可能导致非常成功，或彻底失败。成功的 BPR 让成本和循环寿命都可大大减少。另一方面，BPR 项目可能无法达到对于再造的高期望。在 1998 年，只有 30% 的流程再造工程获得成功（Galliers，1998）。早期 BPR 的承诺没有兑现，很多企业大规模的 BPR 改造只获得了边际效果，甚至负效果。其他企业在改造过程中，破坏了很长时间建立起来的士气和激励。这些失败说明，再造工程有很多风险。尽管如此，很多公司仍然选择冒险，因为回报很大。

很多不成功的 BPR 都是因为对 BPR 的理解偏差，并且在实施过程中出错。很多企业认为改革很必要，但不知在哪个领域进行改革。因此，流程再造充满了试验和失败，也就是现实中的实验。越来越多的公司进行流程再造，很多成功和失败都很明显。为了达到长期的效果，公司必须检查哪些战略和再造有必要，学会对成本、里程碑、时间表中的战略进行量化，在组织中实施战略，评估组织目前的能力，务实改革，把战略与预算流程进行统一。否则，BPR 就只是一个短期的效率实验（见图 8-22）。

BPR 中有很多重要的因素，如企业领导层的广泛认可、BPR 团队组织、商业需求分析、IT 技术基础、有效的变革管理、进行持续改善等。成功的 BPR 可以带来很大的变化，对商业流程进行优化。为了获得成功，有一些关键成功因素，可以从前面公司进行再造的经验中进行学习。另外，BPR 的最终成功需要人的因素，如团队投入程度、是否有激励、是否够专业等。准备进行流程再造的企业必须全面考虑，进行全面、周详的再造流程，把失败的可能性最小化。

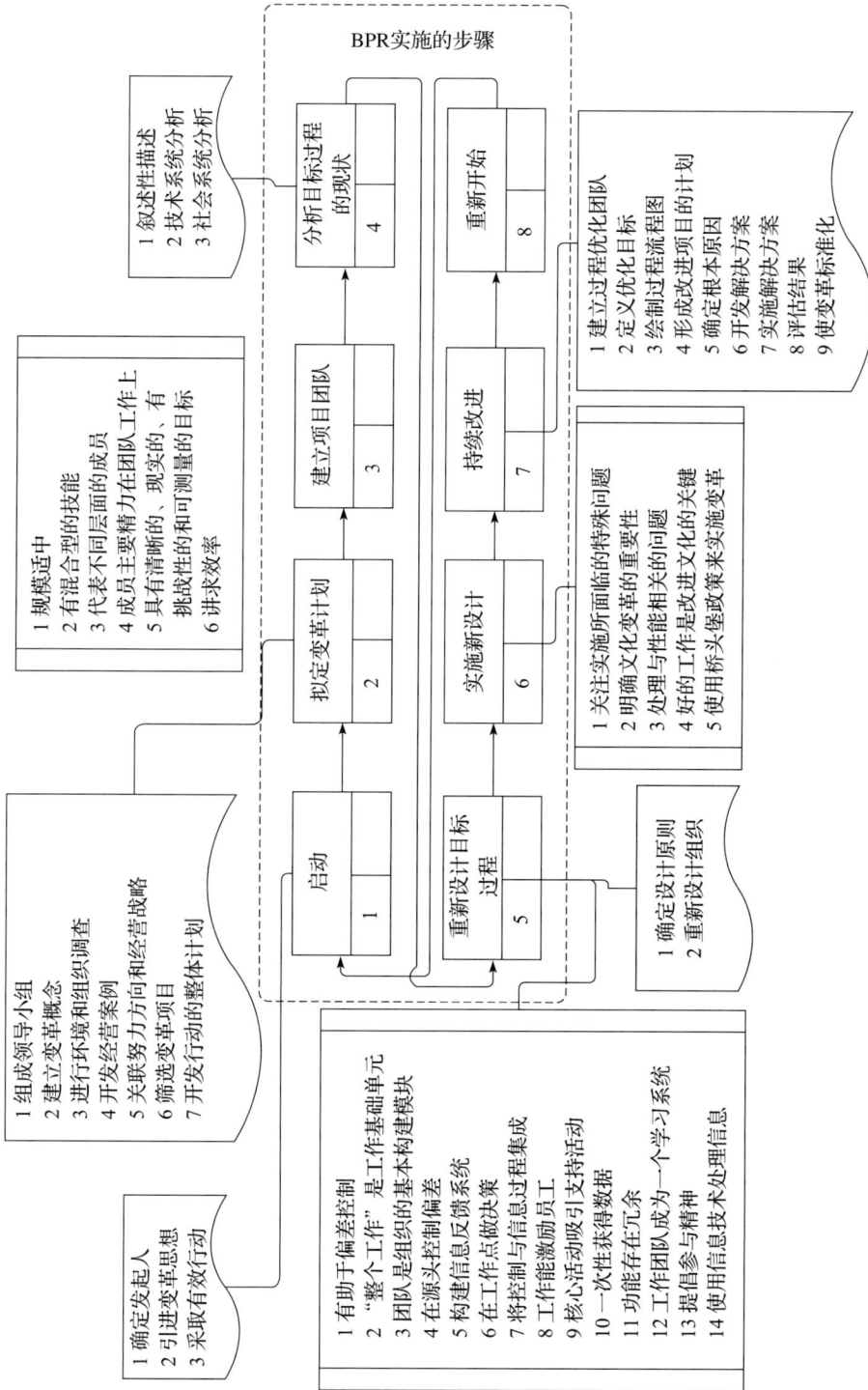

图 8-22　BPR 实施步骤

本章回顾

◆ 战略实施是一个对战略逐步解读的过程，是一个自上而下的动态管理过程。实施过程中公司战略在公司运营的各个环节中得以分解、落实。一般战略实施分为战略发动、战略计划、战略运作三个阶段。

◆ 企业文化结构雷达模型。企业文化体系的内容由四个部分组成：核心价值、制度、企业行为、物质资源。价值观体系以核心价值为基点，形成一根动态扫描针。

◆ 常见的组织结构：简单结构、职能结构、多分布结构、控股公司结构、矩阵结构、团队结构等。

◆ **麦肯锡 7S 模型**（Mckinsey 7S model）：概括了企业实施战略过程中必须全面地考虑各方面的情况，包括**结构**（structure）、**制度**（system）、**风格**（style）、**员工**（staff）、**技能**（skill）、**战略**（strategy）、**共同价值观**（shared values）。

◆ **战略控制**（strategic control）是指在企业经营战略的实施过程中，检查企业为达到目标所进行的各项活动的进展情况，评价实施企业战略后的企业绩效，把它与既定的战略目标与绩效标准相比较，发现战略差距，分析产生偏差的原因，纠正偏差，使企业战略的实施更好地与企业当前所处的内外环境、企业目标协调一致。

◆ **平衡计分卡**（balanced score card，BSC）是企业战略控制最常用的工具之一，它将公司的战略落实到可操作的目标、衡量指标和目标值上。

◆ **杜邦分析法**（Dupont analysis）：这种分析方法最早由美国杜邦公司使用，利用几种主要的财务比率之间的关系，综合地分析企业的财务状况。

◆ 六西格玛法有两种方法，来自于爱德华·戴明的"计划—实施—检查—行动"循环。这些方法中的每一项还包括五个步骤，可以称为 DMAIC 方法和 DMADV 方法，前者用于改善现有的商业流程，后者用于建立新的产品或设计流程。

◆ **业务流程再造**（business process reengineering，BPR）是业务流程控制的管理工具，注重分析、设计企业内的工作流程和过程。BPR 的目标是帮助企业从根本上，重新思考怎么样工作，以便根本上地提高客户服务，削减运营成本，成为世界级竞争者。

探索与研究

1. 文化和思维方式差异对企业战略实施的影响。
2. BSC 如何导引战略实施与控制中的 BPR。
3. 基于企业无形资产（品牌资产）的杜邦分析法如何修正。

参考文献

［1］ Harry, Schroeder. Six Sigma-Prozesse optimieren［M］. Frankfurt: Main Press, 2000.

［2］ Tennant, Geoff. SIX SIGMA: SPC and TQM in Manufacturing and Services［M］. New York: Gower Publishing, Ltd. 2001.

［3］ De Feo, Joseph A. Institute's Six Sigma Breakthrough and Beyond-Quality

Performance Breakthrough Methods. New York: McGraw-Hill Publishing Company Limited, 2005.

［ 4 ］ Kieran Walshe; Gill Harvey. Connecting Knowledge and Performance in Public Services: From Knowing to Doing ［ M ］. Cambridge: Cambridge University Press, 2011.

［ 5 ］ Larry Webber; Michael Wallace. Quality Control for Dummies ［ J ］. Dummies, 2006: 42-43.

［ 6 ］ Harry Mikel, Schroeder Richard. Six Sigma ［ M ］. London: Random House, 2000.

［ 7 ］ United States General Accounting Office . Business Process Re-engineering Assessment Guide ［ M ］. New York: McGraw-Hill Publishing Company Limited, 2009.

［ 8 ］ Hamscher, Walter: AI in Business-Process Reengineering ［ J ］. AI Magazine , 1994

［ 9 ］ 程新生 . 内部控制理论与实践 ［ M ］. 北京：清华大学出版社，北京交通大学出版社，2008.

［10］ 程新生，宋文洋，刘思思，扈豪 . 公司内部控制变革研究 ［ J ］. 当代财经，2009（7）.

［11］ 杜胜利 . 公司管理控制系统 ［ M ］. 北京：中国财政经济出版社，2007.

［12］ 龙正平，夏健明 . 基于风险的企业战略控制系统 ［ J ］. 南开管理评论，2006（3）.

［13］ 罗伯特 A 安东尼，维杰伊 . 戈文达拉扬 . 管理控制系统 ［ M ］. 赵玉涛，刘寅龙，杜晓阳，译 . 北京：机械工业出版社，2004.

［14］ 马亚男 . 复杂性科学与战略理论范式的转变 ［ J ］. 科研管理，2005（4）.

Corporate
Strategy

第三篇

企业战略拓展

第 9 章
集团公司的母合优势

合兵以壮威，
分兵以致胜。

—— 明朝哲学家揭暄

通 用 电 气

在公司总体战略实施的案例中，通用电气（GE）是业内公认的成功典范。

GE 的成长和全球多元化发展历程

GE 自 1890 年由著名发明家爱迪生创立，在其后的 100 多年中，GE 以各种方式并购了
许多企业。在美国国内，1939 年的 GE 所辖工厂还只有 30 几家，到 1947 年就达到了 125
家，1976 年年底在 35 个州共拥有 224 家制造厂。在美国以外，它逐步合并了意大利、法国、
德国、比利时、瑞士、英国、西班牙等国的电工企业。到 1972 年，GE 公司在国外的子公司
计有：欧洲 33 家、加拿大 10 家、拉丁美洲 24 家、亚洲 11 家、澳大利亚 3 家、非洲 1 家。
1976 年又收购了犹他国际公司和科克斯广播公司，经营范围进一步扩大到采矿和广播事业。

目前，通用在全世界 100 多个国家开展业务，在全球拥有员工近 313 000 人，产品品种
达 25 万多种。

曾经存在的问题

1965 ～ 1970 年，通用电气公司销售额增长了 40%，可利润却在下降，GE 公司经历了
很长一段 "无利润增长时期"。显然，业务过于庞杂，以及集团公司仅拥有组织和财务控制等
一般管理技能，以及企业成长目标设置等方法，不能完全保证广泛多元化企业取得满意的业
绩。GE 多元化发展越来越需要新的战略思想指引。

"中子弹杰克"的解决之道

1981 年，杰克·韦尔奇出任 GE 董事长和 CEO。

此后，GE 成功地进行多元化战略转型，从传统的制造业扩展到前景良好的高新技术产

业和服务业，同时提出了保留和增强核心圈、高科技圈和服务圈内的企业竞争力的"三环"战略。对于三个圈外的企业，进行"调整、关闭和出售"。因此，韦尔奇一方面出售了 150多家企业，解雇了 13 万名员工；另一方面却大力加强对医疗保健信息技术产业的研发投入，3 年内进行 40 多项兼并活动，增强 GE 医疗系统在欧洲市场的竞争实力。在退出矿业等极不相关的业务领域时，却大力投入与 GE 各产业集团高度协同的金融服务业，并成为 GE 后来最重要的利润增长点和贡献力量。

成功的关键：母合优势

对于 GE 等业务高度分散的企业获得成功的原因，核心竞争力也缺乏有力的解释。更为合理的解释是，在 GE 实施公司层战略的过程中，GE 成功地实施了母合优势战略。

（1）母公司价值创造洞见

GE 坚决执行"不是第一，就是第二"的业务发展哲学，强化市场领先者的壁垒，促进各业务单元之间最佳管理实践经验的共享，充分激发员工的创造力、工作热情和能量。

（2）母合特征

第一，GE 全员愿意并且能够彻底贯彻"不是第一，就是第二"的哲学。并且，GE 拥有一个超越于具体业务的公司整体战略，从而使公司层战略更加强调未来愿景与总体控制，而使业务单元成为公司战略的利润中心。GE 著名的四大战略：全球化、服务转型、六西格玛和电子商务，没有一个是与具体的业务有关的。

第二，GE 通过公司执行层会议及其他一些方式，如论坛、网络等，共享最佳实践经验。

第三，GE 具有卓越的业务筛选模型和业务管理系统，从而构造了一个严密而有效的实施系统，保证总部制定的任何战略举措都可以转化为实际行动；而且它是一个开放的制度化平台，来自 GE 和各个业务集团的高层领导、执行经理和员工，都会在这样一个制度化平台上针对业务实施情况，对比差距、交流和分享成功的经验和措施。

第四，GE 通过"群策群力"行动破除大型集团公司惯有的官僚作风，增强企业沟通。

第五，GE 拥有"活化"组织结构层级与激发组织创新，将业务运营系统与变革思想融为一个整体的综合能力，从而保证了多元化发展背后的持续支撑动力。

另外，GE 对高素质管理队伍的吸引、发展和保留也保证了实现母合优势的实现。

进入 21 世纪后，世界经济出现的两个发展趋势值得引起我们的关注：一个是经济全球化，诸多跨国企业在全球市场高效配置资源，形成全球范围的一体化经营体系，包括技术和产品开发、采购、生产和销售等。另一个是跨国大公司之间的并购，以及由此带动的新一轮全球性并购浪潮。事实上，当企业发展到一定阶段后，在全球范围实施多元化发展战略可能是一种必然选择。但遗憾的是，大多数公司均以剥离而收场，如进军办公用品领域的埃克森美孚公司（Exxon Mobil Corporation），以及收购哥伦比亚电影公司的可口可乐公司。

问题出在哪里？这一现象产生的原因也许是集团公司将目光过于聚焦在子公司或业务公司在具体业务上是否创造更多的价值，而忽略了集团公司应该产生或者创造的价值。集团公司如果不能证明它的存在能够帮助业务公司创造比其独立经营更多的价值，或更进一步，在所有的母公司中，它能帮助该业务公司创造最大价值，那么它就失去了对该业务单元作为母公司存在的意义，从而不得不剥离该业务单元，或者作为一个独立公司存在，或者被别的母公司收购。

为了很好地回答这个问题，本书从本章起将详细阐述公司层战略的方方面面，从母合优势、纵向一体化到并购、全球化。

从"战略类型"一章中我们已经对公司层战略、业务层战略、职能层战略有了初步了解。**集团公司**（group company）是代表资本方管理业务单元的机构，本身没有客户，也就不会直接创造价值，而业务单元通过与客户接触而直接创造价值。本章以集团公司价值创造为切入点，引入**母合优势**（parenting advantage）的概念，从这个角度讲述公司层战略和业务层战略。

9.1 母合优势的由来

纵观海内外，曾经在一些产业内独领风骚的企业巨头如今却面临严重的挑战，利润下降甚至持续亏损，因此不得不出售一些业务单元。这些被出售的业务单元，或者被管理层收购，成为独立的公司实体，或者被其他母公司收购，成为其旗下子公司。也许大家已经观察到一种较为普遍的现象：有些业务单元独立或者被其他母公司并购后，往往表现出良好的业绩和业绩增长。

到底是什么原因造成了这种现象的产生？

实际上，全世界的多业务公司均面临着公司应拥有何种业务，以及如何构造和影响其业务这样一些根本性问题。对许多公司来说，剥离和重组似乎是一种合理的解决之道。但关键可能在于缺乏能够为业务单元创造价值的公司层战略，而不仅是业务的范围和跨度，这才可能是某些公司层战略的致命缺陷。

问题的症结普遍在于公司层战略的模糊与错位，这种模糊和错位主要体现在公司层战略往往只关注业务单元选择什么业务和如何创造价值，而没有能够清晰地定义母公司的角色和价值创造，公司层战略没有能够起到统领各业务单元战略的指导性作用。

经济全球化是一种已经发生和今后必然发生的趋势，这不仅包括各国外企业巨头进入中国市场，中国企业也必然要走出中国，实现全球市场的多元化战略布局。因此，中国企业应该后来居上，以高瞻远瞩的视角和强有力的整体战略统领全局，以清晰和明确的公司层战略驾驭布局于全球的多元化企业。

9.1.1 集团公司的价值创造

现今,跨国经营、业务多元化发展是企业在经济全球化环境下的必然选择。多业务公司是指由不同业务单元构成的公司,也就是我们所谓的集团公司,其各个业务单元可以作为独立的实体经营。多业务公司的战略决策由母公司主导制定,母公司则是从事除直接业务管理以外事务的组织,介于资本方和业务单元之间,这样母公司存在的意义和作用就是在其运作方式和谋求改进之间创造一种与业务单元的契合匹配关系。通常,成功的母公司能够通过对旗下业务单元的绩效把握,创造可观的额外价值。

1. 母公司创造价值的条件

在母公司在创造价值的过程中,失败案例并不鲜见。这恰恰体现了在实际操作中,母公司的公司层战略必须满足一定的条件才能成功地创造价值。对母公司来说,要创造价值一般需要满足以下三个条件:

- 母公司有能够提高整个公司的业务组合中行业绩效的机会,而且母公司必须察觉这些机会,以及它在实现这些机会中应该起到的作用。也就是说,公司层战略必须基于与母合机会的一致。
- 母公司必须有实现这些机会的特征。一般地,它必须有特别的组织结构、管理体制或操作过程,以及相应的职能、服务或资源。另外,与实现母合优势匹配的人才,以及这些人才的技能等也能导致母公司创造价值。
- 母公司不能有导致价值降低或毁损的特征。例如,在企业的分权合约中没有鼓励和导致破坏价值的地方。因此,母公司特征需要与涉及的业务相适应。

2. 发现母合机会

如果能够创造价值,母公司必须有提高业务单元绩效的机会,即存在母合机会。但是,仅仅有这样的母合机会,作为母公司却不能发现它们,也不能实现母合优势而创造价值。因此,要实现价值创造,母公司必须具有价值创造的洞察力,同时在实现中能够起基本的作用。例如,对业务影响这种价值创造模式来说,改变公司层战略将能够导致提高业务单元的业绩效果,而且这些价值不会是业务单元在没有母公司的影响下而获得。对连接影响这种母公司的创造价值模式来说,在业务单元之间必须有能够受益的某些关联,而母公司具有清除阻碍业务单元之间实现关联的能力。对职能和服务创造价值模式来说,使用母公司的服务和功能必须有助于提高业务单元绩效的机会,而且业务单元不能使用或发现外部专家的建议。

但是,发现这些机会往往比较困难。通常情况下,业务单元中有能力的管理者往往可以通过其他手段提高自身业务的绩效,比如其自行与其他业务单元或者外部公司建立相互受益的关联,或者建立或雇用专家人员。一般情况下,母公司创造价值仅仅存在于那些业务单元管理不能很好地履行自己职责的情况。更进一步讲,我们可以假定收购或出售业务或创建新的业务这种活动本身就可以创造价值，这是因为市场上，被母公司控制的竞争意味着母公司价值创造的范围是比较有限的。我们也可以观察到，在许多例子中，母公司实际上很少能为经营良好的业务单元再提高绩效。

然而，我们仍然能发现大量的母公司创造价值的机会。例如，在某个行业，母公司的管理者也许能力较差，竞争力量也许还不能够淘汰他们。因为，外部资本往往在理解某些行业时显得困难重重，也就不能提供适合的资本支持实施并购操作。另外，管理者的个人利益和所有者的利益之间的冲突时有发生，因此股东做出的决策往往不是最优的。在业务单元之间也会存在关联阻碍，诸如信息的缺乏、相互怀疑和缺少联系等，都能阻碍关联的发展。在上述这些情况下，业务单元也就不能达到最优的绩效，而这对母公司来说就是一个创造价值的机会。

由于存在创造价值的诸多机会，因此母公司也可以进一步建立单个业务单元不能拥有的管理技能或资源。例如，母公司的品牌有特殊的权威和优势，或者集团总裁能够洞悉广泛范围内的行业情况，这就为母公司创造价值提供了一定的基础。即便是那些经营良好的业务单元，也不太可能期望自身拥有与母公司同等的技能或资源。而且，一些母公司还建立了特别的集团发展技能和资源，因此独一无二的技能和资源为母公司提高业务单元的绩效提供了基本条件。

在这种情况下，母公司就能把握机会而创造价值了。然而，对任何一家母公司来说，关键的问题是，如果公司层战略仅集中在业务内的特殊机会，那么它将只能限于本公司业务范围创造价值，而不能挖掘新的业务机会，从而改善行业中的边际利润。母公司的公司层战略就是要能够为业务单元发掘真正的机会并帮助其实现机会并创造价值。

值得注意的是，由于母公司缺乏对业务单元发掘价值创造机会的关注，使得母公司往往造成降低价值而不是创造价值。这些母公司认为它们能为业务单元提供一个有见地的，而且是公正的第二选择。一旦业务单元的目标和绩效进行论证时出现问题，母公司就会进行干涉，而这些母公司自认为有价值和有意义的干涉却很少体现公正，往往远远偏离它们的初衷。因此，只有那些基于公司层战略并且关注于母合机会的母公司才能创造价值，否则将造成价值毁损。

3. 母公司应具备的特征

母公司的企业特征构成要素在于：心智图，即管理人员的经验法则和心智模型，借此对信息加以理解和综合；结构、系统和过程，这是母公司赖以创造价值的机制；职能部门、总部的服务部门和资源，指的是母公司的参谋部门和拥有的核心资产，用以支持下属战略业务单元创造价值；人员和技能，让拥有独特才能的员工实现母公司的价值创造；分权合约，规定了母公司和战略业务单元的权限划分。母公司的一般分类，可以以上特征进行划定，我们用图9-1加深理解。

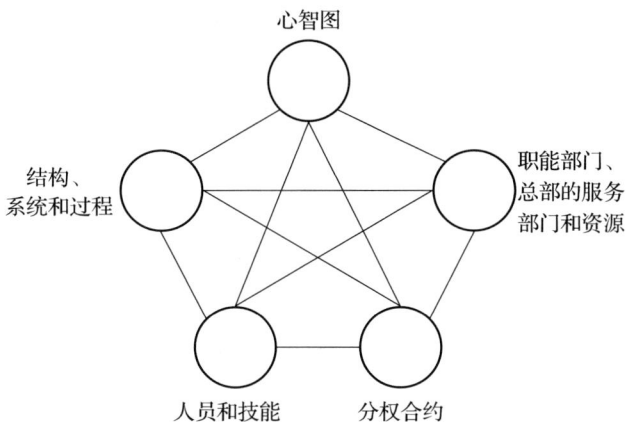

图 9-1 母公司的特征

母合机会的存在是必要的，但不是母公司创造价值的充分条件。而且，母公司还必须有从母合机会中实现价值创造的相应技能、资源和其他特征。

母合机会的特点往往决定了母公司的特征，为了创造价值，母公司必须有与母合机会相匹配的特征。那些从专家技术技能受益的业务单元也需要一个有相关技能的母公司。一旦母合机会的特征清楚了，那需要什么样特征的母公司就明确了。

如果得到了实现业务单元绩效提高的机会，母公司也就能在该业务单元创造价值了，所创造价值的大小取决于母公司特征与母合机会的匹配程度，对那些最适合的母公司特征实现既定的机会时，创造的价值也最大。如果没有具备相应的母公司特征，即使那些定位于潜力巨大母合机会的公司层战略也会往往不能成功。

4. 业务单元的特征

业务单元的特征主要体现在母合机会和关键成功因素这两个方面。

母合机会，即业务单元改善提高的机会，如业务单元管理层管理能力薄弱、管理层与股东之间存在利益冲突、没有合适的其他业务单元实施横向连接等。业务单元的具体情况决定了这些母合机会的范围和性质各不相同，这就决定了某些业务单元只适合于某些母公司，即这些母公司具有实现相应母合机会的特征。也就是说，在评估母合机会时，关键是要考查母合机会与母公司特征的匹配程度。

而对于每个业务单元来说，都存在着令其成功的关键因素，这些因素随着业务的不同而各不相同。例如，对于某一业务单元来说，拥有非凡创造力的人才是其成功的关键，而对于另一业务单元来说，严格控制成本是其成功的关键。因此，为了能够创造母公司的价值，避免价值降低，业务单元的关键成功要素必须与母公司的特征相匹配。

母公司特征与业务单元特征的匹配与否决定了母公司能否完成价值创造，而不是由于其特征的相悖造成价值的损失。另一方面，公司层战略对于业务组合的规划基本决定了具有母合机会业务单元的特征和发展的机会，而母公司对于组织结构、公司治理等方

245

面的管控又决定了母公司的特征与业务单元特征的契合程度。

5. 母公司创造价值的途径

母公司有四种创造价值的模式：业务影响（母公司加强其下属业务单元的单个直接影响）、连接影响（母公司对其下属业务单元之间的横向行为施加影响）、职能和服务影响（母公司为其下属业务单元提供职能领导和高效的服务）、公司发展活动（母公司通过改变行业组合的结构来创造价值）。尽管上述四种模式有部分重叠，但不同模式有不同的侧重点，因此可以有效区分。

业务影响 业务影响是母公司把业务单元看作利润中心，通过一定的控制手段，对所涉及的业务直接施加影响，从而掌控每一个业务单元的战略和绩效。甚至有的母公司和下属业务单元之间建立一个尽最大责任的分权缔约，它涉及审核和监督业务单元的基本绩效目标、审核重大的资本费用预算、撤换业务单元的关键管理层等活动。然而，还有许多母公司更是在广泛的范围内施加重大影响，诸如产品市场战略、价格政策和人力资源发展等。

在许多公司中，业务影响具有重大作用。然而我们的研究表明，尽管母公司的业务影响对绩效至关重要，但它经常被母公司忽略或低估。因此，关注母公司的业务影响是理解公司层战略的基本条件。

母公司通过业务影响来创造价值的同时，也可能降低价值。如对业务单元制定不适宜的目标、在有价值创造机会的项目中拒绝投入资源支持、批准不能创造价值的投资和任命不合适的管理者等，母公司通过这些活动对业务单元将造成重大的负面影响。因此，在把握价值创造机会的同时，必须尽可能避免价值降低的风险，并且最好能在这两者之间保持一种平衡，不能因为把握了可能的机会而不顾风险，也不能因过于在意风险而失去创造价值的机会。

然而，现实中大多数情况是母公司通过其业务影响造成了价值降低或者毁损。在多元化的组织中，母公司的管理者通常对某个业务单元或者行业只投入一小部分的资源及注意力，但是各个业务单元的管理者则是全力以赴于本行业。于是有人不禁要问，为什么母公司管理者仅凭10%的时间就应该或者能够审核改进业务单元管理者付出100%努力的决策呢？这个常称为"10%与100%"的两难问题。因此，成功的公司层战略要求找出能克服"10%和100%"两难问题的方法，并通过其业务影响来创造价值。

连接影响 许多母公司通过其在不同业务单元之间的连接上施加影响来创造价值。母公司通过制定决策和指导、建立相应的组织结构、转移价格机制等手段，鼓励和促进业务单元间的关联。通过这种方式，母公司从获得"整体"利益而不是"部分的和"中创造价值。无论是所有的业务单元都受益，还是一些受益而另一些受到损害，目的都是通过影响业务单元彼此间的关联方式来释放净价值，这就是通过业务协同创造价值的概念。

但是协同也有弊端，母公司促进关联的努力往往显得力不从心或者效率低下。同样，母公司也可能导致不经济、不公正的关联。由于连接影响或者业务协同的价值通常被高估，因此在许多公司的公司层战略中，寻求协同的意愿位于突出的地位。

连接影响创造价值的困难还来自另一个两难的问题。每一个业务单元的管理者在没有母公司介入的情况下都愿意和其他的业务单元关联，并将这种意愿付诸行动。那么，由母公司发现业务单元间关联机会的理由就显得不那么充分。事实上，母公司想获得的协同效应往往并不令人满意，而各个业务单元出于自发的利益而导致的关联效果却比较理想。

当然，尽管一些母公司在发挥连接影响时存在这样的问题，但有些母公司还是通过连接影响成功地创造了价值。

职能和服务影响 一般情况下，运用母公司影响主要是总经理和高级一线管理者的职责。然而，有些母公司也专门设置了一些职能和服务部门，这些部门也可以通过为下属单位提供职能领导和高效的服务来创造价值，它们也可以起到单线和连接影响的作用。

母公司职能部门创造价值的程度超过了它们所能提供和贡献的影响。很显然，业务单元从中的受益必须大于保持这些职能部门所产生的成本支出。如果集团部门所提供的服务超过业务单元自身提供或从外面购买，那么它就能创造价值。一些公司坚信，集团公司的职能和服务是能够创造价值的。

但是，由于设置职能和服务部门，很可能导致集团公司机构臃肿，于是我们有理由怀疑这种机制能否真正创造价值。基于此怀疑，有人开始呼吁精简集团职能和服务部门以降低母公司成本。并且，许多母公司的职员所产生的管理费用支出和官僚主义多过他们的价值，我们通常看到的情况是母公司职员高高在上、效率低下甚至成为业务单元价值创造的障碍。

实际上，企业的外部专家在自身的领域，诸如市场研究、生产建议或战略计划等方面，都能提供高效的服务。如果外部专家以第三方的角度也能承担类似的任务，提供高效的服务，并且外部提供的服务价值可能还高于母公司职能闭门造车创造的价值，这种情况又会怎样呢？这往往导致许多公司裁减大量的职能部门和服务而诉诸外包。

但是，另外一些公司却坚信母公司职能部门的价值。为了理解它们的公司层战略，我们必须知道它们的职能部门和服务是如何击败专家而创造价值的。

公司发展活动 母公司通过影响已涉及的行业组合可以改变它的业务构成。通过收购或出售业务，或者通过合资创建新的业务，或者联合或分离业务以重新定义业务，以此来实现业务结构重组。这些活动对现有的业务单元影响巨大，它改变了组合中的业务，因此可能创造价值。这种价值不同于前三种模式的地方在于，母公司是把新的业务引入组合中所创造的价值。

许多母公司坚信它们在公司发展活动中能创造价值，例如廉价收购业务，创建新的企业为未来提供增长机会，重新定义业务使得它们在市场上具有更强的竞争力。然而，我们发现，这些活动也常常不奏效。母公司收购业务时得不偿失，创建新的业务增长乏力，错误地定义业务，这些公司发展活动往往造成价值降低。研究表明，大多数收购、新业务和业务重定义在创造价值上是失败的，当然也不乏成功的案例。

6. 避免价值降低的方式

母公司在创造价值的同时，降低价值的风险并存。母公司也许想通过促进灵活的预算目标来创造价值，但母公司如果拒绝正确的投资目标或促进无意义的关联，这些都可能降低价值。母公司可能知道并去实现在两个业务单元间的协同机会，但由于对一两个业务单元都施加不正确的业务影响而降低了价值。一个母公司也许拥有对某些行业成功至关重要的专家职能部门，但母公司迫使这些业务单元服从错误的整体战略或使其他根本不适合此项职能的业务单元去使用这些战略，从而使价值降低。整体上，仅仅只有价值降低的程度减少到少于价值创造才能产生净价值。

现实中经常出现价值降低的情况。例如，当一个或多个母公司特征和母合机会匹配程度低时，价值就会被降低。错误理解业务单元中成功因素的心智图，也能导致价值降低；母公司为业务单元制订的计划和预算负担太重或太吝啬，这不利于业务单元的价值创造；集团公司职能部门不具备与业务相关的技能等。而且，值得注意的是，在一个业务单元中能创造价值的母公司特征可能会降低另一个业务单元的价值，因此需要特别注意母公司特征和母合机会的匹配往往是对某一行业或者某一具体业务单元的，并不一定具有通用性。风险高和长期的投资对于像石油开采行业会创造价值，但对其他行业可能就不一定能创造价值。

当然也有许多减少价值降低的方法，比如，广泛地分权于各个业务单元，限制母公司的卷入，尽可能和特别的母合机会相关。但是，有些母公司职责是不能被分权的，这些职能包括任命业务单元的总经理、审核基本绩效目标和监督实施、协调单元间的争斗等。在实际中，分权并不是避免价值降低的唯一工具。

为了避免价值降低，母公司必须尽可能熟悉业务单元的业务和行业状况，这是业务单元利用母合优势创造价值和获得成功的关键因素。因此，母公司应清楚地知道什么时候和如何施加它的影响，当业务单元运作良好时，不去加以干涉，往往就能避免价值降低。如果业务单元不需要干涉，那么证明以前的影响是正确的。对业务单元熟悉的母公司也会知道什么样的管理系统和程序、什么样的职能和服务是最适合的。所以它可以避免实施不适宜业务单元的母公司风格和评判。

对业务单元的熟悉和掌控通常依赖于个人的管理经验。典型的高级管理者在他们的职业生涯中积累了一定类型的行业经验，他们往往能够避免这些行业中的价值降低，但也可能降低其他类型业务的价值，这是因为对其他类型的行业不熟悉和没有一个好"感觉"。

为了创造净价值，母公司必须避免和业务单元不匹配的母公司特征，而满足这种要求就需要对组合中的所有业务单元都有丰富的"感觉"。

BTR 是一家业务范围广泛的英国公司，销售额达到 90 亿英镑，其业务范围以轮胎和橡胶起家，后来延伸到电力输送、电动机、航空、建筑、电子产品、包装、体育用品及保健等方面。这些业务范围从表面看起来没有一定的相关性，但是 BTR 利用其一套独特的管理哲学——细致和严密的利润规划，实现了对广泛业务的有效管理，并创造价值。

BTR 的利润规划从每年的 7 月开始，此时总公司向其约 1300 个利润中心发布总公司的各项经营指标指南，内容包括在即将到来的一年里 BTR 对增长率、通货膨胀率、世界主要经济体汇率预测，以及在关键比率和盈利趋势方面 BTR 期望各利润中心能够达到的目标。

之后，各个利润中心进行利润规划，方法按照 BTR 规定的格式和定义，一套完整的利润规划有 15 个明细表。这些明细表内的项目相互参考，以确保一个业务单元某一领域的变化对其他领域的影响得到了充分的考虑，这种关键比率能够发现规划中存在的任何不一致或异常。

随后是集团总裁对利润规划表的审核，主要是站在战略的层面对利润规划进行检查，如目标够宏伟吗，规划是否完整，其中的关键比率是否具有内在的一致性并且相互之间不矛盾等。这一审议过程以最终符合要求为目标，中间可以进行多次审议、修改、再审议。

在各个利润中心对利润规划的执行过程中，BTR 对整个执行过程从财务角度进行严格控制，如每个利润中心每周都要定期报告其销售额和接到的订单数，任何认为不正常的信息都会促使 BTR 向利润中心施压，以在问题真正出现之前采取行动。

BTR 发现，即便在成熟的市场中，很多制造型业务单元仅仅由于缺乏严格的利润控制能力而不能实现很好的产品盈利，因此就存在很多创造价值的机会，即母合机会。BTR 能够发现这些机会，就是具有创造价值的洞察力。BTR 也正好有实现这些母合机会的母公司特征，例如严格的利润规划原则和高绩效目标、高密集度的利润规划流程、独立自主的业务结构等。因此，BTR 通过详细而严密的利润规划，以及对利润规划执行的严格控制，成功实施了母合优势的公司层战略，创造了母公司价值。

9.1.2　母合优势问题的提出

全世界的多业务公司均面临公司应拥有何种业务，以及如何构造和影响其业务这样一些根本性的问题。对许多公司来说，剥离和重组似乎是一种合理的解决之道。但根本问题可能在于，它们缺乏能够为业务增添价值的公司层占了，而不是定义业务的范围和跨度，这才可能是目前很多公司的公司层战略致命的缺陷——公司层战略中没有体现母合优势。

在明白了母公司如何创造价值之后，我们不难理解母公司存在的理由，在母公司的统领之下，子公司或业务单元会实现更多的价值，而这些增值的部分足以弥补母公司日常运营的成本。

上海电气集团旗下有非常清晰的五大主业板块，分别是电力设备板块、机电一体化板块、重工板块、轨道交通设备板块和环保设备板块。通过母公司的统一规划和管控，这五大板块形成以电力设备板块为核心的，一批专业性公司为重点的，集"工程设计、产品开发、设备制造、工程成套和技术服务"五大功能于一体的综合型企业集团。在各大业务板块之间纵向连接，扩大业务领域，获得更多的价值。

　　除了以上所说的作用，母公司往往还应具有更大的作用，成为其下属业务单元的最佳母公司，获得"母合优势"。总体来说，也就是指使业务单元不仅比其独立时表现得更好，而且还比在其他母公司的统领下表现得更好。

　　具有成功的公司战略的多业务公司，它们在对其业务进行组合的过程中都至少在相当程度上拥有母合优势。近20年来，很多实证研究的结果表明，母合优势是在华子公司竞争优势的主要来源。母公司强大的资源支持，如品牌优势、资金优势、母子公司的网络内部研发优势，以及转移价格优势等，使在华子公司得以在激烈的竞争环境中，采取积极的或维持型的竞争战略，从而实现跨国公司全球资源配置的最优化和整体利润的最大化。作为一种原则，母合优势应当用来指导公司所属业务性质的决策，以及关于母公司结构、活动和关系的决策。公司层战略则应当说明存在的母合机会、自身实现母合机会的特征，以及如何及从何处获取母合优势。母合优势可以说是检验公司层战略成功与否的衡量标准，并且是指导公司层战略的基本原则。

9.2　母合优势理论框架

　　多业务公司之所以未能创造更多的价值反而造成价值毁损，其深层原因在于缺乏母合优势的战略引导，最终导致公司核心竞争力的缺失。因此，对于大多数具有一定规模的企业而言，如何以母合优势作为企业整体战略的导引，为公司创造更多的价值是它们面临的最现实的问题。在这之前，理解母合优势的内涵则非常必要。

9.2.1　母合优势内涵

　　迈克尔·古尔德、安德鲁·坎贝尔和马库斯·亚历山大等人在他们共同合著的《公司层面战略：多业务公司的管理与价值创造》一书中提出母合优势理论的管理理念：母合优势指母公司不只能为其业务子公司创造价值，还要努力创造其竞争对手（其他的母公司）做不到的更多的价值。母合优势的提出填补了核心能力概念的不足之处，实际上，是提供了一种有效制订公司层战略计划的工具。

　　母合优势理论认为，母公司进行多元化业务组合及管理时需要考虑以下三个基本要素：
- 业务单元的关键成功要素，也可以理解为该业务单元的核心竞争力。
- 业务单元能够通过某些方面的改善和提高，创造更多的价值，即母合机会。
- 母体的技能与资源特征，也可以理解为母公司的核心竞争力。

母合优势的创造主要取决于母体特征同业务单元关键成功因素是否匹配，母公司的技能和资源是否可以支持业务单元创造更多的价值。而且，维持这种匹配实际上是一个动态过程。因此，随着竞争环境、业务需要等因素的变化，母体组织必须不断评估其行为和业务组合是否具有母合优势。

这种基于多业务公司的价值创造与管理的母合优势，其内涵是指作为业务层进行指导的母公司能够比该业务单独操作或在其他母公司的指导下创造更多的价值，至少是能够创造超过利益相关者（所有者、雇员等）最低要求总和的剩余。这样的内涵决定了母公司需要与其业务子公司在谋求改进机会之间形成一种高度的默契或者契合匹配关系，从而实现价值创造。

基于这一前提，该理论想要解决公司层战略决策的两大问题，一是公司通过何种方式向何种业务单元投入资源，二是母公司如何影响旗下业务单元并处理与它们的关系。一般而言，成功地进行价值创造的母公司往往在拥有其业务的特征，如心智图、结构、系统、过程、资源、人才及技能，存在着改进其业务组合中业务绩效的机会并在此基础之上专注于某些机会，以及放弃或忽略其他不具备母合机会的业务。

母合优势是针对多业务公司的价值创造与管理，它将管理的思维又一次引向了一种逻辑层次，那就是母公司的特点和优势，即母公司的核心竞争力是不可或缺的。母合优势理论为管理者提供了一个创建和维系母公司价值的逻辑。

9.2.2 母合类型

在实践中，由于激烈的竞争和不断革新的管理手段，每一家成功的集团公司都有自身独特的母合方式。一般地，母合类型分为战略规划型、财务控制型和战略控制型三类。

战略规划型 这类母公司在制订计划和开发战略方面深度介入其业务子公司，并强调长期目标和控制过程中的内在竞争动态，集团管理者往往强调业务的长期、健康发展，并将其视为关键问题。在欧美等西方国家，采用这种风格的公司已经越来越少，而且一些早期的拥护者已经开始逐渐放弃这种风格，如 IBM 决定将其业务单元分开，使之成为许多相对独立的实体，同时削减总部的人员以及其影响力，并对业务单元提出更多的利润要求。英国石油公司（BP）也在紧缩公司一般管理的费用支出，削弱总部影响力，从战略规划转向战略控制。但这并不意味着此风格没有市场，壳牌和佳能都是奉行这种做法而取得成功的公司。

爱默生公司拥有 40 个不同的业务部门，年销售额为 80 亿美元，经营范围从发动机到程序控制等。爱默生公司对一年一度的战略规划过程极其重视。

爱默生旗下的业务公司每年都要进行战略审核，审核由 CEO 亲自主持，即所谓分公司的"规划会议"，主要集中讨论业务公司的增长计划和发展前景等方面的问题。在正式的审核会议之前，还需要与COO举行一次预审，以审核和确认一些细节性的内容。而业务公司在这之前实际上要准备约两个月的时间，填写大量的图标等资料作为其分布战略的背景资料和分析依据，因为后续的任何审核都可能对某一细节进行追究以确认分析和决策依据的可靠性。正式的规划会议结束后，CEO需要进行总结，形成备忘录，就目标、行动事项、预测等问题予以确认并与业务公司总裁达成一致意见，然后确定一个清晰的行动方案，保证战略的执行效果。

财务控制型　采用此风格的母公司一般将计划较为彻底地授权给其业务子公司，其控制过程完全集中在财务目标和业绩成果方面，这是业务子公司必须履行的"契约"，不能按时完成则不能被接受。而业务子公司的总经理的职业生涯和奖金也严重依赖于其完成目标的能力，无法完成则有丢掉工作之忧。因此有可能会导致这样的局面，职业经理人对其子公司的认同感高于整个集团。

战略控制型　战略控制型母公司则介于以上这两种风格之间。母公司将权力下放后，仍保留对业务子公司决策进行核准和评价的权力，因此业务子公司有自下而上推动战略、计划和建议的责任，但母公司也会发起某些主题、动议或者提出某种目标，而且只会批准那些能够使战略和财务目标形成适当平衡的建议。这类公司总部的职能部门主要作用是支持母公司的工作，但也会包含一些面向业务子公司的职能中心和服务部门，业务子公司是否采用，可以根据自身情况而定。

在控制过程中，母公司会特别强调财务目标的重要性，但也会关注战略进程和战略目标的发展情况，实际情况往往是在财务和战略目标中寻求平衡。

这类公司目前在全球商界最为流行，尽管要实现良好运转也非易事，但还是有如通用电气、爱默生这样的成功例子。

对于不同的母合类型，表9-1总结了与之相应的战略和管理上的特点。哪一种母合类型最有利于实现企业的价值创造，这个问题的答案是复杂的，它取决于企业各不相同的目的、历史、文化。此外，也还取决于一个充满矛盾的因素——母合优势对于多元化经营业务的调和：控制与授权、独立反应与协同配合、业务组合与核心竞争力。

表 9-1　母合类型特点

母合类型	战略理念	母公司的战略角色	战略业务单元的角色	总部信息详细程度
战略规划型	核心竞争力	中心驱动战略，围绕战略业务单元的重要潜能与协同优势；高度协调一致，在战略业务单元之间产生联系	专注并执行、服务于总部制定的战略	高
财务控制型	组合	控制过程完全集中于财务目标。公司总部旨在提供更好的投资业绩	根据公司总部的财务目标，制定并执行自己的管理战略。有较大的自主权	低
战略控制型	联系	中心协调、战略评估；设定严格的财务和战略目标；努力在战略业务单元之间建立联系，产生竞争优势	深度开发、执行战略，但接受总部协调	中间

9.3　母合优势形成

基于上述对于公司层战略及母合优势概念的整理，本节将阐述母合特征的分析以及集团公司的业务组合。

9.3.1　母合特征分析

集团公司的母合特征分析一般从母公司特征、业务特征、业务契合性、竞争对手、趋势和情景、公司层战略的选择、集团内部管理与控制七个方面着手。

1. 母公司特征分析

对于母公司特征的分析，可以从以下 9 种途径获得全面、完整的数据：

- 访谈和研讨，与直线经理进行讨论以获得多方信息。
- 时段分析，了解企业的历史根源。
- 价值和行为审核，充分考虑文化及行为准则对战略的影响力。
- 母合结构和作用审核，识别母公司下属的战略业务单元及其他所有构成部分。
- 过程和系统审核，澄清受益及未能受益的业务。
- 连接机制审核，判断连接机制的影响力。
- 职能和服务审核，政策审核，分权合约审核。
- 母公司成本。
- 匹配分析。

2. 业务的特征

战略规划必须对各项业务有足够的了解，首先必须确定战略业务单元的范围和定义，而后对母合机会及该业务的关键成功因素进行分析。对于业务层战略的内容已在"战略类型"一章中详细阐述，此处不再赘述。

3. 契合性评估

母公司改变公司层战略既可能导致母公司的变革，也可能导致母公司或业务组合的变动。对于确定哪些领域需要变革，契合性的评估具有重要的指示作用。契合性检验需要从三个方面来进行：母公司是否认为其创造的机会与它对业务的母合机会一致；母合特征在母合机会的利用方面是否特别有效；母合特征是否与关键成功因素不相吻合。倘若母合特征与业务特征相契合，通常就会实现价值创造。

4. 竞争对手分析

竞争对手分析要求针对每项业务考查其他母公司可能创造的价值。竞争对手既应包括直接竞争者，也包括其母合方式可能适合相关业务企业的多业务公司。有四种方法被用于识别作为竞争对手的母公司：列举所有明显的竞争对手，拥有类似规模和业务组合的公司；对组合中的每项业务，列出所有与其有直接竞争关系的业务的母公司；对组合中的每项业务，列出所有可能与该业务具有有利连接关系的公司，并注意作为这些公司所有者的母公司，同时还要特别注意那些拥有类似业务的外国公司，这些类似的业务往往会提供技能和技术分享机会。

5. 趋势和情景分析

趋势和情景分析的立足点是未来，是关乎趋势如何演变、未来十年都有哪些机会以及世界将如何变化的观点。情景技术是一种受到广泛认识的未来分析法，该方法要求建立两个或多个不同但可能发生的未来情景，这些未来情景体现了现有趋势和影响的不同运动方向。

6. 公司层战略的选择

在公司层战略的规划过程中，母公司在战略生成过程中的洞见和创造性是任何关于母合特征、业务特征或竞争对手及环境趋势的分析和了解都无法替代的。在实践中，把母合管理方面的选择与业务选择相分离，然后再将其合成为几个企业战略抉择，是很有用的。母合选择是关于公司对业务单元进行母合管理并为之创造价值的方式，而业务组合选择是关于公司应保留业务组合中哪些业务的选择。

企业战略抉择的首要标准是该战略在多大程度上可以使公司在目前和未来建立母合优势。其次，还应该考虑执行风险——对母公司或业务组合变革所带来的风险。倘若采用新战略要求对母合特征和业务特征进行广泛的改变，那么这种改变将使企业面临一定的不确定性。最后，企业战略的选择标准使利益相关者的目标和约束，包括股东、顾客、供应商、员工、高级经理和其他群体。

7. 集团内部管理与控制

集团公司内部需要交流，制定指导决策，并对母公司和战略业务单元经理的心智图产生影响。这需要一份明确的母合优势说明作为执行决策的起点，并可以作为指导业务组合决策和母公司管理方式决策的依据。除此之外，评估战略意图和财务目标也对企业具有现实意义（见表9-2）。

表 9-2　母合选择和业务组合选择的提示

开发母合选择的提示	开发业务组合选择的提示
• 规模缩编、扁平化和分权 • 促进网络的生成 • 确定主导过程 • 注重主要经理的作用 • 重新规定战略业务单元与总部的角色 • 发展职能技能 • 建立公司发展的技能	• 在思想上排除错配 • 排除规模上的限制 • 寻找具有相同关键成功因素的业务 • 寻求连接 • 以情景为指导 • 零基准方法，即假定现有业务组合均被出售，并拥有大量用于收购业务的现金 • 考虑公司的分解或拆分

9.3.2　业务组合决策

在母公司决定业务组合决策时，很多问题需要引起管理者的关注，例如"如何将创造价值的方式转化为可以操作的计划决策?"这个问题还包括:"怎么样为业务组合挑选业务单元""购入什么样的业务""卖出什么样的业务""投资什么样的新业务""建立什么样的联盟"等。

在母公司发挥母合优势的同时,职业经理人也要对这些业务做出判断,判断业务中的机会是否和母公司的特征契合,是否能创造实实在在的价值,以及它们之间会有哪些不吻合之处,这些不符合的因素会造成多大的价值损失。

在确定企业组合决策时,我们往往使用培育矩阵来分析。**培育矩阵**(Ashridge mix matrix)由英国 Ashridge 研究中心提出,非常适用于决定公司总部应该发挥的适当作用以及适合总部的最佳业务组合单位(见图 9-2)。模型取了以下两个变量分别作为横轴变量与纵轴变量:业务单位成功关键因素与公司总部技能、资源、特性的契合度,契合度越高,则业务风险越小;契合度越低,则业务风险越大。业务单位培育机会与公司总部技能、资源、特性的契合度:高契合度意味着有较大的增值潜力,低适合度则意味着较小的增值潜力。

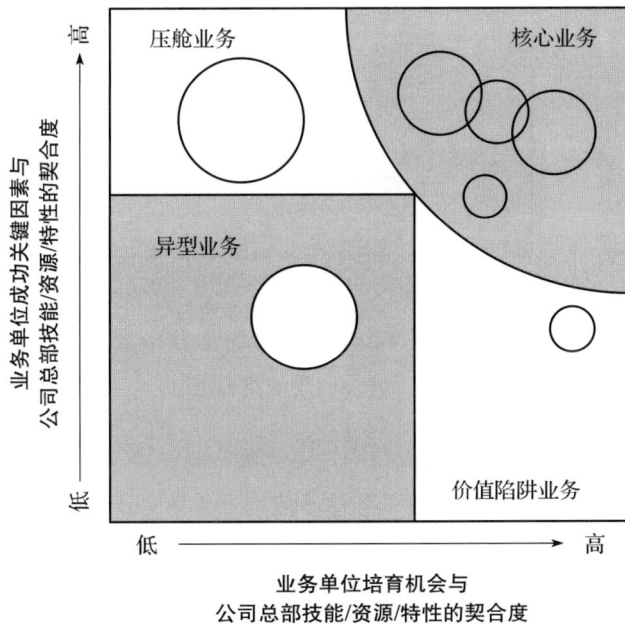

图 9-2 培育矩阵

核心业务(heartland SBU)是指那些总部能够增加其价值而不会损害其价值的业务,他们是未来的战略核心。**压舱业务**(ballast SBU)是那些总部清楚理解但无法提供帮助的业务。如果独立运作,这些业务可能很成功;如果它们是公司未来战略的一部分,公司则要对它们尽可能少干涉,并使之尽可能少地承担公司总部的官僚主义成本。**价值陷阱业务**(value trap SBU)是很危险的,它们看起来很有吸引力,可能具有总部提供增值服务的机会;但是其中会存在欺骗性:总部的关注将造成更多的伤害,而不是增值。如果价值陷阱业务能够转变为核心业务，就可以将其包含在公司未来发展战略中。此外，可能还有必要相应调整总部的技能、资源或特性。**异型业务**（alien SBU）存在明显不适合性。它们很少有增值机会，而且它们的行为往往同总部有着很大的差异——退出是最好的战略。

联合利华公司生产快速消费品（fast moving consumer goods，FMCG），产品包括食品、洗涤剂和个人用品。公司已经形成了特有的能力、资源和经营特点，使其总部在某些业务上形成有效的管理，而在一些业务上则略显逊色（见图 9-3）。

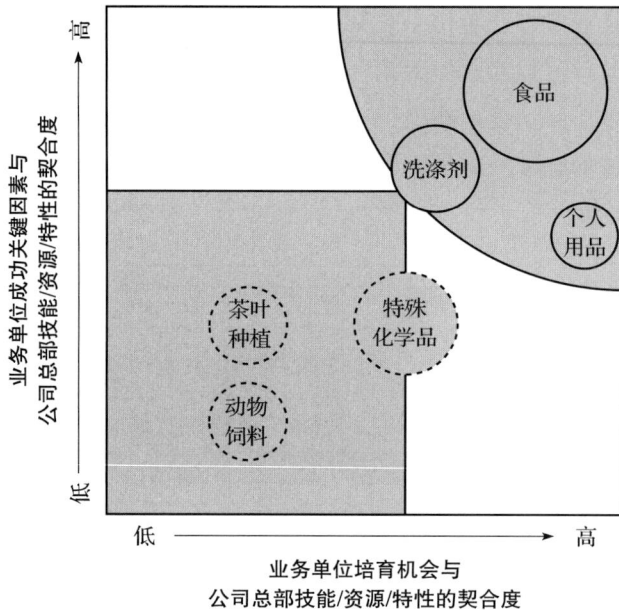

图 9-3　联合利华的培育矩阵

联合利华一直致力于改善业务组合结构，它先后出售了不属于其核心业务的动物饲料、茶叶种植和特殊化学品。联合利华更善于经营多点的当地业务，而不是全球业务。特殊化学品和茶叶种植业务属于全球性业务，联合利华的营销能力、技术力量和新产品开发能力在这个业务领域几乎无用武之地。联合利华认为食品业务是最适合的，总部集中化的技能管理和公司最擅长的分权决策的结合最适合视频业务发展。在发达国家，个人用品和洗涤剂业务日益全球化，这些业务已经逐渐向联合利华核心业务的边缘地带靠近。但这些全球化业务需要采用一种联合利华不太熟悉的管理方式，导致个人用品、洗涤业务不同于食品业业务的原因。

企业在资产重组过程中，应该为压舱业务寻找新的母合机会，使之能成为核心业务。若要兼并其他企业，应选择具有较多压舱业务的企业。而对于异型业务，无论其是否有增长的潜力，是否重要和受到某些管理者的青睐，都应尽早分离出去，因为这种业务与多元化公司之间的关系是在破坏价值。

总之，把任何一组业务单元聚集在一个家公司旗下，母公司必须为之创造额外价值，而且能够比其他任何可能的所有者创造更多的价值，这就是管理好母公司的关键所在。

TI 公司开始是一家业绩骄人的英国工程技术公司，专注于国内市场，无法与国际竞争对手抗衡，并且因多元化战略而进入了一些并不熟悉的领域，导致在 20 世纪 80 年代早期的经济不景气中遭遇重创，1981 年出现亏损，并在之后的 4 年中饱尝利润下降之苦。

为扭转这一趋势，TI 聘请了利文顿，利文顿立刻意识到改变公司战略的必要性。新的战略对母公司如何创造价值形成了清晰的认识，并围绕着能够创造价值的业务对业务组合进行了调整。

TI 首先对竞争环境进行了分析，认识到工程技术业务的国际化发展趋势，因此提出了国际化的发展战略。从发展完整国际网络的观点出发，以及成本的考虑，可以发现并购当地公司的机会。作为母公司，TI 的作用是确定有待扩展的当地公司，在此基础上找出并购对象并推动并购交易，为业务的国际化建立管理团队和组织结构，并推进旨在取得国际领导地位的企业战略。

TI 首先确定了专业化的工程业务为自己的核心区业务，因为它们是 TI 管理层的基本优势所在。于是，家电和自行车业务被出售。TI 还将业务集中于"注重安全性"的辅助系统制造，而不是最终产品的基本元件。后来，标准件、电子管和自动化元件业务业被卖掉了，因为它们不符合核心区标准。

1986 ~ 1992 年，在追求这种战略的过程中，TI 对其业务进行了重大调整，把 1985 年业务组合中的 80% 的业务卖掉了，保留和扩展了工程密封件、特种电子管、航空航天元件等方面的业务，因为它们与公司的发展战略一致。TI 对这些核心业务进行了重组后，从而为以前各自独立的国内业务部门构筑了国际地位，并为管理这些国际是事业部创建了一级管理组织。

9.3.3 母合优势的实施

如今，许多集团公司开始引入母合优势概念来检视自己现存业务的组合，澄清母公司经理与业务经理之间的权责，以及改善企业整体战略决策。母合优势在公司层战略层面的应用是卓有成效的，但是将这样的方法运用于实践中并不容易。从长远来看，竞争的日益激烈为企业带来更多的压力，从而迫使人们重视母合优势的方法。

首先，母合优势的实施关键在于将它对公司层战略的原则付诸实施。母公司存在的依据是通过对其旗下的业务实际影响以创造价值，而不是毁损价值。为了创造价值，母公司的资源、技能和其他特征都要与业务的需要和机会相适应。这种适应的动态演变和与时俱进是价值创造的基础。为了赢得竞争对手，针对同样的业务组合，母公司需要比竞争对手创造更多的价值。对旗下业务，母公司需要形成不一般的价值创造洞见，这是公司层战略的核心部分。此外，母公司应特别擅长于将它所发现的母合机会付诸实践，母公司应构造独特的母合特征，使其在实现价值创造洞见时比其他公司更有效率。母公司应对那些导致价值毁损的风险保持警惕，集中发展价值创造可能性高的业务，即核心业务。

其次，获得高层的支持也是引入母合优势概念的必要基础。没有来自组织高层的首肯，母合优势的推行就难以取得进展。

再次，培育母合优势的土壤则是母合优势概念长久贯彻的基础。由于母合优势的概念与以往不同的视角，理解并接受这一概念需要通过不断地解释和培训。特别值得指出的是，说明母合优势理论与企业战略决策之间的逻辑关系尤为重要。另外，阐明利害也是争取支持的必要手段。母合优势的思维方式容易在解决实际困难和进行实际决策时，决定将重点放在检视业务组合，以及建立什么样的母合结构等问题上取得一致意见。

最后，通过勾勒公司层战略的大致轮廓、开发价值创造的洞见、为母合优势的作用机理提供样本等活动，能够给企业决策者呈现母合优势概念的立体形象，这常常会带来进一步实际应用的突破。

母合优势概念的推广和实施并不容易，但从长远来看，竞争的日益激烈为企业带来更多的压力，从而推动母合优势在公司层战略中的应用和发展。实现母合优势的成功基石正是价值创造洞见、独特的母合特征以及核心区业务。

价值创造洞见　价值创造洞见是在企业清楚理解自己母合特征的基础上，发现母合机会并利用母合机会创造价值的一种特别的能力。成功的母公司不仅关注相应的母合机会，而且对如何利用这些机会来创造价值具有非同寻常的见解，这就是它们区别于不具备此种优势的母公司根本所在，也可以理解为是这类母公司的一种核心竞争力，因为它们能应用这种非凡的见解为旗下的业务单元创造额外价值。

价值创造洞见往往与特定的业务类型有着密切的关系，其表达方式多种多样，但通常的表达形式可以归纳为："针对某些特定类型的业务，母公司可以通过积极的影响或活动来实现价值创造。"在成功的母公司中，价值创造洞见往往可以浓缩为几个基本主题，而且它们总是围绕这几个基本的主题进行价值创造活动。比如3M的"创造并保持一种技术导向的创新型公司文化"。

需要特别注意的是，成功的母公司对其所有的下属业务都使用统一的价值创造洞见，而并非对不同的业务实施不同的价值创造洞见。究其原因，我们认为，价值创造洞见也是企业核心竞争力、价值观、企业文化的一种反映，因此企业不太可能有针对不同业务的不同价值创造洞见。另外，对不同的业务实施不同的价值创造洞见会引起一种价值观、管理理念等方面的混乱，反而造成价值毁损。

价值创造洞见的来源很多，有些植根于公司的历史和文化中，如Google；有些受到高层经理的个人经验或远见影响，如爱默生。大部分企业价值创造洞见都或多或少受到这两方面的影响，导入全新的价值创造洞见在实践中将使企业承受巨大的风险。不成功的多业务公司往往缺乏价值创造洞见，它们往往有为业务增加价值的期望，但难以形成有效的、有共性的说法来执行企业战略。

独特的母合特征 独特的母合特征和价值创造洞见是两个密切相关的概念。一方面，价值创造洞见必须以明确理解公司独特的母合特征为前提，否则就不能认为是有意义的价值创造洞见。另一方面，企业有价值创造洞见后，如果没有独特的母合特征也不可能实现价值创造。因此，成功的母公司不仅善于发现和利用其选定的母合机会，而且在利用这些机会方面拥有十分有用且鲜明的特征。

核心业务区 核心业务是企业整体产略的中心，能为企业创造巨大的价值。对于想要实现母合优势的公司，对核心业务区有一个清楚的把握、定位和划分标准，并逐步将企业的业务组合集中到核心业务区，这对一个公司的成功非常关键。需要注意的是，这里所谓核心区的标准是指母公司能够应用母合特征为其创造价值，与该业务的利润、成长性等方面没有关系。

随着时间的推移，企业的母合特征会因为外部竞争环境、技术发展等因素而进行调整。此时，企业也需要对自己的核心业务区进行相应的调整，以与母合特征匹配而创造价值。

本章回顾

◆ 在全球竞争的环境下，企业不仅仅在业务层需要竞争优势，在集团公司层的公司层战略也需要以**母合优势**（parenting advantage）为导向。

◆ 在实践中，由于激烈的竞争和不断革新的管理手段，每一家成功的集团公司都有自身独特的母合方式。母合方式分为三类：战略规划型、财务控制型和战略控制型。

◆ 培育矩阵分析母合优势：业务分为核心业务、压舱业务、价值陷阱业务、异型业务四类。职业经理人可以根据业务本身和母公司的特点进行分类，并决定处理方式。

探索与研究

1. 母合优势、竞争优势与公司层战略的关联与相互作用。

2. 中国大型企业（央企和不断壮大的民企）国际化进程中的母合优势问题。

3. 母公司特点和业务单元的培育机会契合度与成功因素契合度决定的业务处理方式。

参考文献

［ 1 ］ Campbell Andrew; Goold. Corporate Strategy: The Quest for Parenting Advantage［ J ］. Harvard Business Review, 1995, 73（ 2 ）: 120-132.

［ 2 ］ Thomsen, Pedersen. Ownership Structureand Economic Performance in the Largest

European Companies［J］. Strategic Management Journal, 2000, 21（6）: 689-705.

［3］　薛有志，周杰.产品多元化，国际化与公司绩效［J］.南开管理评论，2007（3）：
77-86.

［4］　Hawawini G, Subramanian V, Verdin P. Is performance driven by industry-or firm-specific factors? A new look at the evidence［J］. Strategic Management Journal, 2003, 24（1）: 1-16.

［5］　黄咏梅.从母合优势理论看中国企业集团发展［J］.宏观经济研究，2007（11）.

［6］　王凤彬.集团公司与企业集团组织［M］.北京：中国人民大学出版社，2003.

［7］　黄咏梅.企业集团母公司与母合优势的形成［J］.经济体制改革，2008（1）.

第10章
纵向一体化与外包

美国和德国超过英国的决定性因素，
是专业管理和组织体系，
支撑了纵向一体化大企业的发展。

—— 阿尔弗雷德 D. 钱德勒

中粮：从田园到餐桌

中粮集团是最典型的一体化与外包战略的案例之一。以猪肉产业为例，中粮猪肉产业集饲料加工、种猪培育、生猪养殖、屠宰加工、深加工、冷链配送、分销及肉类产品进出口于一体，是一种典型实施纵向一体化战略的发展模式。

中粮最初在武汉投资成立武汉肉食品有限公司，该公司的成立标志着中粮正式进入猪肉产业，同时它也是中粮实施猪肉产业纵向一体化战略的实验基地。中粮猪肉产业纵向一体化战略的实施过程主要分为两个阶段：第一阶段是区域性试点实施阶段——武汉肉食品有限公司的建立；第二阶段就是全国性实施阶段——新建、参股、收购等形式的发展阶段。

1. 组织结构调整

在一体化过程中，中粮的组织结构进行了一系列调整，中粮猪肉产业主要由武汉中粮肉食品有限公司、中粮肉食（天津）有限公司、中粮肉食（江苏）有限公司、万威客食品有限公司组成。以武汉为例，中粮最早是通过武汉中粮肉食品有限公司来实施猪肉产业纵向一体化战略的，考虑到原来的武汉中粮肉食品有限公司的营销能力薄弱，将其并入了武汉中粮进出口有限公司。武汉中粮进出口有限公司是中粮集团在华中地区的营销平台，主要以营销中粮集团内部"四海"豆粕、"华夏长城"干红葡萄酒为主，还兼营菜棉粕、鱼粉、氨基酸等饲料原料。这两家公司合并后，营销这块除了商超系统外的专卖店、批发、省外的市场调查、开拓等都由武汉中粮进出口有限公司的营销团队来完成。

2. 人力资源整合

在中粮战略调整时，为了充实武汉中粮肉食品有限公司，将武汉中粮进出口有限公司与武汉中粮肉食品有限公司进行合并。合并后因为人员整合不合理、员工激励不够、工资待遇下降、两家企业员工相互排挤等问题，原来的和新招聘的许多优秀员工后来都辞职离开了，另一方面员工的猪肉行业经验不足也是一个很大的问题。中粮收购万威客一方面是为了获得它的市场份额，另一方面就是为了获得猪肉行业经验丰富的员工。

3. 生产战略

生产战略是中粮实施纵向一体化战略的关键，它包含了饲料原料生产、饲料生产、种猪培育、商品猪养殖、冷鲜肉加工、深加工等环节。

饲料原料生产　中粮是中国最具实力与影响力的食用油脂和豆粕生产商，旗下拥有东海、黄海、东洲、北海、艾地盟、祥瑞、天海、大海粮油八家油脂生产企业。位于江苏张家港的东海粮油工业（张家港）有限公司日榨油能力居全球第一，可日加工大豆 12 000 吨，日产豆粕 9600 吨左右。中粮生产的豆粕、花生粕、颗粒粕，代理的秘鲁、智利的鱼粉都是猪肉产业饲料原料资源。中粮强大的饲料原料生产能力，为猪肉产业提供了稳定的质优价廉的原料供应，保证了中粮纵向一体化的顺利实施。

饲料生产　中粮拥有饲料加工企业 6 家，年产饲料 150 万吨，并且有粮库 7 座，容量达 40 万吨。中粮的饲料不仅可以完全满足自己的养殖用量，还可以进行对外销售。

种猪培育　中粮在武汉投资的种猪培育基地项目预算总投资近 1 亿元，占地超过 300 亩，种猪场、饲料厂、屠宰分割厂都在武汉，可以很好地发挥产业一体化效应。其他区域的猪肉产业建设会在一定程度上参照武汉中粮肉食品有限公司的发展模式，为中粮商品猪的养殖提供保障。

商品猪生产　商品猪养殖是中粮实施纵向一体化过程中非常重视的环节，中粮在湖北的商品猪场包括一个原种猪场和两个商品猪场，通过"公司 + 农户"的养殖模式，每年可向市场供应生猪 7 万头左右。此后，中粮在湖北武汉、天津、江苏三地的投资新建三个年出栏商品猪百万头的养殖基地。中国目前猪肉加工企业面临的主要问题就是猪源供应不足导致生产效率低下，中粮猪肉屠宰分割环节也面临商品猪供应不足的困境，因此中粮才会加大商品猪养殖环节的投资来保障其纵向一体化战略的顺利实施。中粮同其他企业在猪肉产业的竞争在很大程度上就是养殖规模的竞争，强大的养殖规模不仅可以通过规模效应形成低成本的优势，而且还可以向市场提供稳定的具有竞争力的猪肉产品。

冷鲜肉生产　此后，中粮投资近 2 亿元在武汉兴建 22 万头冷鲜肉加工基地，采用国际先进的冷链加工工艺，全力打造"安全肉"生产链。生产的"家佳康"牌小包装安全冷鲜肉目前已经通过"无公害农产品"认证及"绿色食品"认证，荣获湖北名牌产品称号。该品牌产品在武汉的各大商超均有销售，产品品牌在武汉有一定的知名度。将原有的"家佳康"猪肉品牌同收购的"万威客"猪肉品牌进行有效整合将是中粮集团猪肉纵向一体化战略成功的关键，只有将这些品牌和市场进行有效整合，才能打造全国品牌，形成品牌和市场的共享。

深加工 中粮集团投资 1 亿美元在武汉江夏区新建了一个占地 130 亩的猪肉深加工厂，生产方便卫生的中、西式低温肉制品，如西式火腿肠、西式香肠、培根、萨拉米等系列产品。

我们可以看到，中粮猪肉产业相继在天津宝坻和江苏东台投资新建百万头生猪养殖基地来实施后向一体化战略，另一方面通过收购万威客来扩大自己的营销渠道，实施自己的前向一体化战略。中粮集团猪肉产业通过纵向一体化战略的发展不断扩大自身规模。但它在取得规模扩大的同时也面临一体化战略管理难题：较长的产业链使企业产生高昂的管理成本，企业间存在很多问题需要解决。

公司在什么时候应当实施一种活动，在什么时候应当把它交给供应商或顾客，是选择纵向一体化，还是外包，这是经常需要面对的战略抉择之一。公司纵向战略的决定构成公司的形态，决定公司的利润潜力。我们应当努力去了解纵向一体化或外包是如何吻合（或不吻合）企业发展战略的。

纵向一体化和外包是企业面对的两种截然相反的纵向战略抉择，在这两种完全相反的选择后面，隐含的却是相同的战略逻辑——如何让公司变得更经济。企业究竟是采用纵向一体化战略还是外包战略，各有各的战略收益，同时也面临各自的风险。不同的纵向联合战略可能会带来完全不同的结果，因此必须对有关的决策采取谨慎、周密的态度，针对不同的情况做出恰当的选择。

10.1 纵向战略的理论基础

企业的纵向战略抉择问题历来受到西方学者的关注，有关纵向战略的理论基础，西方经济学界的观点不胜枚举。但最有影响力或者说已成体系的解说无非来自于两大学派：是产业组织理论学派和交易费用理论学派。

10.1.1 基于产业组织理论

产业组织理论认为企业的市场结构、市场行为和市场绩效之间存在一种单向的因果联系：产业集中度的高低决定了企业的市场行为方式，而后者又决定了企业市场绩效的好坏。这便是产业组织理论特有的**"结构—行为—绩效"**（structure-conduct-performance，SCP）分析范式。纵向一体化是企业典型的市场行为之一，它由一定的市场结构决定，并进而形成一定的市场绩效。

起初，学者多从生产技术中寻求纵向一体化的答案，认为生产过程的技术依存性是形成纵向一体化的主要原因，提出"技术决定论"：认为许多生产阶段在技术上紧密相连，属于同一企业经营范围，是技术经济的需要，把这些具有技术联系的生产阶段组织在一个企业中更为合理和经济。典型的例子是钢铁生产，钢铁生产包括几个阶段，即炼焦、烧结、制铁和初轧。这些过程相互衔接，缩短它们之间的距离，会降低处理和再加热成本，带来生产成本的节约。

然而在现实中，同一企业中的许多生产阶段在技术上联系并不紧密，完全可以分离出去。企业纵向一体化的根本原因并非如此，产业组织理论转而从企业的垄断动机、产业生命周期、不确定性等方面进行分析，取得了丰硕的成果。

10.1.2　基于交易费用理论

交易费用理论从市场失灵的角度出发，提出了交易费用的概念，这种观点已被人们广泛接受，逐渐成为现代经济学发展的主流。因为理解了纵向一体化的存在，也就理解了企业的存在；说明了纵向一体化的程度，也就说明了企业和市场的边界。对纵向一体化的研究在交易费用理论中占有十分重要的位置。

市场与企业的替代　科斯在 1937 年撰写的《企业的性质》一文被公认为现代企业理论的开山之作。科斯从企业和市场的交易成本优势角度出发，分析了企业一体化程度的决定因素。他指出，企业和市场是可以相互替代的两种机制，市场运行存在交易成本，在某些情况下，企业代替市场组织经济活动，可以节约交易成本，"交易成本的存在导致了企业的出现"。"那么为什么市场交易仍然存在呢？为什么所有生产不是由一个大企业去进行呢？"科斯的答案是："企业倾向于扩张直到在企业内部组织一笔额外交易的成本，等于通过在公开市场上完成同一笔交易的成本或在另一个企业中组织同样交易的成本为止。"

按照科斯的论述，企业和市场相比，始终拥有交易成本方面的优势。但在另一方面，企业却有成本劣势，科斯将其归因于随着企业内交易数量的增加，管理活动的边际成本递增。最终，市场交易的边际成本和企业内交易的边际成本正好相等的点就是企业的最优边界。

资产特定性　资产特定性（asset specificity）是指某一资产对市场的依赖程度。资产有三种特性：一是资产本身的特定性，二是资产选址的特定性，三是人力资产的特定性，上述三种资产特定性的任何一种都能促使企业进行纵向一体化。一般来说，资产特定性越高，市场交易的潜在费用就会越大，纵向一体化的可能性也越大。

当资产特定性达到一定程度时，市场交易的潜在费用也会大到一定程度，达到某一临界状态就会阻止企业继续依赖市场，这时就会出现纵向一体化。因此，在一个工业部门中，资产特定性越高，纵向一体化的现象就应该越普遍。反之，如果一个工业部门的资产特定性越低，纵向一体化的现象应该较少。

不同理论研究纵向一体化的角度和出发点是不同的，产业组织理论站在企业外部，观察市场结构和市场绩效，关注垄断、竞争等问题，研究者更关心企业一体化行为对市场结构和市场绩效的影响。交易费用理论的作用是基础性的，它以企业为研究对象，着眼于市场机制的缺陷和资产的特定性，反过来论证了纵向一体化的合理性，并说明企业的界限，对于产业组织理论有重要的借鉴意义。

同时，产业组织理论和交易成本理论在解释纵向一体化问题上也是紧密联系的，理论之间的渗透有许多表现：产业组织理论在交易费用理论和博弈论方法的影响下，其理论分析基础、分析手段和研究重点等都产生了实质性的突破，被称为新产业组织理论。新制度经济学家意识到不同的组织结构将达到不同程度交易费用的节省，从而开始对企业组织结构进行研究，大大丰富了交易成本理论的内容。

10.1.3 纵向战略的两大形式

企业纵向战略主要考虑的是如何建立适宜的纵向联系问题。在现实经济中，企业之间纵向联系的形式是多种多样的，例如可以通过控股、参股、贷款担保、联合从事研发，或是通过上下游企业建立的各种契约，如限价销售、限量销售、配售、特许经营等实现纵向联系。上述各种形式的纵向战略可以归结为纵向一体化和外包两大类。

纵向一体化（vertical integration）是指具有投入产出关系的相邻上下游两个生产阶段或企业合为一体的过程。这是企业沿着其投入或产出方向的扩张，也称为垂直一体化。

外包（outsourcing）可以定义为一种通过有选择地将一些功能（及其日常管理）转交给**第三方供应商**（3rd party provider）来围绕核心能力进行的企业重新设计。实际上，外包就是一种交易或准交易的形式借助外部资源来支持企业的生存和发展的活动，它是纵向一体化的反面，即纵向分解。

企业具体采取纵向一体化还是外包的问题，可以归结为企业是用市场交易的机制，还是企业内部组织的形式来协调生产和经营的问题。

10.2 纵向一体化战略

纵向一体化战略是为加强核心企业对原材料供应、产品制造、分销和销售全过程的控制，使企业能在市场竞争中掌握主动，或是在企业面对不确定性强、交换频率高、资产专用性程度强的情况下，通过内部组织替代市场交易的联合战略。实施纵向一体化具有多方面的战略收益，同时也面临多方面的战略风险，企业必须对纵向一体化的收益和风险进行充分研究分析，采取适当的方式来实施这一重要战略。

10.2.1　含义与形式

完整意义上的纵向一体化应包括两个方面：一是资产的完全一体化，二是两者交易的完全内部化。资产的一体化是以共同的所有权为纽带而联结，并受控于一个管理集团。交易的完全内部化是指除了两者之间的内部交易外，各方不存在其他任何交易。在资产完全一体化和交易完全内部化之间，对于两个具有投入产出关系的上下游企业之间的纵向联系来说，它们可以采用一般的市场交易，也可以采用不完全的资产一体化和交易内部化，后一种情况即所谓准一体化。纵向联系的多样性，说明纵向战略并非是在自制或购买之间做出简单的选择，而是有着更丰富的内容。

纵向一体化战略包括前向一体化战略和后向一体化战略两种具体形式，如图 10-1 所示：

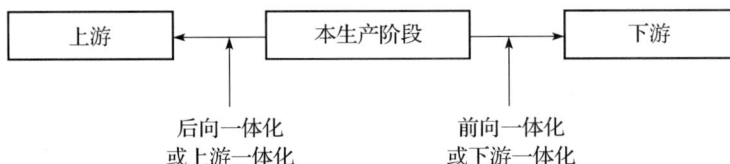

图 10-1　纵向一体化示意图

前向一体化是指当一个企业发现它的价值链上的前面环节对它的生存和发展至关重要时，企业自行对本公司产品做进一步深加工，或对资源进行综合利用，或公司建立自己的销售组织来销售本公司的产品或服务。

后向一体化是指企业产品在市场上拥有明显的优势，可以继续扩大生产，打开销售，但是由于协作供应企业的材料，外购供应跟不上或成本过高，影响企业的进一步发展。在这种情况下，企业可以依靠自己的力量，扩大经营规模，由自己供应生产现有产品或服务所需要的全部或部分原材料或半成品。

前向一体化的典型例子是可口可乐公司。它发现决定可乐销售量的不仅仅是零售商和最终消费者，分装商也起了很大的作用，它就开始不断地收购国内外分装商，并帮助它们提高生产和销售效率。后向一体化的典型例子是摩托罗拉，摩托罗拉公司曾有 10 000 家供应商，其通过自行生产大部分原料部件，现在只剩 3000 家供应商。

10.2.2　纵向一体化的动因

由于产业价值链的各个不同阶段具有不同的经济和技术环境，因此需要不同的管理风格和战略抉择。纵向一体化在计算机、汽车制造、公用事业和医药等行业具有巨大的吸引力。

表 10-1 总结了企业纵向一体化的动因。

表 10-1　企业实施纵向一体化战略的动因

动因 项目	事后垄断	稀缺需求	稀缺供应
可能的环境	上下游企业无生产能力约束	下游行业处于低迷时期或上游行业有过剩的生产能力	上游行业处于低迷时期或下游行业有过剩能力
纵向一体化的直接受害者	没有一体化的下游企业	没有一体化的上游企业	没有一体化的下游企业
间接受害者	在一定条件下没有一体化的上游企业	没有一体化的下游企业	没有一体化的上游企业
一体化的单位与非一体化的直接受害者之间的贸易	有（但存在压价现象）	无	无
强烈一体化动机的一方	更有效的上游企业	更有效的下游企业	规模更大的上游企业
可能的行业结构	非一体化；部分一体化；联合；一体化和退出（下游或上下游企业的退出）	非一体化；一体化和退出（上游或上游和下游的一同退出）	非一体化；部分一体化；联合；一体化和退出（下游或上下游企业的退出）

10.2.3　纵向一体化的收益

纵向一体化对产业组织的性质和形式具有十分重要的影响，它给企业带来的收益主要有以下几个方面。

1. 增强垄断势力或创造市场力量

通过纵向一体化，厂商可以增加垄断势力或创造市场力量。假设 A、B 两个具有投入产出关系的独立厂商分别处于不同的生产阶段，其中 A 向 B 销售产出品，B 把产出品售给最终消费者。如果不考虑其他因素的变化，如进入壁垒、价格差别等，而只考虑垄断和竞争这两个最重要的市场因素所可能构造出的纵向一体化模式，那么厂商 A 的产品原来的售价就成了厂商 B 的投入成本，厂商 B 有可能获取高的利润。由此，通过纵向一体化，厂商可以增加垄断势力或增强市场竞争力量。

防御性市场力量　实行纵向一体化经营的企业有利于形成防御性市场力量，企业可以提供供需的独立体，从而使公司从取消抵押品的赎取权、不公平的交易关系，以及在商品和服务的上游提供者的机会主义行为及过度开价等不利情况中解脱出来。并且，企业可以构筑竞争壁垒，提高潜在进入者进入市场的难度，获得竞争优势以及垄断利润。一个企业通过对先前采用外部资源的活动进行厂内经营之后，能够提高产品或服务质量，改善公司客户服务的能力，或者能够从其他的方面提高企业最终产品的性能。同时，企业也获得了产业信息，避免私有信息的泄露，保护公司有价值的资产和技能，使其免受有害的仿制和扩散的侵害。

攻击性市场力量　实行纵向一体化经营的企业，可以增加新的市场机遇，进入新的、上游或下游的业务领域；为已存在的经营业务，提供新的、可行的技术形式；通过控制与最终客户的接触面，促进产生不同的战略；有助于采取更积极的战略，以获得市场份额。有时，通过纵向一体化，企业还可以提高它的总投资回报率。如果考虑一体化的生产阶段，具有可以为企业提供大于资本成本的投资回报结构，那么即使一体化没有经济性，它也是有利的。

2. 降低成本

纵向一体化是用企业组织的内部协调代替市场交易协调的一种典型方式。纵向一体化是否发生，发生到什么程度，取决于实现纵向一体化前后的成本收益比较。实行纵向一体化经营的企业，各业务环节的关系实现了内化，它们的目的和利益高度一致，使企业在安排、协调交货时间以及应付紧急事件的成本大大降低。纵向一体化可以把当事人结合在一种长期的重复关系中，这种长期的重复关系使厂商内部的两个结合在一起的部门会积极地进行关系专用性投资，其投资成本要比独立的两个厂商要低。此外，由于企业内部不需要组织任何销售力量和市场营销或采购部门，不需要支出广告费用开展促销，使内部交易过程的讨价还价成本比市场交易成本低，同时减少对收集某些类型的市场信息的总成本。监控市场以及预测供给、需求与价格的固定成本可以由一体化企业的各个部分分摊，而在非一体化企业中将由各个实体承担。纵向一体化还可以避免多处来源造成的较高的运输成本。例如，商品运输和服务过程中的昂贵成本，编制和监控与合作者的合约，大量的协调工作，以及沉重的管理负担等。

3. 确保供应

实行纵向一体化可以在不确定的市场交易中获取较为确定的投入要素供给。在完全竞争市场条件下，企业可以随时购买自己需要的生产要素，对企业来说，市场购买往往比纵向一体化更具有效率。但在现实生活中，市场结构多表现为垄断竞争和寡头垄断两种形式。这时，对于投放品的及时供应，价格往往不是唯一重要的因素，非价格配置也具有非常重要的作用。例如，有些投入品的生产企业可以向具有良好关系的企业及时供货，而对于一般的企业，通常需要等待一段时间才能得到供货。

4. 确保销售渠道畅通

一个必须依靠分销系统来大量销售产品的企业，往往倾向于前向一体化，拥有自己的分销系统，以确保销售渠道的畅通。这样，一方面可以使外部经济（指外部对他人有利的影响，如良好信誉的销售商对制造商带来的有利影响）内部化，使本厂商获益；另一方面也可以防止外部不经济可能对企业造成的不良影响。例如，可口可乐公司之所以成为世界碳酸饮料的霸主，重要原因之一就在于可口可乐公司在全球拥有数以万计的销售公司为其销售产品。

5. 行政和管理优势

纵向一体化使当事人处于更强的治理结构中。当环境改变或出现争议时，最高管理层可以通过内部治理机制，直接解决那些由于原契约和新情况差异所造成的问题，解决双方的纠纷,并协调出一个折中的办法。由于可以直接控制上游和下游的供应商,还可以在整个公司施加市场纪律。除此之外,纵向一体化经营战略,还有消除不完全竞争影响、有利于生产各个环节的协调、满足专用性投资需要等利益。

10.2.4 纵向一体化与公司的长期效益

任何事物都有着两面性。纵向一体化在为企业带来许多战略收益的同时,其本身也包含或涉及巨额的成本,主要表现在内部成本因素和市场成本因素两个方面。这两个方面的成本因素都会反过来影响并削弱企业的长期盈利性。

1. 内部成本因素

纵向一体化的内部成本因素主要包括了雇员激励、信息扭曲、官僚主义成本以及内部组织与管理成本。

雇员激励 内部化组织取代市场后,企业存在着如何调动员工积极性的问题。在市场交易中,交易双方作为独立的利益主体独立承担各自的成本与收益,在其本能的竞争意识驱使下,交易者具有高度的动力去提高质量,降低成本,增进效益。

而在纵向一体化组织内部,这种业绩衡量的独立性和客观性就会丧失,无论管理者多么高明,激励机制多么灵活,都很难让员工像对待自己的企业那样追求效率,员工的目标不是追求一体化组织利益的最大化,而是以企业既定的奖惩标准为约束条件,力求使自身利益最大化。为防止员工偷懒行为的发生,企业必须对其进行监督,使监督成本较高。

另外,由于市场竞争的缺乏,以及信息不对称造成的衡量部门绩效的困难,使得高层管理者难以了解内部部门及员工的表现是否达到了可以达到的最优状态,相应也就给予部门负责人更大的活动范围,他们有可能从事与企业利润最大化不相适应的一些行为,如夸大费用、争夺权力等,造成代理成本和激励成本加大。

因此,企业实行一体化后,一方面由于投资收益被企业的所有者所剥夺,另一方面,由于很难设计出补偿管理人员和雇员所提出的控制成本和质量措施的补偿机制,因而子公司的管理人员较少有动机提出减少成本或提高质量的好想法。

信息扭曲 由于经理人员存在认知的限制,不能理解复杂组织的方方面面,因此公司规模的扩大将随之增加一个新的管理层次,显然信息在公司众多管理层次的传递过程不可避免地受到扭曲,从而降低高层管理人员基于事实决策的能力,同时也严重削弱其做出战略决策与市场反应的能力。另外,由于纵向一体化减少或消除了新子公司股票的市场流动性,因而一体化以后存在有关子公司业绩的信息损失,并较少有动机进行改进。

官僚主义成本 随着企业规模不断扩大,高层经理越来越难监督管理公司低层经理的行为,而且他们对股东的责任也随之不断减少。因此,他们越来越脱离现实,并努力追求自身效益最大化,而不是努力提高公司的整体绩效。在有完善的管理程序与规则的公司内,这种官僚主义僵化性现象更为严重。因此,大型公司往往易于出现组织松懈、资源的非效率配置等现象。

内部组织和管理成本　企业通过并购和一体化后会使企业规模过大，内部管理层次与机构之间的相互摩擦现象增加，组织内部的寻租活动也会随之增加，即利用公司的资源从事对本部门或个人有利，但可能损害整体效率的活动。这必然增加企业内部控制的难度，使内部组织活动的管理成本越来越高昂，直接影响企业的管理绩效。

2. 市场成本因素

一般来讲，市场交易有利于降低生产成本，但会增加交易成本；纵向一体化有利于降低交易成本，但会增加生产成本。使用市场的厂商与纵向一体化厂商各自市场成本可从规模经济、产品市场规模、代理成本与创新以及生产流程协调进行权衡。

规模经济　如果存在规模经济，市场厂商可以集中许多潜在采购者的需求，更好地利用规模经济；而纵向一体化厂商通常只为满足自身需要生产，因而获益将较少。例如，如果某电脑制造商通过市场获取储存芯片，从而利用了专业芯片制造商的规模优势，它可能因此提高技术效率。但是，这种安排可能由于涉及详细的绩效和报酬的缔约工作而降低了代理效率。

产品市场规模　当厂商的产品市场活动的规模很大时，它在纵向一体化中的获益可以增加。这是由于如果厂商的产量增加，它对输入品的需求优势也就更高，输入品的内部生产也就更可能像外部市场一样利用规模经济的优势。这揭示了产品市场占有率较高的厂商比占有率较低的厂商更能从纵向一体化中获益（规模经济）。但是，纵向一体化在"时尚性"产品或"拾遗补阙性"的零部件生产中获益较低。

代理成本与创新　相对于纵向一体化厂商中的一个部门，市场厂商有更强的激励去降低成本和创新。因为如果市场厂商不能有效地生产或是创新，那么更有效和更具创新精神的竞争对手就会夺走它的生意。在纵向一体化厂商中的部门不会面临这种压力，因为它们首先有一个接受产出的**被俘市场**（captive market），此外，当部门之间共同分配制造费用或共同成本时，就很难衡量单个部门对公司整体盈利能力的贡献。

市场竞争的缺乏与衡量部门绩效的困难，使得高层管理者难以了解内部部门的表现是否达到了可达到的最佳状态。相应地，这也给部门负责人更大的活动范围，可以从事与企业利润最大化目标不相适应的行为，如在产品质量或成本控制时偷工减料、夸大费用，甚至逃避工作。

这种态度产生了代理成本。代理成本是与员工懈怠相关的成本，以及为了制止懈怠而引起的管理控制成本。由于代理成本（内部供给相对于外购产品所出现的质次价高）的存在，在促进创新方面，与独立厂商相比，纵向一体化厂商内部的部门处于不利的位置。原则上，大型厂商可以通过明智地制定激励性的契约，将员工的收入或部门的预算与创新性绩效或努力的具体度量标准相联系，从而在内部模仿市场厂商的创新激励机制。

生产流程协调　成功利用规模经济的关键是纵向链条中生产流程（从获得原材料开

始，经过生产，直至最终产品的分配）的协调。

供货商必须计划并生产足够的、符合质量和设计要求的供应品；经销商必须有能力运输和储藏这些商品；零售商必须拥有足够的储存空间和正确的营销观念。没有合适的协调，就会出现瓶颈现象。价值链上各个活动最有效的生产运作规模可能不大一样，这就使得完全一体化很不容易达到。对于某项活动来说，如果它的内部能力不足以供应下一个阶段，差值部分就需要从外部购买。如果内部能力过剩，就必须为过剩部分寻找顾客，如果生产了副产品，就必须进行处理。

百丽鞋业于 1991 年 10 月创立，主要从事订单加工及鞋类产品的制造，与现在的绝大多数订单生产企业并无两样。1997 年，在鞋类制造方面积累了丰富的经验后，百丽开始拓展全球零售网络，并开始打造自有品牌。之后几年，百丽女鞋逐渐成为中国市场同类产品中的领先品牌。

为了进一步加强对零售终端的掌控力，2002 年，百丽与分销商共同组建了百丽投资有限公司，以股权为纽带，将销售终端与百丽的发展捆绑在一起。2004 年，百丽投资旗下的 1681 家零售店通过改签租约的方式，转移至离岸公司百丽国际旗下；百丽投资旗下的办公设备等无形资产也出售给了百丽国际。2005 年，重组之后的百丽国际获得了摩根士丹利旗下两家基金公司的注资，在充足的资本支撑下，开始迅猛扩张，成为中国最大的女鞋零售商，拥有百丽、思加图、天美意、他她等自有品牌和真美诗、Bata 等授权品牌。2010 年 5 月，百丽在香港联交所挂牌上市。

纵向一体化模式是百丽在中国鞋企中脱颖而出的重要发展模式——从产品的设计到开发、生产、营销、推广、分销、零售等产业链上的各个环节，全部由百丽自己承担。在倡导产业链分工协作的今天，这种模式似乎有点另类。实际上，它是百丽获得高额利润的保证。

在这种模式支撑下，百丽赚足了产业链上每一个关键环节的利润，企业的综合毛利率高于行业平均水平，比国内鞋业的其他优秀企业高出近 10%。更重要的是，在瞬息万变的市场环境中，对零售网络的直接控制，帮百丽在企业与消费者之间搭起了一个随处可见的高效运作平台，能够随时获得和掌控市场信息，把握市场趋势，在竞争中赢得主动。

同时，这种模式还可以让百丽最大限度地控制供应链，使产品一开始就比在国外研发的产品提前 4 个月左右上市。

在对销售环节进行强势掌控的同时，百丽并没有忽视对制造环节的投入。2006 年，百丽投资 5 亿元兴建百丽工业园。这样做的目的，是将制造环节牢牢地掌握在自己手中，可以使企业在供应链后端发力，辅助前端很好地迎合市场。

10.3 外包战略

外包是指企业将一些非核心、次要的或辅助性的功能或业务交给企业外部的专业服务机构，利用它们的专长和优势来提高企业的整体效率和竞争力，而自身仅专注于那些核心功能或业务，从而达到降低成本、提高效率、充分发挥自身核心竞争力和增强企业对环境的迅速应变能力的目的。

从前两节的分析可以看出，与纵向一体化战略相对比，资源外包战略恰恰是纵向一体化的对立面，然而资源外包与纵向一体化并不矛盾，因为完全的纵向一体化在现实企业中不可能存在。选择纵向一体化，还是资源外包是一个战略性的选择。

10.3.1　含义与形式

外包战略不仅涉及企业业务流程和管理范围的重新调整，而且意味着企业价值链中关键环节的重新组合。它是社会生产进一步细化、竞争加剧的产物。外包的实质是实现智力资源、服务资源、市场资源和信息资源的共享和优化配置，其核心是提高企业整体生产效率，以达到增加盈利的目的。业务外包强调企业要专注于自身具有核心竞争力的业务，将自己不擅长的、非核心业务交给别人去做，即做你做得最好的，其余的让别人去做。这样就可以减少企业的运营成本，降低企业的运营风险，获取企业内部无法获得的资源，使企业把大量的精力放在核心业务上，以提高核心业务的竞争力，从而提高企业的市场竞争力。

外包的形式包括：研发外包、生产外包、物流外包、营销外包、脑力资源外包、应用服务外包。

研发外包　即使实现外包的企业，也应该设有自己的研发部门和保持相当的研发力量。因为企业要保持其技术优势，就必须具备持续创新能力。但并非研发环节就不存在外包，研发外包是利用外部资源弥补自己开发能力的不足。企业可以根据需要，有选择地和相关研究院所、大专院校建立合作关系，将技术项目外包给它们攻关，或购买先进的但尚未产业化的技术。

当世界上大多数国家达成协议停止生产氟利昂后，杜邦公司为了能够尽快找到生产氟利昂替代品的最佳方式，将这项开发任务外包给20多个组织。由于这些专门研究机构在相关领域具有超群的能力，在很短的时间内就完成了项目开发工作，为杜邦公司产品的提前上市赢得了宝贵的时间。1993年，杜邦公司比国际规定的最后日期提前三年停止氟利昂的生产，同时在5个产品领域开始销售氟利昂替代产品。由于赢得了市场先机，这些产品一上市，就迅速占领了市场。

生产外包　在日渐成熟的市场和日益激烈的竞争中，企业降低成本已经成为获取利润的关键因素之一。在形形色色的降低成本的新方法中，生产外包是最重要的一种。这种外包一般是企业将生产环节安排到劳动力成本较低的国家，以降低生产环节的成本。目前，越来越多拥有名牌产品或商标的企业不再拥有自己的生产厂房和设备，不再在生产过程中扮演过多的角色。它们将自己的资源专注在新产品的开发、设计和销售上，而将生产及生产过程的相关研究外包给其他合同生产企业。

苹果已经推崇了 40 年集成化的硬件和软件发展方式。iPhone 和 iPad 的硬件和软件都在美国总部设计，甚至还配备了苹果自主开发的处理器。但苹果将不擅长的生产和制造外包出去，富士康就是它全世界最大的外包制造商，负责组装 iPad 和 iPhone。全球各地还有无数不透露公司名称的各部件生产商，使得苹果在移动计算市场异军突起。

物流外包 物流外包不仅降低了企业的整体运作成本，更重要的是使买卖过程摆脱了物流过程的束缚，使供应链能够为客户提供前所未有的服务。许多公司开始将自己的货物或产品的存储和配送外包给专业性的货物配送公司来完成。

惠普在美国的 11 家工厂，原来各自处理自己的进货和产品的存储和分配工作，供应路线混乱，协调复杂，经常造成运输车辆空驶，效率低下。于是惠普将上述业务外包给专业从事货物配送的赖德综合物流服务公司（Ryder Integrated Logistics），精简了自己的仓库和卡车运输业务。后者把工厂的物流工作统一起来，使原材料运送到工厂所需的费用比过去减少了10% 以上。由于降低成本的显著效果，外包仓储配送近年来在制造企业中也成为一种时尚，整个物流服务行业也因需求渐旺而得到快速发展。

营销外包 将自己的营销业务外包给承包公司去经营。企业只确定自己的目标市场，销售问题则由专业的销售公司去做，通过业务外包，借助专业公司的中介，使自己与一些技艺高超的销售人员沟通。由于这些专业销售人员既懂得企业销售中存在的问题，也能向它们提供巨大的客户资源。所以，营销业务能顺利开展，将使企业取得很好的营销效益。营销外包的常见形式是代理销售和特许经营。相比较于自建营销机构，采用代理销售的方式成本可以降低很多，许多外资企业在进入新市场时都会采用这种办法。特许经营则是一种更为虚拟化的营销外包形式，麦当劳是采用特许经营的典型代表，其分布全球的数以万计的分店，绝大部分都是采用了特许经营的形式。

脑力资源外包 接受外包的个人或组织一般要为用户提供咨询、诊断、分析、决策，进行管理、组织重组、技术改造，实现改进工作、提高经济效益的目的。脑力资源外包内容主要有互联网咨询、信息管理、ERP 系统实施应用、管理咨询等。

国际知名航运公司东方海外和埃森哲之间签订了外包协议。根据协议，东方海外重要的财务职能将外包给埃森哲，于是东方海外账户资金的结存、取款、对账都由埃森哲来处理。协议做出创新力度最大的一面是关于东方海外授权埃森哲参与其成本控制的规定，这将有利于东方海外节省财务成本，提高营收水平。

东方海外的核心业务是物流运输，而不是财务处理，埃森哲在财务管理方面有专业特长，把财务管理外包给埃森哲，符合市场经济比较优势的原则，同时有利于公司把金融管理职能全部集中到为公司创造价值的核心活动中。埃森哲也可以凭借丰富的操作经验、管理流程和管理工具缩减东方海外的运营成本、改善现金流和提高服务品质。

应用服务外包　以前，许多公司自己设计网络、购置硬件和软件。因为这项业务专业性强，技术要求高，所以实施起来难度大，且很难达到先进、合理的要求，同时成本也比较高。随着互联网普及，大量的基于 Web 的解决方案不断涌现，这些都使得远程的基于主机的应用方案成为可能。因此，许多企业已经普遍将信息系统业务在规定的服务水平基础上外包给应用服务提供商，由其管理并提供用户所需要的信息服务。

柯达公司大约有 8000 台彩扩机分布在全国各省，但柯达公司的维修站只分布在全国几个大城市。按照为客户提供高效、优质服务的宗旨，柯达公司对彩扩机的小修安排在所在地进行，大修则必须在一天内将彩扩机运至维修点，维修结束后在一天内将彩扩机送回原地。IBM 的"蓝色快车"为柯达提供了从运输到软硬件维护的解决方案与服务。

此后，IBM 公司与铁道部合资成立"蓝色快车"公司，利用铁道网络和 IBM 先进的信息技术、信息服务、网络技术、网络服务为诸如柯达这样的公司提供 IT 设备和软件的维护，就连 IBM 自己的国内笔记本维修也交由国内的蓝色快车服务商提供。

蓝色快车如今拥有亚洲最大的客户呼叫中心，200 条 800 号全国免费热线，统一记录、接收、调度全国服务资源。另外，蓝色快车具有全国以铁路为主的备件运输网及 11 个备件中心，保证了 80% 的备件在 24 小时之内送到全国各地。IBM 的蓝色快车正是凭借其 IT 技术、网络技术的核心竞争力，在中国为 IBM 带来数以亿计的业务收入。

10.3.2　外包战略的动因

企业外包的动因一方面来自于企业所处环境的变化：未来的不确定性大大增加，包括追赶、改变价值链、技术进步和新兴市场在内的环境变化的威胁造成了企业的外包战略。另一方面，则是由于企业经营思想的变化：企业管理由追求企业内部效率转变为追求内外部效率的共同提升，企业经营由热衷多元化经营转向强调专业化经营，竞争观念由敌对竞争转向协同竞争。

网络信息技术　现代网络信息技术的发展从根本上改变了企业的经营管理模式，尤其是互联网的发展打破了企业之间时空的限制，市场可以无形地延伸到任何时间和任何地方，大大提高了信息的传播速度。同时，随着网络信息技术的兴起，管理信息系统的完善、电子商务的发展，使企业进行信息收集、加工、传递的费用大幅度降低，减少了企业协作的交易费用。

经济全球化　在 21 世纪，随着生产力的发展，世界各国的经济在全球范围内融合，相互之间的经济联系日益紧密，任何一个国家想单单依靠自身的力量发展壮大，已经不可能实现，必须加强与其他国家的经济合作，利用自身没有而其他国家拥有的优势，从而达到共同发展的目的，因此，将自己不擅长的业务外包出去就成为必然。经济全球化的发展为业务外包的发展提供了经济环境。

市场竞争日益　随着人们购买力的增强和市场变异性的增强，买方市场上顾客购买欲望呈现出个性化和多样性的特征。由于技术更新速度加快，产品的生命周期逐渐缩短，新产品层出不穷，从而导致企业竞争加剧。企业要想在激烈的竞争中取胜，就必须加快产品的更新换代，尽力满足顾客不断变化的市场需求。这就要求企业在最短的时间内以最快的速度和合理的成本获得自己所需的资源，而这不是企业仅凭自己的力量可以完成的，它必须采取某种管理模式能够整合分布在世界各地的资源，外包就是其中的一种模式。

战略目的　企业在面临裁员、降薪、机构重组、机制改革、流程再造等重整时，往往通过将业务外包给专业的尤其是很有声望的外包供应商，利用外部资源弥补自己资源和能力的不足，从而更好地控制变革的局面，克服重整的困难，加速成功。企业进行业务外包还可能是基于其他的一些战略目的释放内部资源，譬如为建立公共形象、树立好的口碑、危机中的合作、以理性防止入侵等。

从某种意义上讲，外包实际上是一种从外部获取优秀资源的方式。在现代化的社会大分工生产条件下，标准化的推广使得企业向外部整合资源不但成为可能，而且还成了竞争环境中必须考虑的一种新的生产组织管理方法。业务外包推崇的理念是：如果在企业价值链中的某一个环节上不是世界上最好的，并且也不是自己的核心竞争优势，同时，这种活动不至于把本企业与客户分开，那么应该把它外包给世界上具有核心竞争优势的企业去做，这样有利于企业创造更多的价值。

10.3.3　外包战略的收益

业务外包可以说是近十年来国外兴起的企业改制的新理论之风中最有成效的方式，也是最近十年使世界企业发生根本变化的最重要的动力之一，并成为企业获取竞争优势的重要战略。外包战略可以为企业从战略、战术及变革的各个层面带来收益，例如，从战略的角度看，外包可以强化并突出企业的核心竞争力。根据 2002 年美国外包研究所对 1100 家企业的调查，结果显示降低成本的确是一个重要因素，但强化公司的核心业务则是最重要的因素。供应链管理注重的是企业核心竞争力，强调根据企业的自身特点，专门从事某一领域、某一专门业务，在某一点形成自己的核心竞争力，这必然要求企业将其他非核心竞争力业务外包给其他企业。就像世界著名的一些公司，譬如耐克、微软等一样，它们进行业务外包，并非单纯财务上的考虑，更多的是从战略的角度，通过外包一些非核心的业务，获取一些自己并不具有的相对优势，专心打造其核心业务，提升其核心竞争力。

又如从战术的角度看，外包可以降低和控制企业的运营成本。由于外包供应商拥有比本企业更有效、更便宜地完成某些业务的技术和知识，因而他们可以获得规模效益，并且愿意通过这种方式获利。因此，企业可以通过业务外包避免在设备、技术、研究开发、人员等方面投入巨资，从而降低运营成本。

再如，从变革的角度看，外包可以加快企业对市场的反应速度。市场竞争的加剧，顾客消费需求的多变性要求企业要对顾客的需求做出快速的反应，以赢得市场，赢得竞争。企业在进行业务外包的过程中，由于外包服务企业在该领域内具有专业优势，在外包业务上往往能比外包企业具有更快的应变能力，在两者之间达到良好沟通的基础上，该业务就会取得比以往更好的市场应变速度，提高外包企业对市场的反应能力，形成企业新的竞争优势。

美国外包协会在其调研报告中较为详细的归纳了外包战略的各种收益，如表 10-2 所示。

表 10-2　外包战略的收益

战术收益	战略收益	变革收益
降低和控制经营成本	改善业务关注点	为顾客带来更快、更新的解决方案
减少对非核心业务的投资	获取世界一流的先进技术	对日益缩短的产品生命周期做出反应
获取现金注入	促进组织重组	重新确定与供应商及合作伙伴的关系
获得内部缺少的资源	分担风险	超越竞争对手
克服职能管理失控的困难	释放资源用于其他用途	以较低的风险进入新的市场

索尼电子在美国拥有 14 000 名员工，但人力资源专员分布在 7 个地点，尽管投资开发 PEOPLESOFT 软件，但索尼仍不断追求发挥最佳技术功效，索尼最需要的是更新其软件系统，来缩短其预期状态与现状之间的差距。

在索尼找到翰威特之前，索尼人力资源机构在软件应用和文本处理方面徘徊不前，所有人力资源应用软件中，各地统一化的比率仅达到 18%，索尼人力资源小组意识到，他们不仅仅需要通过技术方案来解决人力资源问题，还需要更有效地管理和降低人力资源服务成本，并以此提升人力资源职能的战略角色。

正是基于此，索尼电子决定与翰威特签订外包合同，转变人力资源职能。翰威特认为这将意味着对索尼电子的人力资源机构进行重大改革，其内容不仅限于采用新技术，翰威特还可以借此契机帮助索尼简化管理规程、改善服务质量并改变人力资源部门的工作日程，进而提高企业绩效。

在这样的新型合作关系中，翰威特提供人力资源技术管理方案和主机、人力资源用户门户并进行内容管理。这样索尼可以为员工和经理提供查询所有的人力资源方案和服务内容提供方便。此外，翰威特提供综合性的客户服务中心、数据管理支持及后台软件服务。

索尼与翰威特合作小组对转变人力资源部门的工作模式寄予厚望。员工和部门经理期望更迅速、简便地完成工作，而业务经理们则期望降低成本和更加灵活地满足变动的经营需求。此项目的最大的节省点在于人力资源管理程序和政策的重新设计及标准化，并通过为员工和经理提供全天候的人力资源、决策支持和交易查询服务，使新系统大大提高效能。经理们将查询包括绩效评分和人员流动率在内的员工数量，并将之与先进的模式工具进行整合和分析。这些信息将有助于经理制定更加缜密、及时的人员管理决策。经理们可以借此契机提高人员及信息管理质量，进而对企业经营产生巨大的推进作用。

10.3.4　外包战略的风险

企业每进行一项业务都要承担一定的风险，只不过是风险的大小不同而已。在以往"纵向一体化"的经营管理模式下，企业需要什么就自己生产什么，结果是所有风险完全由自己承担。如果该项业务恰好是企业不擅长的，那么企业在该项业务上就要承担更高的风险。如果将业务外包出去，这就意味着同时将业务风险进行了转移和分散，外包承接方也要承担不同程度的失败风险。但是，由于外包承接企业在该领域内具有专业优势，它在该业务上承担的风险就会比外包企业在该业务上承担的风险低得多。因此，业务外包从整体上来说会降低外包企业的风险。然而，任何事物都具有两面性，业务外包在带来种种好处的同时，自身也存在一定的风险。对在进行业务外包的过程中可能产生的风险进行具体分析，可以使企业趋利避害，把损失降到最低点。

委托代理　委托代理关系是指一个或一些人（委托人）委托其他人（代理人）根据其利益关系从事某些活动，并相应授予代理人一定决策权的契约关系。在业务外包中，由于外包企业与承包商是两个不同的法人实体，企业双方信息的不对称就会引发委托代理问题。这种委托代理问题主要表现为事前信息不对称所引发的逆向选择、事后隐藏行为和隐藏信息所导致的道德风险。逆向选择问题主要发生在对外包商的选择和评价阶段，由于外包商隐藏信息，使企业难以正确识别外包商的真实情况；道德风险问题则主要源于契约签订后出现的欺骗行为。因此，信息甄别、激励机制、优化外包合同设计对企业来说异常重要。

企业竞争力　这主要体现在与外包业务有关的专业能力丧失、创新能力的丧失和对外包活动控制能力的丧失等方面。企业把某一部分业务外包出去也就表示该企业不再从事该项活动，这就会导致部分与外包活动相关的人力资源流失，而这就意味着企业失去了部分专门技术和在这一专业技术上的创新能力。特别是当这种专业技术与企业的核心竞争力具有较大相关性时，企业就会面临竞争力丧失的风险。波士顿咨询顾问集团高级副总裁吉姆·安德鲁说："这是一个非常滑溜的斜坡。一旦创新活动开始有赖于供应商，你会在不知不觉中放慢创新的脚步，直至停止。"

安全性风险　企业外包使其他组织有可能接触到一些敏感的企业信息和资料，造成商业机密的泄露，增加了安全性风险。合作企业若不愿信息共享，则外包企业与供应商之间会产生信息沟通不畅、信息反馈滞后、信息失真等信息不对称。但信息共享又会增加企业风险成本，企业可能会由于服务供应商的"不忠"而导致企业信息资源损失、核心技术及商业机密泄露，产生信息泄漏风险。尤其是在研发外包战略中，随着研发能力越来越强，技术开发利润率萎缩，外包提供商很有可能独立地开发产品，成为外包企业有力的竞争对手。

隐藏成本　隐藏成本包括了隐藏的过渡成本和管理成本。隐藏的过渡成本是指组织调整成本、资源的重新配置成本以及与外包商的平行运作成本；隐藏的管理成本主要是指投入外包管理的人力资源成本。这两种成本看起来微不足道，很容易被企业忽视。但是，据 Cross（1995）在对英国石油公司外包案例的研究发现，其外包所耗费的管理成本远远超过了外包合约的价值。除此之外，业务外包所带来的风险还有很多，例如，员工失业预期带来的士气低落、失去对产品和服务的直接控制而导致的企业管理难度加大、经营风险等。

本章回顾

◆ **纵向一体化**（vertical integration）：具有投入产出关系的相邻上下游两个生产阶段或企业合为一体的过程。纵向一体化在为企业带来许多战略收益的同时，其本身也包含或涉及巨额的成本，主要表现在内部成本因素和市场成本因素两个方面。而这两个方面的成本因素都会反过来影响并削弱企业的长期盈利性。

◆ **外包**（outsourcing）可以定义为一种通过有选择地将一些功能（及其日常管理）转交给**第三方供应商**（3rd party provider）来围绕核心能力进行的企业重新设计。外包就是一种交易或准交易的形式借助外部资源来支持企业的生存和发展的活动，它是纵向一体化的反面，即纵向分解。外包的形式包括：研发外包、生产外包、物流外包、营销外包、脑力资源外包、应用服务外包。

探索与研究

1. 制定纵向战略时，选择纵向一体化或外包的关键决策因素。
2. "一带一路"战略中，中国企业如何利用好纵向一体化及外包战略。
3. 纵向一体化或外包与横向一体化共存的前提条件。

参考文献

［1］ 王迎军.战略管理［M］.天津：南开大学出版社，2013.

［2］ 徐姝.西方业务外包研究成果评介［J］.外国经济与管理，2003（12）.

［3］ Kruvant, Moody. Sources of productivity decline in U. S. coal mining, 1972-1977［J］. TheEnergy Journal, 2001（3）：53-70.

［4］ Joskow, Paul. Vertical integration and long term contracts［J］. Journal of Law, Economics and Organization. 1985（1）: 33-80.

［5］ Fuhr, Joseph. Vertical integration and regulation in theelectric utility industry［J］. Journal of Economic Issues, 1990: 173-187.

［6］ Joe Kerkvliet. Efficiency and Vertical Integration: The Caseof Mine-Mouth Electric Generating Plants［J］. The Journal ofIndustrial Economics, 1991: 467-482.

［7］ Kwoka. Vertical economies in electric power: evidenceon integration and its alternatives［J］. International Journal ofIndustrial Organisation, 1991, 20（5）: 653-671.

［8］ Sergio Jara-Díaza, Francisco Javier Ramos-Real , EduardoMartnez-Budra. Economies of integration in the Spanishelectricity industry using a multistage cost function［J］. EnergyEconomics. 2004: 995-1013.

［9］ 刘斐，贺文哲. 中国上市公司纵向并购效率实证分析［J］. 开放导报，2006（3）: 107-110.

［10］ 里昕. 企业纵向战略联盟动因：一个行业层面的分析［J］. 财经科学，2007（11）: 106-112.

［11］ 周林. 上市公司纵向并购行为及其实证研究［J］. 上海经济研究，2007（12）: 127-132.

［12］ R H Coase. The Nature of the Firm［J］. Economica, NewSeries, 1937: 386-405.

［13］ Milgrom P Robert. Bargaining costs, influence costs, and theorganization of economic activity［M］. Cambridge: Cambridge University Press, 2011: 55-89.

［14］ Green. Vertical Integration and Assurance of Markets［N］. Harvard Institute of EconomicResearch, 1977.

［15］ Perry. Vertical Integration: Determinants and Effects［J］. Economic theory of the industries, 2002.

［16］ Bolton P, M Whinston. Incomplete Contracts, VerticalIntegration and Supply Assurance［J］. Review of Economic Studies, 1993: 121-148.

［17］ Emons, Winand. Good times, bad times, and verticalupstream integration［J］. International Journal of IndustrialOrganization, 2003 : 465-484.

第11章
兼并与收购

没有一家美国大公司不是通过某种程度、
某种方式的兼并而成长起来的，
几乎没有一家大公司主要是靠内部扩张成长起来的。

—— 美国经济学家施蒂格勒（George J. Stigler）

| 开篇 | 巴菲特的中国学生 |

2015 年 12 月 10 日，素有"巴菲特的中国学生"之称的郭广昌陷入"失联"传闻，从周四中午开始的三天半时间内，各种猜测沸沸扬扬。12 月 11 日上午，复星国际就发布了停牌的公告。12 月 13 日晚，全球投资者电话会议上，复星 CEO 梁信军称，郭广昌被调查一事是协助调查，更多是郭广昌个人因素协助调查，这是公民配合司法机关应尽的义务，对复星正常工作影响不大，也不影响公司强大的公司治理结构下的运转。

12 月 14 日周一上午，"失联"84 小时的郭广昌现身复星年度工作会议，精神饱满地发表了主题为"复星组织的自我生长"的演讲。郭广昌入场时，现场响起了两分钟的掌声，公众所有的疑虑和猜测随即烟消云散。

复星集团于 1992 年在上海成立，2007 年 7 月在香港主板上市。复星专注投资中国内需相关主题，以"中国动力嫁接全球资源"的投资模式，致力于成为"以保险为核心的综合金融能力"与"有产业深度的全球投资能力"双轮驱动的全球性投资集团。复星的业务包括保险、产业运营、投资与资产管理等领域（见图 11-1）。

2014 年 1 月，复星国际便以 10 亿欧元获得葡萄牙最大保险公司 Caixa Seguros 旗下三大全资附属公司 Fidelidade、Multicare、Cares 各 80% 股本及投票权。2014 年 12 月，复星还以 4.33 亿美元的价格收购美国 Meadowbrook 保险集团。2015 年，复星以 4.64 亿美元战略投资特殊商业财产和意外伤害险服务商 Ironshore 20% 股份，成为该公司第一大股东，并拟在 2016 年 3 月底前以不超过 20.98 亿美元收购其余下全部股权。

280

综合金融 ｜ 产业运营

综合金融：

- 保险
  - 复星葡萄牙保险[3] 80%
  - 永安财险 19.93%
  - 复星保德信人寿 50%
  - 鼎睿再保险 85.1%
  - Ironshore[4]
  - MIG[5]
- 投资
  - 战略投资
    - 分众传媒 17.41%
    - 菜鸟 10%
    - 中山公用 13%
    - 伦敦金融城[6] 90%
    - 28 Liberty 100%
    - 山焦五麟 20%
    - 招金矿业[7] 11.25%
    - 三元股份[8]
  - PE/VC 投资
    - St.John[9] 6.7%
    - Caruso[9] 5.95%
    - VC
    - 其他
  - 二级市场投资
    - Foll Follie[9] 9.96%
    - 完美世界[12] 11.05%
    - 其他
  - LP投资
- 资本管理
  - 星浩资本管理[13] 61.22%
  - 复星创泓管理[14] 100%
  - 复星创富管理[15] 100%
  - 凯雷复星管理[16] 50%
  - 复星保德信中国机会基金管理[17] 100%
  - IDERA 98%
- 银行及其他金融业务
  - 银行
    - RHJI[18] 10.52%
    - 复星财务公司[19] 90.98%
    - 浙江工商银行
  - 证券
    - 恒利证券 100%
  - 租赁
    - 创富融资租赁 59.4%
    - 杭州金投租赁 50%

产业运营：

- 健康
  - 复星医药 39.83% ▼27.83%
  - 国药控股
  - 星堡老年服务 50%
- 快乐生活
  - 豫园商城 29.91%
  - 地中海俱乐部[20] 18.25%
  - 亚特兰蒂斯 100%
  - Studio 8[21] 48%
  - 博纳影业[22] 17.98%
- 钢铁
  - 南京南钢 60%
  - 建龙集团 25.7%
- 房地产开发和销售
  - 复地[23] 99.08%
  - 外滩金融中心 50%
  - 大连东港[24] 64%
  - 策源置业 90%
- 资源
  - 海南矿业 54%
  - 洛克石油[25] 92.595%

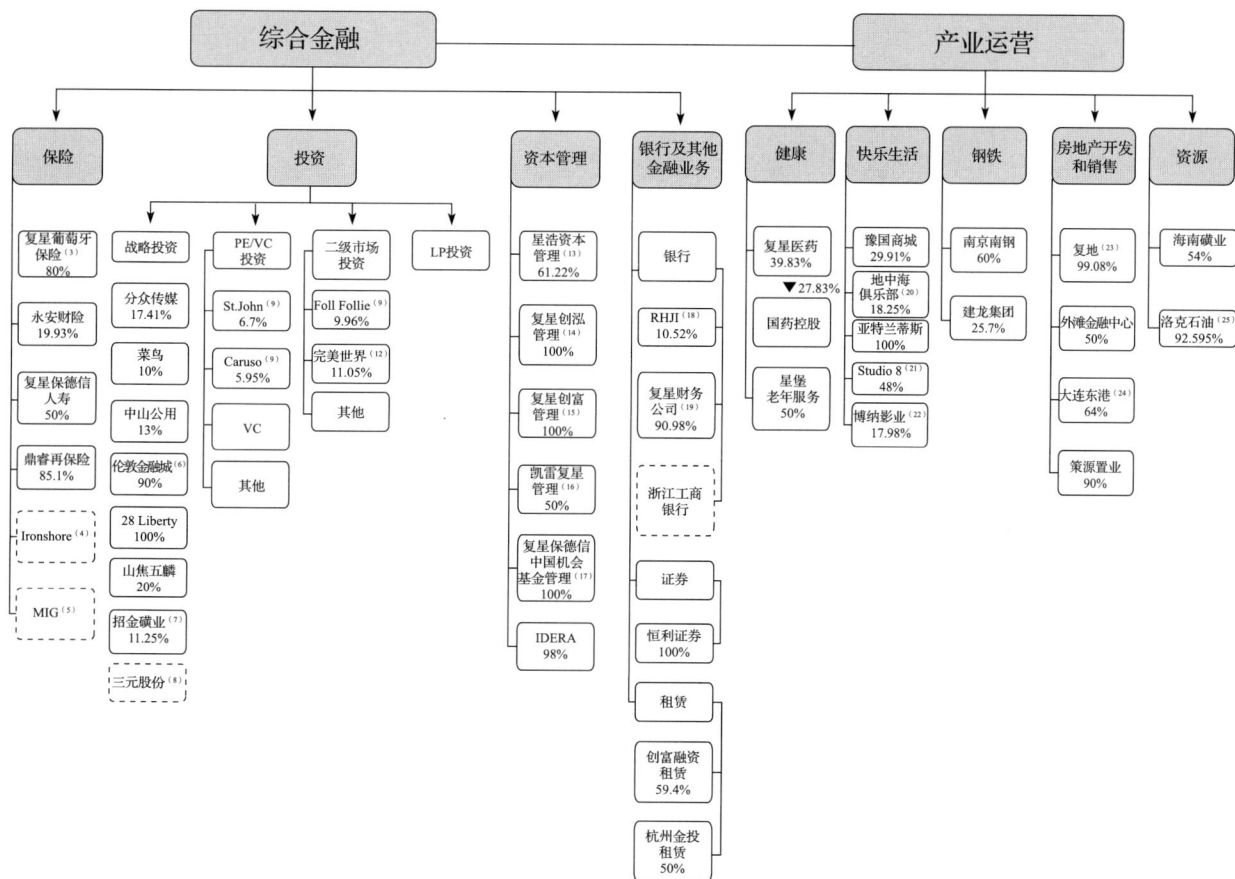

图 11-1 复星集团组织结构

这一系列交易使复星超过 1/3 的总资产为保险业务，其他还包括永安财险、复星保德信人寿、鼎睿再保险。复星打造了一个能覆盖财险、寿险、再保险、特殊险的全方位保险产业平台，并整合产业资源助推复星旗下保险业务在负债端和投资端能力的同步提升。复星以美国著名投资家巴菲特为楷模，一直将发展保险业视为其投资能力对接长期优质资本的最佳途径。依托已拥有的全球化的、专业的保险经营和投资团队，未来数年中，复星还会有更多以合理价格投资当地市场强势保险机构、扩大保险资产的机会。

复星在并购其他业务方面也非常积极。2014 年，复星在日本收购了东京天王洲花旗银行中心、品川公园大厦，并收购了资产管理公司 IDERA 作为其在日本的房地产管理平台。此外，2015 年 2 月，复星旗下 Gaillon Invest II 以 24.6 欧元 / 股成功拿下法国地中海俱乐部（Club Med）。此后，在买入希腊女装品牌 Folli Follie 9.5% 股份的同时，又接连投资 Caruso、St. John、Tom Tailor 三家欧美高端服装品牌。2014 年，复星投资了美国个性化药物诊断化验企业 Saladax Biomedical，以及美国影视产业公司 Studio 8。

移动互联网领域的布局也是复星未来的一个重点。2014 年，复星的互联网投资团队及风险投资平台继续聚焦移动互联网及移动互联网相关技术对传统行业的创新（互联网＋），现有投资组合已经覆盖医疗、互联网金融、互联网旅游、线上教育、移动社交等行业，如阿里小贷、完美世界、蓝港互动、挂号网、阿狸梦之城以及随手记等。

凯雷投资集团（Carlyle）和保德信金融集团（Prudential Financial）可以说是复星的海外并购领路人。2010 年和 2011 年，复星先后与凯雷、保德信合作成立美元股权投资基金。其中，保德信由美国前财政部长、担任复星董事会顾问的约翰·斯诺介绍给郭广昌。虽然这两只私募基金的后续发展未能尽如人意，但是复星在对外合作的过程中，学习了美国金融巨头的投资经验，并借助海外合作伙伴的全球网络寻找项目。复星最近完成收购的地中海俱乐部就是当年凯雷推荐的标的。

在郭广昌看来，如果不能利用全球的各种资源禀赋为自己服务，就不可能成长为国际市场上有竞争力的企业。复星如果局限在中国内地，民营企业高昂的资金成本会使其全球产业链整合没办法跟别人竞争。只有找到合作伙伴的诉求并予以满足，中国民企才能真正走出国门，充分整合外部资源，解决自身全球发展的痛点。

为了做大做强企业，企业家可以采取多种方式和手段，但正如斯蒂格勒（George J. Stigler）所指出的一样，纵观全球企业发展史，大企业的发展壮大几乎都采取了收购兼并的方式。一个企业通过并购其竞争对手的途径发展成巨型企业，是现代经济史一个突出的现象。由此可见，并购对于企业发展战略的重要性。

在现实中，公司经常合并，这是由于它们对成长的渴望，但是结果却经常不尽如人意，大约 70% 的并购行为最终走向了失败。作为一个极度危险的活动，为什么这种方式依然在流行并增加？本章将围绕并购的各个方面展开论述，以加深对企业并购的认识。

11.1　兼并与收购概述

兼并（merger）与**收购**（acquisition）合称**并购**（merger & acquisition，M&A）。并购是企业取得外部经营资源、谋求对外发展的战略，其本质特征是经营资源支配权的转移。

兼并是指两家或更多的独立企业、公司合并组成一家企业，通常是由一家占优势的公司吸收一家或更多的公司。兼并有广义和狭义之分，广义的兼并不仅指一个企业从法律人格上消灭另一个企业（通常所说的吸收合并），而且还包括一个企业购买另一个企业股票而掌握其控制权的情况。狭义的兼并则仅指吸收合并这种情况，是指企业以发行股份、债券或支付现金形式交换另一企业全部有表决权的股票或净资产，来取得后一企业的资产并承担其所有负债，从而导致前一个企业在法律人格上吞并吸收后一个企业的法律行为。

收购是指一家公司（出价者或者收购方）购买另一家公司（目标公司或被收购方）的大部分资产或证券，其目的通常是重组被收购公司的经营。收购的实质是在企业控制权运动过程中，各权利主体依据企业产权做出的制度安排而进行的一种权利让渡行为。收购活动是在一定的财产权利制度和企业制度条件下进行的，在并购过程中，某一或某一部分权利主体通过出让所拥有的对企业的控制权而获得相应的收益，另一个部分权利主体则通过付出一定代价而获取这部分控制权。企业收购的过程实质上是企业权利主体不断变换的过程。

11.1.1 并购类型

并购类型有很多种，可以按不同分类方法划分，如按出资方式划分、按行业相互关系划分、按中介机构是否存在划分、按并购动机划分、按并购资金来源划分等，以下分别介绍。

1. 按出资方式划分

出资购买资产式并购 收购公司使用现金购买目标公司全部或绝大部分资产以实现并购。出资购买资产的并购方式，被收购公司按购买法或权益合并法计算资产价值并入收购公司，其原有法人地位及纳税户头消失。

购买股票式并购 收购公司使用现金、债券等方式购买目标公司部分股票，以实现控制后者资产及经营权的目标。出资购买股票可以通过一级市场进行，也可以通过二级市场进行。通过二级市场出资购买目标公司是一种简便易行的并购方式，但因为受到有关证券法规信息披露原则的制约，如购进目标公司股份达一定比例，或达至该比例后持股情况再有相当变化都需履行相应的报告及公告义务，在持有目标公司股份达到30%时，更要向目标公司股东发出公开收购要约。所有这些都容易被人利用，哄抬股价，而使收购成本激增。

以股票换取资产式并购 收购公司向目标公司发行自己的股票以交换目标公司的大部分资产。一般情况下，收购公司同意承担目标公司的债务责任，但双方亦可以做出特殊约定，比如收购公司有选择地承担目标公司的部分责任。在此类并购中，目标公司承担两项义务，即同意解散其原公司，并把所持有的收购公司股票分配给其原公司股东。收购公司和目标公司之间还要就收购公司的董事及高级职员参加目标公司的管理事宜达成协议。

以股票换取股票式并购 收购公司直接向目标公司股东发行收购公司发行的股票，以交换目标公司的大部分股票。一般而言，交换的股票数量应至少达到收购公司能控制目标公司的足够表决权数。通过此项安排，目标公司就成为收购公司的子公司，也可能会通过解散而并入收购公司中。但不论哪种情况，目标公司的资产都会在收购公司的直接控制下。

2. 按行业相互关系划分

横向并购 发生在具有竞争关系、经营领域相同或生产产品相同的同行业之间的并购。横向并购的结果是资本在同一生产、销售领域或部门集中，优势企业吞并劣势企业组成横向托拉斯，扩大生产规模以达到新技术条件下的最佳规模。其目的在于消除竞争、扩大市场份额、增加并购企业的垄断实力或形成规模效应，并消除重复设施，提供系列产品，有效地实现节约。横向并购是企业并购中最常见的方式，但由于容易破坏竞争形成行业高度垄断的局面，尤其是大型企业的并购，许多国家都密切关注并严格限制此类并购的发生。诸如《反托拉斯法》就是一个限制横向兼并的法案。

纵向并购　发生在生产和销售的连续性阶段中互为购买者和销售者关系的企业间的并购，即生产和经营上互为上下游关系的企业之间的并购。其又分前向并购和后向并购两种形式。前向并购是向其最终用户的并购，如一家纺织公司与使用其产品的印染公司的结合。后向并购是向其原料供应商的并购，如一家钢铁公司与铁矿公司的结合。纵向并购的目的在于控制某行业、某部门生产与销售的全过程，加速生产流程，缩短生产周期，减少交易费用，获得一体化的综合效益。

混合并购　既非竞争对手又非现实中或潜在的客户或供应商的企业间的并购，又可以分为以下三种形态：

- 产品扩张型：并购相关产品市场上企业间的并购。
- 市场扩张型：为扩大市场份额而对尚未渗透的地区生产同类产品的企业进行并购。
- 纯混合并购：对生产和经营彼此之间毫无联系的产品或服务的若干企业进行并购。

3. 按中介机构是否存在划分

直接并购　由收购方直接向目标公司提出所有权要求，双方通过一定的程序进行磋商，共同商定完成收购的各项条件，在协议的条件下达到并购的目标。

直接并购分为向前和反向两种。向前并购是指目标公司被买方并购后，买方为存续公司，目标公司的独立法人地位不复存在，目标公司的资产和负债均由买方公司承担；反向并购是指目标公司为存续公司，买方的法人地位消失，买方公司的所有资产和负债都由目标公司承担。并购双方究竟谁存续，谁消失，主要从会计处理、公司商誉、税负水平等方面来决定。

间接并购　收购公司首先设立一个子公司或控股公司，然后再以子公司名义并购公司，分为三角并购和反三角并购两种方式。三角并购是指收购公司首先设立一个子公司或控股公司，然后再用子公司来兼并目标公司。此时，目标公司的股东不是收购公司，因此收购公司对目标公司的债务不承担责任，而由其子公司负责。收购公司对子公司的投资是象征性的，资本可以很小，因此又叫作**空壳公司**（shell subsidiary），设立的目的完全是为了收购公司而不是经营。收购公司一般是股份有限公司，其股票和债券是适销的。采取三角并购，可以避免股东表决的繁杂手续，而母公司的董事会则有权决定子公司的并购事宜，简单易行、决策迅速。反三角并购相对比较复杂，收购公司首先设立一个全资子公司或控股公司，然后该子公司被目标公司并购，收购公司用其拥有的子公司的股票交换目标公司新发行的股票，同时目标公司的股东获得现金或收购公司的股票，以交换目标公司的股票，目标公司于是成为收购公司的全资子公司或控股公司。

4. 按并购动机划分

善意并购　也称友好并购，指目标公司的经营管理者同意收购方提出的并购条件，接受并购。一般由并购公司确定目标公司，然后设法使双方高层管理者进行接触，商讨并购事宜，诸如购买条件、价格、支付方式和收购后企业地位及目标公司人员的安排等问题。通过讨价还价，在双方都可以接受的条件下，签订并购协议。最后经双方董事会批准，股东大会 2/3 以上赞成票通过，由于双方在自愿、合作、公开的前提下进行，故善意并购成功率较高。

恶意并购 并购方不顾目标公司的意愿而采取非协商购买的手段，强行并购目标公司，进行敌意收购，通常指一家公司以高于交易所股票的交易价格，向股东收购目标公司的股票。一般收购价格比市价高出 20% ~ 40%，以此吸引股东不顾经营者的反对而出售股票。因此，对于收购方而言，收购需要大量的资金支持，在比较大规模的并购活动中银行或证券商往往出面提供短期融资。同时，被收购公司在得知收购公司收购公司的收购意图之后，可能采取一切反收购措施，如发行新股票以稀释股权，或收购已发行在外的股票等，这都将使收购的成本增加和成功率降低。理论上，只要收购公司能够收购 51% 的股票，就可以改组董事会，从而最终达到并购目的。

5. 按并购资金来源划分

杠杆并购 杠杆并购指并购方只支付少量的自由资金，主要利用目标公司资产的未来经营收入进行大规模的融资，来支付并购资金的一种并购方式。杠杆并购在 20 世纪 60 年代首先出现在美国，其后风行于西方国家。由于杠杆并购形式被广为采用，使得一些规模较大企业可能成为并购的目标。

非杠杆并购 并购方不以目标公司的资产及其未来收益为担保融资来完成并购，而主要以自由资金来完成并购的一种并购形式。早期的并购形式多属于此类，但非杠杆并购并不意味着并购公司不用举债即可承担并购价款，在并购实践中，几乎所有的并购方都会利用贷款，区别只是不同并购中的借贷数额的不同而已。

11.1.2 历史上企业并购的大浪潮

从 19 世纪起至今，世界共有 5 次并购的大浪潮，每一次并购浪潮都与美国有直接关系，如表 11-1 所示。

表 11-1 五次并购浪潮类型各不相同

时 间	类 型	代表性案例
1897 ~ 1904 年	横向并购	美国钢铁公司一共收购了 785 家独立公司，产量一度占美国总产量的 75%
1916 ~ 1929 年	纵向并购	1920 年《华盛顿邮报》发行人尤金·迈耶（Eugene Meyer) 和科学家威廉·尼可斯（William Nichols）将 19 世纪建立的五家美国化学品公司联合起来，成立联合化学公司。（1999 年被并到霍尼韦尔公司下面）
1965 ~ 1969 年	混合并购	LTV 通过多元化收购，从电子开关的公司转为一家拥有钢铁、农产品、体育用品、金融、航空等于公司的多元化巨头
1981 ~ 1989 年	杠杆并购	1988 年发生的 KKR 收购食品和烟草公司 RJR 是迄今为止最大的杠杆收购案，收购规模高达 246 亿美元。值得注意的是，KKR 本身动用资金仅为 2500 万美元
1996 ~ 2007 年	战略并购	2000 年 10 月发生的美国在线和时代华纳的合并把第五次并购浪潮推向了高潮

资料来源：《兼并、收购与公司重组》，国泰君安证券研究。

第一次并购浪潮以横向并购为主要特征。19 世纪下半叶，科学技术的巨大进步，显著地推动了社会生产力的发展，并掀起了以铁路、冶金、石化、机械等为代表的行业大规模并购浪潮，各行业许多企业通过资本集中组成了规模巨大的垄断公司。以美国最为显著。

在美国并购高峰时期的 1899 年，公司并购达到 1208 起，是 1896 年的 46 倍，并购资产额达到 22.6 亿美元。1895 ～ 1904 年的并购高潮中，美国有 75% 的公司因并购而消失。如美国钢铁公司一共收购了 785 家独立公司，产量一度占美国总产量的 75%。作为工业革命发源地，英国在此期间的并购活动也大幅增长，有 665 家中小型企业在 1880 ～ 1981 年通过兼并组成了 74 家大型企业，垄断着主要工业部门。在这股并购浪潮中，大企业在各行业的市场份额迅速提高，形成大规模的垄断企业（见表 11-2）。

表 11-2　第一次并购浪潮

部门	公司	并购发生年份	并购公司数目	被并购产量占总产量的比例（%）
汽车	通用汽车	1908 ～ 1910	25	—
钢铁	美国钢铁	1901	8	60
电器	美国电器	1900 ～ 1903	8	90
烟草	美国烟草	1890 ～ 1904	150	90
橡胶	美国橡胶	1892	12	50
罐头	美国罐头	1901	123	65 ～ 70
农机	国际收割机	1902	6	70
石油冶炼	美孚石油	1880	400	84
打字机	联合打字机	1892	5	75
糖业	美国炼糖	1893	55	70 ～ 90
缝纫机	胜家	1891	—	100
铝制品	美国冶铝	—	—	90

资料来源：《美国企业并购浪潮》，国泰君安证券研究。

第二次并购浪潮以纵向并购为主要特征。20 世纪 20 年代发生的第二次并购浪潮使得那些在第一次并购浪潮中形成的大型企业继续开展并购活动，并进一步增强其经济实力，扩展和巩固其对市场的垄断地位。如 1920 年《华盛顿邮报》发行人尤金·迈耶（Eugene Meyer）和科学家威廉·尼可斯（William Nichols）将 19 世纪建立的五家美国化学品公司联合起来，成立联合化学公司。这一时期的并购浪潮中，纵向并购所占比例达到 85%，各行业部门将其各个生产环节统一在一个企业联合体内，形成纵向**托拉斯**（trust）行业结构，使得各主要工业国家普遍形成了主要经济部门的市场被一家或几家企业垄断的局面。

第三次并购浪潮以混合并购为主要特征。各主要工业国的经济经过 20 世纪 40 年代后期和 50 年代的逐步恢复，在 60 年代迎来了经济发展的黄金时期，同时催生了大规模的投资建设活动。随着第三次科技革命兴起，一系列高新科技成就得到广泛应用，社会生产力实现迅猛发展，并造就以混合并购为主要特征的第三次并购浪潮，其规模和速度都超过前两次的并购浪潮。如美国 LTV 钢铁公司通过多元化收购，从电子开关的公司转为一家拥有钢铁、农产品、体育用品、金融、航空等子公司的多元化巨头。

20 世纪 80 年代兴起的第四次并购浪潮，以杠杆并购为主要特征，交易规模空前，数量繁多。据统计，1980 ～ 1988 年企业并购总数达到 20 000 起，其中 1985 年达到顶峰。多元化的相关产品间的战略驱动并购取代了混合并购，金融界为并购提供了强有力的融资支持，并购企业范围扩展到国外企业，并出现小企业并购大企业的现象。如 1988 年发生的 KKR 收购食品和烟草公司 RJR 是迄今为止最大的杠杆收购案，收购规模高达 246 亿美元。值得注意的是，KKR 本身动用资金仅为 2500 万美元。

进入 20 世纪 90 年代以来，随着经济全球化进程的加快，迎来了全球跨国并购的浪潮。在此背景下，跨国并购作为对外直接投资（FDI）的重要方式，逐渐替代跨国创建新企业而成为跨国直接投资的主导方式。统计数据表明，1987 年全球跨国并购仅有 745 亿美元，1990 年就达到 1510 亿美元，2000 年全球跨国并购额进一步达到 11 438 亿美元。2000 年 10 月发生的美国在线和时代华纳的合并把第五次并购浪潮推向了高潮。但从 2001 年开始，由于受欧美等国经济波动等影响，全球跨国并购浪潮出现了减缓的迹象，从中长期趋势看，全球跨国并购还将继续得到发展（见图 11-2）。

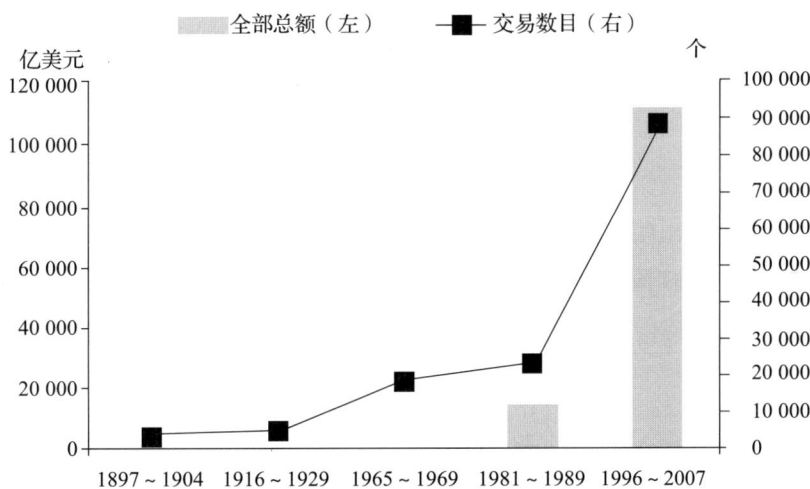

图 11-2　五次并购浪潮中美国发生的交易数目与交易金额

资料来源：Bloomberg，国泰君安证券研究。

在美国，五次并购浪潮中，监管部门提供了很多便利。监管当局在并购方面反垄断法律法规的放松给美国多次并购浪潮注入强心剂。第一次并购浪潮中美国一些州的公司法逐渐放宽，这样公司在获得资本、持有其他公司股票等方面变得更方便、更简易，大大刺激了并购行为。

众多学者的研究表明并购多集中于监管放松的行业中。马尔赫林和布恩（2000）发现监管放松是诱发 20 世纪 90 年代兼并活动的主要力量，当时主要受影响的行业有：银行业、公用电力业和电信通信业。其中，电信业 1996 年法案打破了原来电信业的跨区域运营的壁垒，《金融服务现代化法案》使得金融业内可以存在混业经营。这些监管法案是当时诱发相关行业内并购频发的重要因素，如表 11-3 所示。

表 11-3　并购浪潮中美国通过的重要法规

重要法规（通过年份）	主要内容	影　响
《谢尔曼反托拉斯法》（1890）	禁止特定行业内的合谋	影响不大，并不反对行业内并购，因此并未阻止第一次并购浪潮
《克莱顿法》（1914）	约束特定行业内的垄断行为	通过横向并购扩张变得困难，第二次并购浪潮开始转向纵向收购
《塞勒－克福弗法》（1950）	约束购买其他公司资产的行为	监管当局加强了对横向和纵向并购的监管，第三次并购浪潮开始转向混合并购
《威廉姆斯法》（1968）	对股权收购进行有力监管	加强对证券市场管制
《税制改革法案》（1969）	限制了一些财务处理手段的滥用	上市公司很难借财务处理的手段在混合并购中获益
《特拉华州反收购法》（1988）	保护州内公司免于被敌意收购	以该法为代表的州立公司收购法保护州内公司免予遭受敌意收购
《金融机构改革，重整和强化法案》（1989）	加强对垃圾债券的监管	对垃圾债监管和州立反收购法的颁布导致第四次收购浪潮的结束
《金融服务现代化法案》（1999）	允许金融业混业经营	以该法为代表的监管放松法案导致相关行业内并购案例频发

资料来源：《兼并、收购与公司重组》，国泰君安证券研究。

如果某行业收购金额占总收购金额比例大于被收购方占比，这说明该行业内企业有跨行业并购的趋势。反之，则说明该行业内企业有被其他行业内企业并购的情况存在。在美国，金融业表现出明显的跨行业并购或多元化的趋势：金融业收购方占总收购金额比例高达 31%，而被收购方占比仅为 15%。而消费品（周期性、非周期性）、科技行业则表现出较为明显的被跨行业收购的趋势，如图 11-3 所示。

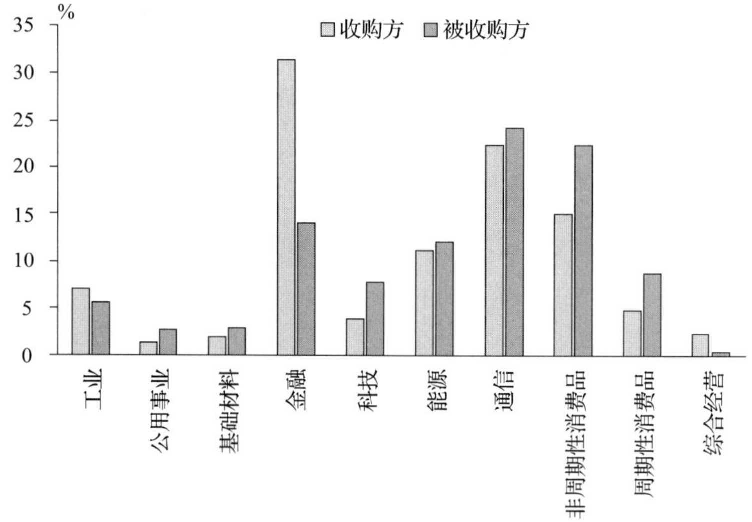

图 11-3　美国各行业收购金额占总收购金额比例

资料来源：Bloomberg，国泰君安证券研究。

11.2 并购理论

产生并购行为最基本的动机就是寻求企业的发展和扩张。寻求扩张的企业面临着内部扩张和通过并购发展两种选择。内部扩张可能是一个缓慢而不确定的过程，通过并购发展则要迅速得多，尽管它会带来自身的不确定性。

11.2.1 传统并购理论

效率理论 企业并购理论和并购实践一样充满着鲜明的时代脉搏。传统的效率理论认为，并购可提高企业的整体效率，即协同效应"1+1=2"，横向、纵向、混合并购都能产生协同效应。威廉·杰克·鲍莫尔（William Jack Baumol，1982）提出可竞争市场和沉淀成本理论，进一步支持效率理论。1984 年美国司法部的《合并指南》修正《克莱顿法》的传统观点，旗帜鲜明地支持效率理论。

交易费用理论 科斯（1937）提出企业的存在原因是可以替代市场节约交易成本，企业的最佳规模存在于企业内部的边际组织成本与企业外部的边际交易成本相等时，并购是当企业意识到通过并购可以将企业间的外部交易转变为企业内部行为从而节约交易费用时自然而然发生的。交易费用理论可较好地解释纵向并购发生的原因，本质上也可归为效率理论。

市场势力理论 通过并购减少竞争对手，提高市场占有率，从而获得更多的垄断利润，垄断利润的获得又增强企业的实力，为新一轮并购打下基础。市场势力一般采用产业集中度进行判断。例如产业中前 4 或前 8 家企业的市场占有率之和（CR_4 或 CR_8）超过 30% 为高度集中，15% ~ 30% 为中度集中，低于 15% 为低度集中。美国则采用赫芬达尔系数（市场占有率的平方之和）来表示产业集中度。该理论成为政府规制并购、反对垄断、促进竞争的依据。

价值低估理论 并购活动的发生主要是目标企业的价值被低估。诺贝尔经济学奖得主詹姆斯·托宾以 Q 值反映企业并购发生的可能性，Q= 公司股票的市场价值 / 公司资产的重置成本，又被称为**托宾 Q 比值**（Tobin's Q ratio）。如果 Q<1，且小得越多，则企业被并购的可能性越大，进行并购要比购买或建造相关的资产更便宜些。该理论提供了选择目标企业的一种思路，应用的关键是如何正确评估目标企业的价值，但现实中并非所有价值被低估的公司都会被并购，也并非只有价值被低估的公司才会成为并购目标。

11.2.2 现代并购理论

代理成本理论 代理成本由詹森和麦克林（1976）提出，该理论认为并购是为了降低代理成本。金融经济学进一步解释并购失效的三大假说是：

- 过度支付假说：主并方过度支付并购溢价，获得的并购收益远远低于被并方的收益。

- 过度自信假说：主并方的管理层常常因自大而并购，任何并购价格高于市场价格的企业并购都是一种错误。
- 自由现金流量说：并购减少企业的自由现金流量，并可降低代理成本，但适度的债权更能降低代理成本进而增加公司的价值。

调整理论　与内部扩张相比，外部收购可使企业更快地适应环境变化，有效降低进入新产业和新市场的壁垒，并且风险相对较小。特别是基于产业或产品生命周期的变化所进行的战略性重组，有利于推动向新产业的过渡，例如生产万宝路香烟的菲利普·莫里斯公司转向食品行业。该理论认为企业处于所在产业的不同生命周期阶段，其并购策略应该是不同的。处于导入期与成长期的新兴中小型企业，若有投资机会但缺少资金和管理能力，则可能会出卖给现金流充足的成熟产业中的大企业；处于成熟期的企业将试图通过横向并购来扩大规模、降低成本、运用价格战来扩大市场份额；而处于衰退期的企业为生存而进行行业内并购以打垮竞争对手，还可能利用自己的资金、技术和管理优势，向新兴产业拓展，寻求新的利润增长点。

以上两者是经典的并购动机理论。关于企业并购动机的理论还有：投机动机理论、利润动机理论、预防和安全动机理论、竞争压力理论等，此处不再一一赘述。

11.2.3　企业并购动机

企业并购的主要动机可以概括为**战略效应**（strategic effects）和**协同效应**（synergy effects）。战略效应是指通过并购达成某些战略目的，如获得目标企业的业务、目标企业的市场或者在增长的市场中占据主导地位、目标企业的渠道、目标企业的技术、人力资源等。协同效应是指并购后竞争力增强，导致净现金流量超过两家公司预期现金流之和，或者合并后公司业绩比两个公司独立存在时的预期业绩高。

协同效应主要源于范围经济（并购者与目标公司核心能力的交互延伸）、规模经济（合并后产品单位成本随着采购、生产、营销等规模的扩大而下降）与流程/业务/结构优化或重组（减少重复的岗位、重复的设备、厂房等而导致的节省）。

协同效应又可分为经营协同效应、财务协同效应和管理协同效应。

经营协同效应　经营协同效应指并购给企业生产经营活动在效率方面带来的积极变化，以及效率的提高所产生的效益。用数学公式表示就是 1+1>2 的效应，也就是通过并购后，企业的总体效益要大于两个独立企业效益之和。

企业并购对企业效率最明显的作用，在于规模经济效益的取得。企业通过并购，对企业的资产进行补充和调整，以达到最佳经济规模的要求，从而使企业保持尽可能低的生产成本。并购能使企业在保持整体产品结构的情况下，在各企业间实现产品的单一化生产，避免由于产品品种转换带来的生产时间的浪费。在某些情况下，并购还能解决由于专业化带来的一系列问题。比如可以有效地解决由于专业化引起的各生产流程的分离，从而减少生产过程中的环节间隔，降低操作成本和运输成本，充分利用生产能力等。

联想为了突破业务增长的瓶颈，得出了两种战略抉择，一是全球化，开拓个人电脑业务的全球市场；二是多元化，在中国的 IT 市场开展新业务，如通信业务和 IT 服务业务。经历了一段时间的调整与多元化选择的阵痛后，联想最终选择了全球化。联想意识到，如果没有一个基于全球运作的业务，就不能在采购和研发等方面获得规模效益，抗风险能力也比不过那些全球化的竞争对手。正是基于这种思考，联想选择了通过并购来走国际化之路，其斥资17.5 亿美元收购了 IBM 个人电脑部门，通过两次战略重组大幅度提升了效率，提升了联想的全球竞争力，为可持续增长注入了强劲动力，而这正是规模效益和经营协同效应的最好例子。

财务协同效应　财务协同效应（financial synergy）指并购给企业在财务方面带来的种种效应，这种效应的取得不是由于效率的提高而引起的，而是由于税法、会计处理，以及证券交易等内在规定的作用而产生的一种纯金钱上的效益。

企业通过并购可以实现合理避税。税法对个人和企业的财务决策有重大影响。不同类型的资产所征收的税率是不同的，股息收入和利息收入，营业收益和资本收益的税率也有很大区别。正是由于这种区别，使企业能够采取某些财务处理方法达到合理避税的目的。同时，企业通过并购有较低市盈率、高每股盈余率的企业，保持本企业股票价格的坚挺。由于并购能使股票市场对企业股票的评价发生改变进而对股票价格产生影响，因此在证券市场上，往往把市盈率作为对企业未来的估价指标。在外界环境相对平静的条件下，企业短时期内的市盈率不会有很大变动，只有当企业的利润率或利润增长率有很大程度提高时，市盈率才会有所提高。因此股价在短时期内的波动不会太大。当 A 企业兼并 B 企业时，如果 B 企业的市盈率低于 A 企业，但每股盈余高于 A 企业时，这说明由于种种原因，市场对 B 企业的评价偏低。A 企业兼并 B 企业的行为，将摊薄 B 企业的每股盈余，导致市盈率上升，同时企业兼并有可能提高企业 A 和 B 的股票价格，增加股东的财富。

管理协同效应　管理协同效应（management synergy）的本质就是管理输出，其内涵是：如果一个管理更好的企业并购了一家管理较差的企业，那么可以想象这个管理更好的公司一定会在并购后通过种种方式改善被并购公司的管理，而被并购公司的管理改善就意味着公司的价值提升。

其一，管理协同可以节省管理费用。由于企业管理费用将在更多数量的产品中分摊，单位产品的管理费用必然大大减少。其二，通过并购，企业可以对不同顾客和市场进行专门化的生产和服务，更好地满足顾客不同的需要。其三，企业通过并购，可以集中足够的经费用于产品的研究、开发和设计以及生产工艺的改进，利于迅速推出新产品，采用新技术。其四，大规模的企业集团，其筹资和借贷都比较容易，有充足的财力采用各种新发明、新设备和新技术。当经济发生波动时，不致因资金不足而陷入困境。其五，实行纵向一体化和多元化经营的企业，相对于单一企业，更容易在市场发生突变的情况下继续生存，提高了安全程度。其六，企业通过并购，可以使其绝对规模和相对规模都得到扩大，从而使企业有更大能力控制其成本、价格，进而提高企业的生存与发展能力。海尔集团从 1988 年起至今共并购了 20 多家家电企业，就是以这种吃"休克鱼"的方式，通过发挥并购的管理协同效应，成功实施了企业的低成本扩张。

11.2.4　并购的利与弊

通过并购取得成功的企业不胜枚举。

2012 年，中国三一重工股份有限公司与德国普茨迈斯特控股有限公司（大象）在德国埃尔西塔举行新闻发布会，正式宣布前者对后者的收购已办理交割手续。双方已顺利完成了中德两国政府对并购的审批手续。此次收购，三一重工和中信基金联合出资 3.6 亿欧元（其中三一重工出资 3.24 亿欧元，折合 26.54 亿元人民币），收购普茨迈斯特 100% 股权。这次收购是内部外部因素协同作用的结果，推动力来自以下几个方面：

国际化进程　三一通过在中国市场上的快速发展，积累了巨大的资本和生产能力，形成在国际上的重大影响力，需要通过国际并购实现公司的国际化和进一步跨越式发展。"大象"成功的国际化实践经验，能提升三一的整体效益、品牌、国际影响力、筹融资平台，加速国际化进程。

政府支持　三一背后有中德两国政府的支持。中国政府 4 万亿元投资拉动，许多资金投入到工程机械行业，三一也一定程度上配合国家实现"中国企业走出去"战略。

重振业绩　在金融危机的巨大冲击下大象公司业绩迅速下滑，急需潜在买家。"大象"在 2007 年的销售收入大约是 10.9 亿欧元，而受到金融危机影响 2011 年该公司的收入跌到了 5.6 亿欧元左右。2011 年时该公司的净利润只有 600 万欧元。

在此次合并后，普茨迈斯特在三一重工内保持着独立的品牌并拥有自己的管理团队，三一团队与普茨迈斯特团队紧密合作。由此，普茨迈斯特和三一共同创造了一个新的全球混凝土泵设备行业的领导者。

但是，并购未能取得成功的企业亦不在少数，例如，著名的 TCL 收购汤姆逊，明碁收购西门子等。

2003 年，TCL 和法国汤姆逊公司签订协议，重组双方的彩电和 DVD 业务，组建全球最大的彩电供应企业 TTE 公司。TCL 占 67% 的股份，绝对控股。然而，因为收购汤姆逊彩电业务，2005 ~ 2006 年 TCL 受累连续亏损两年，TTE 欧洲公司 2007 年 4 月申请破产清算。2011 年，在 TTE 欧洲公司重组诉讼案中，TCL 赔偿 2310 万欧元（约合人民币 2.11 亿元）。TCL 收购汤姆逊彻底宣告失败。

创立于台湾的明基以电脑外设产品为业务重心，逐渐扩展至光电、通信以及数字多媒体领域，2004 年，明基投影仪销售量排名欧洲第一、全球第二，笔记本销量也位于世界前茅。但子公司明基通信（BenQ Mobile）的手机市场占有率不到全球 1%，急切希望提高市场份额。西门子手机业务当时排名全球第四，但已经出现了比较严重的财务危机。明基通信以 3.5 亿欧元的价格收购西门子手机业务，作为强力进军手机市场的跳板，获得了西门子品牌五年的使用权。然而，第一年手机业务便亏损 4.5 亿欧元，影响了明基投影仪和笔记本市场，两者业绩随之一落千丈，短短几个月整个明基集团市值蒸发近 40%。在手机业务持续亏损了约 8 亿欧元后，明基通信于 2006 年年底宣布破产。

在了解了并购的动机和几种协同效应之后，接下来需要仔细分析和权衡并购的利弊，以做出最有利的决策。

1. 企业并购的优势

采用并购的方式进入企业缺乏核心竞争力或全新的领域，让企业能够以较低的价格拥有那些具备核心竞争力的企业，因为并购时企业面对的是已经确定的盈利能力，其所包含的不确定性因素经常被认为比内部扩张要小。

当时间压力较大、进入市场的速度十分重要时，企业会偏好并购的方法，因为内部扩张的方式可能耗费较长的时间来形成盈利能力。

另外，对于进入壁垒较高的行业，采取并购的方式来进入可以绕过壁垒，免去了投入大量研发和营销等各方面成本而颗粒无收的风险。

2. 企业并购的弊端

根据毕马威公司对 1996 ～ 1998 年的 700 宗大型并购的研究，其中有 30% 的并购创造了企业价值，31% 损害了企业价值，其他则毫无影响。这说明许多并购并不会带来好的商业结果，相反可能是赔本的买卖。实际情况也的确如此，被收购企业的市场份额和盈利能力往往在并购后出现下滑，甚至会经历更加严重的经营困难，而不得不被再次售出。而失败的并购往往是由于选错并购对象、高估并购的潜在经济效益或并购之后的整合失败造成的。

11.3 并购战略

企业并购战略指并购的目的及该目的的实现途径，内容包括确定并购目的、选择并购对象等。并购目的直接影响文化整合模式的选择。并购战略类型对文化整合模式有影响力。在横向兼并战略中，并购方往往会将自己部分或全部的文化注入被兼并企业以寻求经营协同效应；而在纵向一体化兼并战略和多元化兼并战略下，兼并方对被兼并方的干涉大为减少。因此，在横向兼并时，兼并方常常会选择替代式或融合式文化整合模式，而在纵向兼并和多元化兼并时，选择促进式或隔离式文化整合模式的可能性较大。

11.3.1　并购战略分析

1. PIMS 分析

PIMS 分析（profit impact of market strategies analysis）方法由哈佛大学商学院率先创立。该方法提供了更多的证据说明市场占有率对企业盈利能力的影响。PIMS 方法被国际工商界称为迄今为止最强有力的业务组合策划工具之一，其任务在于确定战略性规划与利润效果之间的关系，寻求影响盈利能力的因素，从而解释不同业务单位之间的利润差异，并建议将资金分配给什么样的业务单位。在这里，业务单位可以是企业的一个部门、一个产品生产线或隶属于一个母企业的利润中心。PIMS 研究确定了影响盈利能力和净现金流量的六个主要因素：

投资强度　用总投资与销售额的比率表示。投资强度对盈利能力和净现金流量一般产生负的影响。

市场地位　通常用相对市场占有率（企业的市场占有率／企业的最大竞争者的市场占有率）表示。它是决定企业盈利能力和净现金流量的一个重要因素。

市场增长　通常对利润产生正的影响。由于在一个增长的市场上，要保持市场占有率的稳定，必须投入高额费用，因此对现金流量产生负的影响。

产品生命周期　产品所处生命周期的阶段会对现金流量产生影响。

产品／服务质量　顾客对企业所提供的产品或服务相对于它的竞争对手的产品或服务所作的评价也会对现金流量产生影响。

创新或差异性　如果一个企业开发和投产新的产品，并在营销和研究与开发上做出较大的努力，产品从一开始就有较强的市场地位，那么它将产生有利的影响；否则它将产生不利的影响，这主要反映在提高市场占有率所需的高额费用上。

以上六个因素中，最重要的还是市场地位，即市场占有率，其他因素所产生的影响实际上都与市场占有率有关，因此它对制定企业战略来说是极其重要的。根据 PIMS 研究的结果，企业之间在盈利能力和净现金流量上所存在的差异，80% 可以归因于市场因素，而其中最重要的是企业的市场占有率。经验曲线和 PIMS 方法都说明了市场占有率对企业经营的重要性，而产业集中和市场占有率的提高常常是通过企业兼并来实现的。

2. BCG 矩阵

我们在第 7 章已经介绍了 BCG 矩阵，如图 11-4 所示。BCG 矩阵同样可以应用到企业并购战略中。企业并购时，应尽可能并购相同产业或相关产业的企业，因为在进行多元化经营时，与并购企业本来的业务离得太远，风险就会增大。企业也尽可能进入增长快的产业，因为统计资料表明，不成功的企业并购大部分集中在那些缺少发展前景的产业领域。一般情况下，企业决不能并购市场占有率太低的企业，因为市场占有率是决定企业盈利能力和净现金流量的最重要的因素，因此被并购的企业具有相当大的市场占有率是非常重要的。通常，并购活动成功的可能性是与被并购企业市场占有率的高低正相关。

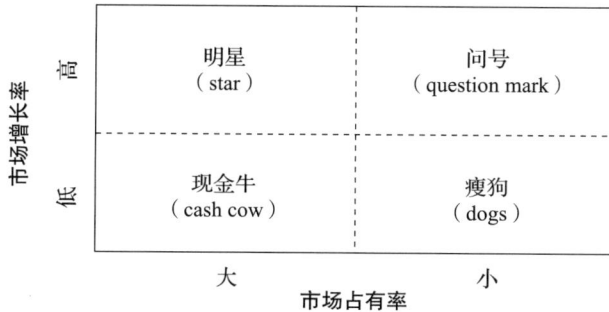

图 11-4　BCG 矩阵模型

3. DP 矩阵

美国的壳牌化学企业进一步发展了波士顿咨询企业的工作，他们认为资本收益率虽然是衡量企业盈利能力的一个非常有用的指标，但不能为企业制定战略计划提供一个充分的基础。因此，壳牌化学企业创立了一种新分析技术，称为 **DP 矩阵**（directional policy matrix），即指导性政策矩阵。指导性政策矩阵实质上就是把外部环境因素和企业内部实力归结在一个矩阵内，并对此进行经营战略的评价分析，如图 11-5 所示。

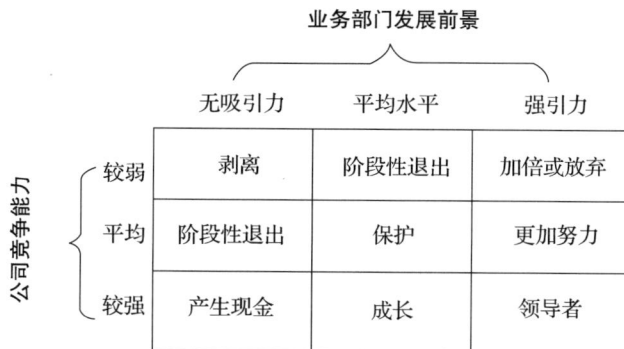

图 11-5　DP 矩阵

图 11-5 中的业务部门发展前景取决于外部环境因素，诸如市场大小、市场增长率、竞争程度、受商业周期的影响程度等因素。

企业的竞争能力取决于其内部可控制的因素，包括市场占有率、产品的质量和价格、对顾客及市场的了解程度、加工制造上的竞争力、研究与开发实力等因素。

DP 矩阵把业务部门发展前景和企业的竞争能力各分为三个等级，形成九个区域，并相应提出处于各个区域内的业务的指导性政策。对企业各项业务的定位可以依照下列步骤进行：

● 确定影响业务部门发展前景和企业竞争能力的主要因素。

- 根据历史资料、现实数据和对未来的预期给各主要因素评分，并加总出业务部门
发展前景和企业竞争能力各自的总得分。
- 根据两者的得分在矩阵中描出相应的点，给各项业务定位。
- 为各项业务确定相应战略。

应当指出的是，DP 矩阵中每一区域的战略方针只是一种合乎逻辑的决策，仅具有一定的指导意义，企业必须结合自身的实际情况灵活地加以运用。

11.3.2　并购战略抉择

企业并购是一项有风险的活动，其可能导致的巨大损失往往产生于战略决策上的失误。为了达到预期的并购目标，就必须制定一个切实可行的战略。应当引起我们注意的是，在这个世界上，并没有一个适用于所有企业的最好战略，这就要求每个企业必须根据自己所确定的并购目标和资源制定一个有利于企业自身发展的战略。这里，列举五种主要的企业并购战略，并对选择各种战略时应考虑的因素加以分析。

购买式并购　所谓购买式并购是指并购方出资购买目标企业的资产，一般采用现金购买的方式，将目标企业的产权整体买断，并购后被并购企业的法人主体地位消失。因为购买式并购多以现金为出资方式，所以该并购方式具有操作简单、收购迅速、现有的股东权益不会因此而被"淡化"、有助于保持并购公司股权结构的相对稳定等优点，但是该种并购方式需要动用大量的现金并且需要交纳资本收益税（世界上多数国家的税收政策均有此项规定），这不仅可能加重并购企业的现金负担，而且可能加重目标公司的税收负担。若选择购买式并购方式，需要注意企业资产应有短期流动性，以便在较短的时间筹集付款资金。

此外，还应考虑资产中期或长期流动性，因为大量短期资产的变现可能会使企业短期资本短缺，这要求企业审慎考虑现金回收率和回收年限，合理配置短期、中期与长期资产结构，以尽量避免大量现金的流出对企业资产结构和企业正常运营所产生的不利影响。

承债式并购　承债式并购是指在目标企业资产与债务等价的情况下，并购企业以承担目标企业的债务为条件接受其资产。作为被并购企业，所有资产整体归入并购企业，法人主体消失，丧失经济实体资格。因为承债式并购方式以承接债务为特点，并购企业在收购时可以不支付现金，所以具有减轻并购企业现金负担压力的优点，但这种并购方式会加重企业债务负担。无疑，在条件合适时，利用并购企业资金、技术、管理与产品优势，解决被并购企业债务过度问题，提高其经营能力，不失为推动中国企业改制、解决其困境的一条有效途径。

控股式并购　控股式并购是一个企业通过购买其他企业的股票达到控股的目的，从而实现并购。被并购企业作为经济实体仍然存在，具有法人资格，并购企业作为被并购

企业新的股东，对被并购企业的原有债务不负有连带责任，其风险责任仅以控股出资的股金为限。一般而言，控股式并购具有迅速实现资产集中、以少量资产控制大量资本、大规模扩张企业资产等优点，但也存在因控股关系复杂，协调成本较高等弊端。

杠杆收购　杠杆收购是通过增加公司的财务杠杆完成收购交易。从实质上讲，杠杆收购就是一家公司主要通过借债来获得另一家公司的产权，又从后者的现金流量中偿还负债的收购方式。

杠杆收购与传统收购相比，具有两个明显特点：一是杠杆收购交易中，公司筹资结构发生变化。在这种交易中给公司带来的负债主要由被收购公司的资产或现今流量来支持和偿还，其次才是投资人的投资。二是杠杆收购交易必须有一个中介。这个中介由交易双方之外的第三方来充当。

在杠杆收购中，通常投资银行给收购公司一笔**过渡性贷款**（bridgend），从而使收购公司只需出极少部分的自有资金就收购目标公司，在取得控制权后，安排由目标公司发行大量债券筹款，偿还贷款。在实际运作过程中，收购公司通常还设立一家控股公司或称为"纸上公司"来收购目标公司。这一纸上公司的资本结构就是过渡性贷款加少量自有资金，通过在目标公司再融资，用新的长期债务来代替过渡性贷款。

成功实施杠杆收购是有条件的，它要求公司经营计划周全、合理，能够保证收购后经营稳定，把目标公司顺利纳入公司的经营轨道。公司的现金流量比较稳定，流动资产负债率不是很高。公司的管理层稳定，具有较高的管理技能。公司自身的负债，尤其是长期负债很少，防止收购后负债率太高。公司产品与销售市场多元化，以避免经济周期波动带来的风险。公司盈利状况一向良好，实施并购后的经营计划亦可行。

买壳上市　买壳上市又称借壳上市，指公司通过收购已经挂牌上市的企业，再以反向收购的方式注入自己的有关资产及业务，最终达到间接上市的目的。通过这种方式上市，可以绕过会计、法律、审计、评估等规范化制度及烦琐的审批手续，节约公司人力、物力、财力、精力，达到尽快上市的目的，从而有助于企业改善经营管理，提高企业知名度。

企业一般会首先选择好自己所要收购的"空壳公司"，了解该公司的背景及发展前途等情况，要选有发展潜力的上市公司作为并购对象。其次，还要考虑"空壳公司"能否与收购方的经营战略如多元化、国际化或一体化相容。

对于采用联合收购的企业来说，由于境外收购上市公司有时需要很大的资金量，当境内企业外汇资金短缺时，可以利用海外本地公司的资金优势，开展联合收购。而联合收购的合作对象最好是那些实力雄厚、信誉卓著的大公司。比如，首钢收购香港东荣公司、三泰实业公司、开达投资公司时都是与香港长江实业集团有限公司合作的。

一般情况下，借壳随后的行动就是扩股，将非上市公司的优质资产注入壳内，发行新股，为企业筹集到所需的资金。

11.3.3　并购战略实施

企业实施并购战略并不是盲目地追求规模扩张。企业并购成功的关键因素在于企业核心竞争力。因此，实施并购要紧紧围绕企业的核心竞争力进行选择。

1. 目标公司选择的一般过程

企业决定了进行并购战略，接下来就是要选择一个目标公司。选择目标公司有如下步骤：分析企业现状、自身价值评估、选择并购行业、选择目标公司、审查目标公司、价值评估、并购可行性分析。

分析企业现状　选择目标公司首先要对企业的经营环境和经营现状进行分析与评价，具体包括企业的财务状况、经营管理、人事组织、市场占有率等，为预测企业未来的经营状况、评估企业的价值提供数据，奠定基础。

自身价值评估　评估企业的自身价值与一般的企业价值评估所采用的方法大致相同，多采用现金流折现的方法，即通过分析企业的历史业绩，预测未来的经营状况、现金流量和加权平均资本成本，将未来现金流折现。确定企业的价值是企业实施并购的基础，企业要据此评价并购对企业价值的影响，并选择并购对象。

选择并购行业　在了解企业的经营现状、评估企业的自身价值之后，需要判断企业的未来发展方向，以选择欲实施并购的行业。如果企业所处的行业竞争激烈，很难实现预期的增长，那么可以考虑实施混合并购，即并购一家不同行业的企业；如果企业对现有的原材料采购或者产品分销不满意，可以考虑实施纵向并购，即进入上下游行业；如果企业在本行业中很有竞争优势，产品销售供不应求，企业可以进行横向并购，并购同行业的企业以扩大生产规模，提高效益。

选择目标公司　确定了企业想要实施并购的行业，接下来就要在该行业中选择合适的并购对象。选择并购目标没有固定的标准，企业可以根据自己的经营状况和发展目标，制定相应的选择标准。通常需要考虑以下一些因素：一是并购对象的财务状况，包括变现能力、盈利能力、运营效率以及负债状况；二是核心技术与研发能力，包括技术的周期与可替代性、技术的先进性、技术开发和保护情况、研发人员的创新能力和研发资金的投入状况；三是企业的管理体系，包括公司治理结构、高层管理人员的能力以及企业文化；四是企业在行业中的地位，包括企业占有率、企业形象，与政府、客户和主要供应商的关系等。标准制定得越详细，找到的目标公司就越适合，但是如果标准制定得过于详细，就会失去很多好机会。在实务中，并购者可以聘请投资银行或其他咨询机构来制定恰当的选择标准。

审查目标公司　并购者选择目标公司以后，还要进行必要的审查，以核实目标企业的实际情况。审查可以自己进行，也可以聘请专业的机构来进行。审查的主要内容包括：财务报表的真实性、营运状况、税务和法律因素等。

价值评估　价值评估是企业并购中很关键也是很复杂的一个环节，能否找到恰当的交易价格是并购能否成功的重要因素。价值评估包含三个方面的内容：评估目标公司的价值、评估协同效应、评估并购后联合企业的价值。

- 评估目标企业的价值：企业一般不会接受低于其自身价值的价格，并购方必须支付的价格为目标企业的价值加上一部分溢价，溢价部分的多少则视具体情况而定。
- 评估协同效应：恰当地评估并购带来的协同效应，一方面可以对并购后联合企业的未来经营、盈利状况进行合理的预测，以更好地评估并购后联合企业的价值；另一方面，联合企业的价值评估越合理、越准确，就可以得出越准确的协同效应价值，两者相辅相成，评估协同效应在整个并购评估中占有举足轻重的地位。对协同效应进行估价是很困难的，并购者并购目标企业后，不仅目标企业的价值在并购方的控制和影响下会发生变化，并购者自身的价值也会由于并购行为而产生变化，协同效应对并购双方都将产生影响。
- 评估联合企业价值：对协同效应进行恰当的分析和评估的基础上，可以更合理地预计并购后的联合企业经营状况，并评估其价值。而用联合企业的价值，减去并购前双方各自的价值，又可以得出协同效应的价值，将两者进行分析验证，就可以确定协同效应的最终结果。在制定支付价格时，协同效应即为溢价的上限，超出这个范围只能放弃并购。

并购可行性分析　对目标企业、并购企业以及并购后的联合企业价值进行了恰当的评估以后，接下来就要进行并购的可行性分析。如果并购后企业的价值大于并购前双方价值之和，则并购企业产生了正的协同效应，企业并购具有了基础。但是，一个企业并购不是仅具有正的协同效应就可以的，对于一个企业来说，并购带来的协同效应必须要大于并购方支付的溢价。对并购者来说，协同效应与支付溢价的差额越大，并购的潜在收益越大。并购者应当充分利用谈判技巧，尽可能降低购买价格，争取支付的溢价越少，并购的收益也就越大。

2. 实施并购战略的原则

确定并购目标　制定统一和具有指导性的并购目标，可以协调所有的并购活动，并保证最后的并购效果。同时，可以为所有的管理决策指明方向，还可以作为标准，用以衡量实际的绩效。

分析竞争环境　竞争环境既包括企业外部市场环境，也包括企业的内部环境。分析外部环境就是要分析企业在市场中的地位，寻找合适的并购机会和并购对象；分析内部环境就是要识别企业的核心能力，识别核心能力是制订并购计划的基础，在识别核心能力和发现并购机会的基础上，进一步确定目标企业。

制订并购计划　通过计划明确并购的指导思想、基本原则、主要任务、并购重点和组织措施。企业管理层必须依托战略发展的结构及企业长远成长的目标，通过缜密的分析、科学的论证，紧紧围绕核心能力，对并购战略做出规划。

11.3.4　并购整合

企业作为一个系统，可以按照一定的标准划分为若干个子系统。当两个或多个企业兼并为一体时，各企业子系统的一体化肯定要遇到很多困难。因此，企业兼并后会出现大量的整合问题，即使企业已经考虑到了战略匹配的问题，仍然要重视组织匹配的问题、如业务活动、管理方式、企业文化等。一项研究表明：有80%的收购公司没有分析被收购公司的组织匹配问题。企业整合的难点还在于整合时未能很好地处理利益相关者所关心的形形色色的问题，包括职位的流失、重组的责任以及其他很多紧迫的问题。

1. 战略整合

战略整合包括战略决策组织的一体化及各子系统战略目标、手段、步骤的一体化。它是指兼并企业在综合分析目标企业情况后，将目标企业纳入其发展战略内，使目标企业的总资产服从兼并企业的总体战略目标及相关安排与调整，从而取得一种战略上的协同效应。

事实证明，并购一家在经营策略上不能互相配合的公司后患无穷，而如果并购主体双方能够互补，目标企业的发展能够有机地与并购企业的经营战略相整合，则会产生并购的正面效应，给并购双方带来价值的增加。

2013年，惠而浦以34亿元收购合肥三洋，对于惠而浦来说其目的在于借在中国市场有品牌和渠道优势的合肥三洋来重振中国市场，弥补惠而浦在中国市场知名度小、销量少的现状。相比飘摇动荡中的三洋品牌，惠而浦则是一个"良伴"。或许中国消费者对于惠而浦的产品稍感陌生，但这个美国"大兵"在全球家电市场则称得上是当之无愧的"巨无霸"之一。此后的一季度净利润从2012年同期9200万美元大幅升至2.52亿美元。

2. 业务活动整合

业务活动的整合是指要联合、调整和协调采购、产品开发、生产、营销及财务等各项职能活动。并购后的企业可以将一些业务活动合并，包括相同的生产线、研究开发活动、分销渠道、促销活动等，同时放弃一些多余的活动，如多余的生产、服务活动，并协调各种业务活动的衔接。

从企业并购的动因分析可以看出，并购双方产销活动整合后产生的经营优势和规模效应也是并购企业追求的目的之一。因此，并购后的业务活动整合就成为此类并购成功与否的关键。

一般地，生产作业的整合可能比产品线的整合困难。产品线的整合通常涉及某些重复设备的处置，在业务活动的整合过程中，厂房设备的迁移费用是不可避免的，但可以通过降低生产成本，存货成本而提高整体利润水平，达到并购的目的。生产作业整合的效果通常需要一段时间后才能体现出来，在整合期间，由于大量的整合投入以及适应过程，可能暂时降低企业的经营效率。

通常情况下，在企业并购完成后，并购企业应尽可能地将目标企业和本企业的人员在组织上予以合并，特别是财务、法律、研究开发等专业方面的人员。当然业务活动的整合不可能一蹴而就，并购企业应视目标企业具体情况采取措施，分步骤进行整合。

2011 年，美的电器以 2.233 亿美元价格，收购开利拉丁美洲空调业务公司 51% 的股权，开利将继续持有 49% 的股权，美的、开利双方将联合经营和拓展拉丁美洲地区空调业务。美的在拉美市场收购开利相关业务，强强联合的格局有利于巩固美的相关战略市场的竞争优势，对于美的完善全球布局，拓展自有品牌，强化本土经营，培育海外制造能力具有重要意义。

3. 管理方式整合

管理方式整合是指并购企业制定规范、完整的管理制度和规章，替代原有的制度与规章，以作为企业成员的行为准则和秩序的保障。一般情况下，并购企业均将优秀的管理制度移植到目标企业，以求与目标企业在管理上的一体化。其实，并购和自创的不同之处在于，并购企业可以取得一个现有且马上可以利用的管理制度，如果目标企业原有的管理活动良好，并购企业则可大胆拿来坐享其成。中国台湾统一公司收购美国温德姆（Wyndham）饼干公司动机之一，就是希望引进该公司良好的配销制度。但是，如果目标企业内部管理混乱，并购企业则会采取措施，将其本身良好的管理程序转移至目标企业，以实现并购的预期效应。

新管理方式的推行，往往会遭遇许多困难。例如，当并购企业意欲改变目标企业的经营与控制制度时，碰到的最大的问题就是目标企业职员的抵触。他们可能认为，这些制度与管理也许适合并购企业，但是在目标企业则无生存土壤。因此，在管理方式整合时，并购企业应首先了解目标企业原有的制度，并根据并购双方间经营管理的差异，制定适合目标企业情况的管理措施。

此外，管理方式整合的程度也随并购企业并购目的不同而应有所区别。如果并购后并购企业完全将目标企业纳入自己的机体，则应逐步将目标企业的规划与控制制度纳入并购企业，以进行统一经营管理。尤其是在并购的目的是利用目标企业的行销资源时，更应加强在目标企业行销决策与管理控制上的配合，进行较深层次的整合；而如果并购目的是为了多元化经营，目标企业则可以保持相对独立。

4. 组织机构整合

随着并购双方业务活动与管理方式的整合，双方的组织机构也会发生变化。并购完成后，并购企业会根据具体情况调整组织机构。并购企业有时把目标企业作为一个相对独立的整体加以管理，有时又可能将目标企业进行分解，并入本企业的相应子系统。在调整组织机构时，并购企业要注意目标统一、分工协调、精干高效，使权责利相结合，明确相应的报告与协作关系，建立高效率的、融洽的、有弹性的组织机构系统。

5. 人事制度整合

人事制度整合是难度较大的问题，也是影响并购效率的重要因素。由于人才是企业最重要的资源之一，尤其是高层管理人员、技术人才与熟练工人。并购企业在人事问题上一定要谨慎，做到并购双方在人事上的一体化，防止因人心浮动而降低生产经营效率。

企业并购会给并购主体双方的经理人员及其他职工，尤其是目标企业职工的工作和生活带来较大影响。这种压力与混乱既包括对职工个性的影响，也包括工作安全感的丧失、人事与工作习惯的变动以及文化上的不协调等。多数目标企业员工知晓本企业即将出售，难免忧心忡忡。因此，并购企业如何稳定目标企业人才，便成为人事制度整合的首要问题。并购企业对人才的态度将会影响目标企业职员的去留。如果并购企业重视人力资源管理，目标企业人员将会感觉到继续发展机会的存在，自然愿意留任。目标企业的管理人员及职工在"干中学"中积累了很多的专用人力资本，企业并购后要珍惜这份人力资本，采取实质性的激励措施，提供较优越的任用条件，留住目标企业人才。在留住目标企业优秀员工后，并购企业应考虑加强并购双方员工的沟通与交流。并购后双方的员工都会有一些顾虑，如并购企业员工担心失去原有位置，目标企业员工担心受到歧视，此时，沟通便成为一种解决员工思想问题，提高士气的重要方式。

在充分的沟通并了解目标企业的人事状况后，并购企业可制定原有人员的留任政策，调整人员以提高经营绩效。中国企业在用人方面总结出了一个较好的经验和方法，即"平稳过渡、竞争上岗、择优录用"。在并购完成后不急于调整，而是经过一段熟悉和了解，根据职工的实际能力和水平，再定机构、定岗位、定人员，并通过考核，使各方面人才均能找到适合其实际能力的位置。这种方法既能充分发挥优秀人才的能量与作用，又能增强职工的竞争意识与紧迫感，进而能够调动职工队伍的潜力，实现并购双方技术人员和管理人员的优化组合。

6. 企业文化整合

并购后企业文化的整合就像人体器官的移植，要整合两个可能有排斥的企业文化，必须解剖文化的"基因"，对优秀的基因进行交合，而对平庸与低下的基因进行摒弃。但如果目标企业的组织文化比较落后，并购企业可以直接传播与嫁接优秀的文化。

企业文化是企业经营中最基本、最核心的部分，企业文化影响企业运作的一切方面，并购后，只有买方与目标企业在文化上达到整合，才意味着双方真正的融合，因此对目标企业文化的整合，对于并购后整个企业能否真正协调运作有关键的影响。在对目标企业的文化整合过程中，应深入分析目标企业文化形成的历史背景，判断其优缺点，分析其与买方文化融合的可能性，在此基础上，吸收双方文化的优点，摒弃其缺点，从而形成一种优秀的，有利于企业战略实现的文化，并很好地在目标企业中推行，使双方实现真正的融合。

企业文化整合包括物质文化整合、制度文化整合、精神文化整合、行为文化整合。

物质文化整合　物质文化包括企业标志、工作环境、员工着装等。物质文化比较直观，可以帮助员工加深对企业文化内涵的理解，形成团队意识，并对并购后的新企业形成认同感。

制度文化整合　新企业的制度变动涉及个人和团队利益的调整，因此要以非常谨慎的态度推进制度调整，并考虑到各方合理的利益诉求。

精神文化整合　精神文化包括企业精神、企业伦理、价值观念和思维方式等方面的内容，是并购后企业文化整合最核心的部分。

行为文化整合　行为文化能帮助员工尽快适应企业的生产经营方式，营造和谐的人际氛围，有助于员工形成新企业的精神面貌和价值理念，是企业精神文化和制度文化的外在表现。惠普收购康柏后，两家公司克服了各自原有企业文化背景冲突，创建了一种全新的企业文化。新惠普公司正是在这一企业文化指引下，使它们的产品研发计划有的放矢，避免了盲目投资计划，为确保实现最大的盈利奠定了基础。

本章回顾

◆ **兼并**（merger）：两家或更多的独立企业合并组成一家企业，通常是由一家占优势的公司吸收一家或更多的公司。

◆ **收购**（acquisition）：一家公司（出价者或者收购方）购买另一家公司（目标公司或被收购方）的大部分资产或证券，其目的通常是重组被收购公司的经营。收购可以分成收购资产和收购股份（股权）两种方式。

◆ 并购按不同分类方法划分，可以分为按出资方式划分、按行业相互关系划分、按中介机构是否存在划分、按并购动机划分、按并购资金来源划分等。

◆ 从 19 世纪起至今，世界共有 5 次并购的大浪潮，每一次并购浪潮都与美国有直接关系，分别以横向并购、纵向收购、混合并购、杠杆并购、战略收购为主要特征。

◆ **PIMS 分析**（profit impact of market strategies analysis）确定战略性规划与利润效果之间的关系，寻求影响盈利能力的因素，从而解释不同业务单位之间的利润差异，并建议将资金分配给什么样的业务单位。

◆ **DP 矩阵**（directional policy matrix）：把外部环境因素和企业内部实力归结在一个矩阵内，并对此进行经营战略的评价分析。

探索与研究

1. 兼并、收购与合资在发达市场与新兴市场的特点。
2. 企业如何通过并购获得本土和国际市场的协同效应。
3. 中国企业进行海外并购需考量的重要方面。

参考文献

[1]　Agrawal, A. , & Jeffrey, F. J. , & Gershon, N. M. The post-merger performance of acquiring firms; a re-examination of an anomaly. Journal of Finance, 1992, 47（4）, 1605-1621.

[2] Bradley, M. , & Desai, A. , & Kim, E. H. Synergistic gains from corporate acquisitions and their division between the stockholders of target and acquiring firms. Journal of Financial Economics, 1988 (21): 3-40.

[3] Bruner, R. F. Does M&A pay A survey of evidence for the decision maker? Journal of Applied Finance, 2002, 12 (1): 48-68.

[4] Chatteijee, S. & Lubatkin, M. , & Schweiger, D. M. , & Weber, Y. Cultural differences and shareholder value in related mergers: linking equity and human capital. Strategic Management Journal, 1996, 13 (5): 319-334.

[5] Firth, M. The profitability of takeovers and mergers. The Economic Journal, 1980 (89): 316-328.

[6] Gregory, A. An Examination of the Long Run Performance of UK Acquiring Firms. Journal of Business Finance & Accounting, 1997 (24): 971-1002.

[7] Hayn, C. Tax Attributes as Determinants of Shareholder Gains in Corporate Acquisitions, The Journal of Financial Economics, 1989.

[8] Healy, P. M. , & Palepu, K. G, & Ruback, R. S. Does corporate performance improve after mergers? Journal of Finance, 1992 31 (2): 135-175.

[9] Mulherin, Boone. Comparing acquisitions and divestitures. Journal of Corporate Finance, 2000 (7): 117-139.

[10] 陈璐. 银行并购实证研究的发展及方法论演进 [J]. 金融研究, 2005 (1): 124-134.

[11] 郭丹丹. 上市公司资产重组绩效影响因素分析 [J]. 财会通信, 2009 (1): 31-32.

[12] 李善民, 陈玉罡. 上市公司兼并与收购的财富效应 [J]. 经济研究, 2002 (11): 27-35.

[13] 杨兆廷, 王晓雪. 对上市公司并购绩效的实证研究 [J]. 经济管理, 2008 (5): 83-86..

第 12 章
战略联盟

世界上没有永远的朋友，
也没有永远的敌人，
只有永远的利益。

—— 英国前首相温斯顿·丘吉尔

腾百万 v.s 阿里巴巴

O2O 是未来商业发展的趋势，侧重人与服务，市场规模将远大于实物交易。国内的商业巨头纷纷斥重金进入电子商务领域，但是它们的商业模式却不尽相同。万达、腾讯、百度取长补短，结成了"腾百万"战略联盟，而阿里巴巴正在构建以自己为中心的商业生态系统。

"腾百万"

万达电商，这家被戏称为"腾百万"的电商公司成立于 2014 年 8 月 29 日，注册资本金 50 亿元，由万达、腾讯、百度分别持股 70%、15% 和 15%。三方宣告，计划 5 年投资 200 亿元，打造全球最大的 O2O 电商公司。万达集团的优势在"线下"，2014 年万达广场的消费人次达 15 亿人次，预计到 2020 年，每年到万达的消费者超过 60 亿人次。如果万达能把线下和线上的内容融合起来，估值不可限量。

"腾百万"相关产业布局已经初步完成。万达集团已将电子商务列为四大支柱产业之一，电商也是王健林最爱讲的故事。万达 O2O 已迈出实质性的步伐，免费 Wi-Fi 布局完成，beacon 技术完成试点，大数据中心启动建设，几十款 O2O 服务软件正在研发中。2014 年 12 月 26 日，万达宣布 20 亿控股国内排行第四的第三方支付公司快钱，高调挺进支付领域。预计 2015 年四季度万达电商将全面上线运行，充分展示万达电商的物理形象。

2015 年 1 月 4 日，境外两家互联网投资基金作为财务投资人，出资 10 亿元，获得万达电商 5% 的股份。在香港注册 4 个月后，万达电商的估值翻了 4 倍，达到 200 亿元人民币。这两家投资人分别是盛科公司以及香港虚德仁道电商投资，它们认为国内线上、线下三巨头一起做一件事，本身就充满想象力，也看好"腾百万"在O2O（线上对线下）领域的尝试。

"阿里生态"

阿里巴巴的商业生态系统不断完善，因为其关键词一直是"生态"，从马云到副董事长蔡崇信、首席执行官陆兆禧，都一致用"生态系统"来描述阿里巴巴的真正价值。在一封公开信中，马云这样描述阿里巴巴的业务状态："我们不是一家拓展技术边界的科技公司，而是一家通过持续推动技术进步，不断拓展商业边界的企业。我们不是靠某几项技术创新，或几个神奇创始人造就的公司，而是一个由成千上万相信未来，相信互联网能让商业社会更公平、更开放、更透明、更应该自由分享的参与者们，共同投入了大量时间、精力和热情建立起来的一个生态系统。"

阿里巴巴作为中国电子商务生态系统的核心企业，遵循了核心型企业战略，有效创造价值的同时，与自己的生态系统成员分享价值。

阿里巴巴主要经营多元化的电子商务服务，业务涉及包括B2B国际和国内贸易的网上交易平台（阿里巴巴网络有限公司）、网上零售平台（淘宝网和天猫）、支付平台（支付宝）、网上购物搜索引擎（一淘）、以数据为中心的云计算服务（阿里云计算）、互联网金融（阿里小贷和蚂蚁金服），以及互联网资讯等基础服务。

阿里巴巴专注为系统创造价值。从广义上讲，阿里巴巴商业生态系统包括客户、供应商、主要的生产厂家、中间商、资金供应者、行业协会、政府及其他关联组织或群体。当然，也包括新浪微博、恒大淘宝足球、优酷土豆等接受阿里注资的企业。作为商业生态系统的核心企业，阿里巴巴创造了一个能为系统中其他成员提供一个发挥能力创造价值的平台。通过平台，阿里巴巴将大部分创造价值的空间留给了生态系统中的成员。在其背后，是五大系统的建设：信用体系、金融体系、物流体系、小企业工作体系加上大数据体系，这些构成了阿里和其生态系统的核心竞争力。

联盟自古有之，从人类文明史一开始，就有一些国家与邻国结成联盟以保护自己，或者去征服另一个国家。联盟的思想最早出现在军事中，古今中外的例子不胜枚举，中国三国时期诸葛亮提出的"（刘备）联吴抗曹"就是一个成功联盟的例子。自战略联盟的概念提出以来，战略联盟就成为管理学界和企业界关注的焦点。已有研究发现在1980年，全球的大型企业只有2%的收入来源于和联盟有关的活动，这一比例到现在可能高达30%；且自1985以来，联盟的数量以每年25%以上的速度增长。并且随着外部环境的快速变化和企业对核心竞争力的专注增加，企业战略联盟的逐渐成为企业最重要、应用最频繁的战略手段之一。

战略联盟的兴起可以使用多种理论来解释。依据交易成本理论，经济活动的实现方式可以分为两类：第一类是通过市场的方式来完成，也就是市场交易；第二类是通过企业内部的方式来完成，也就是企业内交易，即把本来在市场上进行的交易，放到企业内部来完成。在交易成本很高的情况下，企业应该避免市场交易，转而通过企业内部进行解决。

战略联盟的构建也是企业获得资源的惯用手段。资源决定论认为具有形成竞争优势潜力的资源必须具备"VRIN"的特征，即有价值、稀缺、无法仿制和难以替代。而战略联盟从表面上看是企业和企业的结合，但是从根本上讲，联盟是资源和资源的结合、能力和能力的结合。企业需要识别拥有哪些资源，又缺少哪些资源，企业的资源状况决定着企业是否应该使用联盟，应该使用何种类型的联盟来获得这些资源。国际商务论可以有效地解释跨国企业的战略联盟，该理论将战略联盟视为应对国际商务风险的有效手段，具体包括法律、政治、汇率、文化和技术风险等，战略联盟可以使得企业找到当地企业作为合作伙伴，以弥补企业在资源、能力和知识方面的缺陷。

从实质选择权论出发，可以将企业战略联盟视为一种实物期权。企业战略作为长期目标的实现手段，由于需要大量的资源来支撑而具有一定的排他性，即企业一旦采用某种战略，就没有足够的资源同时实施其他战略。而战略联盟一方面降低了单个企业的资源投入，另一方面，由于联盟的时间一般都比较短暂，在第一个阶段结束的时候，企业可以再做出决定，如果联盟比较成功，双方就可以根据自己的意愿再增加投入。这一特性使得联盟保持了一种战略上的弹性，具有了实质选择权的特点。

制度决定论可以用来解释战略联盟使用范围的不断扩大和使用频率的不断增加，滕斌圣（2005）的研究发现，在一段时间内被运用最多的联盟方式，在接下来的时间段里其活跃程度也会随着上升，这是模仿行为在时间层面上对联盟的影响。并且如果行业内领先企业大量使用联盟，那么接下来这段时间内，整个行业内联盟的数量也会增多，这就是领先企业起到的示范作用。从具体的企业角度来看，如果某些企业熟悉的企业较多地使用联盟，那么在下一个时间段里，这些企业使用的联盟也会增多。这就说明企业的注意力往往放在行业内领先的企业和那些它们比较熟悉的企业上，观察它们对于联盟的运用，并进行模仿。

战略联盟的构建和管理是一个复杂的过程。企业在选择联盟伙伴时，不仅需要考虑合作伙伴类型，即是选择竞争者、互补者、上游企业还是下游企业，还要考察联盟伙伴的整体实力、行业地位和成熟程度等。并且战略联盟的形式多样，不仅包括了股权合资企业，还包含涉及生产、营销、分销、研发的非股权协议等。联盟伙伴和联盟形式的选择进一步决定了联盟双方的资源和战略吻合程度，也决定了联盟运作中的管理重点和难点。战略联盟一旦形成，联盟的运作管理就成为决定战略联盟是否成功的关键环节，如何缩小联盟双方差距、统一联盟内部观点、平衡联盟竞合、控制联盟风险、解决知识产权问题等都是需要联盟双方共同关注的重要问题。战略联盟涉及双方乃至多方的利益，各自的立场、需求的不断变化造成了联盟战略高复杂性、变化性和不稳定性的特点。因此，需要根据联盟的绩效等现实情况不断地对联盟进行有针对性的调整。

对于战略联盟的运作管理，博弈论和社会交换论可以用来解释这一复杂过程。博弈论将战略联盟的管理视为一种博弈，联盟中的企业在合作或者不合作的选择中间有各种各样的情况，可能最好的方式是互相合作，追求同一个目标。但从单方面的利益角度出发，一方的不合作可能也会给其带来丰厚的利益，如盗取对方的技术，挖对方的人才，或者是不按时、按量、按质为对方提供所需。这些不合作行为可能会给不合作的企业单方带来很大的私利，而这些私利是否会超过它在合作中得到的共同利益中的那一部分，无法轻易判定，所以并不像典型的"囚徒困境"只有单一结果，而是需要具体情况具体分析。社会交换论将战略联盟视为一种复杂的社会活动，利益平衡往往比较困难。在合资或者其他方式联盟的过程中，某一方受益会比另一方多，但这并不等于另一方没有受益，从长远上来讲，它会得到以其他非直接方式实现的一些效益。尤其是在中国这种新兴的市场经济条件下，这种间接的受益方式其实大量存在，联盟就可以起到这种作用。

综上所述，战略联盟在企业实践中重要性和普遍性及管理的复杂性，对企业系统深入地了解战略联盟的原理和运行机制提出了客观要求。鉴于此，本章首先对战略联盟的原理进行概述，其次是基于战略联盟的生命周期，从战略联盟的伙伴选择、结构构建、竞合平衡和终局管理方面对战略联盟管理进行系统论述。

12.1　原理概述

战略联盟（strategic alliance）是指通过公司间资源和能力的组合来创造竞争优势的合作战略。具体而言，企业战略联盟是若干个企业出于对整个市场的预期目标和企业自身经营战略及风险的考虑，通过相互间的各种协议推动资金、技术、营销等要素的交叉渗透，在销售渠道、融资能力等领域相互协作而建立起来的一种优势相长、风险共担的长期合作的经营方式。战略联盟合作内容广泛，从生产前的研究与开发到最终产品的分销，涉及产品价值链的各个环节（Lumineau 等，2011）。企业也可以通过战略联盟平衡现有的资源和能力，并与合作伙伴一起开发新的资源和能力（Nachum 和 Song，2011）。

12.1.1　战略联盟的特征

企业战略联盟作为一种新的组织形式，具有如下特征。

组织松散性　企业间建立战略联盟是以共同占领市场、合作开发技术等为基本目标，通过契约的形式联结起来，并不一定建立独立的公司实体，因此联盟各成员之间的关系十分松散且并不正式，兼具市场机制与行政管理的特点，合作各方主要通过协商的方式解决各种问题。当机会来临时，联盟中各成员便聚兵会战；一旦外界环境或内部因素发生变化，机会丧失时，各成员又各奔前程，为了各自的目标，又与其他的企业结成新的联盟。因此，战略联盟本身是个动态、开放的体系，是一种松散的公司间一体化组织形式。

行为战略性　战略联盟建立的目的是为企业的长期利益考虑，优化资源利用、优化未来竞争环境的长远谋划。联盟在运作中即使遇到一些暂时的困难，本着长期利益考虑，联盟各方也能努力去解决这些问题。联盟各方一般都注重从战略的高度改善联盟共有的经营环境和经营条件。战略联盟最大的着眼点是在经营活动中积极地利用外部经济，通过公司间的联盟形式充分利用闲置的资源并弥补资源的不足，使企业对资源的使用界限扩大了，可以提高效率，降低成本，从而降低企业的进入和退出壁垒，提高企业战略调整的灵活性。

合作与竞争共存性　战略联盟是合作与竞争的矛盾统一体。在竞争中合作，在合作中竞争。战略联盟是为合作而产生的，但合作的最终目的在于在更大范围和更高层次上进行竞争。而且，联盟企业之间的合作常常是在一个特定的领域内，可能在这些领域合作，而在其他领域竞争；可能在某一段时间内合作，在其他时间竞争；还可能一边合作，一边竞争，即竞争中有合作，合作时有竞争，合作与竞争是相互交织的，这种"左手挥拳，右手握手"的现象在一些大型的同行业的跨国公司中尤为明显。

地位平等性　日本富士通公司副总裁纳汝托认为："许多美国公司声称联盟伙伴关系绝不可能保持平等，最终必然是合作的一方凌驾于另一方之上。但是在富士通公司，我们不认同这种观点，我们相信联盟伙伴之间应建立一种平等的关系"。这是因为早期的战略联盟主要发生在经营能力、经营资源等不均衡的企业之间，通常是一种市场、技术、管理等方式互补型合作。这类合作多发生在发达国家的企业与发展中国家的企业之间。现阶段战略联盟多是联盟各方在资源共享、优势相长、相互信任、相互独立的基础上，保持独立的经营自主权，各成员通过协商确定在联盟中的权利与义务。因此，合作各方的地位是平等的。

范围广泛性　战略联盟范围的广泛性可以从联盟网络的出现得到充分的反映。所谓联盟网络是指联盟各方围绕在具有主导影响力的某一方（联盟中心）周围，根据各自的核心能力，以及所处研发或生产的不同环节而形成的距离不等、错综复杂的网络。在联盟网络中，联盟伙伴不仅包括了跨国公司，同时可能也包括大学、研究机构、政府机关甚至企业工会等。联盟网络的相关内容将在下文详细分析。

12.1.2　战略联盟的分类

战略联盟的合作形式多样，既包括从事类似活动的企业之间的联合，也包括从事互补性活动的企业之间的合作；既包括强强联合又包括强弱联合、弱弱联合；既可以采取股权形式，也可以采取非股权形式。企业战略联盟的组织形式可以说是不计其数，因此它的分类也是多种多样。常见的分类有以下几种。

1. 根据联盟各方依赖度、参与度分类

非正式战略联盟　指两个或两个以上企业之间的不具有法律约束力的合作方式。这类合作方式可以是任何类型的协定，为企业之间在价值链环节上提供联系，占有支配地位，就能盈利。例如产品营销联盟，联盟企业通过长期的合作后，已经积累了对对方企业一定的信用度，双方不需要订立协议，但为了互惠互利，不会冒着损失自己利益的风险而背弃联盟。企业在发展初期，为了开拓市场，可以采取这种联盟方式。

契约式联盟　这类联盟通常借助于正式契约但不涉及股权参与。根据联盟各方在价值链位置上的不同，又可以进一步细分为水平式联盟，如联合研制、联合生产、联合销售；垂直式联盟，如 IBM 公司与西门子公司缔结契约式战略联盟，联盟双方参与程度均较高，主要集中于技术和知识的创新方面，并在设计、制造、以及电脑芯片测试方面共享新技术。深度的参与也决定了任何一方退出联盟都是很困难的，也是不利的。

股权式联盟　股权式战略联盟是由各成员作为股东共同创立的，其拥有独立的资产、人事和管理权限，股权式联盟中一般不包括各成员的核心业务，分为合资企业联盟与相互持股型联盟。

美国科宁公司和墨西哥的威特罗公司为了开拓和占领对方国家的市场，分别在美国和墨西哥建立了两个合资企业，在美国由科宁控制 51% 的股份，威特罗占 49%，而在墨西哥则由威特罗控制 51% 的股权。这样既可保持双方的对等地位，又可充分发挥各自的"地缘优势"和积极性。

2. 根据联盟在价值链上位置的分类

资源互补型　以上游活动与对方的下游活动结成的战略联盟。

市场营销型　通过相互利用各自价值体系中的下游环节，提高市场营销的效率和对市场的控制能力。

联合研制型　在研发领域展开的合作，主要用以共同开发新产品和新技术。

3. 根据联盟目标取向分类

产品联盟　企业间为了生产或扩大生产、销售或扩大销售某种产品而结成的较为固定的协作关系。在这类联盟中，产品是中心，协作的目的是为了生产或销售该产品。

知识联盟　企业与其他组织机构，以知识为中心，为了相互学习、共同创造新的知识和进行知识转移而建立的联盟。

一般而言，早期的联盟主要注重产品的销售和推广，现在越来越多的企业联盟重视的是知识 / 技术的学习和创造。

4. 根据联盟成员数分类

双伙伴型　仅限两个成员企业组成的联盟。

财团型　由多个合作伙伴围绕同一目标组成的联盟。

12.1.3 战略联盟的兴起

战略联盟的兴起并非一朝一夕之功，但是从 20 世纪七八十年代开始，联盟就已经开始以合资的方式被频繁地使用了，同时还经常作为跨国经营的重要手段被使用。在过去的三十多年里，企业对联盟的使用越来越频繁和普遍，联盟也因此受到越来越广泛的重视。

一个针对包括大部分世界 500 强在内的企业所做的调查研究，显示了联盟在经济发展中越来越重要的地位。研究者发现在 1980 年，全球的大型企业只有 2% 的收入来源于和联盟有关的活动；到 1997 年，数据已经变成了 21%；目前，这个比例可能达到 30%。另外发现，1985 以来，联盟的数量以每年 25% 以上的速度增长。这项研究表明，世界上许多大型企业，在全球范围内的活动有相当部分和联盟有关，意味着联盟已经变成了最重要、应用最频繁的战略手段之一。

IBM 在 2006 年对全球 765 位 CEO（包括中国）做了一次调研，结果有 65% 的 CEO 认为在未来两年内公司有"根本性变革"的可能，其中建立联盟被认为是达成这种变革的有效途径。国际上知名的大公司，如英特尔、微软和 IBM 等在任何一个时间段里，总是有十几甚至几十个联盟在同时运作，每一个联盟都用来达成某一个非常具体的目标，说明了战略联盟的应用具有很大的普遍性。

战略联盟兴起的原因是多方面的：

商业社会变革 商业社会变革加速是战略联盟兴起的外在因素。西方有一句名言："唯一不变的是变化本身。"现在商业社会变化的节奏越来越快，变革的周期也越来越短。一个行业从景气到不景气的演变周期由之前的五年、十年缩短到现在的两三年时间，促使企业通过战略联盟的方式应对生存环境快速变化带来的一系列挑战。

行业融合 战略联盟兴起的另一个外在因素是行业间的融合越来越频繁，很少有哪个行业可以自成体系，脱离上游、下游或者是其他的相关行业而独立存在。行业边界越来越模糊，上、下游被打通，企业与许多既非上、下游也非竞争者的企业合作关系也越来越密切。

在行业边界清晰的情况下，波特的五力模型可以被用来准确地对行业进行分析，识别和确定行业内竞争程度、上下游的竞价力、潜在的进入者和替代者。而在行业边界日益模糊的情况下，企业"躲进小楼成一统、只在行业内做老大"的传统做法面临巨大的挑战，企业需要更多地把触角延伸到相关的行业。甚至诸如微软、英特尔等国际巨头都会发现自己缺乏企业发展所需的资源，而要改变缺少资源的现状，战略联盟是速度最快、效率最高和最灵活的方式。

核心竞争力 企业回归核心竞争力的趋势是战略联盟兴起的内部原因。现在的企业越来越意识到，一个企业不可能独立完成全部的商业活动，即使是在行业内，也不可能包揽所有的活动。传统企业所处的价值链是一个完全的链条，企业在这个链条里发挥自身的长处，就可以使其成为企业的核心竞争力，而对于短处，企业需要尽量弥补，否则就会制约企业的发展。这一原理可以称为短板效应或木桶理论。

但是，需要一提的是，这一原理对现在的企业适用性并不高，实际上，企业的短板不一定要去补，只要这个短板不涉及企业的核心业务，企业就完全可以仅专注于核心竞争力，而通过战略联盟将企业并不擅长的或者不是最为核心的业务让别的企业去做。耐克公司是专注于核心竞争力的典型例子，它本来处在很长的价值链和产业链之中，但是现在的耐克只专注于品牌销售和研发，而将任何和生产、原材料有关的活动全部交由其他企业来完成，如此便形成了一个以耐克公司为中心的价值网络。当这个网络以一种相对比较紧密的方式来运作时，其实就成为一种联盟。

如果我们对比来看，战略联盟的兴起也由于战略资源的紧缺而造成。相比企业自力更生、自己购买资源、进行收购，战略联盟有其独特的优势与风险，如成本较低、效率较高、战略实施比较灵活、管理难度较大等，如表 12-1 所示。

表 12-1　资源紧缺下的战略对比

	自力更生	购买资源	整体收购	战略联盟
可能性	内部能力限制 时间限制	不可交易性 购而不得	劣币效应 政策限制	伙伴的意愿
成本	较高	交易成本低	高额	较低
优势	完全控制	高效	拥有整个价值链	速度 灵活性
风险	失败的可能性高	不具竞争优势	柠檬 整合困难 无效资产	暂时性 管理难度 机会主义

12.1.4　战略联盟的可行性

在企业决定是否应该组建战略联盟之前，需要对战略联盟的可行性进行分析，战略联盟的可行性分析主要包括政策分析、市场分析、资源分析与企业文化分析。

政策分析　战略联盟虽然不是并购，但是在某些行业或者在某些国家，也仍然受到政策限制。因此，在构建战略联盟之前，对政策层面的可行性分析非常重要。例如美国规定，两个同行业的生产型企业要进行合资生产必须要得到政府批准，尤其是当双方的共同市场份额达到一定水平，政府有可能阻止这种联盟以防止垄断的产生。当然，包括中国在内的许多国家也会存在政策规定企业必须联盟的情况，例如，在 20 世纪 80 年代，英国曾有政策规定，国外的电信公司要进入英国市场，必须要找一家英国本地的电信公司作为合作伙伴，且合资公司必须由英方来控股。中国也是如此，在汽车等很多行业，外商还是必须通过联盟或合资的方法才能进入中国。当然，中国加入 WTO 以后，这种情况发生了较大的变化，但是在某些行业，开放的动作并没有明确时间表，什么时候会完全放开还是个未知数。

市场分析 市场分析主要是从市场的态势和整个行业的结构和发展方向等角度来衡量战略联盟的可行性，即考虑联盟是不是代表着行业的大趋势。对汽车等许多行业而言，联盟的确代表发展趋势，因为整个汽车行业处在整合之中，如戴姆勒和克莱斯勒的合并、法国的雷诺和日产的联盟等。如果整个行业都处在一个整合的过程中，联盟就是一种比较有效的、可行性非常高的战略。在整合过程中，如果其他企业更多的进行并购而非联盟，联盟则具有了差异化优势，而且联盟保持了相当的灵活性，在很多时候，可以作为企业实现并购的一个跳板。

事实上，这是很多中国企业的惯用策略，例如 TCL 收购汤姆森的电视业务和阿尔卡特的手机业务，最初将双方的彩电和手机业务进行联盟，以此作为过渡，之后外方通过获得 TCL 总集团公司股份的方法来退出这个联盟，TCL 完全接盘，实现了由战略联盟向并购的过渡。

因此，在上述情况下，联盟的意义就超出联盟本身的范畴，产生附加价值。相反，如果行业非常稳定，联盟则未必是首选战略。一般而言，行业变化越剧烈，联盟就越有效。

资源分析 除政策和行业环境之外，企业还需要从自身资源的角度对可行性进行判断，识别企业所掌握资源的短板和长处。对于各方面实力都很平均的企业，战略联盟可能并不是最适合的战略；而对于资源短板和长处都非常明确的企业而言，战略联盟为企业通过取长补短进而获益提供了机会。

除资源的短板和长处之外，企业所拥有资源的特殊性也是需要考虑的重要因素。如果企业所拥有的是独特性很强、非常领先的资源，就比较具有联盟的潜力，也会吸引想要联盟的企业的关注。但仍要考虑到，企业所独特的资源最好是难以被模仿、学习的，如果资源难以被专利保护，且可以通过共识或者合作很容易被学习，则应该尽量避免联盟。

企业文化分析 企业文化类型也是企业考虑是否联盟的重要方面。有些企业的文化属于封闭型，难以和其他企业的文化进行沟通和交流，很容易受到外部因素的冲击。由于这种封闭型的企业文化比较稳定和巩固，如果突然间运用合资等战略联盟的方式将其开放，企业文化的稳定性会受到严重影响。因此，对于具有封闭型企业文化的企业而言，如果要进行战略联盟，可以考虑采用循序渐进的方式，或者按部门或地区分别进行战略联盟，或者是先松散后紧密的战略联盟，以避免突然开放带来的负面冲击。

而对于具有开放型企业文化的企业而言，战略联盟带来的负面影响则较小。有些企业的整个发展历程都在不断地使用联盟或者并购，因此它们的企业文化比较擅长于联盟，这种能力也成了企业的核心竞争力。

12.2 伙伴选择与结构构建

伙伴的选择与双方合作的契合度是决定联盟成败的关键因素。要确保战略联盟的成功，联盟伙伴的选择是面临的首要问题，本节将从联盟构建的伙伴选择原则、选择步骤和资源吻合的角度对战略联盟伙伴选择进行论述，并对比了传统企业的组织结构。

12.2.1　联盟伙伴的选择原则

联盟伙伴的选择是建立企业战略联盟的基础和关键环节，谨慎地选择合作对象是联盟顺利发展的前提条件。联盟伙伴的选择可以应用"3c"原则，即**兼容性**（compatibility）、**能力**（capability）和**承诺**（commitment）。

兼容性　企业之间通过事先达成协议，建立互惠合作的关系，并使联盟内各成员在经营战略、经营方式、合作思路以及组织结构和管理方式等诸方面保持和谐一致；这也就是合作伙伴之间的战略和文化上的协同性问题。

能力　随着企业间竞争的不断加强，产品和技术的更新换代速度越来越快。企业仅仅依靠自身的力量和资源已经无法应付这种激烈的竞争局面，必须借助合作伙伴外部力量的支持。而合作伙伴必须具备一定的能力，使其能够弥补本企业的薄弱环节，只有这样才能建立互惠的关系。

承诺　企业战略联盟各成员之间通过履行各自的承诺，建立稳固的合作关系。这种承诺主要体现在相互承担一定的义务和责任，以弥补联盟各成员在内部资源与经营目标方面的差距。

企业可依据以下步骤选择联盟对象。首先，在对本企业资源、生产能力和市场潜力等方面的优势与劣势分析的基础上制定企业长远的战略目标。然后根据本企业的战略目标，寻找在技术、市场等方面有能力与本企业互补的合作伙伴为联盟对象。接着要对潜在的合作伙伴做出评估，主要是明晰备选企业对于本企业的联盟意向能否做出积极回应，备选企业在实力、目标等方面是否与本企业相匹配，联盟后能否在最大限度内实现协同效应。如果联盟伙伴的选择存在严重失误，不仅不能给企业带来正面的积极影响，还可能带来无穷后患。

娃哈哈集团与法国达能集团合作失败的事件就是一个非常典型的案例。达能进入中国市场实行的是全行业并购战略，它把收购其他企业和占有其他企业的资产作为发展的手段，对建立真正的战略联盟不感兴趣。达能在中国的资本投资，一般的路线图是参股、控股到悉数掌控这三步，并先后收购了包括娃哈哈 51% 的股份、蒙牛 49% 的股份、正广和 50% 的股份、光明乳业 20.1% 的股份、汇源 24% 的股份、乐百氏 92% 的股份。娃哈哈与达能在合作之初各自有自己的打算，在合作协议中对涉及股权控制、品牌使用等关键性问题没有明确的规定，这为后来双方的争端留下隐患。最终，娃哈哈没有得到达能在资金、技术等方面的支持，企业的自有品牌却可能因此被达能控制；达能也没有实现借助娃哈哈的销售渠道迅速进入中国市场的战略目标，并且因为同娃哈哈最终走向对簿公堂，在公关方面也失分不少。

12.2.2 联盟伙伴的选择步骤

1. 价值网框架分析

价值网框架是分析战略联盟伙伴选择的一种实用工具。价值网中包含五种不同类型的企业：在价值网的中间是本企业，四周分列竞争者、互补者、上游企业与下游企业，企业可以与四者中任何一个结成联盟。价值网模型（见图 12-1）不同于波特的五力模型，其最根本的区别在于，五力模型是用来分析行业内的竞争态势，而价值网主要是以本企业为中心，与围绕着本企业的其他四类关键企业构成一个网络。

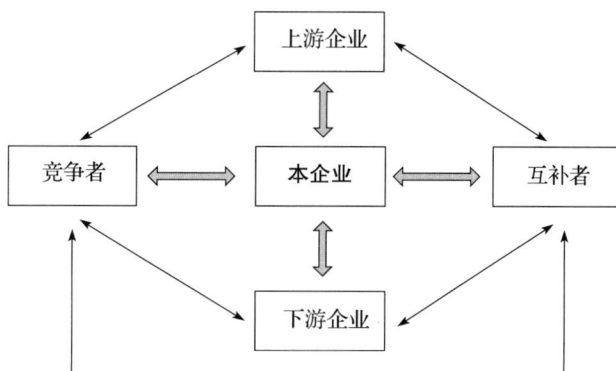

图 12-1　价值网模型

通过价值网来分析企业的联盟伙伴选择可以发现，企业可以进行多元化的伙伴选择。理论上讲，一个企业可以与竞争者、互补者、上游企业与下游企业四者中任何一个结成联盟，但现实中企业往往仅专注于与竞争者的联盟，这种与竞争者所结成的联盟可以被称为竞争性联盟。竞争性联盟被广泛应用的原因在于，竞争对手往往拥有企业所需要的资源，且这种资源大多为行业专用性的，所以企业的短板很有可能被竞争对手弥补，而不能通过与其他行业进行联盟来获取。因此，使得竞争性联盟成为目前应用最为广泛的一类联盟。与此同时，竞争性联盟也是风险最大的一类联盟，由于存在着严重的利益冲突，竞争性联盟的成功率并不高。在竞争性联盟中，既然两个企业是直接的竞争对手，那么两者的根本利益就存在冲突，从长远和全局来看，如果对手被削弱，对本企业而言，就意味着市场地位的加强，尤其是在竞争企业数量较少的情况下，这种冲突就尤为明显。因此，根本性的冲突决定了联盟双方很难平衡竞争和合作，而大部分情况下竞争会占据主导地位，削弱了双方的合作关系，从而使得竞争性联盟难以维持。尤其是在两个企业资源高度雷同、市场高度吻合的情况下，联盟更加难以成功。

竞争性联盟较低的成功率促使企业把眼光更多地放到其他三个类型的企业上。企业与互补者的联盟是值得考虑的，企业的互补者来自于相关行业，如电脑生产厂商的互补者就是软件企业，汽车行业的互补者包括收费道路、停车场、保险公司、汽车修理等多个行业。企业与上下游企业的战略联盟也被越来越多的应用，以航空公司为例，目前很多国内航空公司都和网上旅行社，包括携程、艺龙、芒果等下游企业有很密切的关系；与 IT 公司、飞行员培训中心、飞机制造商等供应商的合作也较为常见。

因此，价值网对于企业战略联盟伙伴的选择而言，可以促进企业开阔视野选择一些不同的企业进行联盟，是一个相当有效的工具。奔驰和手表商斯沃琪的联盟就是一个非常好的例子，从奔驰公司的角度出发，斯沃琪就是一个互补者，甚至是非相关类型的互补者，它们之间没有很密切的上下游关系，也不属于竞争者。两者之间的互补首先表现在技术层面上，一个公司拥有丰富的汽车制造技术，而另一个公司掌握很强的设计精巧型产品的技术和能力；另外一个互补点在于对于潜在客户群的贴合度比较强。

2014 年 5 月 27 日，北京和上海两个城市已升级到 5.3 版本的部分微信用户，可在微信"发现"界面中看到"购物"入口，而这个入口导向的便是京东。微信用户可以通过这个"购物"频道购买来自京东的丰富、高品质的商品，实现更佳的移动购物体验。据记者了解，京东在微信平台的"购物"一级入口将陆续向全国微信用户开通。

2014 年 3 月 10 日，腾讯公司和京东集团共同宣布达成战略联盟，双方将通过股权投资和深度业务合作共同发展中国实物电商业务。根据双方的协议，京东获得了腾讯旗下 QQ 网购（B2B2C 平台）和拍拍网（C2C 平台）的 100% 权益、物流人员和资产，以及易迅网（B2C平台）的少数股权和优先购买易迅网剩余股权的权利。而腾讯则支付 2.14 亿美元收购京东上市前约 15% 的股份以及京东上市前再增持 5% 股权的权益，同时，腾讯公司总裁刘炽平将加入京东集团董事会。

腾讯入股京东之后，外界一直在猜测两家会如何将优势资源进行嫁接，并实现共赢。京东在微信开通一级入口，无疑标志着腾讯与京东的战略合作取得了一个新的里程碑，同时，也意味着移动电商新时代正在开启。

京东在微信平台的一级入口名称为"购物"，位于"发现"之内，与"朋友圈""扫一扫""游戏"等并列，在 5 月 27 日起陆续向微信用户开通。"购物"一级入口分为三个子栏目："新发现""品牌"和"聚惠"，定位各有侧重，适应不同人群的需求。其中，"新发现"定位为"发现最潮和最新奇的好货"，根据用户的喜好呈现不同的商品推荐；"品牌"以品牌特卖会的形式向用户推荐各大知名品牌的折扣商品；"聚惠"则以"性价比"制胜，向用户推荐最具性价比的单品。

京东集团首席营销官蓝烨表示："微信'购物'一级入口的开通，是京东与腾讯战略合作的重大里程碑，也是京东在移动电商发展上的重要进展。京东微信'购物'频道，将秉承京东'持续关注用户体验'的企业理念，为微信用户提供丰富且高品质的商品、优惠的价格及便捷的服务。微信入口的开通正值'6·18'前夕，京东在 6 月的大促销期间，将会以最大力度回馈消费者，微信用户也将能够便捷地共享'6·18'全民网购狂欢节。"

京东商城副总裁徐雷在媒体沟通会上透露，京东 11 周年庆促销将从 6 月 1 日持续至 6 月

20 日,最引人关注的是,本次购物节里,京东将在微信、手机 QQ、京东 APP 里同时发起 10 亿红包促销活动。

同时,新成立的京东金融集团也将首次加入京东年度大促销。供应链金融率先出马,为供应商 '6·18' 备货提前做好了准备。针对京东用户,推出"边省边赚"为主题的金融促销活动。5 月 19 日"京东小金库"派发 5 亿虚拟体验金,年化收益率一直高居前列。5 月 23 日白条推出人人有白条,抽免单的省钱活动,除了通过信用评估获得白条资格外,还可以通过绑定信用卡获得资格并授信,大大解决了白条开放的问题。另外结合即将到来的世界杯,5 月 21 日起,网银钱包 PC 端和移动端推出了"有球必应,足球竞猜赢千万大奖"活动,用户绑卡即可参与。

2. 选择伙伴的类型

企业在确定使用价值网确定联盟类型后,还需要进一步确定战略联盟伙伴的类型。联盟伙伴的类型可以考虑以下几个方面:

(1)选择强势伙伴还是弱势伙伴。一般概念中,强强联盟被认为是一种比较好的联盟方式,而弱者的联盟却普遍不被看好,特别是弱者与弱者的联盟。麦肯锡的两位咨询师 Bleeke 与 Ernst 指出,弱弱联盟通常会以失败告终,原因是两个弱者加在一起不见得强;而强者与弱者的联盟也常常出现问题,因为弱势企业在联盟过程中常无法取得控制地位,强势企业时而会不公正地对待弱势企业,甚至于吞并后者。依此逻辑,弱势企业似乎没有必要也没有办法进行联盟,因为无论其联盟企业是强势企业还是弱势企业都将前途暗淡。

但是,一个基本事实是,由于弱小和处于劣势地位,弱势企业比强势企业更需要联盟,借助外部资源来存活和发展。"全世界无产者,联合起来!"这句口号就体现了弱者联盟的思想。弱小企业成功运用联盟的例子也屡见不鲜。

美国西北航空公司曾在 20 世纪 90 年代初陷入危机,通过与荷兰 KLM 航空公司的合作,短短两年内两家公司在跨大西洋航线上的份额从 7% 升至 11%,西北航空成功走出困境。在中国快递行业,大田集团在 2001 年与美国联邦快递结成各占 50% 股权的合资公司时,还名不见经传,但短短四年合作后,2006 年年初双方谈判由联邦快递收购大田的股份,大田得到 4 亿美元的回报,成长和收益都非常可观。

因此,虽然弱小企业的联盟战略常常遇到困境,但如果运用得法,得到的收益也不是单打独斗所能比拟的。强弱联盟或者弱弱联盟并不是注定失败,关键在于选择什么样的强者和什么样的弱者作为合作伙伴。但归根结底,弱势企业比强势企业的联盟面临的挑战更大。

(2)是选择处于行业网络中心状态的伙伴,还是选择处于边缘状态的伙伴。一般的企业当然都想成为某个产业联盟里的中心，但有的时候依附中心可能是更好的选择。如果面对的是类似于耐克这种处于企业联盟网络中心的企业，其他企业恐怕只能依附于它，这是由企业自身所处的行业地位决定的。因此，对于企业来说，需要对自身和联盟伙伴的行业地位具有清晰的认识，如果对方处于中心地位，而自己是相对边缘的，双方的竞价能力和话语权就会不同，联盟的形式就应该针对企业自身的实际情况进行确定。

（3）是选择成熟类型的伙伴，还是成长类型的伙伴。成熟型的和成长型伙伴的选择和"强弱"问题也有一定关系，成熟的企业一般比较强势，成长类型的企业则比较弱势。现在越来越多的跨国企业，在中国都会选择小的或者是成长型、弱势的企业作为它们的合作伙伴。

如贝塔斯曼在中国，没有选择新华书店作为它的合作伙伴，而是选择了一家规模较小的民营连锁书店；花旗进入中国有大的合作伙伴，也有小的伙伴，包括在信托行业找了一家名不见经传的公司；联邦快递在中国最早是和中外运合作，因为当时中外运是唯一指定的中方公司，包括敦豪、联邦快递在内的公司都不得不和中外运联盟。后来WTO打破了这一点，企业可以和别的公司联盟。有了这一条新的规定以后，联邦快递立刻就甩掉了中外运，和一家叫大通的民营快递公司联盟。

一般而言，成熟型公司选择成长型公司进行联盟，有出于成长型企业容易控制的考量；而成长型公司选择成熟型公司进行联盟，需要在清晰认识到双方关系的基础上进行明确的定位，通过联盟类型和结构、战略等方面进行精心设计，同样可以获得较大收益。

12.2.3 资源与战略的契合

为保证企业通过战略联盟实现既定目标，企业在选择联盟伙伴时，除考虑联盟伙伴的类型之外，还需考虑联盟双方的资源和战略吻合程度。

资源吻合 战略联盟双方的资源可以是互补类型，也可以是叠加类型的。资源互补性战略联盟非常常见，Fang（2011）的一项针对250家中国的高科技联盟的研究显示，知识互补性越高，战略联盟的产品创新绩效就越高，且在动态环境下这一关系更强。而叠加类型是指将类似的资源放在一起，发挥规模优势。

2007年上广电、京东方和龙腾光电三家中国液晶面板企业，在政府的主导下进行联盟，以对抗韩国和中国台湾地区的竞争者。除奔驰与斯沃琪的联盟之外，还如长虹和中国远洋双方的资源不同，且有上下游的关系，就可以打通上下游进行联盟；在房地产行业里，泰达和万科有很好的联盟，泰达是一家政府所有的企业，在天津有大量的土地，房地产是它们很重要的一项产业，而万科的长处是善于做大盘，运作能力非常强，但是拿地的能力相对比较弱。所以万科和泰达通过战略联盟进行了有效的资源互补。

战略目标吻合 从战略的角度来说，双方战略的高度吻合也是联盟里的一个难点。一些联盟的研究者或者实践者，主张联盟最好能够达到双方战略目标高度一致。战略目标的一致固然是可能的，在现实中联盟双方也确实会制定某些共同目标，如合资企业要占到多少市场份额、要推出什么样的成功产品等。

但除联盟的共同目标之外，双方往往都有自己的目标。因此，联盟内的企业不一定非要追求目标的一致性，而要追求目标的相容性。如两家企业成立一家合资企业，产品销售的成功看似是双方的一致性目标，但经过深层分析，可能 A 企业的目标主要是通过联盟获得更多的利益，使其产品占有更多的市场份额。而另一方 B 企业的目标除盈利之外，可能更多的是想要通过联盟的过程向联盟伙伴学习技术手段和管理经验方法等。所以在一致的联盟共同目标下，还存在联盟企业的差异化目标。在各自目标不尽相同的情况下，就要考察各自目标是相容的还是冲突的。第一种情况是目标相容，从 A 的角度来说只要能够盈利，B 向 A 学习一些技术或经验是无所谓的；但另外一种情况是目标冲突，B 可能是在偷偷摸摸地学习，这种行为从长远来说会损害到 A 的利益，是 A 所不允许的。因此，在联盟之初要了解到双方的真正目标是什么，而不能简单地认为，联盟双方联合起来完成同一目标，便可双双获益。

12.2.4 战略联盟的结构形式

战略联盟的有些组织形式并不新颖，但是这些组织形式是以实现前述各种战略目标为目标，而不像传统形式仅为获取廉价的生产要素为目标；而且联盟各方的关系为形式更为灵活的、新型金融、法律和合同关系，所以有实质上的不同。联盟形式是灵活的、多种多样的，只要双方目标、责任明确，可以任意选择合适的方式进行合作。

1. 合资企业

合资企业是由两个或两个以上的企业，为合作的目标共同投资兴建一个新的企业，然后联合经营，分享利润共担风险的合作方式。合资企业能降低市场的交易和协调成本，学习合作企业的技能和经验，因此国际上的合资企业发展迅速。有证据显示，近年来的经济不景气增加了企业对合资这一战略联盟形式的使用，可以提高企业在动荡和竞争性环境中的竞争力（Wang，2008；Herd，2010；Jiang 等，2011）。

传统的观念认为，51% 等于 100% 的控制权，49% 等于没有控制权。股权各占 50% 的所有权形成会阻碍决策达成，从而导致失败。确实，51% 的股权可以确保多数的地位和对人事、投资决策的控制。但是和谐的合作关系，如同和谐的婚姻一样，其重要性比控制权要高得多。若一方想实现预期的利益，就需要双方共同努力和承担义务。倘若一方拥有多数股权，就会主宰决策，把自身利益凌驾于另一方利益之上，从而破坏合作关系，导致联盟失败。

因此麦肯锡公司的研究发现，合资企业成功率最高的是股权各占 50% 的合作关系。

例如，兰克施乐公司和富士胶片公司联合成立的富士施乐公司就是一个非常成功的股权各占 50% 的公司。它的年销售额达 30 亿美元，利润非常可观。中国的海南新大洲摩托股份有限公司、日本本田技研工业株式会社与天津摩托集团有限公司合资成立新大洲本田摩托有限公司，也是中日各占 50% 股份的合资企业。

2. 研发联盟

由于技术开发风险大、耗资多，因此许多企业通过联盟以获得充足的资金和自己所缺的技术，以减少开发新技术及技术应用中产生的风险。

这种联盟可以有包括大学、研究院和企业在内的众多成员，研究成果归所有参与者共同享用。具体形式有产品开发联盟、交换技术信息、成立合作研发机构、技术标准联盟等。

荷兰飞利浦与德国西门子、美国高级微型仪器公司、日本索尼公司联合开发新的存储器芯片；日本国际电信电话公司与新加坡电信公司根据相互持股的资本合作协议，共同开发面向跨国公司的新型数据通信服务；英特尔公司与德州仪器公司共同实施的合作互利战略（cooperative mutual-gain strategy），其内容为双方交换开发计算机芯片中的半导体设计和制造技术，并相互为对方供货。这种技术交换可使两家公司在增长的专用集成电路市场上共同提高市场份额，这是半导体产业中增长最快的一个领域。

三流企业做产品，二流企业做技术，一流企业做标准，世界上最强大的企业热衷于开展标准战，它们正是通过推出标准来控制市场上的游戏规则。一旦某种技术成为标准，那么其他的厂商、用户和竞争对手不得不跟着他走，该企业的技术标准就成为市场上的支配力量，然而，创造标准并非易事，往往不是单个企业的力量所能达成的，于是，一些企业通过战略联盟联合其他公司一起来建立和推行某种技术标准，获得了成功。从另一角度来说，一些新兴的科技产业，若新产品质量标准的制定滞后，会给一些仿冒产品以可乘之机，结果低劣产品迅速泛滥，最后可能毁掉整个产业的前途和声誉。但是如果企业通过战略联盟来共同创建技术标准，就会把这个潜在的漏洞堵住。

3. 产品联盟

产品联盟可以扩大增强企业的生产和经营实力，具体形式有联合生产、产品品牌联盟、供求联盟、生产业务外包等。有时某些产品的生产单靠一个企业无法完成，例如航天、海洋、钢铁等大型工程项目，为弥补企业生产能力的不足，需要联合其他企业共同生产。

供求联盟包括生产商与供应商的联盟和生产商与零售商或客户的联盟，供求联盟中由于零部件供应商提供的零部件质优价廉，交货及时，因此供求联盟可以降低生产成本，提高产品价值。把零售商和客户纳入自己的生产价值链中，所创造的价值是任何一方无法独自创造出来的，如宝洁公司与沃尔玛的产销联盟，戴尔电脑公司面向客户的订货系统。

生产业务外包是把不创造高附加值的生产业务，或者无法提供向高级发展的机会和活动，外包出去，以使企业最优利用已有的生产资源。一般而言，核心企业与外包企业不是平等的关系，而是主从关系、控制与被控制的关系。外包企业处于从属地位，其相对优势在于廉价的劳动力和自然资源，而处于核心地位的跨国公司往往成为创新、协调职能的提供者。例如，耐克公司只从事开发、管理、销售和广告工作，而实际的生产业务则由众多亚洲承包商负责。思科公司利用生产外包，向无工厂经营目标迈进。思科的供应商不仅能生产所有的组件和完成 90% 的局部装配工作，还能承担 55% 的最后总装任务，并负责将组装好的思科计算机送到客户手中。

4. 营销联盟

营销联盟是企业间互相利用联盟伙伴的分销系统以增加销售，从而可以绕过各种贸易壁垒，迅速开拓市场，赢得顾客。具体形式有特许经营、连锁加盟、品牌营销联盟、共享分销渠道等。

特许经营和连锁加盟是指某个企业把自己开发的商标、商品、经营技术、营业场所和区域，以契约的形式授予另一企业在规定区域内的经销权和营业权。加盟企业必须交纳一定的营业权使用费，并承担规定的义务。典型代表是肯德基、麦当劳快餐连锁。品牌营销联盟是把不同品牌的、不同制造商的、不同特点的产品连接在一起销售。

格兰仕曾经有过诸如此类的促销活动：买格兰仕空调赠送价值 2880 元精时达手表，就是品牌营销联盟。对于精时达手表来说，不仅节省了上亿元广告宣传费用，而且通过格兰仕大规模采购直入产品终端。对于格兰仕来说，用中高端腕表促销，不仅促销效果好，而且有助于提升产品形象。

5. 功能协议

功能协议是一种比较松散灵活的组织形式，并不需要创立一个单独的联盟企业实体，只是为了适应瞬息万变的市场，追求某一经济利益，而通过协议达成的一种高效敏捷的合作形式，包括联合开发、技术协作、合作生产、来料加工、补偿贸易等（见图 12-2）。

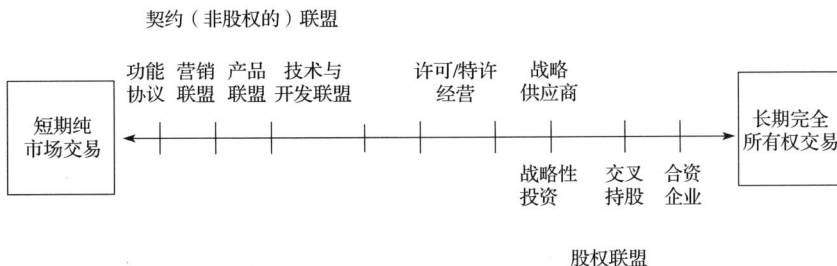

图 12-2　战略联盟的各种组织形式

作为即时检测与健康监测的代表性产品，可穿戴智能设备问世不到 5 年，全球销售额已突破 50 亿美元，预计 2015 年可突破百亿美元，成为 21 世纪的颠覆性产业。面对如此诱人的产业前景，中国"即时检测与健康监测物联网产业技术创新战略联盟"12 日在北京宣告成立，该联盟由中国科学院生物物理研究所等 4 个研究机构、浙江大学等 10 所大学、北京协和医院等 16 家临床医疗机构以及 14 家企业组成，"产学研用"携手攻关促产业发展。

这个联盟打造了一个有效的转化平台，将这些技术、人才和企业需求对接，以行业龙头企业为引领，充分发挥科研机构和高校的科技支撑作用，通过医疗机构使相关产品、技术和服务落地，整合优势资源，布局产业链，合力推动中国即时检测产业快速的发展。

12.2.5　战略联盟的结构选择

上述战略联盟组织形式可以进一步分为三个大类：第一类为合资，即由两家或者多家企业共同出资成立独立公司，但是所有权是属于两家或多家母公司。第二类为股权制，是一种以股权为基础的合作，双方或者单方有股权上的投入，然后双方再进行合资。但是需要注意的是，单纯的股权交易并不算联盟，联盟一定是由双方为了达到一个目标而进行合作，所以股权制联盟是以股权为基础的双方的联合。第三类为合同制，是完全以合同为基础，甚至只依凭口头的协议而进行的联合。通过对这三大类联盟结构的分析，可以发现一个关键点，就是企业在进行战略联盟时要不要使用股权。因此，企业在具体选择战略联盟结构时，股权应用得是否合适就成了关键的问题。

股权制战略联盟的优点在于：其一，它为双方的合资提供了确切的利益共同体。通过双方共同投资一家独立企业的形式，双方可以根据投资的多少分配股权和收益，有效地将双方的利益结合在一起。其二，由于双方的利益存在较多的结合点，机会主义或者损人利己的行为在联盟里会得到较好的控制。战略联盟中往往会存在关系风险，即一方或者双方没有尽全力来进行联盟。但有股权作保障，联盟中的不当行为一旦被发现，就可以通过股权对其进行制裁，且不能轻易退出。而如果双方只通过口头的承诺进行联盟，那么出现诸如盗取技术的行为，受损害的一方将难以保护自身权益，但如果存在一家合资企业，那么受损方就可以通过法律的手段解决问题，用对方在合资企业里的资产作为抵押，在一定程度上弥补企业的损失。因此，股权一方面把双方的利益结合在一起，另一方面也成为互相约束的砝码。许多外国企业在中国的直接投资就是通过股权制战略联盟完成的（Xia 等，2008；Huang 等，2011）。

但股权制联盟也存在一定的弊端，最为突出的是降低了联盟的灵活性。无论是合资企业还是股权制联盟，联盟双方都要花大量精力去构建，且法律上的复杂程度也较高。因此，一旦环境发生变化，需要对联盟进行调整时，就会面临很多复杂程序，以及较高的成本投入。鉴于此，在企业选择具体联盟结构之前，需要充分考虑到联盟中存在的主要风险是什么。

企业在构建联盟时所面对的风险主要有市场风险和关系风险两种，其中市场风险是指双方的资源整合在一起之后，可能没有把握完成双方的目标，是由外部市场变化引起的不确定性；而所谓关系风险则为双方的能力或者资源放在一起足够应付市场需要，但有可能在双方的关系上产生问题，比如合作产生分歧、文化不融合等可能对联盟发展产生负面影响的不确定性。

因此，在选择战略联盟形式时，需要识别联盟面对的风险主要是哪一种。如果主要风险是市场风险，那么联盟的结构就应该相对松散，例如合同制结构等，也可以采用股权制的办法，但是不应该用合资的形式。鉴于双方合作的成功概率很难判断，所以需要用一种灵活的方式来应对，一旦市场有变化，或者出现了可能失败的迹象，双方就可以立刻采取具体手段改变现状。如果以关系风险为主，在合作上产生问题，建议用更加紧密型的联盟构造，这样把双方的利益放在一个篮子里，不容易产生挖人墙脚、损人利己的事情。

当企业选定一类联盟结构后，就会面临其他需要具体考虑的问题，这些问题和战略联盟的目标联系紧密。如联盟的目标是共同研发某项产品，则可以选择适合共同研发的基本结构：可以选择合资企业、股权制结构，也可以选择合同制，具体结构要根据战略联盟的具体目标来确定。

12.3　运作控制与终局管理

联盟的运作可以说是战略联盟最为核心的一个方面，在选择了合作伙伴，根据具体情况构建了比较合适的联盟结构之后，所面临的关键问题就是对联盟的运作控制。企业战略联盟之所以具有巨大的生命力，就在于它能节省市场交易成本和内部组织成本，能带来比纯粹市场形式或纯粹企业形式都高得多的收益。但若对企业战略联盟管理不善，很可能起不到节省成本、增加收益的目标，反而会成为联盟企业的拖累。需要一提的是，战略联盟也存在一定的风险，其运作管理也具有相当的复杂性。联盟成立之后，企业应及时对战略联盟的绩效进行考核和跟踪，并据此对联盟的演进和终局进行管理。

12.3.1　运作管理的目标

战略联盟的运作管理主要有四个主要的目标：促使联盟目标的实现、解决联盟成员之间的冲突、合理配置联盟的资源和保护联盟母公司的利益。具体而言，对战略联盟的运作管理主要集中在以下几个方面。

1. 消除双方差距

联盟双方的差距是不可避免的，并且双方的差距实际上是组成联盟的一个必要条件，如果双方完全一样，那双方只存在资源叠加型的合作关系，而联盟更多的是资源互相型的合作关系，所以合作双方在某些方面必然是有差距的。但是要确保联盟顺利运作，需要对双方的差距有非常清醒的认识，然后制定相应的方法消除某些方面的差距。具体而言，双方差距可以分为硬性差距和软性差距两个方面。

硬性差距大多来自于双方技术条件方面。

明基和西门子在技术平台、研发系统等方面差距巨大，明基收购西门子手机业务之后，才发现原来将双方的技术整合起来的设想是不能实现的，因为双方的开发平台完全不同，且目前还没有简单易行的办法能够把两个平台贯通，所以虽然西门子手机部门研发速度慢到令人焦急的程度，但明基的工程师在技术上完全没有办法对其进行帮助。

因此，如果要构建一个共同研发型的联盟，首先就是要消除双方的差距，否则对资源的整合就无从谈起。

软性方面的差距大多来自双方的文化方面。如果某些技术差异可以被视为双方资源互补，可能对联盟有益，那么文化上的差异基本上可以归类于不利因素。文化差异基本上是不可消除的，只能尽量融合，文化差异进一步包括两个层面：一是国家文化差异，即由于两个企业来自于不同国家而产生的文化背景差异，这一点主要表现在跨国联盟上，跨国联盟已经渗透到所有行业，并且数量仍在飞速增长（Ren 等，2009；Qiu，2010）。战略联盟之所以被看作是一种非常困难的联盟，就是因为其中存在巨大的国际风险，而国际风险在很大程度上源于双方在文化上的差异。另外一种是企业文化差异，企业文化上的差异更为明显，也更为常见。

美国 AT&T 和意大利办公室设备商好利获得公司（Olivetti）曾组建了一个联盟，其他方面的契合度都比较高，但是 AT&T 的企业文化类似于 IBM，属于比较正式、严谨的企业文化类型。而好利获得公司是一家中等规模的企业，长期以来形成一种以工程师为主体、较灵活的文化模式，企业往往不会非常刻板地完全按照程序行事。两家公司在联盟之后，很快意识到，两者做事的方法有很大的区别。两个企业都希望对方遵守自己的公司文化，而不愿改变自己的办事模式，所以虽然两个企业来自同一国家，国家文化相同，但企业文化上迥异的风格和激烈的冲突最终导致了联盟的失败。

国家文化差异更多的时候是一种不利因素，而企业文化差异在某些情景下也可能转化成具有建设性的差异，起到正面作用。每一种企业文化都有其优势和劣势，不同企业文化的相互冲击，能够开阔视野、发散思维，从而为联盟中的对方提供观察问题、思考问题和解决问题的差异化视角。如果利用得当，双方企业文化的差异也有可能转化成一种相互学习的机会，企业对一种比较优秀的企业文化或文化中优秀因素进行学习和吸收，可能会成为一种优势。战略联盟处于磨合阶段时，企业文化上的问题主要体现为双方是否合拍，若文化差距过大，两个齿轮就无法同步运转，但是一旦能够转动起来，双方在这个过程中就会互相取长补短。因此，文化差异对于联盟双方来说，确实是一把双刃剑。

2007 年 12 月 2 日，斯沃琪集团和蒂芙尼公司高调宣布要结成 20 年的战略联盟。然而，时间不到 4 年，2011 年 9 月 12 日，斯沃琪集团向公众宣布终止战略合作伙伴关系。自此两家公司相互诟病，斯沃琪指责蒂芙尼"一直阻碍和延迟双方生意的发展"，而蒂芙尼则发表声明称："斯沃琪一直没有为我们提供适销对路的手表，造成我们现在的销售业绩非常糟糕。"

两家公司原来的战略构想是强强联合，将蒂芙尼的品牌威望与斯沃琪集团的制表经验整合成一个强大的平台，以期新公司跻身为世界一线奢侈表的制作大师。但是这种合作并没有给任何一方带来明显收益。

蒂芙尼公司经营珠宝产品的奢侈品公司，它希望借助斯沃琪集团在手表制造及分销方面的专业能力，发展其手表产品线。但是，蒂芙尼品牌的整体识别始终保持着个性鲜明、经典永恒的形象，而斯沃琪旗下的各个手表品牌定位各有不同，大众所熟知的斯沃琪品牌形象与蒂芙尼品牌形象并非在同一个水平线上，以致出现品牌错位和识别混乱。两家公司当初决定创建的新公司由斯沃琪控制，但在决策和设计上整体上体现并代表着蒂芙尼的品牌。斯沃琪在产品设计和分销方面做出的任何决策很可能沿袭自身的风格，却会干扰蒂芙尼的品牌定位，两家公司势必出现扯皮，而蒂芙尼公司在新公司中缺乏控制力和话语权，只能采取消极应对的方式拖延，导致合作最终破产。

2. 统一联盟内部观点

联盟双方各自的目标常存在差异，比如一方为了进入对方的市场，而另一方希望借机学习对方的技术。虽然双方的基本出发点可能不一样，但是需要强调的是，仍然需要形成联盟的共同目标。这个目标可以称为阶段性目标或具体化目标，具有一定的运作性，并且联盟的一项活动要做到什么程度、标准衡量是什么、成功和失败的界定等都要达成共识。李林蔚等（2014）的一项基于中国 205 家联盟企业双源数据的实证研究发现，具有共同愿景的战略联盟，知识获取与知识应用、知识获取与知识内化间的关系更强，即更加有利于联盟双方的相互学习。因此，在联盟运作的初始阶段确定共同目标对于双方是非常关键的。

由于双方根本出发点的差异，在确定统一观点的过程中，双方不可避免地会产生冲突。在观点难以统一的情况下，寻找双方利益的交集是一种可供选择的方案。如果一方以学习技术为目标，那么利润的高低就不是至关重要的，而另一方的最终意图在于利用合作伙伴在本地的资源来开拓市场，那么盈利就是一个重要目标。对于这种情况，在谈判之时双方就应该充分协商和相互妥协，尽量确定各自目标的交集。换言之，阶段性目标就是能够使双方最终达到各自的目标，是对双方都有利、使双方都能够接受的过渡性目标，因此确定统一观点是联盟运作中首先应该完成的工作。

3. 平衡联盟竞合

企业战略联盟中的竞争与合作是相互交织的，可以称为"竞合"。竞争和合作的平衡是难以避免的，尤其是在当双方本来就是竞争对手的时候，那么既合作又竞争的关系就会表现得尤为强烈，因此对这种关系的把握就显得极其重要。

娃哈哈和达能的联盟就是一个典型的既合作又竞争的例子，双方进行了以娃哈哈品牌为中心的战略联盟，以把娃哈哈品牌做大做强为目标。事实上，娃哈哈在联盟的运作下，确实成为中国最大的饮料品牌，如果仅从合作的角度来说，双方的联盟相当成功。但与此同时，双方在竞争的方面也异常强烈，1996年双方联盟，但是短短三年之后，达能就收购了娃哈哈的竞争对手乐百氏，从而揭开了它在中国继续收购和联盟的序幕，娃哈哈也成为达能在中国扩张的一个棋子。达能在中国的布局，必然和娃哈哈合资企业形成直接的对抗和竞争，双方在利益上存在很大的冲突，而冲突导致的结果就是双方诉诸法律。

娃哈哈和达能的战略联盟就是合作和竞争的失衡的典型案例，其主要原因在于合作精神不足。因此，一个成功的联盟中合作和竞争应该达到一种平衡，既要尽力合作，又要保持一种对于竞争的敏感，两方面缺一不可。

一方面，过度合作而不竞争是不可取的，因为这导致了企业被对方利用的可能。

微软和Sendo的合作中，Sendo作为一家小型企业，过分相信微软，在合同中承诺，如果Sendo以种种原因破产，其知识产权可以被微软无偿使用。这种带有牺牲精神的高度合作，从合作角度来讲无可挑剔，但是Sendo没有保持一定的警惕性，没有看到双方还存在潜在的竞争关系，最终导致了Sendo对微软进行法律诉讼，指控微软盗用Sendo技术和逼迫其破产。

因此，战略联盟过度偏向于合作而不竞争是不可取的。

另一方面，过度偏向于竞争也同样不可取。

时代华纳公司和美国西部电话公司（US West）于1993年成立了一家叫作"时代华纳娱乐"的合资企业，其中西部电话投资25.5亿美元占有25.5%的股份。合资企业的业务是有线电视，包括提供时代华纳旗下的HBO、华纳兄弟等有线频道。本来联盟双方对有线电视业务这个目标交集有很明确的认识，但是双方的警惕性过高，在制订联盟的时候规定，双方对于相关类似联盟都有否决权。结果，当合资企业试图与其他电信公司如AT&T进一步联盟时，西部电话公司立刻动用了自己的否决权，因为担心未来会和自己的本地电话业务产生竞争。

更进一步，在1996年时代华纳试图收购特纳传播（Turner Broadcasting）时，西部电话甚至将前者告上了法庭，理由是收购会与合资企业发生直接冲突，有同业竞争之嫌，此案后来被法庭驳回。实际上，双方使用否决权的频率似乎有些过度，双方商谈的其他联盟不一定和时代华纳娱乐公司的有线电视业务产生直接冲突，但是由于它们合作的精神相对不足，而是保持了高度的竞争敏感性，比较轻率地使用否决权，双方的关系变得非常紧张。最后即使合资公司本身非常成功，但是合作双方的关系问题导致了解散联盟的决定。但是由于联盟的结构是合资企业，不能轻易、迅速地分割，所以由于分配问题而产生官司，一直都无法了结，直到 1997 年双方才宣布将合作进行下去。

鉴于此，战略联盟中只有合作精神而没有竞争的警惕性，或过分竞争而不考虑合作，都是不可行的。合作与竞争是相互交织的，在合作中竞争和在竞争中合作应该并行不悖，如果无法在竞合中找到平衡，联盟都很难获得成功。

4. 控制联盟风险

在联盟机构构建阶段，可以依据市场风险和关系风险的评估，选择适当的联盟形式。在战略联盟在运作中，也要兼顾对两种风险的控制。风险管理同样要根据这两类风险的具体态势来判断，确定企业的重点应该放在控制哪一类风险上。在某些联盟中，合作伙伴的实力和能力的条件比较好，但是商业道德为不可知因素。在这种情况下，企业的注意力就要更多地放在针对合作伙伴的控制手段上，比如用股权的方式把双方利益更多地结合起来，而在具体运作的时候，双方要更加频繁地互相沟通，用会议、任命等方法确保双方的关系风险能够得到控制。所以在联盟运作过程中，企业要重点分析联盟的每个阶段的主要风险是什么，然后相应地从运作、沟通方式、目标设定和具体人员配置等方面制定针对这类风险的控制对策。一般而言，联盟双方可以针对性地采用以下方式进行风险管理。

首先，企业可以建立并完善合作企业的自身监控机制，以便随时了解联盟系统内部生产要素的生产运行和转移情况，保证联盟发展目标系统与经营目标系统的一致和匹配。

其次，企业可以在联盟的设计、开发、制造和服务中对敏感技术设立"防火墙"，以免泄露给合作方。

在通用电气公司和 Snecma 公司建立的制造飞机引擎的战略联盟中，通用电气公司通过将某些制造流程隔离出来而减少了"过度转让"的风险。模块化的制造流程有效地切断了通用电气公司的关键竞争技术泄露的渠道，而只将最后的总装部分留给 Snecma 公司。

与此相似，当波音公司和日本公司建立战略联盟制造波音 767 时，波音公司将研究、设计和营销职能等它认为构成自己竞争地位中心的职能进行了隔离，而让日本公司分享制造技术，并且波音还隔离了 767 制造中所不需要的新技术。

并且，企业可以在许可证转让中制订反向许可安排。这是从跨国公司技术合作的成功范例中总结出来的经验，许多公司在联盟协议中制订了反向许可安排，即被许可方若对许可方的原有技术有任何改进或创新，必须按反向许可证的方式返回给许可方。例如，在摩托罗拉和东芝的联盟中，摩托罗拉将部分微处理器技术许可给东芝，反过来东芝则将部分记忆芯片技术许可给摩托罗拉。

企业可以在合同中写明防止机会主义的风险。

TRW 同大型的日本汽车配件供应商建立了三个战略联盟，分别制造安全带、引擎阀门和驾驶盘，销售给设在美国的日本汽车制造厂。TRW 在每一份合同中写明禁止日本公司同TRW 竞争，向美国汽车制造厂提供配件。这样，TRW 就保护了自己，以免日本企业将战略联盟当成进入美国本土市场同 TRW 正面竞争的跳板。

5. 解决知识产权问题

知识和技术是联盟中的棘手和敏感的领域，对它的法律保护也是有限的，所以战略联盟对知识产权问题的解决非常关键。战略联盟可以分为学习型联盟和综合利用型联盟。所谓综合利用型，就是双方利用各自的优势和资源合作完成独立无法完成的工作，这种联盟往往会涉及技术和知识的问题。与联盟有关的知识产权可以分为三大类：商标、专利以及商业机密。

商标　商标的重要性不言而喻，娃哈哈和达能的合作在很大程度上围绕着商标的问题进行争论，即娃哈哈的商标是否被转让到了合资企业。

专利　专利的使用相当有技巧。在微软和 Sendo 的联盟中，Sendo 在合同中承诺其专利能够给微软使用，结果联盟运作中对 Sendo 非常不利。所以企业应系统考虑是否选择专利被合资企业使用这一问题。

商业机密　商业机密是一个比较新的概念，在美国，商业机密的定义包含了几个主要方面：第一，具有商业价值；第二，是不公开的企业机密，并不是广为人知的公开措施；第三，企业需要采取必要的措施来保护其机密性。只有这三个条件全部符合，才属于商业机密，才可以受到法律保护。所以在战略联盟中如何有效地使用和保护自己的商业机密就显得很重要。在有些联盟里面，对方获得了企业的商业机密并进行使用，可以以企业不满足第三个条件为理由，即没有采取很好的保护措施。曾经有两家生产氧气医疗设备的公司因为商业机密问题产生了纠纷，其中 A 公司指控 B 盗取它的商业机密，B 则认为 A 企业的设计图纸交给 B 时，并未告知图纸具有机密性，既没有说要受到保护，也没有说要防止扩散，后来双方因为价格的原因决定不合作，但是 B 还是可以自由使用A 提供的设计图纸。

但有些东西并不能作为商业机密来保护，因为它并不能称为知识产权，而只能称为企业的一种知识、概念、想法或对市场的判断，这些往往是具有商业价值的，但是没有办法把它界定为一个机密，因此也就不能寻求法律上的保护。但当这种信息透露出去，可能会对企业造成很大的损失，可是又没有法律的保护。所以在联盟里，对于不属于知识产权的知识，企业一定要明确哪些是可以共享的、哪些是要加以保护的。

6. 学会合作技巧

联盟双方需要在竞争和合作中获取平衡，所以合作对联盟双方都非常重要，而企业要更好地进行合作，需要不断提升合作能力和合作技巧。已有研究显示，曾经使用过联盟的企业，将来进一步构建联盟的比例更大，即 A 和 B 两个合作企业，如果 A 以前使用过联盟，那么 A 再构建联盟的可能性就要大于 B。合作能力在企业不断的合作实践中逐渐得到了提升。如果由于担心联盟的复杂性而不进行联盟的话，企业的合作能力就永远得不到提高，企业可以循序渐进地提升合作能力，从小范围、简单的联盟开始，通过联盟不断学习，积累经验教训，然后再做更大、更复杂的联盟。

从一定程度上讲，联盟的目标就是学习，或者说通过学习获得或提升竞争优势。因此企业应把握联盟中的学习机会，确定明确的学习目标。第一，在早期阶段，就要有人力资源部门的介入，通过对各个工作岗位的分析，设立明确的有关价值增值的学习活动及控制方式，其目标就是要支持和增强公司的核心竞争力；第二，设法增强彼此间的信赖，除了必要的技术秘密外，双方应减少对知识的过度保护，创造一个互相信赖、信息共享的学习环境；第三，采取激励措施，如改变对管理者短期绩效的评价标准、重视联盟企业所用人员的能力提升等。

企业除从自己的战略联盟中进行学习之外，更多的时候可以从其他企业战略联盟的经验教训中进行学习。虽然这些学习不一定非常深刻，或者说无法全面了解某些细节，但可以避免一些概念性的错误。

7. 协调单赢和双赢

联盟的双赢就是指双方通过战略联盟实现各自的目标，而单赢则是指通过联盟，一方获得利益，另一方并没有分享到利益。如果在学习型联盟种，A 要学习 B 的技巧，那么 A 可能是得益的，但是 B 并没有获得收益。

因此联盟中同时存在双赢和单赢，两者需要达到某种平衡。如果单赢大大超过双赢，那么联盟就具有很大的不稳定性；相反，如果双赢的比例越高，联盟的稳定性就越强，可持续性也越强。娃哈哈和达能的案例可以有效地说明这一点，两者联盟初期的双赢效果很好，但是之后单赢的情况变得越来越突出——达能有其他联盟收购的举动，娃哈哈又进行体外循环。从达能的角度来说，合资企业每年的增长不到 10%，而娃哈哈体外循环的部分却以每年百分之几十的速度在增长，单赢和双赢的不平衡，最终导致两者战略联盟的破裂。

8. 管理多元联盟

前文所述大多是两个企业之间的战略联盟，目前多元联盟——涉及两个以上合作伙伴的联盟的使用越来越频繁。多元联盟又可以进一步分为多边联盟、联盟网络、联盟组合三类。

多边联盟 多边联盟指由两个以上的企业共同组建的战略联盟，其优点在于"团结力量大""众人拾柴火焰高"，用广泛的联合弥补单个个体的弱势。

一般而言，在多边联盟中，所有成员的关系是一致的，只是分工有所不同。多边联盟最大的变数是随着成员企业数目标增加，协调各方利益变得相当困难。

国内家电零售行业中永乐电器就使用过多边联盟的策略，永乐电器在2003年与北京大中、河南通利、青岛雅泰等连锁店共同成立"中永通泰"联盟，用大规模的采购降低成本，从而对抗行业巨头国美与苏宁。"中永通泰"联盟中，虽然联盟初期大家承诺互不进入对方的地域，但最终永乐还是选择进入大中的大本营——北京市场，从而引发大中脱离联盟。而永乐随后亦与其他伙伴调整了合作方式，与河南通利成立合资公司永乐通利、收购广东东泽等。

联盟网络 联盟网络就是几个联盟的结合，是网络型的联盟之间的关系，与多边联盟的区别在于：多边联盟的性质是联盟，而联盟的网络则是几个联盟的结合。联盟的网络可以使企业接近联盟伙伴的联盟伙伴，分享到更多的资源和能力，大大增加获得额外优势的可能性（Shipilov，2009）。

联盟网络的例子如富士通联盟网，如图12-3所示。构成富士通联盟网企业之间的关系中：一种是隶属关系，这是一种股权性的投资；一种是合资企业的关系；还有一种是主要客户的关系，当然主要客户并不属于联盟，但是它们之间也有一定的合作。这种关系之和可以被称为网络，在网络内的企业互相之间都有某种比较紧密的联系。

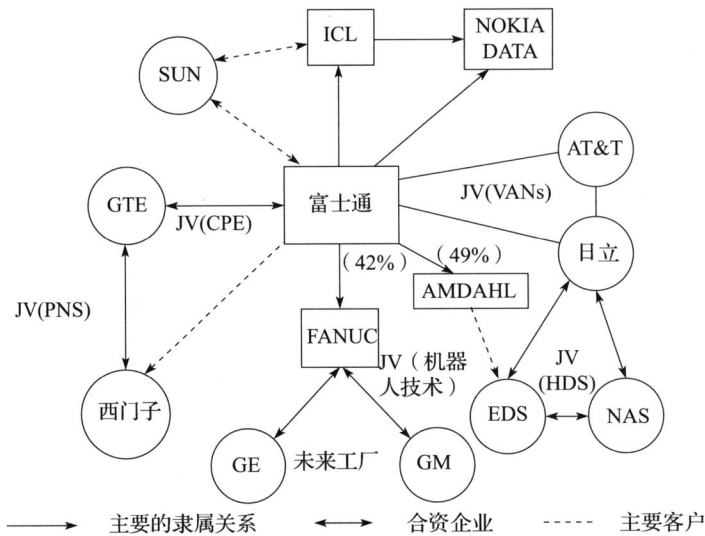

图12-3 富士通战略联盟网

株式会社性的网络是联盟网络的一种具体形式。

三菱作为一个株式会社，是一个很庞大的企业集团，但是这个集团和韩国等其他国家的企业集团并不相同。韩国企业往往是家族式的，是一体化的，由集团总部控制各个子公司；而日本株式会社中的企业没有互相的从属关系，往往是由一家银行如三菱银行发挥协调作用，联盟中的企业各自独立，如三菱重工、三菱汽车、三菱造船等，虽然都有三菱的名字，但它们之间都是独立的，至多会有份额不大的参股行为，但并不控股，没有从属关系。

通过这种方式，首先使企业的股价稳定性得到了相当的保障；其次，企业之间以此作为纽带进行进一步合作，网络中的企业往往互为客户，交易机会优先于非本网络中的其他企业。

联盟组合　联盟组合是指联盟中的同一家企业参与的多个联盟所构成的集合。从企业的角度而言，可视其为一种联盟组合，即一个企业同时参与多个联盟，每一个联盟有可能是双边的，也有可能是多边的。在联盟组合情况下，如何来维系这样的组合关系对企业而言是具有相当大的挑战性。

由于联盟组合是企业同时与不同对象组成多个联盟，以降低风险，最大限度地利用外部资源发展自身。由于弱小企业往往缺乏多种资源（如人力资源、资金、生产资源），难以一次性从单个合作伙伴处借用所有资源，即使可能也容易成为强势企业的附庸。因此不如化整为零，将计划合作的业务分拆成为多份，在不同领域与不同伙伴合作，这样就不会有一个强势伙伴来控制弱小企业的整条价值链，保持了合作中的独立性，也保存了将来的讨价还价能力。

在国内汽车行业，国有企业基本都与国外巨头合资来获取资源，如上汽就同时与大众和通用合作。这样，当大众不愿意进行技术转让时，上汽就可以打通用牌，反之亦然。当然，跨国巨头们也运用同样的思路来进行博弈，如大众、本田都选择了两个合作伙伴，拉打结合，互为平衡。

企业在考虑多元联盟时，可以从多边联盟、联盟的网络、联盟组合三类入手，这三大类之间并不完全地排斥，甚至具有一定的重叠性。总体而言，管理多元联盟要注意以下几个方面：

其一，明确多元联盟的类型。企业需要认识到自身所处的多元联盟具体属于哪一类，多边联盟，联盟的网络，还是联盟组合。类型不同，企业所需关注的重点也不同。

其二，优化联盟的规模。多元联盟的规模可大可小，但就大的联盟而言，联盟管理复杂性较高。

美国有名为 SEMATECH 的联盟，是由美国政府支持的在半导体行业内共同研发的联盟，其规模相当于一个行业同盟。初始阶段的联盟成员有几十家公司，后来逐渐增加到 200 多家，每个公司参与共同研发，有所分工，技术上的突破也会以某种方式分享。虽然力量强大，但是 200 多家公司的联盟，松散程度和协调的困难程度也可想而知。

另外一个例子是和阿里巴巴对抗的网盛科技，它的旗下本来有几家独立的网站，包括中国化工网、中国纺织网等。网盛科技与阿里巴巴的区别在于，阿里巴巴是门户型网站，而网盛科技旗下是独立行业的网站，在竞争力上显然无法与阿里巴巴对抗，但是网盛科技在香港上市，资金方面相对比较充沛，于是成立了一个较大规模的联盟，把全国 3000 家行业性的中小网站联合在一起和阿里巴巴对抗，其优点在于非常快地形成一种合力，用协同效应产生竞争力。当然，这个合力能发挥到什么程度，还是值得跟踪的。

因此，虽然大规模的多元联盟可以形成巨大合力，但是由此带来的协调复杂程度同样巨大，所以可以将联盟的规模视为一把双刃剑。就总体而言，如果双边联盟能够解决问题的话，尽量不要使用多边联盟，毕竟会进一步增加管理的复杂性。因此，企业对于多元联盟规模要有清醒的认识。

其三，选择成长路径。尤其值得注意的是，联盟网络，或者一个联盟要提供某种网络化的管理，如何协调联盟各方错综复杂的关系非常棘手。所以对于联盟中的企业而言，要有专门的部门管理这种网络，以便及时发现问题，并找到合适的解决方案。

12.3.2 战略联盟的绩效评价

1. 战略联盟的绩效评价标准

尽管联盟的失败率很高，但目前就联盟绩效的衡量却未达成一致意见。如表 12-2 所示，将客观性测量和主观性测量相结合可以用于测定联盟绩效。企业通常不会公布那些涉及企业关系的数据，因此，很难从财务和产品市场的传统角度衡量绩效。另外，主观性测量，如对联盟的满意度，也很重要。但是，有时客观性测量和主观性测量的结果会存在分歧。例如，企业间有些关系不一定是为了赚钱才建立的，而可能是为了向合作伙伴学习。因此，管理者可能对某些亏损的联盟会评为"满意"。

表 12-2　战略联盟绩效测量指标

战略联盟层面	母公司层面
客观测量指标	客观测量指标
财务绩效（如收益率）	财务绩效（如收益率）
产品市场绩效（如市场份额）	产品市场绩效（如市场份额）
稳定性和长久性	股票市场反应
主观测量指标	主观测量指标
高管层的满意度水平	达成目标的评估

因为联盟中的企业具有各自的目标，所以评价一个联盟的成败和绩效比较困难，这在学术界也是一个难点，但需要明确以下几点：

（1）明确短期考评和长期考评。评价一个联盟的业绩，一定要有短期和长期不同的标准选择，这个标准的选择应该和企业的目标密切相关，比如阶段性的目标就是企业对联盟绩效进行考评的一个主要出发点。

（2）平衡短期绩效和长期绩效。对于联盟而言，一定要在短期绩效和绩效业绩之间寻找一个平衡点。过多地考虑短期利益，或者过多地考虑长期利益，都容易导致联盟的失败。考虑这一平衡的主要原因在于联盟是一种高度变化性的战略，如果规划时间过长，就无法应对在发展中出现的种种变化；但是如果只看到短期效益，没有一个大方向作指导，短期效益有可能使企业迷失在联盟的一些细节之中。毕竟战略联盟不同于一般联盟，战略的目标还是企业本身的出发点，所以短期和长期的考量是非常关键的。因此，在建立联盟的时候，双方都要考虑各自的最终目标是什么、阶段性目标是什么，要将这两者在一定程度上确定下来，作为双方在不同阶段的考量标准，避免产生过多的不同意见。

（3）确定衡量联盟进展的标准。在联盟不断演化的过程中，需要分阶段对联盟的进展进行明确记录，对于联盟进展的阶段，双方同样应该达成共识。

（4）识别联盟伙伴的需求。联盟双方的需求是在不断变化的，在很多情况下，促使联盟成立的企业根本需求发生了变化。那么联盟绩效考核就面临如何确立考核标准的问题。一般而言，学术界倾向于以双方当初的立场为衡量标准。一个联盟的成败不能以两年之后的情况为评判标准，由于双方的需求改变，导致双方不再需要这个联盟，或者联盟所要完成的目标已经实现，所以联盟本身已经不重要了，但是也不能因此就认为联盟是失败的。而要以当时构建联盟的时候双方的目标来衡量联盟的成败，至于企业后来的需求发生变化，那是后续需要解决的问题，不属于联盟所要完成的目标。因此，联盟双方在决定下一步对联盟进行取舍的时候，应该采取一个相对公平的立场。

如达能和娃哈哈的联盟，在联盟初期，达能在竞价力等方面都是占上风的，因为它是世界知名的食品饮料企业，而娃哈哈只是国内初露头角的一个饮料企业。但后来，娃哈哈成为中国饮料行业内最大的企业，证明了自己的运作能力，而达能则沦落为一个名誉上的大股东，有分红的权利，却失去了决策权，娃哈哈贡献的利润占到达能全球总收入的 8%。如此一来，双方的地位发生了很大的变化。

2.战略联盟绩效的影响因素

战略联盟绩效有四个影响因素：持股、学习与经营、国籍、关系能力。然而，我们不能断言其中任何一个因素对绩效有着明显的直接影响；相反，这些因素与绩效可能存在着某些关联。

持股　企业持股比例较低（或不持股），可能表示其对联盟缺乏约束和关注。相反，持股比例较高（如持股过半型合资企业）往往意味着这家企业会引起人们浓厚的兴趣，拥有更多高质量的资源，更强的讨价还价能力，并且拥有更好的监控机会——所有这些都可能导致较高的绩效。这并不是说企业应该增强其在联盟的股权，因为这么做显然是要付出代价的。

学习与经营　评价联盟的绩效要看企业是否从其联盟伙伴那里成功地学到了它们的长处。因为组织学习很抽象且很难测量，而经验却相对容易测量，由此通常将经验作为一个测量绩效的替代变量。经验作为替代变量固然不错，但它对绩效的影响不是线性的，因为它存在一个极限，超过这个极限，经验再丰富也不会带来额外收益。而且，如果其中一个联盟参与者的经验增加，可能会增加联盟关系的不稳定性，因为这会降低它对其他联盟伙伴的依赖性。

国籍 不同国家文化会造成企业间的文化冲突。当出现争端和冲突的时候，往往很难确定对方是故意投机还是仅仅由于文化上的差异。结果，企业通常更喜欢和文化上相近的伙伴联盟；只有在获得一些经验后才会考虑文化差异较大的企业。

关系能力 本质上，战略联盟可以归结为一种企业间优势互补和相互学习的关系，各联盟方以承担关系风险为代价，来弥补自身资源和能力的不足。较好的联盟关系可以带来持续的盈利，关系背叛则可能让联盟瓦解，由此可见关系对联盟绩效的重要影响，关系能力的重要性也就自然不言而喻。

尽管持股、经验和国籍相对来说比较容易测量，但联盟作为一种软性的合作关系本身难以精确测量，四个因素综合起来决定了联盟成功的可能性和绩效。

12.3.3 战略联盟的终局

战略联盟涉及双方乃至多方的利益，各自的立场、需求都在不断发生变化，与企业个体内部的战略相比，联盟战略的复杂性、变化性、不稳定性都更高，所以需要根据现实情况不断进行调整。调整的结果，即联盟的结局无非是三种：第一种就是继续维持；第二种是重组，这里的重组是指原本的联盟方式有一个非常明显的变化；第三种就是结束联盟。联盟以原有的形式继续维持相较于联盟的重组和终止，在其复杂性和难度方面都有较大差距。因此，下文将着重介绍联盟的大规模重组，以及联盟结束时需要考虑的一些方面。

1. 战略联盟重组或解散的原因

其一，联盟重组或者解散的根本原因很可能是联盟的效果没有达到预期的目标。如TCL与汤姆逊电视和阿尔卡特手机结成联盟，双方把各自的业务放在一家合资企业中，各自占一定比例，后来发现合资企业的表现不尽如人意，于是就采用重组的方式，把联盟解散变成独资，然后把汤姆逊和阿尔卡特在联盟里的股份变成其在总公司 TCL 的股份，成为 TCL 的子公司。至此，合资企业就不存在了，其实就是联盟的解散，也可以称为重组，因为它们还是集团层面上的伙伴关系。

其二，原因也可能是联盟双方的地位、立场发生变化，要求联盟能够反映新的格局和双方地位。即使联盟本来的运作状况比较令人满意，但是由于对于新关系的要求，同样会导致联盟的重组或解散。好的联盟管理在成立之前就应该有能力预见到，双方的地位可能会发生什么样的变化，进而制定有利于自己的条款和合适的保护性措施，比如联盟重组时如果有股份的变化，企业的股份应该以什么样的价格转让给对方等。

2. 战略联盟重组或解散的流程

之所以要明确联盟或者是重组解散的流程，是因为联盟的重组或解散大都是在双方不合作的情况下进行谈判的，这对正常的联盟业务影响巨大。例如娃哈哈和达能在一种处于决裂边缘的情况下，用谈判或仲裁的方式解决纠纷，其实对娃哈哈这个品牌有很大影响，双方的代价都很高。双方其实应该看到，不管由于何种原因要进行联盟重组或解散，都要在维持联盟的正常运作的情况下进行纠纷处理。联盟一旦终止，联盟的价值也就随之丧失，所以流程的设计要着眼于维持现有联盟的正常运作。

可以很好地说明这个问题的是上海冰箱压缩机公司的案例，这个案例其实讲的是联盟组合的问题。上海冰箱压缩机公司先后成立了三家合资企业：第一家是和三菱合作的森林电器，制造传统的冰箱压缩机；第二家是和日立合作的，生产空调压缩机；第三家是和意大利的扎努西公司合作的，生产无氟环保型的冰箱压缩机。三家企业生产不同的产品，布局比较合理。但是 20 世纪 90 年代后期之后，因为冰箱市场处于饱和的状况，和三菱合资的森林电器的业务就江河日下；但由于空调在 90 年代后期开始呈爆炸性的发展，环保型的压缩机的市场也很好，另外两家合资企业的发展状况比较令人满意。在森林电器的业务扭转无望的情况下，该联盟走上了一条很漫长的重组之路。

核心问题集中在三个联盟应如何来协调相互之间的关系，森林电器应该如何重组。最后采用的办法是说服三菱先退出，从三菱的角度来讲，该合资企业一年的亏损可以达到几千万，是一个无底洞。从上海压缩机的角度来说，它的议价能力相对比较高，最后三菱就以一块钱的代价把自己的股份送给了上海冰箱压缩机公司。而在这之前，上海冰箱压缩机公司首先对上海轻工业公司的股份进行置换，置换以后，就使得上海轻工业母公司直接占有了上海冰箱压缩机公司。但是由于亏损严重，冰箱压缩机公司的财务表现非常不好，丧失了在股市上再次融资的能力，因此联盟重组的第一步就是把合资企业的相当股份直接转让到轻工业公司，这样一来，冰箱压缩机公司占有合资企业的比例降低，所以总的财务表现得到了好转。之后说服了三菱把 50% 左右的股份以一块钱的代价转让给了该企业。几年以后，它把与日立的合资企业的股份又通过第三方做了一次转让，使得与日立的合资企业的股份和森林电器的股份达到了一致。最后一步就把这两个合资企业进行合并，并到日立做空调的合资企业里面去。从案例中可以看出，企业在进行联盟重组时分了几个步骤，思路比较清晰，顺利完成了联盟的重组。

▍本章回顾

◆ **战略联盟**（strategic alliance）：企业战略联盟是若干个企业出于对整个市场的预期目标和企业自身经营战略及风险的考虑，通过相互间的各种协议推动资金、技术、营销等要素的交叉渗透，在销售渠道、融资能力等领域相互协作而建立起来的一种优势相长、风险共担的长期合作的经营方式。

◆ 根据联盟各方依赖度 / 参与度分类，分为非正式战略联盟、契约式联盟、股权式联盟；根据联盟在价值链上位置的分类，分为资源互补联盟、市场营销联盟、联合研制联盟；根据联盟目标取向分类，分为产品联盟、知识联盟；根据联盟成员数分类，分为双伙伴联盟、财团联盟。

◆ 价值网框架是分析战略联盟伙伴选择的一种实用工具。价值网中包含五种不同类型的企业：在价值网的中间是本企业，四周分列竞争者、互补者、上游企业与下游企业，企业可以与四者中任何一个结成联盟。

◆ 战略联盟组织形式分类，分别为合资、股权制、合同制。合资是由两家或者多家企业共同出资成立独立公司，但所有权是属于两家或多家母公司；股权制是一种以股权为基础的合作，双方或者单方有股权上的投入，然后双方再进行合资；合同制是完全以合同为基础，甚至只依凭口头的协议而进行的联合。

◆ 战略联盟绩效的四个影响因素：持股、学习与经营、国籍、关系能力。

探索与研究

1. 战略联盟的功能以及主要的组织形式。

2. 企业在战略联盟中保护加盟企业核心竞争力的手段与方式。

3. 战略联盟环境下，开展两类企业（同类之间或与异类）合作的原则。

参考文献

［1］ Barney J. Firm resources and sustainable competitive advantage ［J］. Journal of Management, 1991: 99-120.

［2］ Brandenburger, Nalebuff. Co-Opetition: A Revolution Mindset That Combines Competition and Cooperation: The Game Theory Strategy That's Changing the Game of Business ［J］. New York Doubleday; 1997.

［3］ Chao Y. Decision-Making Biases In the Alliance Life Cycle: Implications for Alliance Failure ［J］. Management Decision, 2011, 49（3）: 350-364.

［4］ Coase R H. The Nature of the Firm. Economica ［J］. New Series, 1937, 4（16）: 386-405.

［5］ Fang E. The Effect of Strategic Alliance Knowledge Complementarity on New Product Innovativeness in China ［J］. Organization Science, 2011, 22（1）: 158-172.

［6］ Herd T. Joint Ventures: Creating Value against the Odds, Bloomberg Businessweek ［N］. http://www. businessweek. com, 2011-11-2.

［7］ Huang Z, Han X, Roche, Cassidy J. The Dilemma Facing Strategic Choice of Entry Mode: Multinational Hotels in China ［J］. Global Business Review, 2011, 12: 181-192.

［8］ Jiang M S, Chur, Pan Y. Anticipated Duration of International Joint Ventures ［J］.

Journal of International Management, 2011, 17: 175-183.

［9］ Lumineau F, Frechet M, Puthod D. An Organizational Learning Perspective on the Contracting Process［J］. Strategic Organization, 2011, 9（1）: 8-32.

［10］ Mudambi S M, Tallman S Make. Buy or Ally: Theoretical Perspectives on Knowledge Process Outsourcing through Alliances［J］. Journal of Management Studies, 2010, 47: 1434-1456.

［11］ Nachum L, Song S. MNE as a portfolio: Interdependencies in MNE growth trajectory ［J］. Journal of International Business Studies, 2011, 42（3）: 381-405.

［12］ Qiu L D. Cross-Border Mergers and Strategic Alliances［J］. European Economic Review, 2010, 54: 818-831.

［13］ Ren H, Gray B, Kim K. Performance of International Joint Ventures: What Factors Really Make a Difference and How［J］. Journal of Management, 2009, 35: 805-832.

［14］ Shipilov A V. Firm Scope Experience, Historic Multimarket Contact with Partners, Centrality and the Relationship between Structure Holes and Performance［J］. Organization Science, 2009, 20: 85-106.

［15］ Scott W R. Institutions and Organizations［M］. Thousand Oaks: Sage, 2001: 21-22.

［16］ Teng B S. The emergence and popularization of strategic alliances: institutional and entrepreneurial views［J］. The International Entrepreneurship and Management Journal, 2005, 1（1）: 61-82.

［17］ Wang C L. Enforcement and performance: The role of ownership, legalism and trust in international joint ventures［J］. Journal of World Business, 2008, 43: 340-351.

［18］ Wernerfelt B. A Resource-Based View of the Firm［J］. Strategic Management Journal, 1984, 5（2）: 171-180.

［19］ Xia J, Tan J ,Tan D. Mimetic Entry and Bandwagon Effect: The Rise and Decline of International Equity Joint Venture in China［J］. Strategic Management Journal, 2008, 29（2）: 195-217

［20］ 李林蔚，蔡虹，郑志清. 战略联盟中的知识转移过程研究: 共同愿景的调节效应［J］. 科学学与科学技术管理，2014，35（8）: 29-38.

［21］ 孙冰. 腾讯京东达成战略联盟: 京东入驻微信［OL］. 经济网，2014-05-29.

［22］ 薛求知，杨飞. 跨国公司战略联盟的新走向及其动因研究［J］. 世界经济文汇，1995（5）: 46-50.

［23］ 彭维刚. 全球企业战略［M］. 孙卫，刘新海，译: 北京: 人民邮电出版社，2007.

［24］ 马湘临. 斯沃琪与蒂芙尼战略联盟为何失败［J］. 社会科学报，2011-12-29.

［25］ 赵竹青. 国产可穿戴设备有戏，即时检测技术战略联盟成立［OL］. 人民网科技频道，2014-9-12.

［26］ 胡其萍. 戴 - 克与现代宣布分手［OL］. 广州日报大洋网，2004-05-17.

第13章
战略创新

创新固然需要面临巨大的风险，
但是任何一家成功经营的企业都离不开创新这个核心。
不断地创新，创新，再创新，
这才有了西门子公司今天的成就。

——西门子

华为还是小米？

华为在互联网时代冷静思考，坚持"乌龟精神"，实施开放、合作、创新，老实缴纳专
利使用费，最终以价格和技术的破坏性创新彻底颠覆了通信产业的传统格局。而小米手机则
捧红了"互联网思维"，以营销、设计与生产为核心竞争力的小米模式开拓了巨大的"蓝海市
场"。创新，要华为还是小米？

华为"技术派"：开放合作创新

作为唯一一家跻身全球 Top 100 品牌的中国公司，在华为的"管理词典"中，"创新"一
词出现的频率并不高。任正非在他创业 20 多年来的上千次讲话和可见的文件中提及"创新"
一词似乎也很少。尤其在"互联网思维"风靡整个中国产业界的当下，任正非却在华为 15 万
员工中大谈以乌龟精神追赶龙飞船，要求上上下下"拒绝机会主义"，沿着华为既定的道路，
不被路旁的鲜花干扰，坚定信心地朝前走……

过去 20 多年，全球通信行业的最大事件是华为的意外崛起，华为以价格和技术的破坏
性创新彻底颠覆了通信产业的传统格局，从而让世界大多数普通人都能享受到低价优质的信
息服务。

华为的创新从用户需求开始。整个企业的研发流程，建立在理性决策的基础上，建立在
市场需求——显性的客户需求与隐性的客户需求之上。在创新过程中坚持开放合作，这包括
专利互换、支付专利费等。光支付给美国高通公司的知识产权费用，累计已经超过 7 亿美元。

任正非有一个比喻,千军万马攻下山头,到达山顶时,发现山腰、山脚全被西方公司的基础专利包围了,怎么办?唯有留下买路钱:交专利费,或者依靠自身的专利储备进行专利互换。不要存侥幸心理,不能幻想把在中国市场成功的一套打法应用到国际市场。过去华为与很多西方竞争对手都建立过合作研发的组织,与德州仪器、摩托罗拉、IBM、英特尔、朗讯等成立联合实验室,与西门子、3COM、赛门铁克(Symantec)等西方公司成立合资企业。

华为在研发体制上的重大创新之一,是与全球诸多大客户包括沃达丰等运营商建立了 28 个联合创新中心,这不但是创举,而且华为的竞争对手们曾经仿效,却由于成本等因素,而鲜有模仿成功。所以,华为的创新信奉的是西方规则、美国规则。华为每年要向西方公司支付 2 亿美元左右的专利费,每年拿出 1 亿多美元参与一些研发基金,并且参与和主导了多个全球行业的标准组织。

小米"模式派":营销、设计与生产

小米的营销主要通过社交网络传播,成本极低。很多人认为,互联网模式就是"绕过经销商,直达客户"。其实,互联网营销的成本未必比传统媒体低多少。门户网广告、关键词搜索、页面点击、cookie 推送等互联网营销方式都会吞噬大量的利润。但是,微博和微信朋友圈的"口碑营销"却不会。雷军作为微博大 V,利用网络经济的马太效应,制造着一个个话题,大量获取真实粉丝,低成本流量大幅扩大。

为发烧而生的小米"设计"。雷军是互联网出身,对互联网产品有着高于同行的认识。于是,在智能手机还没有走进大众的时候,先行推出 MIUI 和 MIUI 社区,掌控了大量发烧友资源。每天都有小米的工作人员在 MIUI 社区上和粉丝沟通,改进产品设计。而小米也一直坚持一周一个版本的更迭。这种迭代速度,也保证了 MIUI 的高质量。小米成功地抓住了"发烧友"这个群体,小米认识到,发烧友是智能手机用户的意见领袖。掌握了这个群体的口碑,就掌握了大量从非智能机转向智能机的用户流量。

先订货,再生产,再出货,基本零库存。通过预付模式,小米成功地降低了库存成本。在预付模式下,利用出货时间与预定时间的时间差,极大缓解了硬件成本压力。利用大量的用户订单进行单机型生产,非常容易形成产品线上的规模经济。

小米通过剔除营销费用,以提升用户价值。小米的成功在于其营销费用占比极低,2013年,营销费用占收入比重仅为 3.2%。小米的核心竞争力也来源于此。然而,小米的营收中,94% 来自手机销售,仅 1% 来自包括移动游戏在内的软件服务。小米是通过硬件盈利的,软件不赚钱,这一点绝非"互联网思维",这凸显了小米模式的困境。

正如西门子所说:"只要你精力旺盛,你就在成长;一旦你成熟了,你也就开始腐烂了。只有不断地寻找新的生长点和发展点,你才会不断地前进。不管你有多大年纪,只要你保持创造的欲望,你就能像孩子般地充满活力。只有坚信自己可以创造的人,才可能有所创造。西门子公司就是在不断地创新中向前迈进的。创新固然需要巨大的风险,但是任何一家成功经营的企业都离不开创新这个核心。我们公司从一开始就将创新作为企业的灵魂。"正是不断地创新、创新、再创新，这才有了西门子公司今天的成就。

13.1 创新概论

什么是创新？简单地说，就是利用已存在的自然资源或社会要素创造新的矛盾共同体的人类行为，或者可以认为是对旧有的一切所进行的替代、覆盖。战略创新是企业成长方式的创新，通过产品、服务和商业模式的创新，改变商业游戏规则，并创造新的用户价值。

13.1.1 关于创新

创新（innovation）是以现有的知识和物质，在特定的环境中，改进或创造新的事物（包括但不限于各种方法、元素、路径、环境等），并能获得一定有益效果的行为。

经济学上，创新概念的起源为美籍经济学家熊彼特在 1912 年出版的《经济发展概论》。熊彼特在其著作中提出：创新是指把一种新的生产要素和生产条件的"新结合"引入生产体系。它包括五种情况：引入一种新产品，引入一种新的生产方法，开辟一个新的市场，获得原材料或半成品的一种新的供应来源，新的组织形式。熊彼特的创新概念包含的范围很广，如涉及技术性变化的创新及非技术性变化的组织创新。

到 20 世纪 60 年代，新技术革命的迅猛发展。美国经济学家华尔特·罗斯托提出了"起飞"六阶段理论，对"创新"的概念发展为"技术创新"，把"技术创新"提高到"创新"的主导地位。

1962 年，由伊诺思在其《石油加工业中的发明与创新》一文中首次直接明确地对技术创新下定义，"技术创新是几种行为综合的结果，这些行为包括发明的选择、资本投入保证、组织建立、制订计划、招用工人和开辟市场等"。伊诺思的定义是从行为的集合的角度来下定义的。而首次从创新时序过程角度来定义技术创新的林恩（G. Lynn）认为技术创新是"始于对技术的商业潜力的认识而终于将其完全转化为商业化产品的整个行为过程"。

美国国家科学基金会（National Science Foundation of U.S.A.），也从 20 世纪 60 年代开始兴起并组织对技术的变革和技术创新的研究，迈尔斯（S. Myers）和马奎斯（D. G. Marquis）作为主要的倡议者和参与者，在他们 1969 年的研究报告《成功的工业创新》中将创新定义为技术变革的集合。认为技术创新是一个复杂的活动过程，从新思想、新概念开始，通过不断地解决各种问题，最终使一个有经济价值和社会价值的新项目得到实际的成功应用。到 70 年代下半期，他们对技术创新的界定大大扩宽了，在 NSF 报告《1976 年：科学指示器》中，将创新定义为"技术创新是将新的或改进的产品、过程或服务引入市场"，明确地将模仿和不需要引入新技术知识的改进作为最终层次上的两类创新而划入技术创新定义范围中。

20 世纪 70 ~ 80 年代开始，有关创新的研究进一步深入，开始形成系统的理论。厄特巴克（J. M. Utterback）在 70 年代的创新研究中独树一帜，他在 1974 年发表的《产业创新与技术扩散》中认为，"与发明或技术样品相区别，创新就是技术的实际采用或首次应用"。缪尔赛在 80 年代中期对技术创新概念作了系统的整理分析。在整理分析的基础上，他认为"技术创新是以其构思新颖性和成功实现为特征的有意义的非连续性事件"。

英国学者弗里曼（C. Freeman）把创新对象基本上限定为规范化的重要创新。他从经济学的角度考虑创新。他认为，技术创新在经济学上的意义只是包括新产品、新过程、新系统和新装备等形式在内的技术向商业化实现的首次转化。他在 1973 年发表的《工业创新中的成功与失败研究》中认为，"技术创新是一项技术、工艺和商业化的全过程，其导致新产品的市场实现和新技术工艺与装备的商业化应用"。其后，他在 1982 年的《工业创新经济学》修订本中明确指出，技术创新就是指新产品、新过程、新系统和新服务的首次商业性转化。

进入 21 世纪，信息技术推动下知识社会的形成及其对技术创新的影响进一步被认识，科学界进一步反思对创新的认识：技术创新是一个科技、经济一体化过程，是技术进步与应用创新"双螺旋结构"（创新双螺旋）共同作用催生的产物，而且知识社会条件下以需求为导向、以人为本的创新 2.0 模式进一步得到关注。《复杂性科学视野下的科技创新》在对科技创新复杂性分析基础上，指出了技术创新是各创新主体、创新要素交互复杂作用下的一种复杂涌现现象，是技术进步与应用创新的"双螺旋结构"共同演进的产物。信息通信技术的融合与发展推动了社会形态的变革，催生了知识社会，使得传统的实验室边界逐步"融化"，进一步推动了科技创新模式的演变。要完善科技创新体系急需构建以用户为中心、以需求为驱动、以社会实践为舞台的共同创新、开放创新的应用创新平台，通过创新双螺旋结构的呼应与互动形成有利于创新涌现的创新生态，打造以人为本的创新 2.0 模式。《创新 2.0：知识社会环境下的创新民主化》进一步对面向知识社会的下一代创新，即创新 2.0 模式进行了分析，将创新 2.0 总结为以用户创新、大众创新、开放创新、共同创新为特点的，强化用户参与、以人为本的创新民主化。

13.1.2 战略创新

战略创新（strategic innovation）是企业成长方式的创新，通过产品、服务和商业模式的创新，改变商业游戏规则，并创造新的用户价值。企业管理者必须改变传统思维的束缚，敢于打破游戏竞争规则，加快企业核心竞争力的创造，使企业灵活面对各种问题，维持企业的可持续性发展。

战略创新是全景式的、多层次的创新方法。首先，战略创新包含着传统和非传统的商业战略方法，采用"行业远见""用户洞察"和"战略协调"的视角，并与许多传统的方法和模型相结合。其次，战略创新采用发散式的、愿景式的思维探索行业长期发展的可能性，并通过深刻贯彻以取得短期的商业绩效（见表 13-1）。

表 13-1　战略创新与传统战略的区别

传统战略	战略创新
现在到未来的导向，今天是起点	从终点开始，把未来的机会带回现在
规则制定者	规则破坏者
接受已经建立的商业边界和产品类别	寻找并创造新的竞争空间和领域
聚焦于渐进性创新	寻求突破，进行破坏性创新
依据传统的线性商业计划模型	把流程纪律和创造性灵感进行对接
把传统资源作为输入	从非常规资源寻求灵感
寻求明确表达的用户需求	寻求那些难以表述的用户需求
技术驱动	用户需求驱动
采用一劳永逸的组织模型	尝试和实验不同形式的创业型组织结构

与传统战略相比，战略创新着眼未来，突破行业现有规则，寻找和创造新的竞争领域，实施突破式创新。战略创新还从非常规资源寻求灵感，把流程纪律和创造性灵感进行对接，以满足那些难以明确表述的用户需求。所以战略创新永远是用户需求型的创新，并尝试不同形式的创业型组织结构。

很多企业依赖于创造性的偶然性突破培育创新，也有一些企业采用渐进性的创新方法。战略创新是一种全面、系统的方法，它聚焦于突破性或者离散性的创新结果。创新之所以变得具有"战略性"，是因为其具备了目的性和重复性，并推动消费者价值的急剧提升。战略创新既有纪律性，也具有创造性，促进了业务流程的变革和企业的成长。

创新不断驱动着人类历史的发展。在工业革命时代，富尔顿的蒸汽机轮船、奥的斯设计的安全电梯、摩尔斯制成的电报机、朗讯实验室发明的电话机、宝丽来公司的"立拍得"相机、法恩斯沃斯发明的 CRT 电视机等，一篇篇了不起、振奋人心的创新史诗，史诗故事中的主角是那些敢于创造现代生活面貌的梦想家和实干家。创新所带来的良好工作条件，曾经给每个人的生活带来了尊严。然而，随着时代的发展和互联网时代的到来，这些技术创新的典范失去了往日的荣耀。技术发展的"蛙跳"现象，意味着会有更新、效率更高技术的出现，对于它们纷纷形成了替代。

传统的战略视角已经很难对一些创新现象做出解释，例如苹果手机的创新。与第二次工业革命时期相比，创新的形态正在发生巨大的改变。无论采用突破性创新，还是蓝海战略以及其他创新理论，都难以清楚地阐述苹果手机的创新对于商业模式和创新管理的意义。现在，颠覆性创新越来越成为战略创新的核心概念，实施颠覆性创新的企业可以从高端或者低端细分市场切入，通过缓慢积累向普通大众市场进行渗透。蓝海战略也包含了颠覆性创新的思维，但是蓝海战略侧重高低端市场之间的组合，通过提升与降低等手段组合，提升用户价值。通俗一点来看，小米手机的创新是实施蓝海战略而不是颠覆性创新。小米手机通过提升产品的性能，剔除不必要的价值链环节，从而找到自己的蓝海市场。苹果手机的创新更多可以从商业模式的角度理解，商业模式阐述用户价值、目标市场，以及价值如何创造和传递，期望的成本和收益。从技术的角度来看，苹果手机几乎没有一项技术称得上是颠覆性的，但是通过供应商、运营商、用户等不同利益相关者的整合，逐渐形成了自己的商业逻辑。

13.1.3　创新思维

产生思维定势的原因在于仅仅从自身的角度进行思考，从片面的角度进行考虑，以及情绪会影响思维的效率。颠覆性创新则要求"想别人未想"和"做别人未做"，所以要打破常规，破除思维定势。

例如对待商科和管理专业学习的态度。弗雷德里克·赫茨伯格（Frederick Herzberg）的幸福论认为，人生中最有力的激励因素不是金钱，而是那些学习的机会、在责任中成长的机会、为他人做贡献的机会以及成就被认可的机会。如果做得好，管理就是最崇高的职业。其他任何职业都不可能提供这么多的方式来帮助别人学习和成长，来承担责任并因成就而被认可，以及为团队的成功做出贡献。越来越多的 MBA 学生来商学院时以为从商就是买卖与投资。这是传统的定势思维，如果这样想，则是很不幸的。

颠覆性创新理论的提出者、哈佛大学商学院教授克莱顿·克里斯坦森回顾了一段往事：

"我接到了当年英特尔公司的董事长安德鲁·格鲁夫（Andrew Grove）的一个电话，他问我是否可以谈一谈我的研究以及这些研究可能在英特尔起到的作用。于是我飞到硅谷和他们见面，到了以后却被告知只能用 10 分钟的时间来阐述我的研究（颠覆性模型）对英特尔的意义。我坚持必须用完整的 30 分钟时间来解释这个模型，包括描述这个模型的来源——从一个完全不同的行业，钢铁行业中总结出来的。

"我讲了纽柯公司以及其他小型钢铁厂是如何通过进入最低端市场——钢筋条起步，然后进入高端，击败了那些传统钢铁厂。当我说完了这些故事，格鲁夫就开始条理分明地阐述英特尔公司为进入低端市场、推出赛扬处理器的战略。

"事后我无数次想起这件事，如果当时我直接告诉格鲁夫对于微处理器业务该如何考虑，我估计就被否定了。但是，我只是教他如何去思考，然后他自己找到了正确答案。

"这件事情对我影响很深。从此当人们问我觉得他们应该怎么做的时候，我很少直接回答他们的问题。我会借助我的某个模型来解释这个问题，描述在另一个不同的行业中这个模型是如何应用的。然后，一般问我问题的人就会说：'好吧，我明白了。'接着，他们就能比我更有洞见地回答自己的问题了。"

正如克莱顿·克里斯坦森所言，战略创新是一种思维。无论蓝海战略、颠覆性创新，还是互联网时代的商业模式创新，首先需要做出改变的是管理者的心智模式。

苹果公司的成功，不单是因其产品精致时髦的设计，而更应该归功于销售的新途径以及创新的商业模式，实现了产品与内容的完美结合，为消费者创造了一种前所未有的时尚体验。iPhone 手机所采用的技术没有一项是苹果公司自己发明的，苹果公司把这些技术拿来集成创新，继而把"产品＋内容"的商业模式扩展到了手机模式上，形成了新的价值创造生态系统。在价值创造生态系统中，苹果公司处于整个生态网络的主导地位，控制着整个价值网络的运行，并动态实现整个网络信息、资源的规划和管理。苹果控制着核心的设计、研发、渠道和销售环节，自主研发核心技术，进行基于苹果计算机操作系统的优化、图形操作界面设计、材质与色彩的选用以及进行外观设计等，而把非核心的零部件生产和终端的制造过程通过相应的规则和协议外包给合作伙伴或从合作伙伴处采购，这样不仅使苹果公司可以通过合作或购买获得苹果产品中的一大部分技术，还使得苹果公司能够控制着从产品设计到零售体验店的每一个环节，有效地控制整个价值网络，进而严格控制产品终端，为顾客提供完美的体验。

基于商业模式的价值创新是企业成长的一个核心途径。今天是一个消费者主导的时代，是消费者在决定着企业的成长。企业赢得消费者的根本在于为消费者创造真正的价值，而消费者价值创造的关键在于为消费者提供超越产品本身的消费体验。商业模式创新的意义已经超过产品和技术创新，成为企业持续发展与赢得市场的关键。

商业模式创新作为一种新的创新形态，与技术创新不同，商业模式创新可以改变行业格局，颠覆整个行业的游戏规则，使企业在动态的环境中，把握机会，创造持续的竞争优势。因此，作为一种重要的战略创新范式，商业模式创新比技术创新具有更大的价值。

13.1.4　战略创新的实施

与竞争激烈的"红海"不同，蓝海战略强调创造没有竞争的市场空间，创造和掌握新的需求，把竞争变得毫无意义。

颠覆性创新从高端或者低端细分市场颠覆开始，对已有市场形成颠覆和破坏，最终形成客户价值创新方式的创新。颠覆性创新的实施包括四个步骤：

- 创新之初，产品只能在边缘市场发展，满足现有产品无法满足的需求，如创新、低价、方便等。
- 因边缘细分市场使得在产品服务和商业模式上投资的绩效不断提高，并创造出或进入新的利基市场，扩大顾客的数量。
- 随着产品服务和商业模式知名度的增加，迫使并影响主流大众市场对破坏性创新价值的理解发生变化。
- 主流市场对破坏性创新价值理解的变化成为催化剂，它使破坏性创新破坏并取代现有的主流产品服务或商业模式。

颠覆性创新不仅造就了一批世界著名公司的崛起，同时也导致了无数大公司的衰败。例如中国的电动汽车制造企业比亚迪公司采用了颠覆性创新策略，通过低端市场的渗透，逐步迈向高端产品市场。特斯拉电动汽车则采用了高端市场切入的方式。

蓝海战略的基石在于**价值创新**（value innovation）。这种战略不涉及打败竞争对手，反而致力于为顾客和公司创造价值，进而开启无人竞争的市场空间。所以，价值创新就等于价值创造。创造蓝海的关键并非尖端科技，也不是进入市场的时机。通过"剔除→创造→降低→提升"四步骤，蓝海战略创造出新的价值曲线。小米手机的成功在于找到自己的蓝海市场，通过剔除不必要的价值链成本，提升用户体验，不断创造价值。

战略创新的实施，如图 13-1 所示。

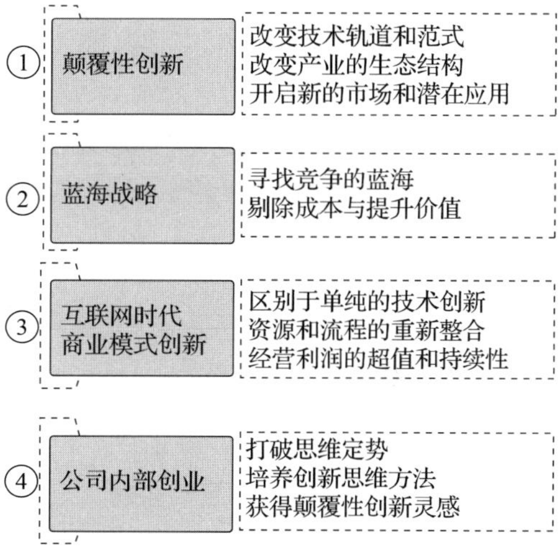

互联网时代的商业模式创新多样化。虽然互联网的快节奏成为"深思"之敌，不管你是否正在努力对抗来自网络的精神入侵，却也难以否认这样的事实——互联网正在改变世界和一切。在互联网时代，创新资源变得社会化，需要整合原本分散的资源，举众人之力，而不是企业一己之力进行创新。随着智能终端应用的普及，手机已经成为人体器官的延伸。在移动互联时代，创新的思维体现在连接人与人之间、人与设备之间、人和服务之间，连接一切人与服务。在互联网时代，颠覆往往来自于跨界整合。例如对于

图 13-1　战略创新的实施

IBM 形成颠覆的是微软公司的 Widows 系统，而对于微软形成颠覆的是互联网企业谷歌，现在谷歌又面临着来自于 Facebook、Twitter 等社交网络企业的竞争。

公司内部创业成为新的战略创新形式。内部创业，是由一些有创业意向的企业员工发起，在企业的支持下承担企业内部某些业务内容或工作项目，进行创业并与企业分享成果的创业模式。这种激励方式不仅可以满足员工的创业欲望，同时也能激发企业内部的活力，改善内部分配机制，是一种员工和企业双赢的管理制度。内部创业适用于各类公司，但大公司尤其需要内部创业者以此来保持公司的创新性和灵活性。除了为广大读者所熟知的"便利贴"案例，在过去的五年里，3M 的内部创业者"生产"出许多新的产品，其销售额的 30% 都来自这些新产品。

13.2　颠覆性创新

柯达一直是人们谈论战略变革的典型，柯达发明了数码技术，却坚守传统胶片主业，最终被数码技术淘汰。当企业身在局中，战略变革和转型却很难。例如当生产黑莓手机的 RIM 公司面临乱局，苹果公司的乔布斯认为"RIM 必须离开原先的温柔乡，进入一个陌生的领域，让自己转型成为软件平台公司"。而 RIM 的内部员工则认为不需要改变

发展方向，他们需要的只是好好地服务客户。同样，惠普的转型之路也忽东忽西，两任
CEO 中，菲奥莉娜选择的是收购竞争对手康柏公司，实施规模化发展，李艾科则宣称将
更注重长期增长，试图杀入移动互联网领域。

因而，无论是传统产业的柯达，还是信息技术领域的 RIM 和惠普，转型决策都应该
基于一个最基本的判断：技术轨道是否已经变迁。在这种判断下企业面临持续成长和走
向变革两大选择。对于惠普而言，如果行业技术轨道不变，则通过收购康柏，实现规模
成长的战略抉择是正确的。但是，一旦技术轨道发生变化，则向移动互联网和云计算转
型才是摆脱困境的方法。

企业之间的竞争好像赛跑，苹果换到了一条技术和模式上的快速跑道——智能手机，
把诺基亚等远远抛在后面。突破性技术变革带动了企业经营效率的跃进，在新的科技革
命背景下，企业面对的用户需求、制造方式、管理模式都将发生变化。

特斯拉是汽车行业中的"苹果手机"，它把汽车从功能型变成智能型产品，把汽车变成电
子玩具，从产品设计、商业模式、营销渠道等方面对传统模式进行颠覆。与特斯拉汽车不同，
比亚迪在电池制造领域则体现出"低端切入"的颠覆性创新特征。比亚迪与国内其他民营自
主品牌（吉利、奇瑞等）采取的策略颇为相似：通过逆向工程和低成本战略，开发价格低廉的
产品，并在首款产品取得成功之后，快速填充产品线上的空位。

13.2.1　颠覆性创新和持续性创新

持续的研发投入促进企业创新。然而，企业当前能力优势的利用终将被耗尽，企业
必须打破原有的创新公式，开发新的竞争优势。企业必须能够意识到当前的能力正在下
降，并增加探索性研发投入，在合适的时间开发新的核心能力。所以，企业必须把握创
新的时机，适时从持续性创新切换到颠覆性创新轨道上来。

但是，许多企业依旧在技术转型和跳跃过程中失败的主要原因是技术动态性和组织
惰性的影响。由于技术路线的动态性，企业很难在众多的竞争性技术方案中做出抉择。
在许多技术中，企业很难判断哪个技术会胜出，并形成"主导设计"。此外，组织惰性和
互补性资产又限制了企业自由地在不同技术路线之间做出切换。例如组织的流程、惯例
等，都是围绕原有的旧技术开展的，还有互补性资产也是围绕原有技术设置的，这些都
限制了企业采用新技术的意愿。

持续性创新是以主流市场的高端消费者为目标，这些消费者往往要求得到性能更好
的产品。颠覆性创新或破坏性创新则通过引入与现有产品相比尚不够好的产品和服务，
或者提供比较简单更加便利与廉价的产品，吸引处于次要市场上不太挑剔的消费者，甚
至是非消费者。

颠覆性创新理论是哈佛大学商学院的克莱顿·克里斯坦森教授提出的理论，旨在描

述新技术（革命性变革）对公司存在的影响。1997 年，克里斯坦森在《创新者的困境：当新技术使大公司破产》一书中，首次提出了**颠覆性技术**（disruptive technologies）。他说，反复的事实让我们看到，那些由于新的消费供给范式的出现而"亡"的公司企业，本应该对颠覆性技术有所预见，但无动于衷，直至为时已晚（见图 13-2）。

只专注于他们认为该做的事情，如服务于最有利可图的顾客，聚焦边际利润最诱人的产品项目，那些大公司的领导者一直在走一条持续创新的道路，而恰是这一经营路线，为颠覆性新技术埋葬他们敞开了大门。这一悲剧之所以发生，是因为现有公司资源配置流程的设计总是以可持续

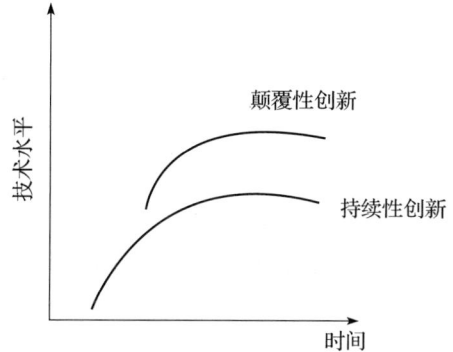

图 13-2 颠覆性创新和持续性创新

创新、实现利润最大化为导向的，这一设计思想最为关注的是现有顾客以及被证明了的市场面。然而，一旦颠覆性创新出现（它是市场上现有产品更为便宜、更为方便的替代品，它直接锁定低端消费者或者产生全然一新的消费群体），现有企业便立马瘫痪。为此，他们采取的应对措施往往是转向高端市场，而不是积极防御这些新技术、固守低端市场，然而颠覆性创新不断发展进步，一步步蚕食传统企业的市场份额，最终取代传统产品的统治地位。持续性创新和颠覆性创新在研发活动方面的差异，如表 13-2 所示。

表 13-2 持续性创新和颠覆性创新在研发活动方面的差异

比较项目	持续性创新	颠覆性创新
创新目标	创新目标维持与加强现有市场地位	改变游戏规则，实现跨越
重点	原有产品成本的降低和性能的提高	开发新产业、新工艺、新产品
技术基础	现有技术的开发、利用与研究	探索新技术
商业计划	创新开始即制订计划	基于探索性学习而演化
新思想产生与机会识别	在前一创新末期产生	偶发于整个生命周期
主要参与者	正式、交叉功能的团队	具有多种功能知识的个人、非正式网络
过程	正式的阶段模型	早期阶段为非正式的柔性→后期为正式的柔性
组织结构	在业务单位内部运转的跨功能项目小组	思想→孵化器→目标驱动的项目组
运营单位的介入	早期的正式介入	早期的非正式介入→后期的正式介入

创新理论认为，技术存在"蛙跳"：行业技术曲线会在某一时刻突然发生跳跃，从渐进式创新向突破性创新演变。突破性创新一般是破坏性的，柯达、诺基亚等企业的失败，就是不能及时进行技术转轨的结果。当行业技术发生了跳跃，一些企业不能从原有的技术轨道转向新的技术轨道，那么失败难以避免。很多被创新颠覆的对象，都是没有及时完成跳跃。

对于企业来说，跳跃时机的判断很难。不少企业对于突破式创新的理解存在误区，以为技术跳跃是由某个企业在特定时间完成的。实际上，技术突破绝对不是单一企业闭门造车的结果，而是行业不断发展的必然。分析一下平板显示行业，或许会对理解技术跳跃的时机有所启示。与所有的新兴产业一样，平板显示行业的发展充满了不确定性、技术范式胶着，企业面对很多潜在的技术选项。

早在 20 世纪 60 年代，人们就认为平板显示会替代 CRT（阴极显像管）技术。到了 80 年代，平板显示领域逐渐形成了液晶和等离子两种竞争性技术。刚开始，平板技术的研发者大多是 CRT 企业和半导体企业，佳能、精工、夏普、东芝等企业选择了液晶显示技术，IBM、索尼、NEC、飞利浦等企业选择了等离子技术。行业的技术范式充满了不确定，没有谁知道哪种技术会最终胜出。到 90 年代，LCD 技术逐渐占据上风并成为主导技术，而等离子企业大都转向 LCD。

目前平板行业的领军企业，既非首次实现商业化应用的精工，也不是 IBM，却是韩国的三星和 LG，以及中国台湾的友达光电和奇美光电等 OEM 企业。技术跳跃需要把握机会窗口，进入太晚，则企业缺乏相关资源积累的过程；进入太早，则企业的方向不一定吻合未来主导技术。企业需要在商业化形成之前做出技术范式的选择。技术跳跃的最佳时机在主导设计形成以后，以及商业化应用的前夜。

颠覆性创新的特征，如表 13-3 所示。

表 13-3　颠覆性创新的特征

作者	颠覆性创新的特征
Christensen（2001）	• 低价格低性能 • 简单、低成本，利基市场，被在位者忽视 • 利基市场的制度规制性壁垒低 • 主流市场客户逐渐接受其产品的过程中，无须改变原工作方式 • 更简便
Thomond 和 Lettice（2002）	• 满足新市场或利基市场未满足的需求 • 利基市场顾客看重的产品属性被主流市场客户视为低品质 • 新进入企业不断加大投资，提高产品水平，赢得更多的顾客 • 影响并加强主流市场顾客对颠覆性产品的感知认可 • 得到主流市场顾客认可，从而颠覆在位者
Kostoff（2004）	• 更小巧 • 更轻 • 更便宜 • 更加有灵活性、方便 • 更可靠 • 单位效能更高 • 操作更简单
Govindarajan（2006）	• 低主要性能 • 主流顾客不认可新辅助性能 • 更加便宜、简单，价格更低 • 最初只吸引低端和价格敏感顾客，利润低，在位者没有兴趣 • 随着研发投入，产品的主要性能提高，从而吸引主流市场顾客

2014 年特斯拉公司宣布要开放所有电动汽车专利。特斯拉免费放开专利的逻辑，简单讲无非是希望更多参与者加入进来。如果整个电动车市场发展不起来，特斯拉单靠自己产品的新与奇吸引消费者，恐怕难以持久。

电动汽车行业发展现状是，缺乏必要的竞争者、消费者乃至充电桩，电动汽车的生态系统还很不完善。特斯拉的"开源"之举，显然是努力去构建一个相对完整的商业生态系统。毕竟，电动汽车面对的传统势力很强大，从汽车巨头到石油公司，都是世界 500 强企业，阻击力不可小觑。开源之后，以特斯拉为原型的主导设计有可能带动电动汽车的大规模应用和成熟。

广为人知的开源模式发生在软件行业，Linux 是最早的开源软件，它的诞生为行业带来一场开放的变革。面对 Windows 操作系统的市场垄断，Linux 的开源步步为营取得成效。出于对封闭源码软件潜在的安全性顾虑，不少政府机构和企业逐步选择 Linux 操作系统，打破了微软一家独大的局面。

回到电动汽车行业，特斯拉的设计已经具备一定的领先性，但行业主导设计的形成是多种因素综合的结果，包括一系列非技术因素，例如渠道的覆盖范围、用户的转换成本、行业法规和政府干预、厂商与用户的交流方式等。对特斯拉而言，要成为未来电动汽车生态系统中的核心，首要任务就是把特斯拉的技术标准尽可能变成未来电动汽车行业的技术标准。而开源模式，不啻为一个撒手锏，将对潜在的竞争性技术标准形成泰山压顶之势。

特斯拉迄今的成功，高度借鉴了苹果的创新方法，从高端产品定位、智能化设计，到销售终端体验店。特斯拉是汽车行业中的"苹果手机"，它把汽车从功能型变成智能型产品，把汽车变成电子玩具，从产品设计、商业模式、营销渠道等方面完成对传统模式的颠覆。完全模仿苹果的体验店、超级充电站、电池千兆工厂……目前，围绕特斯拉的商业生态圈正在逐渐形成，但是速度还不够快。比亚迪与特斯拉的对比，如图 13-3 所示。

按照商业生态系统理论，核心企业的新产品要想取得成功，需要外界多种"互补性产品"的支撑和配合。

比亚迪与特斯拉	
产品定位	
特斯拉	第一步高端小众；第二步中端中等价位，使更多顾客可以接受；第三步推出更大众化的产品
比亚迪	纯电动：公共领域切入（公交出租车）混动：个人领域（向纯电动过度）
核心技术	
特斯拉	7 000节18 650型小电池
比亚迪	大容量、高稳定性磷酸铁锂电池
产业模式	
特斯拉	资源整合模式
比亚迪	全产业链模式
外形设计	
特斯拉	借鉴莲花Elise、偏豪华
比亚迪	朴实、不乏现代化

图 13-3 比亚迪与特斯拉的对比

例如，空客公司的 A380 梦幻飞机，需要新的大型机场的投资，以及其他零配件供应企业的技术升级。之前失败的例子很多，飞利浦公司的 HDTV 项目因为缺乏高清电视信号而退出市场，索尼的 e-reader 项目也因缺乏相应的电子图书内容而经历了相同的命运。苹果 iPod 产品成功的关键在于乔布斯与音乐联盟一起解决了音乐唱片的版权使用问题，从而赋予了这款新产品更多的服务内容。眼下，特斯拉同样急需拓展互补性服务，其在中国启动了"目的地充电"项目，与其他商业伙伴进行合作建设充电站，采用合作模式试图快速在全国大面积铺开目的地充电站。

要推动互补性服务，开源既是最立竿见影，也是最激进的方法。这相当于把底牌都亮了出来，合作方和对手都看到了。竞争者如果在它的专利基础上再做开发，可能和特斯拉形成鼎足之势，互相牵制。更糟糕的是，如果山寨竞品风起云涌，并逐渐上位成为主流，那时特斯拉再想收回专利使用权，恐怕会陷入无穷的知识产权官司之中。

因此，特斯拉在此时祭出开源的绝招，固然想一战决胜，推动行业快速向它靠拢。但也要考虑到其中的风险和挑战，因为开源的盈利模式目前尚显单薄。从开源的经验来看，Linux 和安卓并没有产生足够的直接收入。Linux 的盈利问题，一直是业界关注的焦点。Linux 软件市场的发展壮大速度迅猛，Novell 等基于 Linux 系统的企业，可以通过付费服务获得盈利。但是，商业生态系统中的大部分企业还在苦苦寻找自己的盈利模式。

13.2.2 颠覆性创新的思维与实现路径

在当前技术变革加速的时代，不单是技术进步的速度在加快，更在于大量新技术的竞相涌现、相互交融，并与各种商业模式创新、产业发展新业态相融合，共同推动着产业发展技术路线的更替和相关领域革命性的变革（见图 11-4）。

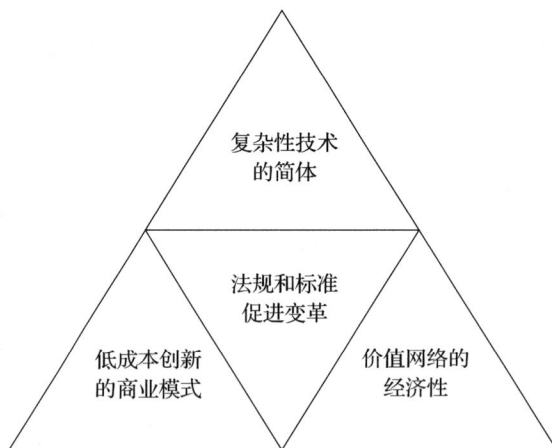

图 13-4 颠覆性创新的逻辑

发端于非主流的低端市场或新市场，经过不断发展，最终削弱主流市场产品竞争力的创新，即为颠覆性创新。显然，所谓颠覆性创新，其基本过程就是基于新概念或技术的新应用，以新产品或新服务替代传统产品或服务，并在相关领域产生革命性变革，从而带来新的领域性增长。

正如引导案例所展示的那样，颠覆性创新可以从低端和高端两方面切入。从低端切入，颠覆性创新通过把复杂性技术简化，以低成本的商业模式，实现价值网络的经济性。颠覆性创新的商业模式逐渐从非主流市场向主流市场渗透，它的一些模式在主流市场看来可能会显得"不怎么样"，但是对于非主流市场而言，却已经"足够好"。从高端切入，则瞄准超越现有市场需求的定位，引领消费趋势，创造出新的用户需求（见图 13-5）。

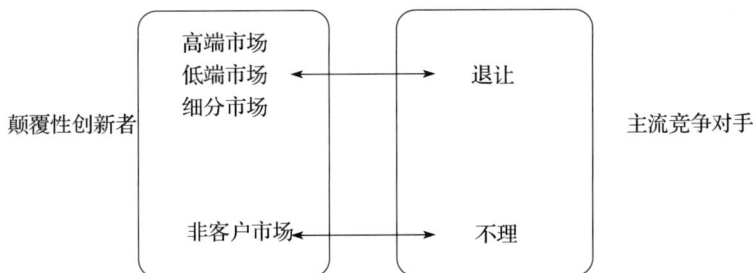

图 13-5　颠覆性创新竞争的不对称性

13.2.3　颠覆性创新的思维

在《创新者的困境》一书中，克里斯坦森采用一个小型钢铁厂对大型综合性钢铁企业的破坏之举提供了一个经典的样例，让我们了解为什么一旦新产品或新业务被塑造成破坏性战略后，就能轻易打败业界龙头企业。

2008 年，印度塔塔集团所生产的世界上最便宜的 1980 美元的"人民车"Nano 正式上市。自正式发布以来，Nano 微型汽车已经赢得了如潮的赞誉，印度知名的 Govindarajan 教授表示，它会像 PC 和 iPod 一样引发一场革命，其重要意义如同印度赢得独立或者印度发射的第一颗卫星。塔塔凭借着这款世界上最廉价的小汽车登上了《商业周刊》杂志"2008 年全球最具创新性的公司"排行榜，而且高踞第 6 位，排在 IBM 前面。

然而在中国，Nano 的待遇可是不怎么样。廉价小汽车本来没什么新奇的，QQ、奥拓、福莱尔、美日等车型在中国的大街小巷已经穿梭好几年了。不要说上汽、东风这样的大厂，就连比亚迪、奇瑞、天津一汽等廉价汽车的生产厂家，也毫不掩饰对 Nano 的不屑一顾。"不就是摩托加个盖嘛！中国消费者更喜欢配置齐全的、有点品位的小汽车。"

中国汽车同行的如此评价，与克里斯坦森教授事先的预测完全吻合：汽车同行的这种反应其实是对 Nano 最大的祝福。根据克里斯坦森教授的创新理论，在颠覆性创新的前期，竞争对手采取忽视与回避的对策，实际上是给创新业务提供了一个十分宝贵的"动机不对称保护伞"。所谓"动机不对称",是指当创新者采用新的商业模式、新的成本结构推出极低价产品时,在现存的厂家看来,这将完全是无利可图的、不值得花力气竞争的业务。所以,当颠覆性创新者瞄准那些低端市场时,主流竞争对手的态度通常都是退让或者不加理睬。

在颠覆性创新面前,企业需要随时保持敏锐的创新嗅觉,要关注行业的趋势,判断哪些竞争性技术方案可能会成为主导设计,并及时做出技术轨道的调整。企业需要改变自己的传统战略创新思维,开发那些潜在的市场需求,创造出竞争对手不理或者退让的态势。这样做,也许新业务开始时效益不怎么样,但是企业已经在新的创新轨道上起航。

13.2.4　创新生态系统

创新生态系统是由多种不同创新主体相互交织形成的开放、多维、共同演进的复杂网络结构。企业的创新环境发生着剧烈的变化,不确定性、复杂性和模糊性进一步增强。环境变化对企业创新管理理论和实践都提出了新的挑战。过去我们仅仅聚焦于企业内部创新行为,或者是一些独立的创新行为、单项技术的创新。但是,今天我们已经步入了"创新生态系统"时代,不仅需要关注企业内部的创新行为,还需要考虑同其他企业的有效协同创新、用户的参与、对创新成果的有效传递和应用,更需要关注整个"创新生态系统"的构建和持续运行。

创新范围正在从"封闭竞争"走向"开放合作"。波特认为,竞争优势来源于"企业通过自身创新创造比竞争对手更大的价值"。单个独立企业的创新已经不能够赶上外部环境变化的步伐,创新更多的是由多个企业在一个创新生态系统中相互合作完成的,创新边界已经超出了企业既有的边界。创新的挑战已经从企业内部走向外部,面对技术和市场的快速变化,要求企业走出内部创新的藩篱,主动进行开放式创新,通过合作伙伴之间的协同与互补实现创新。实际上,苹果、谷歌这些企业为用户创造的价值,不是仅由这些企业独自完成的。

创新组织正在从"一体化"走向"平台"。"一体化"一直是规模经济背景下的重要战略抉择和组织方式,也是很多企业乐于采用的创新组织方式。但是,当企业外部环境变化较大时,"一体化"表现出"组织刚性",不能很好地适应技术和市场变化,现实要求企业在组织创新活动时,必须具有一定的"弹性"。"平台"则是网络经济背景下的重要战略抉择和组织形式,是"创新生态系统"的具体应用。它使企业在组织创新活动时具有一定的"弹性",能够使企业的创新活动同技术和市场变化共同演进,同上下游相关合作方的创新共同演进。

构建创新生态系统的平台企业称为核心企业。创新生态系统中的核心企业通过组织、协调和数据挖掘等方式充分利用顾客信息和社会资源,设计运行规则,维护系统运转,促进创新生态系统成长,寻找并拓展价值空间。作为价值生态圈的"创新领袖",核心企业必须保持创新过程和方式的开放与协作同,共同创造解决方案并改变游戏规则,发现并形成新的商业理念和形态。企业之间的竞争不再仅仅依赖产品创新的差异化，企业需要思考创新生态圈结构的治理，并利用**创新冠军**（innovation champion）的地位以及生态圈中的网络能力进行技术创新。在创新生态圈中，核心企业或者创新冠军的能力可能不同，具体类型包括技术冠军、权利冠军、流程冠军、网络冠军，三类企业之间具有"互补性"（见表 13-4 ）。

表 13-4　创新冠军的类型

冠军角色	障碍类型	权利基础	行　为
技术冠军	知识	知识和技术专业性	发明家或者技术专家希望开发新技术
权利冠军	忽视与反对	资源控制层级化	施加政治影响或社会影响支持技术创新
流程冠军	官僚化	信息传递、交流技巧	协调技术冠军和权利冠军，将创新意见进行实施
网络冠军	缺乏合作	网络能力与互动潜力	连接与桥梁的作用

创新企业的领导者变成了生态网络的组织者，把客户、供应商、合作伙伴、消费者和监管者都纳入生态体系中去，把这些利益相关者的资源联结起来，并鼓励他们不断进行价值创造。由于生态圈中创新主体的多样性，创新领袖需要整合不同的视角，确保主要利益相关方和决策者的参与，思考各种影响因素之间的相互作用，以消除不确定性。所以，创新网络中的利益相关者最好具有一定的互补性，这样才有助于整个创新生态圈的关系治理。核心企业和创新冠军的主要功能在于加强合作网络中的创新效率。

13.2.5　颠覆性创新的路径选择

在位企业应对颠覆性创新，有以下几种路径选择。这些路径的选择，就是采取各种方式来克服在位企业自身的弊端，调整旧有和新业务的矛盾，整合大企业和小企业的优势，时刻具备战略的眼光，来克服自身的短视，通过不断调整来适应技术、市场的变化。

创建独立的组织　对创新困境提出的一个解决方法就是建立一个独立自治组织来发展和商业化创新。这种自治和独立主要是指流程和价值评价的独立，有独立的成本结构，而不是指地理位置上或所有权上的独立。建立独立组织的理由有两条：第一，在位企业总是把资源用在满足主流客户需求上，并侵蚀用于进行颠覆性创新的资源。第二，颠覆性创新的资源、流程、价值评判标准与原有组织的存在矛盾。当面对颠覆性创新时，在位企业能成功地继续保持其行业领先地位的唯一办法是成立一个完全独立的组织，并全权授权它使用全新商业模式创建一个全新的企业。

例如，在小型机颠覆了大型机市场后，IBM 公司依然能够保持行业领先地位的原因，就在于它利用一个不同的业务单位在小型机市场开展竞争。当个人电脑涌现时，IBM 通过在佛罗里达州建立一个有自主权单位的形式解决了颠覆性创新问题。惠普公司能够维持其在个性化打印机市场的领先地位，是因为它创建了专门用来生产和销售喷墨打印机的部门，这一部门与在博伊西市的打印机部门完全独立，主要负责生产和销售激光打印机。

组织改组　大型公司可以通过改变组织结构来获取机械化组织和有机组织的优势。

许多大公司都试图通过分权来克服组织的僵化和惰性，进而使公司的各个部门像小公司那样运作。通用电气、惠普、强生和通用汽车等公司都试图把公司重组成由小公司构成的业务群组来保证它们既能够获取整个公司资源，又能够保持小公司的简单性和灵活性，从而同时获取了大公司和小公司的优势。

反颠覆与并购　在位公司在应对颠覆性创新时值得重视的一种方法就是斯沃琪公司采用的"颠覆颠覆者"。在位公司不需要花精力对内部改造或者建立一个独立的组织，而是应该建立和保持与新创企业的联系网络。在位企业可以通过风险投资或者战略联盟或者持有股份等方式与其建立联系，等市场快成熟了，大公司可以去收购这个新创企业。新创企业因为缺乏资源、权力、市场和渠道，所以也通常愿意被收购。

13.3　蓝海战略

在商界，蓝海战略可谓是无人不知，然而究竟谁真正能参透，则不得而知。三星、谷歌等被称作蓝海战略的成功典范，但它们在蓝海战略出来之前已经成功了。当蓝海战略风行于世，中国不少企业就宣布自己正在实施蓝海战略，甚至有的说已获得了成功。《蓝海战略》作者金伟灿看出了问题，一是许多企业根本不懂什么是战略，二是营销上的一些创新也称不上是蓝海战略，因为战略是企业整体来说的，价值主张、利润主张、人事主张，这三者不可或缺，营销只强调价值主张。为了让把蓝海战略说得直观些，金教授用一个简单的故事来阐述。

这个故事是关于男女青年谈恋爱，即有两个极端情况，一类是又丑又笨又没有钱却受人欢迎而结婚的青年，另一类是又英俊又有才华又有钱而不受欢迎而不能结婚的青年，如果现在要你去竞争，要找到对象，那么你可以先在战略布局图上画出这两类人的价值曲线，然后采取"四步行动架构"来画出你自己的价值曲线。即先"剔除"那些导致高成本但异性对象根本不需要的因素，其次是"降低"那些异性对象要求没那么高的因素的标准，接着再"提升"那些异性对象比较在意因素的标准，最后是"增加"异性对象很关注但现在竞争对手都没有的要素。通过"四步行动框架"来要打破已有的边界条件，完成另辟价值曲线的效果，然后遵循这条价值曲线去做好，就能达到你的目的。

金伟灿通过故事强调蓝海战略是一种思维方式，其核心是"价值创新"，要去突破现有产业边界以及现有顾客的界定范围，开创没有竞争的"新市场"，要提供给新顾客群价格更低的产品，而且产品要有新的功效，并能激发出顾客新的需要。另外，要想成功，还得同时使整个公司的运作系统完全配合才行。

13.3.1　蓝海战略的基石

蓝海战略（blue ocean strategy）是由欧洲工商管理学院的金伟灿（W. Chan Kim）和

莫博涅（Mauborgne）提出的。蓝海战略认为，聚焦于红海等于接受了商战的限制性因素，即在有限的土地上求胜，却否认了商业世界开创新市场的可能。运用蓝海战略，视线将超越竞争对手移向买方需求，跨越现有竞争边界，将不同市场的买方价值元素筛选并重新排序，从给定结构下的定位选择向改变市场结构本身转变。《蓝海战略》一书为企业寻找和赢得蓝海提供了系统的操作框架和分析手段。

在《蓝海战略》一书中，市场空间由两种海洋组成：红海和蓝海。红海代表当前业已存在的所有行业，这是一个已知的市场空间。蓝海代表当前尚不存在的所有行业，即未知的市场空间。

在红海中，产业边界是明晰和确定的，游戏的竞争规则是已知的。身处红海的企业试图表现的超过竞争对手，以攫取已知需求下的更大市场份额。当市场空间变得拥挤，利润增长的前景随之暗淡。产品只是常规性的商品，而割喉式的恶性竞争使红海变得更加血腥。

与之相反，蓝海则意味着未开垦的市场空间、需求的创造以及利润高速增长的机会。尽管有些蓝海是在现有的红海领域之外创造出来的，但绝大多数蓝海是通过扩展已经存在的产业边界而形成的，正如太阳马戏团所做的那样。在蓝海中，竞争是无关的，因为游戏规则还有待建立。

在红海领域中击败竞争者始终是重要的。因为红海一直存在，并将始终是现实商业社会的一部分。但随着越来越多的行业出现供大于求的现象时，对市场份额的竞争虽然必要，但已不足以维持良好的业绩增长。企业需要超越竞争。为了获得新的利润和增长机遇，企业必须开创蓝海（见表 13-5）。

表 13-5　红海和蓝海战略比较

红海战略	蓝海战略
在已经存在的市场内竞争	拓展非竞争性市场空间
参与竞争	规避竞争
争夺现有需求	创造并攫取新需求
遵循价值与成本互替定律	打破价值与成本互替定律
根据差异化或低成本的战略抉择	同时追求差异化和低成本

不幸的是，蓝海在很大程度上是未知的。过去 20 年的战略研究主要集中于以竞争为基础的红海战略上。通过分析现有的产业内在经济结构，选择降低成本、细分市场或重点突破策略，人们对在红海里开展有效竞争已经相当了解。有些讨论是和蓝海有关的，但关于如何开创蓝海的实际指导意见却很少。由于缺少对蓝海战略的分析框架以及风险管理原则，管理者虽然有开创蓝海的渴望，但同时又唯恐风险过高，难以形成战略。企业经营的目标是在当前的已知市场空间的"红海"竞争之外，构筑系统性、可操作的蓝海战略，并加以执行。只有这样，企业才能以明智和负责的方式拓展蓝海领域，同时实

现机会的最大化和风险的最小化。任何一家企业，无论其规模大小，是已有的行业企业，还是新进入该行业的企业，都不应，也不能过度冒险。

蓝海战略令人信服地向我们展示了该如何追求创造性，而不是对抗性的战略方法，是叫你如何更好地形成低成本和差异化的兼顾的战略思维。如何做到这一点呢？价值创新就是答案。图 13-6 描述了差异化与低成本之间的动态关系，它们是价值创新的立足点。

当企业行为对企业成本结构和客户价值同时带来正面影响时，价值创新就在这个交汇区域得以实现。成本节约通过取消或压缩某些竞争因素而发生，而随着时间的推移，由价值创造所带来的规模效应会进一步促进成功。

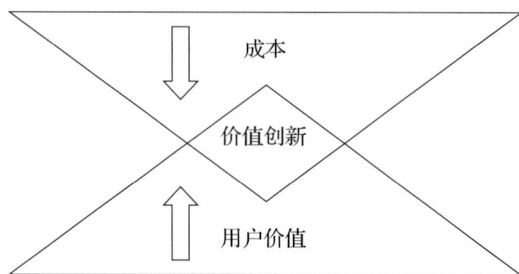

图 13-6　价值创新：蓝海战略的基石

蓝海的创造是在降低成本的同时为客户创造价值，从而获得企业价值和客户价值的同步提升。由于客户价值来源于企业以较低的价格向客户提供更高的效用，而企业的价值取决于价格和成本结构，因此价值创新只有在整个企业的效用、价格和成本行为正确地整合为一体的时候才可能发生。

价值创新对"价值"和"创新"同样重视。只重价值，不重创新，就容易使企业把精力放在小步递增的"价值创造"上。这种做法，也能改善价值，却不足以使你在市场中出类拔萃。只重创新，不重价值，则易使创新仅为技术突破所驱动，或只注重市场先行，或一味追求新奇怪诞，结果是常常超过买方的心理接受能力和购买力。价值创新让我们以一种新的方法思考和实施战略，从而开创蓝海，摆脱竞争。重要的一点是，价值创新挑战了基于竞争的战略思想中最广为人们接受的信条，即价值和成本间的权衡取舍关系。

13.3.2　蓝海战略的分析工具

尽管"蓝海"是一个全新术语，但其并非新鲜事物。无论过去还是现在，它都是商业生活的一部分。日益激烈的竞争状况不断显示，20 世纪的管理战略与方法所赖以存在的商业环境正在加速消亡。随着红海竞争变得日益残酷，管理者必须改变当前千军万马过独木桥式的习惯模式，向蓝海转型。

战略总是同时意味着机会和风险，无论在红海还是蓝海都是如此。但是目前，关于如何在红海取得成功的分析框架和工具远远多于对蓝海的研究。只要这种不平衡的局面延续下去，红海仍将继续支配企业战略的制订，即便开创蓝海的要求非常迫切。《蓝海战略》一书提出了在蓝海取得成功的若干原则和分析框架。

蓝海战略共提出六项原则——四项战略制定原则：重建市场边界、注重全局而非数字、超越现有需求、遵循合理的战略顺序。两项战略执行原则：克服关键组织障碍、将战略执行建成战略的一部分。表 13-6 表明了成功制定并执行蓝海战略所必须遵循的六项原则，以及通过把握这些原则所能降低的风险。

表 13-6 蓝海战略的六项原则

制定战略的原则	降低相应风险	执行战略的原则	降低相应的风险
重建市场边界	搜寻风险	克服关键组织障碍	组织风险
注重全局而非数字	计划风险		
超越现有需求	规模风险	寓执行于战略	管理风险
遵循合理的战略秩序	商业模式风险		

1. 原则一：重建市场边界

从硬碰硬的竞争到开创蓝海，可使用以下六条路径重建市场边界。

产业 跨越其他产业看市场。

战略集团 跨越产业内不同的战略集团看市场。

买方群体 重新界定产业的买方群体。

产品或服务范围 跨越互补性产品和服务看市场。

功能情感导向 跨越针对卖方的产业功能与情感导向。

时间 跨越时间参与塑造外部潮流。

2. 原则二：注重全局而非数字

一个企业永远不应将其眼睛外包给别人，伟大的战略洞察力是走入基层、挑战竞争边界的结果。蓝海战略建议绘制战略布局图，将一家企业在市场中现有战略定位以视觉形式表现出来，开启企业组织各类人员的创造性，把视线引向蓝海。

3. 原则三：超越现有需求

企业通常为增加自己的市场份额努力保留和拓展现有顾客，常常导致更精微的市场细分，然而为使蓝海规模最大化，企业需要反其道而行，不应只把视线集中于顾客，还需要关注非顾客。不要一味地通过个性化和细分市场来满足顾客差异，应寻找买方共同点，将非顾客置于顾客之前，将共同点置于差异点之前，将合并细分市场置于多层次细分市场之前。

4. 原则四：遵循合理的战略顺序

遵循合理的战略顺序，建立强劲的商业模式，确保将蓝海创意变为战略执行，从而获得蓝海利润，合理的战略顺序可按买方效用、价格、成本、接受分为四步骤。

5. 原则五：克服关键组织障碍

企业经理们证明执行蓝海战略的挑战是严峻的，他们面对四重障碍：一是认知障碍，沉迷于现状的组织；二是有限的资源，执行战略需要大量资源；三是动力障碍，缺乏有干劲的员工；四是组织政治障碍，来自强大既得利益者的反对，"在公司中还没有站起来就被人打倒了"。

6．原则六：将战略执行建成战略的一部分

执行蓝海战略，企业最终需要求助于最根本的行动基础，即组织基层员工的态度和行为，必须创造一种充满信任和忠诚的文化来鼓舞人们认同战略。当人们被要求走出习惯范围改变工作方式时，恐慌情绪便会增长，他们会猜测这种变化背后真正的理由是什么。

员工距离高层越远就越不容易参与战略创建，也就越惴惴不安，不考虑基层思想和感受，将新战略硬推就会引起反感情绪。要想在基层建立信任与忠诚，鼓舞资源合作，企业需要将战略执行建成战略的一部分，需要借助"公平过程"来制定和执行战略。

对于战略家来说，关键的问题是，如何彻底摆脱红海中血腥的市场竞争，开辟和获取一片无人争抢的蓝海市场空间。为了说明这些问题，让我们来看看**战略布局图**（strategy canvas），一种对于价值创新和开创蓝海来说都具有核心地位的分析框架。

战略布局图是建立的强有力的蓝海战略的诊断框架和分析框架。使用战略布局图，可以获取当前市场的竞争状况，了解竞争对手的投资方向，在产品、服务和配送等方面的竞争集中在哪些因素上，以及顾客在相互竞争的商品选择中得到了些什么。

图 13-7 以国内的经济型酒店为例，通过比较方式用图形方式将行业内竞争和投资所注重的关键成功因素表达出来。国内经济型酒店成功领跑的秘诀在于其战略决策在投资定位、营销主题、产品要素组合等方面符合蓝海战略理念，由此开创了新的价值空间，形成了创新价值曲线。在战略布局图中，我们可以得出经济型酒店和一般传统低星级酒店在餐饮设施、大堂和建筑、房间设施、卫生、便利服务、房间预订、价格等方面的差异。国内经济型酒店努力寻找自己的"蓝海"，有人说，经济型酒店是一星的墙、二星的堂、三星的房、四星的床，这种价值调整适应了市场的要求和客人需求的变化。

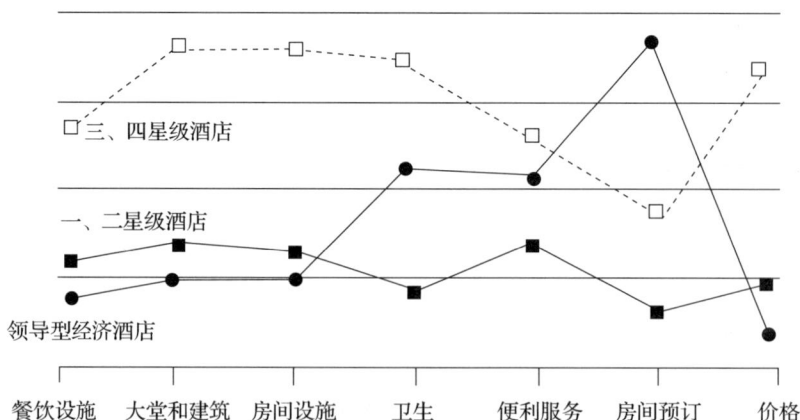

图 13-7　经济型酒店的战略布局图

为了重新构建买方价值因素，塑造新的价值曲线，我们开发了一套四步动作框架。为打破差异化和低成本之间的替代关系，创造新的价值曲线，有四个核心问题对挑战行业现有的战略逻辑和商业模式而言至关重要：

- 哪些行业中被认为理所当然的因素应该被剔除？
- 哪些因素的含量应该减少到行业标准以下？
- 哪些因素的含量应该提升到行业标准以上？
- 哪些行业内从未提供过的因素应该被创造？

四步动作框架的辅助分析工具，称为"剔除—减少—增加—创造"坐标格。这种表格要求公司不仅回答四步动作框架中的四个问题，同时要求在四个方面都采取行动，创造新的价值曲线。通过让企业在坐标格中填入在这四方面所要采取的行动，企业马上可以获得以下四个方面的益处：

- 促使企业同时追求差异化和低成本，以打破价值 – 成本之间的替代取舍关系。
- 及时提醒企业，不要只专注于增加和创造两个方面，而抬高了成本结构，把产品和服务设计得过了头。许多公司通常会陷入如此境地。
- 这一工具很容易被各层次的管理者理解，从而在战略实施中获得企业上下高度的参与和支持。
- 由于完成表格是项具有挑战性的工作，这使得企业能严格考查每一项竞争因素，从而发现那些竞争中所蕴含的假设，竞争中的企业往往无意中把这些假设当作是理所当然的。

13.4　互联网时代的战略与创新

创新的主体往往是那些创业企业，它们要创新才能活下去。大企业在保持相同水平的创造性和自由度方面远远落后于创业企业。谈到支付宝，马云说，创新是"逼出来的"，支付宝的模式谈不上创新，甚至很愚蠢，就是"中介担保"。我们不想去创造一种新的商业模式，只不过是为了解决很现实的问题。互联网技术的普及，使得创新的发生平民化、分散化，创新不一定由技术专家发起，也不一定集中在大企业内部。尤其在消费类电子产品行业，互联网技术培育了多样化创新的土壤。

在移动互联时代，每个创新企业都是创新浪潮中的一朵浪花，总是有的倒下，有的重新兴起，正是这些不断尝试新思维和新方式的企业推动了创新涌现。行业管制激发了阿里巴巴的创新，倾听用户成就了小米的创新，微信的创新则是现有产品和模式的混合……总之中国企业的创新文化已经形成。国内已经有一批雄心勃勃的创新和创业企业，例如，现在我们已经有了"雷布斯"。这些创业企业锐意进取，并不因为缺乏支持而畏步不前，善于在变化的世界中找到成功的诀窍。虽然创新资源有限，乃至一贫如洗，国内的创业者却能够容忍风险，并在短时间内采取大胆的决定，他们相信自己可以实现"弯道超车"，甚至发现新的技术路径。在此背景下，他们中的很多人成为勇而无惧的创新者。

13.4.1　移动互联时代的用户需求

如果能够明确问题是什么，便不再是问题。对于互联网，专家对于什么是互联网思维各抒己见，企业家面对互联网却焦虑不堪，根源便在于互联网影响的不确定性。每个企业都想拥抱互联网，可是不知从何做起。

消费者　移动互联时代用户的消费习惯和内容已经大幅改变。互联网时代，各种创新层出不穷，哪个创新能够变成真正盈利的产品和服务呢？马化腾说，搞不懂年轻人，就搞不定产品和服务。互联网尤其移动互联已经深刻影响人们的生活，企业需要充分考虑这个时代用户的习惯与偏好。

看不懂年轻人的喜好是每个传统企业最大的担忧。一个著名导演和女儿谈起电影《哈利波特》的拍摄，导演父亲内行地说，这个镜头是如何拍摄的、那个场景是如何布置的……女儿的回答却是"完全不是那么回事"。然后，告诉父亲那个是微缩景观、那个是电脑动画……导演父亲问为什么，女儿的回答是，因为我至少已经看过100遍。

互联网时代的"粉丝经济"可能不再是简单地盲从，而是发自内心地喜爱和对于技术的苛求。与苹果手机的产品权威态势恰恰相反，小米手机发动"米粉"一起做智能手机、智能电视等，也是利用用户的知识和技术实现开放式创新。

企业　与用户零距离，倾听用户的声音。

2014年年初，一场演讲在万科总部进行，在万科总部会不时看到来自不同领域的专家为管理层讲课。所不同的是，此次演讲嘉宾是一位90后女生——经营情趣用品的互联网创业红人马佳佳，听众则是这些久经沙场的万科高层管理者。马佳佳从70后、80后、90后三代人的区别，讲到年轻人要结婚的理由，最后的答案却告诉万科高层，90后是理想化、个性化的一代，在互联网浪潮下成长的90后，压根不需要买房。

年轻人所能引领的思潮不可估量。对马佳佳的批评，更有甚者，已经在思考如何拯救马佳佳的低智商信徒。值得注意的是，电影《小时代》迎合了互联网时代年轻观众的口味。所以，请听听年轻人的想法，"小伙伴儿们喜欢吗"，有时比行业专家要看得准。

战略创新　互联网正在"去权威化"，专家学者的知识创新不一定能够赶得上"百度文库"的更新速度，富有经验的管理学者也有必要弯腰向90后女生求教。这可能也是万科的初衷。互联网精神是什么，大家各有高见。正是因为观点的不同，才有了互联网创新的浪潮，每一个新思维都是其中的一朵浪花，推进移动互联时代的进步。基本而言，互联网精神是要零距离（倾听用户的声音）、网络化（保持开放与互联网接触）。只有这样，才能够准确发现用户需求，并快速满足、创造出用户价值。

13.4.2 互联网时代的"虚实融合"

线上线下的虚实融合正在成为互联网时代的主导商业模式。互联网思维对于企业能力提出了全面的要求，这种能力体现在，通过线上和线下的融合不断创造用户价值。虚实融合已经体现出平台的特征，企业需要从产品设计、到渠道营销再到配送安装，全流程吸引用户参与，引领创新，满足用户个性化的体验和需求。

传统对于线上和线下之间关系的理解可能会出现一些偏差，例如认为消费者是线下体验、线上购买，企业则是线上和线下渠道的差异化，这是一种割裂的思维。在互联网时代，用户的需求是"个性化的全流程体验"，这表现在用户参与产品设计、友好的购物界面、全流程信息可视化、快捷的配送和安装服务。在线上，用户不仅仅需要友好的购物界面，还需要参与到产品的设计中去；在线下，用户不仅仅需要实体店良好的购物环境，还需要快捷的配送和安装服务。线上线下虚实融合的内涵已经不断得到扩张，只有全流程的给予用户最佳体验，才能满足互联网时代的用户需求（见图 13-8）。

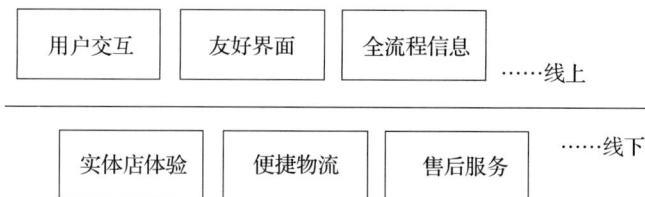

图 13-8　互联网时代线上和线下的虚实融合

1. 线上体验

用户参与产品设计

线上的含义变得更加宽泛，不再仅仅是渠道和购买的概念，用户在线上越来越多地参与到产品设计中来。小米手机是用户在线上参与产品创新的典型，因为是用户自己设计的产品，更加能够满足其需求。对于小米手机，无论操作系统，还是手机的功能，都体现了用户参与的理念。例如标记陌生电话，每个手机用户都可以标记推销广告、电信诈骗等手机号码，通过云技术，当被标记的电话打给一部小米手机用户时，就能显示出这个号码被标记的类别和次数。小米手机 MIUI 系统最大的特色就是定制主题，"米粉"们创造了各种主题模式，其他小米用户可以自由下载，例如"自由桌面"就把现实中的工作桌面模拟放到屏幕上，而不是普通智能手机的模块化桌面。小米具有"互联网思想"，发动数百万网友一起做手机，"米粉"们热情参与，充分发表自己对于产品的意见，累计在小米论坛提交了超过 1.3 亿篇技术帖。用户参与设计的产品，更容易获得用户的认同，用户购买后愿意给朋友推荐。由于采用用户口碑营销，小米手机的广告投入几乎为零。

友好的购物界面

在线上，天猫、京东、苏宁易购、亚马逊等电商平台的用户界面已经非常友好和完善。首先，产品推荐管理。电商平台采用大数据应用，发现用户的购物偏好，并向用户推荐其可能要发生购买的产品。其次，管理用户预期。用户从网上下单那一刻开始，想在最短的时间内拥有产品。亚马逊的做法是在用户下单时，就给出预计的到货时间，使得用户有个心理预期。最后，全流程信息可视化。在网站上，持续更新产品出库、物流等订单信息，并随时通过邮件和短信的方式告知用户，保证用户全流程信息的可视化。由于信息的透明，用户了解产品的物流状态，消除了很多不必要的用户抱怨。

2. 线下的体验

在线下，实体店需要有良好的购物环境，更多的是氛围体验而不是产品展示。因为来到实体店的顾客，可能事前已经在网上充分了解产品的价格和功能。例如，海尔专卖店引入了麦当劳的店面设计经验，希望实体店的设计有一种文化氛围。通过研究比对商圈店和社区店进店人数和成交率的关系，海尔发现在商圈店顾客对于轻松舒适的休息区域要求更高。在做了店面调整之后，顾客在店面逗留的时间明显加长，从而成交率也相应提高。

但是，"最后一公里"是电商平台所面对的主要难题。现在，用户越来越多地在网上购买大件产品，例如冰箱、电视等大家电，但物流准时送达还是非常困难，用户不但要求短时间内送达，还要求送装一次完成。通常行业的做法是，用户需要物流公司送货时在家签收一次，售后服务的安装又需要请假一天，这给用户造成了极大的不便。海尔日日顺物流通过用户沟通和互动，推出了"24小时按约送达，超时免单，送装同步"的服务，承诺在全国任何一个地方，只要用户购买产品就都能按约定时间送达，这个产品如果送晚了，就承诺"免单"，把订购产品免费赠送给用户。送装一体又体现了物流不仅仅是配送问题，预约安装、售后服务全部在配送的时候完成，而海尔完善的营销和服务网络是完成这一承诺的主要支撑要素。

13.4.3　战略创新

互联网时代，用户的需求和体验是全流程的。在线上，用户要求参与和购买；在线下，用户需要实体店的体验、快捷的物流和送装一体。只有通过线上和线下的虚实融合，才能够满足多样化的用户需求。在虚实融合的模式下，传统的商业准则已经发生改变。企业需要建立起互联网思维，通过平台战略而非产品战略、强调范围经营而非规模经营、采用拉动而非推动消费的方式、实现经营灵活性而非效率的优化。所有这些内容，最终的目标都在于满足用户体验。

1. 企业战略的变化

在虚实融合的思路下，企业更加容易采用平台战略以建立起自己的商业模式。小米手机认为自己不单是高科技产品公司，而是"第四大电商"，仅次于天猫、京东、苏宁易购。在虚实融合的思路下，企业的研发组织流程和资源配置的方式会发生相应的改变。小米手机的研发团队大约有 1000 人，如果不采用用户交互的方法，而是所有的产品功能完全由自己开发，那么研发队伍的规模可能是现在的三倍。通过小米手机的例子可以看出，用户不一定主导产品的设计，但是至少企业可以通过用户交互判断消费者的需求，以及检验自己的技术方向是否正确，并通过网络效应放大了既有技术的价值。

2. 核心能力的扩张

线上线下的虚实融合对于企业的核心能力提出了更高的要求，线上 / 下企业的核心能力要逐渐向线下 / 上互相延伸。很多电子商务平台首先是一个互联网企业，线上的能力可能很强，但是线下的能力是很多互联网企业所不具备的。亚马逊是一个互联网企业，在美国物流业务依赖于 UPS、DHL 等企业。但是，随着新鲜食品配送业务的拓展，第三方物流逐渐不能满足企业的配送需要，亚马逊也在美国市场建立自己的配送团队。苏宁易购则是线下企业的核心能力向线上延伸的典型案例。

13.5 内部创业

戈尔特斯（Gore-Tex）是戈尔公司的王牌产品，一直为广大户外运动爱好者所熟悉和钟爱。戈尔公司是一家具有创新传统的企业，除了戈尔特斯产品，其还拥有 2000 多项专利，遍布纺织、电子、医疗器械、制药、化学等产业，全世界超过 2500 万人使用了戈尔公司生产的医学植入体。

从 1958 年 Bill Gore 成立戈尔公司至今，公司一直保持以团队为基础的扁平"网状"架构，致力于营造一个鼓励创新的环境。戈尔公司没有传统的组织架构，没有从上至下的指挥链，也没有预先指定的沟通渠道。各个"同事"相互之间直接交流，团队中每位同事都对其他成员负责。戈尔公司的项目和团队不经由指派形成，而是自由组建。

究竟是什么原因使得戈尔公司获得了如此巨大的成功？其庞大的组织背后究竟有何种价值观的支撑？它吸引员工的关键因素又是什么？所有问题的答案都可以归因于其创新的企业文化。

作为企业的一种实践，内部创业意味着以正式或非正式的方式来激励和支持内部创业者。内部创业者通常在没有被要求的情况下进行创新方面的活动，他们通过勇敢和持久的行动，将创意变成有利可图的现实，因此内部创业者是公司内部的企业家，他们为组织的目标、为雇主的利益而服务。

内部创业适用于各类公司，但大公司尤其需要内部创业者以此来保持公司的创新性和灵活性。内部创业者在掌握一些诸如从失败中学习、快速地重新设计、节俭的方法、尝试直到成功等动态的创业管理方法便会增加企业的发展潜力，不然，企业只是一个静态的组织。内部创业者在得到信任他们的经理的支持、帮助指导、保护以及资源来取得发展并找到自己的成功之路。在这个过程中内部创业者还不必承担与创业失败有关的风险。

内部创业必须由中层管理者和一线管理的人员发动并支持，而进入创新的时代，中层管理者很重要的角色就是倡导并支持创新。人们需要逐渐淡化他们个人的职位角色，同时他们的项目团队意识要不断增强。

13.5.1　内部创业的含义和形式

创新与创业是企业成长的重要机制和模式。**创业**（entrepreneurship）是个人、团队或组织识别和追求创业机会的过程，并且这些机会不会直接受到现有资源的约束。创业机会是指新产品和新服务能够满足某种市场需求的情形。当市场和生产要素中存在不完全竞争或者它们由创业者独立开发出来时，就会存在创业机会。无论创业机会出现在何时何地，企业都要善于把握和追求。

内部创业（intrapreneurship）是企业成长的重要途径。事实上，随着规模扩大，企业在其主要业务领域发掘机会以维持成长的能力也将递减，为了能持续成长，必须培育内部创业精神，由企业内部创业者掌握机会，以驱动新资源的组织或重整。

企业内部创业本质主要是自治、创新、冒险、预见性和竞争性进攻。企业内部创业不仅可以满足员工的创业欲望，同时也能激发企业内部活力，改善了企业内部的分配机制，实现创业者和企业双赢的目标。

以创业活动所有权与控制权为依据，企业内部创业的类型通常认为有四种，如表 13-7 所示。

表 13-7　创业活动与所有权和控制权的关联

控制权及所有权的程度	成长方式
完全占有及控制	内部发展 并购
部分占有及控制	多数股权对少数股权 合伙；合资
部分控制却无占有	技术授权 特许加盟 长期合约

企业内部创业本质上要优于自行创业，具有先天优势。因为企业环境是创业家所充分熟悉的，企业可以提供制造设备、供应网络、技术资源、各项人才、营销网络、市场来源、一级企业品牌。创业者不必费时向外界筹措资金，可以通过创业活动来促进企业的成长，而且失败后果的承担责任较低，相对成功的机会也较大。问题的关键在于如何克服企业组织对创业行为的阻力，理清内部的机理。

13.5.2　内部创业的模式选择

内部创业与初创企业有所不同。初创公司是寻找一个可重复、可扩展的商业模式的临时性组织。而一个大型公司正相反，是用来执行一个可重复的、可扩展的商业模式的常设机构。在现有公司内部创业与初创企业面对的外部环境是显著不同的。好消息是，内部创业项目能够获得母公司更多的资源，无论是充足的现金流、强大的品牌、充满活力的供应链、超强的分销能力，还是熟练的销售队伍，这都是大多数初创公司想都不敢想的。不过负面的影响是，这些资产本来是专为执行现有的业务模式准备的，而它们往往与创新的商业模式格格不入。

1. 内部创业的类型

不同的内部创业类型可能出现于同一个企业：管理型、投机型、模仿型、获得型以及潜伏型。管理型创业即传统的研发经营方式。革新活动在特定的研发部门组织进行。而且，所有研发开销和活动都限于经营管理计划之内。投机型创业是指在内外环境中审视并采用革新的发展。模仿型创业是指模仿并把外界的革新发展作为己用。获得型创业是指获得或合并创新企业。潜伏型创业（或称新企业管理方式）是指在已有企业中创建半独立单元，目的如下：

- 观测外界和内部的革新发展。
- 审查和评估新的企业机遇。
- 创造并培育新的企业发展。
- 在这种形式中创造了一种清晰的创业传导氛围。在这种方式中，内部企业管理（在企业内部开展革新活动）和外界企业管理（有独立的企业家对外的投资）都有可能发生。

2. 内部创业的机制

企业内部创业机制是指企业合作系统中形成的推进内部创业的各因素、各环节之间的相互关系以及所采用的制度等，具有系统性和功能性的特点。既然企业内部创业有不同的类型和模式，那么构建企业内部创业体制的方式又有哪些呢？

机构方式　由机构化的程序加以执行并鼓励革新，并向革新方面投入更多的资源，这常常会导致增值革新。这种方法很明显反映了传统的研发管理方式，又被称为"管理型创业"。

变革方式　它与集中型创业非常相似。这种方式涉及有意识地做出努力远离现有的组织业务。首先，在原有的形势下运作并不能发现重大的改变。其次，假设对变化的抵制将阻止成功地执行由机构过程所产生的革新。

演变方式　它比其他两种的意向性更弱，革新变成一种混乱无序又充满概率的过程。结果，革新在模糊的界线中被激发，而人们鼓励平行的革新过程以便弄清机遇在革新过程中的作用。

对于企业内部创业的机制而言，内部创业活动要承担一定的风险，创业进程也具有不确定性。通过内部创业，企业能够留住具有革新精神的企业家，他们需要适合创业的环境和进行创业活动的自由，而这种环境和自由恰恰是企业内部创业机制提供的。

一个令人难忘的例子是施乐公司的内部创投公司，施乐科技风险投资公司（XIV），由罗伯特·亚当斯在 1989 年推出。尽管其获得外部的成功，但施乐却在 1996 年选择关闭该公司。为什么呢？原来施乐科技风险投资公司的成功造成了施乐母公司内部的很多不满。施乐公司各部门认为，XTV 的成功大部分应归功于施乐母公司的技术和客户资源，XTV 却抢了所有的功劳。更糟的是，罗伯特·亚当斯和他的两个伙伴得到了该基金的附带权益的 20%，这更是引发了大量不满。所以，XTV 赢得了市场，却失去了母公司内部的支持。

3. 内部创业的模式选择

为何一个企业家会选择企业内部创业，而不新建一个企业呢？一个主要动机是有可能获得快速发展的资源而降低自己的风险。企业可以为创业人提供各种途径来获取现有的技术、品牌，消费和分配关系以及更多的资金去创建新的商业机构。内部创业能够从现有的市场项目、市场功能以及技术中获益。创业人也能够获得内部创业的创造性结果，这些结果可以利用到现有的产品上，同时也能以低成本达到有效的分配。

获得启动资金是企业家进行创业的前提条件，也是最困难的事情。企业内部创业在一定意义上可以获得更多的资金，而且他们也能够比独立的企业家更容易获得外部资金支持。对创业人而言，内部创业的一个缺点是自治权的丧失，然而独立的内部创业管理人有大量的自治权，并且不受制于官僚政治，他们拥有简单而集中的结构，允许快速的行动。许多企业家重视独立，但是支持内部创业的企业很少能够提供这种独立，对内部创业管理人实施严格的控制也有好的方面。

企业内部创业领导者必须平衡多种的政治目标和企业目标，这些目标对于创业的进程和方向选择有决定性作用。与独立的创业创始人相比，企业内部创业创始人面临更少的风险，他们不仅有更多的允许失败的机会，而且能够通过其创业项目得到持续的资金支持。企业内部创业领导者应成功地运用内部创业战略，确保创业活动的成功。

源于企业内部（内部创业）或外部（外部创业）的想法和模式，能够采用诸多途径来实现。企业内部创业实现的途径有三种：①整体嵌入，它发生在内部创业和现存企业机制十分接近的时候；②让企业的内部创业单位享受到充分的自主权，或者可以作为新的企业而建立；③如果内部创业对于企业而言，战略重要性不高，或者创业机制不是有效的，那么内部创业将被分离出去。

此外，内部创业公司还必须做到，获取母公司高层权威人物的稳定支持，将自己的业务流程隔离和保护起来，以避免受到母公司既得利益集团的毁灭性打击。

4.内部创业的组织文化

创业精神的一个显著特征是被熊彼特称为破坏性创新精神和必要的冒险精神，这尤其为诸多的风险性行为或者首创产业所需要。于是一个社会的企业家要能够诞生并脱颖而出，社会的文化氛围和制度安排就必须能够容忍和鼓励创新。

企业是否能够长久创新，组织文化有重要的决定性。越来越多的案例说明，是文化驱动了企业创新。无层级、无领导的组织形式，宽松的创新氛围，培育了企业对于创新风险的偏好，以及着眼于未来的意愿，最终促进创新的产生。当不少互联网企业乏新可创的时候，反而一些传统行业的企业，如戈尔、3M 等的创新实践吸引了人们的目光。

在以往的模式中，创新依赖于商业领袖的力量，但企业面临的最大挑战是持续发展和持续变革。成功的领导者不愿承认自己的智力资本在贬值，缺乏改变现状的意愿，渐渐故步自封。我们从戈尔特斯的案例中可以发现，创新文化的形成有赖于有效的组织、自由的环境、宽松的心理氛围，以及创新产出的重新定义。在组织的基础上形成自由的创新环境，使得人们在企业内部能够非常容易地沟通和相处，营造自由发挥和思考的空间，促进创新。

自由的环境和宽松的心理氛围塑造了员工的想象力，决定了他们所能够创造出的"新颖性"程度，所以创新产出的范围应该更加宽泛，而不是仅仅狭义地理解为"产品创新"。仅仅强调产品创新则忽视了服务、商业模式、流程、渠道等其他创新形式。

创新企业需要拥有与其文化相匹配的员工，当然，不能适应这种创新文化的员工亦不会留在这类企业。创新文化在营造宽松环境和氛围的同时，又要求员工必须能够自主建立社交网络、发现创新机会、自我推进目标，即员工的行为方式必须与企业的创新文化相匹配。创新文化就是员工的行为文化，企业必须成为更有适应力、更具创新力、更鼓舞人心的工作场所。

停止创新便意味着被淘汰出局。在麦肯锡的调研中，24% 的 CEO 认为创新是最重要的工作，高管人员对创新的重视态度是高投入的重要信号。

在创新过程中，高层领导者的支持非常重要，他们必须服务于创新目标，并将那些价值观认同的员工团结在一起。创新文化的形成可以通过加强各种创新工具的应用来实现，比如头脑风暴、行动学习等，这些工具能够从不同的方向拓展个人大脑的思维，并产生创新性的结果。

| 本章回顾

◆ **创新**（innovation）：以现有的知识和物质，在特定的环境中，改进或创造新的事物（包括但不限于各种方法、元素、路径、环境等），并能获得一定有益效果的行为。**战略创新**（strategic innovation）：企业成长方式的创新，通过产品、服务和商业模式的创新，改变商业游戏规则，并创造新的用户价值。战略创新包括蓝海战略、颠覆式创新、互联网时代商业模式创新、内部创业等。

◆ **创新生态系统**（innovation ecosystem）由多种不同创新主体相互交织形成的开放、多维的、共同演进的复杂网络结构。创新组织正在从"一体化"走向"平台"。"一体化"是传统规模经济背景下的重要战略抉择和组织方式，"平台"则是网络经济背景下的重要战略抉择和组织形式，是"创新生态系统"的具体应用。

◆ **蓝海战略**（blue ocean strategy）聚焦于红海等于接受了商战的限制性因素，视线将超越竞争对手移向买方需求，跨越现有竞争边界，将不同市场的买方价值元素筛选并重新排序，从给定结构下的定位选择向改变市场结构本身转变。

◆ **O2O** 虚实融合正在成为互联网时代的主导商业模式。互联网思维对于企业能力提出了全面的要求，这种能力体现在，通过 O2O 不断创造用户价值。虚实融合已经体现出平台的特征，企业需要从产品设计、到渠道营销、再到配送安装，全流程吸引用户参与，引领创新，满足用户个性化的体验和需求。

◆ **内部创业**（intrapreneurship）是企业成长的重要途径，它的本质是自治、创新、冒险、预见性和竞争性进攻。内部创业不仅可以满足员工的创业欲望，同时也能激发企业内部活力，改善了企业内部的分配机制，实现创业者和企业双赢的目标。

探索与研究

1. 生态系统与企业创新。
2. 互联网时代下，商业模式创新的"要"与"不要"。
3. 中国企业创新及其内部创业的文化土壤。

参考文献

［1］ Christensen, C M. The Innovator's Dilemma: When New Technologies Cause Great Firms to Fail［J］. Harvard Business Review Press, 1997.

［2］ Christensen, C M, Bohmer R, Kenagy J.　Will Disruptive Innovations Cure Health Care?［J］. Harvard Business Review, 2000, 78（5）: 102-112.

［3］ Palmer D, Kaplan, S. A Framework for Strategic Innovation-Blending strategy and creative exploration to discover future business opportunities［J］. InnovationPoint LLC, 2012.

［4］ Zheng, H. The Growth and Expansion Path of BYD Company Limited and its Innovation Model［J］. International Academic Workshop on Social Science, 2013 .

［5］ Rao J, Weintraub J. How Innovative Is Your Company's Culture［J］. MIT Sloan Management Review, 2013.

［6］ Rao J, WL Gore. Culture of Innovation［J］. Babson 商学院案例库, 2012.

［7］ Klerkx L, Aarts N. The Interaction of Multiples in Orchestrating Innovation Networks:

Conflicts and Complementarities [J]. Technovation, 2013, 33 (6): 173-246.

[8] Kostoff R N, Boylan R, Simons G R. Disruptive Technology Roadmaps [J]. Technological Forecasting and Social Change, 2004, 71 (1): 141-159.

[9] Thomond P, Lettiee F. Disruptive Innovation Explored [R]. Cranfied: Cranfield University: 2002.

[10] Wang H, Chris K. Innovation and Leapfrogging in the Chinese Automobile Industry: Examples From Geely, BYD, and Shifeng [J]. Global Business and Organizational Excellence, 2013.

[11] 克莱顿·克里斯坦森,詹姆斯·奥沃斯,凯伦·迪伦.怎样衡量你的人生 [M].丁晓辉,译.长春:吉林出版集团,2012.

[12] 金伟灿,勒妮·莫博涅.蓝海战略 [M].吉宓,译.北京:机械工业出版社,2005.

[13] 迈克尔·希特,杜安·爱尔兰,罗伯特·霍斯基森.战略管理:概念与案例 [M].刘刚,吕文静,雷云,等译.北京:中国人民大学出版社,2013.

[14] 吉福德·平肖,罗恩·佩尔曼.激活创新:内部创业在行动 [M].郑奇峰,于慧玲,译.北京:中国财经出版社,2006.

[15] 李伟,蓝海战略在旅游经济型酒店中运用的思考 [J].北方经济,2010 (8).

[16] 切萨布鲁夫.开放创新的新范式 [M],陈劲,等译.北京:科学出版社,2010.

[17] 滕斌圣,互联网放大传统企业创新空间 [J].商界评论,2014 (8).

[18] 滕斌圣,开放式创新的竞争与合作 [J].商界评论,2014 (7).

[19] 孙黎,颠覆性创新的路径 [J].IT 经理世界,2008 (21).

[20] 吴燕雨.比亚迪变轨 [J].中国经济和信息化,2013.

[21] 王钦,赵剑波.步入 "创新生态系统" 时代 [J].中国社会科学报,2013.

[22] 赵剑波.移动互联时代的数字化商业 [J].清华管理评论,2014 (10).

[23] 张枢盛,陈继祥.颠覆性创新演进、机理及路径选择研究 [J].商业经济与管理,2013.

第 14 章
全球化经营

一个企业需要有全球性的战略眼光才能发愤图强，
一个民族需要汲取全球性的精髓才能繁荣昌盛，
一家公司需要建立全球性的商业生态系统才能生生不息。

——任正非

华为如何再续传奇

有一家公司在 1988 年创业时仅有 3 位员工，3000 美元的创始资本。截至 2013 年，它
的销售收入达到 389 亿美元，67% 来自中国之外的市场，有 15 万员工，其中外籍员工有 4
万多人，产品服务于全球 30 多亿人口。2014 年，Interbrand 公布的"2014 年全球企业品牌
价值排行榜"中它排名第 94 位，品牌价值达 44.13 亿美元。2015 年，它和联想一同进入了
"2015 全球企业品牌价值排行榜"，排名分别为 88 和 100，品牌价值分别达到了 49.52 亿美
元和 41.14 亿美元。这家公司就是华为集团，他的创始人兼 CEO 叫任正非。

华为为什么要进行全球化扩张？用任正非的话表达，就是为了活下去。如果华为不是从
18 年前走出国门，屡战屡败，屡败屡战，并最终成为世界 500 强排名第 285 位的全球通信行
业领导者，那么华为很可能会遭遇巨大的意识形态困境。

而华为是如何正确处理母国和东道国、标准和创新、控制和授权这三大矛盾，继而成为
中国最成功的全球化企业之一的？

直到 1997 年，华为才以在俄罗斯成立合资公司的方式迈出了全球化的步伐。其全球化
战略是先进入竞争压力稍小的市场，然后再进入西欧和美国等更成熟的市场。凭借精心设计
的战略和全力实现全球卓越运营，华为已发展成为非常成功的全球化企业，其产品和解决方
案已经应用于 170 多个国家和地区，服务于世界上 1/3 以上的人口。

在开始全球化之前，华为 1998 年通过著名的《华为基本法》提升标准化和控制力度。
《华为基本法》作为"在企业前进过程中，华为员工思考复杂的管理问题时所采用的综合框

架"，在华为成功学会如何"赶上跨国企业并与之竞争"的过程中发挥了重要的作用。

华为不仅努力实现标准化，还致力于将流程提升至国际水平。在 20 世纪 90 年代末期开始全球化时，华为在运营效率方面远远落后于国际竞争对手。为了缩小差距，华为在 1997 年启动了"IT 战略规划"项目，聘请 IBM 重塑其业务流程并开发一套 IT 支持系统。通过该项目，产品开发和供应链管理等业务流程得以优化，而且在华为的整个运营体系包括海外分支机构中，这些流程都实现了标准化。但是，华为与国际水平看齐的步伐并未就此停止。自此以后，华为不断聘请全球领先的咨询公司提升自己的管理能力并打造由客户需求推动的流程和体系。

经历了大规模的全球扩张后，华为感觉到总部集权的管控方式日渐力不从心。创始人兼总裁任正非也多次强调"让听得见炮声的人来决策"，因为只有当地团队才最贴近海外客户。作为在当地授权和总部控制间保持平衡的重要一步，华为聘请了全球领先的咨询公司根据毛利率和现金流等关键数据制定企业的授权体系。例如，在授权的现金流范围内，当地团队具备完全的自主权，但同时也需要实现盈利。当决策权超过授权范围的情况下，需要经过一套审批流程。这一体系将官僚主义的影响降至最低限度，并提升了运营效率。

自从开始全球化工作以来，华为不遗余力地建立了一套基于 IT 的全球通信网络，从而推进不同分支机构和业务部门间的积极合作。华为在 100 多个国家的 300 多家分支机构中都部署了该网络，使得不同地区之间的沟通变得很容易。例如，在非洲工作的员工能拿起电话打给南美洲的同事寻求帮助，无须总部的任何协调。该全球网络还能使得信息在不同时区和不同业务部门之间快速传达。

人才战略在华为的全球扩张过程中发挥了重要的作用。为了培养自己的全球化人才，华为选派员工前往海外发展中市场，相信他们会在更艰苦的环境下更迅速地成长。外派员工享受理想的薪酬和福利。与此同时，华为也争取实现更高程度的本土化，规定东道国的招聘人员应该优先聘用当地人才。2012 年，在海外华为中高层管理人员、全部管理岗位管理者和全体海外员工的本地化率分别达到 22%、29% 和 73%。华为同时为当地员工提供课堂培训和在线学习等发展机会。

华为还利用全球人才资源服务于其全球运营。2013 年，华为在伦敦成立了全球财务风险控制中心，负责管理全球财务风险并确保其财务管理满足最高的国际标准。选择伦敦作为中心所在地的原因是因为当地有充足的金融人才。而在研发方面，华为也根据不同区域的人才比较优势成立了不同研究方向和特点的研发中心，例如，其位于印度的研发中心专门从事软件开发，而在俄罗斯的研发中心则专攻算法。

华为的全球化扩张有三个核心特征。特征之一：华为主动接纳和融入由西方人主导的全球商业秩序，在管理制度和流程方面"全面西化"。特征之二：法律遵从。遵守联合国法律和美国法律，华为将美国法律视为国际法，并严格遵守所在国家的法律。特征之三：文化遵从。华为有一个道德遵从委员会，其主要职责就是引导和规范华为员工从语言、习俗、宗教乃至于生活习惯等方面主动适应和融入所在国家或地区。

27 年来，华为始终坚持在通信产业的主航道上高度聚焦，反对走产业多元化的道路；2014 年年初，又进一步提出"针尖战略"。何谓"针尖战略"？即是进一步收缩战略进攻面，将所有的资源和能量聚焦到华为概念上的"针尖小的面积"，以确立华为在核心领域的标准制定权和定价区。这样的结果是，将形成本质层面的竞争差异化，避开与西方公司的利益冲突，达成在高价值区域与对手的需求互补，实现华为在全球化中的和平崛起。恐惧和危机是任何变革的根本理由，聚焦、聚焦、再聚焦造就了华为这家中国企业的核心竞争力。

20 世纪 90 年代以来，经济全球化迅速发展，并以科技革命和信息技术发展为先导，涵盖了生产、贸易、金融和投资各个领域，囊括了世界经济和与世界经济相联系的各个方面及全部过程。

交通技术和通信技术的进步是全球化的依托，企业追逐利益最大化是全球化的原始驱动力，而资本的全球化则是全球化的重要体现。我们也可以这么说，目前全球化体现为市场经济体系在全世界的扩张，而其他方面的全球化，都从资本全球化衍生而来。我们所探讨的企业全球化发展，也是基于这样的基础——企业如何在资本、信息、资源、市场等全球化共享的发展背景下顺势而上，获得更广、更深、更高的发展。

实际上，企业经营全球化最早从欧洲（以德国为代表）、北美（以美国为代表）兴起，日本和韩国公司紧随其后。企业经营全球化表面原因当然是不可抵挡的全球化现实和趋势，根本原因则是基于企业自身经营角度的考量——借助当今世界快捷、便利的全球交通体系和通信技术（电话、网络等），在世界范围内有效地配置全球资源，以形成全球范围的一体化经营体系（包括技术和产品开发、采购、生产和销售等）。由于企业整体经营面向全球市场，因此企业的生存和发展空间由一国或几国拓展到全球，从而可以获得企业竞争优势。例如，世界范围内的大生产带来的规模经济与经验可以显著降低成本；通过世界各地的销售和服务网络向各地的代理商和客户提供产品和服务，获得最大可能的市场；聘用全球范围内优秀的人才为企业服务，提升企业的竞争能力；在全球范围内组织低成本原材料、人工等资源的能力降低生产成本等。

14.1　企业全球化发展

全球化无处不在，却又无法捉摸，但它是我们这个时代最宏伟的时代背景。它可以喧闹如 1999 年被愤怒的民众所包围的西雅图街头，同样也可以安静如午后手中的一杯星巴克咖啡。它是一个"千面人"，因为它正在我们当代的政治、经济、社会、文化等各方面雕刻着属于它的印记，经济学家眼中的全球化是生产和资本在全球范围内的大规模自由流动，经济学的效率原则得到了完美的演绎；政治学家眼中的全球化或是满目疮痍的国家，或是被相互依存所紧密联系的合作；社会学家眼中的全球化是社会的各种同构现象或阶级的分化；文化学家眼中的全球化是好莱坞和可口可乐在全球推行的美式文化和与此不协调的"人体炸弹"所引起的熊熊烈火……

14.1.1 全球化相关概念

全球化（globalization）一词最早由西奥多·莱维特（Theodore Levitt）1985 年在其著作《市场的全球化》中提出。他用这个词形容此前 20 年间国际经济的巨大变化，即商品、服务、资本和技术在世界性生产、消费和投资领域中的扩大。然而，早在"全球化"概念诞生之前，世界便已开始全球化的进程。从古代时期的跨国贸易，到第二次世界大战前殖民主义国家的殖民掠夺，从冷战时期联合国提出的国际发展战略，到冷战后世界贸易组织的成立，全球化经历了漫长的加速过程。

经济合作与发展组织（OECD）认为，经济全球化可以被看作一种过程。在这一过程中，经济市场、技术和通信形式都越来越具有"全球性"特征，民族性和地方性减少。联合国贸易和发展会议（UNCTD）认为经济全球化是指生产者和投资者的行为日益国际化，世界经济是由一个单一市场和生产区域组成，而不是由各国经济通过贸易和投资流动连接而成，区域或国家只是分支单位而已。

国际货币基金组织（IMF）把经济全球化作为跨国商品和服务贸易及国际资本流动规模和形式的一种增加，以及技术广泛传播导致世界各国经济相互依赖性的增强。俞正樑教授将经济全球化定义为"世界范围内各国和各地区经济融合成整体，按照市场经济要求保证生产要素在全球范围内自由流动和合理配置的历史过程"。乌尔里希·贝克认为全球化描述的是一个相应的发展过程，这种发展进程的结果是民族国家和民族国家主权被跨国活动主体，被他们的权力机会、方针取向、认同与网络挖掉了基础。著名跨国公司研究学者阿兰·鲁格曼认为全球化是跨国公司跨越国界从事对外直接投资和建立商业网络来创造价值的活动。

经济全球化的定义具有以下几个方面的共性：

- 经济全球化是一个历史的进程。虽然关于全球化的起点有不同的争论，但学者们都认可全球化是人类漫长历史的一条时间轴线，人类社会至今仍处于这个进程之中，这个进程将在何时，以怎样的方式结束，我们同样无法预测。
- 经济全球化是一种力量。它超越了传统的民族国家体系，赋予跨国行为体以"超级权力"，使它们具备了改造民族国家的力量。同时它也壮大了社会的力量，使原本被领土束缚的公民社会超越国家，形成了边界之上的全球公民社会。全球化这股力量正在引导着人类社会走向新一轮的深刻变革。
- 经济全球化是一种模式。它是以资本和技术为动力的市场经济的全球性扩张。尤其在 20 世纪 70 年代西方国家普遍实行新自由主义的经济政策之后，资本被赋予了无上的权力，资本在冲破国界的同时，也冲破了国家自由选择经济发展模式的空间，新自由主义成为国家融入全球经济的前提。

- 跨国公司是经济全球化最重要的载体。没有一家单独的机构比得上跨国公司可以被认为是当前全球经济的主要塑造者。

全球化是一个复杂的综合概念，它不仅表达了经济一体化的内涵，还涵盖了社会一体化的趋势。因此，全球化是一种以经济为先导、以价值观为核心、以政治为辅成、以广义的文化为主体的社会合理化与一体化浪潮。

当全球化被解释成**国际化**（internationalization）时，这个词就只指两个国家之间的交往和相互信赖的增强（扬·阿特·肖尔特，2003）。从这个视角看，一个全球化程度越高的世界就是一个拥有更多信息、思想、商品、金钱、投资及更多跨越国界和版图的人民。

一些学者，如保罗·赫斯特（Paul Hirst）和格雷厄姆·汤普森（Grahame Thompson）认为，全球化是一个特别强烈的国际化形式，"全球"是国际性组织的一个特别的子集合体（罗森伯格，2001）。而另一些学者则认为，"全球的"和"国际的"是同义词，是可以互相换用的。实际上，绝大多数对全球化试图进行量化的尝试，都已经把这个全球化的过程想象为国际化了，例如参照两个国家的跨边界活动计算出的全球化指数。这些测量指标只是在版图的基础上，测定一个国家比另一个国家更加全球化。而全球化是一个社会空间的概念，它将世界看作一个整体，一个多维的复杂环境，并不是以国家为视角的，简单的国际化程度的表述。

当全球化的概念被等同于国际化时，全球与本土的二元对立便自然出现。本土被描绘成直系的和亲近的，而全球则是疏远的、隔离的，全球是依赖依靠关系而形成的统治王国。实际上，我们所处的环境，既不是"地方的"，也不是"全球的"，不是本地性与全球性的对立关系，它是地方和全球的（及其他空间范围的）特别的混合。

因此，在讨论全球化时，我们是站在世界整体的角度，分析世界市场中机遇与挑战，而不仅仅是以本国仰望世界的视角出发，讨论如何走出国门，进入别国市场。

在全球化的发展背景下，"全球市场"这一名词也应运而生，**全球市场**（global marketplace）也称为世界市场、国际市场，既是一个地理概念，也是一个经济概念。世界市场是在各国国内市场的基础上形成的。但是，世界市场并不是各国国内市场的简单相加的结果，两者之间既有不可分割的联系，又有十分明显的差别。全球市场这一概念，可以从其内涵与外延两个方面来理解。全球市场的内涵，是指国际商品经济关系的总和，包括商品交换背后的生产者之间的关系。全球市场的外延，是指它的地理范围，其地理范围要比一国的市场范围大，前者包括世界各国之间的商品交换，后者只包括一国疆域之内的商品交换。在全球市场的内涵和外延两方面中，其内涵决定全球市场的经济本质。

作为一家全球化企业，成立于1868年的塔塔集团，主要业务涉及七个领域：通信和信息技术、工程、材料、服务、能源、消费产品以及化工产品。塔塔集团旗下拥有100多家子公司，其办事机构遍布 100 多个国家，并为 150 多个国家提供产品和服务。集团 2012 ~ 2013 财年总收入为 967.9 亿美元，其中 62.7% 来自海外市场，在全球各地的职员数量超过 54 万人，塔塔集团旗下的诸多子公司都处于全球领导地位。

全球市场按洲别或地区可以划分为西欧市场、北美市场、非洲市场、东南亚市场等，也可以按国别划分为美国市场、日本市场、德国市场、英国市场、中国市场等。联合国在有关的统计中常把世界各国划分为发达国家市场、发展中国家市场和中央计划经济国家市场三大类。

此外，我们在谈论企业在全球市场竞争战略的时候总是聚焦于日本、欧洲、北美这三个世界经济的三极。但是随着新兴经济体（比如除中国外的俄罗斯、印度、巴西、南非等）的崛起，我们不能忽视它们为未来全球经济发展提供的强大动力。换句话说，这些新兴市场对于企业的全球化战略有着至关重要的意义。

虽然是全球市场，但是并不就意味着统一的需求。由于文化、经济发展程度等差异，各个国家或地区的市场存在不同。因此，对于跨国企业来说，必须努力使各自的战略、产品服务适应当地的市场。

全球化的典型企业——可口可乐公司，它在世界不同地区的味道是大不相同的（含糖量根据国家的情况而定）。可口可乐公司曾推行一系列以北极熊为主体的全球广告，借此宣扬某种全球性的价值观和兴趣取向，但是其效果却并没有各个子公司依据当地特色推出的广告好。

随着经济全球化的发展，国际交往的频繁，不同国家消费者的价值观念逐渐走向融合，他们通过相互学习和模仿形成巨大的全球顾客群，这将促使更多行业的产品形成全球市场。表 14-1 比较了全球主要区域的市场。

表 14-1　全球主要区域市场比较

区域 \ 要素	购买力要素	资本要素	技术要素	劳动力成本要素
北美	高	高	高	高
欧盟	高	高	高	高
非洲	低	低	低	低
南美	低	低	低	低
南亚	低	低	低	低
中东	高	高	低	低
东盟	低	低	低	低
日本	高	高	高	高
中国	较高	较高	较高	较低

我们还要提及的一个重要概念是跨国公司。**跨国公司**（transnational corporations，TNC）首先由里恩索尔（D. H. Lienthal）1960 年在卡内基梅隆大学（Carnegie Mellon

University）经济学院创立 10 周年纪念会上提出。此后，对于这种跨国经营的公司曾经有过"**国际公司**"（international corporations）、"**多国公司**"（multinational corporations，MNCs）或"**全球公司**"（universal corporations）等多种命名。对跨国公司偏经济意义的定义众多，但大多基于以下四个方面各有侧重：

- 从地理意义上认为跨国公司是在国家边界以外运营的企业。
- 从产权归属的意义上将跨国公司视为对外直接投资并控制经营权的企业。
- 从经营组织形式上将跨国公司阐述为水平一体化或垂直一体化经营的企业体系。
- 综合性地将跨国公司视为在一个以上的国家拥有生产设施、并在一个国家设有决策中心使各个经济实体实行统一的战略，各实体间通过股权和其他方式彼此联系，相互分工，共同承担风险、资源、利润和责任的企业。

1974 年，联合国经济社会理事会（Economic and Social Council，ECOSOC）统一了跨国公司采用"transnational corporations"的称谓。

早期的全球化是以国际贸易为代表的国际化，那么跨国公司的发展则推动了真正意义上的全球化。而跨国公司作为最主要的资本拥有者，通过对外直接投资、证券持有、外包等形式，建立了一个全球性的生产、服务体系，真正地按照竞争优势，将世界各国纳入到经济全球化的体系中来。

随着经济的发展和全球化的趋势，越来越多的大型企业需要从国际上寻求需求与供给两方面的市场，从而进行资源优化配置，这也是使中小型企业到跨国公司的生存发展需要。各国逐渐在推动商品、服务和资本的自由流动方面取得共识。随着世贸组织的形成，各国越来越将政策照着贸易和投资壁垒减少的方向前进，从而减少全球化发展中的阻碍。为了寻求广泛的资源、新生的市场以及低廉的成本，大型跨国企业逐渐在全球市场中涌现，特别是以西方发达国家为主。随着全球化的发展进程，跨国公司越来越呈现出生产国际化、经营多元化以及决策全球化的特点。跨国公司逐渐发展为世界经济结构的主体，在促进世界经济一体化的进程中发挥着重要的作用。

跨国企业从事的经营方式有多种形式，横向扁平型经营、纵向垂直型经营、混合型经营方式。这三种经营方式均有特有的全球化竞争特色。

横向扁平型经营的企业仅仅从事单一的产品生产经营，因此母公司以及子公司之间鲜有专业化的分工。但是，一切生产技术、销售经验、研发技能、知识产权以及商标品牌等无形资产在企业内部转移的比例也相对占据很大的份额。

不同于扁平型经营，纵向垂直型经营方式是母公司与子公司经营不同领域、但相互关联的产品，主要为一些涉及原材料以及初级产品的跨行业公司。此外，还有一种垂直型经营方式，子公司和母公司经营同行业的产品，但两者负责产品不同的加工阶段，主要以汽车、电子产品等行业为主。

混合型经营的跨国企业则经营多种产品，类似于扁平结构与垂直结构的混合经营方式。

跨国公司采取全球化战略，将生产经营设施安排在最有利的国家内，对它们的战略行动统一协调，及时转移在技术开发、管理创新上的成果，更充分地利用公司的核心竞争力，以进入发达国家、发展中国家和欠发达国家不同类型的市场。国际化是全球化的一个阶段，企业企图进入海外市场，仅在国内和少数区域进行业务，全球化是国际化的最终结果。

跨国公司与多国公司代表了公司两种完全不同的运营模式和全球化程度。多国公司实质上是跨国公司的早期组织形式，它侧重于公司的国际化，即大型企业为了打破政治分割性的市场，绕过高关税和贸易壁垒，在国外建立体系完备的分公司，将整套的采购、生产和销售体系"水平转移"。在多国公司的系统中，每家分公司具备自身独立的系统，每家独立的分公司听命于多国公司总部的规划。跨国公司则侧重于公司的全球化，即大型企业通过在全球各国的竞争优势配置，在全球建立起一套完备的生产和服务系统。在这套由跨国公司所建立起来的全球性系统中，跨国公司并不为自己界定一个明确的国家标识，它们仅仅为追逐利润最大化在全球每个角落拓展业务，并尽力使自己的子公司具有高水平的**本土响应力**（local responsiveness）。

14.1.2 企业全球化发展

全球化发展战略是跨国公司为了获得长期、稳定的全球竞争优势，从全球观点出发，利用不同国家和地区的区位比较优势，把价值链上的各个环节和职能加以合理分散和配置，使它们有机地结合起来，实行综合一体化经营，努力降低生产经营成本，以期实现最大化的全球效率。

全球化战略总目标是不断提高自己的竞争优势，以求在激烈竞争的全球市场上生存和发展。其重点是守住企业总部或产业簇群根据地活动的创新优势，同时把其他活动扩散至其他地点，以争取低成本的资源和进入外国市场的机会。全球化战略的本质在于国际化的协同效应在何时出现，以及如何才能超越在各国分别经营的总和。

实际上，全球化战略是对全球化市场的回应。企业是否需要全球战略，要视所处产业的国际竞争态势。要形成全球化市场的行业必须具有两个特点：一是成本在竞争中的决定性地位，二是地区需求差异小且贸易可行性强。

全球化战略又分全球高份额战略和全球一席之地战略两种。

全球高份额战略多为巨型跨国公司所采用，这些公司将自己看作是全球产业的一部分，追求在全球市场上占有高份额。产品、定价、促销、分配和营销战略的其他方面都围绕着全球市场细分而行动。尽管研究与开发费用的绝对数十分高昂，但与销售额相比的相对数却很低，甚至大大低于行业平均水平。

全球一席之地战略追寻的是专业化道路，多为一些较小的跨国公司所采用。这些公司走向国际化的动机是通过专业化获得一项或多项全球竞争优势，采用这种战略可以避免与追求全球高份额战略的大型跨国公司发生正面冲突，专业化的领域可以是产品、服务、技术、产品生命周期阶段、细分市场、生产阶段或其他活动中的某一项。

芬兰造船公司瓦西拉（Wartsila）采用了全球一席之地战略。当日本和欧洲造船大户在大运量干货船和油轮方面激烈竞争时，瓦西拉公司却成功地占领船舶市场上豪华游轮和破冰船这一块"一席之地"市场。瓦西拉利用"船小好调头"的优势，在这块对大跨国公司无吸引力的专业化细分市场上迅速跟踪客户的需要。

全球化战略是跨国公司海外经营范围达到相当程度后采取的战略，一般在其国外经营活动已经超过企业销售总额30%的情况下，企业才会把战略角度从局部转向全球。跨国公司只有将海外抢占来的据点连成线并由线到面，最终形成网络结构并取得全球竞争优势，才能实现全球化战略。

1. 全球化战略目标

企业全球化发展战略的目标分为总目标和分目标。总目标是指在日趋复杂的环境下从全球范围考虑公司的市场与资源分布，提高竞争能力，增强竞争地位，最大限度地去实现总体利益。这一战略总目标可细分为：

核心目标　最大限度地在一些新的领域与较强的竞争对手竞争并取得进展，即使这些领域是不熟悉的。核心目标决定能否赢得优势的垄断优势。

基础目标　使公司当前的经营活动在总体水平上有效益，并能适当地管理由于这些效益而可能导致的经营风险。基础目标决定能否在一定时期内生存下去，同时还能为进一步发展创造基础。

发展目标　培养公司内部的学习能力以不断创新和进步，并使自己有能力适应未来环境的挑战。发展目标是公司保持和提高全球竞争实力的关键。

优先目标　在战略评估的基础上，确定轻重缓急的顺序，优先实现事关公司全局的经营。优先目标体现了突出重点、解决主要矛盾的指导思想。

全球化发展需要企业对上述目标体系的管理，通过对这些目标以及各个目标之间相互作用的管理，减少分目标之间的冲突，使得它们的组合效用最佳，也即使战略总目标的实现达到令人满意的程度。

有着百年经营史、在世界所有能源公司中最具全球性的荷兰壳牌石油公司对战略目标的管理很有特色：为了应付世界不稳定性，例如战争和即将发生战争的可能，壳牌公司用了三道防线，树起三个目标，即地理上分散、产品的多样化和迅速适应变化。它在大约50个国家里销售石油，某个地方发生政治或经济动乱对该公司的其他部分不会有多大影响。在政治气候特别微妙的国家里，壳牌公司通常通过在该国市场取得垄断权，来确保自己获得非常高的收益。它在风险大的国家里如不能赚取丰厚利润，便撤走了事。壳牌公司把实行产品多样化限于相互紧密关联和协同配合的能源和化学行业，极少远远越出自己熟悉的行业范围。这样一种目标搭配有助于把各季度的起伏拉平，在上游企业（勘探和生产）、下游企业（提炼和销售）以及相关化工产品（工业用的、农业用的和石化产品）之间保持良好的平衡。

再如韩国专门生产内衣的白羊公司，一直把出口、扩大海外市场视为公司成功的坚定不移的目标，即使出口亏损，也绝不减少出口量，以维持海外顾客联系网。它认为，从长远的观点看，只有持续出口才能有新的飞跃，因为"白羊"商标已在世界市场上有了信誉，虽然暂时亏损一些也要守信用，保证出口合同。白羊公司的产品不仅出口到美国、日本等传统市场，而且扩大到中东、俄罗斯和中国等 47 个国家与地区，在经营战略上实现了全球化。

2. 全球化战略类型

实现公司全球化战略目标的手段是多种多样的，由于在全球战略下不严格区分国内市场和国外市场，而是对全球各地市场一视同仁，企业可以有各种选择。

出口战略 企业根据本国在一定时期的经济发展状况和国际市场的产品需求状况，对出口产品做出的战略性规划。出口战略是国际化战略中最为常见也是成本最低的一种方式。

并购战略 企业通过收购国外企业或通过与国外企业合并的方式进行国际化扩张的战略。中国企业更愿意采取收购的方式进行并购战略的实施，而这一点是与国外企业不同的地方。例如 2008 年金融危机发生的前后，中国许多企业利用国外市场这一契机，在全球范围内进行了大肆的并购活动。并购的最大好处就在于可以迅速获取收购企业的技术、品牌和销售渠道，能够快速提升企业竞争力。

新建工厂 企业在国外建立工厂进行国际扩张战略。新建工厂可以使企业对目标市场有更深入的了解，进而可以根据市场需求提供差异化产品。新建工厂和在国外建立分公司、子公司同属于绿地投资，这种投资就是能够加强企业对国外市场的控制，也能够使企业建立起自主品牌。

进口战略 进入国际市场的首要保障就是高质量的产品，高质量产品需要多种资源和要素的组合方能制造。在进行国际化的过程中，如果我们缺少某种技术，那么就需要从国外进口，随后运用这种技术生产高质量产品，这样就为进入国际市场打下了坚实的基础。

跟随战略 每一个企业都有自己的竞争优势。不管企业的规模多大，都不可能在所有方面都具有竞争优势，同理，一个企业再小也可能会有自己的竞争优势。这种状态就决定了企业之间可以通过协作进行优势互补。合作过程中小企业的专业度和业务精通是很大的优势，这是大型企业与其合作的原因。而与大企业进行合作也是小企业发展不可缺少的条件。

纳入战略 企业通过各种各样的方式参与到跨国公司的生产经营中，利用的是国际网络资源。与跟随战略相同，纳入战略也强调的是大小企业之间的协作关系。不同的是纳入战略强调的是国内小企业和国外大企业之间的协作关系。

纵观主要的跨国公司，我们可以发现全球化发展下的研发与运营活动具有许多共性。

为了创建一种全球化的研究与开发网络，跨国公司往往首先建立一支具有创新精神的团队。公司总裁以及高层经理人员建立一个由 5 ~ 8 人组成的技术指导委员会，成员构成呈现"交叉"态势。他们往往具有深厚的专业技术知识以及丰富的管理经验。

一般地，研究与开发机构分为两大类型：母国基地扩张型与母国基地开拓型。

母国基地扩张型（home-base augmenting）企业的研发活动主要是为了从公司的竞争者以及国外大学获取信息。通过这种方式，研究开发信息从国外的有关机构传向母国研究与开发总部。

母国基地开拓型（home-base exploiting）企业的研发活动主要是为了支持海外制造基地生产出能与当地需求相适应的标准化产品。通过这种方式，研究开发信息由母国研究与开发机构总部传向国外有关机构。

一项调查表明，大约 45% 的跨国公司研究与开发机构采用母国基地扩张型，其余 55% 则采用母国基地开拓型。两种类型的研究开发机构其平均人数大约都在 100 人。但是，这两种形式在其战略目的以及领导方式等方面有着显著的区别。

14.2　中国企业全球化与品牌国际化

全球经济的飞速发展，为中国企业战略实践提供了更加广阔的舞台。而面对日益加剧的全球化竞争，随着跨国企业大步迈进中国市场，国内市场的"天花板"效应使得中国企业必须在全球市场寻求成长与发展的空间。

然而，反观全球市场，针对中国设置的各种贸易和投资壁垒也在显著增加，中国企业基于廉价劳动力的成本优势正在被抵消，那么中国企业如何在全球范围内进行竞争？采用何种战略？如何提高盈利能力？这将是本章着重想要解决的问题。全球化给中国企业带来的挑战是巨大的，客户带来的挑战、竞争对手带来的挑战、金融风险的挑战等足以警示中国企业家必须在全球市场寻求成长与发展的空间。

14.2.1　中国企业的国际化历程

中国企业的战略环境及战略发展

由于中、西方工业、社会、政治体制的不同，战略在西方和中国所历经的道路也迥异。西方社会的战略在 20 世纪 20 年代初期就已开始形成、发展，60 年代正式将战略管理纳入企业管理范畴，经过几十年的理论发展和实践，西方企业的战略应用已十分成熟。中国企业战略从 80 年代才慢慢开始，是在一种既复杂又特殊的环境中发展的。自中国改革开放以来，中国企业所处的战略环境大致可分为三个阶段，每个阶段各有不同特点（见图 14-1 ）。

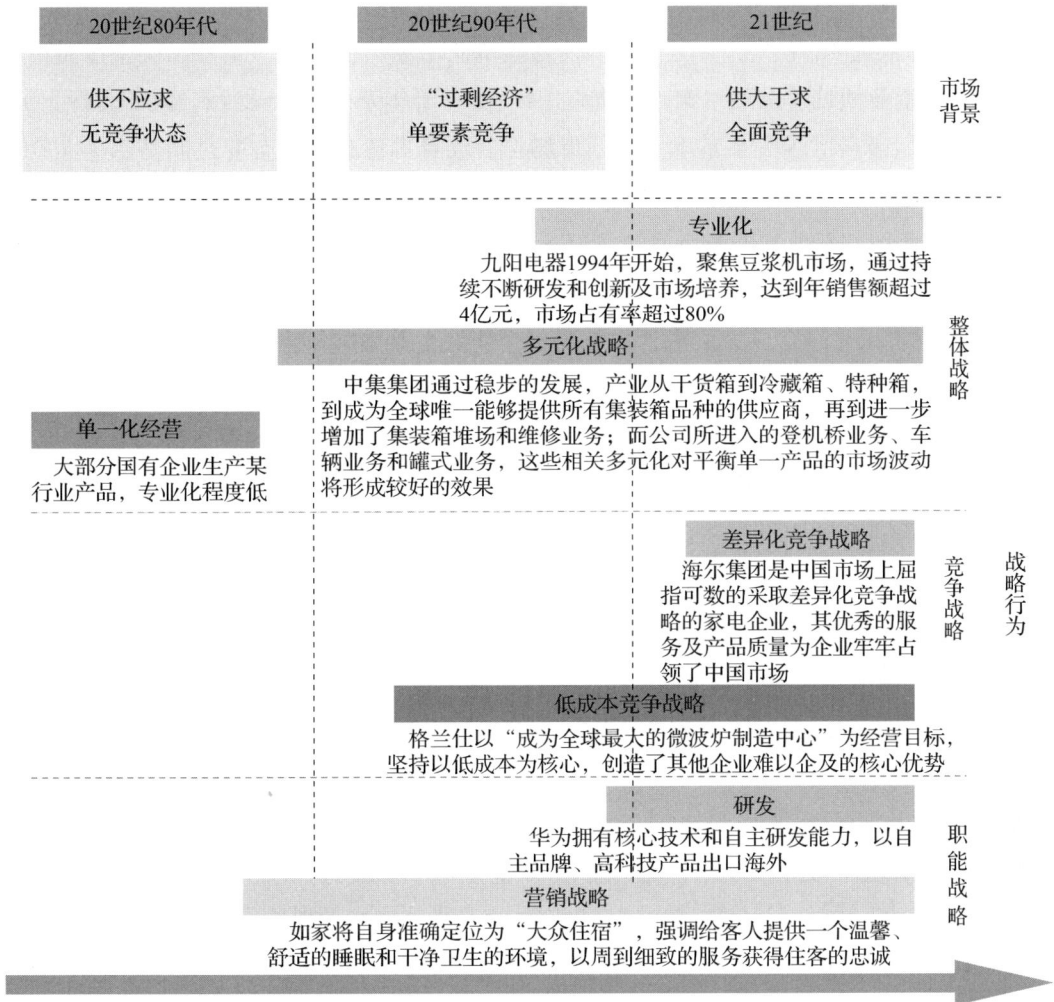

20世纪80年代	20世纪90年代	21世纪	
供不应求 无竞争状态	"过剩经济" 单要素竞争	供大于求 全面竞争	市场背景

专业化
九阳电器1994年开始，聚焦豆浆机市场，通过持续不断研发和创新及市场培养，达到年销售额超过4亿元，市场占有率超过80%

多元化战略
中集集团通过稳步的发展，产业从干货箱到冷藏箱、特种箱，到成为全球唯一能够提供所有集装箱品种的供应商，再到进一步增加了集装箱堆场和维修业务；而公司所进入的登机桥业务、车辆业务和罐式业务，这些相关多元化对平衡单一产品的市场波动将形成较好的效果

单一化经营
大部分国有企业生产某行业产品，专业化程度低

整体战略

差异化竞争战略
海尔集团是中国市场上屈指可数的采取差异化竞争战略的家电企业，其优秀的服务及产品质量为企业牢牢占领了中国市场

低成本竞争战略
格兰仕以"成为全球最大的微波炉制造中心"为经营目标，坚持以低成本为核心，创造了其他企业难以企及的核心优势

竞争战略

研发
华为拥有核心技术和自主研发能力，以自主品牌、高科技产品出口海外

营销战略
如家将自身准确定位为"大众住宿"，强调给客人提供一个温馨、舒适的睡眠和干净卫生的环境，以周到细致的服务获得住客的忠诚

职能战略

战略行为

图 14-1 中国企业所处战略背景的三个阶段

20 世纪 80 年代占主导地位的经济体制是计划经济，在这种体制下，经济发展的主要方式是改革：一方面，通过国有企业的承包经营、租赁经营、转换经营机制等多种方式释放原有企业的能量；另一方面，从限制到允许私有经济的发展，刺激新企业的形成。整个宏观经济的特征是短缺经济，改革使消费者的消费需求空前扩大，但企业产品的供应却相对较少，总体市场出现供不应求的状态，同时市场中的空白处极多。因此，企业产品之间基本上处于无竞争状态。由于产品的供不应求，消费者基本上无选择余地，消费行为是盲目的，买得到的就是好的。80 年代，中国国有企业的总体战略行为是"专业化"的。其特征是：企业仅生产某类行业中的产品，但企业生产过程是"大而全"和"小而全"，即生产过程和技术的专业化程度很低。不仅如此，企业还拥有许多非经营性资产

（医院、学校等），被称为"小社会"。民营企业的总体战略行为比较专业化，但这种专业化并不一定是企业所有者刻意为之的，而是市场机遇造成的。与国企相比较，民营企业较少具有"小而全"等特征。

进入 20 世纪 90 年代，中国开始从计划经济向市场经济转型。随着国有企业能量的释放和民营企业的日益发展，宏观经济在 1997 年下半年开始进入"过剩经济"时代。从总量上而言，市场供求关系基本平衡，市场空白数量日益减少。企业之间开始进入单要素竞争阶段，即"一招鲜"成为竞争的有力武器，竞争程度日益加剧。进入 20 世纪 90 年代，中国企业的总体战略行为发生了巨大变化，多元化经营成为 90 年代的主导战略行为。在 80 年代中后期，一批军工企业开始生产民用产品，是中国企业多元化的先行者。1992 年后，多元化经营成为上市公司、民营企业的主要战略行为。这些企业涉足的新行业主要是房地产、生物工程、金融等。到 90 年代末期，多元化经营形成高潮。市场机遇驱动是 90 年代多元化经营的主要特征。尽管当时市场在总体上供求平衡，但中国作为后发展国家，仍然存在许多新的行业和市场。这些新的行业和市场，是原来根本不存在的。一旦有先行者进入，由于进入门槛较低，后来者就会蜂拥而至，战略趋同自然产生。不过，与此同时，某些企业也开始在多元化经营基础上实施"专业化"战略，以降低多元化程度，集中资源于某几项核心业务，甚至单一核心业务。

进入 21 世纪，中国占主导地位的经济体制是市场经济。为适应全球化发展，开放成为中国经济发展的主导方式。随着开放广度和深度的双重推进，中国过剩经济的特征更为突出。总体市场呈现出供大于求的局面，市场空白很小，企业之间的竞争日益走向全面竞争。理性的消费者行为占主导地位，显现了个性化需求。同时，中国企业的总体战略行为开始出现差异：一是专业化企业在 20 世纪 90 年代的发展过程中，逐渐从计划经济体制下的"专业化"走向市场经济下的"专业化"；还有一批 90 年代诞生的企业，坚持利基战略并取得成效。二是多元化经营尽管受到许多严厉批评，但仍然是中国企业重要的战略抉择和企业成长方式。三是较多的多元化企业主动采取专业化战略，日益取得成效。在竞争战略层面，单纯依靠某个卖点的产品很难在市场上较长时期地生存。低成本成为中国企业的唯一竞争武器，尤其是与跨国公司竞争。差别化战略被少数优秀企业采用，但其战略绩效还有待观察。在这种状况下，中国企业的生产战略重点开始逐渐转向低成本与高质量，营销战略的重要性并未降低，变化的是营销战略日益走向战略性营销。增强企业的核心竞争力为诸多企业纳入首要长期任务，技术研发战略日益受到中国企业的重视。

中国特有的政治、社会背景和文化使中国企业战略发展之路显得格外特殊，其特征是：移植国外战略模式能力强但深度明显不够；发展速度快但创新少；群体行为多但个性模糊。目前，中国企业已经到了实践和认识能力战略理论的关键的时候，没有对这种战略的系统性的理解，就无法在这种竞争和创新的市场环境中找到自己存在的价值和空间。在我们已知失败的企业中，不难看到由于战略错位，企业经过一段蓬勃发展的爆发期后，紧接着便进入一个战略塌陷期，我们可以看到"巨人"的倒塌、"德隆"的失败、"三九"的解体，究其本质都是对战略的理解错位。但是，也不难发现，进入 21 世纪以来，企业对于战略的定位也从一项管理项目提高到了企业赖以生存和发展的基础，中国的企业在崎岖中不断探索与前进。可以预见，战略管理将在中国变得更为成熟、更有实效。

中国企业品牌国际化历程

改革开放之前，在计划和短缺经济环境下，中国企业和顾客对品牌的认知逐渐缺失，品牌基本丧失了它的功能。从这一情况看，到目前为止，品牌在中国经济中发挥作用的历史并不长，与欧美各国动辄上百年的品牌相比更是无法相背。纵观改革开放后中国品牌发展的客观历程，品牌国际化过程可分为品牌再认知、品牌创建、品牌国内竞争、品牌国际竞争、品牌国际化五个阶段。

品牌再认知阶段　20 世纪 80 年代，随着改革开放政策的推行，以家电为代表大量国外产品进入，日本家用电器品牌使人们重新对品牌获得了认知，了解了品牌代表的内涵。在中外合资企业建立过程中，虽然许多中方企业以商标作价入股，但企业设立后，原有品牌要么被边缘化，要么被搁置不用，取而代之的是大量外资企业品牌的进入，中国原有品牌处于被排挤的地位，如美加净、熊猫、友谊等品牌。在自有品牌缺乏认知度的情况下，贴牌加工开始在中国兴起，大量国外知名品牌为充分利用中国劳动力成本优势，纷纷设立加工贸易企业，开展贴牌生产。由于贴牌加工的性质，中国国内企业赚取的是较低比率的加工费，而外资企业通过品牌获取的巨额的利益，这使中国企业深切地感受到品牌的重要性。

品牌创建阶段　20 世纪 90 年代初，中国企业开始认识到，只有建立自己的品牌，才能使企业和产品在国内市场与外资企业竞争中拥有一席之地。为此，一些企业开始制定自身的品牌发展战略，注重企业形象设计和传播，定位企业营销和服务的理念；国家相关部委也开展了许多有关品牌和商标的评比活动；以各级地方政府为主导，开展创名牌活动，同时大力扶植中华老字号，以期通过恢复原有老品牌，加强企业的竞争能力。可以看出，这一阶段的品牌创建，不是发自企业自身的主动行为，而是以政府行政为主导推动运动，其动因还主要来自市场的竞争压力。海尔品牌的构建就是这一阶段的典型案例。

品牌国内竞争阶段　20 世纪 90 年代后半期，伴随外资企业以各种形式对中国投资的不断扩大，品牌竞争也越发激烈，中国企业开始认识到与外国品牌展开竞争的必要性，随即围绕品牌在价格、广告和售后服务方面进行了激烈的争夺。在竞争中依据强大的成本优势，开始抗衡国外品牌，长虹、格兰仕、联想等本国品牌，逐步具备了在国内市场抗衡国外品牌的能力。与此同时，企业为强化品牌认知度进行了大量投入，花费重金打造品牌广告，以扩大品牌的认知度和知名度。

品牌国际竞争阶段　进入新世纪，特别是伴随着中国加入 WTO，改革开放进程进一步加快，中国品牌已不满足于对国内竞争的参与，开始积极主动的进入国际市场，实施品牌国际化战略。许多国内企业开始认识到品牌走出国门的必要性，海尔、上广电开始在国外投资设厂，TCL 开始收购国外品牌，格兰仕继续坚持贴牌生产，强化品牌的制造意识，联想通过收购 IBM 个人电脑业务将自身的品牌和产品扩散到世界各地。

品牌国际化阶段　伴随着中国对外贸易的快速发展，中国企业实力得到了明显增强，国际收支状况也得到了根本改观，中国的世界工厂地位初步确立。以此为条件，企业对外投资迅猛发展，与这一过程相伴随的必然是品牌国际化进程的加快，在这一过程中，以海尔、联想为代表的家电企业，以华为、三一重工为代表的装备制造业，以中石油、中石化为代表的能源产业，以中国银行、中国工商银行为代表的金融服务业，日益加快了品牌国际化进程，并且在国际相关领域获得了相应的地位和竞争力。

这些国际化探索引人瞩目的企业当属海尔、联想、复星、华为、阿里巴巴以及「上下」。

- 海尔——安营扎寨模式。海尔在海外建立自己的生产基地，直接建立和推广品牌，避免更多的关税壁垒等，如海尔在美国、巴基斯坦等国所建立的生产基地。
- 联想——借船出海模式。联想收购 IBM 个人电脑部门使联想一跃跨入世界 500 强行列，获得了 IBM 在国际上成熟的团队和销售渠道。
- 复星——"中国式巴菲特"模式。复星集团在投资后管理上强调经营改善和分红，在对接资本上强调资产的证券化，开展资产管理业务，寻找长期稳定的可投资金。
- 华为——技术领先模式。华为注重建立和开发自己的技术体系，有明确的国家市场目标，先占领发展中国家市场，后大力出击发达国家市场，形成了自己品牌的拳头产品和优势，如今，国际销售已超过公司销售的 50%。
- 阿里巴巴——电子商务服务模式。阿里巴巴把集团旗下所有事业群重新划分，C2C 以淘宝集市店为核心、B2B 以阿里巴巴为出发点、B2C 以天猫商城等为主，加以第三方支付平台支付宝（alipay），构建了一种全新的电子商务服务模式 CBBS（Consumer-Business-Business-Service），进行业务间资源互补。
- 「上下」——文化投资模式。「上下」投资于中国绵延五千年的文化中，传承中国精粹与手工艺，并且有爱马仕作为合作伙伴鼎力支持，成功打造成为奢侈品品牌，避免了全球消费者对中国品牌的负面看法。

中国企业国际化现状

中国经历了近 40 年的改革开放和经济的快速发展，中国企业品牌的国际化已经有了长足的进步，在世界市场已争得了一席之地。形成了一批具有国际竞争实力的大企业品牌，在控制国内市场的同时，积极参与国际竞争，如宝钢与必和必拓的合作，中石化与英国石油的合作，中海油收购尼克森，都彰显了中国企业品牌的国际竞争实力。在制造业领域，涌现出一大批具有国际经营意识的企业，它们在占领国内市场的同时，也积极拓展自身的国外业务，其产品和品牌也具有一定的国际影响力和竞争力，如海尔、格兰仕、华为、三一重工、联想等。中国品牌国际化不仅局限于制造业，还积极地进入到服务领域，中国银行的业务也遍布世界各地，阿里巴巴已成为世界电子商务巨头，腾讯已是国际社交网站大户。不仅国有企业和大企业提升了品牌国际化意识，众多中国中小企业品牌依托积极的市场细分，在广泛的产品领域进入了许多国家的细分市场，使中国制造品牌逐渐为国外顾客所接受。

但大部分中国企业还处在全球化的早期阶段，国际化是一个渐进而又艰难的过程，与发达国家相比，还处于较低的层次和水平，在许多方面还存在着巨大的差距。

中国企业国际品牌数量少。在 2003 年《财富》杂志公布的世界 500 强企业排名中，中国企业只有 11 家，到 2014 年，同一数据上升为 100 家，其中有 16 家进入世界 100 强，但从 2015 年 Interbrand 品牌排名来看，仅有华为和联想进入世界 100 强。从这一点看，中国目前仍然是生产大国和市场大国，但却是品牌小国。

品牌国际化经验欠缺。由于企业一开始就缺乏生产和产品的国际化意识，导致品牌先天性不足，没能在研发、生产和品牌规划设计中注入国际化因素，导致品牌一旦进入国际市场，就表现出诸多的不适应性，要么夭折，要么进展迟缓，大大影响了品牌的国际化进程。由于疏于管理，品牌进入市场前后，因品牌被抢注丧失品牌专有权甚至退出市场的案例比比发生。不能有效面对与品牌相关的负面事件，也损害品牌的信誉。

企业品牌形象欠佳影响其美誉度。中国企业产品大多依靠低成本进入市场，低价格代表了低品质和低档次，使国外顾客较少关注品牌成分，大大降低了品牌在国外市场的认知度和美誉度。不仅如此，国外市场特别是发达国家市场在品牌认知上十分关注品牌企业的创新水平及环保意识和社会责任意识，这些正是中国企业所欠缺的，因而也不利于对品牌形成良好印象。即便是在国内市场，本国消费者也普遍存在优先选择国外品牌的意识，这也对自主品牌国际化产生不利影响。

中国品牌国际竞争力薄弱。国内企业长期的贴牌生产，导致自身缺乏自主创新意识，即便是自主品牌也普遍缺乏核心竞争力。中国虽然已成为全球第一贸易大国，但出口产品中使用自有品牌的少之又少。由于缺少自主知识产权和核心技术，品牌商标国际注册迟缓且注册比率低，一汽丰田、北京现代、华晨宝马等合资品牌形式纷纷出现，由于这种品牌的从属地位，只具有生产地含义，而缺乏品牌的真正内涵，因而品牌国际化也无从谈起。

中国企业品牌国际化战略发展

贴牌→贴牌与自主品牌并存→统一品牌→收购合作→自主品牌

　　这是有志于创建国际知名品牌的中小企业可以选择的国际化路径。对实力不强的中小企业而言，品牌国际化似乎只有这一个路径可以选择。在品牌国际化的初期，通过贴牌，不仅可以比较容易地进入国际市场，而且可以积累资金和国际市场经验，提高获取国际市场信息和开发国际产品的能力。

　　当企业的实力提升到一定的水平时，需要根据时机对品牌的国际化战略做出调整。这个时候将面临两种选择：一种是当海外中间商和消费者对本企业有了一定的认识后，逐步推出自己在国内市场上使用的自主品牌，也可能是贴牌与自主品牌并存。当海外市场完全在自己的控制之下时，放弃贴牌，统一使用自己的品牌。

　　例如格兰仕，根据最近几年的出口产品总量统计，自主品牌与贴牌之比不断上升，从最初1∶9、3∶7再到现在的4∶6，格兰仕的国际知名度在逐步上升。伴随着实力的增强，格兰仕摆脱了对外商品牌的依赖，统一使用自己的品牌。

　　另一种选择是当企业自身有了相当的资金实力时，收购曾经与企业有贴牌合作的品牌，成为自己旗下的拥有自主控制权的品牌。比如万向集团，它收购美国的舍勒公司和欧洲的AS公司就是这样的做法，这两家公司曾经都是万向集团的海外经销商。

　　企业在收购了合作的品牌后，可以继续使用这些品牌，也可以放弃它们，转而使用自己的品牌。

　　收购当地品牌→收购品牌与自主品牌并存→统一使用自主品牌

　　这种路径适用于实力较强但缺少品牌国际化经验的大企业。在品牌国际化的进程中，当企业对某个海外市场不熟悉时，收购当地品牌是许多企业首选的国际化模式，但收购当地品牌并不意味着企业永远使用该品牌，目的是利用该品牌背后的销售渠道、顾客忠诚和市场知识等战略资源。在加快市场进入步伐的同时，降低市场的进入成本。因此，当企业对这些资源有了控制力或培育了相似新资源后，企业就可以对品牌国际化战略做出调整，先让自主品牌逐步渗透进来，在一定时期内收购品牌与自主品牌并存，然后逐步放弃收购品牌，最后统一使用自主品牌。

　　贴牌与创牌结合→逐步放弃贴牌→统一使用自主名牌

　　这条路径比较适用于品牌国际化经验少的大中型企业。例如青岛双星，它在国内市场上已有相当的影响力，但国际营销能力薄弱，在实施品牌国际化战略的初期选择了"贴牌＋创牌"的中间模式，进入发达国家市场时，产品采用贴牌的做法；而进入非洲、独联体和东南亚国家市场的产品，则使用企业自己的品牌。前一种做法有助于企业尽快积累国际市场知识，收回现金，并且风险较小。后一种做法则有利于扩大企业自身的知名度，为将来创全球知名品牌奠定良好的基石。

　　企业的最终目标是树立起自己的国际知名品牌，贴牌主要为了了解国际市场、增强国际营销能力，是一种过渡策略。当企业的国际知名度逐步扩大后，企业将很快地收缩贴牌的比例并最终放弃贴牌，在全球范围内统一使用自己的国际品牌。

14.2.2 中国企业全球化的挑战

客户 客户是企业赖以生存的关键因素，没有了客户，也就没有了经营活动的意义。然而这几年以来，随着社会经济的快速发展、生产技术的进步以及市场竞争的日益激烈，使得市场上的商品越来越多样化、具体化以及丰富化，但是客户对商品的功能、质量以及外观等等要求也随之相继提高，可以说企业越来越难以满足客户的高要求。

竞争对手 经济的全球化以及中国所实施、贯彻的改革开放政策，都为中国企业带来了非常客观的、巨大的市场，但是中国企业还必须正确面对的一点就是，超强市场同样也会带来更为激烈的竞争。随着经济全球化的发展进程加快，各企业的营销活动越来越淡化了国界以及区域，而跨国企业的进入，绝对地构成了对中国企业巨大的生存威胁，因为中国企业从规模方面、资金方面、生产技术方面以及企业管理方面都无法与这些跨国大企业相竞争。由此可以看出，经济全球化在给中国企业带来发展机遇的同时，也带来了竞争上的强敌。

金融风险 中国虽然是发展中国家，但却是地大物博、人口众多，所以在经济全球化发展的过程中，中国成了各国家经济发展的目标地区，这也给中国带来了大量的外资。虽然说这些外资的引入促进了中国经济发展的脚步，但与此同时，也给中国的金融系统以及货币带来很多的不稳定因素，比如说中国需要增发大量的人民币，否则大量的外资将难以兑换，如此巨大的外资如果抽回或者是流动，就会使得中国出现外流的现象；如果外资不符合中国的产业政策，那么就会直接地造成重复性的建设以及资金的浪费；而最为重要也最为严重的就是外商借贷会使得中国出现汇率方面的风险以及外商偿债方面的风险，这些种种问题都会直接地增加中国的金融风险，使得中国的金融体系出现不稳定的局面。

14.2.3 中国企业全球化战略

中国企业可以根据所在行业的不同特点，即行业集中度、行业发展成熟度、行业国际化程度，并结合自身在行业中的地位来选择适宜的战略。学者滕斌圣、焦捷通过研究过去几年中国企业的全球并购案，在波特竞争态势理论和中国企业全球并购的实际战略重点（国内市场、国际市场）的基础上，总结了中国企业全球化的四种战略。

本土防御战略 获得国外企业的技术、资源和其他竞争要素，强化其在国内市场已有的优势地位。

本土扩张战略 通过获取所需技术、资源和其他竞争要素，实现在国内市场扩张的目的，以逐步取得领先地位。

国际防御战略 进一步巩固企业的个别产品在国际市场已经获得的竞争优势。

国际扩张战略 拓展企业产品在国际市场的占有率，并提高在国际市场的竞争力。

意欲国际化的企业可以根据所在行业的不同特点，即行业集中度、行业发展的成熟度、行业的国际化程度，并结合自身在行业中的地位来选择适宜的战略（见表 14-2）。

表 14-2　中国企业的行业特点与全球发展战略抉择

		本土防御	本土扩张	国际防御	国际扩张
行业集中程度	高集中度	√			√
	低集中度		√		√
行业成熟程度	新兴行业		√		√
	传统行业	√			√
行业国际化程度	高国际化			√	√
	低国际化	√	√		√

1. 高集中度行业：本土防御与国际扩张

行业集中度（concentration ratio）是决定市场结构最基本、最重要的因素，集中体现了市场的竞争和垄断程度。例如电信行业在中国就是高集中度行业，几家主要企业占据了整个行业市场份额的 98% 以上；而百货批发、餐饮业、包装印刷、汽车配件生产等，则是集中度较低的行业。

高集中度行业的主要企业已在国内市场占据了相对有利的地位，属于国内优势企业。面对日益激烈的市场竞争，特别是国外竞争者的涌入，其首要任务是抵御新的竞争者并巩固现有的市场地位。因此，可以选择本土防御战略。

奇瑞是国内规模最大的自主乘用车企业，曾经打造过"瑞麒"豪华车品牌，进入了高端车市场，但没有成功。并且由于其他产品价格偏低以及多款产品销售失利等原因，奇瑞利润情况并不乐观。2010 年，为了巩固自己在高端车市场的地位，奇瑞管理层萌发了寻求豪华品牌合资的想法。放眼彼时尚未在中国实现国产的豪华汽车品牌，奇瑞将谈判目标锁定了被塔塔集团收购的捷豹路虎。捷豹路虎是定位独特的豪华车品牌，捷豹致力于行政级跑车的制造和销售，路虎则仅生产豪华 SUV 车型。

几经波折，奇瑞与捷豹路虎于 2012 年 3 月签署建立合资公司协议，双方计划以股比对等的形式建立合资公司。双方协议内容还包括：生产捷豹路虎品牌车型以及合资自主品牌车型，生产配套的发动机，销售合资公司生产的汽车产品，建立研发中心等。据悉合资公司生产的第一款车将为路虎小型 SUV 极光。2014 年 11 月，奇瑞捷豹路虎合资项目在江苏省常熟经济技术开发区奠基，合资双方宣布"奇瑞捷豹路虎汽车有限公司"正式成立。

另外，中国企业还可以通过整合产业链上下游资源来实施本土防御战略，如中石油、中石化、中海油等众多石油企业频频出手，在世界范围内寻找和购买石油、天然气等自然资源，为其国内生产和销售提供稳定的原材料。这些全球并购势必进一步扩大它们的行业领导地位，提高行业进入门槛，巩固它们在国内市场的优势。

国际扩张战略是国内优势企业另外一个可行的战略，目的是充分利用它们在国内市场积累的生产经营优势和资源，开拓国际市场，从而扩大业务范围、提高知名度，并在国际市场上获取新的资源。

2014 年以来，国家电网国际扩张步伐加快。1 月，国家电网先后收购新加坡淡马锡集团能源公司下属国际澳洲资产公司 60% 的股权、新加坡能源澳网公司 19.9% 的股权；同时还以基石投资者身份认购中国香港电灯有限公司 18% 的股权，推动了中国香港电灯公司的上市。

国家电网定下明确的目标：到 2015 年、2020 年，海外电力资产规模分别达到该公司总资产的 8%、10%，国际业务利润贡献率分别超过 15%、20%。截至 2014 年 6 月，国家电网境外投资实际出资近 30 亿美元，境外股权投资超过 110 亿美元，境外资产规模超过 230 亿美元。

2. 低集中度行业：本土扩张与国际扩张

在低集中度行业中，没有哪个企业在竞争优势和市场份额上占优，因此大家都把精力放在如何在国内市场扩大产品影响力、取得较大的市场份额上，目的是在与大量实力相当的企业的竞争中脱颖而出。所以，这类企业主要采取本土扩张战略和国际扩张战略。

本土扩张战略主要是通过购买国外公司的先进技术，提高本企业产品在国内的竞争力来实现。

2013 年，中国最大的零售企业华润万家与全球三大零售商之一乐购合资双方将组成多元化零售合资公司，于大中华地区经营大卖场、超级市场、便利店、现购自运业务及酒类专卖门店等零售业务。双方成立的合资公司将成为内地、香港及澳门经营大卖场、超级市场、便利店、现购自运及酒类专卖店的独一平台。乐购在内地的 135 家门店会在统一改为华润万家，双方后台管理系统将实现整合，致力于整合供应链及客户资源，进一步打造线上实体融通的全渠道经营模式。华润与乐购合作后，销售额预计将达到 100 亿英镑左右，约合 950 亿元人民币。

中国企业也可以采取国际扩张战略来拓展市场范围，在国内竞争的同时积极参与国际竞争，成功的关键锁定在形成跨国企业必备的能力上：在全球范围内有效配置资源，使资源的协同效应在转移、互换、整合中得到有效的放大和提升。

2014 年，中国化妆品 B2C 电商平台聚美优品成功在美国上市，开盘价 27.25 美元，市值达到了 38.7 亿美元。38 万美元的投资资金在短短 4 年时间获得了 800 多倍回报。上市后，聚美为了规避第三方平台业务，尤其是第三方奢侈品业务的风险，取消了这个业务，全部转为入库自营，力保主营化妆品业务坚决不能出质量和售后服务的问题。如今，聚美优品的美妆业务将完全以"自营＋海外购"代替，越来越多的日韩爆款将出现在聚美。聚美优品的国际扩张转型非常成功，同时海外购将有望成为聚美优品的爆发性增长点。

3. 新兴行业：本土扩张和国际扩张相结合

新兴行业中的企业普遍发展速度较快，比如电信服务和一些高科技行业。它们的竞争重点是技术领先，以在行业中确定领导地位或成为技术标准；同时，它们也会关注产业链纵向资源的整合，比如建立长期稳定的原材料供货关系以及广泛的分销渠道。互联网服务业往往采用本土扩张与国际扩张相结合的战略。

例如腾讯近五年来在海外开展了大量并购，截至 2013 年，腾讯海外已累计投资 20 亿美元。这些资金被集中花在了美国和韩国的游戏创意型业务，美国和韩国占据了业务总量的 90% 以上，游戏业务占据 72%。同时，微信也成为腾讯本土扩张和国际扩张的有效工具。2013 年，微信海外用户已突破 1 亿，虽大部分集中于第三世界国家，但是在欧美、日、韩主流的产品 WhatsApp、Line 等市场份额逐渐被微信削弱。

4. 成熟期传统行业：本土防御与国际扩张

成熟期传统行业中的企业则呈现出不同的特点。它们大多处于机械制造、采矿、家电制造等劳动密集型和资本密集型产业，并且经过长期的发展，在技术、管理等方面逐步成熟。但是，随着中国市场的不断开放和竞争的加剧，这些企业技术相对落后的弱点也日渐突出，因此必须更新技术、进一步降低生产成本，防御国内外的竞争者。还有一些成熟期企业处于产能过剩的传统行业，需要在更广的国际范围寻找新的市场。它们的可行战略是通过全球化实现国际扩张。

海尔的创新往往是伴随着当地消费者的消费偏好。比如洗衣机、冰箱产品，海尔会考虑到消费者的使用频次，据此在设计和技术上做出改变。比如减少消费者弯腰的次数，在这些细节的创新上，可见海尔为消费者提供服务的周到。除技术上的创新，海尔的一些产品设计已经被很多企业模仿，这说明更多的企业把海尔当成样本。在 2014 年一次针对中国家电品牌全球化的调查发现，海尔在欧洲被越来越多的消费者认可，很多消费者会有限选购海尔的家电。

5. 高全球化行业：国际防御和国际扩张

选择什么样的全球化战略，还要看所在行业参与全球化竞争的程度。在高度全球化的行业中，企业在全球市场范围内配置资源、提供同质和类似的产品和服务，从而与竞争对手竞争。有些企业已经凭借低价高质的产品，在国际市场上取得了一定的比较优势。它们主要可以采取国际防御战略，在更广阔的国际市场巩固和扩大已有的优势。

还有一类企业是在高度国际化的行业中运营，但是尚未在国际市场上确立领先优势，国际扩张战略是它们必要的选择，如联想。

6. 低全球化行业：本土防御和本土扩张

在全球化程度低的行业中，中国企业的竞争重点在于国内市场。因此，这类企业全球化的主要目的是在管理、技术、服务等方面获得外力的支持。低集中度行业中已具有一定本土优势的企业，可以采取本土防御战略，通过全球并购从国外获得新的资源来巩固现有优势。

本土扩张战略在低国际化的行业中也很常见。随着经济的全球化，越来越多的外资企业会进入中国市场。而长期以来，这些行业中的企业在一个相对封闭的竞争环境中运营和发展，因此它们提高技术、管理水平，拓展业务范围的要求往往更加迫切。一方面，它们可以通过收购在中国市场运营的外国企业获得所需资源。

另一方面，它们也可以通过并购国外企业获得所需资源。同时，随着世界各地市场需求的差异越来越小，以及低国际化行业国际化程度不断提高，越来越多原本专注于本地业务的中国企业，开始适时地实施国际扩张战略。中国网通公司收购亚洲环球电信、中国工商银行收购香港友联银行，都是如此。在百货零售业，北京华联集团购得新加坡西友百货，从而进入百货业成熟的新加坡，进入了高端百货市场，因此，具备了足够的资本与世界知名品牌厂商合作。

14.2.4 中国企业的全球并购

全球并购作为对外直接投资的一种形式，已经成为中国企业实施全球化战略的一种重要方式。在第 11 章中，我们已经详细阐述，随着五次并购浪潮在世界范围内一浪又一浪地掀起，它对中国企业走向全球化的重要性也在日益增强。海外并购作为中国现今最主要的创新对外投资方式，进入 21 世纪后在并购的案例数量、投资规模和投资金额都呈快速增长趋势。

根据商务部的统计，2000 年中国企业只有 7 起海外并购活动，总交易额仅为 0.807 亿美元；2012 年中国企业共完成 329 起海外并购交易，并购业务总金额达 652 亿美元，12 年间增长 807.13 倍。然而，根据国际知名金融数据提供商 Dealogic 公布的数据，2009 年和 2010 年中国企业跨境收购的失败率（指已宣布的跨境交易被撤回、拒绝或听任其过期失效的比率）为全球最高，分别达到 12% 和 11%；相比之下，美国和英国公司2010 年从事海外收购的失败率仅为 2% 和 1%。2012 年，中国企业的并购状况开始好转，全球并购的成功率上升至 40% 左右。

1. 中国企业并购类型

中国企业并购类型可以划分为"蛇吞象"并购、关联性并购、转型性并购。

"蛇吞象"并购 自改革开放后，市场经济逐渐健全，中国企业迅速发展，出现了一批新兴企业。但企业在发展到一定时期后，会出现很多问题，比如核心科技竞争力的薄弱、产品结构单一和人才管理的滞后，加之国内市场份额饱和，出现发展的滞缓。很多企业开始放眼全球，可仅依靠自身几十年所积累的技术，全球市场没有任何销售渠道，几乎是从零开始。因无法与经过百年积淀而发展起来的外国超大型公司竞争，难以打开外国市场的大门，导致发展的瓶颈期。此时并购外国实力雄厚的企业则给众多中国企业带来了打开全球市场大门的钥匙。

联想是最经典的案例之一。柳传志说："在国内市场份额稳定在30%，继续市场份额增大的投入和产出相比来说就不是最合适的了。"联想欲收购互联网巨头 IBM 的个人电脑业务，借助 ThinkPad 这一品牌的优势，迅速壮大企业的实力。与此同时，联想进行企业文化的重组和改造，将外来文化与联想的核心价值观结合，形成了更加开放的"新联想文化"，从而使联想变成一个真正的跨国企业。由此可见，跨国合并不仅给予了技术层面的更新与换代，抢占了更多全球份额，也使企业将企业文化扩充到全球化的高度。

关联性并购　全球并购优秀的相关联的企业，为企业进行多元化扩张开辟新路。

例如华为收购英国集成光电器件公司，集成光电公司本身享有世界领先的光纤研发中心。华为收购后，华为很多产品都能够直接使用世界领先的光纤技术，由此节约了大量的研发成本和时间的同时，又使得华为在全球光纤网络产品市场的竞争力更加明显。华为又将集成光电公司有创新力的研发团队与自身团队融合，强化了华为的竞争优势。同时在收购后，华为在英国设立了移动设备欧洲设计中心、营业中心及内部审计中心。华为以收购集成光电公司为起点，发展多元化业务，从而扩展华为在英国的业务，不仅巩固收购后光纤技术的实力，更使得企业本身研发能力进一步提高。更重要的是发展了更多的业务空间，华为通过对关联企业的收购，不断发展，将全球并购的价值无限放大。

转型性并购　中国企业在发展的过程中，会不断面临改革和产业升级换代。如同国家现在都在进行着宏观产业结构的升级和调整，依靠自身进行转型和升级的企业，内外部阻力很大，企业可以通过全球并购，从一个高起点实现企业产品的更新换代。

以万达集团为例，万达的主业是商业地产。商业地产领域的竞争已经进入"白热化"，因此万达开始了企业转型。2011年制订的转型计划中，文化和旅游成为集团的两大投资方向。为了弥补原先影视业务竞争力的不足，2012年，万达集团以26亿美元并购全球排名第二的美国 AMC 影院公司，实力大增。万达借助从并购 AMC 之后所吸取的先进的院线管理经验和技术，来整合万达地产的租金优势。通过商业地产捆绑发展的模式，万达院线实现高盈利。从2012起，万达影院平均收入是行业的2倍，盈利是行业的3倍。2013年全国电影票房收入217.69亿元，其中万达院线位居首位，票房收入为31.61亿元。万达通过全球并购，整合内部资源，实现了企业产业结构的转型。万达院线的上市成功，也使万达旗下产业率先上市，为万达地产的上市起到推动作用。

2. 中国企业并购政策

从中国并购市场的角度来看，相关监管部门对并购重组的支持力度不断加大。与美国不同，中国并购市场上最大的障碍并非反垄断法的限制而是行政上的阻力。但是，国内并购重组市场的外部大环境越来越成熟完善，包括审批速度的不断加快、并购融资手段的不断丰富、政策上的支持等，如表 14-3 所示。

表 14-3　2010～2014 年来中国鼓励并购的相关政策

时　间	部　门	政策 / 文件	相关内容
2010 年 9 月	国务院	《关于促进企业兼并重组的意见》	通过促进企业兼并重组，深化体制机制改革，完善以公有制为主体、多种所有制经济共同发展的基本经济制度。加快国有经济布局和结构的战略性调整，健全国有资本有进有退的合理流动机制，鼓励和支持民营企业参与竞争性领域国有企业改革、改制和改组，促进非公有制经济和中小企业发展
2013 年 10 月	国务院	《国务院关于化解产能严重过剩矛盾的指导意见》	意见要求，重点推动山东、河北、辽宁、江苏、山西、江西等地区钢铁产业结构调整，充分发挥地方政府的积极性，整合分散钢铁产能，推动城市钢厂搬迁，优化产业布局，压缩钢铁产能总量 8000 万吨以上
2014 年 3 月	国务院	《关于进一步优化企业兼并重组市场环境的意见》	加快推进审批制度改革，改善金融服务、落实和完善财税政策、完善土地管理和职工安置政策，加强产业政策引导，进一步加强服务和管理，健全企业兼并重组的体制机制、切实抓好组织实施部分
2014 年 3 月	证监会	《优先股试点管理办法》	支持上市公司通过增发优先股进行并购融资
2014 年 5 月	国务院	《国务院关于进一步促进资本市场健康发展的若干意见》	充分发挥资本市场在企业并购重组过程中的主渠道作用，强化资本市场的产权定价和交易功能，拓宽并购融资渠道，丰富并购支付方式。尊重企业自主决策，鼓励各类资本公平参与并购，破除市场壁垒和行业分割，实现公司产权和控制权跨地区、跨所有制顺畅转让
2014 年 5 月	证监会	《创业板再融资管理暂行办法》	对企业并购融资限制最少，实质上鼓励创业板上市公司通过非公开增发等再融资并购
2014 年 7 月	证监会	《上市公司重大资产重组管理办法》《上市公司收购管理办法》	鼓励市场化并购重组

资料来源：中国证监会，国泰君安证券研究。

在中国，金融、消费品等并购"大头"没有明显的跨行业并购倾向。与欧美国家相同，科技行业有着较明显被收购的倾向。不同的是，在中国，被收购科技公司的购买方往往是传统行业公司，传统行业与科技公司的合并往往意味着传统行业的转型。大多数公司采取了原有业务与新业务结合的"双主业"经营模式，也有部分公司则是通过收购科技类公司实现完全的脱胎换骨，如图 14-2 所示。而美国被收购科技公司的购买方往往也是科技巨头。由于科技领域中商业模式改变非常快，科技巨头只能通过频繁并购来应对行业发展的不确定性。

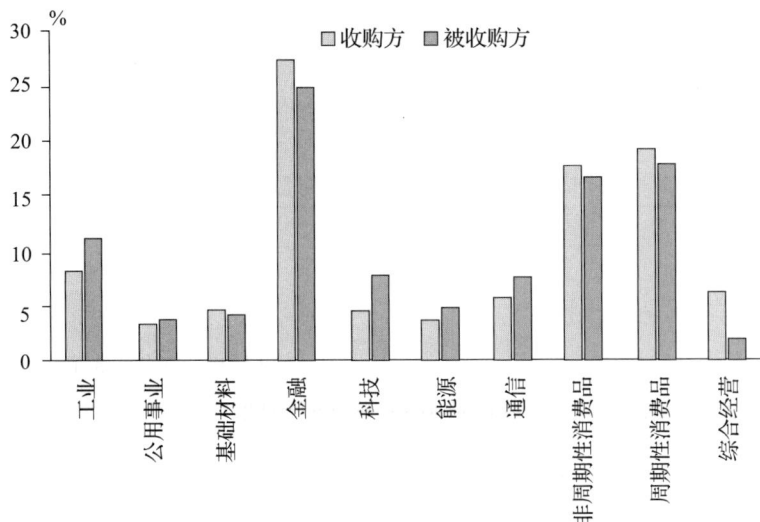

图 14-2　中国各行业收购金额占总收购金额比例

资料来源：Bloomberg，国泰君安证券研究。

14.2.5　国际化问题学术发展

国外学术界很早就开始关注中国企业的国际化问题，如将中国企业放到大中华企业或东亚企业范围来考察其国际化（Bruton 等，2003）及探讨中国企业的全球化问题（Peter，2007）。

Pannett 和 Ricks（1992）将中国企业国际化动因分为**主动型**（proactive）和**被动型**（reactive）两大类。其中，主动型包括寻找资源、低成本、新的市场、规模经济、保护国内市场等，而被动型则受主要贸易壁垒、国际客户和竞争、法律法规等外界条件所迫。

Dunning（2008）将中国企业国际化动因分为 4 类：**寻求市场**（market seeking）、**追随客户**（follow the customer）、**寡头互动**（oligopoly interaction）和**寻求资源**（resource seeking）。

Krume 和 Tim（2008）将企业进入海外市场的动因分为**经济原因**（economic）和**非经济原因**（non-economic）。经济原因包括开发市场、规模经济、追随客户等，非经济原因包括对其他实体施加影响等。

根据国外学者有关企业国际化驱动因素研究的相关文献，可概括出 6 大类驱动因素，即市场寻求、资源寻求、效率获取、战略资产获取、减少制度障碍或获取制度优惠与产业推动（见表 14-4）。

表 14-4　国际化驱动因素数据结构化框架

驱动因素类别	相关解释
市场寻求型	市场包括东道国国内市场及周边市场，动因是目标市场潜力更大或产品能更好地满足目标市场的顾客期望（偏好）与需求
资源获取型	资源指自然资源或要素，目的是获取要素的价格（成本）优势
效率获取型	效率是通过生产过程的合理化来获得规模经济与范围经济的利益

（续）

驱动因素类别	相关解释
战略资产获取型	寻求战略资产是基于试图巩固和加强公司长期竞争力意图的考虑，即通过全球化战略获得技术和组织能力等关键资产从而提高组织的竞争优势
减少制度障碍型或获取制度优惠型	通过国际化战略来规避国内的制度风险或获取政府的某种政策优惠
产业推动型	产业发展状况（竞争结构、生命周期、产业阶段等）对国际化战略的推动

基于国际化动因和进入模式两个维度，可将中国企业的国际化模式分为 4 种，分别为渐进式市场导向、跳跃式市场导向、渐进式资源导向和跳跃式资源导向（见图 14-3）。

Hitt 等（1997）认为对于企业国际化的测量应该同时反映出**国际化深度**（depth of internationalization）和**国际化广度**（breadth of internationalization）。国际化深度指企业在某个具体的特定市场投入资源的程度，这种程度在一定程度上可以反映企业的市场进入模式，如出口代表了比较低的资源投入程度，而直接投资就代表了比较高的资源投入程度。国际化广度指企业在海外运营的市场广泛程度，企业的国际化动因在一定程度上可以通过这种广泛程度反映出来，一般地，以市场为导向的企业与以资源为导向的企业相比，所覆盖的区域范围更大，更有可能拥有较大的国际化广度。

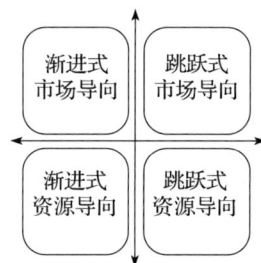

图 14-3　中国企业的国际化模式

渐进式市场导向　企业在进行国际化发展时，重点是关注扩大企业的市场份额，以向外输出产品为主要目的，而其发展路线是"先易后难"，从邻近国家或文化、社会环境相近的国家开始，逐渐向其他国家扩散。

跳跃式市场导向　企业在进行国际化发展时，目的是向海外市场销售产品，而率先进入的市场选择在对该产品要求挑剔或竞争激烈或消费者需求与国内存在较大差异的地点，之后再向心理距离较近的市场进军。

渐进式资源导向　企业在进行国际化发展时，主要看重东道国拥有的稀缺资源，以向内吸收资源为主要目的，首先进入心理距离较小的地区，之后再逐渐向远处发展。

跳跃式资源导向　企业在进行国际化发展时，以获得海外资源为目标，以构建自己的核心竞争力，通常从发达国家起步，之后再进入欠发达地区。

对于以市场为导向的企业而言，扩大市场份额、增加销售收入是其首要目标。企业可以有多种选择来实现这个目标，比如直接出口、专业化代工生产、境外设厂、国内名牌自建销售网络、收购企业获得海外销售渠道等。

如果企业采取渐进式的进入模式，率先进入欠发达或者邻近国家和地区，其发展模式就和传统企业国际化路径相似。虽然和发达国家相比，中国企业可能并不具备绝对的垄断优势，发展中国家企业国际化理论强调发展中国家跨国公司具有的竞争优势不是绝对优势而是相对优势，因此，相对于欠发达国家，中国的跨国企业就有相对先进的生产技术，从而具备了竞争优势。企业产品能够在东道国实现一定的差异化。一般这类企业多集中在食品、服装、机械设备等传统行业，采取出口或当地设厂的方式，产品与国内市场一般没有太大的差别。

如果企业采取跳跃式的进入模式，率先进入发达国家和地区，其目标市场也会有所区别。针对中低端市场的企业一般倾向于采用出口或是贴牌生产的方式，以利用国内相对廉价的劳动力与原料，即利用区位的比较优势，通过与当地企业的价格竞争来争夺市场份额，在服装、电器制造等行业可能较为常见，企业一般不会投入太多的广告宣传费用，但可能面临当地政府关于倾销的限制。而瞄准中高端客户的企业则更愿意在当地设立工厂或子公司，以更快对当地需求做出即时反应，同时也会加大广告、渠道等营销方面的费用，注重产品质量的提高，以树立自己的品牌形象。这时企业可能并不具备价格优势，但高质量的保证以及品牌、专利等无形资产的增值作用都会使企业实现市场渗透或是市场开发的目标，企业在提高销售收入的同时成本，特别是销售费用，也有可能明显增加。还有一种情况就是生产具有中国特色的产品的企业，如白酒，也可能凭借自己明显的差异化选择首先进入高端市场。

对于以资源为导向的企业而言，海外收入的增长只是其次要目标，企业更关心的是自身的盈利能力甚至是核心竞争力的提高。资源整合比单纯地开拓市场难度更大，实现收益的周期更长，对企业的要求也更高。通常企业会通过战略联盟或者兼并收购的方式来实现其目标。如果企业采取渐进式的进入模式，率先进入欠发达或者邻近国家和地区，通常其想要利用的资源是当地相对便宜的人力成本、原材料成本、运输成本或者是当地拥有某种国内的稀缺资源，这时企业通常会希望通过降低营业成本来实现利润率的增加。而在当地设厂或是购买当地企业通常是比较常见的做法。

如果企业采取跳跃式的进入模式，率先进入发达国家和地区，其看重的就是这些地区先进的管理技能、技术水平，或者是发达的资本市场，当然也可能是出于自然资源方面的考虑。一般如钢铁、石油等企业主要看重战略性的稀缺的自然资源，但可能会受到许多非经济因素的影响。而意在其他先进资源（主要是无形资产）的企业，一般采用战略联盟或者兼并收购的方式，一方面可以较快地进入海外市场，另一方面也可以在资源整合中有学习的机会。这时，企业在初期可能会有较高的管理成本，而收益却不会有明显的增长，甚至可能会有所下降，如果整合不到位，甚至会影响企业原有的竞争优势，相对来说风险较高。一般如汽车行业、电子行业等方面的企业倾向于采取这种方式。

中国学者也越来越重视品牌国际化发展的理论。王分棉和林汉川（2011）基于企业层面，从空间和时间两个维度构建了国际品牌概念新框架（见表14-5），并利用Interbrand 公司公布的《全球最具价值品牌 100 强》中 57 个国际品牌的相关数据对构建的新概念框架进行实证分析。通过时间维度将国际品牌分为天生国际品牌和传统国际品牌，并根据品牌在"三级市场"的渗透能力，将传统国际品牌分为全球品牌、双区域国际品牌和区域国际品牌，从构建了国际品牌的概念框架。通过数据分析，得出三个结论：

表 14-5　国际品牌概念新框架

品牌类型			品牌年龄	品牌在三级市场的渗透能力	衡量标准
国内品牌			不限	只在国内市场销售，并在国内市场使用的品牌	销售收入全部来自于国内市场
国际品牌	传统国际品牌	单区域国际品牌	>6 年	产生于品牌国际化的早期；只在三级市场中的任一区域里的多个国家市场销售产品或服务	>20% 的销售收入来自国际市场，且 >50% 的销售收入来自母区域市场
		双区域国际品牌	>6 年	产生于高级的品牌国际化阶段；在三级市场的任两个区域的多个国家销售产品或服务	>20% 的销售收入分别来自三级市场的任二个区域的国际市场；且来自母区域市场的销售收入 <50%
		全球品牌	>6 年	产生于品牌国际化成熟阶段；在三级市场中销售产品或服务	>20% 的销售收入分别来自三级市场；且来自母区域市场的销售收入 <50%
	天生国际品牌		<6 年	企业在成立后的 6 年内已自主品牌在海外市场销售产品或服务	>20% 的销售收入来自海外市场

- 国际品牌基本以母区域市场为基础，逐步向"三级市场"扩张，但在东道区域市场的渗透能力较弱。大多数国际品牌在国际市场扩张时倾向于选择与其母国市场经济条件和文化条件相似的母区域市场。

- 国际品牌的发展是一个不断积累的过程，尤其是传统行业国际品牌的成长往往需要经过上百年的市场锤炼和磨砺，但是持续创新才是国际品牌成长的"灵魂"。品牌年龄不是能否成为国际品牌的关键，而持续不断创新（包括技术、管理和产品等方面）才是国际品牌产生和成长的秘诀。

- 新技术和新产业领域的企业有潜力和实力在较短时间内成长为国际品牌。当新技术和新产业处于高速发展阶段时往往成为新的国际品牌孕育的"摇篮"。

基于上述研究品牌国际化研究成果，描绘出品牌国际化成长曲线。从品牌国际化成长曲线，中国企业可以对自身国际化程度做出判定，找到自身位置，并明确后续提升的方向。

在当今全球经济化越来越明显的态势下，全球战略日益得到人们的重视。尤其对于中国企业而言，也不可避免地要考虑如何面对全球战略的问题。

不同的公司具有不同的投资模式，这是基于公司内外部环境综合分析下的选择，因此中国企业的全球化发展模式未必都按照固定模式进行，关键在于充分分析自身的优势，寻找更好的全球战略方向。

14.3　中国企业全球化与本土化的轮回

如今，中国企业面临的挑战不再是以往那么单一，所处的中国市场是国际竞争国内化，国内竞争国际化的纷繁局面。通过对上述三个行业的战略应用比较，我们可以很容易发现中国企业战略行为的趋同性：缺乏核心竞争力与动态能力，只专注低成本战略，盲目追求多元化与国际化。

14.3.1　聚焦战略规划

中国企业在较长一段时间内的重点是需要做好战略规划。战略规划是指导企业行动的大纲，必须与企业的实际情况相结合来支持企业的经营工作。战略规划要考虑：企业所处的发展阶段、企业的实力（技术、设备、人力、资金、场地）、企业的管理现状等，还要看是否具备战略规划实施的条件，包括实施时机、实施节奏、实施操作者等。

在中国，企业战略规划还必须考虑所处的社区环境。例如，从成本、竞争优势考虑，公司的某一项业务应该撤销或转移，但从当地实际情况来看，政府就可能因此面临就业压力、经济总量和税收减少，企业战略与政府发展战略就出现了不和谐。从市场行为看，企业完全可以按自己的战略意愿去实施，也可能取得短期的效果，但从长期看，企业战略与政府战略不和谐会影响公司其他业务单元的发展。尤其是在中国，政府与企业关系和西方国家有很大的不同，美国是"警民"关系，只要企业不违法，政府就不会来管你；日本是"朋友"关系，政府会力所能及地为企业提供一些帮助，企业也会配合政府的行为；而中国是"特殊合作"关系，企业行为不纯粹是市场行为，某种程度上要考虑政府和社会的利益，主动为政府尽一些义务和承担一定的社会责任。中国企业在战略规划时不得不考虑政府和社会的利益点，当然，企业也因此得到了政府在政策支持上的便利条件。

西方企业的实际情况是：管理从规范走向完善，企业在稳步发展中进行战略规划。这种实际情况就决定了战略规划的特点：战略愿景是指导性的，战略措施是指令性的。因为战略调整在很大程度上取决于外部环境的变化，企业更为关注的是外部因素，而外部因素通常是难以控制的，战略愿景只能是方向性的，难以清楚、量化地去描述。而管理的规范性和企业的成熟度决定了战略措施是指令性的，各部门完全有能力按照战略措施的要求进行操作，而且只要按照战略措施的要求去做，才能实现各部门管理活动的协调，取得战略实施的效果。西方企业战略的重点在于执行，而且其战略执行力也确实大大的高于中国的企业，如图14-4所示。

中国企业的实际情况是：管理从不规范走向规范，企业在高速发展中进行战略规划。这种实际情况决定了中国企业战略规划的特点：战略愿景是指令性的，战略措施是指导性的。战略愿景的指令性是因为中国的企业都是后发企业，发达国家企业有很多东西我们都可以借鉴，用不着去探索。

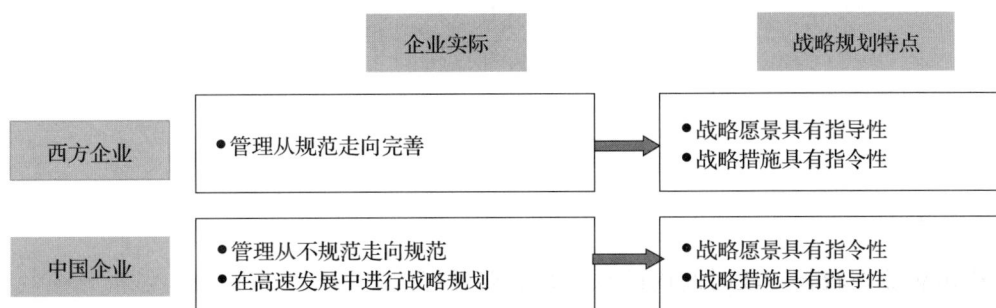

图 14-4　西方企业和中国企业在战略实施方面的差异

行业游戏规则是先发企业制定的，其目的是要最大限度地发挥先发企业的竞争优势，如果按照先发企业方法难以成为世界级企业。发达国家提高劳动生产率通常的方法是用机器取代劳动力，通过机械化、自动化来提高效率，而中国企业若采用同样的方法来提高劳动生产率，可能就行不通，因为机械化、自动化意味着更多资金与技术的投入，而中国企业缺的恰恰就是资金和技术。其次，后发企业可以避免一些弯路和一些探索的时间，发展速度会相对较快，这就需要具体战略措施有一定的弹性，随时根据内外部情况的变化，抓住发展机会，及时调整战略措施。环境的复杂性和多变性，决定了中国企业战略规划制定的重点是企业的愿景和定位。

14.3.2　机遇与创新

依靠行业环境与宏观的形式而取得企业快速的发展，这是一种机会型发展战略。依靠自身的实力和核心竞争力培育而求得企业持续快速的发展，采取的是创新型发展战略。机会型战略关键点在于"战"，创新型战略关键点在于"略"。

机会型战略投入少、见效快，通过顺势而为，可以使企业快速完成原始资本的积累。但是，中国多数企业已经逐渐开始具备实施创新型战略的能力与条件，在过去 10 ~ 30 年中，很多企业完成了一定的原始积累，企业必须更多通过创新型战略寻求企业的可持续发展。

通过自主创新、自主品牌发展企业是中国企业的最终选择，但并不意味着否定模仿与学习。中国企业资源的有限性与相对落后的基础，决定了通过模仿、学习是一种经济、快速提升企业实力的战略手段，不能轻易放弃。模仿与学习可以让企业快速获取先进的技术与管理，利用后发优势迅速缩小差距，然后通过在较高水平的基础上实行创新，实现最终的超越，是中国企业可选的战略途径之一。

当然，模仿并不是简单地模仿，学习也不是盲目地学习。在模仿与学习的过程中，标杆和学习方式是最核心的内容。确定学习标杆实际上是动态演化的过程，并不是越先进就越好。确定的标杆要有可学性，不能盲目地学习模仿西方一流跨国公司，这就好比让小学生直接向博士生学习，既学不好，也学不了，应就近向身边的先进企业学习。其次，既要向同行学习，又要向非同行学习。向同行学习使你进步，向非同行学习往往使企业产生革命性的创新火花。

选择模仿与学习方法对战略绩效有很大的影响，通过与一流企业的合作、合资，深入沟通与交流，获取其精华的近距离学习方式是一种非常有效的方法。

14.3.3　核心竞争力的差距

从实践中来看，中国企业与外国企业在核心竞争力上的普遍差距主要体现在：

- 引进技术为主，自主研发能力较弱。目前，中国还处在技术引进阶段，在关键技术上，还难与国外具有高尖技术和成熟产品的企业抗衡。企业还没有形成具有世界竞争力的核心技术与核心产品，或者说不多。

- 核心竞争力的形成与发挥"平台效应"起到"支撑"作用的载体层不健全。中国的国有企业现在多数尚处在由传统政企不分的企业制度向较规范的现代企业制度过渡时期，作为战略载体的结构、机制、规模、品牌、关系和制度等尚不健全。核心竞争力的形成受到了限制。

- 缺乏把企业核心竞争力实化和物化的能力。核心竞争力并不能转化为包括：服务、质量、成本、营销、技术和能力的竞争优势。缺乏对组织结构、业务流程、管理风格、规章制度、企业文化、资源状况等评估、调整和变革，难以使核心竞争力转化为持久的竞争优势并得以巩固和加强。

中国企业要想不被淹没于众多的企业中，就必须形成自身独具特色的核心技术与核心产品，建立竞争对手不能轻易复制和模仿的资源能力和竞争能力。

14.3.4　低成本还是差异化

中国企业的竞争战略目前还是普遍选择在相对集中的市场实施低成本战略为主。由于低人力成本和研发投入费用等，成本低是中国企业普遍具有的优势，大多数中国企业通过较低的售价获得顾客的青睐。反观外国企业，它们往往采取差异化战略，通过不断的技术创新和产品改进获得保持其产品的优势，优化产品质量和服务质量使顾客获得更大的满足，从而创造可观的利润。

实际上，中国企业很难在目前的条件下采取差异化战略。因为对于工业企业来说，差异化主要是产品的差异化，而产品的差异化又主要是技术的差异化。但是，由于技术的更新换代总要受到买方转换成本的制约，因此，技术的演进总是表现出递进的特征。

也就是说，一个新技术被广泛引用，必须与原有技术能够实现平稳过渡。电脑业的术语"兼容"最能说明这一问题。当然，企业也可以走自主研发的道路，但是，这却是一条布满荆棘的道路。一方面，中国科技力量集中的军队和科研院所，由于体制转换的障碍，始终无法突破性地完成"国家主导"向"企业主导"的科研模式的转变。另一方面，采取专利付费和仿制的技术追赶战术，也越来越容易受到竞争对手的法律诉讼。由于这两方面原因，中国真正走上差异化战略道路的企业凤毛麟角，华为技术可以算作一个特例。但即便如华为，面对思科这样的国际对手，低成本战略几乎还是如同大多数中国企业一样成为华为的撒手锏。

实际上，无论是低成本、差异化，还是集中化战略，对企业来说都只是竞争战略的一种选择。低成本战略也一样可以通过对流程管理的创新，降低成本，提高效率，凭借先进的生产模式实现企业利润最大化。但从中国企业的可持续发展来看，关键并不在于一味追求低成本，而在于企业是否能够结合自身发展战略和特点，找到最适合的竞争优势，不断提升竞争力，让自己做到比竞争对手更独特、更出色，最终实现企业价值的最大化。

14.3.5 多元化还是专业化

由于在技术优势上形成核心竞争力的中国企业寥若晨星，大部分中国企业的竞争能力始终停留在制造和营销上，当这些利润随着进入者的蜂拥跟进而摊薄时，寻求进入其他产业也就是多元化成为企业的必由之举。中国企业的多元化表现出独有的特色，如业务跨度更大，业务之间的协同性、一致性比较弱等。

麦肯锡对企业的战略选用进行过数据统计，通过对 412 家企业样本进行分析，麦肯锡将其分为专业化经营（67% 的营业收入来自一个事业单位），适度多元化经营（至少 67% 的营业收入放于两个专业单位），多元化经营（少于 67% 的营业收入来自于两个事业单位）。结果是：专业化经营方式的**股东整体回报率**（total return to shareholders，TRS）为 22%，适度多元化的 TRS 为 18%，多元化经营方式的 TRS 为 16%。从回报率来说，专业化经营的方式远优于多元化的经营方式。

但是实施适度的、行业互补的多元化有利于企业的长期发展，与完全的专业化相比，避免了行业整体不景气导致的企业亏损，降低了企业长期经营的风险，企业将稳定提供持续的回报。

多元化和专业化的战略抉择的确不那么容易。在专业化运作中，企业如果只拥有规模效益、分工效率及技术优势，就很难适应市场需求的变化。另外，如果企业集中于某一业务领域，也会失去广泛的投资盈利机会。在多元化运作中，企业可以捕捉到更多的投资机会，发展广泛的业务组合，做到"东边不亮西边亮"。但多元化运作会导致资源在多项业务中被分摊，实践中更容易出现财务危机。相对于专业化经营，实施多元化经营的企业组织稳定性较差，经营失控的可能性也较大。据有关研究表明：从投资心理和资产的运作方面分析，人们倾向于多元化经营战略；而从市场竞争与管理控制方面分析，人们则更倾向于专业化经营战略。

多元化发展还是专业化是一个重要的战略抉择。在企业经营实践中，有多元化发展的标杆——美国通用电气公司、万向集团，但也有为多元化发展付出沉重代价的企业。有专业化发展的典型——沃尔玛、肯德基、苏宁电器等，也有许多坚持专业化发展而始终长不大的老字号。

多元化和专业化其实无所谓好坏，主要是适合不适合的问题，重点需要研究的是多元化和专业化的条件。事实上，由于外部环境和企业自身条件各不相同，也就难以简单区分多元化和专业化到底哪个好。通常，企业的发展是一个动态演化的过程，会经历从集约发展到多元发展，再到专精发展，再到多元发展，又再到专精发展的演化，其实质是企业的自身实力、外部环境和企业战略的动态匹配过程。从总体上分析，不成熟的市场环境比成熟的市场环境有更多的多元化机会。中国目前还是一个典型的不成熟的市场环境，市场有较大的空间，新行业、新业态不断产生，还存在着进入门槛较低、暴利的行业。同时，市场竞争高度非理性化，也导致了单一业务的经营极易陷入竞争的红海。在这种情况下，在恰当的时机进入新的蓝海，不失为企业休养生息的好机会。因此，在中国适度多元化可以加速原始资本的积累，适度多元化可以带来许多产业协同，为建立新的商业模式创造条件。

从某种意义上说，许多有战略眼光的中国企业的多元化是为做强、做大主业的一种战略安排，通过适度的不相关多元化，充分整合主业资源，同时为主业扩张创造更多的机会。

适度的多元化扩张关键要解决好三个问题：

多元发展，人才先行。实行多元化扩张，人才是关键。人才负责一个业务单元的核心经营管理团队，培养要尽可能以内部为主，若临时性地依靠获取外部人才从事多元化业务，则难以支撑企业持续扩张的要求。临时从外部获取人才，可得性较低、风险较大。并且若从外部猎取人才，可能导致俱乐部式的企业文化，经营团队缺少对共同价值的认同，会使组织内部摩擦不断，并有可能在关键时刻发生断裂。

建立以战略为中心的控制体系。对多元化发展业务，许多公司重点关注的是财务控制，而忽视了战略控制，从而减少了业务之间的协同效应。

把握好合适的进入和退出时机。以积累原始资本为目的的多元化，时机的把握十分重要。进入新业务太早，需要花费较大的投资培养和启动市场；进入太迟，没有赚到钱就要面对激烈的竞争，代价太大。同样，退出太迟也不行，有时会把前期的收益赔进去都不够。一般来说，产业处于成长早期时要果断介入，而到成长后期或成熟期时要及时退出。

总之，不论专业化经营或多元化经营，只要适合企业的发展，并且符合自身需要的，就是好的战略。

14.3.6　全球化还是本土化

参照国际先进理念，把握发展趋势。全球化是企业产品与服务在本土之外的发展，全球化不等于西方化和英语化，本土化亦不同于中国化和土鳖化。以全球视野把握本土市场实践才是中国企业最佳发展方向，正所谓：全球化思考，本土化行动。

从 TCL 的并购法国汤姆逊公司开始，中国企业掀起了一股国际并购的浪潮。然而，这股浪潮仅仅是中国企业追求全球化的一个缩影。随着中国经济的发展和人口红利的结束，在国际市场上有所斩获成为中国企业新一轮的期待。但事实却与中国企业的愿望相悖，在 TCL 以惊心动魄地收购刺探中国企业全球化道路的同时，我们看到的是由核心竞争力的缺失而带来的企业倒退，因为全球化战略的缺失和全球化规划的紊乱而承载巨大的经营风险。

全球化道路可以说是中国企业一次痛苦的转型，过则一日千里，滞则前功尽弃。对于这样的转型，中国企业需要把旧的、不良的习惯和传统彻底抛弃，循序渐进地在全球化道路上稳步推进。

纵观中国改革开放近 40 年来所走的道路，与日本从 20 世纪 50 年代开始到 70 年代的 30 年发展相比，虽然政治体制有所不同，但是从经济发展模式来看，还是有很多相似的地方。因此，日本在经济发展过程中的不少经验教训值得我们吸取。

20 世纪 80 年代末，国际上曾经有很多学者预计日本的经济发展规模将在 21 世纪初赶上美国。但是近 20 年过去了，日本现在的经济规模连美国的 40% 都不到，其在经济增长上损失了差不多 20 年的时间，教训惨痛。日本政府的相对强势，使得日本企业缺乏经济学家熊彼特所讲的"创造性的破坏"。

所谓"创造性的破坏"实际上是一种自我淘汰、自我更新、自我发展的一种动态机制。这种动态机制的运行原理是市场通过追逐利润，不停淘汰一些利润率比较低的行业和技术，然后不断地把资源配置到最有效、利润最高的行业和最先进的技术上。

其实，中国企业很需要经济学家熊彼特所讲的这种"创造性的破坏"。美国之所以能够不断地利用新的机会，能够接受新的挑战，是因为每一次的挑战给美国带来一次新的机会，他们在机会面前能迅速进行调整，进行社会资源重新配置，以实现资源最优配置。这种最优化的过程，实际上就是市场经济活力根本的体现。但日本由于政府的原因、经济结构的原因，或者还由于文化的原因等，这个机制的作用被严重削弱而导致尴尬的经济局面。

2015 年的中国仍然面临严峻的考验，一方面，中国企业应该从美国过度的自由经济而导致金融危机获得启示，另一方面可以从日本过于强势的政府作用而产生的历史教训中汲取经验。放眼世界，似乎德国方式对中国有某种意义深远的借鉴。

经过 36 年改革开放，中国基本国情的内涵不断发生变化，中国社会生产力、综合国力、人民生活水平实现了历史性跨越，2014 年中国 GDP 跨越 10 万亿美元，稳居世界第二，但是仔细评估一下中国 GDP 发展的原动力，对比分析发达国家人均 GDP 的数值，以及每年度全球企业最有价值品牌 100 强中中国缺少应有席位数的局面，我们会突然发现中国仍处于并将长期处于社会主义初级阶段，中国（包括企业、品牌）离世界经济舞台的中心还是有些遥远。

究其原因，简单而深刻：中国企业在过去 36 年的发展壮大过程中，更多的是在自己美丽的家园"自产自销"，或者是以**代工贴牌生产**（OEM）形式，大量消耗自然资源和廉价劳动力获得全球价值链中微薄的"劳务费"，充其量在做些"跟随式"**设计生产**（ODM）。

这种局面延续的后果就是当中国的人口红利和投资性拉动 GDP 模式不再继续，消费型模式出现主导时，GDP 的增长就会出现瓶颈：中国经济增长在近 3 年来表现为 GDP 不断走低，2014 年创 24 年新低为 7.4%。最直接的原因就是真正具有世界水准、获得全球认可的中国**自有品牌生产**（OBM）少之又少，不能从全球范围，同时也不能从中国市场获得不断壮大的中产阶级高比例认可，市场表现为利润率持续走低。于是，中国企业的品牌国际化问题尖锐地摆在了中国政府、中国企业家面前，也同时摆在了中国学者面前。

中国企业的品牌国际化到底是指中国企业的业务国际化？如 2014 年中国安邦保险集团以 19.5 亿美元全资收购纽约华尔道夫酒店；复星集团于 2015 年先后联合德泰集团（TPG Capital）收购加拿大蒙特利尔太阳马戏团、以 9.39 亿欧元全资收购法国假日酒店集团"地中海俱乐部"，全力布局和打造一个全球快乐时尚产业大平台，2014 年又以 10 亿欧元获得了葡萄牙最大保险集团 Caixa Seguros 的控股权、2012 年入股希腊著名时尚品牌 Folli Follie。

还是指品牌的全球化？比如海尔在世界各地逐渐被认可。抑或是指走出国门到亚、非、拉开展业务，打响品牌的中国高铁？还是指进入欧、美、日主流市场，建立真正意义上的国际品牌？比如入围 2014 年世界 100 强的华为。

国际品牌、跨国品牌和全球品牌是一回事吗？走出国门的洲际内品牌或跨洲品牌由于所在国地理位置和发达程度不一样，期间的路径有何异同？上述问题的衡量标准或者说测度是什么？市场表现以现今的单维度或者多维度方法测量的科学性到底如何？这一系列过去模糊不清的问题摆在我们面前。

以开阔的国际化视野、对来自钢铁、汽车、电子和成衣等多个行业的中国本土企业国际实践进行深入研究，包括对历史进程中被不同文化交替影响的消费者行为进行实证研究，成为中国学者迫切需要参与的重要任务：系统梳理好中国企业的品牌国际化内涵、实施路径、测度及市场表现评估体系等，为中国企业的品牌国际化全面推进做出中国学者的应有贡献。

本章回顾

◆ 全球化战略类型分为出口战略、并购战略、新建工厂、进口战略、跟随战略、纳入战略等。研究与开发机构分为两大类型：**母国基地扩张型**（home-base augmenting）与**母国基地开拓型**（home-base exploiting）。

◆ 全球并购作为对外直接投资的一种形式，已经成为中国企业实施全球化战略的一种重要方式。中国企业并购类型可以划分为"蛇吞象"并购、关联性并购、转型性并购。

◆ 为了有效地实施全球化战略，中国企业可以根据所在行业的不同特点，即行业集中度、行业发展成熟度、行业国际化程度，并结合自身在行业中的地位来选择适宜的战略：本土防御战略、本土扩张战略、国际防御战略、国际扩张战略。

◆ 中国企业全球化战略需要聚焦战略规划，并且在机遇与创新中做到平衡。

探索与研究

1. 必然还是或然：国际化视野，本土化实践与本土化源泉，全球化实践。

2. "一带一路"战略与中国企业的全球化经营。

参考文献

[1] 田涛. 华为全球化战略的精髓［R］. 新加坡国立大学中国商务研究中心成立论坛，2014.

[2] 张立伟. 华为的秘诀：不断踏实地创新［N］. 21 世纪经济报道，2014.

[3] 卜娜. 华为的"新高度"［N］. 中国计算机报，2014.

[4] 胡艳丽. 华为之路：偶然中的必然，必然中的偶然［N］. 上海证券报，2014.

[5] Arnold D. Seven rules of international distribution［J］. Harvard Business Review, 2000, 78（6）：131-137.

[6] Bartlett C A, GhoshalS. Tap your subsidiaries for global reach［J］. Harvard Business Review, 1986, 64（6）：87-94.

[7] Black J S, Gregersen H B. The right way to manage expats［J］. Harvard Business Review, 1999, 77（2）：52-63.

[8] Dunn D, Yamashita K. Microcapitalism and the megacorporation［J］. Harvard

Business Review, 2003, 81（8）: 47-54.

［9］　Ghemawat P. Distance still matters: the hard reality of global expansion［J］. Harvard Business Review, 2001, 79（8）, 137-147.

［10］　Ghemawat P, Ghadar F. The dubious logic of global megamergers［J］. Harvard Business Review, 2000, 78（4）: 65-74.

［11］　Ghemawat P, Hout T. Tomorrow's global giants? Not the usual suspects［J］. Harvard Business Review, 2008, 86（11）: 80-88.

［12］　Hamel G, Doz Y, Prahalad C K. Collaborate with your competitors and win［J］. Harvard Business Review, 1989, 67（1）: 133-139.

［13］　Khanna T, Palepu K G, Sinha J. Strategies that fit emerging markets［J］. Harvard Business Review, 2005, 83（6）: 63-76.

［14］　Kuemmerle W. Building effective R&D capabilities abroad［J］. Harvard Business Review, 1997, 75（2）: 61-70.

［15］　Lessard D R, Lightstone J B. Volatile exchange rates can put operations at risk［J］. Harvard Business Review, 1986, 64（4）: 107-114.

［16］　Levitt T. The globalization of markets［J］. Harvard Business Review, 1983, 61（3）: 92-102.

［17］　Porter M E. The competitive advantage of nations［J］. Harvard Business Review, 1990, 68（2）: 73-93.

［18］　Porter M E, Linde C. Green and competitive［J］. Harvard Business Review, 1995, 73（5）: 120-134.

［19］　Prahalad C K, Hamel G. The core competence of the corporation［J］. Harvard Business Review, 1990, 68（3）: 79-91.

［20］　洪联英、周舜龙. 中国企业海外并购的成长机制［J］. 长沙理工大学学报（社会科学版），2015（1）.

［21］　张大亮，王希希. 企业经营定位：明晰企业发展战略［M］. 北京：机械工业出版社，2009.

［22］　陈春花. 中国企业的下一个机会［M］. 北京：机械工业出版社，2008: 73-78.

［23］　程东升，刘丽丽. 任正非谈国际化经营［M］. 杭州：浙江人民出版社，2007.

［24］　Punnett B J, Ricks D A. International Business［M］. London: Pws Pub Co, 1992.

［25］　董惠梅. 基于国际化阶段理论的中国企业品牌国际化过程研究［J］. 经济与管理研究，2007（4）: 74-7.

［26］　Johanson J, Vahlne J. The internationalization process of the firm-a model of knowledge development and increasing foreign market commitments［J］. Journal of international business studies, 1977: 23-32.

［27］　MadsenT K, Servais P. The internationalization of born globals: an evolutionary process?［J］. International Business Review, 1997, 6（6）: 561-83.

［28］ Johanson J, Vahlne. The Uppsala internationalization process model revisited: From liability of foreignness to liability of outsidership ［ J ］. Journal of international business studies, 2009, 40 (9): 1411-31.

［29］ Hitt M A, HoskissonR E, Kim H. International diversification: Effects on innovation and firm performance in product-diversified firms ［ J ］. Academy of Management journal, 1997, 40 (4): 767-98.

［30］ Gomes L, Ramaswamy K. An empirical examination of the form of the relationship between multinationality and performance ［ J ］. Journal of International Business Studies, 1999: 173-87.

［31］ Sirmon D G, Hitt M A, IrelandR D. Resource orchestration to create competitive advantage breadth, depth, and life cycle effects ［ J ］. Journal of Management, 2011, 37 (5): 1390-1412.

附录 A
华谊兄弟传媒公司的战略演进[⊖]

A.1 序幕

2015 年 3 月，华谊兄弟成为世界聚焦的热点，在众多新闻媒体前，华谊兄弟发布公告：2014 年出资 1.3 亿美元在美国特拉华州设立的全资子公司 Huayi Brothers Inc.（US）为了更好地运营各个具体项目，将在特拉华州设立 Huayi Brothers Pictures LLC，目前主要负责与经验丰富、实力雄厚的美国 STX 娱乐公司合作的相关业务。这一切似乎都在表明，华谊的高层领导者在经历了多次业务扩展和转型战略之后，正式开启了国际化战略转型的大幕。

A.2 华谊发展历程

成立于 1994 年的华谊兄弟传媒有限公司，由王中军、王中磊兄弟一手创办，是中国影视娱乐行业中产业链最齐全、发展最成熟、最具影响力的娱乐文化公司，主营业务包括电影、电视剧、艺人经纪、游戏、音乐、影院、娱乐营销、实景娱乐和新媒体等。2009 年 10 月，华谊兄弟在创业板上市，一跃成为中国"娱乐第一股"，时至今日，公司市值逾 300 亿，旗下员工超过 1500 人。经过 20 年成长，公司主要板块电影、游戏、电视剧、艺人经纪均位居行业前三名。至今，华谊兄弟保持每年产出 15～16 部电影，约占国内市场总份额 15%，约占国产片份额的 25%～30%，成为华语电影第一品牌。

A.3 中国电影娱乐产业概况

在 2014 年，全球的电影票房增长率比去年减少了 3%，但在未来的两年里有望提高 5%，虽然亚洲、西欧和北美组成了世界上主要的电影市场，但超过 10% 的票房来自中

⊖ 本附录源自本著述第一作者李杰教授和加拿大毅伟商学院 Professor Jean-Louis Schaan 两位主创的国际案例 *Huayi Brothers：Strategic Transformation*（华谊兄弟传媒公司的战略演进），该案例于 2015 年 12 月 19 日发表在与哈佛商学院案例库互通的加拿大毅伟商学院 *Ivey School Publishing* 上（编号：9B15M126）。

国，比去年提高了 2.5%。另外中国和北美票房的差距自 2013 年的 20.4% 缩至 2014 年的 15.2%，但是中国票房仍然少于北美的一半。从全球电影票房增量来看，2014 年中国贡献增量为 75%，可见中国对全球电影票房增量起到了主引擎作用。

A.3.1 PESTEL 环境

1. 政策环境（Policy）

电影产业的政策环境，电影产业在整个中国文化产业中的重要性和价值地位越来越高，国家政府也更关注文化娱乐产业，并有馈赠影视作品的文化外交方式，这是影视内容输出海外、建立国际影响力的缩影。

自 2013 年起，中国出台的政策很利于电影业的产业化经营和规模化发展（见表 A-1），网络文化和内容创作逐渐被政府重视。同时，电影娱乐产业已经开始谋求质量效应，这是电影娱乐公司增强产业竞争力和国际影响力的必经之路。

表 A-1　2013～2014 中国电影娱乐产业相关政策

时　间	政　策	重点内容	意　义
2014 年 10 月	习近平《在文艺工作座谈会上的讲话》	创作是中心任务；以人民为导向；文艺不能当市场的奴隶	调控内容创作的导向性
2014 年 8 月	《关于大力支持小微文化企业发展的实施意见》	"国家中小企业银河培训工程"网络课堂建设；职称评定；"文化产业创业创意人才扶持计划"	中小文化企业专项、针对措施和人才扶持
2014 年 5 月	《关于支持电影发展若干经济政策的通知》	"每年安排 1 亿元资金，采取重点影片个案报批的方式，用于扶持 5～10 部有影响力的重点题材影片"	税收、资金、土地、金融等方面扶持电影产业
2014 年 3 月	《关于深入推进文化金融合作的意见》	"文化部、中国人民银行择机选择部分文化产业发展成熟、金融服务基础较好的地区创建文化金融合作试验区"；发挥"文化部文化产业投融资公共服务平台"的功能和作用	深入推进文化与金融合作，鼓励金融资本、社会资本、文化资源相结合
2013 年 11 月	《十八大：扎实推进社会主义文化强国建设》	网络内容建设、网上主旋律；文化产业规模化、集约化、专业化	文化产业整体做强和集团国际化的需要

2. 经济环境（Economic）

资本、互联网经济和电影娱乐产业化布局成为电影产业发展的主要经济环境因素。2013 年，中国电影娱乐产业并购案例共 96 起，涉及的资金规模为 500 亿元；2014 年，这两个数字猛涨至 159 起并购和 1000 亿元资金（见表 A-2）。

表 A-2　2014 年中国电影娱乐产业并购案例

时间	并购方	被并购方	并购资金
1 月	长城集团	上海沃势文化传播有限公司	3000 万元
3 月	阿里巴巴	文化中国	62.44 亿港元
4 月	华录百纳	蓝色火焰	25 亿元
	禾盛新材	金英马	2.19 亿元

（续）

时间	并购方	被并购方	并购资金
5 月	光线传媒	仙海科技	2.3 亿元
6 月	光线传媒	妙趣横生	1.6 亿元
		热锋网络	1.76 亿元
		蓝弧文化	2.08 亿元
	皇氏乳业	盛世骄阳、北广传媒高清电视	13.8 亿元
		御嘉影视	6.83 亿元
8 月	松辽汽车	耀莱影城	4.64 亿元
	百视通	艾德思奇	1 亿美元
9 月	华谊兄弟	GDC Technology Limited	5 亿元
	长城集团	深海游戏	7.4 亿元
10 月	奥飞动漫	Discovery Entertainment Capital Gp Limited	2000 万美元
	北京旅游	北京世纪伙伴文化传媒股份有限公司	13.5 亿元
		浙江星河文化经纪有限公司	7.5 亿元
		拉萨群像文化传媒有限公司	4.2 亿元
	华策影视	韩国 N.E.W. 公司	535 亿韩元

2014 年资本对电影产业的渗透呈金字塔波段形状，年初持续着资本的热度和景气。自 2014 年 6 月起，并购数量、参与主体、资金规模、估值水平发生集体式爆发，以影视基金、借壳上市、上市公司并购、集团整体上市为主要形式；2014 年年末，审核结果、业绩对赌、战略调整、资本回归等内外因叠加，并购失败案例较多，资本暂时冷却。

以百度—阿里巴巴—腾讯（BAT）为代表的互联网经济和商业主体开始大规模布局电影娱乐产业，分别成立了爱奇艺影业、百度影业、阿里影业、腾讯电影 + 等公司或事业部门，通过互联网功能和平台优势，挖掘了电影产业链的存量市场。如阿里影业在 2014 年以 8.3 亿元收购了中国最大的影院出票系统供应商之一粤科软件。此外，阿里影业注入了淘宝电影与娱乐宝业务，加强了公司在线销售和在线选座平台，以及娱乐投资、融资平台。

已经上市的影视公司也同时寻求多元化发展，以完善产业链为目标。如华谊兄弟收购卖座网，与腾讯和阿里巴巴达成战略合作关系；光线传媒集团并购入股游戏公司；华策影视成立北京电影运营中心，合资成立华策爱奇艺影视公司。

3. 社会环境（Social）

2014 年，中国电影观影人次再次高速增长，比 2013 年高出 2.18 亿人次（见图 A-1）。其中，19 ~ 40 岁的观众占到总观影人次的 87%，19 ~ 30 岁观影人群占比超过 5 成，成为主流观影群体；从学历分布看，大学本科、专科观看者达到 80%，白领成为中国核心的电影观众，该群体对电影的消费和需求代表了电影观众的意见。

同时，中国电影新力量正在快速崛起，新晋、跨界导演作品以及话题性、粉丝电影显著增加，这些电影打破了固定模式，受到年轻主流和核心观众的喜爱。随着影院终端的发展，观众可接受的内容和信息更加广泛，观众对电影内容的需求也会趋于定向和精细。

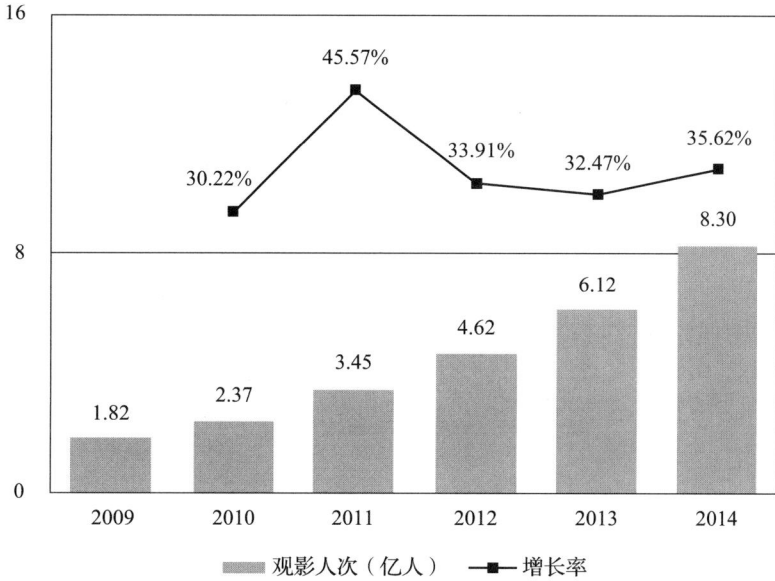

图 A-1　2009 ～ 2014 年中国电影观影人数

A.3.2　中国电影制片概况

以 2012 年为分界点，国产故事片产出总部数开始从稳步增长转为减量减速，国产片从数量竞争开始步入单片产出效果和票房竞争阶段。作为电影生产的最后一个环节，院线上映成为衡量影片投资回报的基本要素，国产片上映比例已从 2010 年的最低谷增长到 2014 年的 63%，保持 12% 的复合增长率（见图 A-2）。

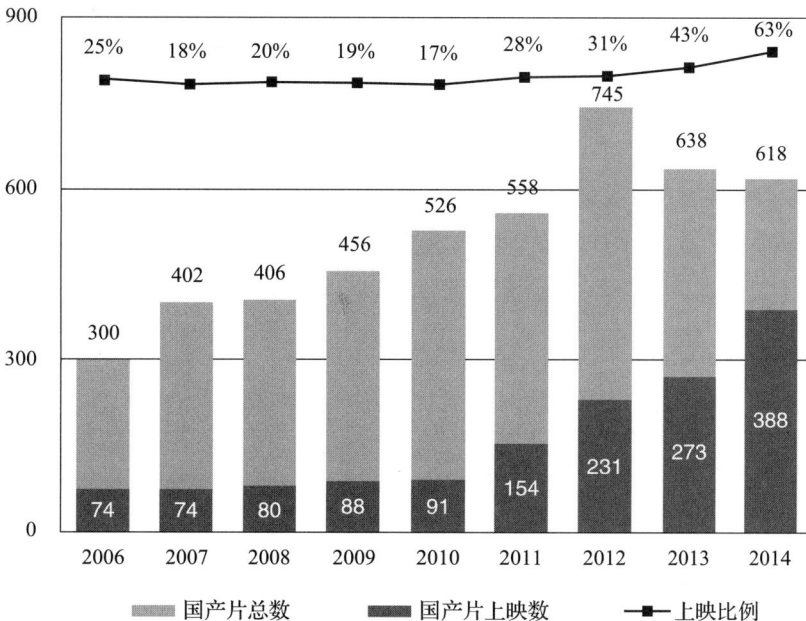

图 A-2　2006 ～ 2014 年国产片制片概况

2014 年，各类型电影中动作、科幻、爱情影片累计票房贡献比例高达 66.3%，此三种类型各占 22% 的市场份额，成为电影市场主流细分类型。相反，战争、剧情、纪实等近期观影市场缩小或偏小众的类型影片，累计票房贡献低于 5%。惊悚类型与魔幻类型电影相似，存在票房增长和产量优化的提升空间。单片票房占比产出上，科幻、魔幻、动作居前三甲。数量占比上，动画类型位居第二，喜剧类型无缘前三，中小成本的爱情类型高出第二名 85%。

A.3.3　中国电影发行概况

2014 年中国电影发行市场的行业前 4 名份额集中度指标（CR4）比 2013 年提高了 3.29%，前 8 名份额集中度（CR8）则比 2013 年提高了 6.49%，发行市场集中度再度回归加强趋势。一方面，两大龙头中影和华夏市场份额有所回升；另一方面，光线影业、博纳影业、乐视影业等民营企业翘楚市场份额稳步递增，万达影视涨幅尤为明显（见表 A-3）。

表 A-3　2012 ～ 2014 年中国电影发行市场集中度 Top10

排名	2012 年		2013 年		2014 年	
	发行公司	市场份额	发行公司	市场份额	发行公司	市场份额
1	中影	38.24%	中影	32.50%	中影	32.80%
2	华夏	23.51%	华夏	17.42%	华夏	22.89%
3	华谊兄弟	10.22%	华谊兄弟	12.54%	光线影业	7.75%
4	光线影业	7.37%	乐视影业	3.68%	博纳影业	5.99%
5	博纳影业	3.34%	光线影业	3.51%	万达影视	5.20%
6	美亚华天下	2.21%	博纳影业	3.50%	乐视影业	4.10%
7	乐视影业	1.32%	万达影视	1.85%	影联传媒	2.26%
8	星美影业	1.08%	安乐影业	1.50%	华谊兄弟	2.00%
9	安乐影业	1.06%	联瑞影业	1.47%	福建恒业	1.77%
10	银都电影	0.83%	尚世影业	1.21%	安石英纳	1.52%
其他	10.82%		33.86%		13.72%	
CR4	79.34%		66.14%		69.43%	
CR8	87.29%		76.50%		82.99%	

A.3.4　电影院线概况

电影院线简称院线（theater chain），是以影院为依托，以资本和供片为纽带，由一个电影发行主体和若干电影院组合形成的一种电影发行放映经营体制。院线对旗下影院实行统一品牌、统一排片、统一经营、统一管理。截至 2014 年年底，中国城市院线数为 47 条，农村院线为 252 条，两者双双增长，但是由于实际上很多农村院线采取合并运作，因而实际的农村院线数量为 231 条（见图 A-3）。未来中国城市院线将在整合、并购之中实现市场集中度的提升、运营效率的提高，形成 5 ~ 10 家规模较大的龙头院线；另外，农村院线数量则在政策性扩张保护下缓慢增长。

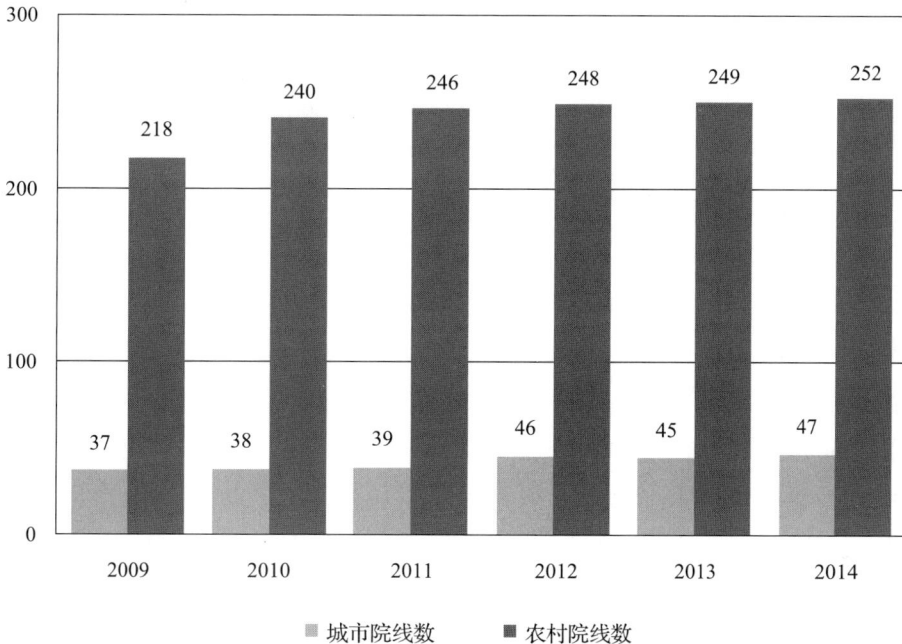

图 A-3　2009 ~ 2014 年中国电影院线数量

2014 年，中国城市院线总票房为 294.21 亿元。47 条城市院线中过亿院线达 33 条，同比增长 4 条，增速下降 1.7%，占总体城市院线数的 70%，份额增加 7%。城市院线票房集中度继续提高，过 10 亿元的院线共有 10 条，比 2013 年增加 4 条，是城市院线数量的 21%，占城市票房 66.7%。随着院线市场逐渐成熟，中、小院线将进入被并购的阶段。

A.3.5　电影院发展概况

2014 年，中国电影院数量继续保持快速增长，全国院线范围内新建影院 1230 家，总影院数达 5813 家。新增银幕数为 5919 块，平均每日新增 16.2 块银幕，总银幕数达到 24 317 块。影院增长率较 2013 年增长 2.3%，为 26.8%；银幕数增长率为 32.2%，同比下降 8.1%（见图 A-4）。

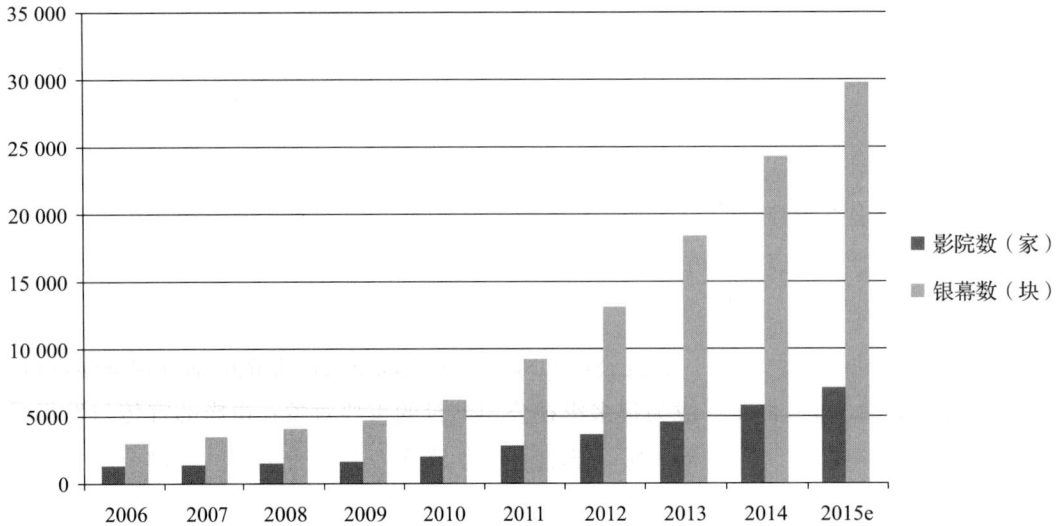

图 A-4 2006 ~ 2014 年中国影院数及银幕数

　　2014 年，中国可统计票房的城市影院为 4904 家，按照年票房收入可分为 5000 万以上、1000 万 ~ 5000 万、500 万 ~ 1000 万、100 万 ~ 500 万以及小于 100 万共五个等级，单体影院首次出现过亿票房，Jackie Chan 北京耀莱的年度票房为 10 086.31 万元。其中，年票房 5000 万以上的电影院共有 37 家，数量占比仅为 0.8%，产出票房 22.9 亿元，占据总票房的 8%；票房区间占比最大为年票房 1000 万 ~ 5000 万的电影院，共有 926家，数量占 19%，总票房为 180.1 亿元，占比 61%；数量区间占比小于 100 万的电影院，数量为 1918 家，占总数的 39%，此等级的影院共产出票房 5.8 亿元，票房占 2%（见图 A-5）。

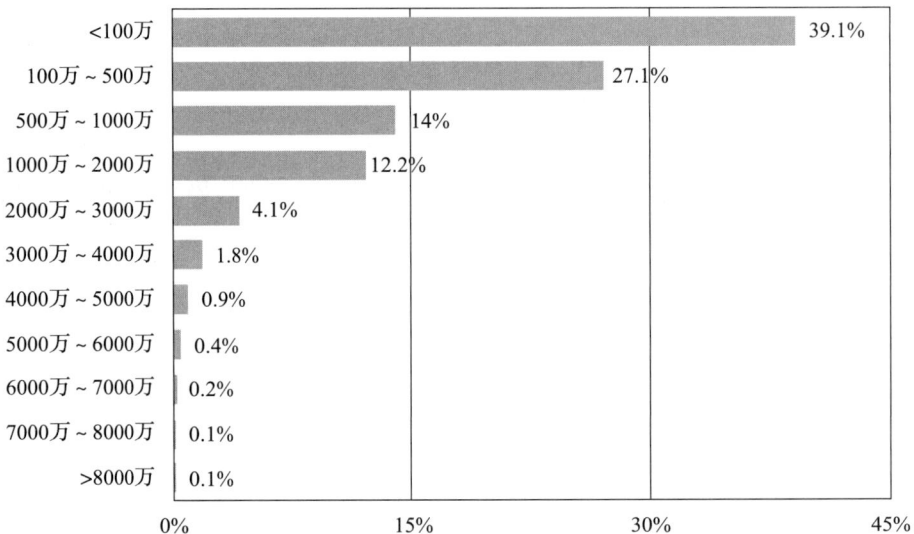

图 A-5 2014 年中国各票房产出区间的影院数量分布

A.3.6 电影娱乐产业发展趋势

1. 跨界与互联网化

影视公司与互联网的联姻表现在跨界和互联网化过程，其中华谊兄弟实行互联网转型涉及的范围最广。产业链中的内容制作、终端和衍生品节点成为互联网化的重要实施方向，如阿里巴巴、腾讯两大互联网巨头参与华谊兄弟 2014 年 36 亿定增方案，华谊兄弟以此接入阿里电商和腾讯社交娱乐资源，并有针对地进行项目合作与计划执行；分别以游戏、动漫、电视剧为主业的游族网络、奥飞动漫、华策影视，采取基于内容 IP 开发电影项目的方式进军电影产业。影视公司的跨界行为是以围绕产业链的细分领域而进行，具备清晰盈利模式的手游业务成为很多影视公司参投的重要对象；电影的宣传与发行受到互联网的影响最为直接，因而也成为影视公司加强产业链整合力度的关键节点，通过对外并购、产品研发等手段覆盖在线购票相关业务。

2. 院线上市加快院线集中度

以万达为例，万达院线凭借连续 5 年的高票房产出以及较高的单银幕票房产出、主营业务毛利率、观影人次、会员票房贡献度等运营数据，成功上市，由此进一步刺激院线市场的资本集中和市场聚集，从市场的充分竞争阶段过渡到规模和品牌竞争阶段，大地院线、金逸院线、上海联合等将加速 IPO 步伐；电影产业链上的放映环节将继续发挥终端优势，在影院银幕数的增长之下带动中国电影票房市场的扩张。同时，院线的互联网化、品牌运营将成为各大院线未来的发展方向。

3. 影院建设城市层级下沉

随着一线城市影院建设的逐渐饱和，影院投资逐渐向二三线城市流动，城市层级下沉。2014 年，中国新增 1234 家影院，除北京、上海、广州、深圳 4 个一线城市外，二三线城市共建设 803 家影院，占总影院数的 65%，一线城市仅占 10%。在新建影院的城市分布中，二三线城市占绝对优势，持续保持高速增长趋势，一线城市对新建影院的吸引力减少，二三线城市正式成为院线竞争的主要阵地。除一线城市影院建设市场的相对饱和之外，二三线城市的建设和经济发展也是重要的原因，这些人口规模都在百万以上，拥有一定的居民消费能力。此外，观影人群市场呈下沉化趋势，自 2010 年来，二三线城市观影人次占比超过 30%，巨大的市场潜力和相对合理化的成本投入，诱使影院投资公司纷纷将目光锁定二三线城市。如大地影城这种在二三线城市布局较多的大型连锁影院将在未来的影院竞争中占领先机。

4. 产业链环节创新

互联网推动影视产业链环节的创新发展，是以新模式、新业务、新方式为手段。内容方面，以大数据为起点，从用户思维出发进行影视产品的策划和推广，由粉丝受众开发 IP，根据主流观影人群数据重点生产特定类型影片。对于投资而言，影视传媒集团将会加大各环节参与方的联合投资力量，寻求资金拼盘和资源整合的最优化组合，同时加入互联网新模式,缩短线上宣传和线下产出的中间成本。对于院线渠道,传媒公司将会导入社交、视频、票务等流量入口,整合品牌营销,构建 O2O 平台。

5. 进口片票房下降,国产片分流观众

2014 年,国产片凭借 7 部略胜进口片的 6 部,进口影片主要集中在 3 ~ 9 月上映,10 月至第二年的 2 月属于贺岁档与春节档,这两大档期具有鲜明的中国特色,国外进口大片也会在一定程度上考虑中国观众的消费心理,避开此类档期的激烈竞争。

2014 年,进口影片在中国地区的票房总量超 132 亿元,同比 2013 年上涨约 51.9%。其中,分账片获约 115.3 亿元的票房成绩,占 2014 年进口影片总体票房的 86.8%,同比 2013 年分账片票房上涨 65.2%(见图 A-6)。《变形金刚 4:绝迹重生》《星际穿越》和《X 战警:逆转未来》等票房大户都为此做出了贡献。相比之下,2014 年进口批片的数量虽高于 2013 年,但票房成绩仅有 17.5 亿元,低于 2013 年的 17.6 亿元。随着国产片制片与市场日趋成熟,进口批片的票房竞争力将会进一步下降,档期弱势、类型窄众、宣传与发行的不足,使得国产片分流了很多电影观众群。

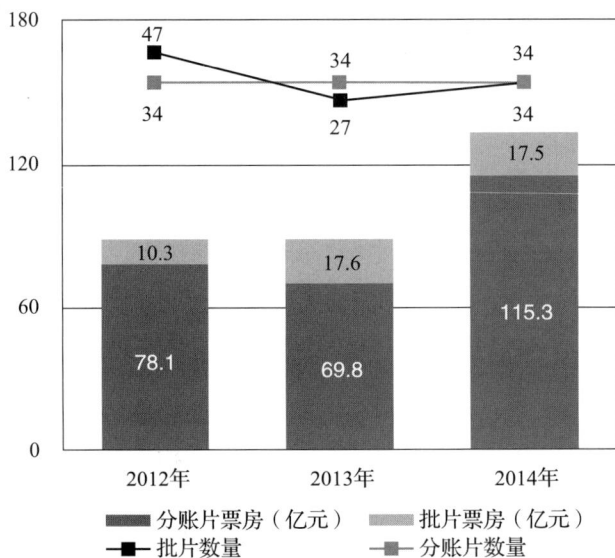

图 A-6 2012 ~ 2014 年中国进口片发行数量及票房

A.4 多元化战略演进

华谊兄弟传媒有限公司董事长王中军 1960 年出生于一个军人家庭,16 岁时便应征入伍,在结束了 4 年的军旅生涯之后,他被分配到国家机关,第一份工作便是国家物资总局物资出版社摄影记者。20 岁的他也许还没意识到,这意味着他正式迈入未来赖以发迹的行业——传媒业。

1989 年，29 岁的王中军趁着当时的"出国留学潮"赴美留学。尽管他自己评价在美国"是去混的"，但每天工作学习十五六个小时。在美国，他在学习之余每天送外卖，从送比萨或中餐一两美元钱的小费攒起来，整整攒了 5 年，共 10 万美元。五年后，他回国创业时不仅已经是一名美国纽约州立大学毕业的传媒学硕士毕业生，口袋里还揣着五年辛苦打工挣来的 10 万美元。正是这 10 万美元的"种子"收获了日后中国最大的民营娱乐集团、总市值过 300 亿元的华谊兄弟传媒有限公司。

A.4.1　从广告转型制片，从制片走向娱乐

回国后，王中军把创业思路告诉兄弟们，哥哥没投资，大弟弟非常明确地说，愿意跟他勇敢闯荡，但是缺少资金。王中军就送了这个弟弟 5% 的股权。另外一个弟弟王中磊，也拿出 10 万元作为公司的原始资金。

公司建立伊始，接到的第一个项目是直投广告。彼时做平面媒体没有刊号，就是印一本画册，中文名叫《吃在北京》，这是王中军在美国打工时学到的。在北京各街道吃什么，都可以在这本书下面撕一个角，与免费券相似。第二个项目是连锁企业的标准化。这个想法来自麦当劳，王中军在美国看到麦当劳的标志都是一致的，认为有商业机会。王中军发现，中国最大的连锁店就是银行，全国银行的标准都白底、红标、黑字，下边带黑线、红线，到今天中国的银行还是这样。

通过这两个项目，华谊兄弟以广告为公司的主营业务，并且从中赚取了几千万，完成了原始资本积累。与此同时，王中军拍摄了冯小刚的《没完没了》、姜文的《鬼子来了》、陈凯歌的《荆轲刺秦王》，虽然盈利微乎其微。但通过和这些导演合作，公司学习了电影的一般操作流程，收获了不小的名声。他也真正将自己事业的重心从广告业转到电影业，从此往后，他一直专注于电影产业。这时，王中磊进入公司，让公司真正走到了经营层面，开始与剧组、导演、演员交流学习。

此后，冯小刚的一系列电影全部由华谊拍摄，华谊兄弟成功与之签约，建立了工作室，成为中国第一个与导演有契约关系的公司。此外，还有周星驰的《功夫》、成龙的《宝贝计划》也由华谊兄弟拍摄，在这个过程中，华谊和许多知名导演建立了长期的合作关系。

除了拍摄商业电影外，华谊兄弟还培养了很多新导演，如拍摄《可可西里》的陆川导演，也做了很多其他方面的探索。原先导演有一个剧本到处求人投资，公司来帮助他解决资金问题，导演只是从事创作，当时这被叫作"制片人制"，而华谊兄弟与冯小刚的签约也是无形中解决了这个问题，开创了中国电影产业的先河。

2000 年，华谊兄弟开始多元化发展，从电影向其他行业和电影周边关联行业延伸，首先瞄准的目标即是明星经纪。李冰冰对华谊建立经纪公司起了非常大的作用。李冰冰的经纪人做公司需要投资，想跟一个机构合作，她就跟她的经纪人说"找华谊兄弟"。王

中军跟李冰冰当时的经纪人王京花就这样认识了，两人一拍即合，华谊兄弟经纪组建成功。当时，组建的经纪公司第一批有 7 个明星，包括李冰冰、范冰冰、胡军、佟大为、任泉等。

然而，当冯小刚的第一个合约到期时，华谊兄弟遇到了公司成立后的第一个大挫折。王中军说："想自主创业的冯小刚离开对公司而言是巨大的损失，因为我是依赖冯小刚的。"幸运的是，在此次打击后一年，冯小刚又回归了华谊兄弟。冯小刚与著名演员、导演张国立先生两个人共同创业一样，回首觉得不如当艺术家，不如当纯粹的创作人员，于是华谊兄弟与冯小刚有了第二个合同，400 万元现金和 3% 的华谊股份。

华谊兄弟的第二个大挫折是王京花的离开。经纪公司一半的明星也随之离开，这次事件当时被媒体认为是华谊兄弟的大地震，但是李冰冰和范冰冰留下了，华谊兄弟没有崩盘，安然度过了这次危机。

A.4.2　影视业务的转型

此后，华谊兄弟的触角逐渐伸远：2005 年，华谊兄弟开启了电视剧业务；2009 年，华谊兄弟登陆创业板，成为内地第一家上市的娱乐公司；2010 年，华谊兄弟入股掌趣科技，布局手游业务；2011 年，首个实景娱乐项目"上海嘉定文化城"落地，实景娱乐布局开始；同年，首家电影主题公园落户苏州。

2012 年，对华谊兄弟而言是个转折的年份。11 月 20 日，在北京电影制片厂的试映会上，华谊兄弟倾注心血努力了十年之久的影片《1942》获得了一致好评，各方都认为该片是一部思想性、艺术性非常好的片子。11 月 29 日，《1942》开始在全国上映。然而次日，华谊兄弟股票跌停，从前一日收盘的 14.39 元跌到 12.95 元。

《1942》讲述了普通人物历经苦难而奋斗的故事，冯小刚酝酿了整整 18 年、筹备 9 个月、拍摄 135 天、横跨 7 地、制作 8 个月，耗资 2.1 亿的使命之作，拍摄难度巨大，在拍摄中冯小刚甚至一度说"我不要拍戏了"。但是，上映后仅获得了 3.6 亿元的票房收入，离至少七八亿的票房估计相去甚远。

与此形成鲜明对比的是，在接下来的两三个月内，光线影业的《人在囧途之泰囧》于 2012 年 12 月 12 日上映，票房 12.6 亿元；此后春节档，华谊兄弟的《西游降魔篇》票房收入 12.5 亿元，产生了新的票房冠军。

股价跌停和票房的对比引发了华谊兄弟的思考。华谊兄弟意识到，《1942》是一部很有思想、很深刻的电影，但被市场无情地抛弃了，观众更需要欢乐的东西，彼时彼刻，观众的消费趋势发生了改变。中国电影娱乐产业发生了巨大的变化，到了一个转折点：

- 老一代导演和创作人员正在被新一代导演和创作人员代替。
- 观众群构成发生变化，以"80 后""90 后"为主体的观众群慢慢成为观影主力，他们更热衷于在手机、平板电脑上观看影片。

- 股票跌停证明了华谊兄弟的公司价值从投资者方面来看是不稳定的，对电影依赖过重。电影最大的魅力就在于其不可预测性，未来华谊兄弟的道路是模仿美国，还是走自己的道路，成为摆在管理层面前的一道难题。

但是，经过十几年的发展，华谊兄弟公司已经形成了自己的风格，面对电影行业的变化，应该如何应对？同时，华谊兄弟的市值对单部电影的依赖过重，怎么去管理市值是一个摆在华谊兄弟面前的巨大挑战。

2013 年，带着这些挑战与疑问，华谊兄弟尝试做了一次战略整合——对于华谊兄弟而言，是一个整合年。华谊兄弟整合了张国立的电视剧公司，投资了影院等，使华谊兄弟在产业布局上更加完整，为股东赚取更大的利润，影响力也越来越大。

A.4.3 华谊兄弟打造综合性娱乐公司

2013 年转型的一个重要突破是"去电影化"的提出。电影是华谊兄弟的"王牌业务"，然而，就在中国电影市场发展较好的 2014 年，华谊兄弟却提出了"去电影化"的发展布局。为什么要"去电影化"？

实际上，华谊兄弟的电视剧业务一度增长乏力，甚至业务量萎缩，电影院业务更是处于亏损状态。有不少人认为华谊重新整合后的三大业务板块布局显得有些"不务正业"。

华谊兄弟副总裁胡明直言：

自华谊兄弟上市以来，每年都在被挑战，其中被挑战最多的一个问题就是：冯小刚如果不拍戏了，你们会怎么办？那个时候我们会跟他说我们有别的业务，在今年，我们整个业务的布局已经实现了从量变到质变。

其实，"去电影化"并非一时兴起。电影、电视剧、艺人经纪，曾经是华谊兄弟上市五年以前的三大业务板块，今年华谊兄弟将重新进行再整合形成新的三大业务板块——影视娱乐、实景娱乐和互联网娱乐，把自己打造成一家结构最为牢固的三点式综合性娱乐公司。在这个过程当中，我觉得电影的原创能力始终是我们 DNA 里面最核心的东西。

华谊第一个旅游项目就在这样的转型思维下诞生。这个旅游小镇取名为华谊兄弟冯小刚电影公社，用冯小刚电影的街景，做出老街道的感觉，元旦和春节试营业两次，春节期间的旅客超过 12 万人次，甚至超越了三亚的旅游人数，王中军认为这是电影和文化的魅力。

其实，早在上市之初，华谊兄弟就已经开始着手向迪士尼发展模式取经，着手筹备"实景娱乐"。而王中军更是一直以"在中国拥有自主知识产权的主题公园"为梦想，要做以文化旅游为基础的电影衍生品。2014 年 5 月，华谊兄弟又以 16.38 亿元竞得深圳坪山三宗地，着手发展文化旅游地产。

华谊兄弟冯小刚电影公社，包括竞争对手光线传媒在上海的主题公园，这些都是和电影项目结合起来的。换言之，只有在电影项目很有影响力的情况下，票房很好，而且电影中很多场景又适合做线下的旅游，线下旅游的互动设计又能够体验，而不是仅仅只过去拍张照片。电影没有表现出来的，设计到主题公园里进行线下的体验，这是对电影的增值、对电影的拓展。华谊兄弟就是如此调整战略改为品牌授予的模式继续盈利。

A.4.4　华谊兄弟的互联网之路

2013 年，借力于传媒行业的大发展，华谊兄弟经历了发展最快的一年，市值从 80 多亿元飙升到 300 多亿元。市值增加的原因：一是得益于原有传统影视业务的发展，二是转型增加了游戏板块。华谊兄弟进行自身业务的相关多元化，在整个行业里最早布局了手机游戏板块。

华谊兄弟最早于 2010 年斥资 1.49 亿元购入掌趣科技 22% 的股权，开始涉足手机游戏行业。2012 年 5 月掌趣科技上市，成为第一家上市的手游公司。华谊兄弟手中掌趣科技的股份市值达 15 亿元。同年，为加快布局游戏行业，华谊兄弟斥资 7000 万元购入巨人网络 51% 的股权，成立华谊巨人公司，涉足客户端游戏。但新公司未达到利润目标，交易不太成功。

2013 年，华谊兄弟以 6.7 亿元购入银汉科技 50.88% 的股权，银汉科技出品的《时空猎人》是国内首款月流水过亿元的手游，2013 年 11 月推出的《神魔》已实现超 5000 万元的月流水，仅 2014 年上半年银汉游戏已完成 8 亿元流水。华谊兄弟收购银汉的核心驱动在于之前就有对掌趣的成功并购经历，并且控股性收购代表着对未来趋势的看好，被行业认可。自此，华谊兄弟全面发力互联网，搭建在线发行渠道，之后与腾讯联合开发 O2O 产品"星影联盟"，开创了粉丝经济新模式。

A.4.5　华谊兄弟的国际化之路

在经历了 2014 年与 Studio 8 合作失败的阵痛后，2015 年 4 月 1 日，华谊兄弟控股的项目公司 Huayi Brothers Pictures LLC 与美国 STX 娱乐签署合作协议，在 2018 年之前双方将联合投资、拍摄、发行不少于 18 部合作影片。除享有部分合作影片在大中华地区（包括中国大陆、中国香港、中国澳门、中国台湾、新加坡）的发行权外，华谊兄弟还将享有所有合作影片的全球收益分账并按份额享有著作权。

2015 年 8 月 7 日，华谊兄弟与美国 STX 的首部合作影片——当代心理惊悚片《天赋》(The Gift) 在北美上映，由杰森·布朗姆 (Jason Blum) 的 Blumhouse 制作，乔尔·埃哲顿 (Joel Edgerton) 执导，著名影星杰森·贝特曼 (Jason Bateman)、丽贝卡·豪尔 (Rebecca Hall) 和乔尔·埃哲顿主演。该片在上映前 3 日（2015 年 8 月 7 日～8 月 9 日）

票房达到 1100 万美元，排在北美票房第三位，仅次于超级大片《碟中谍 5：神秘国度》和《神奇四侠 2015》。《天赋》也是 STX 娱乐成立以来在美国上映的第一部影片，上映和票房开门红，标志着华谊兄弟在华语片市场外，正式开辟了国际市场。

STX 娱乐由经验丰富的制片人 Robert Simonds 领导，与管理高达 650 亿美元资产的德太投资（TPG）联合创办。此外，还有其他来自多方的投资，包括蓝筹金融合伙人弘毅投资（Hony Capital）、设立于纽约的对冲基金 Seer Capital 以及 Gigi Pritzker 和 Beau Wrigley 等。对于中国电影界来说，此次合作具有里程碑式的意义。华谊作为中国电影公司，拥有了多个业内"第一"：第一次参与到从投资、拍摄到发行的好莱坞完整工业流程体系中，第一次参与合作影片的全球收益分成（包括票房、电视转播及 IP 延伸收益等），同时也第一次按份额享有合作影片的著作权。王中军感言：

> 我很高兴能与以制作和发行见长的 STX 合作，STX 在好莱坞市场上拥有的强大资源和影响力对华谊兄弟的国际化进程帮助很大。华谊兄弟一直在摸索国际化业务发展模式，这次合作使我们全面进入好莱坞电影工业体系中的投资、制作、发行等各个阶段，是公司开展国际化战略进程和进入美国电影市场的重要一步，有利于加强公司电影主营业务和国际市场影响力。同时，考虑到华谊兄弟在中国市场的影响力，本次合作也有利于与 STX 合作的 IP 在中国落地。

这 18 部影片的投资，主要是为了大中华地区的发行权。也就是说，华谊兄弟以投资的方式"购买"了 18 部好莱坞影片的内地发行收益。正如公告所言，"有利于增加公司电影主营业务的影响力，公司与美国合作方的合作将有利于公司电影业务的扩展和加强"。即便华谊兄弟在内部架构及业务权重上进行"去电影化"，但王中军和王中磊深知华谊的品牌价值在观众和媒体层面仍有赖于电影的支撑。

A.5 未来展望

华谊兄弟无疑已成功发展为中国传媒领域最具影响力、产业链最完善的传媒集团。从品牌打造角度观察，华谊兄弟也是中国知名度最高、最受欢迎的娱乐品牌。同时其通过与旅游地产结合，开创了 IP 内容、知识产权货币化的新模式，设立互联网娱乐板块，包括游戏、新媒体、粉丝经济、在线发行等，全面融进互联网生态圈。

放眼国际，华谊兄弟能否在这条战略转型之路上成为真正世界级的大娱乐公司？

以目前好莱坞的六大电影传媒公司为例，华纳兄弟（Warner Bros.）、派拉蒙（Paramount）、20 世纪福克斯（20th Century Fox）、索尼 / 哥伦比亚（Sony/Columbia）、博伟影片（Buena Vista）和环球（Universal）的票房（见表 A-4）与股价（见表 A-5）超出了大多数竞争者。

表 A-4　2014 年"六大"电影公司票房

排名	公司	市场份额	2014 年票房（10 亿美元）	发布影片数
1	20 世纪福克斯	17.3%	1790.5	22
2	迪士尼	15.6%	1617.5	17
3	华纳	15.1%	1562.4	31
4	索尼 / 哥伦比亚	12.2%	1261.5	22
5	环球	10.8%	1115.3	18
6	派拉蒙	10.2%	1052.9	18

表 A-5　"六大"电影公司股价与市值（截至 2015 年 1 月）

排名	公司	股票代码	股价（美元）	市值（10 亿美元）
1	20 世纪福克斯	FOX	33.3	71.8
2	迪士尼	DIS	94.2	159.8
3	华纳	TWX	82.3	69.1
4	索尼 / 哥伦比亚	SNE	20.7	22.6
5	环球	CMCSA	55.8	143.8
6	派拉蒙	VIAB	67.8	27.8

自 2010 年以来，随着独立电影发行商不断崛起，传统格局已经悄然松动：2013 年狮门影业（Lions Gate Films）就已凭借 9.8% 的市场份额连续两年位列票房排行榜第 5 位，把派拉蒙和 20 世纪福克斯甩在身后，"六大"垄断的格局也逐渐不再稳固。与此同时，不少新晋影视制作公司近几年的表现也让传统大厂牌们不敢小觑。

华谊总裁王中磊深知，为了扩张到美国的娱乐市场，华谊兄弟只有将正确的人（那些能带来当地资源和一些独特技艺）安排到最合适的地方，才能效用最大化，而不需太在意这些人是否供职于华谊（包括兼并收购的公司）。

华谊公司拥有的全资子公司是保留自己创造型人才和发展好莱坞的起点。华谊已经与 QED 国际签署了由 Brad Pitt 和 Shia Lebeouf 主演的二战电影 Fury，这部电影将会在中国上映，它会在短期提供充满挑战性、创造性的工作来帮助保留公司的高端人才，并有机会发展，华谊会继续寻求美国公司的投资机会。

除了 STX 公司外，王中磊还在寻求其他公司的合作机会。在美国，除了那些看起来有收购吸引力的电影制作行业，还有另外两种商业模式：人才中介和社交网络创业公司，这种公司可以利用杠杆来支持核心部门产品。

往前看，王中磊想知道他的公司未来的增长可以来自哪里，以及需要采取什么行动。如果华谊兄弟未来想要在全球范围内吸引投资，它需要在北美建立品牌知名度。他总是想要控制摆在他眼前的一切——这是他在 Studio 8 失败的一役中与 Jeff Robinoff 一年的谈判中所渴望达到的目标。这一次，他还想大干一番，寻找与想要在电影的酝酿直到发布的整个过程中积极配合的合作伙伴。王中磊说：

> 在中国，如果我们想要签一份合同，或者我们想要和一个制片人、导演合作进行投资，他会在发展新合作项目和物色演员上非常积极。但是在好莱坞，这些都不一样。那些公司在你的钱、你的人、你的法务合同没有准备好以前不会开工。我认为我们需要寻找真正值得合作的伙伴，或者可以在其他领域进行合作的伙伴。

STX 娱乐公司和其他美国电影公司的不同之处在于它是由一些新的企业家建立的，同时他们兼顾电影制作和分销，在美国很少有公司像他们这样两方面都做。王中磊很期待这次可以和 STX 娱乐公司的 Robert Simmonds 一起实现成功的合作。因为到现在为止，还没有一家非美国公司和好莱坞成功合作过。比中国起步早得多的美国传媒公司，尤其是好莱坞电影公司，它们拥有非常深厚的电影底蕴，能够吸引全世界最顶尖的创作人才，并且"六大"好莱坞电影公司具备全球同步发行的能力、超强的创作能力以及全价值链的公司运营管理能力，而中国现代电影产业仅有 30 余年的历史。因此，无论从哪一个角度说，华谊与 STX 合作，都是一个值得鼓舞的开端。

为立足于世界影视娱乐产业舞台，并逐渐跻身于中心位置，王中军和王中磊又开始了新一轮的深度思考和行动。

管理人不可不读的经典

"华章经典·管理"丛书

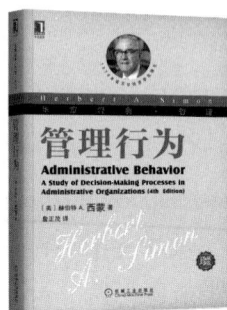

书名	作者	作者身份
科学管理原理	弗雷德里克·泰勒 Frederick Winslow Taylor	科学管理之父
马斯洛论管理	亚伯拉罕·马斯洛 Abraham H.Maslow	人本主义心理学之父
决策是如何产生的	詹姆斯 G.马奇 James G. March	组织决策研究领域最有贡献的学者
战略管理	H.伊戈尔·安索夫 H. Igor Ansoff	战略管理奠基人
组织与管理	切斯特·巴纳德 Chester Lbarnard	系统组织理论创始人
戴明的新经济观 (原书第2版)	W. 爱德华·戴明 W. Edwards Deming	质量管理之父
彼得原理	劳伦斯·彼得 Laurence J.Peter	现代层级组织学的奠基人
工业管理与一般管理	亨利·法约尔 Henri Fayol	现代经营管理之父
Z理论	威廉 大内 William G. Ouchi	Z理论创始人
转危为安	W.爱德华·戴明 William Edwards Deming	质量管理之父
管理行为	赫伯特 A. 西蒙 Herbert A.Simon	诺贝尔经济学奖得主
经理人员的职能	切斯特 I.巴纳德 Chester I.Barnard	系统组织理论创始人
组织	詹姆斯·马奇 James G. March	组织决策研究领域最有贡献的学者
论领导力	詹姆斯·马奇 James G. March	组织决策研究领域最有贡献的学者
福列特论管理	玛丽·帕克·福列特 Mary Parker Follett	管理理论之母

彼得·德鲁克全集